# FLUSSKREUZFAHRTEN
# RUSSLAND

### Unterwegs auf Wolga, Don, Enisej, Lena und Amur

Andreas Sternfeldt

**TRESCHER VERLAG**

3., aktualisierte und erweiterte Auflage 2018

Trescher Verlag
Reinhardtstr. 9
10117 Berlin
www.trescher-verlag.de

ISBN 978-3-89794-397-1

Herausgegeben von Detlev von Oppeln und
Bernd Schwenkros

Reihenentwurf und Gesamtgestaltung:
Bernd Chill

Lektorat: Sabine Fach
Stadtpläne und Karten: Johann Maria Just,
Martin Kapp, Bernd Schwenkros

Das Werk einschließlich seiner Teile ist urheberrechtlich geschützt. Jede Verwertung ist ohne Zustimmung des Verlages unzulässig. Dies gilt insbesondere für den Aushang, Vervielfältigungen, Übersetzungen, Nachahmungen, Mikroverfilmung und die Einspeicherung und Verarbeitung in elektronischen Systemen.

Gedruckt auf chlorfrei gebleichtem Papier

Printed in Germany

Alle Angaben in diesem Reiseführer wurden sorgfältig recherchiert und überprüft. Dennoch können aktuelle Entwicklungen vor Ort dazu führen, dass einzelne Informationen unvollständig oder nicht mehr korrekt sind. Gerne nehmen wir dazu Ihre Hinweise und Anregungen entgegen. Bitte schreiben Sie an: **post@trescher-verlag.de**

*Titel: Kreuzfahrtschiffe in Tver → S. 117*
*vordere Umschlagklappe: Schleuse zwischen*
*Moskau und St. Petersburg → S. 107*
*hintere Umschlagklappe: Am Amur im*
*Fernen Osten Russlands → S. 351*

**LAND UND LEUTE**

**MOSKAU**

**VON MOSKAU NACH ST. PETERSBURG**

**ST. PETERSBURG**

**AUF DER WOLGA ZUM KASPISCHEN MEER**

**UNTERWEGS AUF ENISEJ, LENA UND AMUR**

**SPRACHFÜHRER**

**REISETIPPS VON A BIS Z**

**ANHANG**

# Inhalt

| | |
|---|---|
| **Vorwort** | 11 |
| Reisehöhepunkte | 12 |
| Das Wichtigste in Kürze | 15 |

## LAND UND LEUTE 16

### Geschichte Russlands 18
| | |
|---|---|
| Kiever Rus | 19 |
| Christianisierung | 19 |
| Die Ära des Aleksandr Nevskij | 20 |
| Unter den Mongolen und Tataren | 21 |
| Ivan III. und Ivan IV. | 22 |
| Boris Godunov | 24 |
| Die Jahre der Wirren | 25 |
| Die Dynastie der Romanovs | 26 |
| Kirchenspaltung | 27 |
| Peter der Große | 28 |
| Die Ära der Zarinnen | 30 |
| Katharina II. | 31 |
| Der Krieg gegen Napoleon | 33 |
| Von Alexander II. zu Nikolaus II. | 35 |
| Revolutionen und Bürgerkrieg | 36 |
| Die Herrschaft Stalins | 37 |
| Der Zweite Weltkrieg | 39 |
| Kalter Krieg und Tauwetter | 39 |
| Die Jahre der Stagnation | 40 |
| Die Ära Jelzin | 41 |
| Die Ära Putin | 43 |
| Russland heute | 45 |

### Glaube und Kirche 50
| | |
|---|---|
| Die Orthodoxie | 52 |
| Glaube heute | 54 |
| Russische Kirchenarchitektur | 56 |
| Byzantinischer Ritus | 59 |
| Ikonen | 60 |

### Kunst und Kultur 63
| | |
|---|---|
| Architektur | 63 |
| Malerei | 64 |
| Literatur und Theater | 66 |
| Autoren | 67 |
| Der neue russische Film | 69 |
| Musik | 72 |
| Sprache und Schrift | 74 |

# MOSKAU 76

**Russlands Hauptstadt** 78
Die Moskauer Ringe 79
Kreml 81
Roter Platz 87
Kitaj-Gorod 90
Alexandergarten und Manegenplatz 92
Tverskaja-Straße 93
Arbat 94
Tretjakov-Galerie 96
Puschkin-Museum 97
Christus-Erlöser-Kathedrale 98
Skulpturenpark 98
Gorki-Park 100
Sperlingsberge 101
Neujungfrauenkloster 102
Andronnikovkloster 102
Vinzavod und VDNCH 103
Die Moskauer Metro 104
Der Nördliche Flussbahnhof 105

# VON MOSKAU NACH ST. PETERSBURG 106

**Der Moskau-Kanal** 108
Von Moskau zum Ivan'kovsker Stausee 111

**Entlang der Wolga nach Rybinsk** 116
Tver 117
Dubna 117
Kaljazin 120
Uglič 121
Myškin 126
Rybinsker Stausee 127

**Vom Rybinsker Stausee nach St. Petersburg** 130
Auf der Šeksna 130
Goricy 132
Kirillov-Kloster 133
Ferapontov-Kloster 138
Weißer See 139
Kovža und Vytegra 141

| | |
|---|---|
| Onega-See | 143 |
| Petrozavodsk | 144 |
| Die Insel Kiži | 147 |
| Auf der Svir zum Ladoga-See | 151 |
| Ladoga-See | 155 |
| Valaam | 157 |
| Auf der Neva nach St. Petersburg | 159 |

## ST. PETERSBURG 164

### Das Venedig des Nordens 166
| | |
|---|---|
| Schlossplatz und Eremitage | 168 |
| Nevskij-Prospekt | 172 |
| Russisches Museum | 178 |
| Rund um die Isaak-Kathedrale | 180 |
| Vasilev-Insel | 182 |
| Peter-und-Paul-Festung | 184 |
| Petrograder Seite | 187 |

### Die Zarenresidenzen 189
| | |
|---|---|
| Peterhof | 189 |
| Carskoe Selo | 190 |
| Pavlovsk | 191 |

## AUF DER WOLGA ZUM KASPISCHEN MEER 192

### Von Rybinsk nach Jaroslavl 194
| | |
|---|---|
| Rybinsk | 194 |
| Tutaev | 195 |
| Tolga-Kloster | 195 |

### Jaroslavl 197
| | |
|---|---|
| Christus-Verklärungs-Kloster | 203 |
| Prophet-Elias-Kirche | 205 |
| Ein Stadtrundgang | 206 |
| Längs des Hochufers von Kotorosl und Wolga | 208 |
| Zwischen Jaroslavl und Kostroma | 210 |

### Kostroma 211
| | |
|---|---|
| Sehenswürdigkeiten | 212 |
| Ipatev-Kloster | 215 |
| Zwischen Kostroma und Nižnij Novgorod | 219 |

## Inhalt

| | |
|---|---|
| **Nižnij Novgorod** | 222 |
| Sehenswürdigkeiten | 227 |
| Zwischen Nižnij Novgorod und Kazan | 232 |
| | |
| **Kazan** | 237 |
| Die Ikone der Gottesmutter von Kazan | 239 |
| Kreml | 243 |
| Ein Rundgang durch Kazan | 226 |
| Zwischen Kazan und Uljanovsk | 246 |
| Die Kama bis zur Wolgamündung | 247 |
| | |
| **Uljanovsk** | 249 |
| Ein Stadtrundgang | 250 |
| Von Uljanovsk nach Samara | 255 |
| Toljatti und Umgebung | 255 |
| | |
| **Samara** | 257 |
| Sehenswürdigkeiten | 260 |
| Zwischen Samara und Saratov | 263 |
| | |
| **Saratov** | 266 |
| Sehenswürdigkeiten | 268 |
| Zwischen Saratov und Volgograd | 273 |
| | |
| **Volgograd** | 277 |
| Mamaev Kurgan | 279 |
| Das Stadtzentrum | 280 |
| Der Soldatenfriedhof Rossoška | 282 |
| Sarepta und die Herrnhuter | 283 |
| Zwischen Volgograd und Astrachan | 284 |
| Die Republik Kalmückien | 287 |
| | |
| **Astrachan** | 288 |
| Der Kreml | 290 |
| Das Wolgadelta | 292 |
| | |
| **Der Don** | 294 |
| Unterwegs auf Don und Wolga-Don-Kanal | 300 |
| Staročerkassk | 301 |

| | |
|---|---|
| **Rostov-am-Don** | 303 |
| Sehenswürdigkeiten | 305 |
| Die Umgebung von Rostov-am-Don | 308 |

## UNTERWEGS AUF ENISEJ, LENA UND AMUR 311

| | |
|---|---|
| **Sibirien** | 312 |
| Geschichte Sibiriens | 313 |
| Die Erschließung Sibiriens | 316 |
| Sibirien heute | 317 |
| Die Ureinwohner | 318 |
| | |
| **Der Enisej** | 320 |
| Krasnojarsk | 321 |
| Von Krasnojarsk zum Nordmeer | 325 |
| Lesosibirsk | 327 |
| Enisejsk | 327 |
| Von Enisejsk nach Turuchansk | 328 |
| Turuchansk | 331 |
| Zwischen Turuchansk und Igarka | 331 |
| Igarka | 332 |
| Dudinka | 332 |
| Norilsk | 333 |
| | |
| **Die Lena** | 334 |
| Jakutien | 334 |
| Bodenschätze | 336 |
| Kultur und Alltag | 336 |
| Jakutsk | 338 |
| Von Jakutsk nach Tiksi | 340 |
| Sottincy | 342 |
| Von Sottincy nach Žigansk | 342 |
| Žigansk | 343 |
| Kjusjur | 345 |
| Lenadelta | 345 |
| Tiksi | 346 |
| Von Jakutsk nach Ust-Kut | 347 |
| Lena-Säulen | 348 |
| Olëkminsk | 349 |
| Lensk | 350 |
| Von Lensk nach Serkino | 350 |

## Inhalt

| | |
|---|---|
| **Der Amur** | 351 |
| Das Amurgebiet | 353 |
| Geschichte und aktuelle Situation | 354 |
| Bevölkerung | 355 |
| Chabarovsk | 356 |
| Von Chabarovsk nach Komsomolsk | 358 |
| Komsomolsk am Amur | 360 |
| Zwischen Komsomolsk und Nikolaevsk | 363 |
| Nikolaevsk am Amur | 364 |

## SPRACHFÜHRER 367

## REISETIPPS VON A BIS Z 378

## ANHANG

| | |
|---|---|
| Glossar | 391 |
| Russland im Internet | 394 |
| Literatur | 394 |
| Der Autor/Danksagung | 398 |
| Register | 400 |
| Bildnachweis | 403 |
| Kartenregister | 408 |

## EXTRA

| | |
|---|---|
| Boris Godunov | 124 |
| Die Wolgatreidler | 129 |
| Die Karelier | 146 |
| Das Lied von der Heerfahrt Igors | 199 |
| Eine grausame Romanze | 218 |
| Die Stauseen der Wolga | 221 |
| Die Messe von Nižnij Novgorod | 224 |
| Maxim Gorki | 231 |
| Die ›Zwölf Stühle‹ | 234 |
| Die Tataren | 236 |
| Vier Bürger einer Stadt | 251 |
| Die Wolgadeutschen | 271 |
| Die Chasaren | 285 |
| Die Kosaken | 296 |
| Der ›Stille Don‹ | 302 |

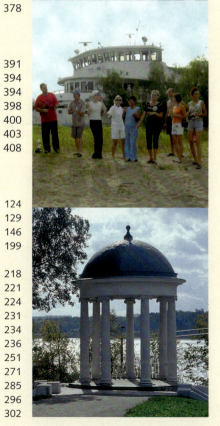

*Blick von der Wolga zum Kreml von Kazan*

# Vorwort

Flüsse sind Lebensadern, sie verbinden Völker und Kulturen und bilden Grenzen. Nicht wenige der russischen Flüsse sind von beachtlicher Länge, und an ihren Ufern liegen eine große Anzahl von kleinen und großen Orten, in denen die unterschiedlichsten Menschen mit ihrer Geschichte, Kultur und ihrem Alltag leben. Vielfältige Landschaften ziehen vorüber: Reist man beispielsweise auf der Wolga von Moskau nach Astrachan, gehen die Wälder in Steppen über. Auf den sibirischen Strömen dagegen weicht die Taiga nach und nach der Tundra des Hohen Nordens.

An Bord eines Schiffes, das Hotel, Restaurant und Fortbewegungsmittel in einem ist, sind Reisende aller Sorgen enthoben, können sich unbeschwert ihren Sinnen anvertrauen. Mit der Zeit stellt sich ein Gefühl von Leichtigkeit und Freiheit ein. Wann sonst auch gönnt man sich den Luxus, stundenlang nichts zu tun, den Gedanken nachzuhängen und von Bord die vorbeiziehenden Szenerien zu betrachten. Jeder Tag bedeutet die Begegnung mit einer neuen Stadt oder einem neuen Ort. Langeweile an Bord wird, es sei denn, man möchte sie genießen, auch dank der Begleitprogramme – Vorträge, Filme, Sprachkurse und Musik – nicht aufkommen.

Auf jeder der in diesem Buch beschriebenen Flussreisen entdeckt man sehr verschiedene Gesichter des unbekannten Russland. Selbstredend bilden die frühere und die jetzige Hauptstadt Russlands, St. Petersburg und Moskau, für viele die Höhepunkte einer Reise durch Russland. Aber viel mehr als diese beiden Städte repräsentieren die vielen kleinen Orte dazwischen und entlang der anderen großen Ströme das Land.

Russland hat in den letzten Jahrzehnten eine – auch in seiner wechselhaften Geschichte einzigartige – scharfe Zäsur mit sich anschließenden Umwälzungen erlebt, die kaum nachvollziehbare Zerreißproben für jeden einzelnen mit sich brachten. Bücher und die Massenmedien können von den Verhältnissen im Land nur eine schemenhafte Vorstellung geben. Näher zu betrachten, was wirklich vor Ort geschieht: Auch darin besteht die große Chance einer solchen geruhsamen Reise.

Flussreisen im europäischen Teil Russlands – auf der Wolga, dem Don und den Seen und Kanälen zwischen St. Petersburg und Moskau – lassen einen tiefen Einblick in die Geschichte und Kultur des Landes zu. Ganz anders sind die Erfahrungen in Sibirien und im Fernen Osten. Während einer Reise auf Enisej und Lena, zwei der mächtigsten Ströme der Welt, sowie dem Amur werden die Dimensionen des Landes sinnlich erfahrbar, wird man mit kaum vorstellbaren Weiten und einer nahezu jungfräulichen Natur konfrontiert. Die Kraft und die Bilder, die man von dort mit nach Hause bringt, wirken lange nach.

Dieser Reiseführer ist dazu gedacht, fundierte Informationen zum Land, zu den Städten, zu den Menschen und der Natur, die man entlang der Flüsse zu Gesicht bekommt, zu geben. Wir wünschen uns, dass wir damit Neugier auf Russland und seine Bewohner wecken können und vielleicht ein wenig zum gegenseitigen Verständnis jenseits aller Klischees beitragen können.

# Reisehöhepunkte

**Moskau**
Die russische Hauptstadt lockt nicht nur mit dem legendären Roten Platz und dem prächtigen Kreml, sondern auch mit zahllosen Museen und Kultureinrichtungen von Weltrang. Die Millionen-Metropole lohnt einen zusätzlichen Aufenthalt vor oder nach einer Flussreise. → S. 77

**Kirillov-Kloster ▶**
Das mächtige Kloster bei Goricy war im 15. und 16. Jahrhundert eines der wichtigsten im ganzen Land. Generationen von Zaren verbannten in Ungnade gefallene Würdenträger in seine Zellen. → S. 133

**Insel Kiži ▲**
Die idyllische Insel im Onega-See beherbergt eines der schönsten Freilichtmuseen Russlands. Die berühmten Holzkirchen mit ihren pittoresken Kuppeln und zahlreiche weitere historische Holzgebäude gehören zum Weltkulturerbe. → S. 147

**St. Petersburg ▶**
Die ›heimliche‹ Hauptstadt wurde erst 1703 auf Geheiß Peters des Großen im sumpfigen Delta der Neva gegründet. Die Stadt der barocken Paläste und des Jugendstils ist eine der faszinierendsten Metropolen der Welt und vor allem währen der Weißen Nächte im Frühsommer ein Publikumsmagnet. → S. 165

**Zarenresidenzen ▶**
Die Sommerresidenzen der Zarenfamilie im Umland von St. Petersburg entfalten mit ihren Schlössern und Gärten eine schier unglaubliche imponierende Pracht. Publikumsmagnet des Katharinenpalastes in Carskoe Selo ist das in mühevoller Arbeit nachgebaute Bernsteinzimmer. → S. 189

**Jaroslavl**
Die Innenstadt von Jaroslavl mit ihren Kirchen und Klöstern ist seit 2005 Weltkulturerbe. Die lange Geschichte der Stadt als wichtiges Handelszentrum ist bis heute lebendig. → S. 197

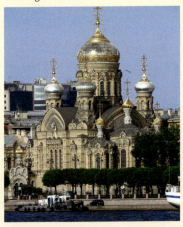

## Reisehöhepunkte

### Nižnij Novgorod
Am Zusammenfluss von Wolga und Oka erhebt sich der Kreml von Nižnij Novgorod am Hochufer. In der historischen Altstadt, ebenfalls Weltkuturerbe, dominieren Barock, Klassizismus und Jugendstil. Zu den berühmtesten Söhnen der Stadt gehört der Schriftsteller Maxim Gorki. → S. 222

### Kazan ▼
Die Hauptstadt der Autonomen Republik Tatarstan ist eine der interessantesten Großstädte Russlands. Hier wird deutlich, dass Russland immer schon ein Vielvölkerstaat war. Die muslimischen Tataren geben der Stadt ein ganz eigenes Gepräge. Kirchenkuppeln und Minarette stehen einträchtig nebeneinander. → S. 237

### Volgograd ▼
Das frühere Stalingrad ist heute eine moderne und prosperierende Großstadt. Dennoch ist allerorten die Erinnerung an eine der grausamsten Schlachten des Zweiten Weltkriegs und ihre unzähligen Opfer lebendig. Auf dem Mamaev-Kurgan liegt das wohl eindrücklichste Mahnmal an den Zweiten Weltkrieg. → S. 277

### Astrachan
Astrachan ist die Hüterin des Wolgadeltas und des Zugangs zum Kaspischen Meer. Die Stadt enstand einst als Residenz der Astrachaner Khane und verzaubert bis heute durch ihr besonderes orientalisches Flair, auch wenn der Sanierungsbedarf groß ist. → S. 288

### Rostov-am- Don
Durch die Zarin Elisabeth 1760 als Festung gegründet, ist die Stadt heute eine der größten im Westen Russlands. Nur 50 Kilometer von der Mündung des ›stillen‹ Don ins Asovsche Meer entfernt, strahlt sie das Flair einer lebendigen Hafenstadt aus. → S. 303

### Enisej, Lena und Amur
Eine Fahrt auf den großen sibirischen Strömen vermittelt ein grandioses Landschaftserlebnis und eine Vorstellung von der unvorstellbaren Größe Russlands. In den Metropolen entlang der Flüsse lässt sich einiges vom Pioniergeist der Siedler in Sibirien erfahren. → S. 311

# Hinweise zur Benutzung

Im ersten Kapitel wird **Russland in seiner Geschichte und Gegenwart** (→ S. 17) vorgestellt. Dabei werden vor allem diejenigen Aspekte behandelt, mit denen die Teilnehmer einer Kreuzfahrt unmittelbar in Berührung kommen.

Die dann folgenden Kapitel beschreiben zunächst die Metropole **Moskau** (→ S. 77) und dann die Orte und Landschaften, die üblicherweise im Rahmen von Landausflügen, besichtigt werden. Zunächst wird die **Route von Moskau nach St. Petersburg** (→ S. 107) thematisiert, die nur teilweise über die Wolga führt.

Im daran anschließenden Abschnitt wird die **Wolga zwischen Rybinsk und ihrer Mündung ins Kaspische Meer** (→ S. 193) beschrieben. Die meisten Anbieter von Schiffsreisen zwischen Moskau und Petersburg haben auch **Jaroslavl** (→ S. 197), etwa 100 Kilometer südlich von Rybinsk, in ihrem Programm; vereinzelt ist auch **Rostov am Don** (→ S. 303) der Endpunkt einer Kreuzfahrt. Beide Orte werden hier vorgestellt.

Das letzte Kapitel schließlich stellt die großen Ströme in Sibirien und im Fernen Osten vor: **Enisej**, **Lena** und **Amur** (→ S. 311). Auch hier lehnt sich die Darstellung an die angebotenen Reisen an.

Den Kapiteln sind Übersichtskarten zugeordnet, den größeren Orten Stadtpläne, mit denen individuelle Erkundungen vom Schiffsanleger aus möglich sind. Die Pläne sind durchgängig kyrillisch und transliteriert beschriftet, so daß sich auch Reisende, die kaum oder nicht Russisch sprechen, orientieren können

Dieses Buch folgt in der Schreibweise von Eigennamen und geografischen Bezeichnungen der **wissenschaftlichen Transliteration** (→ S. 367), da diese keinen Zweifel über die kyrillische Originalschreibweise aufkommen lässt. Bei bekannten Namen wird die eindeutschende Schreibweise verwendet.

Die **Kilometerzählung** zwischen Moskau und St. Petersburg weist die jeweilige Entfernung zu beiden Städten aus. Die Kilometerzählung entlang der Wolga zwischen Rybinsk und der Mündung bezieht sich auf die Entfernung von der Quelle.

## Häufig vorkommende Abkürzungen in russischen geografischen Namen

| | | |
|---|---|---|
| ul. | ulica (улица) | Straße |
| pl. | ploščad' (площадь) | Platz |
| per. | pereulok (переулок) | Gasse |
| pr. | prospekt (проспект) | breite Straße |
| nab. | naberežnaja (набережная) | Uferstraße |
| bul. | bulvar (бульвар) | Boulevard |
| r. | reka (река) | Fluss |
| vdchr. | vodochranilišče (водохранилище) | Stausee |
| oz. | ozero (озеро) | See |
| g. | gora (гора) | Berg |

*Die ›Sergej Esenin‹ im Hafen*

# Das Wichtigste in Kürze

## Einreise
Es besteht Visumpflicht. Bei Pauschalreisen erledigt die Visabeschaffung in der Regel der Veranstalter. Benötigt wird ein noch mindestens sechs Monate gültiger Reisepass sowie der Nachweis einer Reisekrankenversicherung.

## Geldwechsel
1 Euro entsprach Anfang 2018 ca. 70 Rubel, wobei man in Russland günstiger tauscht als in Deutschland. Es gibt zahlreiche Wechselstuben. An den Geldautomaten in allen größeren Städten kann man EC Karte (V-Pay, Maestro) oder Kreditkarte Geld abgehiben werden. In größeren Geschäften, Restaurants, Hotels etc. kann man meist auch mit Kreditkarte bezahlen.

## Verständigung
Ein paar Brocken Englisch sprechen die meisten Russen. Ohnehin sind die Menschen, wohin man auch kommt, in der Regel hilfsbereit. Über einige russische Begrüßungsfloskeln wird sich jeder Einheimische freuen. (→ S. 367)

## Zeitzonen
Russland erstreckt sich über elf Zeitzonen, der Zeitunterschied zu Deutschland beträgt in St. Petersburg, Moskau, Rostov am Don, Kazan und Astrachan plus 1 Stunde, in Jakutsk sind es plus 7 Stunden, in Chabarovsk plus 8 Stunden. Es gibt keine Sommerzeit. Im Winter erhöht sich der Zeitunterschied um jeweils eine Stunde.

## Gesundheit
Es sind keine Impfungen vorgeschrieben, aber es sollte Impfschutz gegen Polio, Tetanus, Diphterie sowie Hepatitis A und B bestehen. Im Sommer gibt es viele Zecken und Stechmücken. An Bord der Flussschiffe befindet sich in der Regel ein Arzt. Reiseveranstalter von Flussreisen haben meist auch Verträge mit Kliniken in Moskau, St. Petersburg und anderen Landesteilen.

## Sicherheit
Bei Beachtung der allgemein üblichen Vorsichtsmaßnahmen besteht nicht mehr Gefahr als in westeuropäischen Ländern.

## Telefonieren
Auf den meisten Schiffen gibt es ein Satellitentelefon, dessen Benutzung allerdings recht teuer ist. Auch wird zumeist ein Internet-Paket angeboten. Die meisten deutschen Handy-Anbieter haben ihr Roaming auf Russland ausgedehnt – mit zum Teil drastischen Preisen. Vorwahl für Russland: +7 (007), Vorwahl für Deutschland aus Russland +49 (0049); im Festnetz manchenorts noch: 8, Freizeichen: 10, Vorwahl: 49).

## Klima und Reisezeit
Die Strecke Moskau–St. Petersburg sowie die Wolga bereist man am besten zwischen Mai und September. Im Norden kann es wechselhaft sein, im Süden mitunter sehr heiß.
Die beste Reisezeit für Sibirien ist der August, tagsüber ist es meist angenehm warm, aber die Nächte können in den nördlichen Regionen bereits empfindlich kalt werden.
Wetterfeste Kleidung, ein warmer Pullover und bequeme Schuhe für Landgänge sind in jedem Fall nötig.

**Ausführliche Hinweise in den Reisetipps von A bis Z ab → S. 378.**

Russland beeindruckt nicht allein mit seiner Größe, sondern auch mit seinen landschaftlichen und architektonischen Schönheiten. Eine Reise auf den großen russischen Flüssen macht mit diesen Schätzen und mit der wechselvollen Vergangenheit und der spannenden Gegenwart des Vielvölkerstaates bekannt.

*Blick über die Moskva zum Kreml*

# LAND UND LEUTE

# Geschichte Russlands

Die Geschichte Russlands als Staatswesen beginnt im 9. Jahrhundert. An ihr waren warägische Krieger und Kaufleute (Wikinger) beteiligt, die nachweislich seit dem 8. Jahrhundert die osteuropäischen Flüsse zwischen der Ostsee und dem Schwarzen Meer befuhren. Der Handelsweg zwischen Skandinavien und Byzanz führte durch slawisches Gebiet. Die Ackerbau und Viehzucht treibenden Ostslawen besaßen keine Stände und keine erbliche Fürstenwürde. Ähnlich den indogermanischen Völkern verehrten sie die Natur, deren Erscheinungen sie sich als wirkliche Wesen dachten – die einen ihnen zugetan (bog), die anderen böse (bes). Beide Bezeichnungen gingen später als Gott und Teufel in den christlichen Sprachschatz ein. Eine große Rolle spielten bei den Slawen die Geister des Waldes, der Flüsse, Seen und Häuser, die den Menschen aus heiklen Situationen halfen, wenn man sie verehrte, oder anderenfalls zu üblen Streichen neigten. Sie leben bis heute in der Kultur und im Glauben des Volkes fort, was sich insbesondere während der Feste und Rituale zur Sommer- und zur Wintersonnenwende zeigt. Schon im späten Altertum waren die Slawen für ihre Gastfreundschaft und ihre Gesänge bekannt.

Die Kiever Rus

## Kiever Rus

In der zweiten Hälfte des 9. Jahrhunderts gründeten die Rurikiden, warägische Krieger und Kaufleute die ersten Fürstentümer auf ostslawischem Boden. Die wichtigsten Zentren waren Novgorod am Fluss Volchov im Norden und Kiev am Dnepr im Süden. Die Rurikiden entstammen dem Stamm der Rus. Die Bezeichnung leitet sich vermutlich von dem finnischen Wort ›Ruotsi‹ (Ruderer) für die Wikinger ab. Eine von vielen Theorien besagt, dass die Kiever Rus, das erste Staatswesen auf russischem Boden, ihren Namen also einem Stamm der Wikinger verdankte, der militärische und politische Macht über die Ostslawen erlangt hatte.

Im 10. Jahrhundert trat die Kiever Rus in die europäische Geschichte ein. Die warägischen Fürsten und ihre Nachkommen nahmen die slawische Sprache und Kultur an. Ihr wichtigster Handelspartner war das Byzantinische Reich. In der zweiten Hälfte des 10. Jahrhunderts gelang es den Warägern, ihren Einfluss bis an die Donau und, nach der Zerschlagung des Chasarenreiches am Unterlauf der Wolga (→ S. 285), bis an das Kaspische Meer auszudehnen.

## Christianisierung

Unter dem Kiever Großfürsten Vladimir dem Heiligen (960–1015) wurde das byzantinische Christentum im Jahr 988 Staatsreligion. Einer Legende zufolge empfing er auf der Suche nach einem neuen geistigen Fundament für seine frühfeudale Herrschaft Abgesandte der vier seinerzeit wichtigsten Religionen, um sich für eine von ihnen zu entscheiden. Am Islam störte ihn das Alkoholverbot, an den Juden das Fehlen eines Staatsgebietes und an Rom der allmächtige Papst. Die Entscheidung für den byzantinischen Glauben drängte sich also nahezu auf. Er nahm die Tochter des byzantinischen Kaisers zur Frau, ließ sich taufen und schickte in einem propagandistisch großartig inszenierten Akt seine Kiever Untertanen in den Dnepr, wo die mit seiner Frau Anna aus Byzanz angereisten Priester die Taufe vollzogen. Heute wird Vladimir als erster christlicher Herrscher von der orthodoxen Kirche als Heiliger verehrt.

Die Blütezeit des neuen christlichen Reiches fiel in die Regierungszeit eines Sohnes von Vladimir, von Jaroslav dem Weisen (1019–1054). Dieser ließ im ganzen Reich nach byzantinischem Vorbild Kirchen, Klöster, Schreibschulen und Festungsanlagen errichten, re-

*Die Basiliuskathedrale in Moskau gehört zu den berühmtesten Kirchen Russlands*

formierte die russische Gesetzgebung, hielt sie erstmals schriftlich fest und gründete in Kiev die erste russische Bibliothek. Neben religiösen Werken gehörten zu ihrem Bestand auch weltliche klassische und höfische Literatur. Fahrende Sänger, die eine eigene volksnahe Kultur begründeten, reisten durch das Land. Die dynastische Heiratspolitik Jaroslavs des Weisen festigte die Beziehungen zu den europäischen Mächten. Er vermählte seine drei Töchter mit den Königen von Ungarn, Norwegen und Frankreich.

Die Kiever Rus als östlichste europäische Großmacht grenzte im Südosten an die sich tausende von Kilometern nach Osten erstreckenden Steppen. Durch sie waren schon die Hunnen, Bulgaren und Magyaren nach Mittel- und Südosteuropa gezogen. In den Steppen zwischen Schwarzem und Kaspischem Meer lebten Nomadenvölker, mit denen sich die Fürsten der Rus mal einigten und dann wieder Kriege führten. Durch diese Steppen zog 1223 das erste Heer der aus Zentralasien nach Westen drängenden Mongolen.

Inzwischen war das einstmals mächtige Kiever Land in einzelne miteinander verfeindete Fürstentümer zerfallen, die den Mongolen nichts entgegensetzen konnten. Nach und nach plünderten und zerstörten die Armeen Batu Khans zwischen 1238 und 1240 die russischen Städte zwischen Wolga und Dnepr. Einzig Novgorod im Norden blieb von ihnen verschont.

## Die Ära des Aleksandr Nevskij

Aleksandr aus dem Geschlecht der Rurikiden wurde 1236, erst 16 Jahre alt, Fürst von Novgorod südlich des heutigen St. Petersburg. In dieser Zeit drängten von Osten die Mongolen ins Land, und zugleich rief der Papst dazu auf, die Slawen zu unterwerfen und zum katholischen Glauben zu bekehren. 1240 landete ein schwedisches Heer an der Neva, die zum Einflussgebiet Novgorods gehörte.

*Aleksandr Nevskij*

Aleksandr schlug die Schweden mit seiner Gefolgschaft in die Flucht. Für diesen ersten Sieg bekam er den Beinamen ›Nevskij‹ (von der Neva).

Im Frühjahr des darauffolgenden Jahres besetzte ein vereinigtes Ritterheer des Deutschen Ordens und der livländischen Schwertbrüder die Stadt Pskov (ca. 250 Kilometer südlich des heutigen St. Petersburg) und bedrohte Novgorod. Aleksandr Nevskij stellte dieses Heer auf dem Eis des Pejpussees nördlich von Pskov und errang seinen zweiten Sieg. Die Expansion des Deutschen Ordens kam an der Narva – sie bildet heute die Grenze zwischen Estland und Russland – endgültig zum Stehen.

Die Mongolen hatten die russischen Fürstentümer mit hohen Tributen belegt. In den Verhandlungen mit den Herrschern der Goldenen Horde bewies Aleksandr Nevskij diplomatisches Geschick und bewahrte seine fürstliche Macht. Als er 1263 von einem Besuch bei den Mongolen in deren Residenz nördlich des Kaspisees in den Norden zurückkehrte, erkrankte er schwer – wahrscheinlich war er vergiftet worden –, legte das Mönchsgelübde ab und starb im Kloster von Gorodec, nördlich von Nižnij Novgorod. Zuvor hatte er seinem jüngsten Sohn Daniil zum Moskauer Fürstenthron verholfen. Dessen Nachfahren regierten Moskau bis zum Tod des letzten Rurikiden aus dieser Linie. Die russische orthodoxe Kirche weihte Aleksandr Nevskij 1547 zum Heiligen. Seine sterblichen Überreste befinden sich in dem nach ihm benannten Kloster in St. Petersburg.

Aleksandrs Genie als Feldherr und Diplomat ist unumstritten. Schwieriger ist ein Urteil über sein Verhandlungsgeschick mit den Mongolen. Letztlich arrangierte er sich mit ihnen, erkannte den Herrschaftsanspruch der Goldenen Horde an und legte die Grundlage für ein Bündnis eines Teiles der russischen Elite mit den Eroberern. Die Mongolen übertrugen die Eintreibung der Tributzahlungen an das Moskauer Fürstentum. Eine gleichberechtigte Einigung der russischen Fürstentümer war damit unmöglich geworden. Der Aufstieg Moskaus zur absoluten Macht begann. Und der Graben zum katholischen Westen war tiefer geworden.

## Russland unter den Mongolen und Tataren

Die zwei Jahrhunderte nach den ersten Mongolenkriegen 1238/1240 gelten in der Geschichtsschreibung als die Zeit des Mongolenjoches. Die zerstrittenen russischen Fürstentümer zahlten Tribut an die Khane der Mongolen. Ihre Herrscher buhlten um deren Gunst. Immer wieder kam es zu inneren Konflikten und blutigen Feldzügen mongolisch-tatarischer Fürsten gegen russische Städte. Ihren ersten militärischen Sieg gegen eine mongolische Streitmacht errang 1380 ein vereinigtes Heer unter dem Moskauer Fürsten Dmitrij Donskoj (1350–1389) auf dem Schnepfenfeld (Kulikovo Pole) bei Tula, südlich von Moskau. Dabei stand Donskojs Aufgebot nicht den mongolischen Hauptkräften, sondern der Streitmacht des abtrünnigen Emir Mamaj gegenüber. Unterstützt wurde Mamaj von den Litauern, die die westlichen russischen Gebiete unter ihre Herrschaft gebracht hatten. Der Sieg auf dem Schnepfenfeld festigte die Rolle Moskaus als Vorreiterin bei der Einigung Russlands. Dabei spielte die orthodoxe Kirche eine entscheidende Rolle. Das

*Der Mongolensturm. Miniatur 16. Jhd.*

14. und 15. Jahrhundert erlebten eine faszinierende Blüte der Ikonenmalerei. Einer der bis heute am meisten verehrten Maler ist Andrej Rublëv (um 1365-1430). Ihm widmete der Filmregisseur Andrej Tarkovskij (1932-1986) seinen gleichnamigen Film, eine bildmächtige um das Wesen der Kunst und die Kraft des Glaubens kreisende Geschichte, in dessen Mittelpunkt der Künstler steht, auf der Suche nach den angemessenen Spiegelbildern für die Tragödien und Verheißungen seiner Zeit.

## Ivan III. und Ivan IV.

Im Jahr 1462 wurde Ivan III. (1440–1505) Großfürst von Moskau. Unter seiner energischen Regentschaft vervierfachte Moskau sein Herrschaftsgebiet. Die bereits von Moskau abhängigen Fürstentümer Rostov und Jaroslavl östlich sowie die Stadtrepublik Novgorod und das Fürstentum Tver nördlich von Moskau verloren ihre Eigenständigkeit. 1480 stellte Moskau die Tributzahlungen an die durch innere Kämpfe und Spaltungen geschwächten Mongolen ein.

Der Aufstieg Moskaus fiel zusammen mit dem Untergang das Byzantinschen Reiches. 1453 eroberten die Türken Konstantinopel. Viele Byzantiner flüchteten nach Moskowien, die einzig christlich-orthodoxe Großmacht, die nicht unter islamische Herrschaft geraten war. In Moskau wurde die Theorie vom ›Dritten Rom‹ (nach dem ersten urchristlichen und dem zweiten byzantinischen) zur Staatsdoktrin. Der Fall Konstantinopels brachte der russischen Kirche die Autokephalie, was bedeutet, dass der Metropolit nach seiner Wahl nicht mehr der Zustimmung durch den Patriarchen der orthodoxen Kirchen bedurfte. Noch mehr als bisher also war das kirchliche Oberhaupt nun an den Moskauer Großfürsten gebunden. Die heute wieder augenfällige Symbiose von weltlicher und kirchlicher Herrschaft nahm in dieser Zeit ihren Anfang. Ivan III. heiratete 1472 Sofia, die Nichte des letzten oströmischen Imperators Konstantin XI. Als erster russischer Großfürst ließ Ivan sich als Zaren titulieren und übernahm von Byzanz die autokratische Staatsidee und ihre Symbole: den Doppeladler und das Hofzeremoniell. Der Titel Zar leitet sich vom lateinischen Caesar ab. Ivan III. holte italienische Bauleute ins Land, die unter anderem den Moskauer Kreml errichteten.

Ivans Sohn und Nachfolger Vasilij III. (1505-1533) führte diese Politik im wesentlichen fort. Auch er hatte sich - mehr noch als sein Vater - der Konkurrenz des römisch-katholischen Litauens im Westen und der Krimtataren im Süden zu erwehren. Als Zar Vasilij überraschend starb, war sein Sohn, der zukünftige Ivan IV., gerade einmal drei Jahre alt.

Ivan IV. ist der Nachwelt vor allem unter seinem Beinamen – der Schreckliche – bekannt. Das ist eine nicht ganz exakte Übersetzung des russischen ›Groznyj‹, was eher furchtgebietend, streng, drohend bedeutet. Es heißt, dass in der Nacht vor seiner Geburt ein furchtbares Gewitter das Land heimgesucht haben soll, und schon damals manche Leute prophezeiten, es würde einen schrecklichen Thronfolger geben

Für den Knaben regierte nach dem Tod des Vaters zunächst seine Mutter Elena Glinskaja. Die Bojaren (Angehörige des Hochadels) am Hof wetteiferten um

*Unter Ivan III. wurde mit dem Bau des Moskauer Kreml begonnen*

Vorteil und Einflussnahme auf die Regierungsmacht. Peter Ustinov urteilte dazu voller Bitterkeit in seinem Buch ›Mein Russland‹: »Nur wenige Nationen waren je mit einer so zähen, borniertten und rachsüchtigen Aristokratie geschlagen, wie die Bojaren sie verkörperten … Sie konnten in ihrer hermetischen Exklusivität kaum anders als einander zu hassen – und schienen doch gerade diese Atmosphäre des Hasses zu genießen … ein durch Erbschaft verewigtes Kabinett grauer Eminenzen, von Herrschern und Volk gleichermaßen gefürchtet.«

Ivan erlebte, ähnlich wie anderthalb Jahrhunderte später Peter der Große, seine Kindheitsjahre in einer von Intrigen und Hass vergifteten Umgebung, die seinen Charakter prägte und sein cholerisches Temperament sowie sein später an Verfolgungswahn grenzendes Misstrauen beförderte. Als er das 16. Lebensjahr erreichte, im Jahr 1547, wurde er zum Zaren gekrönt.

Seine Regierungszeit begann mit Reformen und außenpolitischen Erfolgen. Er gründete ein stehendes Heer – die Strelitzen (Schützen) –, mit denen er zwischen 1552 und 1556 das Kazaner und das Astrachaner Khanat eroberte. Ab 1558 führte er in Livland Krieg gegen den von Schweden, Polen und Dänemark unterstützten Deutschen Orden. Nach anfänglichen militärischen Erfolgen musste er seine Ansprüche auf Livland aufgeben. Unter Ivan IV. begann auch die Eroberung Sibiriens durch russische Kosaken.

Der Ausbruch seiner Krankheit, von der man nicht viel weiß, außer dass sie zu von Aggressionen begleiteten Bewusstseinstrübungen führte und ihm seinen Beinamen einbrachte, fällt auf das Jahr 1560. In diesem Jahr begann Ivan, die Bojaren systematisch zu verfolgen. Viele seiner ehemaligen Anhänger flohen außer Landes, andere verloren ihr Leben. Mit der Berufung der sogenannten ›Opričniki‹ (einer Art Leibgarde) scharte er Leute um sich, die ihm den persönlichen Eid leisteten. Sie waren ganz in schwarz gekleidet und bildeten so etwas wie ein legales Terrorkommando. Tausende vermeintliche oder echte politische Gegner wurden gefoltert und ermordet. Ihre Namen notierte der Zar auf Listen

Die Expansion Russlands im 16. und 17. Jahrhundert

und ließ in aufrechter Reue Totenmessen für sie abhaltenDie ›Opričniki‹ wurden nach sieben Jahren des Terrors Opfer ihrer eigenen Gewalttaten. Angeklagt des Landesverrats ereilte die meisten ihrer Anführer die Todesstrafe. Die exklusive Macht des Hochadels aber war gebrochen und - zumindest partiell - in die Hände des Dienstadels übergegangen. Auch die letzten Lebensjahre Ivans waren von Tobsuchtsanfällen begleitet. In einem dieser Momente tötete er 1581 seinen 27 Jahre alten Sohn Ivan – die tragischste Episode seines Lebens. Ivan IV. war insgesamt sieben Mal verheiratet. Als er 1584 starb, hinterließ er zwei Söhne – den 27jährigen Fëdor aus erster und den zweijährigen Dmitrij aus seiner letzten, der siebenten Ehe.

Dem Leben Iwan des Schrecklichen ist der letzte Film Sergej Eisensteins (1898–1948) gewidmet. Erst 1958, fünf Jahre nach Stalins Tod, konnte der zweite Teil öffentlich vorgeführt werden. Die berühmteste Szene des Films ist der ›Tanz der Opričniki‹, eine Performance von ungeheurer. orgiastischer Wucht.

## Boris Godunov

Die geistigen und intellektuellen Fähigkeiten des ältesten lebenden Sohnes Ivan des Schrecklichen und Thronfolgers, des 1557 geborenen Fëdors, befähigten diesen nicht, die Geschicke des Landes zu lenken. Noch vor seinem Tod hatte Zar Ivan deshalb einen Regierungsrat berufen. Ihm gehörte der Bojar Boris Godunov an, dessen Schwester mit Fëdor verheiratet war. Nach einem Jahr hatte sich Godunov der übrigen Ratsmitglieder entledigt und regierte das Land bis zu seinem Tod 1605. Unter seiner Herrschaft entstanden neue Städte und Festungen, erhielt Moskau seine äußeren Verteidigungsringe. Im Osten erreichten Kosakenaufgebote und Kolonisten den östlichen Rand der Westsibirischen Tiefebene. Die Reichtümer Sibiriens verhalfen dem Zaren, dem Adel, dem Klerus und den aufsteigenden Handelshäusern zu Quellen immenser Reichtümer. Und auch der ertragreiche Handel auf der Wolga und über Archangelsk an der Barentssee im Norden mit England erhielt neue Impulse.

Der Status Boris Godunovs als Staatslenker aber war keinesfalls unangefochten. Von Zar Fëdor ging keine Gefahr aus. Doch noch lebte der zweite Nachfahre Ivan des Schrecklichen, dessen jüngster Sohn Dmitrij, Godunow veranlasste die Verbannung des Jungen und seiner Mutter nach Uglič am Oberlauf der Wolga . Alle Ausflugsschiffe von und nach Moskau legen in Uglič an, wo man erfährt, was sich in der Kleimstadt 1591 zugetragen hat oder haben soll. In jenem Jahr starb der 9-jährige Dmitrij durch einen Messerstich am Hals. (→ S. 121) Ob er sich in Folge eines epileptischen Anfalls selbst verletzt hatte oder auf Geheiß Godunovs ermordet wurde, darüber streiten die Historiker bis heute. Sieben Jahre später, 1598, starb auch Zar Fëdor kinderlos.. Boris Godunov ließ sich vom Ständerat aus Vertretern alles Volksschichten, zum Zaren krönen. Der gewaltsame Tod Dmitrijs und der Verdacht, auch hinter dem plötzlichen Ende Fëdors verberge sich die Hand Godunovs, schürten das Misstrauen gegen ihn. Als von 1601 bis 1603 eine schreckliche Hungersnot das Land heimsuchte, sah das Volk in der Not die ›Strafe Gottes‹ für die Verfehlungen des Zaren. Gerüchte, Prinz Dmitrij habe den Anschlag durch ein Wunder überlebt und werde kommen, den Thron zu besteigen, wurden laut und von den Feinden des Zaren geschürt.

Boris Godunov ist eine der faszinierendsten Figuren der russischen Geschichte. Puschkin verfasste in den 20er Jahren des 19. Jahrhunderts eine die letzten Lebensjahre des Zaren behandelnde Tragödie, die Mussorgski als Vorlage für eine Oper verwendete. Puschkins Drama wurde seit 1954 fünf Mal verfilmt, letztmalig 2011. Regisseur Vladimir Mirzoev versetzte die Handlung in das Moskau der Oligarchen im ersten Jahrzehnt des 21. Jahrhunderts.

## Die Jahre der Wirren

1603 erschien am Hof des polnischen Königs ein junger Mann, der behauptete, Prinz Dmitrij, der Sohn Ivan IV. zu sein.. Dass dem so war, halten bis heute nur einige wenige Historiker für möglich. Die meisten sind sich einig, dass es sich bei dem jungen Mann um einen gebildeten Mönch handelte, der in die Rolle des Prinzen schlüpfte und ein geschickter Hochstapler war. Teile des polnischen Adels, insgeheim auch König Sigismund III. und einflussreiche Kirchenleute, allen voran die Jesuiten, unterstützten den echten oder angeblichen Zarensohn. Er trat zum Katholizismus über. Mit Hilfe starker Kosakenverbände und eines polnischen Ritterheeres marschierte Dmitrij im Spätsommer 1604 Richtung Moskau. Im Frühjahr des folgenden Jahres starb Boris Godunov. Verschwörer töteten seinen erst 16jährgen Sohn Fëdor und dessen Mutter. Dmitrij zog im Triumphmarsch in Moskau ein. Angeblich soll seine Mutter ihn als ihren Sohn erkannt haben, was sie später widerrief. Der junge Mann wurde Zar. Seine staatsmännische Sympathie gehörte vor allem den Bauern und dem einfachen Volk, dessen Lebensbedingungen er in seiner kurzen Regierungszeit erleichterte. Gegen Dmitrijs politische Vorlieben rebellierte der Adel, der sich die Vorliebe des jungen Zaren für Katholiken, Lutheraner und polnische Söldner zunutze machte, um auch die Moskauer gegen Dmitrij aufzubringen. Im Mai 1606 stürmte eine aufgebrachte Menge den Kreml, tötete Dmitrij und seine Anhänger. Hinter der Revolte steckte der Bojar Vassilij Šuiskij, der 1591 im Auftrag Boris Godunovs den Tod Dmitrijs als Folge eines epiletischen Anfalls bestätigt und ein Jahr zuvor für die Thronbesteigung Dmitrijs als Sohn Ivan des Schrecklichen Sorge getragen hatte. Nun bestieg er selbst den Thron. In den Wandelgängen der Macht und im Schatten des Zaren ein mächtiger, wendiger und gefürchteter Akteur, wurde ihm die Rolle des Zaren zum Verhängnis. Im Süden tauchte ein neuer Dmitrij auf, der behauptete, auch den zweiten Mord an sich überlebt zu haben und der von Kosaken sowie von gegen Šuiskij intrigierenden Bojaren unterstützt gen Moskau zog, Von Westen marschierte ein polnisches Heer heran. Im Sommer 1610 standen die Moskauer Adligen vor der pikanten Wahl, den Aufständischen aus dem Süden oder den Polen den Vorzug zu geben. Erst einmal entledigten sie sich ihres Zaren Vassilij Šuiskij, dann öffneten sie die Tore der Stadt den Polen. Die Macht ging an einen aus sieben Bojaren bestehenden Fürstenrat über, aber de facto herrschten die Besatzer aus dem Westen.

Gegen sie und deren Pläne, den Sohn ihres Königs auf den Zarenthorn zu heben, regte sich Widerstand im ganzen Land, Bewaffnete Banden nutzten die Gunst der Stunde und verwüsteten viele Städte, vor allem an der Wolga. Der Patriarch rief zur Verteidigung des orthodoxen Glaubens und der russischen Lande auf. In Nižnij Novgorod organisierten die Bürgerschaft und der Adel Hand in Hand den nationalen Widerstand. Geführt von dem Metzger Minin und dem Fürsten Požarskij stürmte und eroberte im Herbst 1612 ein Volksheer Moskau. Seit 2005 wird der 4. November in Erinnerung daran als Feiertag der Einheit des Volkes begangen und ersetzt den unter kommunistischer Herrschaft gültigen 7. November (Jahrestag der Oktoberrevolution).

## Die Dynastie der Romanovs

Vom Januar bis zum März 1613 tagte ein in Moskau einberufener Ständerat zur Berufung eines neuen Zaren. Die Wahl fiel auf den 16-jährigen Michail Romanov. Seine Kandidatur kam allen Beteiligten entgegen. Die Bojaren hofften darauf, den jungen Mann in ihrem Sinne beeinflussen und unter Druck setzen zu können. Die Kosaken waren sich der Gewogenheit des Vaters Michails, Mitropolit Filoret, der unter dem zweiten Dmitrij in ihrem Lager gewirkt hatte, gewiss, Die Romanovs gehörten zu einem alten Fürstengeschecht. Sie hatten gegen die polnischen Interventen opponiert. Eine Romanova, die Urgroßtante Michails, war die erste Ehefrau Ivan des Schrecklichen gewesen, nach deren Tod - vermutlich war sie vergiftet worden - die Zeit des Terrors begonnen hatte.

Michail Romanov regierte das Land bis 1645. Den Thron vererbte er seinem ältesten Sohn Aleksej (1645–1676). Das wichtigste Ergebnis dessen Herrschaft war die endgültige Eroberung Sibiriens durch russische Kosaken. In etwa einem halben Jahrhundert hatten diese die tausende Kilometer messende Distanz zwischen Europa und dem Pazifischen Ozean überwunden, die dortigen Völker

# Geschichte Russlands

*Stepan (Stenka) Razin (1630–1671)*

mit Tribut belegt und sie zu Untertanen des Zaren gemacht. Die sibirischen Pelze verhalfen dem Adel und gewieften Kaufleuten zu enormem Reichtum. In dieser Zeit wütete in Mitteleuropa der Dreißigjährige Krieg, erreichten die Janitscharen des Sultans Wien. Zar Aleksej führte zwischen 1654 und 1667 mehrere erfolgreiche Kriege gegen Polen, das sich aus der Ostukraine zurückziehen musste. Die Gebiete östlich des Dnepr, einschließlich der Hauptstadt Kiev, fielen an Russland. Gut 100 Jahre später gelangte auch die westliche Ukraine, mit Ausnahme Galiziens, unter russische Herrschaft.

Boris Godunov hatte die feudale Abhängigkeit der russischen Bauern verschärft, Zar Aleksej schrieb sie mit Gesetzen fest. Entflohenen Leibeigenen drohten nun noch drakonischere Strafen. Schon Godunovs Neuerungen hatten Bauernaufstände zur Folge gehabt. Nun empörten sich die Kosaken, bei denen flüchtige Leibeigene traditionell Schutz fanden, und Bauern gemeinsam. Der Anführer des Aufstandes, Stepan Razin, wurde nach der Niederschlagung 1671 öffentlich in Moskau hingerichtet (→ S. 296).

## Kirchenspaltung

Von das Land erschütternden, bis in die Gegenwart nachhallenden Folgen waren die unter Zar Aleksej bewirkten kirchlichen Reformen, die eine tiefe religiöse Spaltung zur Folge hatten. Als unversöhnliche Gegner im Streit um die wahre Auslegung des wahren Glaubens standen sich zwei charismatische Kirchenmänner gegenüber: der 1652 zum Patriarchen geweihte Nikon und sein Widersacher Avvakum. Nikon betrieb, unterstützt vom Zaren und einer Mehrheit des höheren Klerus, Reformen, die auf eine Anpassung der Liturgie an die in den anderen orthodoxen Kirchen üblichen rituellen Handlungen hinausliefen. Dagegen wehrten sich Avvakum und seine Anhänger. Insbesondere über die Frage, ob das Kreuz wie bisher üblich mit zwei oder, wie nun von Nikon verlangt, mit drei Fingern zu schlagen sei, entbrannte ein erbitterter Streit. Der Anlass scheint aus heutiger Sicht nichtig, aber es ging neben theologischen Erwägungen in dieser Angelegenheit um die in der russischen Geschichte immer wieder aufs Neue aufgeworfene Frage, ob Russland auf seinem exklusiven Sonderweg bestehen oder sich den europäischen Einflüssen öffnen solle. Avvakum vertrat jene, die an den ehernen Traditionen um jeden Preis festhalten wollten. Er wurde nach Sibirien verbannt, kehrte zurück, wurde erneut verbannt, was seinen Einfluss, vor allem auf die niedrige Geistlichkeit, jedoch eher verstärkte. Schließlich endete er 1682 auf dem Scheiterhaufen und starb als Märtyrer für seinen Glauben. Selbstverbrennungen im ganzen Land waren die Folge. Die am früheren Ritual festhaltenden und in strenger Askese lebenden Anhänger Avvakums erhielten den Namen ›Altgläubige‹. Ihre rücksichtslose Verfolgung hatte zur Folge, dass sie sich in kaum zugängliche Gegenden bis in die Tiefen Sibiriens zurückzogen. Altgläubige Gemeinden gibt es heute noch in vielen Gegenden Russlands, in Polen, den USA und Kanada.

## Peter der Große

Der am 9. Juni 1672 geborene Peter wurde mit zehn Jahren zum Zaren Peter I. gekrönt und ging in die russische Geschichte als ›Peter der Große‹ ein. Der Beiname bezieht sich sowohl auf seine mit angeblich 2,04 Metern stattliche Körpergröße als auch auf sein Lebenswerk. Zweifellos gehört Peter zu den beeindruckendsten und wirkungsmächtigsten Herrschern der russischen Geschichte.

Die Kinder- und Jugendjahre des Zaren waren wie die Ivan des Schrecklichen 150 Jahre zuvor von blutigen Intrigen zwischen den Bojaren um die Vorherrschaft am Hof überschattet. Schon früh begeisterte sich Peter für das Leben, das Wissen und die Handwerkskunstder Ausländer in der Moskauer Vorstadt. 1697 begab er sich inkognito mit einer ›Großen Gesandtschaft‹ nach Westeuropa. Dort wollte er den Schiffbau und andere Handwerkstechniken erlernen, was Albert Lortzing zu seiner bekannten Oper ›Zar und Zimmermann‹ inspirierte.

Peter war der erste russische Zar, der sein Land verließ. Beeindruckt von den technischen Fortschritten in Westeuropa, kehrte er mit der festen Absicht nach Russland zurück, sein Land aus seiner – wie er es sah – schwerfälligen

*Das Denkmal für Zar Peter I. in Moskau*

# Geschichte Russlands

## Land und Leute

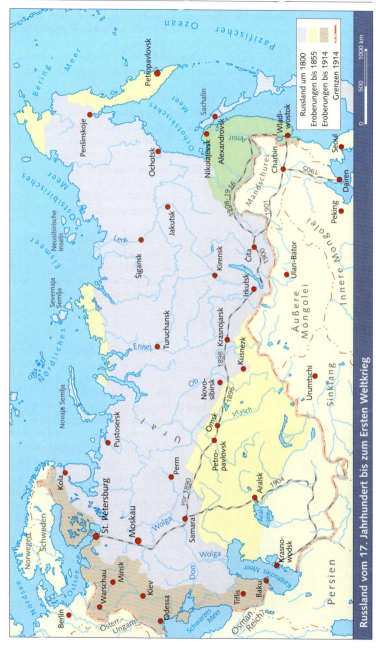

Russland vom 17. Jahrhundert bis zum Ersten Weltkrieg

Rückständigkeit zu reißen. Die schier unermessliche Energie, mit der er sich ans Werk machte, schürte Gerüchte, der wahre Zar sei im Westen in Wahrheit durch einen anderen ausgetauscht worden. Peter verlangte seinen Untertanen bei der Umwandlung des Landes und den von ihm geführten Kriegen kaum vorstellbare Opfer ab. Allein bei der Errichtung seiner neuen Hauptstadt kamen zehntausende Leibeigene ums Leben.

Seine Reformen betrafen alle Lebensbereiche, von den Bärten, die er den Bojaren abschneiden ließ, bis zur Kirche, die er dem Thron unterstellte. Er führte fast 20 Jahre lang Krieg gegen die Schweden, denen er die Vormachtstellung in der nördlichen Ostsee entriss, schuf die russische Flotte quasi aus dem Nichts, verlegte die Hauptstadt seines Reiches aus Moskau in das von ihm gegründete Sankt Petersburg, holte tausende ausländische Spezialisten ins Land, gründete Akademien, führte den julianischen Kalender ein und ließ sich 1721 zum Imperator (Kaiser) ausrufen. Diesen Titel trugen nach ihm bis 1917 alle russischen Zarinnen und Zaren. Unter Peters Herrschaft verwandelte sich Russland in eine europäische Großmacht.

Seine erste Frau verbannte der Zar, weil er sie der Verschwörung verdächtigte, ins Kloster. Ihr gemeinsamer Sohn, der Thronfolger Aleksej, wurde 1718 wegen Intrigen gegen seinen Vater und Landesverrat zum Tode verurteilt und starb im Gefängnis. 1712 heiratete Peter der Große die Magd Marta Skavronskaja, die nach seinem Tod im Jahr 1725 als Katharina I. zwei Jahre Kaiserin war.

## Die Ära der Zarinnen

Auf Katharina I. folgte Peter II., Sohn des 1718 verstorbenen Prinzen Aleksej. Peter II. starb 1730 im Alter von 15 Jahren; mit ihm verlosch die männliche Linie der Romanovs. Die einflussreichsten Bojaren entschieden, Anna, eine Nichte Peters des Großen, Tochter seines älteren, früh gestorbenen Bruders Ivan V., auf den Thron zu berufen. Ihre Regierungszeit ging als die ›deutsche Periode‹ in die russische Geschichte ein. Einer der einflussreichsten Männer jenes Jahrzehnts war Ernst Johann von Biron, ein livländischer Adliger und Geliebter Annas. Anna starb kinderlos und vermachte den Thron ihrem Großneffen Ivan VI. Der designierte Zar war gerade einmal ein Jahr alt. Für ihn regierte seine Mutter, Anna Leopoldovna, Tochter des Herzogs Karl Leopold von Mecklenburg und einer Schwester Annas.

Hinter den Kulissen tobte ein erbitterter Machtkampf, und im Hintergrund wartete die Tochter Peter des Großen aus seiner zweiten Ehe, Eli-

*Katharina II.*

sabeth Petrovna, auf die Gunst der Stunde. Am 6. Dezember 1741 ritt sie an der Spitze der kaiserlichen Garde zum Palast in Petersburg, entmachtete die Regierung und ließ sich selbst zur Zarin krönen. Den kleinen Ivan ließ sie zusammen mit seinen Eltern, Verwandten und Würdenträgern inhaftieren. Die lebensfrohe, prunksüchtige und eigensinnige Elisabeth regierte bis 1761. Sie besaß diplomatisches Geschick, gesundes Urteilsvermögen und Charme. Sie liebte glänzende Bälle, Jagdausflüge und prunkvolle Zeremonien. Von einem der talentiertesten Baumeister ihrer Zeit, dem Italiener Francesco Bartolomeo Rastrelli (1700–1771), ließ sie sich in Petersburg das Winterpalais bauen. Die Ära Elisabeths war auch die des Universalgelehrten Michail Lomonosov (1711–1765), einer der Initiatoren der 1755 in Moskau gegründeten ersten Universität auf russischem Boden. Elisabeth wichtigste außenpolitische Tat war die Beteiligung einer russischen Armee am Siebenjährigen Krieg. Diese kämpfte auf der Seite der Kriegsgegner Preußens und besetzte im Oktober 1760 für drei Tage Berlin.

Als Elisabeth am 5. Januar 1762 starb hinterließ sie ihrem Land eine durch den Krieg, Verschwendungssucht und Günstlingswirtschaft leere Staatskasse. Auch sie hatte keine Kinder. Den Thron vermachte sie ihrem Neffen Karl Peter Ulrich von Holstein-Gottorf (1728–1762), ältester Sohn ihrer Schwester Anna, ein Enkel also Peters des Großen. Als Peter III. regierte er lediglich ein halbes Jahr. Unmittelbar nach Machtantritt scherte er aus der Koalition gegen Friedrich II. aus, und trug mit dieser Entscheidung maßgeblich dazu bei, dass das in arge Nöte geratene Preußen nicht als Besiegter aus dem Krieg schied. Er umgab sich mit deutschen Beratern, stützte sich auf eine holsteinische Garde und träumte von einem Feldzug gegen die Dänen zur Rückeroberung der von diesen besetzten Teile Holsteins. Zudem schaffte er die Geheimpolizei ab, verbot die Folter, befreite den Adel von seiner Dienstpflicht und beabsichtigte, die Rechte der orthodoxen Kirche zu beschneiden. Gerüchte kursierten, er wolle die Leibeigenschaft aufheben.

Nicht seine Poltik aber kostete ihn Leben und Thron, sondern die geplante Scheidung von seiner Ehefrau, Sophia Friederike Augusta von Anhalt-Zerbst. Bei ihrem Übertritt zum orthodoxen Glauben hatte diese den Namen Katharina angenommen hatte. Wie schon Elisabeth brachte sie einige junge Offiziere der Garde auf ihre Seite, die gegen den Zaren revoltierte. In dessen Abwesenheit ließ sie sich in Petersburg zur Zarin ausrufen. Peter verzichtete auf den Thron und verstarb wenige Tage später unter ungeklärten Umständen. Ob er auf Geheiß Katharinas von einem ihrer Getreuen und Liebhaber – wie es heißt – im Streit getötet wurde, ist fraglich.

## Katharina II.

Als Katharina II. regierte Sophia von Anhalt-Zerbst bis 1796 – überaus erfolgreich. Sie legte sich das Image einer aufgeklärten Monarchin zu, korrespondierte mit Voltaire, schrieb Theaterstücke und reformierte das Land. Während ihrer Regentschaft entstanden die ersten staatlichen Schulen für Kinder aus allen Ständen.

Zur Vervollkommnung der russischen Sprache gründete sie eine Akademie und legte die Grundlagen für eine vom Staat getragene Medizin. Eine eigens berufene Kommission befasste sich mit dem Umbau der russischen Städte im von der Zarin geliebten Stil des Klassizismus. Im Toleranzedikt von 1773 verkündigte sie die Duldung aller Religionen, ausgenommen der Juden, die seit der Teilung Polens in großer Zahl zu ihren Untertanen geworden waren. Die am meisten benachteiligten Menschen während ihrer Regierungszeit waren die Leibeigenen - fast die Hälfte der Bevölkerung, die während ihrer Herrschaft selbst das Recht, sich über ihre Herren zu beschweren, verloren. Etliche Aufstände waren die Folge, Katharinas Feldherren eroberten die Krim und Teile des Nordkaukasus, ihre Diplomaten vollendeten die Teilung Polens. Die Hauptstadt wuchs und nahm Formen an. Mit dem Reiterstandbild Peter des Großen begründete sie den staatstragenden Kult um den Zaren, der das ›Fenster nach Europa‹ aufgestoßen hatte.

Auch Katharina bezeichnet man oft als ›die Große‹. Das war sie, sowohl in der Politik als offensichtlich auch in der Liebe. Ihren zahlreichen Liebhabern – die Brüder Orlov, Fürst Potëmkin und der letzte polnische König Stanislaus II., um nur die wichtigsten zu nennen – schenkte sie Titel, Geld und Paläste. Katharinas Genie bestand darin, ihre Männer als treueste, wenn auch schwierige Verbündete an sich zu binden.

Die Französische Revolution 1789 verunsicherte die Zarin. Während ihrer letzten Lebensjahre änderte sie ihre Innenpolitik. Erstmals kam es zu massivem Druck auf jeden kritischen Geist, der die angestammte Ordnung, ihren Regierungsstil oder die Leibeigenschaft in Frage stellte.

Katharinas Ehe mit Peter III. entstammte ein Sohn, der 1754 geborene Paul. Katharina mochte ihn nicht, da er nach ihrem Geschmack zu sehr seinem Vater, dem von ihr gestürzten Peter, ähnelte; sie schloss ihn vom Regieren aus. Im Jahr 1796, nach dem Tod seiner Mutter, bestieg Paul I. den Thron. Er entließ alle ihre politischen Gefangenen aus der Haft, beschränkte die Rechte des Adels,

*Napoleon vor dem brennenden Moskau. Zeichnung von Albrecht Adam*

*An der Wolga bei Kazan*

verbesserte die Lage der Bauern und verschärfte aus Angst vor dem Einfluss liberaler Ideen die Zensur. Als Großmeister des Malteserordens verübelte er den Engländern die Annexion Maltas und plante eine militärische Intervention in Indien. Der englische Gesandte in Sankt Petersburg unterstützte Staatsbeamte und Offiziere der Garderegimenter, die gegen Paul intrigierten. Im März 1801 drangen Verschwörer in das Schlafzimmer des Zaren. Paul wehrte sich, versuchte durch einen Geheimgang zu fliehen, vergebens: Er fand den Tod.

## Der Krieg gegen Napoleon und die Dekabristen

Den Thron bestieg nun derjenige, für den ihn Katharina II. vorgesehen hatte: ihr Enkel Alexander I. Seine Mutter war Sophie Dorothee von Württemberg, die zweite Ehegattin Pauls I. Der neue Zar – er war jung gut aussehend und galt als liberal – genoss von Beginn seiner Herrschaft an die Sympathien seiner Untertanen. Er begann mit der Einsetzung einer Reformkommission. Deren Vorschläge, die auf eine Gewaltenteilung, die Abschaffung der Leibeigenschaft und die Umwandlung des Staates in eine konstitutionelle Monarchie hinausliefen, trafen auf den erbitterten Widerstand seitens der konservativen Eliten.

Zudem gab es Wichtigeres zu tun, denn Napoleon hatte das europäische Staatengefüge durcheinander gewirbelt. Die beiden Kaiser trafen sich 1807 in Tilsit, in einem auf zwei Flößen in der Mitte der Memel erbauten Pavillon. Alexander bewunderte Napoleon und hegte die Illusion, mit diesem Europa eine neue Ordnung zu geben. Er war deshalb zutiefst enttäuscht, als die ›Große Armee‹ 1812 in Russland einfiel. Nach einer blutigen Schlacht vor den Toren Moskaus zog sich die russische Streitmacht zurück. Die Franzosen besetzten Moskau, das von seinen Bewohnern in Brand gesteckt wurde. Napoleon blieb nichts anderes übrig, als geschlagen nach Frankreich zurückzukehren. Der eisige russische Winter und die ständigen Überfälle der Partisanen dezimierten seine Armee; nur ein kleiner Teil seiner Soldaten erreichte die Heimat. Zwei Jahre später zog Zar Alexander an der Spitze seiner Truppen in Paris ein. Leo Tolstois Roman ›Krieg und Frieden‹ zeichnet ein großartiges Sittengemälde dieser Zeit.

Der Zar neigte nach seinem Sieg immer mehr zu religiöser Schwärmerei, während in Teilen des jungen Adels die liberalen Gedanken der Anfangsjahre von Alexanders lebendig geblieben waren. Als Alexander am 1. Dezember 1825 starb und sein jüngerer Bruder Konstantin die Krone ausschlug, mobilisierten einige hundert Verschwörer die Petersburger Garderegimenter. Sie bezogen am Senatsplatz, in etwa dort, wo sich heute der Alexandergarten befindet, Ihre Forderungen liefen auf eine Beschneidung der Zarenmacht und die Abschaffung der Leibeigenschaft hinaus. Nikolaus, der jüngere Bruder von Alexander und Konstantin, sah die Dynastie bedroht, ließ Kanonen auffahren und schießen; hunderte Soldaten starben. Fünf der Verschwörer ließ Nikolaus hinrichten; mehr als hundert verbannte er nach Sibirien. Da die Revolte im Dezember (russisch: dekabr) stattgefunden hatte, gingen ihre Protagonisten als Dekabristen in die Geschichte ein. Die wahren Heldinnen der Revolte aber waren die Frauen der verbannten Adligen, die ihren Ehemännern in die sibirische Einöde folgten.

Nikolaus I. unterdrückte jede kritische politische Regung. Den größten russischen Dichter seiner Zeit, Alexander Puschkin (1799–1837), der den Dekabristen politisch nahe stand, zensierte er höchstpersönlich. Er holte ihn nach Petersburg und gab ihm einen Titel. Gefangen in einem Netz aus höfischen Intrigen um ihn und seine zauberhafte, begehrenswerte Ehegattin, ließ sich Puschkin auf ein Duell ein, das ihn im Januar 1837 das Leben kostete. Puschkin, der Nachfahre eines von Peter dem Großen umsorgten und geförderten äthiopischen Sklavenjungen, beendete sein Leben, bevor er den Gipfel seines literarischen Ruhmes erreicht hatte. Kaum ein Schriftsteller vor und nach ihm wurde und wird von seinen Landsleuten so geliebt wie er. Einige seiner Zeilen kennt wohl jeder Russe auswendig. Vier Jahre später wurde Michail Lermontov (1814–1841), ein anderer herausragender russischer Dichter ebenfalls im Duell getötet.

*Zar Nikolaus II. und die Zarin als Marionetten in Rasputins Händen*

Die beiden gewaltsamen Tode der freiheitsliebenden Dichter können als symbolisch für die repressive Herrschaft von Nikolaus angesehen werden. Der Zar war persönlich integer, aber kein glanzvoller Herrscher. Sein politisches Programm lief auf die Formel ›Zar, Rechtgläubigkeit und Volk‹ hinaus. Unter Nikolaus entstand die

*Arbeiterdemonstration in St. Petersburg 1917*

erste russische Eisenbahnlinie von Petersburg in den Vorort Pavlovsk, später die Strecke zwischen der Hauptstadt und Moskau. Wie marode aber das Land in seinem Innern war, zeigte die Niederlage im Krim-Krieg 1854/56 gegen Frankreich, England und die Türkei.

## Von Alexander II. zu Nikolaus II.

Nikolaus' Sohn, Alexander II., bestieg 1856 den Thron. Er schaffte 1861 die Leibeigenschaft ab und brachte eine Gerichts- und eine Verwaltungsreform auf den Weg. Tiefe Risse durchzogen in dieser Zeit die russische Gesellschaft. Volkstümler, die den Bauern Bildung und Kultur bringen wollten, Anarchisten, Nihilisten und Terroristen, Liberale und nationalistische Slawophile vertraten vehement ihre teils radikalen Überzeugungen. Viele der ›befreiten‹ Bauern saßen in der Schuldenfalle, und ein zunehmend selbstbewusstes Bürgertum stieß an die von der zaristischen Autokratie gesetzten Grenzen.

Die Brüchigkeit der Verhältnisse zeigt sich auch in den fünf Attentaten, die auf Alexander II. verübt wurden; er überlebte sie, starb aber an den Folgen des sechsten: Im März 1881 detonierte unter seiner Kutsche eine Bombe; wenige Stunden später erlag er den Verletzungen. Sein Nachfolger Alexander III., der bis 1894 mit straffer Hand regierte, ließ am Petersburger Griboedov-Kanal, dort wo sein Vater tödlich verwundet wurde, die Erlöser-Blut-Kirche (→ S. 174) errichten.

Die Regierungszeit des letzten Zaren, Nikolaus II. (1894–1917), begann mit einem Fiasko. Während des traditionellen Volksfestes anlässlich der Krönungsfeierlichkeiten in Moskau wurden tausende Menschen, die eines der 400 000 vom Zaren versprochenen Geschenke erhaschen wollten, auf einem für das Fest völlig ungeeigneten Truppenübungsplatz (Chodynka) zertrampelt. 1896 streikten 30 000 Textilarbeiter, drei Jahre später erfasste ein Generalstreik der Studenten das ganze Land. Die radikale Jugend war prowestlich orientiert; der Marxismus wurde unter ihnen zur Mode. Lenin war in jenen Jahren in der sibirischen Verbannung. Die Schriftsteller Anton Tschechow (1860–1904) und Maxim Gorki (1868–1936) haben in ihren Werken die Umbrüche in diesen Zeiten festgehalten.

Der Krieg gegen Japan 1904/05 endete für Russland mit einer Niederlage, auch innenpolitisch kam das Land nicht zur Ruhe. Im Januar 1905 nahmen weit mehr als 100 000 Bürger an einer Demonstration in Petersburg teil und forderten Reformen. Der Stadtkommandant des Zaren ließ Kosaken und Militär in die Menge schießen. Hunderte Menschen starben im Kugelhagel. Der ›Blutsonntag‹ führte zu Massenprotesten und Aufständen. Der Zar sah sich zur Einrichtung einer Duma, dem ersten russischen Parlament, und zur Zulassung von Parteien gezwungen. Grundlegende Veränderungen nahm er aber nicht in Angriff, die sozialen Spannungen blieben bestehen. 1898 gründete sich in Minsk die Sozialdemokratische Arbeiterpartei Russlands, die sich fünf Jahre später in Bolschewiki (Mehrheit) und Menschewiki (Minderheit) spaltete. Die Bolschewiki um Lenin strebten als Kaderpartei nach der Macht, während die Menschewiki eher sozialdemokratische Positionen vertraten.

Die Jahre von 1905 bis zum Beginn des Ersten Weltkrieges nennt man auch das ›Silberne Zeitalter der russischen Kultur. Dichtung, Theater, Ballett, glanzvolle Salons sowie heftige Debatten über Kunst und Philosophie waren prägend für diese Dekade. Inzwischen war Grigorij Rasputin (1869–1916), ein sibirischer Bauer und Wunderheiler, zum Vertrauten der Zarenfamilie geworden. Rasputin vermochte als einziger, die Leiden des Thronfolgers Aleksej, der ein Bluter war, zu lindern. Vor allem die Zarin sah in ihm den Retter ihres Sohnes und des ganzen Landes. Rasputin selbst prophezeite: »So lange ich am Leben bin, wird dem Zaren nichts passieren!« Im Dezember 1916 luden ihn einige junge Aristokraten zu einem Gastmahl, bei dem sie den Wunderheiler zunächst vergifteten und, als das nichts half, mit Schüssen durchsiebten. Zwei Monate später sah sich der Zar nach Massenprotesten zur Abdankung gezwungen.

Der Grund war natürlich nicht der gewaltsame Tod Rasputins. Der Erste Weltkrieg hatte das Land ruiniert. Die Risse, die die russische Gesellschaft durchzogen, hatten sich zu Gräben vertieft. Neue politische Kräfte drängten an die Macht. Zar Nikolai II. und seine engste Umgebung waren dem nicht gewachsen.

## Revolutionen und Bürgerkrieg

Eine provisorische Regierung aus Vertretern bürgerlicher und sozialistischer Parteien übernahm nach Abdankung des Zaren die Regierungsgewalt. Sie setzte den Krieg fort. Die Macht an der Basis aber ging nach und nach an die von den

*Lenin und Stalin Anfang der 1920er Jahre*

Bolschewiki geführten Sowjets (Räte) über. In der Nacht vom 24. zum 25. Oktober 1917 vollendeten revolutionäre Arbeiter und Matrosen den Umsturz. Lenin wurde Vorsitzender der neuen Regierung, des Rates der Volkskommissare, verkündete den Austritt Russlands aus dem Krieg, das Recht auf Selbstbestimmung der Völker und das Dekret über den Grund und Boden. Im März 1918 verlegte die neue Regierung den Regierungssitz nach Moskau. Der Bürgerkrieg begann, der das Land in ein fürchterliches Chaos stürzte und mit dem militärischen Sieg der ›Roten‹ über die ›Weißen‹ endete. Boris Pasternak (›Doktor Schiwago‹), Isaak Babel (›Die Reiterarmee‹), Michail Šolochov (›Der stille Don‹) und Michail Bulgakov (›Die weiße Garde‹) haben neben vielen anderen berühmten Schriftstellern aus unterschiedlicher Perspektive über diese Ereignisse Werke verfasst, die heute zur Weltliteratur gehören. Krieg und Bürgerkrieg verwüsteten das Land und die Seelen der Menschen in einem unvorstellbaren Ausmaß. Den neuen und nun stabilen Herrschaftsverhältnisse wurde auch äußerlich Gestalt gegeben: 1924 gründete sich die ›Union der Sozialistischen Sowjetrepubliken‹.

## Die Herrschaft Stalins

Lenin starb nach längerer Krankheit im Januar 1924. In einem geheimen Brief hatte er treffende Charakteristiken seiner potentiellen Nachfolger verfasst und vor Stalins Machtstreben gewarnt. Doch der hielt als Sekretär, d.h. Vorsitzender der Partei die Fäden in der Hand.

Stalin, eigentlich Jossif Vissario-novič Džugašvili (1878–1953), war der Sohn eines georgischen Schusters mit ossetischen Wurzeln und einer Putzfrau. Nach seiner Schulzeit besuchte er das orthodoxe Priesterseminar von Tbilisi, wo er in Kontakt mit marxistischen Zirkeln kam. Nach seiner Exmatrikulation wurde er Berufsrevolutionär, organisierte Streiks und überfiel Banken. Mehrmals geriet er in die Fänge der Geheimpolizei, konnte aber meist fliehen. Er nahm den Parteinamen Stalin (›der Stählerne‹) an. Anfang 1917 kehrte er aus der sibirischen Verbannung (in Turuchansk, am Enisej) zurück und begab sich nach Petrograd. Im Sommer jenen Jahres stieg er in die Führungsriege der bolschewistischen Partei auf. In der ersten Regierung Lenins bekleidete er den Posten des Volkskommissars (Ministers) für Nationalitätenfragen. Seit 1922 war er Sekretär der bolschewistischen Partei.

*Vor der Unterzeichnung des Nichtangriffspaktes. Links Außenminister Molotow, daneben Stalin, rechts Außenminister von Ribbentrop*

Nach Lenins Tod entledigte sich Stalin Schritt für Schritt der einflussreichsten Konkurrenten im Partei- und Staatsapparat. Ende der 1920er Jahre zwang er Leo Trotzki (1879–1940) ins Exil, wo er im Auftrag der Geheimpolizei 1940 mit einem Eispickel erschlagenwurde. Andere einflussreiche Funktionäre wie Grigorij Zinovev (1883–1936), Lev Kamenev (1883–1936) und Nikolai Bucharin (1888-1938) wurden nach spektakulären Schauprozessen des Hochverrats für schuldig befunden und erschossen.

Nach einem quasikapitalistischen Intermezzo propagierte Stalin seit Ende der 1920er Jahre den Aufbau des Sozialismus. Der erste Fünfjahresplan zielte auf die Industrialisierung des zurückgebliebenen Agrarlandes. Die Mittel dazu kamen aus der Landwirtschaft. Zur besseren Kontrolle der Bauern und um die Produktion zu steigern, wurden sie in Kolchosen (Genossenschaften) gepresst. Millionen Menschen in der Ukraine und Südrussland fielen Anfang der 1930er Jahre einer künstlich erzeugten Hungersnot zum Opfer.

Die Jahre von Herbst 1936 bis Ende 1938 gingen als die Zeit des ›Großen Terrors‹ in die Geschichte ein. Mehr als 1,5 Millionen Menschen wurden verhaftet; die Hälfte von ihnen erschossen, die andere zu Zwangsarbeit im GULAG (Glavnoe upravlenie ispravitelno-trudovych lagerej – Hauptverwaltung der Umerziehungs- und Arbeitslager) verurteilt.

Dem Terror fielen auch viele Dichter und Schriftsteller des ›Silbernen Zeitalters‹ zum Opfer; anderen wurde das Schreiben verboten. In den 20er Jahren hatten Regisseure wie Sergej Eisenstein, Aleksandr Dovženko und Grigorij Kozincev Kunstwerke geschaffen, die in die Filmgeschichte eingegangen sind. Doch die Luft in der Kunst wurde dünn. Der 1934 gegründete Schriftstellerverband mit Maxim Gorki an der Spitze erklärte den ›Sozialistischen Realismus‹ zum Dogma.

## Der Zweite Weltkrieg

Im August 1939 unterschrieben der sowjetische und der deutsche Außenminister einen Nichtangriffsvertrag, der in einem geheimen Zusatzprotokoll die Aufteilung der Einflusssphären zwischen den beiden Staaten festschrieb. Aus Sicht der deutschen Regierung war dieses Abkommen eine wichtige Grundlage, um einen Krieg gegen Polen beginnen zu können, Stalin erhielt einen Blankoscheck zur Okkupation der drei baltischen Länder Estland, Lettland und Litauen, Ostpolens und eines Teiles von Finnland. Zu diesem Zeitpunkt hatten die Alliierten bereits Spanien und die Tschechoslowakei aufgegeben, und auch auf den deutschen Einmarsch in Polen am 1. September 1939 reagierten sie zwar mit Kriegserklärungen, nicht aber mit Hilfe für die Überfallenen.

Unter Bruch des Nichtangriffsvertrages und ohne, dass die deutsche Regierung der sowjetischen zuvor eine Kriegserklärung übermittelt hatte, überschritten am 22. Juni 1941 die deutsche Armeen die sowjetische Westgrenze. Stalin war von dem Überfall völlig überrascht, obwohl es zuvor deutliche Hinweise auf eine Konzentration deutscher Truppen. Auch die Rote Armee traf der Kriegsbeginn gänzlich unvorbereitet. Seine fähigsten Offiziere hatte Stalin umbringen lassen, das Heer war miserabel organisiert. Innerhalb weniger Wochen gerieten drei Millionen schlecht bewaffnete und kaum ausgebildete Soldaten in deutsche Gefangenschaft. Im November 1941 standen deutsche Panzer in den Vororten von Moskau und Leningrad. Stalin appellierte an die Vaterlandsliebe seiner Landsleute und schloss einen Pakt mit der Kirche, die nun sogar Priester in die Armee schicken durfte. In einem Kraftakt ohnegleichen wurden hunderte Betriebe westlich der Wolga evakuiert, abtransportiert und im Hinterland wieder aufgebaut.

In einer ersten Gegenoffensive schlug die Rote Armee im Dezember 1941 die erschöpften deutschen Truppen zurück, die Lage stabilisierte sich. Die Kapitulation der 6. Armee in Stalingrad im Januar 1943 markierte den Wendepunkt des Krieges. An seinem Ende stand die Eroberung Berlins durch sowjetische Truppen im Mai 1945. Der Krieg vernichtete in der Sowjetunion zahllose Ortschaften sowie viele Kulturgüter von unschätzbarem Wert; nach offiziellen Zahlen kostete er rund 20 Millionen Sowjetbürger das Leben.

## Kalter Krieg und Tauwetter

Die USA, Großbritannien und die Sowjetunion hatten sich auf den Konferenzen von Teheran, Jalta und schließlich in Potsdam im Sommer 1945 auf eine europäische Nachkriegsordnung verständigt. Doch die Koalition, die vor allem ihre Gegnerschaft zu Deutschland und seinen Verbündeten geeint hatte, zerbrach unmittelbar nach Kriegsende. Churchill sprach in seiner berühmt gewordenen Rede in Fulton erstmals von einem ›Eisernen Vorhang‹ zwischen Ost- und Westeuropa, Stalin ließ seine Physiker unter Hochdruck an der Atombombe bauen – mit Erfolg. Seit Anfang der 1950er Jahre war die Welt von sich zwei gegenüberstehenden Supermächten und ihren Einflusssphären dominiert. NATO und

*Nikita Chruschtschow 1959*

die Staaten des Warschauer Vertrags standen sich gegenüber, das Wettrüsten begann, und lokale Konflikte in Afrika, Asien und Latein- und Mittelamerika waren im Kern oft Stellvertreterkriege.

Stalin starb im März 1953. Zunächst riss sein langjähriger Weggefährte Lavrentij Berija (1899–1953) die Macht an sich. Der ehemalige Chef des Geheimdienstes war verantwortlich für unzählige Morde, hatte zu viel Blut an den Händen und zu viele Feinde; und er wusste zu viel. Im Sommer 1953 verurteilte ihn ein Schnellgericht zum Tode.

Generalsekretär wurde der impulsive Nikita Chruschtschow, der seinen Landsleuten den Kommunismus versprach und dem Klassenfeind das Ende. Dazu wäre es in der Karibik-Krise, als die Sowjetunion Nuklearraketen auf Kuba stationieren wollte, auch fast gekommen – allerdings für beide Seiten.

Nikita Chruschtschow rehabilitierte die Opfer des Stalinschen Terrors und holte Millionen unschuldiger Menschen aus den Lagern heim. Als ›Tauwetter‹ ist seine Amtszeit in die sowjetische Geschichte eingegangen. Vieles wurde möglich, was unter Stalin undenkbar war. Ein Aufatmen ging durchs Land, begleitet von der Hoffnung, dass nun alles besser würde. Die Sowjetunion schickte als erstes Land einen Satelliten und einen Menschen ins All; überall wurde gebaut. Während einer Vollversammlung der UNO schlug Chruschtschow, um sein Missfallen auszudrücken, mit dem Schuh aufs Rednerpult, was die meisten seiner Landsleute goutierten. Spontane und oft von mangelnder Sachkenntnis begleitete Entscheidungen Chruschtschows, vor allem in der Wirtschaftspolitik, untergruben jedoch seine Autorität. So brachte er zum Beispiel von einer Reise in die USA die Idee mit, Mais anzubauen. Millionen Hektar Land wurden mit katastrophalen Folgen zwangsweise auf die Produktion von Mais umgestellt. Diese Fehler waren der Auslöser für seinen Sturz. Das Politbüro zwang ihn 1964 nach einer hochdramatischen, geschickt eingefädelten Intrige zurückzutreten. Leonid Breschnew, ein leutseliger und beliebter Parteikader, wurde Generalsekretär und blieb es bis zu seinem Tod 1982.

## Die Jahre der Stagnation

Die ersten Jahre Breschnews haben viele Zeitgenossen als ›Goldenes Zeitalter‹ in Erinnerung. Andere erinnern daran, dass mit Breschnew jene Kader in der Kommunistischen Partei Oberwasser gewannen, die eine harte ideologische Linie bevorzugten. Chruschtschows Liberalismus war ihnen zu weit gegangen. Schon Pasternak war aus dem Schriftstellerverband ausgeschlossen worden, als sein ›Doktor Schiwago‹ im Westen erschien und ihm 1958 der Nobelpreis für

Literatur verliehen wurde. Andererseits wurden auch Werke veröffentlicht, die sich mit dem Stalinismus auseinander setzten, beispielsweise Alexander Solschenizyns erste Erzählungen. Doch der ›Archipel GULAG‹, für den er 1970 den Nobelpreis erhielt, durfte nur im Ausland erscheinen; der Schriftsteller wurde aus der Sowjetunion ausgewiesen.

Politische Prozesse waren auch in den 1970er und 1980er Jahren keine Seltenheit. Menschenrechtsgruppen wurden verfolgt, Andersdenkende isoliert. Neben Solschenizyn verließen viele Intellektuelle, Künstler und Juden das Land. Schattenwirtschaft und Korruption

*Boris Jelzin, der erste Präsident Russlands*

blühten. Der Koloss Sowjetunion hatte sich zwar mit der Entspannungspolitik dem Westen geöffnet, aber als die Führung mit dem Einmarsch in Afghanistan der auch vom Westen betriebenen Konfrontation nicht auswich, geriet das Land an den Rand seiner wirtschaftlichen Möglichkeiten.

Zwischen Breschnews Tod 1982 und Gorbatschows Wahl zum Generalsekretär 1985 regierten zwei Generalsekretäre, Jurij Andropow (1914–1984), zuvor Chef des KGB, und Konstantin Tschernenko (1911–1985). Andropow stand für Reformen, Tschernenko für ideenlose Starrheit. Beide hatten sie gesundheitlich bereits stark angeschlagen das Amt übernommen.

In den höchsten Ebenen der Partei setzte sich die Überzeugung durch, dass es so nicht weitergehen könne. Im März 1985 wurde Michael Gorbatschow, damals 54 Jahre alt, zum Generalsekretär der KPDSU bestimmt. Gorbatschow wollte das sowjetische System erhalten, dabei aber grundlegend reformieren. Ob nun seine Reformen die marode Sowjetunion zum Einsturz brachten oder das System längst schon überholt und nicht mehr zu retten war, wird kontrovers diskutiert.

Gorbatschow beendete die Konfrontation mit dem Westen, entließ die nach Selbständigkeit drängenden osteuropäischen Länder aus der sowjetischen Hegemonie und hatte dem Zerfall des Imperiums nichts entgegen zu setzen. So wurde er zum Totengräber einer Supermacht und einer Staatspartei, die sieben Jahrzehnte lang die Geschicke des Landes bestimmt hatte. Moskau entließ die Republiken aus seiner Umarmung, und Russland ging einen neuen Weg.

## Die Ära Jelzin

Boris Jelzin (1931–2007), in den 1980er Jahren unter anderem Parteichef von Moskau, war als Reformer radikaler als Gorbatschow und stellte sich an die Spitze der antikommunistischen Kräfte. Er wurde, als die Auflösung der Sowjetunion unumkehrbar geworden war, erster Präsident Russlands. Aus der Sowjetunion wurde 1991 die bis heute existierende GUS (Gemeinschaft Unabhängiger Staaten), der die unabhängigen baltischen Staaten von Beginn an nicht angehören. Georgien und die Ukraine haben sie verlassen. Die Mitgliedschaft Turkmenistans ruht.

Unter Jelzin wurde die Transformation von einer Staats- in eine Marktwirtschaft eingeleitet. Die entscheidenden Schritte waren die Umwandlung eines Teiles des Staatsvermögens in sogenannte Voucher, eine Art Aktie, die den Menschen ausgegeben wurden und ihren Anteil am Staatsvermögen symbolisierten. Aufkäufer erwarben diese Vouchers in großer Zahl. Das Geld dafür kam aus der Schattenwirtschaft, von gut organisierten kriminellen Gruppen sowie aus unterschlagenem Staats- und Parteivermögen. In nur wenigen Jahren konzentrierten einige der ›Oligarchen‹ riesige Vermögen in wenigen Händen. Bandenkriege und Kleinkriminalität machten die Straßen unsicher. Viele Polizisten und andere Vertreter der staatlichen Ordnung, schlecht bezahlt und oft mit den neuen Verhältnissen überfordert, beteiligten sich in großer Zahl an dem gigantischen Roulettespiel. Die Fäden liefen in der ›Familie‹ – so wurden Jelzin, seine Tochter Tatjana und die mit ihnen verbündeten ›Oligarchen‹ genannt – zusammen.

Eine Tragödie war der Erste Tschetschenienkrieg von 1994 bis 1996. 1991 hatte sich Tschetschenien unter Führung seines Präsidenten Dudaev für unabhängig erklärt. Der von Teilen der Generalität angezettelte Krieg sollte die Macht Moskaus wiederherstellen. Mehr als 80 000 Menschen verloren ihr Leben. Eine Entscheidung über den juristischen Status Tschetscheniens wurde auf das Jahr 2001 vertagt.Im Zuge der Umgestaltungen des Landes verelendete ein Großteil der Bevölkerung. Die Inflation fraß die Ersparnisse der Menschen, viele verloren ihre Arbeit; Löhne und Renten wurden verspätet oder gar nicht ausgezahlt.

Viele Menschen hatten nach dem Ende der Parteiherrschaft aufgeatmet, waren froh, nun frei leben und reisen zu können, lesen, sagen und machen zu können, was sie für richtig hielten – und nicht mehr die früher allmächtige Kommunistische Partei. Doch die Opfer, die ihnen abverlangt wurden, schürten die Unzufriedenheit. Teile des ehemaligen Apparates, vor allem des Geheimdienstes, bastelten an neuen Varianten, um die abgegebene Macht zurückzugewinnen. Der alte Moskauer imperiale Geist suchte nach neuen Trägern, die Stabilität garantieren und das Rückgrat der zentralen Moskauer Bürokratie stärken sollten. Jelzins offensichtlicher Alkoholismus und seine sinkende Popularität ließen Schlimmstes befürchten. Im August 1999 berief der Präsident den bis dahin nur Eingeweihten als politische Figur bekannten Vladimir Putin (geb. 1952) zum Regierungschef.

Die politische Karriere des KGB-Offiziers Vladimir Putin hatte Anfang der 1990er Jahre an der Seite des Petersburger Bürgermeisters Anatoli Sobčak begonnen. Nach dessen Wahlniederlage 1996 hatten einflussreiche politische Kräfte Putin nach Moskau geholt, wo er zum Direktor des FSB (Nachfolgeorganisation des KGB) und Sekretär des Nationalen Sicherheitsrates aufgestiegen war. Als Jelzin am 31. Dezember 1999 seine Amtsgeschäfte niederlegte, übernahm Putin als Premierminister verfassungsgemäß das Amt des Interimspräsidenten. Aus den am 26. März 2000 stattfindenden Präsidentschaftswahlen ging er mit 52,9 Prozent der Stimmen als Sieger hervor. Die Ära Putin begann, und kein Ende ist in Sicht.

# Die Ära Putin

Am 18. März 2018 wurde Vladimir Putin in vierter Amtszeit mit 77 Prozent der Stimmen erneut zum Präsidenten des Landes gewählt. Da die russische Verfassung nur zwei aufeinanderfolgende Amtszeiten gestattet, hatte Putin in einer Interimsperiode zwischen 2008 und 2012 den Posten des Regierungschefs von Dmitri Medvedev, der seit 2004 der Regierung vorstand, übernommen. Auch

Die Sowjetunion und ihre Nachfolgestaaten

dieser stammte aus Leningrad und gilt als einer der treuesten Verbündeten Putins. Nach Ablauf der vereinbarten vier Jahre tauschten die beiden erneut die Rollen – nach einer Verfassungsänderung für zunächst sechs Jahre, die 2018 mit dem Votum der Wähler um weitere sechs Jahre verlängert wurde. Putin wird uns also als russischer Präsident voraussichtlich bis 2024 begleiten.

Das Gespann Putin-Medvedev ist ein Phänomen der neueren russischen Geschichte, dessen letzten Geheimnisse und Tragweite sich erst dann bis ins Detail erschließen werden, wenn es aufgehört hat zu existieren. Mit den beiden einander ergänzenden Begriffen der ›gelenkten Demokratie‹ und ›Vertikale der Macht‹ lässt sich mit politischer Begrifflichkeit annähernd auf den Punkt bringen, wie sich die politischen Spielregeln in Russland nach den ›wilden 90er Jahren‹ unter Präsident Jelzin geändert haben.

## Der Tschetschenien-Konflikt

Die Ära Putin begann mit dem Zweiten Tschetschenienkrieg. Nach Sprengstoffanschlägen auf Wohnhäuser in Moskau und Überfällen tschetschenischer Rebellenkommandos auf russische Militärs in den Nachbarrepubliken im Spätsommer 1999 verkündete der von Jelzin zum Regierungschef berufene Putin Vergeltung. Im Oktober 1999 marschierte die russische Armee erneut in Tschetschenien ein. Putin verlangte in seiner mitunter markigen Sprache, man solle alle Rebellen ›im Klo ertränken‹. Zehntausende Menschen kamen in den folgenden Jahren infolge der militärischen Auseinandersetzungen und durch terroristische Anschläge ums Leben. Sowohl von der Armee und Geheimdienst als auch von den Separatisten und Freischärlern wurden Kriegsverbrechen begangen. Durch die unerbittliche Grausamkeit auf beiden Seiten wurde der Krieg zur größten Tragödie in der jüngeren russischen Geschichte.

Im Oktober 2002 nahmen 40 tschetschenische Terroristen im Moskauer Dubrovka-Theater mehr als 900 Zuschauer als Geiseln. Bei der Erstürmung des Theaters setzten die russischen Kommandos Giftgas ein. 130 Zivilisten starben. Zwei Jahre später, im September 2004, nahm ein tschetschenisches Terrorkommando hunderte Schüler in Beslan (einem Ort in Nordossetien, einer Nachbarrepublik von Tschetschenien) in Geiselhaft. Die ganze Welt hielt den Atem an. 331 Kinder und Lehrer starben während der Erstürmung der Schule.

In den Folgejahren gelang es dem russischen Militär und Geheimdienst, die meisten Rebellen und ihre Anführer zu töten. Seit März 2007 ist Ramsan Kadyrov (geb. 1976) Präsident der Autonomen Republik Tschetschenien. Sein Vater Ahmat, der während des ersten Tschetschenienkrieges 1994 bis 1996 noch den Dschihad gegen die ›russischen Besatzer ausgerufen und dann die Seiten gewechselt hatte, war 2003 Präsident Tschetscheniens geworden und ein Jahr später bei einem Attentat ums Leben gekommen. Ramsan Kadyrov befehligte noch zu Lebzeiten seines Vaters dessen mehrere tausend Mann starke Leibgarde, die bis heute die eigentliche Macht im Land ausübt. Ein nahezu grotesker Personenkult stilisiert ihn zum Volkshelden, was Kritiker nicht verstummen macht, die ihm schwere Menschenrechtsverletzungen vorwerfen. Sein Name fällt im Zusam-

*Am Kazaner Bahnhof in Moskau*

menhang mit den bis heute nicht bewiesenen Auftragsmorden an der Journalistin Anna Politkovskaja 2006, der tschetschenischen Menschenrechtlerin Natalja Estemirova 2009 und an dem oppositionellen Politiker Boris Nemcov 2015.

Anfang 2017 geriet das System Kadyrov durch Informationen über systematische Verfolgungen von homosexuellen Männern und Femeorden an ihnen in die Schlagzeilen der Weltpresse. Zehntausende tschetschenische Flüchtlinge haben in den letzten Jahren in Deutschland Asyl gefunden. Ein nicht zu unterschätzender Teil von ihnen hängt islamistischen Ideen an. Tausende Tschetschenen kämpften im Irak und in Syrien auf Seiten der islamistischen Terroristen des IS.

Nach dem Ende der Konfrontation zwischen Armee und Separatisten flossen Milliarden Rubel in den Wiederaufbau Tschetscheniens. Die Hauptstadt Grosny wird in manchen Publikationen bereits als ›Dubai des Kaukasus‹ gepriesen.

## Russland heute

In der ersten Amtszeit Putins war der Krieg in Tschetschenien das militärische Hintergrundrauschen. Zugleich wurden im Land die politischen Karten neu gemischt. Mit Marxscher Begrifflichkeit lässt sich die Jelzin-Ära als eine Art ›ursprünglicher Akkumulation des Kapitals‹, das heißt dessen Konzentration in den Händen einiger weniger Oligarchen und einflussreicher Wirtschaftslenker, begreifen. Der Kreml hatte die Kontrolle auch unter Jelzin nicht abgegeben, war jedoch durch den wirtschaftlichen Niedergang und die zunehmende Verunsicherung der Bevölkerung infolge Verarmung und steigender Kriminalität in Erklärungsnot geraten.

Putin erwies sich als politischer Akteur, dessen Fokus von Beginn an auf die Wiederherstellung einer allseits präsenten Staatsmacht mit imperialen Ambitionen gerichtet war. An der Spitze der Pyramide steht der Präsidentenapparat – das Gehirn und Gesicht des Landes. In gewisser Weise greift die Putin-Doktrin mit dieser Konstruktion sowohl sowjetische Erfahrungen der Gewaltenteilung zwischen Staats- und Parteiapparat (Politbüro, Zentralkomitee) auf und erinnert zugleich an zaristische Traditionen, insbesondere mit seiner religiösen Komponente – der Wiedergeburt der russisch-orthodoxen Staatskirche.

Die wichtigste parlamentarische Machtbasis von Putin und Medvedev ist die 2001 gegründete Partei ›Edinaja Rossija‹ (Einiges Russland), deren Funktionäre besonders in den Regionen politischen Druck auf die Wähler auszuüben in der Lage sind. Aus den Dumawahlen 2016 ging die Partei mit mehr als 54 Prozent der Stimmen als stärkste Fraktion hervor, gefolgt von den Kommunisten und Liberaldemokraten mit jeweils 13 Prozent. Desweiteren stützt sich die Putin-Mannschaft auf den Machtapparat (insbesondere die Geheimdienste), die Staatsbürokratie, die Staatswirtschaft (vor allem Gasprom, den solventesten Steuerzahler des Landes) und die meisten Oligarchen. Letztere schlossen mit dem Staat eine Art Nichtangriffspakt, nachdem einige von ihnen, deren Interessen in der ersten Jahren der Amtszeit Putins mit dessen Absichten kollidierten, so die der Mediamagnaten Vladimir Gussinski und Boris Beresovski, ins Exil getrieben worden waren. Der Fall des 2005 zu Gefängnishaft verurteilten und Ende 2013 begnadigten Michail Chodorkowski, einer der schillerndsten, erfolgreichsten und politisch am meisten ambitionierten Unternehmer, war als Exempel gedacht, um zu zeigen, wer der ›Herr im Hause‹ ist. Darüber hinaus ging es Putin und

*Russisches Kreuzfahrtschiff im Hafen von Kazan*

seiner Mannschaft bei der Zerschlagung des Jukos-Konzerns von Chodorkowski auch darum, die geostrategisch überlebenswichtige Erdölindustrie vollständig unter den Einfluss des Staates zu bringen. Die Härte, mit der die Justiz gegen Chodorkowski und seine Topmanager vorging, ist sowohl Indiz für die nahezu uneingeschränkte Machtfülle der Staatsbürokratie als auch für deren Furcht davor, diese zu verlieren.

Putin verkörpert mit seiner in den ersten Jahren seiner Amtszeit auffallenden Jugendlichkeit, mit der Zurschaustellung seines trainierten Körpers, seiner Leidenschaft für Sport, seiner dem Klischee eines russischen Mannes widersprechenden Abneigung gegen Alkohol, seinem Charme und der Entschlossenheit seines Auftretens einen Politikstil, der vielen Menschen im Land nach dem ewig betrunkenen Jelzin als Erlösung erschien. Die besonders während seiner zweiten Amtszeit steigenden Preise für Erdöl und andere Rohstoffe, dadurch rasant wachsende Staatseinnahmen sowie die Reorganisation des Steuersystems, Investitionen und die Förderung privatwirtschaftlicher Eigeninitiative beendeten den wirtschaftlichen Niedergang des Landes. Die Reallöhne stiegen, Gehälter wurden ausgezahlt. das Brutto-Inlandsprodukt stieg jährlich zwischen knapp 5 und 10 Prozent. Es entstand ein Mittelstand, wie ihn Russland in seiner Geschichte bis dahin noch nicht hervorgebracht hatte.

Nach den Dumawahlen 2011 und den bevorstehenden Präsidentschaftswahlen im März 2012 wehrte sich hunderttausende Menschen, vor allem in Moskau, gegen das System Putin. Ein Dialog mit der Staatsmacht erwies sich jedoch als unmöglich. Die Proteste wurden mit Gewalt niedergeschlagen und fanden kaum Widerhall im Land. Die orangene Revolution in der Ukraine 2004 und im gleichen Jahr in Georgien und der sogenannte Arabische Frühling 2010/11 hatten die Herrschenden in Alarmbereitschaft versetzt. Unzufriedenheit mit den Verhältnissen im eigenen Land, so die Lesart der staatlich kontrollierten Medien, sei von außen gesteuerte Nestbeschmutzung.

Die Duma erklärte 2013 per Gesetz aus dem Ausland finanziell unterstützte Nichtregierungsorganisationen zu ›ausländischen Agenten‹. Dieses Gesetz richtet sich gegen die Zivilgesellschaft, die mit ihren Aktivitäten der Staatsmacht unangenehme Fragen stellte, unter anderem zu den Themen Korruption, Machtmissbrauch, Menschenrechte, Umweltschutz und andere. Führende Menschenrechtsorganisationen wurden daraufhin Opfer von auf Einschüchterung zielenden Ermittlungen und Razzien des Geheimdienstes und der Finanzbehörden.

Im gleichen Jahr nahm die Duma ein Gesetz gegen die ›Propaganda von Homosexualität‹ gegenüber Minderjährigen an. Erst 1993 war die strafrechtliche Verfolgung homosexueller Handlungen eingestellt und der entsprechende Paragraph aus dem Strafgesetzbuch entfernt worden. Da Putin sich auf konservative Stimmungen in der Bevölkerung stützen kann, kommt dieses unsinnige Gesetz seiner Macht als Mittel des Stimmenfanges entgegen.

Weitere infolge der Proteste angenommene Gesetze verschärften die Strafen für die Teilnahme an nicht genehmigten Demonstrationen, führten den unter Medvedev aus dem Strafgesetzbuch entfernten Paragraphen wegen Verleumdung wieder als Straftatbestand ein und erleichterten die Sperrungen von Internetseiten, zum Beispiel unter dem Vorwand des Kinderschutzes. Der Skandal um das Punk-Gebet der feministischen Künstler-Band Pussy Rot und die zweijährigen Haftstrafen für die beteiligten Frauen wegen ›Rowdytums aus religiösem Hass‹ spalteten das Land. Die Angriffe auf die russische Zivilgesellschaft zu Beginn der dritten Amtszeit Putins beeinträchtigten das Image Russlands in der westlichen Welt und im Sommer 2013 wurden Stimmen laut, die einen Boykott der Olympischen Winterspiele in Sotschi im Februar 2014 forderten.

Zur Konfrontation mit dem Westen kam es durch die Ereignisse in der Ukraine und die Annektierung der Krim durch die ›grünen Männchen‹, inkognito agierende russische Militäreinheiten. Die russische Regierung benutzte die Krise in der Ukraine nach den Majdan-Protesten, unterstellte der Opposition einen faschistischen Umsturz und rechtfertigte damit nicht nur das Referendum zum Anschluss der Krim an Russland, sondern auch die militärische Unterstützung der Separatisten im Ostteil des Landes. Die USA und die EU verhängten Sanktionen, das politische Klima verschlechterte sich und hat sich bis heute nicht erholt.

In den Augen einer überwiegenden Mehrheit seiner Landsleute allerdings hatte Putin Stärke gezeigt und dem Stolz, Bürger einer Großmacht zu sein, neue Nahrung gegeben. Dieser Stolz kompensiert das Gefühl der fehlenden Absicherung, der Armut und der Verletzlichkeit gegenüber behördlicher Willkür. Das russische Eingreifen in Syrien auf der Seite Assads ist auch in diesem Zusammenhang zu sehen. Das Feindbild ›Westen‹ taugt bestens als Camouflage für die Unzulänglichkeiten im Innern. Doch ist aus der Geschichte bekannt, dass Nationalismus, ob nun im Gewand des ›Besonderen Weges von Russland‹ oder ›America first‹ oder welcher Ausschließlichkeit auch immer, allzu oft im Elend endet. Die russische Schriftstellerin Ljudmila Ulitzkaja beschrieb ihre Sorge über den russischen Nationalismus in einem Interview mit der Frankfurter Rundschau so: »Der russische Philosoph Wladimir Solowjow schrieb bereits im 19. Jahrhundert darüber: Von der Selbst-Erniedrigung gehe es zur Selbst-Achtung bis hin zur Selbst-Überhöhung. Diese Selbst-Überhöhung führe zum Tod der nationalen Kultur. Seine damaligen Worte beschreiben recht genau die heutige Situation in Russland. Es verwandelt sich von einem Land vieler Kulturen in ein monokulturelles Land. Mit einer nationalen Idee nach dem Motto: Wir können alles selbst. Ich finde das wahnsinnig erschreckend, denn es entsteht eine in jeglicher Hinsicht gefährliche Isolation.«

*St. Petersburger Schönheiten*

## Wirtschaftliche Lage

Die Beschneidung der politischen Rechte und die oft plumpe Politik im Umgang mit ›Staatsfeinden‹ bereits in den ersten Jahren seiner Präsidentschaft wurden Putin und seiner Mannschaft lange nachgesehen, da es unter ihm wirtschaftlich wieder bergan ging. Garant für die Gesundung der Wirtschaft waren die hohen Weltmarktpreise für Erdöl und Erdgas, die Milliarden Dollar in die Staatskassen schwemmten. Die Gehälter von Ärzten, Lehrern und anderen Staatsangestellten stiegen zum Teil beträchtlich.

Reist man heute durch das Land, ist man erstaunt, wie wenig das Klischee vom armen Russland mit der Wirklichkeit zu tun hat. Die meisten großen Städte haben sich komplett gewandelt, besitzen moderne, restaurierte Zentren und eine funktionierende Infrastruktur. Viele Menschen wurden ihre eigenen Unternehmer. Die meisten arbeiten auf mehreren Arbeitsstellen; denn alles ist teuer: von den Universitäten bis zur medizinischen Behandlung. Seitdem die Wohnungen privatisiert wurden – jeder bekam den Wohnraum zum Eigentum, den er zu einem Stichtag Anfang der 1990er Jahre bewohnte –, steigen die Ausgaben für Strom, Gas und Wasser permanent. Und Wohnungen auf dem freien Markt sind sehr teuer; Moskau gehört in dieser Kategorie seit Jahren zu den teuersten Städten weltweit. Um so erstaunlicher ist die Energie, mit der die Menschen ihre Gegenwart gestalten und ihre Zukunft planen.

Die Finanzkrise vom September 2008 traf das Land schwer. Zwar waren in Laufe fast eines Jahrzehnts beträchtliche Mittel in einen Stabilitätsfonds der Regierung geflossen, doch waren diese nach den ersten ernsthaften Engpässen schnell aufgebraucht. Die dramatisch gesunkenen Erdölpreise verengten den wirtschaftlichen Spielraum des Kreml. Viele Menschen verloren ihre Arbeit. Börse und Finanzmarkt befanden sich zeitweilig am Abgrund. Das Bruttoinlandsprodukt sank um knapp zehn Prozent. In den Folgejahren hat sich die Lage beruhigt. Zwischen 2010 und 2014 wuchs das russische Bruttoinlandsprodukt, schrumpfte in den folgenden beiden Jahren um ca. drei Prozent und begann ab 2017 wieder zu wachsen, auch weil die Ölpreise wieder beträchtlich gestiegen waren.

Entgegen den Erwartungen haben die Sanktionen des Westens nach der Annektierung der Krim nicht zu den beabsichtigten Konsequenzen für die russische Wirtschaft geführt. Russland antwortete mit Sanktionen gegen Lebensmittel aus Westeuropa und investierte in die Landwirtschaft. ›Importsubstitution‹ wurde zu einer Zauberformel. Dennoch bleibt die Abhängigkeit von den internationalen Ölmärkten ein strukturelles Problem der russischen Wirtschaft. Die Atommacht Russland ist nach wie vor leicht verwundbar und der soziale Frieden permanent in Gefahr. In nahezu allen Bereichen der russischen Wirtschaft besteht erheblicher Modernisierungsbedarf, behindern Korruption und bürokratische Hürden innovative Lösungen. Zudem hat der weltweite Kampf um die natürlichen Ressourcen gerade erst begonnen.

Um das Land und die Menschen wenigstens ein wenig zu verstehen, sollte man sich der Zerreißproben bewusst sein, denen sie tagtäglich ausgesetzt sind.

# Glaube und Kirche

Russland ist ein laizistischer Vielvölkerstaat, dessen Bewohner sehr verschiedenen Religionen und Glaubensrichtungen anhängen. Nach jüngsten Umfragen bekennen sich rund 81 Prozent der Bürger Russlands zum orthodoxen Christentum, sechs Prozent, vor allem in Tatarstan und Baschkirien, zum Islam und je rund ein Prozent zum Buddhismus – vor allem in Kalmykien, Tuva, Burjatien – sowie zum Protestantismus und Katholizismus. Weitverbreitet ist in Russland der Glaube an Okkultismus, Astrologie, an Seelenwanderung, Wunderheilung und paranormale Erscheinungen. In den ersten Jahren nach der Perestroika hatten Sekten wie Mun und Scientology leichtes Spiel. Immer wieder tauchen abstruse Wunderheiler auf. Aber die Religion mit den meisten Anhängern ist nach wie vor das orthodoxe Christentum, das von 988 bis 1917 Staatsreligion war.

Die wichtigste Voraussetzung für die Ausbreitung des Christentums waren die von den beiden Brüdern Kyrill und Method um 861 angefertigten Bibelübersetzungen in ihren slawischen Heimatdialekt, die sie in einem eigens entwickelten Alphabet (dem Kyrillischen) niederschrieben. Der Papst in Rom erkannte dieses Kirchenslawisch im Jahr 867 neben Griechisch, Lateinisch und Hebräisch als offizielle Liturgiesprache an. Diese Anerkennung wurde zwar wenig später widerrufen, doch nur vom Papst, nicht aber vom Patriarchen in Konstantinopel. Als erster Sendbote des christlichen Glaubens im slawischen Norden gilt der Apostel Andreas. Er wird, so wie sein Bruder Petrus in Rom, von der russisch-orthodoxen Kirche deshalb besonders verehrt.

Im 11. und 12. Jahrhundert entstanden überall im Land Kirchen und Klöster, wurde die Bevölkerung missioniert. Architektur, Liturgie und Ikonographie richteten sich strikt nach byzantinischem Vorbild. Die ersten Metropoliten (Erzbischöfe) kamen aus Byzanz. Seit 1326 befindet sich das Zentrum der russischen Orthodoxie in Moskau. Während der mongolisch-tatarischen Fremdherrschaft spielte die Kirche bei der Herausbildung eines Nationalbewusstseins eine wichtige Rolle. Die Ikonenmalerei, besonders die Arbeiten Andrej Rublëvs (um 1365–1430), setzten byzantinische Traditionen mit neuen Elementen fort. An der Schwelle von 15. zum 16. Jahrhundert schwang sich Moskau als ›Drittes Rom‹ zur Hüterin des ›wahren‹ Glaubens auf, und 1589 wurde erstmalig ein Moskauer Metropolit zum Patriarchen geweiht. Es war das erste neue Patriarchat innerhalb der Orhodoxie seit 451.

Der mächtigste Patriarch war von 1652 bis 1666 Nikon, während dessen Amtszeit sich die russische Kirche spaltete. Nikon focht für ein Primat der Kirche gegenüber dem Staat, weshalb er die letzten 15 Jahre seines Lebens in der Verbannung verbrachte. Die Auseinandersetzungen zwischen Klerus und Krone entschied Peter der Große 1721, indem er das Patriarchat abschaffte und durch eine vom Zaren eingesetzte Synode ersetzte. Sie war bis 1917 für alle kirchlichen Belange, die des Glaubens und der Institution Kirche, zuständig. Als Vorbilder für diese Kirchenreform dienten Peter die Kirchenordnungen Preußens und anderer protestantischer Länder. Selbstherrschaft und Orthodoxie gingen eine Symbiose ein, wobei der Kirche die Aufgabe zufiel, das Volk zu guten Untertanen zu erziehen, die bereitwillig dem absoluten Willen des Herrschers folgen.

**Glaube und Kirche** 51

*Die neue Erlöserkathedrale in Moskau*

Die Bolschewiki schafften die Synode ab. Das Patriarchat gründete sich 1918 neu, und erster Patriarch der Neuzeit wurde Tichon (1865–1925), der lange Zeit in den USA gelebt hatte. Er musste tatenlos zuschauen, wie die Kirchenschätze geplündert, viele Priester, Mönche und Nonnen ermordet, Kirchen und Klöster geschlossen oder gesprengt wurden. Mitte der 1930er Jahre gab es in der Sowjetunion nur noch wenige für Gläubige geöffnete Gotteshäuser. Alle bis 1917 bestehenden 1025 Kloster wurden geschlossen. Als Stalin während des Zweiten Weltkrieges die Unterstützung der Kirche brauchte und seinen Verbündeten ein Zeichen des ›guten Willens‹ geben wollte, empfing er im September 1943 drei hochrangige Bischöfe. Bald darauf wurde der Metropolit Sergi zum Patriarchen gewählt. Stalin lockerte die gegen den Klerus verhängten Sanktionen. In den Dienst des Staates gestellt mit geringen Freiräumen war die Kirche jedoch auch nach dem Zweiten Weltkrieg. Den Alleinvertretungsanspruch auf geistige Führung vertrat bis zur Ära Gorbatschow die Kommunistische Partei. Als gesichert gilt, dass viele Kirchenvertreter als Informanten für den Geheimdienst KGB gearbeitet haben.

Schon in den Jahren der Perestroika unter Generalsekretär Michail Gorbatschow erodierten die von der kommunistischen Partei bis dahin gehüteten Glaubenssätze und das mit ihnen bewahrte Weltbild. Die Zeit des Umbruchs bedeutete auch eine Renaissance des Glaubens an Gott und eine Wiedergeburt der russischen orthodoxen Kirche als Gestalter.

Patriarch von Moskau und ganz Russland ist seit 2009 Kyril I., mit bürgerlichem Namen Vladimir Gundjajev, geboren 1946 in Leningrad in einer Priesterfamilie. Wegen ihrer religiösen Überzeugungen waren sein Vater drei Jahre und sein Großvater fast 30 Jahre in Haft gewesen. Er studierte von 1965 bis 1970 an der Geistlichen Akademie Leningrad. Von 1971 an war er für mehrere

Jahre Vertreter des Moskauer Patriarchats beim Weltkirchenrat in Genf, und von 1974 bis 1984 zudem Rektor der Geistlichen Akademie von Petersburg. In den 1990er Jahren widmete er sich erneut vornehmlich den Auslandsbeziehungen der russischen orthodoxen Kirche. Kyril I. gilt politisch als enger Verbündeter Vladimir Putins. Er propagiert ein klassisches, traditionelles Familienmodell. Sein Treffen mit dem Papst und seine moderat ökumenischen Anschauungen stoßen im konservativ gestimmten Klerus auf Widerstand.

## Die Orthodoxie

Die orthodoxe und die lateinische Kirche trennten sich 1054, als sich der Papst in Rom und der Patriarch von Konstantinopel gegenseitig exkommunizierten. Dieses Datum markiert das Ende eines langen Prozesses. Die Ursachen der Entfremdung zwischen Rom und der Ostkirche lagen in der unterschiedlichen Entwicklung Westeuropas und des Oströmischen Reiches und in den verschiedenen kulturellen Einflüssen, denen sie sich im Laufe der Jahrhunderte ausgesetzt sahen. Anders als die mit dem Imperator verbundene Reichskirche in Konstantinopel hatte es der Vatikan mit vielen, untereinander oft verfeindeten Fürstentümern und Königshäusern zu tun, was zu politischem Engagement und Einmischung mit alles daraus folgenden Kosequenzen sowohl verleitete als auch verpflichtete. Zudem leitete die römisch-katholische Kirche das Primat des Papstes als Führer des gesamten Christentums auf den Umstand zurück, der Apostel Simon Petrus sei der erste Bischof von Rom gewesen und habe dort das Märtyrium erlitten.

Die orthodoxe Kirche sieht sich in Liturgie, Glauben und Praxis als die Erbin der ursprünglichen einen und ungeteilten Kirche. Das Wort ›Orthodoxie‹ wird aus ›orthos‹ (richtig) abgeleitet, dem Verb ›dokeo‹ (glauben) und dem Verb ›doxazo‹ (lobpreisen). Glauben und Lobpreisen: In emotionaler Hinsicht ist dies vielleicht der entscheidende Unterschied zwischen dem orthodoxen und dem katholischen Glaubensbekenntnis – der Prunk, der Weihrauch, die Feierlichkeit, die das unfassbare, unerklärbare Geheimnis der Gottheit zelebrieren.

Der theologische Disput zwischen Orthodoxie und Papst berührte schon vor dem Schisma (Spaltung) verschiedene Glaubensfundamente, so die Dreifaltigkeit: Der Osten betonte die drei Personen, während der Westen ihre Einheit unterstrich und dem Heiligen Geist eine zweitrangige Bedeutung beimaß. Die westliche Kirche sah eher das Opfer, das Jesus brachte, um die Menschen von der Erbsünde zu befreien, die Ostkirche betrachtete in Tod und Auferstehung von Jesus den strahlenden Sieg über Vergänglichkeit und Sünde, thematisierte also weniger sein Leiden als vielmehr dessen Resultat.

In der einen orthodoxen Kirche bis zum Schisma wurde dieser Disput unter gleichberechtigten Bischöfen, Erzbischöfen (Metropoliten) und den Patriarchen der größten Landeskirchen geführt. Die großen Konzile trafen Grundsatzentscheidungen zu Glaubensfragen, die hernach vom Volk akzeptiert werden mussten. Ein vom Papst in das nicäische Glaubensbekenntnis (das Große Glaubensbekenntnis) eingefügter Zusatz war das sogenannte Filioque, welches als

den Ursprung des Heiligen Geistes nicht nur Gott, den Herrn, sondern auch den Sohn (Christus) betrachtet. Dieser winzige Zusatz betraf grundlegende Fragen der Trinität, die zusammen mit dem von Rom verfochtenen Primat des Papstes in Glaubensfragen, bis heute das wichtigste Hindernis für eine Verständigung zwischen Orthodoxie und Katholizismus sind. Neben den grundlegenden dogmatischen Differenzen gibt es auch solche im Kirchenalltag: Bei den Orthodoxen zum Beispiel gilt das Zölibat nicht für Priester – sie können heiraten –, es gibt verschiedene Fastenregelungen, Kalender und rituelle Eigenheiten.

Trotz aller ökumenischer Versuche gibt es immer noch Differenzen, die das Verhältnis zwischen Papst und russischem Patriarchen belasten. Die russische Orthodoxie wendet sich vehement gegen Versuche der katholischen Kirche, in Russland zu missionieren. Es war ein Traum von Johannes Paul II., Russland zu besuchen und dem Patriarchen persönlich eine sich im Besitz des Vatikans befindliche Ikone der Kazaner Gottesmutter zu überreichen. Die Ikone gelangte 2003 nach Russland, doch eine Einladung nach Moskau erhielt der Papst nicht. Im Februar 2016 immerhin trafen sich der Patriarch der russischen Kirche Kyrill I. und Papst Franziskus auf Kuba.

## Glaube heute

Mehrere Generationen von Sowjetbürgern waren nicht nur atheistisch, sondern in Ablehnung von Religion und Kirche erzogen worden. Andererseits wurden einige ausgewählte Traditionen gepflegt. Die russische Kultur ist ohne ihre byzantinischen und altrussischen Wurzeln undenkbar.

Auch das ›Schwarze Quadrat‹ des radikalsten abstrakten Malers Kasimir Malewitsch (1878–1935) ist das Resultat metaphysischen Denkens. In ›Andrej Rublëv‹ (1966) porträtierte der Filmregisseur Andrej Tarkovskij (1932–1986) den Maler und seine Zeit in einer Periode der Krisen und Umbrüche. Der großartige Film war in der Sowjetunion lange als ›elitär‹ und ›religiös‹ verboten, wurde

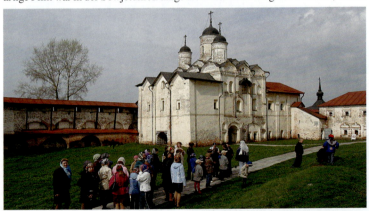

*Besucher des Kirillov-Klosters bei Goricy*

*Die Kul-Sharif-Moschee im Kreml von Kazan*

dann aber doch gezeigt. Religion und Glaube waren über die Architektur der russischen Kirchen (die meisten hatten ja zumindest als architektonische Hüllen überlebt), die Ikonen, die in der Literatur gestellten ›ewigen Fragen‹, die Musik und die Erinnerungen der Alten auch in der Sowjetunion präsent geblieben.

Mit der Perestroika erlebte die russisch-orthodoxe Kirche ihre Wiedergeburt. Sie erhielt die meisten ihrer Kirchen zurück. In mehr als 900 der ehemals 1000 Klöster leben heute wieder Mönche und Nonnen. Die meisten Gotteshäuser wurden mit großem Aufwand und Liebe zum Detail restauriert, andere an altem von Grund auf Ort neu errichtet. Während der Oster- und Weihnachtsgottesdienste drängen sich der Präsident und seine Entourage vor den Ikonenwänden der großen Kathedralen im Kreml. Das russisch-orthodoxe Glaubensbekenntnis gehört wieder zum guten Ton, Millionen haben sich taufen lassen und tragen das goldene, silberne oder hölzerne orthodoxe Kreuz auf der Brust.

Das Bekenntnis zum Glauben ist auch eine Referenz an nationale und kulturelle Identität. Die Mehrheit der Bevölkerung glaubt, dass das Land einen anderen Weg gehen müsse als der Westen. Kirche und Staat nutzen diese Stimmung und rufen zu Konsens und Einvernehmen in der Gesellschaft auf. Im Jahr 1997 nahm die Duma, das russische Parlament, ein Religionsgesetz an, auf das die meisten Menschenrechtsgruppen entsetzt reagierten. Es schrieb faktisch die ›führende Rolle‹ der orthodoxen Kirche fest und sollte – unter dem Vorwand, autoritäre Sekten zu bekämpfen – die Arbeit der anderen Glaubensgemeinschaften erschweren. Aber wie so oft in Russland: Ein Gesetz ist das eine, seine Anwendung etwas anderes. Inzwischen hat sich der Dialog zwischen der Orthodoxie und verschiedenen anderen Religionsgruppen etabliert. Die Nähe von Staat und Kirche wird mal demonstrativ unterstrichen und dann wieder, jedoch zunehmend zögerlich, in Frage gestellt.

Sehenswert sind zwei Filme der letzten Jahre, die das Thema Religion und Kirche berühren: ›Leviathan‹ von Andrei Swjaginzew (2014) und ›Der die Zeichen liest‹ von Kirill Serebrennikov, der 2016 in Cannes seine Weltpremiere hatte. Als Vorlage für seinen Film benutzte Kirill Serebrennikov das Theaterstück ›Märtyrer des deutschen Autors Marius von Maienburg. Der Protagonist im Teenage-Alter, Benjamin, findet sein pubertäres Rauschmittel in der Bibel. Mit religiösem Eifer zieht er in den Kampf für die reine Lehre und wird letztlich zur Bedrohung für seine Mutter, Mitschüler und die einzige Lehrerin, die sich mit vernünftigen und wissenschaftlichen Argumenten seinem Fanatismus widersetzt. Sämtliche Institutionen versagen durch die Konfliktscheu und das kleinbürgerliche Desinteresse ihrer Repräsentanten. Ein kluger Film und eine bittere Satire auf die Brüchigkeit einer liberalen Gesellschaft.

Der ›Leviathan‹ unter der Regie von Andrei Swjaginzew ist ein großartiges Kunstwerk. In Cannes erhielt der Film einen Preis für das beste Drehbuch. Die Geschichte handelt vom Niedergang einer Familie in einem kleinen Ort am Ufer der Barentssee. Inspiriert vom Buch Hiob, dem ›Leviathan‹ von Thomas Hobbes und Kleists ›Michael Kohlhaas‹ seziert der Film gesellschaftliche Machtstrukturen, ebenso wie menschliche Schwächen, die in den Abgrund führen. Ein korrupter Bürgermeister und seine Schergen treiben einen Menschen in den Ruin. Ein gleichfalls korrupter Priester sichert sich dessen Erbe. An dem Ort, wo der Protagonist sein Haus und seine Familie verliert, wird eine Kirche gebaut. Der Filmemacher und einige Darsteller waren nach der Premiere und dem fulminanten internationalen Erfolg des Films Anfeindungen ausgesetzt. Der Kulturminister forderte gar Richtlinien zum Verbot von Filmen, die die Nationalkultur ›beschmutzen‹ würden. Dazu ist es bisher dank des Widerstandes der intellektuellen Öffentlichkeit nicht gekommen.

## Russische Kirchenarchitektur

Die in den Zeiten der Kiever Rus entstandenen Gotteshäuser und Klöster richteten sich nach dem Vorbild des byzantinischen Kreuzkuppelbaus. Ihre Grundstruktur bildet ein byzantinisches Kreuz, über den sich eine auf vier oder acht Säulen stützende Kuppel erhebt. Dem zentalen Quadrat des Grundrisses wurden selbständige Raumelemente hinzugefügt, über denen sich weitere Kuppeln erheben. Das byzantinische Vobild erfuhr durch die russischen Meister eigene Ausformungen. Nur wenige steinerne Kirchen aus der ersten Periode russischer Kirchenarchitektur bis zum Enfall der Mongolen Mitte des 13. Jahrhunderts sind bis heute erhalten, die meisten in der Gegend von Velikij Novgorod im Norden. Die eindrucksvollsten Beispiele der damaligen Baukunst sind die Maria-Entschlafen-Kathedrale und die Demetrius-Kathedrale in Vladimir, knapp 200 km östlich von Moskau. Die Demetrius-Kathedrale beeindruckt vor allem durch ihre filigrane, kunstvolle Fassadengestaltung.

Ende des 15. Jahrhunderts rief Ivan III. italienische Baumeister ins Land, die die altrussische Baukunst mit Elementen der italienischen Frührenaissance verbanden. Die Kirchen am ›Platz der Kathedralen‹ im Kreml von Moskau und

die Christus-Verklärungs-Kathedrale im Kreml von Jaroslavl repräsentieren diesen Stil. Eines der schönsten Beispiele ist mit ihren neun Kuppeln die Basiliuskathedrale auf dem Moskauer Roten Platz.

In der Mitte des 17. Jahrhunderts erlebte der Kirchenbau im reichen Jaroslavl, etwa 350 Kilometer nordöstlich von Moskau gelegen, eine Blüte. Die Jaroslavler Kirchenbauer vereinten mehrere Kirchen unter einem Dach und entwickelten eigene, unverwechselbare Stilelemente. In der zweiten Hälfte des 17. Jahrhunderts überwiegt der Naryškin-Barock, der mit seinem reichen plastischen Dekor westeuropäische Einflüsse aufnimmt. Die orthodoxe Strenge weicht einer eher diesseitigen Stimmung. Beispiel für diesen nach einer Bojarenfamilie benannten Stil sind unter anderem das Hoch-Peter-Kloster in Moskau, die Heilige-Jungfrau-Kirche in Nižnij Novgorod und die Peter-und-Paul-Kirche in Kazan. Der Petersburger Barock des 18. Jahrhunderts orientierte sich noch stärker an westeuropäischen Vorbildern. Mit der Auferstehungskathedrale im Smolnyj-Kloster setzte der Italiener Bartolomeo Rastrelli (1700–1771) einen ganzvollen Schlusspunkt. In der zweiten Hälfte des 18. Jahrhunderts entstand das prächtige, ganz aus Holz errichtete und von 33 Kuppeln gekrönte Kirchenensemble auf der Insel Kiži im Norden des Onega-Sees.

Die wichtigsten Kirchen des 19. Jahrhunderts entstanden in Petersburg: die Kathedrale für die Ikone der Gottesmutter von Kazan am Nevskij-Prospekt und die monumentale Isaak-Kathedrale mit ihrer zentralen Kuppel. Die Christus-Erlöserkirche in Moskau war zwar gigantisch in ihren Ausmaßen, aus künstlerischer Sicht betrachtet jedoch zweitrangig. Charakteristisch für das Ende des 19. Jahrhunderts war der ›neorussische‹ Stil in der sakralen und weltlichen Baukunst. Die Erlöser-Blut-Kirche in Petersburg ist eines der anschaulichsten Beispiele.

*Die Erlöser-Blut-Kirche in Petersburg im neurussischen Stil*

In den letzten zwei Jahrzehnten unternahmen der Staat und die Kirche enorme Anstrengungen, die in den Jahrzehnten der Sowjetmacht verfallenen Kirchen und Klöster zu restaurieren. Viele beeindruckende Bauwerke aus verschiedenen Epochen erstrahlen nun wieder in altem, aufpoliertem Glanz. Sie illustrieren die Rückbesinnung auf die Tradition. Die wenigen Neubauten, wie zum Beispiel die Kapelle hinter der Petersburger Dreifaltigkeitsbrücke (Troickij Most), weisen keinen genuin neuen Stil auf. Die Christi-Erlöser-Kirche am Ufer der Moskwa in Moskau gehört mit 103 Metern zu den mächtigsten orthodoxen Sakralbauten. Ihre Vorgängerin war 1931 gesprengt worden. An ihrer Stelle entstand ein Schwimmbad. In den 90er Jahren wurde sie wieder aufgebaut und am 31.12.1999, dem Tag als Boris Jelzin das Präsidentenamt an Vladimir Putin übertrug und symbolisch zum 2000. Geburtstag Christi, der Öffentlichkeit erneut zugänglich gemacht.

Äußerlich typisch für die russischen Kirchen waren und sind die ›Zwiebelkuppeln‹ über einer meist quadratischen Grundfläche und der abseits stehende Glockenturm. Während der Messen stehen die Gläubigen; es gibt keine Sitzgelegenheiten. Der Altar in den orthodoxen Kirchen befindet sich im Altarraum hinter der mehrreihigen, bis zur Decke reichenden Ikonenwand

*Holzkirche auf der Insel Kiži*

(Ikonostas). Zu ihm haben nur der Priester und seine Gehilfen, die Diakone, Zutritt; Frauen ist er grundsätzlich versagt. Die mittlere Königstür darf selbst vom Geistlichen nur während bestimmter liturgischer Handlungen betreten werden. Steht sie offen, bedeutet dies, dass Jesus Christus der Gemeinde das Tor zum Himmelreich geöffnet hat.

## Byzantinischer Ritus

Der seit gut 1500 Jahren nahezu unveränderte byzantinische Ritus zelebriert festliche Gottesdienste, die in altslawisch abgehalten werden. Der in prächtiges Ornat gekleidete Priester und seine Gehilfen schwenken Weihrauchfässchen, der Gemeindechor singt vielstimmig Choräle, die Gläubigen bekreuzigen und verneigen sich. Die orthodoxe Kirche feiert das Mysterium. Das dauert mindestens zwei Stunden; die Ostermesse, als wichtigstes religiöses Ereignis, beginnt am frühen Abend und endet mit dem Morgengrauen. Es sind nicht viele, die sich regelmäßig an den Gottesdiensten beteiligen; Rentnerinnen überwiegen. Als ein Würdenträger gefragt wurde, was denn geschähe, wenn die alte Generation einmal nicht mehr sei, meinte er: »Unsere Großmütterchen sterben nie aus.« Weit verbreitet ist der Brauch, vor den Ikonen der Heiligen Kerzen anzustecken. So bittet man um Hilfe für sich, für Angehörige oder Freunde. Auch Zettel mit den Namen von Verstorbenen, Kranken oder in Not Befindlichen sowie für die Gesundheit aller Angehörigen können am Eingang abgegeben werden. Sie wer-

*Das Ipatev-Kloster in Kostroma*

den – gegen einen Obolus – bei den Fürbitten namentlich aufgerufen. .Anders als in den katholischen Kirchen gibt es keinen Beichtstuhl. Der Priester nimmt die Beichte im Kirchenraum ab.

## Ikonen

›Icon‹ ist ein griechisches Wort und bedeutet Bild oder Abbild. Ikonen als Abbild des Göttlichen gibt es seit dem 4. Jahrhundert. Im 8. und 9. Jahrhundert waren sie zeitweise verboten, doch seitdem sind sie ein nicht wegzudenkender Bestandteil der orthodoxen Kunst. Es gibt berühmte Ikonen, deren Wunderkräfte dokumentiert sind. Schon im 19. Jahrhundert begann man sich in Westeuropa für die byzantinische und russische Ikonenkunst zu interessieren. So ist zum Beispiel bekannt, dass Goethe sich an den russischen Kaiserhof mit der Bitte wandte, ihm einige Ikonen zu Studienzwecken zuzusenden.

Die russischen Meister haben es in der Ikonenkunst zu großen künstlerischen Leistungen gebracht. Die bekanntesten russischen Ikonenmaler waren in der Frührenaissance Feofan Grek (Theophanes der Grieche, um 1330–1410) und der von ihm beeinflusste Andrej Rublëv (um 1365–1430), knapp 100 Jahre später Dionisij Glušickij (1440–1502) und seine Söhne sowie Semën Ušakov (1626–1686), der in der russischen Malerei als Wegbereiter des Überganges zur weltlichen Kunst gilt.

Ikonen werden nicht gemalt, sondern geschrieben, nicht betrachtet, sondern gelesen. Sie vermitteln einen theologischen Inhalt. Auf Spruchbändern sind oft die Namen der dargestellten Heiligen oder Ereignisse vermerkt. Insgesamt gibt es etwa 2000 Typen von Ikonen in unterschiedlichsten Ausführungen. Am

## Glaube und Kirche 61

weitesten verbreitet sind Darstellungen der Gottesmutter. Die berühmteste ist die aus Byzanz stammende ›Gottesmutter von Vladimir‹, deren Darstellung auf ein Bild des Apostel Lukas zurückgeht. Sie wird heute in der Moskauer Tretjakov-Galerie aufbewahrt. Nicht minder berühmt ist die Gottesmutter von Kazan. Sie wurde Ende des 16. Jahrhunderts von einem Mädchen in Kazan gefunden; das Original gilt als verschollen.

Die am meisten verehrte Ikone von Andrej Rublëv ist eine Darstellung der Heiligen Dreifaltigkeit. Kennzeichnend für den Moskauer Künstler sind die leuchtenden Farben, das transparente Licht und ihre fein geführten Linien. Die kanonisierten Abbilder erhalten bei Rublëv eine zuvor nie gekannte Ausdruckskraft. Ikonen von seiner Hand befinden sich in Moskau im Kreml, im Rublëv-Museum (Andronnikov-Kloster) und in der Tretjakov-Galerie. . In der Maria-Entschlafen-Kathedrale in Vladimir gestaltete er die Fresken. Wer sich für Kunst interessiert und Malerei liebt, wird für von den Innenräumen dieser Kathedrale an einem Sonnentag begeistert sein.

Ein beliebtes Motiv ist auch die Deesis: Christus Pantokrator (Weltenherrscher) zwischen der Gottesmutter und Johannes dem Täufer. Andere Ikonen illustrieren Szenen aus der Bibel, porträtieren die Propheten, Apostel und Heiligen samt der um sie gewobenen Legenden. Die schier unglaubliche Vielfalt der Themen und Motive ist nur auf den ersten Blick verwirrend. Ihre Schönheit wirkt für sich; doch um sie auch lesen zu können, braucht man Kenntnisse der Bibel und Kirchengeschichte. Erst dann entfalten sie für den Gläubigen ihre ganze Kraft.

Gemalt wurden die Ikonen zur Ausgestaltung der Kirchen und für private Zwecke. Im wichtigsten Zimmer jeden Hauses gab es eine ›Schöne Ecke‹ mit den Familienikonen. In Auftrag gegeben wurden sie anlässlich von Hochzeiten oder der Geburt eines Kindes. Grabikonen stellten oft den Verstorbenen oder die Verstorbene dar. Sie waren eines der Bindeglieder zur weltlichen Porträtmalerei, die im 18. Jahrhundert in Russland ihre erste Blüte erlebte. Kleinere Ikonen, oft auf Emaille und aufklappbar, nahmen die Gläubigen mit auf längere Reisen.

## Der Ikonostas

Wie wichtig den Gläubigen die Ikonen waren, zeigen auch die Ikonenwände (Ikonostas), die in den Kirchen den Gemeindesaal vom Altarraum trennen. Die Anordnung der Ikonen in fünf Reihen ist kanonisch festgelegt. In der unteren, der ›örtlichen Reihe‹, befinden sich drei Türen. Die mittlere Königstür trägt normalerweise die Darstellung der vier Evangelisten und auf ihrem oberen, meist verzierten Teil das Thema der Verkündigung, darüber das Abendmahl. Auf den Seitentüren sind Hierarchen oder Engel dargestellt.

Links und rechts neben der Königspforte sind die Gottesmutter und Christus angeordnet, rechts neben Christus die ›Ortsikone‹. Sie zeigt entweder den Kirchenpatron oder das Thema des Alten und Neuen Testamentes, dem das Gotteshaus gewidmet ist.

Über dieser unteren Reihe mit weiteren für den Ort wichtigen Abbildern folgen die Ikonen der Deesis (Fürbitte)-Reihe. Die Deesis ist eine Darstellung, die den richtenden Christus in den Mittelpunkt stellt, zur Rechten die Gottesmutter, zur Linken Johannes den Täufer, beide für das Seelenheil der Menschen bittend. Die drei Hauptfiguren wurden ursprünglich flankiert von den Erzengeln Gabriel und Michael, den Aposteln Petrus und Paulus, Basilius dem Großen und anderen Kirchenheiligen. Nach einer Reform des Patriarchen Nikon wurden sie ab der Mitte des 17. Jahrhunderts durch die zwölf Apostel ersetzt, sehr oft in beträchtlichen Ausmaßen: bis zu 2 Meter hoch und je 70 Zentimeter breit.

Darüber folgt die Festtagsreihe. Die wichtigsten orthodoxen Feiertage stehen im Zusammenhang mit Ereignissen aus der Vita der in Russland besonders verehrten Gottesmutter und ihres Sohnes Jesus. Zumeist beschränkt sich die Festtagsreihe auf die Hauptfesttage: die Geburt der Gottesmutter und Christi Geburt, die Einführung der Gottesmutter in den Tempel, Maria Verkündigung und Maria Himmelfahrt, Maria Lichtmess (Darstellung des Herrn im Tempel), Taufe Christi, Christi Verklärung, Kreuzerhöhung, Himmelfahrt und Dreifaltigkeit.

Über dem Festtagszyklus ist die Prophetenreihe angeordnet: Der ›Gottesmutter des Zeichens‹ wenden sich von rechts und links die Propheten zu, die in der Hand eine Schriftrolle halten. Sie sind wie die in der darüber liegenden Reihe angeordneten Vorväter meist im Halbprofil dargestellt und wenden sich der alttestamentarischen Dreifaltigkeit zu.

Einem festgeschriebenen Kanon folgten auch die Freskenmalereien. In der Kuppel ist der Pantokrator (Weltenherrscher) Jesus Christus abgebildet, unter ihm die Propheten, dann die Apostel, die Heiligen und an den Pfeilern die Kriegsheiligen.

Die Wand gegenüber der Ikonostas ist den Darstellungen des Jüngsten Gerichtes vorbehalten. Der künstlerische Reichtum und die Vielfalt der Motive geben dem Gläubigen das Gefühl von Schutz und Geborgenheit, stützen ihn im Gebet.

*Das Muttergotteskloster in Raifa bei Kazan*

# Kunst und Kultur

Russland hat zu allen Zeiten viele Einflüsse aus dem Ausland aufgenommen. Diese lapidare Feststellung trifft auf alle Bereiche zu: Architektur, Malerei, Musik, Literatur, Theater und Film. Als ›typisch russisch‹ werden zumeist die den Russen eigene Spiritualität angesehen, Kirchenbauten, die russische Malerei von den Ikonen bis zur Gegenwart, das russische Ballett, die großartigen Romanciers, Dichter und Komponisten, der russische Film, russische Musik von Tschaikowski bis zu den Kosakenchören. Zu Russland gehören aus unserer Sicht weiter Balalajka, Matrjoschka, Buratino, Lackmalereien, Wodka, Kaviar und eingelegte Gurken, Pelmeni und Schwarzbrot. Diese Schlagworte können dem Phänomen der russischen Kultur in ihrem Reichtum und ihrer Vielfalt allerdings nicht gerecht werden.

Russland ist ein europäisches Land, an der Grenze zwischen Europa und Asien. Und als europäisches Land hat Russland die europäische Kultur und Geschichte miterlebt und mitgestaltet. Den Schritt auf Westeuropa zu tat Peter der Große. Er öffnete, wie Puschkin es formulierte, ›das Fenster nach Europa‹ und die Stadt, die der Zar gegründet hat, war und ist bis heute dieses Fenster.

Im Prinzip wurden in Russland in der Kultur all die Moden und Vorlieben wirkungsmächtig, die sich auch in Westeuropa ausbildeten. Dies geschah allerdings leidenschaftlicher, gebrochener, angereichert mit anderen, gleichzeitig wirkenden Einflüssen aus dem Orient, Sibirien, dem Kaukasus und China, Regionen, die an Russland angrenzen, zum Bestand des Imperiums gehören oder gehörten.

# Architektur

In der Architektur folgten der Klassizismus auf den Barock, dann Empire und Eklektik. Ende des 19. Jahrhunderts triumphierten der Jugendstil – in Russland ›stil modern‹ oder ›modern‹ genannt – und neben ihm eine sich an altrussischen Formen orientierende Baukunst.

Nach 1917 vollzog sich die Entwicklung eigenständiger, der Konstruktivismus der 1920er und 1930er Jahre hat dennoch vieles mit Bauhaus und Futurismus gemeinsam, und der Stalinsche Monumentalismus sieht dem der Nationalsozialisten zumindest entfernt ähnlich. Einzig die sieben stalinschen ›Wolkenkratzer um das Moskauer Stadtzentrum haben Zeichen gesetzt, die manch einem noch heute imponieren. Die graue sowjetische Architektur der sozialistischen Spätjahre mit ihrem Betonfetischismus und den monotonen Typenbauten der Schlafstädte verlieh vielen Städte dagegen Tristesse und Einförmigkeit.

In den vergangenen beiden Jahrzehnten wurde im ganzen Land emsig gebaut. Die mehr als 70 Jahre vernachlässigte Bausubstanz der Stadtzentren musste restauriert werden. Ganze Stadtviertel, die nach und nach verfallen waren, wurden saniert. Dabei ist die Schönheit der alten russischen Städte wieder zur Geltung gekommen.

Besonders in Moskau boomt die Bauindustrie. Den Stil, in dem in der Hauptstadt gebaut wird, kann man als ›neurussisch‹ bezeichnen, schon deshalb, weil all die Banken, Firmensitze der Industriekonzerne und luxuriösen

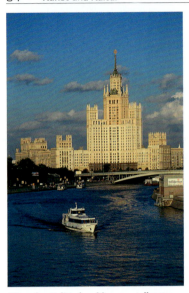

*Einer der stalinschen Monumentalbauten in Moskau*

Wohnhäuser vor allem für die ›neuen Russen‹ vorgesehen und auf ihre Wünsche und ihren Geschmack zugeschnitten sind. Die neueste westliche Mode paart sich dabei wundersam mit altrussischen Baustilen. Die meisten Moskauer sind wenig erfreut über den ›maßlosen‹ Kitsch, der die gewachsenen Stadtansichten empfindlich stört. Doch Moskau war schon immer ein Konglomerat aller Stile und Moden. Das jüngste Wahrzeichen der Stadt ist das Stadtviertel ›Moskau City‹ am linken Ufer der Moskva, bestehend aus Wolkenkratzern, in denen Hotels, Einkaufszentren, Firmenniederlassungen, Apartments, Kinos und Ausstellungsräume die Moderne zelebrieren.

## Malerei

Die Thronbesteigung Peters des Großen Ende des 17. Jahrhunderts bedeutete einen jähen Bruch mit den früheren Traditionen. Er erfasste fast alle Lebensbereiche. Aus der westlichen Malerei wurden neue Genres übernommen, so historisch-allegorische Gemälde, Stillleben und Landschaftsbilder. Das wichtigste Genre des 18. Jahrhunderts war das Porträt, hauptsächlich von Vertretern des Adels.

In der ersten Hälfte des 19. Jahrhunderts bildete sich eine nationale Malereischule heraus. Romantische Porträts entstanden, Petersburger und italienische Landschaften, später Bilder von der heimischen russischen Natur. Porträtiert wurden nun nicht mehr nur Adlige, sondern auch Angestellte, Kaufleute, Kleinbürger und vereinzelt Bauern. Vasilij Perov (1833–1882) machte sich als erster Maler zum Anwalt der unteren Schichten. Das berühmteste Gemälde von Karl Brjullov (1799–1852), dem Stolz der akademischen Schule, ist ›Der letzte Tag von Pompeji‹ (heute im Russischen Museum, Petersburg). Aleksander Ivanov (1806–1858) malte nach Aufenthalten im ›Gelobten Land‹ ein nicht weniger grandioses Werk: ›Die Erscheinung Christi vor dem Volk‹ (Tretjakov-Galerie, Moskau). Andere Bilder dieses Künstlers, der viele Jahre seines Lebens in Rom verbracht hat, befanden sich im Russischen Museum in Petersburg. In der russischen Malerei finden sich nur wenige Werke, die mit ähnlicher Vehemenz die Grundpfeiler des menschlichen Seins thematisieren.

Die zweite Hälfte des 19. Jahrhunderts war eine Blütezeit der Malerei in Russland. Der Realismus hielt Einzug, wie überall in Europa. In den 1860er Jahren stellte sich die Künstlergruppe ›Artel der Maler gegen die Akademie der

Künste und ihre wirklichkeitsfernen Traditionen. Die teilweise aus dem ›Artel‹ hervorgehende› Genossenschaft der Wanderausstellungsmaler (›Peredvižniki‹) ging in ihren Genre- und Landschaftsbildern, in der Schlachtenmalerei und im historischen Porträt den Fragen nach, die alle Zeitgenossen beschäftigten: Woran glauben? Wofür kämpfen? Zu den Wandermalern gehörten dutzende Künstler. Die bedeutendsten von ihnen waren Ivan Kramskoj (1837–1887), Vasilij Vereščagin (1842–1904), Ivan Šiškin (1832–1898), Ivan Ajvazovskij (1817–1900), Isaak Levitan (1860–1900) und vor allem llja Repin (1844–1930) sowie Vasilij Surikov (1848–1916).

Ende des 19. Jahrhunderts begannen die Maler nach neuen Stilen, Formen und Farben zu suchen. Die einen schlossen sich mystisch-philosophischen oder neoreligiösen Strömungen an, andere, wie zum Beispiel Marc Chagall, neigten zu Symbolismus und überbordender Phantasie. Der in München lebende Vasilij Kandinskij (1866–1944) formulierte als erster die Prinzipien der gegenstandslosen Malerei. Von der Jahrhundertwende bis in die 1920er Jahre nahmen bedeutende Strömungen in Russland ihren Anfang: Neoprimitivismus (Michail Larionov, Natalja Gončarova), Konstruktivismus (Vladimir Tatlin), Suprematismus (Kasimir Malewitsch) und die analytische Kunst (Pavel Filonov).

Das Dogma des ›Sozialistischen Realismus‹ beendete diese Vielfalt gewaltsam. Dennoch gab es viele Künstler von großer Meisterschaft, die sich der künstlerischen und ideologischen Zensur nur bedingt beugten. Ende der 1950er Jahre, während der kurzen Periode des ›Tauwetters‹, stellten sie den Kontakt zu den internationalen Strömungen wieder her. 1963 besuchte Nikita Chruschtschow eine Ausstellung in der Moskauer Manege, die sowjetische Kunst aus drei Jahrzehnten zeigte. Auf die Bilder der abstrakten Künstler und der Vertreter anderer avantgardistischer Strömungen reagierte der Parteichef mit einem Wutanfall.

Die ›Modernen‹ gingen daraufhin in den Untergrund, organisierten Wohnungsausstellungen und gründeten halblegale Zirkel. Staatsmacht und Kunst spielten Katz und Maus, was für manchen Maler Verhaftung und Ausweisung bedeutete.

Gegenwärtig lassen sich in der bildenden Kunst, mit Einschränkung, zwei Lager ausmachen: einerseits Künstler der ›traditionellen‹ Strömungen vom Realismus bis zur Pop-Art, die für eine kaufkräftige Kundschaft arbeiten, andererseits Vertreter der heutigen Avantgarde, die sich auf ausländische Ausstellungen orientieren.

*Leo Tolstoi. Gemälde von Ilja Repin*

Neben ihnen gibt es viele Künstler, die keiner Gruppierung angehören und sehr eigenwillige Werke vor allem für den russischen Kunstmarkt schaffen. Überaus dynamisch geht es auch in der Provinz zu, wo die Beziehungen zum regionalen Umfeld und den Traditionen enger sind. Eine Renaissance erlebte in den letzten Jahren auch die Ikonenmalerei.

Die moderne russische Kunst steckt in einer strukturellen Krise. In den letzten Jahren ›starben‹ viele angesehene Galerien, vor allem in Moskau. In einem Ende 2012 veröffentlichten Ranking des internationalen Kunstbetriebs schafften es nur zwei russische Namen unter die 100 einflussreichsten Figuren: die Punkband ›Pussy Riot‹ auf den 57. und die Galeristin Dascha Zhukova, Gründerin des Zentrums für Zeitgenös-

*Kasimir Malewitsch: Die Bäuerin*

sische Kunst ›Art Garage‹, auf den 88. Platz. Die 2008 gegründete ›Art Garage‹ befindet sich seit 2015 im Moskauer Gorki Park. Gründe für das Schattendasein der russischen modernen Kunst gibt es viele – von staatlicher und kirchlicher Einmischung in die Freiheit der Kunst bis hin zu traditionellen Prioritäten, die mit der weltweit engagierten, teils bis ins kaum noch Erträgliche provozieredenen Konzeptkunst nicht viel anzufangen wissen. Die unterstellte ›Verletzung religiöser Gefühle‹ oder das Schüren von ›Hass und extremistischen Stimmungen‹ dienen sowohl dem Staatsapparat als auch ›patriotischen‹ Kampfgruppen als Vorwand, Künstler und Galerien einzuschüchtern. Es gehört Mut dazu, gegen den Strom zu schwimmen..

## Literatur und Theater

Die ältesten russischen Werke sind die kirchlichen Chroniken, die ab dem 11. Jahrhundert in den Klöstern geschrieben wurden. Sie sind in Altslawisch abgefasst und geben über das politische und geistige Leben zu Zeiten der Kiever Rus Auskunft. Bis zur Zeit Peters des Großen entwickelten sich Schrift- und gesprochene Sprache parallel, und bis zu dieser Zeit gab es in Russland so gut wie keine weltliche Literatur. Das änderte sich erst Mitte des 18. Jahrhunderts mit Michail Lomonosow und Alexander Puschkin (1799–1837). Was vor Puschkin geschrieben wurde, ist aber eher nur für Literaturwissenschaftler interessant. Erst Puschkin schuf eine moderne russische Literatursprache, die tiefste und verborgene Regungen der ›Volksseele‹ nachvollzog. Ein Freund Puschkins, Aleksandr Griboedov (1795–1829), schrieb das zu dieser Zeit am häufigsten in Russland aufgeführte Theaterstück ›Verstand schafft Leiden‹, eine beißende Satire auf die russische Aristokratie. Der dritte ›junge Wilde‹ jener Ära war der Dichter und Prosaiker Michail Lermontov (1814–1841).

Das 19. Jahrhundert schenkte der russischen und gleichzeitig der Weltliteratur die großen Romanciers der realistischen Literatur: Nikolaj Gogol (1809–1852), Ivan Turgenev (1818–1883), Fjodor Dostojewski (1821–1891) und Leo Tolstoi (1828–1910). Anton Tschechow (1860–1904) und Maxim Gorki (1868–1936) zählen auch heute noch zu den meistgespielten Dramatikern in Europa.

Konstantin Stanislavskij (1863–1938) und Vsevolod Meyerhold (1874–1940) waren die beiden einflussreichsten Theaterregisseure ihrer Generation in Russland. Stanislavskij revolutionierte das Verständnis von der Rolle der SchauspielerInnen. Diese sollten sich das Innenleben der von ihnen verkörperten Figuren so aneignen, als würden sie die vom Stück beschriebenen Handlungen erleben. Anders Meyerhold, der mit einem System experimentierte, das er Biomechanik nannte, die Kombination von physischen mit psychologischen Prozessen. 1930 gastierte seine Truppe in Berlin. Die internationale Kunstwelt war begeistert. In seiner Heimat warf man Meyerhold antisowjetische Stimmungen und Spionage für den französischen Geheimdienst vor. Er und seine Frau Sinaida Reich wurden 1939/40 vom sowjetischen Geheimdienst NKWD ermordet.

Einer der innovativsten jungen russischen Theaterregisseure ist der 1969 in Rostov am Don geborene Kirill Serebrennikov. Seit dem Jahr 2000 lebt er in Moskau, inszenierte an verschiedenen Bühnen, profilierte sich als Filmregisseur und wirkte als Dozent an der Theaterschule des Moskauer Künstler-Theaters. Mit seinen Studenten gründete er 2013 das experimentelle Gogol-Zentrum. Er inszenierte nicht nur in Moskau, sondern auch in Riga, Berlin und Stuttgart. Für 2017 war die Premiere eines Balletts am Bolschoi Theater geplant, über das Leben eines der berühmtesten Tänzer des 20. Jahrhunderts, Rudolf Nureyev (1938–1993), der während eines Gastspiels des Leningrader Kirov-Balletts 1961 in den Westen emigrierte und mit Margot Fonteyn das wohl legendärste Bühnenpaar der Tanzgeschichte war, Die Inszenierung war heftigen Angriffen ausgesetzt, auch wegen der Homosexualität Nureyevs, die Serebrennikov in seiner Inszenierung thematisierte. Im August 2017, während Dreharbeiten zu seinem neuen Film über den legendären Rock-Sänger Viktor Zoi, wurde Kirill Serebrennikov verhaftet. Die Staatsanwaltschaft wirft ihm Unterschlagungen von staatlichen Subventionen für das Gogol-Zentrum vor. Kritische und wache Geister im In- und Ausland vermuten hinter der Verhaftung, den Versuch einen kreativen und der Staatsmacht unbequemen Geist zu entmündigen. Bei Erscheinen dieses Reiseführers befand sich Kirill Serebrennikov noch unter Hausarrest. .

## Autoren

Das ›Silberne Zeitalter der russischen Literatur ist vor allem durch die beiden ›Großen Damen‹ des 20. Jahrhunderts repräsentiert: Anna Achmatova (1889–1966) und Marina Cvetaeva (1892–1941). Außer ihnen brillierten in der Poesie Nikolaj Gumilëv (1886–1921), Aleksandr Blok (1880–1921), Sergej Esenin

(1895–1925), Nikolaj Kljuev (1887–1937), Osip Mandelštam (1891–1938) und Vladimir Majakovskij (1893–1930). Die meisten starben jung und fast alle einen gewaltsamen Tod. Die Liste der nennenswerten russischen Schriftsteller im 20. Jahrhundert ist lang und umfasst gleich mehrere Nobelpreisträger: Ivan Bunin (1933), Boris Pasternak (1958), Michail Šolochov (1965), Alexander Solschenizyn (1970) und Iosif Brodskij (1987).

Neben dem ›Archipel GULAG‹ von A. Solschenizyn und in seiner Poetik und Dichte über diesen hinaus gehend, sind die Bücher von Warlam Schalamow (1907-1982) die beeindruckendsten literarischen Zeugnisse des Lebens, Leidens und Sterbens in den sowjetischen Lagern, in denen er selbst unschuldig verurteilt fast 20 Jahre verbracht hatte. Seine ›Erzählungen aus Kolyma‹ erschienen erstmals 1971 in der Bundesrepublik und in Frankreich. Der Schriftsteller starb 1982 in einer Moskauer Nervenheilanstalt.

Eines der in der Sowjetunion am meisten gelesenen Bücher war der satirische Roman ›12 Stühle‹ (1928) des Autorenpaares Ilf und Petrov, der mehrmals verfilmt wurde, zuletzt von Ulrike Ottinger (Berlinale 2003).

Eines der großartigsten, in den frühen Jahren der Sowjetzeit entstandenen Bücher ist der Roman ›Meister und Margarita‹ von Michail Bulgakov (1891–1940). Zwischen 1928 und 1940 entstanden, wurde der um entscheidende Passagen verdünnte Roman erst 1966 in Fortsetzungen in der Literaturzeitschrift ››Moskva‹ veröffentlicht. Die 150 000 Exemplare des Journals waren jeweils nach nur wenigen Stunden ausverkauft. Im ganzen Land gründeten sich Lesegruppen. Die von der Zensur geschwärzten Passagen gelangten in Abschriften unter die Menschen. Der ›Meister und Margarita‹ ist zugleich eine Satire auf das Moskau der 1920er Jahre, auf die Umtriebe des Teufels namens Voland während eines Besuches in der Stadt, auf die Liebe des Autors zu seiner Muse und die großen Fragen der Menschheit: Wahrheit und Illusion, Gut und Böse, Gott und Teufel. Die Rückschlüsse auf Goethes ›Faust‹ sind keineswegs zufällig.

Mit dem Zusammenbruch der Sowjetunion veränderte sich die Rolle der Schriftsteller. Da es in der Sowjetunion keine Opposition und keine Kirche gegeben hatte, glaubten die Menschen an Bücher wie an Gebete. Das war nun anders. Die ›Stunde Null der Verwirrung ist längst vorüber, und die russische Gegenwartsliteratur ist bunt und schillernd. Die beiden Lieblinge der Intellektuellen sind seit der ersten Hälfte der 1990er Jahre Vladimir Sorokin und Viktor Pelevin mit ihren furiosen Texten. Sorokin erhielt 2002 ungewollt Schützenhilfe von der Putinschen Jugendorganisation, die seine Bücher auf dem Roten Platz in einer Kloschüssel versenkte und eine Anzeige wegen Pornographie erstattete. Sorokin betätigt sich auch als Librettist und Szenarist. Zu den auch in Deutschland viel gelesenen modernen Autoren gehören Ljudmila Ulickaja, Jurijj Mamleev, Tat'jana Tolstaja und Nikolaj Kononov.

Neben ihnen ist eine junge Generation von Schriftstellern nachgewachsen. Sie ist nicht mehr mit den literarischen ›dicken Journalen‹ groß geworden, sondern mit dem Internet. Diese Autoren genießen die Freiheit von politischen und ästhetischen Zwängen und experimentieren mit dem Wort und der Form. Sehr populär in Russland ist das Genre des Cyberpunk.

»Die russische Literatur gibt es nicht«, urteilt beispielsweise der Autor Viktor Erofeev. »Es gibt eine ganze Reihe russischer Literaturen«. Zu ihnen gehört auch die Trivialliteratur, unter anderem die populären Krimis von Darja Doncova, Aleksandra Marinina und Boris Akunin. Die beiden Damen bevorzugen Stoffe aus der Gegenwart, während der sprachlich geschulte Georgier seine Romane mit viel Sachkenntnis im 19. Jahrhundert ansiedelt. Zwei seiner Bestseller wurden in den vergangenen Jahren bereits verfilmt.

Die 1962 geborene und in Leningrad aufgewachsene Olga Martynowa, die seit 1991 in Deutschland lebt, schaffte es mit ihrem ersten Roman ›Sogar Papageien überleben uns‹ auf Anhieb in die Longlist des Deutschen Buchpreises und gewann 2012 für ihren Text ›Ich werde sagen: Hi!‹ den Ingeborg-Bachmann-Wettbewerb in Klagenfurt. Der Roman berichtet in kurzen Episoden von einer Petersburger Autorin, die in Deutschland an einem Kongress zu Daniil Charms (1905–1942), einem der bekanntesten Dichter der Leningrader Avantgarde, teilnimmt. Wie durch ein überdimensionales Vergrößerungsglas betrachtet sie Episoden während und im Umfeld des Kongresses, ihre Jugendliebe zu einem deutschen Studenten, die nicht zur Liebe ihres Lebens werden will, Erinnerungsmomente ihres Lebens, der Menschen, die sie prägten sowie der Kunst, die sie liebt.

## Der neue russische Film

Der russische und sowjetische Film gehören zum cineastischen Weltkulturerbe. Zu den Altmeistern und Regisseuren mit Weltruhm zählen unter anderem Sergej Eisenstein (1898–1948), Vsevolod Pudovkin (1893–1953), Aleksandr Dovženko (1894–1956) und Grigorij Kozincev (1905–1973). Der sowjetische Nachkriegsfilm orientierte sich an den Auflagen der Partei und am Geschmack des Massenpublikums; daher wurden hauptsächlich Kriegsfilme, Melodramen und Komödien produziert. Dabei entstanden Meisterwerke, die auch heute noch das Publikum begeistern, aber wegen der sowjetischen Doppelbödigkeit – die Protagonisten sagen immer etwas anderes als sie meinen – im Ausland kaum verstanden werden. Dennoch war der sowjetische Film auf internationalen Festivals gern gesehen. Regisseure wie Sergej Bondarčuk, Sergej Gerasimov, Nikita Michalkov, sein Bruder Andron Michalkov-Končalovskij, Elem Klimov und andere standen für ein handwerklich meisterhaftes Kino, das Geschichten zu erzählen verstand.

*Sergej Eisenstein um 1928*

Als ›intellektuellster‹ unter den sowjetischen Regisseuren gilt Andrej Tarkovskij (1932–1986). Schon mit seinem Erstlingswerk ›Ivans Kindheit‹, mit dem er 1962 in Cannes debütierte, begeisterte er die Kritik und verprellte die Zensur. Alle seine Filme hatten es schwer, aus den Studios bis zum Zuschauer zu gelangen. Filmgeschichte schrieben sein ›Andrej Rublëv‹ (1966), ›Solaris‹ (1972) und ›Stalker‹ (1979). ›Andrej Rublëv‹ gilt bei vielen Experten als einer der hundert besten Filme aller Zeiten. Nach Dreharbeiten in Italien verließ Tarkovskij 1983 seine Heimat und kehrte nicht wieder zurück.

Ein anderer, ästhetisch sehr eigenwilliger und von Cineasten bis heute bewunderter Regisseur war Sergej Paradžanov (1924–1990). Regisseur zu sein, bedeutete für den Armenier, Visionen in Bilder zu fassen. Den Anspruch auf künstlerische Freiheit bezahlte er mit Arbeitslager, verurteilt wegen Kunstschmuggel, Devisenhandel und Homosexualität. Sein Traum war eine Verfilmung von Goethes ›Faust‹.

Die Nachfolge von Tarkovskij trat in ästhetischer Hinsicht der 1951 in Sibirien geborene Aleksandr Sokurov an. Auch Sokurov kreiert verborgene und verschlüsselte Bilderwelten, die sich mitunter auch auf den zweiten und dritten Blick nicht erschließen und dennoch das Geheimnis hinter dem Bild erahnen lassen. Er hat bisher insgesamt 18 Spiel- und 15 Dokumentarfilme gedreht. Zum 300. Geburtstag von St. Petersburg – die Stadt, in der er lebt – filmte er in nur einer Einstellung ›Die russische Arche‹. Die Kamera schwebt durch die Eremitage und streift mit ihrem Blick 200 Jahre russische Geschichte von Peter dem Großen bis in die Zeit vor Beginn des Ersten Weltkrieges. Mehr als 1000 Statisten waren in historischen Kostümen an den Dreharbeiten beteiligt. Ein weiteres Projekt von Sokurov waren Filme über die ›drei großen dämonischen Genies‹ des 20. Jahrhunderts – ›Moloch‹ (Hitler), ›Stier (Lenin) und ›Sonne‹ (Hirohito). Sein Film ›Faust‹ – frei nach Johann Wolfgang von Goethe – errang 2011 den Goldenen Löwen der 68. Filmfestspiele von Venedig. Ein Jahr später verweigerten die Abgeordneten der Petersburger Stadtduma Sokurov die Ehrenbürgerschaft – die einen weil er in ihren Augen das Bild Lenins geschändet habe, die anderen wegen angeblicher Gotteslästerung in seinen Werken. Der bislang letzte Film des Regisseurs ist ›Frankofonia‹ (2015), eine Mischung aus Dokumentarfilm und Fiktion über den Louvre, die Kunst und den Krieg, hier den Zweiten Weltkrieg, als Paris von der deutschen Wehrmacht besetzt war.Nach der Perestroika verloren auch die meisten Filmregisseure ihre gut bezahlten Jobs. Die staatliche Filmförderung brach praktisch über Nacht zusammen und Hollywood über das Land herein. Die Konsumenten gingen nun lieber in die Videotheken als in die maroden Kinos. Auch unter diesen schwierigen Bedingungen wurden bemerkenswerte Filme gedreht, doch in der Regel schnell wieder vergessen.

Zu den Filmregisseuren, die in jenen Jahren von sich reden gemacht haben, die aber in Deutschland so gut wie kein Publikum besitzen, gehören Alexej Balabanov (1958–2013) - sein Film ›Bruder von 1997 erlangte in Russlands Kultstatus, Alexander Rogoshkin – das poetische Antikriegsmärchen ›Kuckuck‹ lief auch in deutschen Kinos, Ilja Khrazhanovski, der mit der Groteske ›4‹ auf verschiedenen Internationalen Festivals reüssierte, der in Paris lebende Pavel Lungin (›Taxi

Blues‹, ›Die Insel‹, ›Zar), Anna Melikjan (›Rusalka‹), Svetlana Proskurina (›Die beste Jahreszeit‹) sowie der umstrittene Altmeister Nikita Michalkov, der 2007 in Venedig für seinen Film ›12‹ den Spezialpreis der Jury erhielt.

Der russische Film ›Die Rückkehr des Regisseurs Andrej Svjagincev (geb. 1964), erhielt 2003 in Venedig einen ›Goldenen Löwen‹. Ebenfalls in Cannes liefen seine beiden letzten Filme ›Leviathan‹ von 2014 und ›Loveless‹ von 2017. Ein junges Paar, das die Liebe zueinander verloren hat, verliert seinen Sohn, der spurlos verschwindet. Der Regisseur verriet, dass die Assoziationen zu Ingmar Bergmans ›Szenen einer Ehe‹ beabsichtigt sind. Mitte März 2018 gelangte der Film auch in die deutschen Kinos.

Den Silbernen Bären der Berlinale 2010 erhielten die beiden Hauptdarsteller und der Kameramann des Films ›Wie ich diesen Sommer verbrachte‹ (Regie Alexej Popogrebski , geb. 1972). Der Film erzählt den Konflikt zwischen zwei Menschen, einem erfahrenen Meteorologen und seinem jungen Praktikanten, die isoliert von der Außenwelt ihrer Arbeit auf einer russischen Polarstation verrichten. Sein Debut als Spielfilmregisseur hatte Popogrebski 2003 gemeinsam mit seinem Kollegen Boris Chlebnikov (geb. 1972). Ihr preisgekrönter Film ›Koktebel‹ erzählt im Genre eines Road Movie einfühlsam und phantasiereich von einer Vater-Sohn-Beziehung. Als einziger russischer Teilnehmer im Wettbewerb der Berlinale 2013 erhielt der jüngste Film Chlebnikovs ›Ein langes und glückliches Leben‹ zwar keinen Preis, aber viel Aufmerksamkeit. Er behandelt die Geschichte eines jungen Mannes, der als Pächter einer ehemaligen Kolchose auf der Kola-Halbinsel vor eine existentielle Entscheidung gestellt ist, und der alles riskiert, was ihm wichtig ist, als er sich Habgier und Korruption entgegenstellt.

Ein Vertreter der jüngeren Generation ist Alexej German Jr., (geb. 1976) Sohn von Alexej German (1938-2013), eines der interessantesten und den humanistischen Idealen der russischen Kultur am meisten verpflichteten sowjetisch-russischen Filmemacher. Dem deutschen Publikum ist Alexej German der Ältere vor allem durch seinen Film ›Mein Freund Iwan Lapschin‹ (1984), einem der wichtigsten Perestroika-Filme in Erinnerung. Alexej German Jr. trat in die Fußspuren seines Vaters. 2015 erhielten seine beiden Kameramänner für ihre herausragende künstlerische Leistung bei der Entstehung des Filmes ›Under Electric Clouds‹ einen Silbernen Bären. Der Film erzählt in sieben lose miteinander verbundenen Episoden vom Seelenzustand seines Vaterlandes, in dem Vergangenheit, Zukunft und Gegenwart in surrealer Fremde zueinander stehen. Im Februar 2018 lud die Berlinale auch seinen neuen Film ein, in dem sich der Regisseur mit der sowjetischen Vergangenheit beschäftigt. ›Dovlatov‹ beschreibt sechs Tage in Leningrad im November 1971, Episoden aus dem Leben des sowjetischen Schriftstellers Alexej Dovlatov (1941-1990), dessen literarisches Talent von der Zensur an der Entfaltung gehindert wird. In Russland füllte der Film die Kinosäle. Der Film weckt in seiner atmosphärischen Dichte die Erinnerung an die Breschnew-Jahre, an wachsenden Wohlstand und die schleichende Stagnation der bleiernen Zeit.

Viel Aufmerksamkeit in Russland erhielt 2017 der Regisseur Alexei Utschitel für seinen Film ›Mathilde‹, der auch in Deutschland einen Verleih fand. Der Film handelt von der Liebe des Thronfolgers und späteren Nikolai II. zur Primaballerina Mathilde Kschessinskaja. Schon vor der Uraufführung witterten der Klerus, Monarchisten und patriotische Fanatiker eine antirussische Intrige. Der Film verletze die Gefühle der Gläubigen. Molotowcocktails flogen. Und das alles wegen einer im Glanz des Zarenhauses schwelgenden Produktion über die große, keineswegs platonischen Liebe des Thronfolgers zu einer junger Ballettänzerin. Die Rolle des Zaren verkörpert der Berliner Film- und Theaterschauspieler Lars Eidinger und die der Primaballerina die polnische Schauspielerin Michalina Olszanska.

Ein kleines, wunderbares Kino in Deutschland, das sich auf russische und osteuropäische Filme spezialisiert hat, ist das ›Krokodil (nach dem berühmten Krokodil Gena aus dem Trickfilm ›Tscheburaschka‹ von 1971) in Berlin-Prenzlauer Berg. Aktuelle Produktionen aus Russland sind nicht nur gern gesehene Gäste der Berliner Filmfestspiele, sondern auch der Filmfestovals in Cottbus und Wiesbaden.

## Musik

Die großen russischen Komponisten des 19. Jahrhunderts sind Peter Tschaikowski (1840–1893), Modest Musorgskij (1839–1881), Michail Glinka (1804–1857) und Nikolaj Rimskij-Korsakov (1844–1908). Das 20. Jahrhundert prägten Sergej Rachmaninow (1873–1943), Igor Strawinskij (1882–1971), Sergej Prokofjew (1891–1953) und Dmitri Schostakowitsch (1906–1975).

Die Quellen, aus denen die russische Musik ihre Inspirationen schöpfte, sind vor allem die russische Volksmusik, das chorale Erbe der Kirchengesänge, die Musik der Zigeuner und ebenso westeuropäische und asiatische Strömungen.

*Konzerthalle im 2017 eröffneten Zarjad'e-Park am Roten Platz in Moskau*

Hinter jedem Komponisten verbirgt sich eine ganze Welt der Klänge und Ideen. Die einen, wie beispielsweise Tschaikowski, bevorzugten eher westeuropäische Klangteppiche, die anderen, wie Modest Musorgskij, verteidigten vehement russische Traditionen.

Die Avantgarde beginnt mit Prokofjew. Die ›Liebe zu den drei Orangen‹ und die Kinderoper ›Peter und der Wolf‹ begründeten seinen Weltruhm. Schostakowitsch schuf mit seiner ›Leningrader Symphonie‹ (1941) eine der bekanntesten musikalischen Antikriegskompositionen. In den letzten Jahren wurde er als Filmkomponist wiederentdeckt, unter anderem für ›Hamlet‹ (1964) und ›König Lear‹ (1970), beide unter der Regie von Grigorij Kozincev.

Klassische Musik ist auch heute noch in Russland beliebt. Der Andrang

*Peter Tschaikowski*

zu den Konzerten in den Philharmonien, Opernhäusern und Konzertsälen des Landes ist enorm. Bei Gastspielen nehmen die Menschen lange Schlangen in Kauf. Das gilt auch für die klassische Oper und das berühmte russische Ballett, das seit den Pariser Gastspielen Anfang des 20. Jahrhunderts seine Traditionen bewahrt hat, während die westliche Tanzkunst neue Wege gegangen ist.

Anfang des 20. Jahrhunderts entstand das Genre der Stadtromanzen, dessen herausragendster Sänger Aleksandr Vertinskij (1889–1957) war. In den 1930er Jahren erlebte der Jazz eine kurze Blüte, bevor er bis Ende der 50er Jahre verboten wurde. Ende der 50er Jahre begann auch die Zeit der Barden – Sänger, die ihre Gedichte auf der Gitarre begleiteten. Der berühmteste von ihnen war Bulat Okudžava (1924–1997), dessen Lieder um die ganze Welt gingen. Auf dem Moskauer Arbat steht ein Denkmal für ihn. Die Stimme schlechthin der späten sowjetischen Jahre aber war die des Schauspielers und Sängers Vladimir Vysockij (1938–1980). Der rauhe, zugleich zärtliche und aggressive Gesang brachte zum Ausdruck, was die Menschen, vom Fernfahrer bis zum Intellektuellen, bewegte.

Die Geschichte des russischen Rock begann Ende der 1960er Jahre in der Illegalität und setzte sich gegen alle Anfeindungen zur Wehr. Mit kaum spielbaren Instrumenten, Poesie und eigenwilligen Kompositionen eroberten sich die russischen Rocker ein Publikum und Anerkennung. Heute gibt es Gruppen, die ganze Stadien füllen, zum Beispiel Maschina Vremeni (Zeitmaschine, gegr. 1969), Aquarium (gegr. 1972), DDT (gegr. 1980), Mumi Troll (gegr. 1983), Grashdanskaja Oborona (dt. Bürgerwehr, 1984–2008), Auktyon (1986–2011), Nautilus Pompilius (1982–1997), Leningrad (gegr. 1996) und viele andere.

Neben den Altmeistern spielen zahlreiche Bands in Klubs und Bars. Die Palette der Genres umfasst alles, was auch im Westen ›in‹ und aktuell ist. Eine der beliebtesten Rock-Sängerinnen ist Zemfira.

Der russische Schlager und die Pop-Musik wurzeln ebenso in den 1960er Jahren. Das Angebot ist vielseitig, die Sitten im Geschäft sind rauh. Die Grand Dame des russischen Schlagers war von 1965 bis 2010 Alla Pugačëva. Mit ihrem Song ›Harlekino‹ eroberte sie 1975 während des Musikfestivals ›Goldener Orpheus‹ die Herzen des Publikums. Das Lied wurde ihr Markenzeichen. Bis zum Ende ihrer Bühnenkarriere veröffentliche sie jährlich mindestens einen Hit. Ebenso beeindruckend wie ihre Schlager und Popsongs war ihre Interpretation einiger Gedichte von Marina Cvetaeva.

## Sprache und Schrift

Russisch gehört zu den slawischen Sprachen und wird von etwa 280 Millionen Menschen als Mutter- oder Zweitsprache benutzt. Am nächsten ist es mit dem Ukrainischen und Weißrussischen verwandt, Ähnlichkeiten bestehen aber auch mit den anderen slawischen Sprachen, zum Beispiel Polnisch, Tschechisch, Bulgarisch und Serbokroatisch. Zusammen mit der baltischen und der germanischen Sprachgruppe bildet Russisch einen gemeinsamen Zweig in der indoeuropäischen Sprachfamilie. Die linguistische Verwandtschaft der germanischen Sprachen zu den slawischen ist größer als etwa die zu den romanischen.

Man geht davon aus, dass das Altostslawische bis zum 14. Jahrhundert die gemeinsame Grundlage für das Russische, Ukrainische und Weißrussische war. Die ersten schriftlichen Zeugnisse in russischer Sprache gehen auf das Ende des 10. Jahrhunderts zurück, nachdem die slawischen Völker zum Christentum bekehrt worden waren. Als Literatursprache diente das Altkirchenslawisch, das die Brüder Kyrill und Method in der zweiten Hälfte des 9. Jahrhunderts auf der Grundlage einer anderen Schrift – der Glagolica – entwickelt hatten. Nach Kyrill ist das Alphabet benannt. Die kyrillischen Schriftzeichen werden in Russland und mit Modifikationen auch in anderen slawischen Ländern – Ukraine, Weißrussland, Bulgarien, Serbien und Mazedonien – verwendet.

Mit den Jahrhunderten wuchsen die Unterschiede zwischen der gesprochenen altrussischen und der geschriebenen Sprache. Die Verweltlichung und Verwestlichung der Kultur in der Regierungszeit Peters des Großen im 18. Jahrhundert brachte einschneidende Veränderungen mit sich. Die alte Schriftsprache – sowohl das liturgische Altkirchenslawisch als auch die Verwaltungssprache – wurden reformiert; 1708 erschien das erste Buch in der neuen russischen Schrift.

Während der mongolisch-tatarischen Fremdherrschaft beeinflusste das Tatarische die russische Sprache. Seit dem 18. Jahrhundert nahm sie Lehnwörter aus dem Niederländischen, Deutschen, Französischen, Englischen und Italienischen auf. Viele Vertreter der russischen Oberschicht orientierten sich an westlicher, vor allem an der französischen Kultur. Zugleich entwickelte sich eine Schriftsprache, die Elemente aus dem Altkirchenslawisch, der Umgangssprache und westlichen Sprachelementen vermischte.

Puschkin gilt als der Urschöpfer der modernen Literatursprache. Der Schriftsteller kannte sich in der europäischen Literatur hervorragend aus, war bissig in seinem Spott auf die Herrschenden, heiter und liebevoll bei den Schwächen des ›kleinen Mannes‹, romantisch und sinnenfreudig im Liebeslied. Er beherrschte sprachliche Nuancen, mit denen niemand vor ihm im Russischen in dieser Weise zu jonglieren vermochte. Keine Übersetzung ist gänzlich imstande, diese Feinheiten wiederzugeben. Ein zweites Mal wurde das Alphabet nach der Machtergreifung durch die Bolschewiki vereinfacht. Um 1930 veranlasste Stalin die Umstellung der Schrift aller nichtslawischen Sprachen der sowjetischen Republiken auf das kyrillische Alphabet. Daher schreiben heute noch viele Völker der ehemaligen UdSSR in kyrillischer Schrift. Ausnahmen bilden die Letten, Litauer, Esten, Usbeken, Georgier und Armenier.

Eine Besonderheit der russischen – wie überhaupt aller slawischen – Sprachen ist der ›Mat‹, eine Schimpfsprache der sogenannten ›Mutterflüche‹. Es gibt Virtuosen in der Handhabung der Kraftausdrücke, die mit wenigen Worten sämtliche Emotionen wiederzugeben in der Lage sind. Politiker und Fachwelt beklagen seit einigen Jahren den immer stärkeren Anteil von Anglizismen in der Alltagssprache. Die Sorge um den Erhalt der russischen Sprache nimmt zu. Das Russische hat zahlreiche Lehnwörter aus anderen Sprachen übernommen, auch aus dem Deutschen, neben vielen anderen zum Beispiel vunderkind, kurort, šlagbaum (die drei Wörter sind endbetont), fejerverk (Feuerwerk), parikmacher (Perückenmacher oder Frisör), štraf (Strafe), masštab (Maßstab), buterbrod (belegtes Brot), šnicel (Schnitzel), kotlety (eine Art Bouletten).

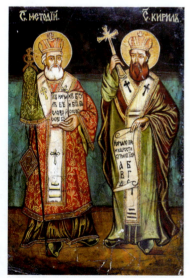

*Die Slawenapostel Kyrill und Method entwickelten die kyrillische Schrift*

Die kyrillischen Schriftzeichen auf Straßen- und Ortsschildern sowie auf den Speisekarten rufen zunächst meist einige Verwirrung hervor. Eine Bekanntschaft mit den Buchstaben und den ihnen entsprechenden Lauten vor der Reise kann deshalb nicht schaden. Es gibt verschiedene Möglichkeiten, die russische Schrift in lateinischen Buchstaben wiederzugeben: die wissenschaftliche Transliteration sowie die an die Ausprache angelehnte Transkription. Beide Wiedergaben haben ihre Vor- und Nachteile. Für dieses Buch wurden die russischen Worte transliteriert, nur sehr bekannte Eigennamen in der Lautschrift wiedergegeben. Vor Ort trifft man häufig auf die englische Varante der Transkription, die eine Art Zwischenstellung zwischen beiden System einnimmt. Im Sprachführer werden alle drei vorgestellt (→ S. 367).

»Ein betäubender, verwirrender Anblick muß es damals gewesen sein, und er ist es noch heute. Ein barbarisches Durcheinander, ein planloses Kunterbunt, von der Neuzeit nur noch pittoresker gemacht: grellrot gestrichene Barockkathedralen neben einem Betonwolkenkratzer, weitläufige schloßhafte Paläste neben schlechtgetünchten Holzhäusern ... Nichts paßt hier zueinander in dieser planlosesten, scheinbar improvisiertesten aller Städte, und gerade diese unablässige Kontrasthaftigkeit macht sie unerhört überraschend.«

*Stefan Zweig*

*Am Roten Platz: Kreml und Basiliuskathedrale*

# MOSKAU

# Russlands Hauptstadt

Mit offiziell etwa 12 Millionen Einwohnern ist die russische Hauptstadt eine der größten Metropolen der Welt. Moskau liegt im Zentrum des europäischen Teils des Landes, zwischen den Flüssen Oka und Wolga, ihr Namensgeber ist die Moskva. Sie durchfließt die russische Hauptstadt auf einer Länge von 80 Kilometern von Nordwest nach Südost, wobei sie im Zentrum einen weit ausholenden Bogen beschreibt. Im Scheitelpunkt dieses Bogens liegt der Kreml.

## Geschichte der Stadt

Gegründet wurde Moskau im Jahre 1147 von Jurijj Dolgorukij, dem Fürsten von Suzdal, einer Stadt etwa 200 Kilometer nordöstlich. Während der mongolisch-tatarischen Fremdherrschaft bewiesen die Moskauer Fürsten diplomatisches Geschick und politische Kaltblütigkeit. Nach und nach gingen sie aus dem Ringen mit anderen Fürstentümern um die Vorherrschaft in Russland als Sieger hervor.

Ivan III. (1440–1505) wollte Moskau zum ›Dritten Rom‹ umgestalten. Während seiner Regentschaft erhielt der Kreml seine auch heute noch bewunderte äußere Gestalt und seine wichtigsten Kathedralen.

Die Entscheidung Peters des Großen, seine Residenz im Jahr 1712 von Moskau nach St. Petersburg zu verlegen, bedeutete für Moskau keineswegs den Niedergang. Die Stadt bewahrte ihren

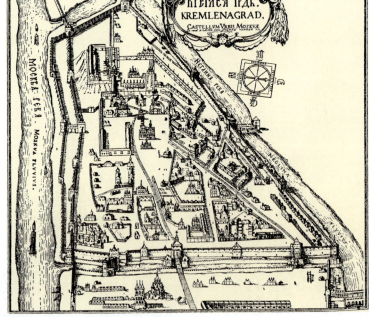

▲ *Der Moskauer Kreml im 17. Jahrhundert, zeitgenössische Darstellung*

Karte: vordere Umschlagkarte

Status als wichtigste Handelsmetropole des Landes, und weiterhin ließen sich die Zaren in der Mariä-Entschlafens-Kathedrale des Kreml krönen.

Im Jahr 1812 zog Napoleon mit seiner Armee in Moskau ein. Die Moskauer legten Brände, um die Besatzer zu vertreiben. Bevor die Franzosen schließlich abzogen, sprengten sie wichtige Bauten im Kreml. Der Wiederaufbau dauerte einige Jahre. Unter anderem erhielt in dieser Phase der Manegenplatz nördlich des Kreml sein spätklassizistisches Gesicht.

Im März 1918 verlegte Lenin den Regierungssitz wieder nach Moskau. Im Winter 1941 erreichten deutsche Panzer die Vorstädte und wurden im Zuge einer sowjetischen Gegenoffensive zurückgeschlagen. Nach dem Krieg entstanden um das historische Zentrum die berühmten stalinschen Wolkenkratzer, wuchs die Stadt pro Jahrzehnt um eine bis eineinhalb Millionen Einwohner, für die in den Außenbezirken dutzende gigantischer Schlafstädte entstanden.

In den Jahren nach dem Zerfall der Sowjetunion entwickelte sich die russische Hauptstadt zu einer modernen Megapolis. Sie erhielt viele alte Wahrzeichen zurück und erwarb sich neue: die Christus-Erlöser-Kirche am Ufer der Moskva, das Denkmal für Peter den Großen im Fluss, das Iversker Tor am Roten Platz, das unterirdische Handelszentrum auf dem Manegenplatz und neue Fußgängerbrücken. Viele der in den Jahrzehnten zuvor vernachlässigten historischen Bauten wurden restauriert und Tausende neue Wohn- und Geschäftsbauten errichtet.

Der Moskauer Hang zur Anarchie und und zur Extravaganz mit einer gewissen Neigung zum Kitsch schuf sich neue Ausdrucksformen. Etwa fünf Kilometer westlich des Kremls entstand seit den 1990er Jahren ein neues Geschäftszentrum: Moskau City, bestehend aus gut einem Dutzend Wolkenkratzern, einem Ausstellungs- und Messekomplex sowie einem Kino- und Konzertsaal für 6000 Zuschauer. Das höchste Gebäude misst 373,7 Meter. Das architektonische Ensemble besitzt Anbindung an drei Metrolinien, den Zentralen Stadtbahnring und soll in den nächsten Jahren auch eine direkte Verbindung zum Flughafen Šeremet'evo erhalten. Weitere Gebäude werden bis 2023 entstehen.

## Die Moskauer Ringe

Das Weichbild Moskaus wird durch markante Ringe gegliedert, die in konzentrischen Kreisen angeordnet sind. Der erste Moskauer Ring ist die Kreml-Mauer. Ihr zu Füßen breitete sich zunächst im Osten die Vorstadt aus. Die Zeiten waren unruhig, und die Händler in den Städten sorgten sich um ihren Schutz. Um ihre Vorstadt errichteten sie in der ersten Hälfte des 16. Jahrhunderts deshalb einen Wall, der von der nördlichen Kreml-Mauer das Gewirr der Häuser und Gassen umfasste. Von ihm stehen entlang des Platzes der Revolution (pl. Revoljucii) sowie zwischen dem Slawischen Platz (Slavjanskaja pl.) und der Moskva (→ Karte S. 89) nur noch Reste. Das Viertel zwischen Kreml und Stadtmauer, zu dem auch der Rote Platz gehört, trägt den Namen ›Kitaj-Gorod‹ (Китай-город, Kitaj-Stadt). Er leitet sich ab vom russischen Wort ›Kit‹ (Pfeiler, Pfahl).

Dort, wo heute der Boulevard-Ring – eine Folge von Boulevards mit verschiedenen Namen mit einer Länge von neun Kilometern – verläuft, entstand Ende des 16. Jahrhunderts eine weitere Stadtmauer. Sie bestand aus hellem Kalkstein

*Der Gartenring umfasst das historische Zentrum*

und schlug einen weiten Bogen um den Kreml, Kitaj-Gorod und die neuen Vorstädte. Ende des 18. Jahrhunderts wurde die Mauer abgetragen und begrünte Boulevards angelegt. Der vierte Ring – ein Erdwall mit hölzernen Befestigungen – entstand ebenfalls Ende des 16. Jahrhunderts, als der Krim-Khan Kazy-Girej die Stadt bedrohte. Im 19. Jahrhundert wurden rings um ihn Gärten angelegt. Nach ihnen ist der ›Sadovoe kolco‹ (Gartenring) benannt, die das historische Zentrum seit den 1930er Jahren umfassende Stadtautobahn auf beiden Seiten der Moskva, mit einer Länge von 16,5 Kilometern.

Der Kammerkollegienwall wurde als Zollgrenze in der Mitte des 18. Jahrhunderts errichtet. Anfang des 20. Jahrhunderts verlegte man auf ihm Schienen für den Güter- und bis 1934 auch für den Personenverkehr. Da der Güterverkehr in den letzten Jahrzehnten beharrlich an Bedeutung verloren hat und Moskau nur um den Preis endloser Staus den innerstädtischen Verkehr bewältigt, wurde der Kleine Innere Eisenbahnring (Moskovskoe Centralnoe Kolco) in den letzten Jahren für den Personenverkehr zu einer Art S-Bahn um- und ausgebaut. Seit 2016 verbindet er auf einer Länge von 54 Kilometern Stationen der Radiallinien von Metro und Regionalbahnen. Die modernen Züge verkehren zwischen sechs Uhr morgens und ein Uhr nachts. Während einer Fahrt um Moskau erlebt man die gigantischen Dimensionen dieser Stadt auf eine besondere Art und vor allem – anders als in der zumeist unterirdischen Metro – von Angesicht zu Angesicht. Von der dem Flusshafen in Moskau am nächsten gelegenen Metrostation ›Rečnoi Vokzal‹ (Речной Вокзал, Flussbahnhof, die grüne Linie) sind es stadteinwärts nur zwei Stationen bis zur Metrostation ›Vojkovskaja‹ (Войковская). Vom Ausgang entgegengesetzt der Fahrtrichtung gelangt man nach ungefähr 250 Metern auf der rechten Straßenseite zur Station Baltijskaja (Балтийская) auf dem Zentralen Ring.

Die Ringe um den Stadtkern werden in alle Richtungen von Radialen durchbrochen. Die ältesten Straßen führten nach Vladimir, Pereslavl, Jaroslavl und zu anderen Fürstenresidenzen. Im 16. Jahrhundert entstand die Straße nach Tver, einer nördlich von Moskau gelegenen Stadt. Sie verwandelte sich nach und nach in die wichtigste Magistrale der Hauptstadt. Peter der Große ließ sie bis Petersburg ausbauen.

Nach dem Ringprinzip ist auch die Moskauer Metro angelegt, was es erheblich erleichtert, sich in ihrem nur scheinbar verworrenen Labyrinth zurechtzufinden Auf der Ringlinie kommt man zu allen radial in die Außenbezirke führenden Linien. Einige Abschnitte eines zweiten, äußeren Rings sind bereits fertiggestellt.

## Kreml

Das altrussische Wort ›Kreml (Кремль) bedeutet ›Burg, Zitadelle, Festung‹. Einen Kreml gibt es in so gut wie jeder russischen Stadt, er diente dem Schutz der obersten weltlichen und geistlichen Macht. Der erste, noch hölzerne Moskauer Kreml entstand unter Jurij Dolgorukij 1156. Ende des 15. Jahrhunderts ließ Großfürst Ivan III. italienische Baumeister ins Land kommen, die maßgeblich das architektonische Antlitz der Moskauer Festung auf dem Borovicker Hügel prägten. Die ›Frjazins‹, wie die Italiener in Russland genannt wurden, errichteten die 2235 Meter lange Kremlmauer mit ihren 20 Türmen, die Gotteshäuser um den gleichnamigen Kathedralen-Platz und den ›Facetten-Palast‹. Die Baukunst jener Periode war eine in jeder Hinsicht gelungene, bewundernswerte Synthese aus italienischen und russischen Traditionen. Ende des 15., Anfang des 16. Jahrhunderts war der Moskauer Kreml eine der am besten befestigten europäischen Burgen.

In der Mitte des 17. Jahrhunderts entstanden der Terem-Palast mit den Zarengemächern, das Lustschloss sowie der Patriarchenpalast mit der Zwölf-Apostel-Kirche. Auch nachdem St. Petersburg Hauptstadt geworden war, kamen weitere wichtige Bauten hinzu: das Arsenal und der Senat im 18., der Große Kremlpalast und die Rüstkammer im 19. sowie der sowjetische Kongresspalast im 20. Jahrhundert. Letzterer wird auch als Neuer Kremlpalast bezeichnet.

**Öffnungszeiten**: täglich außer Donnerstag von 10 bis 18 Uhr; die Kassen schließen um 16.30 Uhr. Sie befinden sich im Alexandergarten, neben dem Kutafja-Turm. Ein Ticket für den Besuch des Kremls, inklusive Besichtigung der Kathedralen kostet 500 Rubel , eine Besichtigung der Rüstkammer 700 Rubel und des Diamantenfundus 500 Rubel (Stand 2018). Rüstkammer und Diamantenfundus sind durch das Tor am Borovizkij-Turm zugänglich. Man kann Tickets auch elektronisch erwerben. In der touristischen Hochsaison

*Die Maria-Entschlafenskathedrale und der Patriarchenpalast im Kreml*

# 82 Kreml

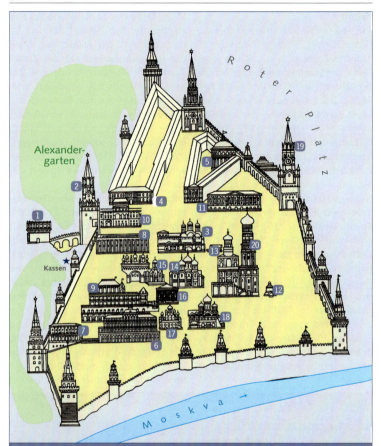

## Der Moskauer Kreml

1. Kutafja-Turm (Eingang)
2. Dreifaltigkeitsturm
3. Patriarchenpalast/Zwölf-Apostel-Kirche
4. Arsenal
5. Senat
6. Großer Kremlpalast
7. Rüstkammer und Diamantenfundus
8. Sowjetischer Kongresspalast
9. Terem-Palast
10. Lustschloss
11. Residenz des russischen Präsidenten
12. Zarenglocke
13. Zarenkanone
14. Mariä-Entschlafens-Kathedrale
15. Maria-Gewandniederlegungs-Kirche
16. Facettenpalast
17. Mariä-Verkündigungs-Kathedrale
18. Erzengel-Michael-Kathedrale
19. Erlöserturm
20. Glockenturm ›Ivan der Große‹

empfiehlt es sich, dies wegen des enormen Andrangs rechtzeitig zu tun. Die Tickets sind auszudrucken und werden an den Kassen 11 und 12 bei Vorlage des Passes in Eintrittskarten eingetauscht (www.kreml.ru).
Die Gepäckaufbewahrung befindet sich neben dem Kutafja-Turm.

### ■ Kutafja-Turm und Arsenal

Man betritt den Kreml über eine steinerne Brücke, die den äußeren Kutafja-Turm mit dem Dreifaltigkeitsturm (Troic-kaja bašnja) verbindet. Der Kutafja-Turm ist der einzig erhalten gebliebene Turm außerhalb der Kremlmauern. Er schützte einst die Brücken über das Flüsschen Neglinnaja. Sein auch im Russischen befremdlich klingender Name bedeutet so viel wie ›schwerfällige, ungelenkes Frauenzimmer, mit dem unter anderem Frauen gemeint sind, die mehrere Röcke übereinander tragen.

Hinter dem Dreifaltigkeitsturm befindet sich links das zwischen 1703 und 1736 erbaute Arsenal. In seiner festlichen Strenge ist es ein gelungenes Beispiel für die Petrinische Architektur. Die 875 Kanonen an der Südostfassade sind Beutestücke aus den Napoleonischen Kriegen. Seit 1918 ist das Arsenal die Kaserne des Kreml-Wachregiments.

### ■ Staatlicher Kremlpalast

Der Staatliche Kremlpalast (Государственный Кремлевский дворец) entstand 1961 für Kulturveranstaltungen und die Parteitage der sowjetischen Kommunisten. Der Große Saal fasst bis zu 6000 Gäste, die Bühne ist eine der größten der Welt. Hier finden regelmäßig Veranstaltungen – von Klassik bis Pop und Rock – statt. Modern Talking, Elton John, Tina Turner, Sting, Scorpions und Eric Clapton gaben hier umjubelte Konzerte. Am beliebtesten ist der Neue Kremlpalast bei den Kindern der Hauptstadt: Von Anfang Dezember bis Mitte Januar steht hier die größte Weihnachtstanne in der Stadt.

### ■ Ivanov-Platz

Geradeaus liegt der Ivanov-Platz, auf dem sich einst das öffentliche Leben abspielte. Ausrufer verlasen Erlasse, so laut, dass bis heute für jene, die ihre Stimme nicht beherrschen, das Sprichwort gilt: »Über den ganzen Ivanov schreien«.

Im Nordosten begrenzt der Ende des 18. Jahrhunderts errichtete **Senat** mit seinem berühmten runden Katharinen-Saal den Platz. Er wird von einer grünen Kuppel überwölbt, auf der die russische Staatsflagge weht. Kuppel und Flagge sind aber nur vom Roten Platz aus zu sehen.

Die **Residenz des russischen Präsidenten** befindet sich im Nebengebäude, dessen Fassade den Ivanov-Platz von Osten begrenzt. Es entstand 1936 auf den Grundmauern von zwei bereits 1929 zerstörten Klöstern als Militärschule im neoklassizistischen Stil.

### ■ Zarenglocke und Zarenkanone

Symbole des Kremls sind die 200 Tonnen schwere Zarenglocke von 1735, die nie geläutet hat – sie zersprang in der Gießgrube während eines Brandes –, und die Zarenkanone von 1586. Das Kanonenrohr ist 5,34 Meter lang, das Kaliber beträgt 890 Millimeter. Als ein Tatarenheer im Jahr 1591 Moskau bedrohte, wurde das Ungetüm auf dem Roten Platz in Gefechtsbereitschaft gebracht. Da der Angriff nicht stattfand, feuerte sie nicht einen Schuss ab. Die je 1000 Kilogramm schweren vier Kanonenkugeln zu ihren Füßen sind allerdings reine Dekoration. Die Zarenkanone, hätte sie denn jemals geschossen, wäre mit Schrapnellen geladen worden.

### ■ Platz der Kathedralen

Der faszinierendste Ort im Kreml ist der Platz der Kathedralen. Seine Entstehung geht auf das frühe 14. Jahrhundert zurück. Hier fanden im Verlauf der russischen Geschichte die wichtigsten kirchlichen Prozessionen, Zarenkrönungen und Begräbniszeremonien statt.

Das Heiligtum dieses Platzes ist die **Mariä-Entschlafens-Kathedrale** (Успенский собор). Ihr Baumeister war Ende des 15. Jahrhunderts der Italiener Aristotle Fioravante. Die Inspiration für sein Werk erhielt er von der berühmten gleichnamigen Kathedrale in Vladimir – einer Stadt knapp 200 Kilometer östlich von Moskau – die im 12. Jahrhundert erbaut wurde. Das von Fioravante errichtete Gotteshaus beeindruckt durch die Harmonie seiner Teile, seine Leichtigkeit und die zugleich bescheidenen als auch festlichen Steinmetzarbeiten um die drei Portale sowie den dezenten und mit großer künstlerischer Meisterschaft inszenierten Prunk im Innern. Seit ihrer Fertigstellung wurden in der Mariä-Entschlafens-Kathedrale die Großfürsten und Zaren gekrönt sowie die Metropoliten und Patriarchen inthronisiert und beigesetzt. Ebenso fanden und finden in ihr die wichtigsten Gottesdienste und Zeremonien statt. Längs der Seitenmauern stehen die Sarkophage der Metropoliten und Patriarchen. Zu den Schätzen der Kathedrale gehören der Ikonostas und die Fresken aus dem 17. Jahrhundert, heilige Ikonen aus anderen Fürstentümern, der Betstuhl Ivan des Schreckli-

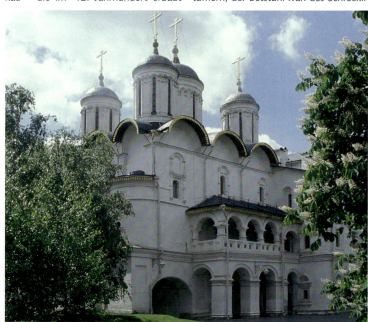

▲ *Die Zwölf-Apostel-Kirche stammt aus dem 17. Jahrhundert*

chen und die Türen am Südportal, die aus Suzdal (einer Kleinstadt 250 km östlich von Moskau) stammen. Ihre beiden eisernen Türflügel sind von außen mit Kupferplatten beschlagen. Auf ihnen haben Suzdaler Meister auf schwarzem Lack mit Goldfarben 20 biblische Szenen dargestellt, die dann mit dem sogenannten Feuervergoldungsverfahren konserviert wurden.

In der Mariä-Entschlafens-Kathedrale wurde auch das größte russische Heiligtum aufbewahrt, die **Ikone der Gottesmutter von Vladimir**. Das Original befindet sich heute in der Tretjakov-Galerie und wird nur zu besonderen Anlässen, etwa der Ostermesse, in der Kathedrale präsentiert.

Die kleine, einkupplige **Maria-Gewandniederlegungs-Kirche** (Церковь Ризоположения) hinter der Kathedrale wurde Ende des 15. Jahrhunderts von Baumeistern aus Pskov (einer Stadt ca. 730 km nordwestlich von Moskau) errichtet. Ikonostas und Fresken stammen aus dem 17. Jahrhundert. Sie diente zunächst den Moskauer Metropoliten und Patriarchen, später den Mitgliedern der im Terempalast lebenden Zarenfamilie als Hauskirche.

Der **Patriarchenpalast** und die **Zwölf-Apostel-Kirche** stammen aus dem 17. Jahrhundert, der Zeit des Patriarchen Nikon, dessen religiöse Inbrunst weltliche Ambitionen einschloss. Der Prunk seiner Gemächer und der 12-Apostel-Hauskirche konkurrierte mit der der Zarengemächer. Der mit 280 Quadratmetern größte Raum, der Kreuzkuppelsaal konnte es durchaus mit dem Prunk des Facettenpalastes aufnehmen. Nach der Abschaffung des Patriarchats durch Peter den Gro0en befand sich im Patriarchenpalast ein Teil des Verwaltungsapparates der die religiösen Angelegen-

*Die riesige Zarenkanone wurde nie abgefeuert*

heiten im Land koordinierenden Synode. Seit 1955 ist der Patriarchenpalast ein Museum mit Exponaten aus der Kirchengeschichte und anderen Teilen des Kreml, die nach den Umwandlungen im 20. Jahrhundert hier ihren Platz fanden. Das Innere der 12-Apostel-Kirche wurde neu gestaltet. Am Tag der 12. Apostel, dem 13. Juli, finden hier Gottesdienste statt.

### ■ Facettenpalast

Das einzige gänzlich weltliche Gebäude am Platz der Kathedralen ist der Facettenpalast (Грановитая палата). Er entstand Ende des 15. Jahrhunderts. Im Thronsaal wurden ausländische Gesandte empfangen, Thronfolger gekürt und Versammlungen des Bojarenrates abgehalten. Von der an der Südfassade zum Palast heraufführenden Treppe beobachtete der junge Peter 1682 einen Aufstand der ›Strelitzen‹ (Schützen, Soldaten). Der Zehnjährige sah, wie die aufgestachelten Soldaten seine Ver-

*Die Mariä-Verkündigungs-Kathedrale am Platz der Kathedralen*

wandten und ihnen treue Bojaren von der Vortreppe in die Bajonette der unten Stehenden warfen. Der Facettenpalast und die hinter ihm liegenden Gemächer der Zarenfamilie im Terempalast und im Großen Kremlpalast sind für Besucher nicht zugänglich.

### ■ Mariä-Verkündigungs-Kathedrale

Die Mariä-Verkündigungs-Kathedrale (Благовещенский собор) mit ihren neun vergoldeten Kuppeln schließt sich an der Westseite des Platzes an. Baumeister aus Pskov errichteten sie von 1484 bis 1489 als Hofkirche für die Moskauer Großfürsten. Hier wurden die Zarenpaare getraut und ihre Kinder getauft. Die geräumigen unterirdischen Gewölbe dienten als Tresor für die Schätze der Familie.

Großartig sind die Fresken und der Ikonostas. Einige der Darstellungen sind Werke Theophanes' des Griechen und Andrej Rublëvs. Der Fußboden der Kirche ist mit Achat und Jaspis gefliest. Die Halbedelsteine sind ein Geschenk des Schahs von Persien.

### ■ Erzengel-Michael-Kathedrale

Die Erzengel-Michael-Kathedrale (Архангельский собор) an der Ostseite des Platzes der Kathedralen entstand zwischen 1505 und 1509. Ihr aus Italien stammender Baumeister Aloisio Novi verstand es, dieser Kirche durch Einflüsse der italienischen Renaissancekunst ein besonderes Gepräge zu verleihen. Bis 1730 diente das Gotteshaus als Grabkirche der Moskauer Großfürsten und Zaren.

Hinter ihr erhebt sich der **Glockenturm Ivan der Große** (Колокольня Ивана Великого). Zu Beginn des 17. Jahrhunderts ließ ihn Zar Boris Godunov aufstocken und eine Inschrift anbringen, in der er und sein Sohn verewigt sind. Bis zum Ende des Zweiten Weltkrieges war der Glockenturm das höchste Gebäude Moskaus. Seit 2013 befindet sich im Glockenturm eine Ausstellung, zu der ein zusätzliches Ticket erworben werden muss.

**Öffnungszeiten**: Der Eintritt erfolgt zu festgesetzten Zeiten: 10.15, 11.15, 13, 14, 15, 16 und 17 Uhr (von 15.5. bis 30.9.). Mit Audioguide dauert die Exkursion 45 Minuten, inklusive der Möglichkeit, die 137 Stufen zu einer in 25 Meter Höhe gelegenen Besucherplattform hinaufzusteigen. Das Ticket kostet 250 Rubel.

### ■ Palast des Patriarchen

Hinter der Mariä-Entschlafen-Kathedrale befinden sich der **Palast des Patriarchen** (Патриаршие палаты) und die fünfkupplige **Zwölf-Apostel-Kirche**, die im Auftrag des legendären Patriarchen Nikon (1605–1681) errichtet wurden. Im Palast des Patriarchen ist ein **Museum für angewandte Kunst und Kirchengerätschaften** eingerichtet (Extraticket erforderlich).

■ **Großer Kremlpalast**
Südwestlich des Platzes der Kathedralen befindet sich der unter Zar Nikolai I. 1849 fertig gestellte Große Kremlpalast. Zu ihm gehören die nach den Orden des Zarenreiches – Georg, Alexander, Vladimir, Andrej und Katharina – benannten prunkvollen Säle, die vom Präsidenten für Staatsakte und diplomatische Empfänge genutzt werden.

■ **Rüstkammer und Diamantenfundus**
Die beiden Museen erreicht man über das Borovizkij Tor am gleichnamigen Turm (Боровицкая башня); sie befinden sich im selben Gebäude. Zur Sammlung der Rüstkammer (Оружейная палата) gehören die Zareninsignien, historische Waffen und Rüstungen, höfische und weltliche Gewänder – eine der umfangreichsten Sammlungen der Welt –, Ikonen, wertvolles Geschirr, Kutschen, Schlitten, Juwelierarbeiten aus Edelsteinen, Edelmetallen und Elfenbein. Die Exponate stammen aus den Werkstätten des Kremls, aus anderen russischen Gegenden, aus Westeuropa, dem Vorderen Orient und China.
**Öffnungszeiten**: Der Zutritt ist beschränkt und erfolgt nur zu festgesetzten Zeiten: 10, 12, 14,30 und 16.30 Uhr. Man benötigt ein zusätzliches Tikket (700 Rubel).
Der Diamantenfundus wurde 1719 von Peter dem Großen eingerichtet und beschränkte sich zunächst auf Regalien der Macht, Schmuckstücke und Orden, die von den Angehörigen der Zarenfamilie zu entsprechenden Anlässen getragen wurden. In den folgenden zwei Jahrhunderten gesellten sich zu ihnen immer weitere hervorragende Meisterwerke der Juwelierkunst, ebenso wie naturbelassene Gold- und Platinfunde, andere Edelmetalle sowie Edelsteine aus den Weiten und dem Schoß des Imperiums. Die Mineralogische Sammlung Katharinas der Großen, die zu den Ausstellungsstücken gehört, zählte zu den bedeutendsten ihrer Zeit.
Besucher werden zwischen 10 und 17.20 Uhr alle 20 Minuten in begrenzter Zahl eingelassen, Pause von 13 bis 14 Uhr). Das Ticket kostet 500 Rubel. (siehe oben)

## Roter Platz
Ein weiteres wichtiges Moskauer Symbol ist der Rote Platz (Красная площадь), dessen architektonisches Ensemble mehr über die Geschichte Moskaus verrät als jeder andere Ort in der Hauptstadt. Er entstand Ende des 15. Jahrhunderts, als der Moskauer Großfürst Ivan III. (1440–1505) nach einem Brand den Abriss der sich bis dahin an die Kremlmauer schmiegenden Holzhäuser der Moskauer Vorstadt verfügte. Die ältesten ihn begrenz-

*Das Denkmal für Minin und Požarskij vor der Basilius-Kathedrale*

enden Bauwerke sind die Kremlmauern und die Türme, unter ihnen der Erlöserturm (Spasskaja bašnja) mit seiner prächtigen Fassade. Durch ihn gelangen der russische Präsident sowie die höchsten in- und ausländischen Würdenträger in den Kreml.

### ■ Basiliuskathedrale

Der erste russische Zar – Ivan IV., genannt ›der Schreckliche‹ – schenkte dem Roten Platz ein Wunder, die von zehn Kuppeln gekrönte Maria-Schutz-Kathedrale (Покровский собор). Den Anlass für ihren Bau lieferte 1552 die Eroberung von Kazan. Die Kathedrale besteht aus neun miteinander verbundenen Kirchen. Später wurde sie auch Basiliuskathedrale (Собор Василия Блаженного) genannt. Diesen Namen verdankt sie einem Moskauer Narren in Christo, dem heiligen Vasilij (Basilius), der unter einer der Kirchen begraben liegt. Dass die Kathedrale den Zaren derart beeindruckt haben soll, dass er den Baumeister (Barma) blenden ließ, ist eine Legende.

Vor der Kathedrale befinden sich ein Denkmal für Minin und Požarskij, die beiden Anführer des Volksheeres, das 1612 die polnischen Besatzer aus Moskau vertrieb, sowie ein steinernes Rondell, das oft fälschlich als ›Schädelstätte‹ bezeichnet wird. Von diesem Rondell verlasen Ausrufer Erlasse und Anweisungen und berichteten über wichtige Ereignisse. In entscheidenden Momenten traten Bojaren und Monarchen hier auch selbst vor das Volk.

**Öffnungszeiten**: täglich außer Dienstag und erstem Montag im Monat, im Sommer 10 bis 19 Uhr, im Winter 11 bis 17 Uhr, Eintritt 500 Rubel.

### ■ Iversker Tor

Älter als die Basiliuskathedrale war ursprünglich das Iversker Tor an der nördlichen Seite des Platzes. Das heutige Tor

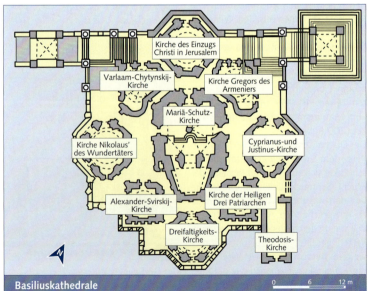

Basiliuskathedrale

ist allerdings eine Kopie, die Anfang der 1990er Jahre zwischen dem Historischen Museum, dem roten Backsteinbau, und den angrenzenden Gebäuden wiedererrichtet wurde. Das Tor gehörte ursprünglich zur Stadtmauer um die Kitaj-Stadt. Seinen Namen erhielt es von der Ikone der Iversker Gottesmutter, das griechische Mönche dem russischen Zaren Michail Romanov (1596–1645) zum Geschenk brachten. Für die Ikone wurde im Tor eine Kapelle errichtet. Ihr zu Füßen befindet sich eine andere, in der Mitte des 17. Jahrhunderts gebaute Kapelle für die Ikone der Kazaner Gottesmutter.

■ **Kaufhaus GUM**

Die Ostfassade des Roten Platzes nimmt das berühmte, Ende des 19. Jahrhunderts errichtete Kaufhaus GUM (ГУМ) ein. Es besteht aus drei Passagen, die miteinander durch schmiedeeiserne Brücken, Durch- und Übergänge verbunden sind und von gläsernen Dachkonstruktionen überspannt werden. Im Zentrum befindet sich ein Springbrunnen. Berühmt ist das nach einem speziellen Rezept hergestellte, nur im GUM erhältliche Speiseeis in Waffelbechern. 2012 eröffnete im GUM, direkt am Eingang der zweiten Linie von der Ni-kolskaja Straße eine angeblich nach Origi-

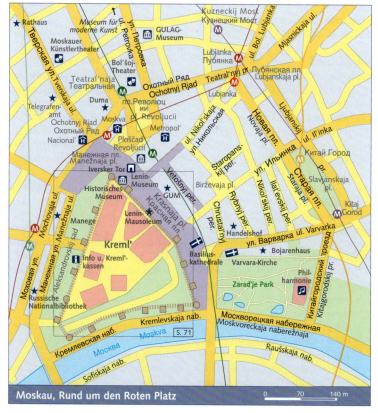

Moskau, Rund um den Roten Platz

nalplänen aus der Zeit Alexanders III. (zweite Hälfte des 19. Jahrhunderts) eingerichtete Toilette. Der Eintritt kostet stattliche 150 Rubel.

### ■ Lenin-Mausoleum

An der Kremlmauer steht seit 1930 das Lenin-Mausoleum (Мавзолей В. И. Ленина). Es ist in seiner strengen Geometrie, trotz des feierlichen Marmors, der tristeste Bau am Platz. In seinem Schatten, zu Füßen der Kremlmauer befinden sich Sarg- und Urnengräber verdienstvoller Revolutionäre, Politiker, Militärs, Wissenschaftler und zweier Schriftsteller – Maxim Gorki und Clara Zetkin, aus dem In- und Ausland. **Öffnungszeiten**: täglich außer Montag und Freitag von 10 bis 13 Uhr.

## Kitaj-Gorod

Vom Roten Platz zweigen drei Straßen in die Tiefe des Kitaj-Gorod genannten Viertels ab.

Die **Nikolskaja** (Никольская улица) zwischen GUM und Iversker Tor trägt ihren Namen nach dem 1390 gegründeten Kloster des Heiligen Nikolaj, das nicht mehr existiert. Im Hof des Hauses Nr. 7/9 befand sich einst das im Jahre 1600 gegründete ›Erlöser-Kloster hinter den Ikonenreihen‹, in dem 1687 die Slawisch-Griechisch-Lateinische Akademie gegründet wurde. Ihr berühmtester Schüler war Michail Lomonosov (1711–1765), ein Universalgelehrter in der Epoche der Aufklärung, Gründervater der Moskauer Universität und bis heute ihr Namensgeber.

Ein drittes Kloster befand sich in der **Epiphanias-Gasse** (Bogojavlenskij pereulok, Богоявленский пер.), die die Nikolskaja mit der parallelverlaufenden Ilinka (ул. Ильинка) verbindet. Die vom Kloster erhalten gebliebene, barocke, von einer vergoldeten Kuppel überwölbte Kirche entstand zwischen 1693 und 1696. Sehenswert ist sie wegen ihrer meisterhaften Steinmetzarbeiten, geöffnet nur während der Gottesdienste und an religiösen Feiertagen. Gegenüber der Kirche befindet sich der Eingang zur Metrostation Platz der Revolution ›Ploščad' Revoljuzii‹ der blauen Linie.

### ■ Nikolskaja-Straße

Seit 2013 ist die Straße eine prachtvolle, Fußgängerpassage. Die meisten Gebäude wurden in den letzten Jahren komplett restauriert und erneuert. Zahlreiche Bänke laden zu einer Rast, ebenso wie eine Vielzahl von Kaffees und Restaurants.

### ■ Lubljanka-Platz und Slavjanskaja-Platz

Am **Lubljanka-Platz** befinden sich von links nach rechts im Uhrzeigersinn das Kinderkaufhaus, die ehemalige Zentrale des KGB, heute FSB, ein Denkmal für die Opfer des GULAG. In einem Hinterhof an der Mjasnickaja ulica liegen das Majakowski-Museum und das Polytechnische Museum.

Nach Süden geht es zum **Slavjanskaja Ploščad'** (Славянская Пло-щадь). Das Denkmal vor der Parkanlage ist Kyrill und Method gewidmet, den Urvätern der altslawischen Schrift. Die Metrostation an der Südseite des Platzes heißt ›Kitaj-Gorod‹. Hier kreuzen sich zwei Linien.

### ■ Ilinka-Straße

Zwischen dem GUM und den Unteren Handelsreihen mündet die Ilinka ulica in den Roten Platz. Benannt ist sie nach einem Kloster, das sich hier befand, das außer der gleichnamigen Kirche (Haus Nummer 3/8) keine Spuren hinterlassen

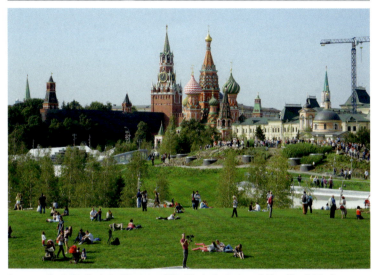

*Im neuen Zarjad'e-Park, im Hintergund Basiliuskathedrale und Alter Handelshof*

hat. In den meisten Gebäuden längs der Straße haben Handelskontore und andere Institutionen ihre Niederlassungen.

### ■ Alter Handelshof

Der Alte Handelshof, dessen Fassade gegenüber der Basiliuskathedrale den Roten Platz begrenzt, entstand in der zweiten Hälfte des 18 Jahrhunderts. In den 90er Jahren wurde er einer Rosskur unterzogen und verlor sein historisches Gesicht. In jenen Jahren entstand die den Innenhof überdeckende Kuppel. Hier finden Konzerte, Messen und Modenschauen statt. In Zukunft soll der Gebäudekomplex in ein Hotel umgewandelt werden.

Zur Moskva hin wird der Alte Handelshof von der **ulica Varvarka** (ул. Варварка) begrenzt, die den Roten Platz mit dem Slavjanskaja Ploščad' (Славянская Площадь) verbindet. Sie hat ihren Namen von der **Kirche der Heiligen Varvara** (Barbara) rechter Hand.

### ■ Zarjad'e-Park

Auf dem Areal zwischen der ulica Varvarka und dem Ufer der Moskva befand sich bis in die 30er Jahre des 20. Jahrhunderts der älteste Moskauer Stadtbezirk ›Zarjad'e‹ (Hinter den Verkaufsständen). Von den historischen Gebäuden überlebten nur wenige, unter ihnen der ›Englische Hof‹ und das ›Bojarenhaus‹, beides heute Museen. Der **Englische Hof** war ein Geschenk Zar Ivan des Schrecklichen an die 1555 in London gegründete Moscow Company zur Förderung des Handels zwischen England und Moskowien. Den russisch-englischen Beziehungen ist die Ausstellung gewidmet. Im **Bojarenhaus** kam 1597 der erste russische Zar aus der Dynastie der Romanovs, Michail, zur Welt. Die sehenswerte Ausstellung im Innern vermittelt den Alltag einer Bojarenfamilie im mittelalterlichen Moskau. Bei Erscheinen des Reiseführers war das Museum zur Rekonstruktion geschlossen.

*Das Bolschoi-Theater, seit vielen Jahren eine Institution*

Das in den 1960er Jahre errichtete Hotel ›Rossija‹ wurde zwischen 2006 und 2010 abgetragen. Mit einer Kapazität von 5300 Gästen war es einige Jahre das weltgrößte Hotel und gelangte so zu einem Eintrag ins Guinness-Buch der Rekorde. Für dringend notwendige Rekonstruktionsarbeiten fehlte es in den 90er Jahren an Investitionen. Auf den Ruinen des Hotels und den Grundmauern von ›Zarjad'e‹ entstand zwischen der ul. Varvarka und der Moskva ein Park gleichen Namens, der seit September 2017 Besuchern zugänglich ist und sofort begeistert angenommen wurde. Der Park besteht aus vier ineinander übergehenden und für Russland typischen klimatischen Zonen – Tundra, Steppe, Wald und Sumpfgebiete. Zudem liegen im Park eine neue spektakuläre Philharmonie, eine Eisgrotte, ein in den Fundamenten früherer Bauten angelegtes Museum und mehrere Cafés. Am östlichen Rand des Parks liegt die **Kitaj-Gorod-Gasse** mit erhaltenen Fragmenten der Stadtmauer.

## Alexandergarten und Manegenplatz

Zu Füßen der nördlichen Kremlmauer liegt der Alexandergarten (Александровский сад) mit dem Denkmal für den Unbekannten Soldaten, einer Grotte und einem Obelisken mit den Namen einiger kanonisierter Bolschewiki. Dieser Obelisk war ursprünglich 1913, aus Anlass des 300. Jahrestages der Zarendynastie, aufgestellt worden. Der Park selbst wurde 1821/22 angelegt. Das Flüsschen Neglinnaja, das den Kreml von Norden begrenzt, nahm seitdem für mehr als eineinhalb Jahrhunderte seinen Lauf durch ein unterirdisch gemauertes Gewölbe. In den 1990er Jahren kam die Neglinnaja wieder ans Tageslicht, und die Moskauer verwandelten das Areal zu Füßen des Manegenplatzes (Манежная площадь) in einen Teich mit Märchenfiguren. Sie wirken genauso verspielt wie das unterirdische Handelszentrum auf dem Manegenplatz mit seiner Kuppel und den verschnörkelten Straßenlaternen, die zeitgleich entstan-

### Manege

Die Manege (Манеж) entstand 1817, aus Anlass des 5. Jahrestages der Vertreibung Napoleons aus Russland. Seinerzeit galt sie als architektonisches Wunder. Erbaut für nur eine einzige Parade, überstand das provisorische Bauwerk mehr als 180 Jahre, in denen es mehrmals die Bestimmung wechselte: Reithalle, Zirkus, Messegelände, Velodrom, Konzert- und Ausstellungssaal. Im März 2004, in der Nacht nach Putins Wiederwahl zum Präsidenten, brannte die Manege aus ungeklärten Gründen ab und wurde wieder errichtet.

*Puschkin mit Ehefrau in Bronze*

### Jägerreihen

Im Norden begrenzt die Straße ›Ochotnyj Rjad‹ (Jägerreihen) den Manegenplatz. Die Bezeichnung stammt von den Handelsreihen, die sich hier bis zum Brand von 1812 befanden; die bedeutendsten waren die Reihen für die Jagd. An der Straße liegen von links nach rechts: die **Russische Nationalbibliothek**, das erste Gebäude der Universität und, an der Ecke zur Tverskaja, das **Hotel Nacional**. An der östlichen Seite begrenzte das **Hotel Moskva**, der erste sowjetische Hotelneubau in Moskau (1932–35), den Manegenplatz. Es wurde 2004 abgerissen und nach alten Plänen wiedererrichtet und wird nun durch die Hotelgruppe Four Seasons betrieben.

### Platz der Revolution

Hinter dem ›Moskva‹ liegt der Platz der Revolution mit dem **Karl-Marx-Denkmal**, dem prächtigen **Jugendstil-Hotel Metropol**, dem **Bolschoi** (Bolšoj – Großem) und dem Malyj (Kleinem) Theater. Das weltberühmte Bolschoi-Theater wurde vor einigen Jahren aufwändig restauriert und erglänzt seitdem wieder in imperialem Glanz (www.bolshoi.ru; mit Online-Kartenverkauf).

## Tverskaja-Straße

Die Tverskaja ist eine der ältesten Straßen Moskaus. Im 16. Jahrhundert trug sie den Namen Zaren-Straße und war mit weißen Steinen gepflastert. In nordwestlicher Richtung lag Tver, weshalb die Straße später in Tverer Straße (Tverskaja ul., Тверская ул.) umbenannt wurde.

An ihrem Anfang liegt auf der linken Straßenseite zunächst das **Hotel ›National**, dem sich das ›Riz Carlton‹, das nach einer berühmten Schauspielerin benannte **Ermolova-Theater** und das Ende der 1920er Jahre errichtete **Telegrafenamt** anschließen.

Die erste nach rechts abzweigende Seitenstraße ist die **Kammerherrengasse** (Kamergerskij pereulok), heute eine Fußgängerzone mit einer Vielzahl sympathischer Cafés, Restaurants und Imbissstuben. Die wichtigste Attraktion der Gasse ist das 1898 von Konstantin Stanislavskij (1863–1938) gegründete **Moskauer Künstlertheater**. Die ersten Inszenierungen waren Stücke Tschechows, dessen Denkmal sich am Zugang zur Gasse befindet.

Die übernächste Parallelstraße der Tverskaja ist die Petrovka. In ihr befinden sich ein den Verbrechen des GULAG gewidmetes **Museum** (Nummer 16), ein **Museum für moderne Kunst** (Nummer 28) und an der Ecke zum Boulevardring das **Hoch-Peter-Kloster** mit seinen Barockbauten.

Die Fundamente der sich in der Tverskaja anschließenden **Bauten aus der Stalinzeit** bestehen aus bestem Granit, den Hitler Ende 1941 in die Nähe Moskaus bringen ließ. Aus ihm wollte er ein Siegesdenkmal errichten lassen. Auf der linken Straßenseite folgt das **Moskauer Rathaus**, das Matvej Kazakov (1738–1812), einer der berühmtesten Moskauer Baumeister, 1782 errichtete. Bei der Verbreiterung der Tverskaja in den 1930er Jahren wurde das Gebäude auf Rollen um 14 Meter in die Tiefe versetzt. Auf dem kleinen Platz ihm gegenüber steht seit 1953 ein Reiterstandbild für Jurij Dolgorukij, den Gründer der Stadt. Im Haus Nummer 10 an der rechten Straßenseite befindet sich das **Hotel ›Centralnaja‹**, das zu Stalins Zeiten den Namen ›Lux‹ trug. Hier lebten die Funktionäre der Komintern, von denen viele Opfer des stalinschen Terrors wurden.

Der **Puschkin-Platz** (пл. Пушкина), wo die Tverskaja den Boulevardring kreuzt, ist einer der beliebtesten Plätze für Rendezvous. Das Denkmal für den russischen Nationaldichter steht hier seit 1880. Unter ihm befinden sich drei Metrostationen: ›Puškinskaja‹, ›Čechovskaja‹ und ›Tverskaja‹.

## Arbat

Der Arbat (улица Арбат) ist eine der berühmtesten Straßen Moskaus. Obwohl es auf ihm weder herausragende Zeugnisse der Baukunst noch große Geschäfte gibt, war er schon lange populär, bevor er in den 1980er Jahren zur ersten Moskauer Fußgängerzone ausgebaut wurde. Erstmals erwähnt wurde der Arbat in den Chroniken der Stadt im Jahre 1493. Die Herkunft des ungewöhnlichen Namens ist umstritten. Die einen meinen, dass die turkstämmigen Kaufleute, die sich hier im Mittelalter niedergelassen hatten, ihre Siedlung ›Rabad‹ nannten, was übersetzt ›Vorstadt‹ bedeutet. Eine andere Version bezieht sich darauf, dass sich hier einst ein Kutschhof befand, wo auch leichte Kutschen – tatarisch - ›Arba‹ – hergestellt wurden. Heute ist die Straße auf ihrer ganzen Länge ein Kunst- und Souvenirmarkt; Musiker und Akrobaten verdienen sich ihre Rubel durch Spenden spendabler Touristen.

Der etwa einen Kilometer lange Arbat beginnt am Arbatskaja-Platz (Metrostation ›Arbatskaja‹ der hellblauen Linie 4) und endet am Smolensker Platz (Metrostation ›Smolenskaja‹ der hellblauen Linie 4 und der blauen Linie 3).

Das **Restaurant ›Praga‹** (Prag) am Anfang der Straße ist in einem Wohnhaus aus dem 18. Jahrhundert untergebracht, aus dem etwa hundert Jahre später ein Lokal wurde. Besonders beliebt war es zunächst bei den Moskauer Kutschern. Aus der Kneipe wurde mit den Jahren ein erstklassiges Restaurant. Die beiden Schriftsteller Ilf und Petrov benutzten das Interieur für eine Szene in ihrem Roman ›12 Stühle‹ (1927): Ein Hals über Kopf in eine junge Studentin verliebter Ex-Adliger betrinkt sich aus Sehnsucht nach verblichenem Glanz und Jugend, wird von seiner Angebeteten geohrfeigt und von einem schneidigen Kellner sowie dem höhnischen Publikum vertrieben.

Etwa in der Mitte des Arbat befindet sich rechts das nach dem Regisseur E. Vachtangov (1883–1930) benannte **Theater**. Die vergoldete Turandot vor dem Gebäude erinnert daran, dass der Regisseur mit der ›Prinzessin Turandot‹ von Carlo Gozzi 1922 hier einen triumphalen Erfolg feierte.

Auf einem Platz, an dem die Plotnikov-Gasse nach links abzweigt, befindet sich ein **Denkmal für Bulat Okudžava** (1924–1997), einen der beliebtesten sowjetischen Liedermacher.

Von der Plotnikov-Gasse zweigt nach links die Krivoarbatskij-Gasse (Schiefer Arbat) ab. An ihr (Nummer 10) liegt eine Stadtvilla, die 1929 von Konstantin Melnikov (1890–1974), einem der bedeutendsten Architekten seiner Zeit, gebaut wurde. Melnikov lebte hier bis zu seinem Tod – vergessen und vom Kulturbetrieb ausgeschlossen, da seine architektonischen Ideen dem Zeitgeist widersprachen. Ungewöhnlich und kühn für ihre Zeit ist die architektonische Struktur des Hauses – zwei ineinander gefügte Zylinder mit Fensteröffnungen, hinter denen sich auf drei Etagen die eigenwillig konstruierten Wohnräume verbergen. Das Melnikov-Haus ist seit 2014 eine Filiale des Moskauer Architektur-Museums. Ein Besuch ist derzeit nur als Teilnehmer einer geführten Gruppe möglich.

Die Gedenktafel am Haus Arbat Nummer 51 erinnert daran, dass hier der Schriftsteller **Anatolij Rybakov** (1911–1998) geboren wurde. Sein Roman ›Die Kinder des Arbat‹, der vor einigen Jahren vom russischen Fernsehen verfilmt wurde, handelt von den Jahren des stalinschen Terrors. Das Buch wurde in alle Weltsprachen übersetzt und ist eines der meist gelesenen Prosawerke über diese Ära.

In dem türkisfarbenen klassizistischen **Palais Nummer 53** verbrachte **Alexander Puschkin** 1831, nach seiner Hochzeit mit der 16-jährigen Natalja Gončarova,

*Auf dem Arbat*

die Flitterwochen. Das Gebäude ist heute ein Museum für den Dichter.

Die **bronzenen Figuren Puschkins und seiner Gattin** haben gegenüber dem Haus Platz gefunden; wie auch im Leben überragt Natalja ihren Ehemann um Haupteslänge. Zu Füßen des Denkmals können Jungverheiratete gegen einen Obolus Fliesen mit ihren Namen oder Initialen ins Pflaster versenken.

## Tretjakov-Galerie

Die Tretjakov-Galerie (Третьяковская галерея) befindet sich am rechten Ufer der Moskva in einem Viertel mit dem Namen ›Zamoskvoreč'e‹ (Hinter der Moskva). Hier erwarben die beiden Kaufleute Sergej und Pavel Tretjakov 1851 eine zweistöckige Villa. Pavel war von der Idee besessen, ›ein künstlerisches Museum oder eine allen zugänglichen öffentliche Galerie‹ zu gründen. Diesem Ziel widmete er 40 Jahre seines Lebens. Er kaufte nicht nur Bilder auf Ausstellungen oder direkt in den Ateliers der Künstler, sondern bestellte, inspirierte und protegierte diese auch. Die erste frei zugängliche Galerie öffnete 1872. 20 Jahre später schenkte Pavel Tretjakov der Stadt Moskau seine Sammlung, zu der auch die Kollektion französischer Meister seines jüngeren Bruders gehörte.

Das Gebäude in der Lavrušinskij-Gasse wurde 1902, vier Jahre nach dem Tod des Spenders, eingeweiht. Die berühmte Fassade im altrussischen Märchenstil stammt von Viktor Vasnecov (1848–1926), dem Maler des berühmten epischen Gemäldes mit den drei Recken, das zu den Beständen der Galerie gehört. Das Tretjakov-Denkmal im Vorhof wurde 1980 aufgestellt.

Zu den Schätzen der Tretjakov-Galerie gehören heute die kostbarsten **Ikonen der frührussischen Malerei** – unter ihnen Werke von Andrej Rublëv, Dionisij, Feofan dem Griechen und Simon Ušakov – und die meisten wichtigen Werke russischer Maler von der Porträtkunst des 18. bis zur Avantgarde des 20. Jahrhunderts. In einer zur Galerie umgebauten Kirche ist das Nationalheiligtum der orthodoxen Russen ausgestellt, die **Ikone der Gottesmutter von**

*Die Tretjakov-Galerie*

*Das Puschkin-Museum für Bildende Kunst ist das zweitgrößte Museum Russlands*

**Vladimir**. Vor allem in den Sommermonaten ist der Andrang enorm und mit längeren Wartezeiten deshalb leider zu rechnen. Doch wer sich für Russland interessiert, sollte diese einzigartige Museum unbedingt besuchen.

**Öffnungszeiten**: Dienstag, Mittwoch und Sonntag von 10 bis 18, Donnerstag bis Samstag 10 bis 21 Uhr, Montag geschlossen. Eintritt (2018) 500 Rubel. www.tretyakovgallery.ru. Metrostationen in der Nähe, ca. 10 bis 15 Minuten zu Fuß sind: ›Tretjakovskaja‹ und ›Novokuzneckaja‹.

## Puschkin-Museum für Bildende Kunst

Das Museum (Музей изобразительных искусств имени Пушкина) ist eine der wichtigsten Sammlungen Russlands und wurde 1912 auf Initiative von Ivan Cvetajev, Professor an der Moskauer Universität und Vater der Dichterin Marina Cvetaeva, gegründet. Er erfüllte sich damit den Traum seines Lebens, mit dem er, wie seine Tochter schrieb, ›auf die Welt gekommen zu sein schien‹. Das Gebäude des Museums selbst sollte das wichtigste Exponat sein, weshalb der Architekt die Fassaden nach dem Vorbild der Athener Akropolis und des Parthenons gestaltete.

Als die Bolschewiki 1918 unzählige Kunstschätze enteigneten, wuchs die Kollektion des Museums um bedeutende Werke der europäischen Kunst, unter anderem einen Teil der hervorragenden Sammlung französischer Expressionisten, die von den Magnaten Ščukin und Morozov zusammengetragen worden war. Gemessen am Umfang, ist das Puschkin-Museum hinter der Eremitage in St. Petersburg das zweitgrößte Museum des Landes.

**Öffnungszeiten**: Dienstag, Mittwoch, Samstag und Sonntag von 11 bis 20, Donnerstag und Freitag von 11 bis 21 Uhr, Montag geschlossen. Eintritt 300 Rubel und 550 Rubel für Hauptgebäude und Galerie. www.arts-museum.ru. Die nächstgelegene Metrostation ist die ›Kropotkinskaja‹ (rote Linie). Richtung Norden sind es durch eine Allee ca. 15 Minuten bis zum Beginn des Arbat.

## Christus-Erlöser-Kathedrale und Flussinsel

Schräg gegenüber dem Museum erhebt sich am Ufer der Moskva die neuerrichtete Christus-Erlöser-Kathedrale (Храм Христа Спасителя). Der Vorgängerbau sollteauf den Sperlingsbergen entstehen, doch hätte der Baugrund den monumentalen Bau nicht getragen. Nach mehr als 40 Jahren Bauzeit wurde die Kathedrale 1883 mit der eigens aus diesem Anlass von Peter Tschaikowski komponierten Symphonie ›1812‹ geweiht. Sie galt von nun an als die Hauptkathedrale des Imperiums und Nationalheiligtum der orthodoxen Russen. Stalin ließ den Bau 1931 sprengen, da an dieser Stelle ein über 400 Meter hoher, von einer Lenin-Statue gekrönter Palast der Räte entstehen sollte. Dieser Plan wurde allerdings nie realisier, dafür entstand ein Schwimmbecken. Der Wiederaufbau der Kathedrale wurde zum Teil durch Spenden finanziert. Ihre Weihung fand am 19. August 2000 statt. Mit einer Höhe von 103 Metern gehört sie zu den höchsten orthodoxen Sakralbaten weltweit. Ausgerechnet in dieser Kathedrale provozierte die Band Pussy Riot sowohl die politischen Machhaber als auch die Orthodoxie mit ihrem ›Punkgebet‹. In einem politischen Prozess wurden zwei der drei Künstlerinnen zu Haftstrafen verurteilt. Ende 2013, knapp zwei Monate vor Beginn der Olympischen Spiele in Sotschi, wurden sie von Präsident Putin begnadigt.

**Öffnungszeiten**: täglich von 10 bis 17 Uhr, Montag von 13 bis 17 Uhr.

Von der Kathedrale führt eine Fußgängerbrücke (Patriarchenbrücke) über die Moskva auf die dem rechten Ufer der Moskva vorgelagerte Sumpfinsel. In ehemaligen Garagen und Lagern ließen sich Künstler nieder. Seit 2009 befindet sich südlich der Brücke ein nichtstaatliches **Institut für Medien, Architektur und Design**. Zum Institut gehören Restaurant & Bar ›Strelka‹ mit einer eklektischen Ausstattung aus Elementen der Art déco sowie italienischen und skandinavischen Designs der 1960er und 70er Jahre. Von der Terrasse des Etablissements hat man einen guten Blick auf die Kathedrale.

Die Patriarchenbrücke überquert die Insel und über eine weitere Fußgängerbrücke gelangt man in den **Stadtteil ›Zamoskvoreč'e‹** (Hinter der Moskva).

Wendet man sich am Ufer der Moskva nach rechts, gelangt man zunächst in den Skulpturenpark Moskaus, von dort aus zur Filiale der Tretjakov-Galerie ›Krimskij Val und von dort aus zum hinter der Krim-Brücke gelegenen Gorki-Park.

Vor der südlichen Spitze der Halbinsel ragt im Fluss ein überdimensionales **Denkmal für Peter I.** auf.

## Skulpturenpark und Museum Krimskij Val

Der **Skulpturenpark** entstand in den 90er Jahren, als in ganz Moskau Skulpturen sowjetischer Funktionäre und Embleme der Macht entfernt wurden. Zunächst wurden sie hier abgelagert, dann entstand ein Park, und mittlerweile gehört die Anlage mit der neu gestalteten Uferpromenade besonders in den Sommermonaten zu den touristischen Highlights der Hauptstadt. Mehr als 2,5 Millionen Besucher zählt sie jährlich. Ein Teil des Skulpturengartens ehrt die Opfer des GULAG. Unter den Skulpturen finden sich auch solche, die Lenin, Stalin und den Gründer der Geheimpolizei Feliks Dzerżinski porträtieren. Die Anlage nennt sich **Park der Künste ›Muzeon‹**.

**Öffnungszeiten**: Im Sommer 8 bis 23 Uhr, im Winter 8 bis 22 Uhr. Für einen

*Die wiederaufgebaute Christus-Erlöser-Kathedrale*

# Skulpturenpark und Museum Krimskij Val

*Der Haupteingang zum Gorki-Park*

Teil des Parkes wird eine Eintritsgebühr in Höhe von 30 Rubel erhoben.
Eingebettet in den Skulpturenpark, unweit der Krim-Brücke, am Ufer der Moskva befindet sich die 1983 nach fast 20jähriger Bauzeit fertiggestellte **Neue Tretjakov-Galerie ›Krimskij Val**. Wer sich für sowjetische Avantgarde, sozialistischen Realismus und Underground sowie die russische Kunst der Gegenwart interessiert, wird hier auf 12000 Quadratmetern Ausstellungsfläche fündig. Neben der Dauerausstellung gehören zum Konzept interessante Sonderausstellungen.
**Öffnungszeiten**: Dienstag, Mittwoch, Sonntag von 10 bis 18, Donnerstag bis Samstag von 10 bis 21 Uhr. Montag ist Ruhetag. Eintritt: 500 Rubel; für Sonderausstellungen weitere 500 Rubel.

## Gorki-Park

Hinter der Auffahrt zur Krim-Brücke, die zum Gartenring rund um das Stadtzentrum gehört, erstreckt sich am Moskva Ufer, zu Füßen der Sperlingsberge, der Gorki-Park für Kultur und Erholung. Eingeweiht wurde die Parkanlage 1928. Ihren Namen erhielt sie noch zu Lebzeiten des Schriftstellers 1932. In den letzen Jahren gewann der Park durch zahlreiche Um- und Neubauten beträchtlich an Profil. Völlig rekonstruiert wurde der 1955 errichtete Haupteingang, der im Zuge des Umbaus ein **Museum und einen Aussichtspunkt** erhielt. Teile des Parks sind wie schon zu Sowjetzeiten auf die kreativen Bedürfnisse der Kinder ausgerichtet.
Darüber hinaus gibt es einen **Vergnügungspark** mit Achterbahn und Riesenrad am Ufer der Moskva. In der Nähe befindet sich die **Anlegestelle für Ausflugsdampfer**.
Auf 15000 Quadratmetern entstand die in **Europa größte Kunsteis-Anlage**, auf der von Ende Oktober bis in den März Schlittschuh gelaufen wird. Im Jahr 2014 öffnete das **Museum für moderne Kunst ›Garaž**‹ (Гараж) mit einer eigenen Sammlung sowjetischer Kunst seit den 1950er Jahren und Ausstellungen junger

Künstler der Gegenwart. Einer der Gründungsväter der ›Garaž‹ ist der Oligarch Roman Abramovič, auch bekannt als Eigentümer des englischen Fußballclubs Chelsea. Das Museum ist täglich von 11 bis 22 Uhr geöffnet. Der Eintritt kostet 500 Rubel.

Zu erreichen sind der Skulpturenpark ›Muzeon‹, die Tretjakov-Galerie ›Krimskij Val und der Gorki-Park über die Metrostationen ›Park Kultury‹ (Парк Культуры, Ringlinie und Rote Linie), die Metrostation ›Frunzenskaja‹ (Фрун-зенская, rote Linie) und dann über eine Fußgängerbrücke zum Park – diese drei Stationen befinden sich am gegenüberliegenden Ufer – sowie von der Metrostation ›Oktjabrskaja‹ (Октябрьская, Ringlinie und orangene Linie) am diesseitigen Ufer.

## Sperlingsberge

Die Sperlingsberge (Воробьёвы Горы) haben ihren Namen von einem Dorf über dem Hochufer der Moskva, das erstmals im 15. Jahrhundert erwähnt wurde. Hier sollte ursprünglich die Christus-Erlöser-Kathedrale über der Stadt schweben. Statt ihrer entstand hier das zwischen 1949 und 1953 errichtete Gebäude der Lomonosov-Universität, einer der sieben das Stadtbild prägenden ›Zuckerbäcker-Bauten‹.

Von der Höhe der Sperlingsberge liegt dem Betrachter Moskau zu Füßen: die Schleife der Moskva um das Stadtzentrum, die von Bäumen bedeckten Hänge des Steilufers, auf der gegenüberliegenden Flussseite das ehemalige Lenin-Stadion für 100 000 Zuschauer (heute ›Lužniki‹, Лужники), das 1958 für die Weltfestspiele der Jugend und Studenten gebaut wurde, links von ihm das Neujungfrauen-Kloster, im Hintergrund die Dächer Moskaus, die Kuppeln der Kirchen und Kathedralen, in der Ferne der Kreml, rechts die zweistöckige Brücke über die Moskva, hinter der Brücke das in den 1980er Jahren errichtete Gebäude der Akademie der Wissenschaften mit seiner quasifuturistischen Dachkonstruktion, linker Hand der Blick in Richtung des Kiever Bahnhofes und des Weißen Hauses, dem Sitz der russischen Regierung. In unmittelbarer Nähe des Weißen Hauses ragen die Wolkenkratzer von Moscow City in den Him-

*Blick von den Sperlingsbergen Richtung Weißes Haus*

mel. Die Sprungschanze und der Sessellift rechterhand entstanden 1953. Zum Beginn der Fußball-WM 2018 ist die Fertigstellung einer Seilbahn zwischen den Sperlingsbergen und dem Stadion ›Lužniki‹ am gegenüberliegenden Flussufer geplant. Der Preis für eine Fahrt soll 500 Rubel betragen. Hinter dem Stadion befindet sich die Station ›Lužniki‹ der S-Bahn auf dem Zentralen Ring. Von dort aus sind es nur wenige Minuten zu Fuß bis zum Neujungenfrauenfriedhof und -kloster.

## Neujungfrauenkloster

Um Moskau herum entstanden seit dem 13. Jahrhundert insgesamt sechs Wehrklöster, die die Stadt vor etwaigen Überfällen schützen sollten. Das Neujungfrauenkloster (Новодевичьий монастырь - Novodevičij monastyr) war eines der letzten. Den Grundstein legte Anfang des 16. Jahrhunderts Großfürst Vasilij III. zu Ehren einer Ikone, der Gottesmutter von Smolensk. Einige Jahre zuvor hatte er Smolensk, eine Stadt im Westen, von den Litauern erobert.

Das Neujungfrauenkloster wurde dank großzügiger Zuwendungen des Hofes eines der reichsten Klöster des Landes. Es diente den Damen der Zarenfamilie als Ort der Verbannung. Peter der Große zwang seine ältere Schwester 1689 in dieses Kloster. Als sie von aufständischen Strelitzen (Soldaten) gegen ihn in Stellung gebracht wurde, ließ er vor ihren Gemächern die Rädelsführer hängen. Auch Peters erste Gemahlin, Evdokija Lopuchina, verbrachte hier ihre letzten Lebensjahre.

Die **Kathedrale der Smolensker Gottesmutter** entstand 1524 nach dem Vorbild der Mariä-Entschlafens-Kathedrale im Kreml. Die Fresken und Ergänzungen am Ikonostas sind die letzte Arbeit von Simon Ušakov, dem bedeutendsten Maler des Zarenhofes im 17. Jahrhundert. Im Jahr 2004 wurde das Kloster in die Liste des UNESCO-Weltkulturerbes aufgenommen. Im Jahr 2010 gelangte es wieder vollständig in den Besitz der Kirche.

**Öffnungszeiten Kathedrale:** die zugänglichen Teile sind täglich von 9 bis 17 Uhr geöffnet.

Ende des 19. Jahrhunderts stellte das Kloster südlich seiner Mauern Land für einen **Friedhof** zur Verfügung. Aus ihm wurde ein Museum unter freiem Himmel, in dem schon vor 1917 nur beigesetzt wurde, wer berühmt oder reich war.

Einer der ersten, die auf Grund eines Vermächtnisses hier ihr Grab fanden, war 1904 Anton Tschechow. Ihm folgten dutzende weitere Literaten, Komponisten, Künstler, Schauspieler und Politiker, darunter Schostakowitsch, Bulgakov, die Schauspielerin Marija Ermolova, Stalins Ehefrau Nadežda Allilujeva und Chruschtschow.

Berühmt ist der Friedhof für seine von bekannten Künstlern gestalteten Grabmale. 2007 wurde Präsident Jelzin mit einem Staatsbegräbnis hier die letzte Ehre erwiesen. Der Friedhof gilt als Museum. Mit einer Eintrittskarte erhält man einen Lageplan der Grabstätten.

**Öffnungszeiten Friedhof:** täglich von 10 bis 17.Uhr.

## Andronikovkloster

Das Andronikovkloster liegt am Hochufer der Jauza, des wasserreichsten Nebenflusses der Moskva im Stadtgebiet von Moskau. Es bewachte einst die Trasse nach Vladimir. Der Name des Klosters geht auf seinen Gründer und ersten Abt zurück: Andron, Schüler des Heiligen Sergej von Radonež.

*Exklusive Lage: das Neujungfrauenkloster*

Von dem in einem Park gelegenen Kloster sind die Wehrmauern, die Erlöser- und die Erzengel-Michael-Kirche sowie das Refektorium erhalten.

Berühmt wurde es gut 50 Jahre nach seiner Gründung durch einen Mönch namens Andrej Rublëv. Der Ikonenmaler verbrachte hier die letzten Jahre seines Lebens und war an der Ausmalung der Erlöserkirche beteiligt. Das 1947 gegründete **Andrej-Rublëv-Museum** ist weltweit eines der wichtigsten Zentren zur Erforschung der Ikonenmalerei.

**Öffnungszeiten**: Montag, Dienstag und Donnerstag von 14 bis 21, Freitag bis Sonntag 11 bis 18 Uhr. Mittwochs geschlossen.

Zu erreichen ist das Andronikovkloster zum Beispiel von der Metrostation ›Kurskaja‹ (Курская, Ringlinie).

## Kunstzentrum Vinzavod

Nicht weit entfernt von der Metro ›Kurskaja‹ befindet sich ein weiterer interessanter Ort, der eher das moderne, nach Europa und der Welt geöffnete Moskau repräsentiert: das Zentrum für Moderne Kunst ›VINZAVOD‹ auf dem Gelände einer früheren Manufaktur zur Produktion und Abfüllung von Weinen. Diese wurde Ende der 1990er Jahre geschlossen. In den restaurierten Industriebauten entstand mit Unterstützung eines Magnaten aus der Erdölindustrie das Zentrum für Moderne Kunst, bestehend aus elf Galerien, Räumen für Veranstaltungen Zeichenkurse für Kinder sowie Geschäfte und Kaffees. Das Zentrum ist beliebt vor allem bei der Jugend.

Öffnungszeiten: täglich außer Montag von 12 bis 20 Uhr. www.vinzavod.ru.

## VDNCH

Hinter dieser Abkürzung (ВДНХ) verbirgt sich die ›Ausstellung der Errungenschaften der Volkswirtschaft‹. Das Ausstellungszentrum liegt im Norden der Stadt und gehört mit dem nördlich gelegenen Botanischen Garten und dem Park von Ostankino im Westen (dort befindet sich auch das Fernsehzentrum und der Fernsehturm) zu den beliebtesten Kultur- und Erholungszentren Moskaus. Die Pavillons, Springbrunnen, Denkmäler und Parkanlagen auf dem Gelände der VDNCH wurden in den letzten Jahren restauriert und neu gestaltet. Beeindruckend ist die 24,5 Meter hohe Skulptur des Arbeiters und der

Kolchosbauerin von Vera Muchina (1889–1953) – das Symbol der bedeutendsten sowjetischen Filmgesellschaft ›MOSFILM‹. Außerdem sehenswert sind die Springbrunnen ›Steinerne Blume‹ und ›Völkerfreundschaft‹, ein Rundkino, der Kosmos- und die Industriepavillons. Von den Ausstellungszentren der ehemaligen Sowjetrepubliken sind nur jene erhalten, deren Länder zur Gemeinschaft Unabhängiger Staaten (GUS) gehören. Mit gut 20000 Quadratmetern ist die Kunsteisbahn die größte weltweit, und das Ozeanarium ist das größte in Europa. Auf dem Gelände öffneten viele neue Restaurants und Kaffees. Es besteht die Möglichkeit, Fahrräder und Rollschuhe zu leihen. An einem Tag im Wochenende kommen bis zu 1 Million Besucher. In der Nähe befindet sich die gleichnamige Metrostation ›ВДНХ‹ (orangene Linie). Die Buslinie 533, mit Stationen an den wichtigsten Orten des Ausstellungskomplexes, verbindet diese Metrostation mit der nächst folgenden auf der gleichen Linie ›Botaničeskij Sad‹ (Ботанический Сад - Botanischer Garten). Dort besteht eine Umsteigemöglichkeit auf den Zentralen Ring der S-Bahn.

## Die Moskauer Metro

Das wichtigste Transportmittel der Moskauer ist die Metro. Die Linien durchqueren die Stadt in alle Himmelsrichtungen. Um das Zentrum durchschneidet ein Ring mit zwölf Stationen die Radialen. Er folgt in etwa dem Verlauf des Gartenrings. Ein weiterer Außenring ist in Planung.

Mit dem Bau der Metro wurde in den 1930er Jahren begonnen. Bis zu 60000 Arbeiter und 5000 Ingenieure waren an den Schachtarbeiten beteiligt. Vor allem die älteren Stationen sind als wahre Paläste gestaltet – riesig, pompös, mit sowjetischer Symbolik. Skulpturen von Arbeitern, Bauern, Studierenden, Partisanen und Matrosen, farbige Mosaikwände, verschnörkelte Kandelaber, riesige Kronleuchter und insgesamt 70000 Quadratmeter verschiedenfarbiger Marmor wurden verbaut. Die seit den 1970er Jahren fertiggestellten Stationen üben sich dagegen in pragmatischer Bescheidenheit.

Das Metronetz wächst jährlich um weitere Stationen. Vom frühen Morgen bis in die Abendstunden sind Metrofahrten ein kleines Abenteuer. Die Moskauer haben es immer eilig, weshalb die geläufigste Fortbewegungsart der Sprint ist. Passt man sich diesem Tempo an und lernt, mit gewandten Schlenkern Entgegenkommenden oder noch Schnelleren auszuweichen, ist man auf der Gewinnerseite und wird schnell von einem Ort zum anderen kommen. Obwohl die Züge auf den meisten Linien im Mi-

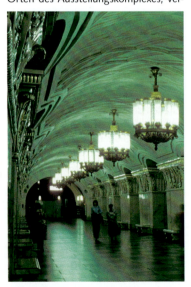

▲ *Die Metrostation ›Prospekt Mira‹*

Karte: vordere Umschlagkarte

nutentakt verkehren, sind die Waggons zur Hauptverkehrszeit fast immer überfüllt.

**Tickets** (Magnetkarten) für die Metro werden nur an den Kassen in den Stationen verkauft. An manchen Stationen bilden sich während der Rush-hour lange Schlangen. Man kann Tickets für 1, 5, 10 und bis zu 60 Fahrten erwerben, die dann jeweils beim Passieren der Schranken durch Einführen in einen Schlitz (rechts) entwertet werden. Die Magnetkarten gelten auch für alle anderen öffentlichen Verkehrsmittel. Eine Metrofahrt kostet umgerechnet rund 70 Cent.

## Der Nördliche Flussbahnhof

Die nördliche Endstation der grünen Metrolinie heißt ›Rečnoj vokzal (Речной вокзал). Buchstäblich übersetzt bedeuten die beiden Worte ›Flussbahnhof‹. So heißen in Russland die Häfen für Passagierschiffe an Flüssen; ›Morskoj vokzal (Meeresbahnhof) ist ihr Name, wenn es sich um Häfen am Meer handelt.

Von der Metrostation ›Rečnoj vokzal verkehren Kleinbusse zum Flughafen Šeremetevo.

Verlässt man die Station durch den Ausgang entgegengesetzt der Fahrtrichtung und durchquert einen Park, gelangt man nach einem etwa 20-minütigen Fußweg zum Gebäude des Passagierhafens am letzten Abschnitt des Moskau-Kanals, kurz bevor er in die Moskva mündet. Westlich der Leningrader Chaussee, die ein Fußgängertunnel unterquert, führt eine schnurgerade Allee zum Hafengebäude.

Dieses ist einem Flussdampfer vom Anfang des 20. Jahrhunderts nachempfunden, besteht aus zwei Decks und einem symbolischen, 85 Meter hohen schlanken Mast. Säulengänge umlaufen das Gebäude. Das 1937 fertiggestellte char-

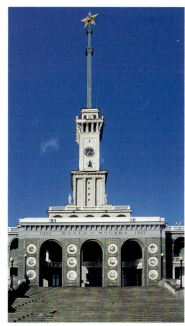

*Das Gebäude des Flussbahnhofs*

mante Bauwerk wird seit Jahren restauriert. Wann die Bauarbeiten abgeschlossen sind, war bei Redaktionsschluss nicht abzusehen.

Zur Zeit der Entstehung des Flusshafens lag das Hafengelände noch außerhalb der Stadtgrenze. Auf den Feldern entstanden in den 1950er Jahren Schlafstädte. Die einstigen Dörfer – Strogino, Tušino, Schodenskaja – leben bis heute in den Namen der Stadtbezirke und Metrostationen fort. Die in der Umgebung angesiedelte Industrie war und ist vornehmlich auf den Flugzeug- und Raketenbau spezialisiert.

Nördlich des ›Rečnoj vokzal schließen sich auf einer Länge von etwas mehr als zwei Kilometern die Kais des Industriehafens an. Ein weiterer Handelshafen liegt im Südosten Moskaus.

Die meisten Flußkreuzfahrten auf der Wolga enden oder beginnen in einer der beiden Hauptstädte: St. Petersburg oder Moskau. Zwischen den beiden Städten liegen zahlreiche malerische Orte und große Seen.
Nicht zuletzt der Kontrast zwischen den beiden Metropolen und den waldreichen und dünn besiedelten Landschaften macht den Reiz dieser über 1000 Kilometer langen Reise aus.

# Von Moskau nach St. Petersburg

*Holzkirchen auf der Insel Kiži*

# Der Moskau-Kanal

Unter den vielen gigantischen Unternehmungen der russischen und sowjetischen Industriegeschichte ist der Bau des Kanals zwischen den Flüssen Moskva und Wolga eines der gigantischsten. Um der Sowjetunion den Aufstieg zu einer führenden Industrienation zu ermöglichen, musste zunächst eine funktionierende Infrastruktur geschaffen werden. Gerade hatte das Land eine der schlimmsten Hungersnöte seiner Geschichte erlitten – verursacht durch die gewaltsame Kollektivierung der Landwirtschaft und die Umsiedlung von Millionen selbständiger Bauern –, als die Regierung 1931 den Beschluss über den Bau des Kanals zwischen der Hauptstadt und der Wolga fasste.

## Geschichte

Über Moskau verliefen seit seiner Gründung, und mehr noch mit dem späteren Aufstieg zur Hauptstadt der russischen Zaren, die wichtigsten russischen Handelswege. Die meisten Waren gelangten über die Wasserwege von und nach Moskau. Über die Moskva und die Oka war die Stadt mit der Wolga im Osten, dem Dnepr im Westen und dem Don im Süden verbunden. Andere Wasserwege führten nach Novgorod im Norden und Smolensk im Westen. Von Flusslauf zu Flusslauf wurden die Lastkähne über die Wasserscheiden gezogen. Vor allem im Hochsommer waren viele Passagen so flach, dass getreidelt werden musste. Die Lastkähne hatten deshalb nur geringen Tiefgang, und ihre Ladefläche war begrenzt.

Peter der Große hatte die Hauptstadt seines Reiches in den Norden verlegt. St. Petersburg mit der Wolga und über sie mit der Moskva und den anderen russischen Strömen zu verbinden, war eines der strategischen Projekte des Zaren. Über die Phase der Planung kam man indes im 18. Jahrhundert nicht hinaus. Im 19. Jahrhundert entstanden erste Kanäle zwischen den Flüssen, die St. Petersburg mit der Wolga verbanden. Inzwischen war Moskau, obwohl es schon seit eineinhalb Jahrhunderten nicht mehr die Hauptstadt war, unablässig gewachsen. Immer mehr Menschen zog es in die Metropole, in der zweiten Hälfte des 19. Jahrhunderts erlebte Russland einen immensen industriellen Aufschwung. Der Bedarf an Wasser stieg daher von Jahr zu Jahr, die Moskva allein war aber kaum noch in der Lage, diesen zu decken. Nach dem Ende des Bürgerkrieges und seitdem Moskau wieder Hauptstadt geworden war, schien der Traum von einem Kanal zwischen der Moskva und der Wolga Wirklichkeit werden zu können, ja zu müssen.

Es gehört zu den wunderlichen, tragischen und phantastischen Eigenarten Russlands, dass es offenbar immer eines Sprungs bedarf, um Jahrzehnte der Lethargie und des Stillstandes, der Zerstörungen oder Selbstzerstörung zu überwinden. Als Peter der Große das Land aus dem Mittelalter riss, konnte er sich der fast kostenlosen Leibeigenen bedienen, die entweder der Krone gehörten oder beim Adel zwangsrekrutiert wurden. Die imperiale Logik der neuen Machthaber unter Stalin bewegte sich in ähnlichen Kategorien. Die Leibeigenschaft war von Alexander II. 1861 aufgehoben worden. Der sozialistische Staat schuf sich eine neue Sklavenarmee. Nicht allein politisches Kalkül, auch die ökonomischen Gegebenheiten und Zwänge waren der Auslöser für die

Einrichtung der Hauptverwaltung für die Umerziehungs- und Arbeitslager, dem GULAG (Glavnoe upravlenie ispravitelno-trudovych lagerej).

Der Moskau-Kanal war eine der ersten Großbaustellen des Landes. Mehr als eine Million Menschen arbeiteten am Bau des Kanalbettes, der Staudämme, Brücken, Schleusen und sonstigen Anlagen. Mehr als 200 000 von ihnen waren, offiziellen Angaben zufolge, Zwangsarbeiter, von denen 23 000 ihr Leben ließen. Niemand hat gezählt, wie viele Menschen durch den Bau zu Invaliden und unheilbar Kranken wurden. Dabei hatten es diejenigen, die bei Moskau zur Arbeit gezwungen wurden, im Vergleich zu denen, die am Weißmeerkanal im Norden schufteten, noch vergleichsweise leicht.

Für die Sowjetunion war der Kanal von ebenso großer Bedeutung wie für den Welthandel der Bau des Suez- oder des Panama-Kanals. Und er war mit ebenso großen technischen Schwierigkeiten verbunden. Umso bemerkenswerter ist, dass am 2. Mai 1937, nach nur fünf Jahren Bauzeit, eine Flottille von Dampfern und Kuttern von der Wolga kommend Moskau erreichte. Mit dem Kanal entstanden elf Schleusen, fünf mächtige Pumpwerke, elf Staudämme, acht Wasserkraftwerke, 19 Brücken, zwölf Tunnel und eine Vielzahl anderer Anlagen.

Der Kanal löste die Wasserprobleme der Hauptstadt und der umliegenden Gebiete. Außerdem erhöhte das Wasser den Pegel der Moskva und verbesserte die Möglichkeiten der Schifffahrt auf ihrem Unterlauf bis zur Oka. Mit dem Bau des Weißmeerkanals im Norden und schließlich des Wolga-Don-Kanals Anfang der 1950er Jahre im Süden erhielt Moskau direkten Zugang zu fünf Meeren: der Ostsee, dem Weißen, dem Kaspischen, dem Schwarzen und dem Asovschen Meer. Der Traum Peters des Großen hatte sich erfüllt. Der Binnenhandel erhielt mächtigen Aufwind. Darüber hinaus sind die Ufer des Kanals und der künstlichen Seen beliebte Erholungsgebiete der Moskauer.

Der Wasserweg zwischen Moskau und Petersburg ist kilometriert. Den Orten

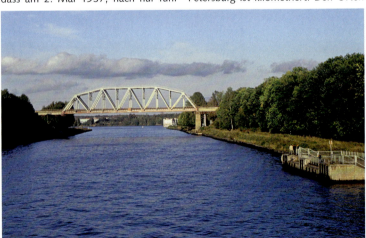

▲ *Der Moskau-Kanal verbindet die Hauptstadt mit den großen russischen Strömen*

sind zumeist zwei Kilometerangaben zugeordnet. Die eine weist die Entfernung von Moskau aus, die andere die von St. Petersburg.

## Von Moskau bis zum Ivan'kovsker Stausee

Für die 124 Kilometer lange Strecke von Moskau bis nach Dubna – hier mündet der Kanal in die Wolga – benötigen die modernen Passagierschiffe in der Regel etwa 13 Stunden. Nur wenige Minuten nach Verlassen des Hafens passiert das Schiff bereits den grünen Gürtel um Moskau, lässt man die Metropole mit ihrer Hektik und ihrem Lärm zurück.

Der **Chimki-Stausee**, an dem die Hafenanlagen liegen, hat seinen Namen von dem Fluss Chimki, dessen Lauf der Kanal einige Kilometer folgt. Der Stausee bedeckt eine Fläche von 3,5 Quadratkilometern und ist bis zu 18 Meter tief. Nach einigen Minuten Fahrt überspannt die erste **Brücke** den Kanal. Über sie führt der Leningrader Prospekt, der der historischen Handelsstraße zwischen Moskau und St. Petersburg folgt. Über diesen Prospekt gelangt man auch zu den beiden Flughäfen Šeremet'evo I und Šeremet'evo II.

Nach einigen weiteren Minuten unterquert das Schiff die **Moskauer Ringautobahn**, den letzten der sechs Ringe um den Stadtkern. Der Bau der 109 Kilometer langen Trasse begann 1962. In den 1990er Jahren wurde sie rundum erneuert.

Über die nächste **Brücke** mit ihrer Halbbogenkonstruktion aus Beton rollen Züge nach Norden, in Richtung Tver, Petersburg, Novgorod und Murmansk. Wenn man unter einer Eisenbahnbrücke hindurch fährt und gleichzeitig ein Zug sie passiert, kann man sich – so ein alter russischer Brauch – etwas wünschen, denn dieser Wunsch soll dann ganz bestimmt in Erfüllung gehen.

Von nun an führt die Fahrt durch das **Umland der Hauptstadt**, das im russischen ›Podmoskov'e‹ genannt wird. Im Radius von etwa hundert Kilometern liegen Hunderte Dörfer und Datschensiedlungen, zahlreiche Industrie- und landwirtschaftliche Betriebe. Vor allem aber ist Podmoskov'e Urlaubs- und Ausflugsgegend. Kaum eine Moskauer Großfamilie, die keine Datsche hat, wo sie im Sommer die Wochenenden oder die älteren Leute die gesamte heiße Jahreszeit verbringen. Viele Datschen sind auch beheizbar. Es ist ein besonderes Vergnügen, im Winter Ski zu fahren und morgens oder nach der Sauna im Schnee zu ›baden‹. An Wert haben die Datschen noch dadurch gewonnen, dass sich viele Moskauer keinen Urlaub in ferneren Gegenden leisten können. Der Hunger der Russen auf Natur, ihre Leidenschaft für den eigenen kleinen Gemüsegarten, Beeren und Pilze ist bekannt. Podmoskov'e ist so gesehen auch die Schatzkammer der russischen Winterküche: eingelegte Gurken, Tomaten, Pilze und Konfitüre (im Russischen ›Varen'e‹).

Nach etwa einer Stunde passiert der Kanal den am rechten Ufer gelegenen **Vorort Dolgoprudnyj**. Der Name der Kleinstadt, in der 70 000 Einwohner leben, leitet sich von den beiden Worten ›Dolgij‹ (lang) und ›Prud‹ (Teich) ab. Das Gut Dolgoprudnyj entstand im 17. Jahrhundert. Im Laufe der Jahrhunderte wechselten seine Herren und die zu ihm gehörigen Leibeigenen mehrmals den Besitzer. Unter ihnen war die Familie von Benckendorff, ein baltisch-deutsches Adelsgeschlecht. Alexander von Benkkendorff (1783–1844) befehligte von 1826 bis 1844 die berüchtigte Geheimpolizei Zar Nikolaus' I. In den 1930er Jahren entstand in Dolgoprudnyj das erste sowjetische Werk zur Herstellung von Luftschiffen. Die ›UdSSR B-6‹ umrundete 1936 die Erde in einem Nonstop-Flug in 130 Stunden und 27 Minuten.

An einer **Eisenbahnbrücke** über den Kanal endet Dolgoprudnyj. Über die Schienen rollen die Züge zwischen Moskau und Dmitrov, einer Stadt auf ungefähr halbem Weg zwischen Moskau und der Wolga. Die Strecke wurde Anfang des 20. Jahrhunderts gebaut. Etwas weiter überspannt eine **Straßenbrücke** den Wasserweg. Hinter ihr befinden sich rechter Hand in einer Bucht ein **Yachthafen** und eine **Schiffswerft**. Auf dem Gelände der Werft werden die auf dem Moskau-Kanal verkehrenden Passagierschiffe in den Wintermonaten überholt. Hier beginnen die eigentlichen ›Kurort-Meilen‹ am Kanal: Ein Stausee geht in den nächsten über, und an ihnen befinden sich in romantischer Waldlandschaft zahlreiche Strände. Immer wieder begegnet man Tragflächenbooten oder Ausflugsschiffen, ab und an auch einem Lastkahn.

Am hohen rechten Ufer liegt das **Dorf Žostovo**, das für sein Kunstgewerbe berühmt ist. Die Meister aus dem Dorf spezialisierten sich Anfang des 19. Jahrhunderts auf die Herstellung von metallenen, mit Ölfarben bemalten und dann lackierten Tabletts. Die Motive sind ›typisch russisch‹: phantasievolle gestaltete Blumen oder Schalen mit Früchten vor schwarzem oder mehrfarbigem Hintergrund. An der Wende vom 19. zum 20. Jahrhundert erlebte das Handwerk eine Krise, ab den 1920er Jahren eine Wiedergeburt. Seit den 1960er Jahren werden die berühmten Tabletts jedoch industriell gefertigt.

Noch berühmter als Žostovo ist ein anderes Dorf einige Kilometer weiter. Am rechten Ufer des Kanals befindet sich die Anlegestelle **Solnečnaja Poljana** (Sonnenlichtung) und hinter ihr, am Flüsschen Uča, die Siedlung **Fedoskino**, die **Heimat der Lackminiaturen**. Ende des 18. Jahrhunderts zog es einen russischer Kaufmann, Pëtr Korobov, in die weite Welt. Seine Wanderungen führten ihn auch nach Braunschweig. Dort machte er die Bekanntschaft des Fabri-

▲ *Gegenverkehr*

kanten Johann Strobwasser. Der Braunschweiger Meister weihte Korobov in die Geheimnisse der Lackherstellung ein. Zurück in der Heimat gründete Korobov 1793 in Fedoskino eine kleine Fabrik, in der russische Bauern mit Hilfe deutscher Meister die Herstellung von Pappmaché erlernten. Die ersten Erzeugnisse waren Schildmützen für das russische Militär. Im Zuge einer Militärreform verloren die Mützen ihre Schilder. Der Weg war frei für künstlerische Anwendungen - in leuchtenden Farben bemalte und lackierte Schatullen, Schächtelchen, Tabakdöschen und Broschen aus Pappmaché, manche mit Inkrustierungen aus Perlmutt. Zu den Motiven gehörten Szenen aus dem russischen Volksleben wie Troikafahrten, Tänze, Teetrinkende, Heuernte. Nach dem Tod des Gründers ging das Geschäft über in die Hände seines Schwiegersohnes Lukutin, dessen Nachfahren es fortführten. Die in Fedoskino gefertigten Waren sind deshalb auch unter dem Namen Lukutinsche Kunsterzeugnisse bekannt. Künstlerisch besonders anspruchsvoll ist die Technik der Intarsienmalerei. Dabei werden transparente Farben auf eine Unterlage aus Blattgold, Perlmutt oder silber- bzw. goldglänzenden Metallstaub aufgetragen, was den Eindruck erweckt, als würden sie aus sich selbst heraus funkeln und leuchten. Der Moskau-Kanal durchquert hintereinander den **Kljaz'ma-Stausse** und den **Pjalovsker Stausee**. An ersterem liegen die meisten Erholungsheime, und er gilt als Eldorado der Wassersportler. Seinen Namen hat er von der Kljaz'ma, einem Nebenfluss der Oka, in die sie nach knapp 700 Kilometern mündet. Schon im 9. Jahrhundert gehörte die Kljaz'ma zu den Handelswegen zwischen der Ostsee über die Wolga zum Kaspischen Meer und weiter nach Persien. Das Einzugsgebiet der Kljaz'ma gilt als eine der schönsten und fruchtbarsten Flusslandschaften in der Umgebung von Moskau. Steile Hänge, mineralhaltige Böden, sandige Strände, hunderte Seen sowie üppige Wald- und Wiesenlandschaften wechseln einander ab. Das Wasser des Flusses wird außerdem in der Textilindustrie gebraucht, die schon lange in dieser Gegend beheimatet ist. Der Pjalovsker geht in den **Učinsker Stausee** mit seinen zerfurchten Ufern über. Hier erholen sich vor allem Familien mit Kindern. In unmittelbarer Nähe des heutigen Stausees hatte der Vater von Aleksandr Suvorov, einem der berühmtesten russischen Heerführer, 1783 ein Gut mit dem Namen Roždestveno erworben. Das zum Gut gehörende Dorf heißt bis heute so. Aleksandr Suvorov (1729–1800) diente unter Katharina der Großen und ihrem Sohn Paul I. In Europa machte er sich durch ein kühnes Unternehmen während der Napoleonischen Kriege einen Namen: Er überquerte die Alpen zu einer Zeit, da man sie eigentlich mit einer solchen Menge von Menschen nicht bezwingen konnte, vor allem nicht mit schwerem Kriegsgerät. In der Schweizer Schöllenenschlucht befindet sich ein Denkmal für den russischen Feldherrn, das völkerrechtlich russisches Staatsgebiet ist. Bei seinen Soldaten und Offizieren war Suvorov beliebt wie kaum ein anderer Heerführer. Um ihn ranken sich zahlreiche Legenden.

Zwischen dem Učinsker und dem **Ikšinsker Stausee** wird der Wasserweg wieder zum künstlich angelegten Kanal, und hinter dem Ikšinsker Stausee beginnt ein **Kaskaden-System aus sechs Schleusen**, mit deren Hilfe das Kanalbett auf das Niveau der Wolga gesenkt

*Einfahrt in die Schleuse Nr. 3*

wird, jeweils um acht bzw. sechs Meter. Die Nummerierung der Schleusen erfolgt beginnend mit der Wolga. Die **erste Schleuse bei km 47/1291** (also in der offiziellen Bezeichnung die Nummer 6) ist nach nach etwa dreieinhalb Stunden Fahrt erreicht. Die **zweite (Nr. 5)**, etwa zwei Kilometer weiter, wird von einer Skulptur eines Mädchens überragt, das über seinem Kopf das Modell eines Segelschiffes hält. Eine Kopie der Skulptur befindet sich im Park vor dem Moskauer Flusshafen. Die unter dem Namen Klinsk-Dmitrovsk – nach den beiden Städten Klin und Dmitrov im Moskauer Gebiet – bekannte Hügelreihe bildet hier die Wasserscheide zwischen den Einzugsgebieten der Moskva und der Wolga. Den Kanal umgeben Hügel und Täler. Die Autobrücke, die ihn hier überquert, gehört zu einem Autobahnring im Moskauer Vorland, der während des Kalten Krieges aus strategischen Erwägungen angelegt wurde. Um Moskau befand sich seinerzeit das einzige, gemäß den mit den USA geschlossenen Verträgen (SALT) vorgesehene sowjetische Verteidigungssystem gegen einen etwaigen atomaren Raketenangriff.

Nach einigen Kilometern erscheint am linken Flussufer das **Dorf Dedenevo**. Einer Legende zufolge ist es nach dem mongolischen Khan Deden benannt, der 1295 diese Gegend heimsuchte und hier den Tod fand. Heute ist Dedenevo vor allem unter den Moskauer Touristen ein Begriff. Viele der beliebten Wochenendwanderungen, ob im Sommer zu Fuß oder im Winter auf Skiern, beginnen hier, am Bahnhof ›Turist‹ der Vorortbahn.

Auch der **Jachroma-Stausee** ist nach einem Fluss benannt. Hat man ihn passiert, überspannt eine weitere Eisenbahnbrücke den Kanal. Hinter der Brücke erreicht man die **Schleusen Nr. 4 und 3**. Auf den **Türmen der Schleuse Nr. 3** erinnert eine Skulpturengruppe an eine andere europäische Pioniertat, die ›Entdeckung‹ Amerikas. Die Schiffsskulpturen sind Darstellungen der drei Karavellen Santa Maria, Nina und Pinta, mit denen Kolumbus nach Westen segelte. Linker Hand, parallel zum Kanal, fließt die **Jachroma**, an deren Ufer die gleichnamige Industriestadt mit rund 16 000 Einwohnern liegt. Vom 28. November bis zum 8. Dezember 1941 war sie die östlichste von deutschen Truppen besetzte Stadt. Hier nahm die sowjetische Gegenoffensive ihren Anfang, mit der der Vormarsch der Wehrmacht auf Moskau gestoppt wurde.

### ■ Dmitrov

Die Stadt Dmitrov erstreckt sich am rechten Ufer des Kanals (**Km 70/1268**). Gegründet 1154, ist sie eine um sieben Jahre jüngere Schwester Moskaus. Die Legende verknüpft die Gründung mit dem Tag, als sich Jurijj Dolgorukij – jener Fürst, der auch den Grundstein zu Moskaus Entstehen legte – in dieser Gegend aufhielt und hier die Nachricht von der Geburt eines Sohnes erhielt.

Dieser Sohn erhielt später den Taufnamen Dmitrij und die Siedlung den Namen Dmitrov. Im Gegensatz zu den meisten anderen Städten erfolgte die Gründung nicht auf einer Anhöhe, sondern in einer Sumpflandschaft. Die Sümpfe einerseits und der Fluss Jachroma andererseits sollten die Festung vor etwaigen Eroberern schützen, ohne Erfolg: Die erste Erwähnung in der Nestor-Chronik fällt auf das Jahr 1180, als die Stadt erstmals geplündert und niedergebrannt wurde. Knapp 60 Jahre später kamen die Mongolen, und auch in späteren Jahrhunderten findet Dmitrov immer wieder Erwähnung im Kontext von Raubzügen, Fürstenfehden und zuletzt der polnischen Intervention Anfang des 17. Jahrhunderts.

Der Gründung von St. Petersburg verdankte das an der alten Wasserstraße zwischen Moskau und der Ostsee gelegene Dmitrov seinen Aufstieg als Zentrum der Verarbeitung von Lebensmitteln, der Textilindustrie, des Töpferhandwerkes und der Lederbearbeitung. Doch dann kam die Eisenbahn, und deren Trasse verlief zunächst knapp hundert Kilometer weiter westlich. Für Dmitrov bedeutete sie das Ende aller Träume. Ein russischer Schriftsteller schrieb über die Bewohner der Stadt 1909, dass sie »mit allerlei billigem Ramsch auf dem Basar handelten, schusterten und schneiderten, worin sie Meister waren ... Die Menschen lebten in Armut, als wären sie abgeschnitten von der Welt, protestierten nie und fürchteten die Obrigkeit mehr als das Feuer.« Berühmt im ganzen Land war Dmitrov einzig für seine Kringel, deren Geheimnis von den Meistern der Zunft eifersüchtig gehütet wurde.

Dann begann die Ära Stalin und mit ihr der Bau des Kanals zwischen der Moskva und der Wolga. Dmitrov erkoren die Erbauer zum Zentrum des Stabes, der alle Arbeiten koordinierte. Betriebe zur Produktion von Baustoffen wurden aus dem Boden gestampft, und binnen kurzem platzte die einstmals provinzielle Kleinstadt aus allen Nähten – allerdings nur für die Zeit der Bauarbeiten. Heute leben in Dmitrov 65 000 Menschen.

### ■ Die Wolga-Tiefebene

Rund 16 Kilometer vor der Mündung des Kanals in die Wolga senkt die **Schleuse Nr. 2** die Schiffe um weitere sechs Meter. Der bislang überwundene Höhenunterschied beträgt insgesamt 38 Meter. Die nördliche Wolga-Tiefebene ist erreicht. Die Landschaft unterscheidet sich hier erheblich von der zuvor durchfahrenen. Zu beiden Seiten des Kanals erstrecken sich Sümpfe, dazwischen Felder und Wälder. Von einigen Anhöhen schauen kleinere Dörfer und Kirchenkuppeln herüber.

*Auf dem Moskau-Kanal*

An der Eisenbahnlinie in nördlicher Richtung liegt das **Dörfchen Verbilki**. Auf Initiative des Engländers Francis Gardner (1746-1786) wird hier seit 1766 Porzellan produziert. Die Fabrik war nach der Petersburger Porzellanmanufaktur die zweite ihrer Art in Russland. Zunächst beschränkten sich die Meister auf Kopien von Meißener Kunstwerken, dann kamen eigene Motive hinzu: die berühmten Turbane der Türken, und später lustige und kunstvoll bemalte Porzellanfiguren aus dem russischen Volksleben wie Basarfrauen, Hofwarte, Postboten und Bauernfiguren. Ende des 19. Jahrhunderts wechselte das Werk den Besitzer, und von nun an produzierte die Fabrik Services mit auserlesenen Bemalungen, die höchsten künstlerischen Ansprüchen genügten, und auch solche, die exklusiv für den Zarenhof bestimmt waren. Das ›Verbilki-Porzellan‹ erfreut sich bei Kennern bis heute großer Beliebtheit. Im Zuge der Privatisierung kauften die Beschäftigten das Werk 1991 auf und gründeten eine Aktiengesellschaft. 2008 erhielt der Betrieb das Gütesiegel eines exklusiven Zulieferers für den Moskauer Kreml.

Nach zehn Kilometern hinter der **Schleuse Nr. 2** unterquert der Fluss Sestra (Schwester) durch einen Tunnel den Kanal.

Nach weiteren fünf Kilometern ist **die Wolga erreicht**. Der Dampfer nimmt eine scharfe Rechtskurve und passiert dabei am linken Ufer eine **überlebensgroße Skulptur Lenins**. Hinter dieser liegt der Staudamm des Ivan'kovsker Stausees. Nach einigen hundert Metern ist die **Schleuse Nummer 1** des Kanals zwischen der Moskva und der Wolga erreicht. Der durch das gestaute Wasser des Flusses geschaffene, nun in der Schleuse zu überwindende Höhenunterschied beträgt elf Meter

# Entlang der Wolga nach Rybinsk

›Matuška Wolga‹ – Mütterchen Wolga – nennen die Russen seit jeher den größten Fluss im europäischen Teil Russlands. Kiev, die erste russische Hauptstadt, liegt zwar am Dnepr, aber die neuere russische Geschichte begann mit dem Aufstieg der Fürstentümer im Einzugsgebiet der Wolga. Der mit 3530 Kilometern längste Strom Europas wurde oft besungen, ist von Legenden umrankt und mehr ein Mythos denn ein Fluss. Den alten Griechen war die Wolga bekannt als Rha, wobei sie den Namen möglicherweise vom gleichnamigen Sonnengott der Veden übernahmen. Ihren Ursprung nimmt ›Matuška Wolga‹ in den Valdaj-Höhen nordwestlich von Moskau, 228 Meter über dem Meeresspiegel. In der Gegend des Dörfchens Volgoverchov'e (Oberwolga) steht ein Holzhäuschen mit der Aufschrift ›Quelle des großen russischen Stromes Wolga‹. Nur wenige große Flüsse haben eine derart eindeutig definierbare Quelle. Ein Rinnsal ergießt sich aus der Erde und nimmt bald andere Gewässer in sich auf, so, dass der Fluss bereits nach wenigen Kilometern, bei der Stadt Ržev, schiffbar ist. Ržev liegt etwa 200 Kilometer flussabwärts im Gebiet Tver. Die erstmals 1216 in einer Chronik erwähnte Stadt war und ist für ihre Hanfseile berühmt, die bis heute in der Schifffahrt unersetzlich sind. Die Wolga nimmt hinter Ržev schnell an Größe zu und erreicht bei Tver bereits die stattliche Breite von 200 Metern.

## Tver

Wer von Moskau nach Petersburg oder von Petersburg nach Moskau mit der Bahn, mit dem Auto oder dem Bus reist, überquert die Wolga bei Tver (Тверь), etwa 150 Kilometer nördlich von Moskau. Zuwanderer aus Novgorod gründeten die Stadt im 12. Jahrhundert. Von der Mitte des 13. Jahrhunderts an war Tver etwa 200 Jahre lang die Hauptstadt des gleichnamigen Fürstentums, das Moskau lange Zeit die Stirn bot. Unter Ivan III. verlor Tver 1486 seine Unabhängigkeit. In den Chroniken jener Zeit wird vom Bau neuer Festungsanlagen, Kirchen und Paläste berichtet. Mit Ausnahme einer Kirche sind diese Gebäude nicht erhalten: 1763 vernichtete eine Feuersbrunst fast die gesamte Stadt. Katharina II. veranlasste ihren Wiederaufbau nach seinerzeit modischen Prinzipien des Städtebaus: ein streng geometrisches geordnetes Straßennetz rund um die Hauptverkehrsader, die Trasse zwischen Moskau und Petersburg, und eine Reihe Gebäuden im klassizistischen Stil.

Ein Denkmal in Tver erinnert an einen berühmten Reisenden des Mittelalters, der als einer der ersten Europäer nach Indien gelangte und seine Erlebnisse niederschrieb. Die Chronik heißt ›Die Fahrt des Athanasius Nikitin über die drei Meere‹. Der russische Kaufmann reiste 1466 von Tver die Wolga abwärts, überquerte das Kaspische Meer und gelangte über Persien bis zum Persischen Golf. Es verschlug ihn nach Indien, wo er sich zwei Jahre aufhielt und dann über die Türkei und das Schwarze Meer nach Russland zurückkehrte. Er starb nach vielen Entbehrungen 1472 in Zentralrussland und sah seine Heimat nicht wieder.

Hinter Tver beginnt der **Ivan'kovsker Stausee**, der flächenmäßig größte in der Umgebung der russischen Hauptstadt. Er ist 120 Kilometer lang und bis zu 4 Kilometer breit. Das Wasser des Stausees dient vor allem der Trinkwasserversorgung der Hauptstadt sowie der Regulierung des Wasserstandes im Kanal zwischen der Wolga und der Moskva. Trotz der vielerorts sumpfigen Landschaft ist er ein beliebtes Ausflugsziel und zieht wegen seines Fischreichtums viele Angler an. Der Ivan'kovsker Stausee ist der erste der sieben die Wolga-Stauseen zwischen Tver und Wolgograd. Der Bau der Staumauer und des dazugehörigen Wasserkraftwerks wurden 1937 vollendet. Benannt ist der See nach dem Ort Ivan'kovo am linken Wolgaufer, der seit den 60er Jahren zu Dubna gehört

## Dubna

Das an der Mündung des Kanals in den Ivan'kovsker Stausee am rechten Wolgaufer gelegene Dubna (Дубна, Km 124/1214) ist eine der jüngsten Städte Russlands. Sie entstand 1956 als ›Stadt der Forscher und Dichter‹. Ihr Kern ist ein Synchrophasotron zur Erforschung der Elementarteilchen. Die Lage des Ortes ist ideal: Die Wasserkraftwerke liefern billigen Strom, die Wolga das Kühlwasser; und die für die Kreativität der Wissenschaftler nötige Ruhe stören einzig die Nachtigallen.

Benannt wurde die Stadt nach dem Fluss Dubna, an dessen Mündung sie liegt. Bis zur Perestroika war Dubna eine der ›geschlossenen Städte‹ der Sowjetunion, in die man nur mit einer Spezialgenehmigung gelangte. Doch außer im Grün versinkenden Wohnsiedlungen und Forschungseinrichtungen gab und gibt es in Dubna ohnehin nicht viel zu sehen. In Dubna arbeiteten bis Ende der 1980er Jahre Atomphysiker aus allen osteuropäischen Ländern. Ob Praktikum, Studium oder Forschungsauftrag – ein Aufenthalt in Dubna galt als eine Art wissenschaftlicher Ritterschlag. Die Forschungseinrichtungen werden von den GUS-Staaten gemeinsam getragen. Ungarn, Italien und die Bundesrepublik haben mit dem Vereinigten Institut für Kernforschung Staatsverträge geschlossen, die einen Zugriff auf das umfangreiche Know-how in Dubna und die Nutzung der kernphysikalischen Großgeräte des Instituts ermöglichen.

Hinter Dubna geht der Ivan'kovsker Stausee in den 146 Kilometer langen **Ugličer Stausee** über, der die Wolga für das Ugličer Wasserkraftwerk staut. Die Bauarbeiten begannen 1936. Vier Jahre später ging es ans Netz. Zusammen mit dem Wasserkraftwerk von Rybinsk bildet es den Ugličer Wasserbaukomplex im Verlauf der ›Wolgakaskade‹.

Etwa 15 Kilometer von Dubna flussabwärts befindet sich am linken Ufer der Wolga, dort wo das Flüsschen Kimrka in den Strom mündet, der Stadtkern von **Kimry (Km 145/1193)**. Erwähnt wurde der Ort erstmalig 1564 in einem Erlass von Ivan IV. Berühmt ist Kimry für seine Lederindustrie. Aus dem Leder wurden und werden Schuhe und Stiefel hergestellt. Im 18. und 19. Jahrhundert belieferten die Schuhmacher von Kimry die russische Armee mit Stiefeln. Noch vor der offiziellen Aufhebung der Leibeigenschaft hatten die leibeigenen Schuhmacher der Gräfin Samojlova – ihr gehörte das Land um Kimry – so viel Kapital angehäuft, dass sie sich kollektiv für die damals phantastische Summe von knapp einer halben Million Rubel freikaufen konnten. Die Schuhindustrie bildet bis heute das wirtschaftliche Rückgrat der Stadt. Im Jahr 1901 erreichte eine Linie der Eisenbahn den Ort auf der gegenüberliegenden Flussseite, **Savëlovo**. Nach ihm ist einer der Moskauer Bahnhöfe benannt. Später wurde Savëlovo von Kimry eingemeindet. Die Bahnstation von Kimry heißt bis heute Savëlovo. Eine der Linien der Vorortzüge endet hier. Für Frachtschiffe in Rich-

▲ *Unterwegs nach Norden*

tung Moskau gibt es in Kimry einen Zwangsstop. Inspektoren versiegeln die Abwasserbehälter, damit kein Schmutzwasser in den Moskauer Kanal gelangt. Der berühmteste Sohn Kimrys ist der sowjetische Schriftsteller Aleksandr Fadeev (1892–1977), dessen Bücher – ›Die Neunzehn. Roman aus dem russischen Bürgerkrieg‹ und ›Junge Garde‹ – auch ins Deutsche übersetzt wurden. Fadeev gilt als einer der Klassiker der sowjetischen Literatur und war einige Jahre Vorsitzender des Schriftstellerverbandes.

Die Wolga fließt nun träge zwischen Ufern, entlang derer sich Felder, Wälder und Hügel erstrecken; ab und an sind Dörfer und Siedlungen auszumachen. Kurz vor Belyj Gorodok, am rechten Wolgaufer, befindet sich das **Gutshaus des Generals Šatilov**, der einer der Helden der Schlacht von Borodino (einem Ort ca. 100 km westlich von Moskau) war, die 1812 zwischen der russischen und der napoleonischen Großen Armee entbrannte. Auf einer Anhöhe stehen dort eine Kirche aus dem 18. Jahrhundert, die dem heiligen Nikolaj gewidmet ist, und etwas entfernt von ihr ein dreistufiger Glockenturm im Stil des russischen Klassizismus.

Etwa 17 Kilometer südlich von Kimry, an der Mündung des Flusses Chotča in die Wolga, liegt das **Dorf Belyj Gorodok** (Weißes Städtchen, **Km 162/1176**). Hier überwintert die Flotte der Moskauer Handelsreederei. Die Arbeit in den Docks ist so gut wie die einzige Einnahmequelle der etwa 3000 Einwohner des Ortes. Gegründet wurde Belyj Gorodok im 14. Jahrhundert. Viele seiner Häuser waren aus weißem Stein; daher der Name ›Weißes Städtchen‹.

Hinter Belyj Gorodok drängen dichte Wälder an die flachen und sumpfigen Ufer. Dämme schützen sie vor den Frühjahrsüberschwemmungen. Landeinwärts durchschneiden hier und da tiefe, gewundene Buchten das Land, die sich an den Stellen gebildet haben, wo vorher Bäche und kleinere Flüsse in die Wolga mündeten.

In der Nähe des Ortes **Novo Okatovo** werden die Ufer erneut steiler und rücken näher zueinander. In malerischer Landschaft liegt etwas landeinwärts der Landsitz des russischen Schriftstellers Denis Fonvizin (1744–1792). Der Satiriker und Komödiendichter schlug eine neue Seite in der russischen Literatursprache auf und machte sich über die Unwissenheit und Ignoranz von Beamtenschaft und Landadel lustig. Seine politischen Sticheleien brachten ihn in Konflikt mit Katharina II. Die Monarchin und der Dichter schickten einander Briefe; dann wurde es der Zarin zu viel und sie verbot Fonvizin das Schreiben. Sein wichtigstes Werk war die Komödie ›Der Landjunker‹. Heute befindet sich anstelle des Landsitzes Fonvizins in einem Kiefernhain, unweit des Flüsschens Nerl, ein Erholungsheim (**Km 178/1160**).

Rund 70 Kilometer flussabwärts überspannen eine **Eisenbahn- und eine Straßenbrücke** die Wolga (**Km 246/1122**). Hinter der Brücke links mündet der Fluss Kašinka in den Strom. Flussabwärts steht die **Maria-Geburts-Kirche**. Folgte man dem Lauf der Kašinka nach Norden, würde man nach Kašin gelangen, einer alten russischen Provinzstadt, die zunächst die Hauptstadt eines eigenen Fürstentums war, dann zu Tver gehörte und später zusammen mit Tver von Moskau ›geschluckt‹ wurde.

Das Leben in der Stadt verlief und verläuft, wie in den meisten russischen Kreisstädten, gemächlich. Die Kašiner waren Händler und Handwerker. In der

Umgebung der Stadt lagen drei Klöster, von denen heute denen heute eines wieder von Mönchen bewohnt wird. Wer in Kašin war, bewundert die Schönheit der Landschaft, den Überfluss an Flüssen und Seen – und die Ruhe. Anfang des 19. Jahrhunderts wurden schwefelhaltige Quellen in der Umgebung der Stadt entdeckt. Ihnen verdankt Kašin den Status eines Bäderkurorts. Das Mineralwasser wird seit einigen Jahren unter dem Namen ›Ka-šinskaja‹ auch im Handel vertrieben. Es schmeckt scheußlich, soll aber gesund sein.

## Kaljazin

Flussabwärts beschreibt die Wolga eine scharfe Rechtskehre. In der Nähe des rechten Flussufers ragt eines der geschichtsträchtigsten Fotomotive auf diesem Abschnitt der Reise direkt aus dem Wasser: die **Spitze eines Kirchturmes**. Sie erinnert daran, dass unter dem Wasser an dieser Stelle die Stadt Kaljazin (Калязин) verborgen liegt. Bei der Flutung des Stausees versank sie langsam in den Fluten. Die Schiffe nehmen ihren Kurs über den ehemaligen Marktplatz (**Km 216/1122**).

Bei dem aus dem Wasser ragenden Bauwerk handelt es sich um die Spitze des Glockenturmes der 1800 errichteten **Nikolaj-Kathedrale**. Der Name der Stadt stammt von einem Fürsten namens Koljaga, der hier im 15. Jahrhundert ein Kloster gründete, dem er die seit dem 12. Jahrhundert im Besitz seiner Familie befindlichen Ländereien vermachte. Die Menschen bauten Obst und Gemüse an, walkten Filz, schusterten Stiefel. Ende des 18. Jahrhunderts erhielt Kaljazin den Status einer Kreisstadt, 100 Jahre später gab es hier bereits eine Textilfabrik, eine Schiffswerft und Schmiedewerkstätten und der Handel blühte.

Unweit Kaljazins, im Dorf **Spass-Ugol**, wurde Michail Saltykov-Ščedrin (1826–1889) geboren, der bedeutendste russische Satiriker des 19. Jahrhunderts. Schon während seiner Studienzeit geriet er mit dem Regime von Nikolaus I. in Konflikt, wurde mehrere Jahre verbannt und machte sich dann als liberaler Publizist, Herausgeber und Schriftsteller einen Namen. Sein bekanntestes Buch ist ›Geschichte einer Stadt‹, das kurz nach seinem Erscheinen auch ins Deutsche übersetzt wurde.

Der berühmte Fabeldichter Ivan Krylov (1769–1844) war in jungen Jahren am Landgericht von Kaljazin als Kanzleigehilfe tätig. Seine insgesamt mehr als 200 Fabeln erschienen zwischen 1809 und 1843. Zudem übersetzte er Äsop und den französischen Schriftsteller Jean de La Fontaine (1621–1695). Krylov erfand für seine Fabeln eine Sprache, die im Umgangssprachlichen wurzelte. Viele Zitate seiner Versdichtungen sind als Sprichwörter in den modernen Sprachschatz eingegangen.

*Der Glockenturm von Kaljazin*

Der Ugličer Stausee überschwemmte große Teile der Stadt. Einige höhergelegnen Bürgerhäuser aus dem 18. und 19. Jahrhundert, waren nicht betroffen und sind Teil des heutigen Kaljazin, in dem noch etwa 16 000 Menschen leben.

Hinter Kaljazin, das von Dubna etwa fünfeinhalb Stunden mit dem Schiff entfernt liegt, verbreitert sich die Wolga allmählich. Nach weiteren drei Stunden ist Uglič erreicht. Die Schiffe umfahren den Staudamm auf dem Umgehungskanal und überwinden mittels einer Schleuse einen Höhenunterschied von elf Metern.

*Blick auf Uglič*

## Uglič

Der an dramatischer Geschichte und Baudenkmälern reichste Ort an der nördlichen Wolga zwischen Tver und Jaroslavl ist Uglič (Углич, **Km 266/1072**). Die Anlegestelle und auch der Ort selbst verraten auf den ersten Blick nichts von seiner bewegten Vergangenheit. Malerisch ist der Blick auf die Dmitrij-Blut-Kirche und die anderen zwischen den Bäumen des Parks hervorscheinenden Türme des einstigen Kreml-Ensembles. Die ankommenden Touristen werden in der Regel von einer kleinen Kapelle empfangen. Mit den Brosamen touristischer Freigebigkeit verdienen sich die Musiker ihren Lebensunterhalt. Weiter geht es nach rechts über die Uferpromenade vorbei an Souvenirhändlern ins Zentrum von Uglič, und von dort auf das Territorium des Kremls.

Gegründet wurde Uglič, so jedenfalls behaupten es die lokalen Chroniken, 937 durch einen Abgesandten des Kiever Großfürsten. Der ließ sich hier nieder, um von den in dieser Gegend lebenden Slawen und anderen Stämmen Tribut zu erpressen. In einer späteren Chronik wird ein ›Ugličer Feld‹ erwähnt, das Mitte des 12. Jahrhunderts Schauplatz blutiger Machtkämpfe zwischen rivalisierenden Fürsten war. 1238 zerstörten die Krieger Batu Khans die Stadt bis auf die Grundmauern.

Wenig später entstand Uglič am gleichen Ort von Neuem und wuchs durch die vielen Flüchtlinge aus südlicheren Regionen, die sich vor den Mongolen in Sicherheit brachten. Der Moskauer Großfürst Ivan I. Kalita (Ivan Geldbeutel) kaufte Uglič 1328 und gliederte die Stadt dem Moskauer Großfürstentum ein.

Im 15. Jahrhundert entstand der Kreml, hinter dessen mächtigen Befestigungen sich das Fürstenpalais, einige Gotteshäuser und die Paläste des Adels befanden. Entlang der Wolga zogen sich zu beiden Seiten die Häuser der Händler, Handwerker und Leibeigenen hin. Wie fast alle russischen Städte an der Wolga wuchs auch Uglič zunächst in die Länge.

### ■ Sehenswürdigkeiten

Von den einst mächtigen Befestigungen des **Kreml** existiert nicht mehr als eine vage Erinnerung. Die 14 Meter hohen Holzpalisaden brannten im 18. Jahrhundert ab und wurden anschließend nicht wieder aufgebaut.

Das zentrale Bauwerk des Ensembles ist die **Christus-Verklärungs-Kathedrale** aus dem Jahr 1713. Der zentrale Kirchenraum erhebt sich auf der Grundfläche des Vorgängerbaus aus dem 14. Jahrhundert. Die meisterhaften Fresken – Kopien italienischer Meister – lassen den kleinen Saal viel geräumiger erscheinen, als er tatsächlich ist; sie stammen vom Anfang des 19. Jahrhunderts. Hervorragend ist auch die Akustik. In der Regel singt ein kleiner Chor für die Besucher Kirchenlieder, was in diesem Gewölbe ein Ereignis ist.

Das kleinere seitliche Kirchenschiff beherbergt eine **Sammlung von etwa 50 Ikonen**, deren älteste aus dem 16. Jahrhundert stammt. Im Mittelalter waren die Ugličer berühmt für ihre Silberschmiedekunst. Einige Ikonen sind von kunstvoll ziselierten Rahmen eingefasst und mit Intarsien verziert. Beeindruckend ist auch das in Silber gefasste und mit Miniaturkeramiken versehene Exemplar der Evangelien. Bis zum Anfang der 1990er Jahre war dieser Kirchenraum ein ›gewöhnliches‹ sowjetisches Museum, dessen bedeutendstes Exponat ein Traktor war. Dieser steht jetzt an der Allee, die auf die Christus-Verklärungs-Kathedrale zuführt.

Der **Glockenturm** mit der vergoldeten Spitze neben der Kathedrale stammt aus dem Jahr 1730 und ist ein typisches Beispiel für den Naryškin-Barock (→ S. 58). Die elektronische Uhr wurde 1984 von Meistern des örtlichen Uhrenwerkes eingebaut.

Hinter der Kathedrale befindet sich das **Fürstenpalais** aus dem 15. Jahrhundert. Zunächst wirkt das Gebäude klobig und grob, aber auf der dem Fluss zugewandten Seite führt eine geschwungene hölzerne Außentreppe aus den Gemächern ins Freie. Mit einiger Phantasie kann man sich vorstellen, dass die einst bemalten Fassaden und die Schnitzereien an der Außentreppe der Residenz eines einflussreichen Adeligen sein der Bestimmung entsprechendes Kolorit verliehen. Ende des 16. Jahrhunderts lebte in den Gemächern Marija Nagaja mit ihrem Sohn Dmitrij (→ S. 124). Nach dem gewaltsamen Tod des Jungen erhielt das

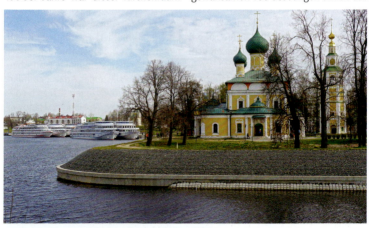

▲ *Schiffsanleger und Verklärungskathedrale in Uglič*

Palais deshalb den Namen Prinz-Dmitrij-Palast.

Das rotgestrichene Gotteshaus seitlich hinter dem Palais ist die **Dmitrij-Blut-Kirche** (1692). Sie steht genau an der Stelle, wo der junge Prinz Dmitrij am 15. Mai 1591 zu Tode kam. In die Kirche führt eine überdachte Treppe, auf der man in einen Vorraum, von dort in die Vorhalle und dann erst in den eigentlichen Kirchenraum gelangt. Die niedrigen Decken vermitteln ein Gefühl der Bedrückung. Die gesamte Kirche ist mit Fresken ausgemalt. Die Westwand im Hauptsaal zeigt in anschaulichen Darstellungen die Ugličer Version von der Ermordung des Knaben, die mit der Steinigung der Getreuen Boris Godunovs endet. Hier befinden sich außerdem die aus der Verbannung zurückgekehrte Glocke und vor dem Ikonostas die Bahre, auf welcher der tote Knabe in die Gemächer seiner Mutter gebracht wurde. Der Boden ist mit gusseisernen Platten ausgelegt, unter denen im Winter zum Beheizen des Raumes heiße Luft hindurch geleitet wurde. Die Fresken in der Vorhalle beschreiben die Erschaffung der Welt. Sie stammen vom Ende des 18. Jahrhunderts und sind für die orthodoxe Kirchenmalerei sehr ungewöhnlich: Die Darstellung paradiesischer Nacktheit gehörte bis dahin nicht zum Kanon der orthodoxen Kunst. Der prüde Zeitgeist des 19. Jahrhunderts ließ sich dann auch nicht davon abhalten, die allzu offensichtliche Lebensfreude mit Blattwerk zu verhüllen. Inzwischen sind die Fresken in ihren Ursprungszustand gebracht.

Das gesamte Gelände des Kreml ist ein **Museum**. Einzig am Todestag des Prinzen Dmitrij finden alljährlich in den beiden Kirchen Gottesdienste statt.

Das **moderne Uglič**, soweit man es während des kurzen Aufenthaltes zu sehen

*Die Dmitrij-Blut-Kirche*

bekommt, vermittelt den Eindruck provinzieller Bescheidenheit. Neben dem Kreml gibt es in der Stadt drei Klöster, mehrere Kirchen, Bürgerhäuser aus der zweiten Hälfte des 18. Jahrhunderts und **mehrere Museen**, unter anderem ein Puppenmuseum – zwischen Kreml und Schiffsanlegestelle – sowie das Uhrenmuseum Hier sind Modelle ausgestellt, die in den vergangenen 50 Jahren in der Ugličer Uhrenfabrik produziert wurden. Die Uhren wurden in über hundert Länder exportiert. Die Fabrik existiert bis heute und erfreut sich vor allem in Russland noch einiger Beliebtheit. Seit einigen Jahren werden vor allem Wand- und Tischuhren produziert..

Von Uglič bis zur **Mündung der Wolga in den Rybinsker Stausee** legt das Schiff rund 80 Kilometer zurück. Die Uferlandschaft in diesem Teil der Wolga ist nahezu ursprünglich. Ab und zu tauchen zwischen den hügligen Wald- und Wiesenlandschaften Dörfer und Datschensiedlungen, Kirchtürme und kleinere Städte auf.

# Boris Godunov

Ende des 16. Jahrhunderts war Uglič Schauplatz einer der tragischsten Episoden der russischen Geschichte. Sie ist eng mit dem Namen Ivan des Schrecklichen verbunden, trug sich aber sieben Jahre nach dessen Tod (1584) zu. Ivan hatte nacheinander sieben Frauen gehabt. Sie schenkten ihm drei Söhne. Den ältesten erschlug der Zar im Zorn, der zweitälteste, Fëdor, war schwachsinnig, und der jüngste, Dmitrij, gerade zwei Jahre alt, als der Zar starb. Ivan hatte durch seine rücksichtslose Politik das Land gespalten und um sich vor allem Emporkömmlinge und Intriganten geschart.

Die letzte Gattin Ivans, Marija Nagaja, stammte aus einem alten Bojarengeschlecht. Thronfolger wurde nicht ihr Sohn, der zum Zeitpunkt des Todes Ivans des Schrecklichen zweijährige Dmitri, sondern ihr Stiefsohn Fëdor. Dieser war aufgrund seiner labilen seelischen Konstitution und mangelnder intellektueller Fähigkeiten nicht imstande, das Land allein zu regieren. Das erledigte Boris Godunov für ihn, der Bruder der Ehefrau Fëdors, Irina. Godunov zwang Marija Nagaja, mit dem zweijährigen Dmitrij nach Uglič zu gehen, wo er sie unter die ständige Bewachung seiner Leute stellte. Der kleine Dmitrij war, anders als sein älterer Halbbruder, ein lebhafter und kluger Junge, litt jedoch an Epilepsie.

Am Vormittag des 15. Mai 1591 läutete eine Glocke im Kreml von Uglič Sturm. Das Volk lief zusammen. Auf dem Hof, nur wenige Meter vom Fürstenpalais entfernt, fand man den neunjährigen Dmitrij mit einer tödlichen Wunde am Hals. Die Wut der Ugličer richtete sich spontan gegen die Leute Godunovs. Man beschuldigte sie, den Jungen ermordet zu haben, um ihrem Herrn den Weg auf den Thron zu ebnen. In einer wilden Racheorgie erschlugen sie die Vertrauten des Moskauer Regenten. Der schickte eine Untersuchungskommission, die nachwies, der Junge habe sich während eines epileptischen Anfalls die Wunde mit einem Messer selbst zugefügt. Godunov gab daraufhin der Mutter Dmitrijs die Schuld am Tod ihres Jungen; sie habe nicht genug auf ihren Sohn aufgepasst.

*Boris Godunov*

Er zwang Marija Nagaja, ins Frauenkloster. Ihre Familienangehörigen wurden zu hohen Gefängnisstrafen verurteilt und in abgelegene Gegenden verbannt. Die Chroniken berichten, dass Godunov 200 des Mordes angeklagte Ugličer köpfen und viele andere in die Verbannung schicken ließ. Selbst die Glocke, die von dem Unheil gekündet hatte, entging ihrer Strafe nicht. Man stieß sie vom Turm, wo sie vor dem zusammengetriebenen Volk mit Riemen gepeitscht wurde. Anschließend rissen ihr die Schergen den Klöckel aus. Ein Erlass verbannte sie in das sibirische Städtchen Tobolsk. Von dort kehrte sie erst 300 Jahre später nach Uglič zurück.

*Die ehemals verbannte Glocke*

Heute befindet sich die Glocke nebst der Bahre, auf der der tote Dmitrij geborgen wurde, in der Dmitrij-Blut-Kirche im ehemaligen Kreml.

Sieben Jahre nach den blutigen Uglićer Ereignissen starb Fëdor und Boris Godunov ließ sich zum Zaren krönen. Nach seinem Tod (1605) begann die mehrere Jahre währende Zeit des Aufruhrs und Zwistes, die ›Jahre der Wirren‹. Drei ›falsche Dmitrijs‹ machten sich die ungeklärten Todesumstände des letzten Sohnes Ivan des Schrecklichen zunutze, um sich mit fremder Hilfe des verwaisten Thrones in Moskau zu bemächtigen.

In jene Zeit fällt auch die polnische Invasion. Von Moskau aus unternahmen die Polen und ihre einheimischen Verbündeten zwischen 1608 und 1614 Feldzüge in das russische Hinterland, während derer Uglič mehrfach heimgesucht wurde. Um den Anmaßungen der ›falschen Dmitrijs‹ den Wind aus den Segeln zu nehmen, ließ der Moskauer Metropolit den Leichnam des Jungen 15 Jahre nach dessen Tod exhumieren. In seiner Hand hielt der Knabe eine Eichel, die ebenso unversehrt war wie sein Leib, der nun Wunder vollbrachte. Dmitrij wurde daraufhin heilig gesprochen und in der Erzengel-Kirche im Moskauer Kreml beigesetzt. Für die Kinder von Uglič ist Dmitrij ihr Schutzheiliger.

Die tragischen Ereignisse um das Schicksal des letzten Prinzen im Zarengeschlecht der Rurikiden und die undurchsichtige Rolle Boris Godunovs verdichtete Alexander Puschkin in seinem Drama ›Boris Godunov‹. Für Puschkin war Godunov, der wahrscheinliche Mörder, nicht von vornherein schuldig. Ihn beschäftigte, was in der Seele des Usurpators vorgegangen sein könnte, welche Leidenschaften der verwaiste Thron entfachte, wie ein Land zerfiel, die Menschen verzweifelten und verrohten. Inspiriert von Puschkin, komponierte Modest Musorgskij die gleichnamige Oper, und der Regisseur Sergej Bondarčuk verfilmte Ende der 1980er Jahre das Drama. Der Film ist ein wenig kitschig, voll zweifelhafter Sympathie für den alternden, an Leib und Seele zerfressenen Godunov, aber für Liebhaber historischer Stoffe und der Puschkinschen Sprache ist die synchronisierte Fassung mit der hervorragenden deutschen Übersetzung allemal sehenswert.

## Myškin

Eines der interessantesten Städtchen zwischen Uglič und Rybinsk ist das kleine, gemütliche Myškin (Мышкин, **Km 299/1039**) am linksseitigen Hochufer der Wolga. ›Myš‹ ist das russische Wort für ›Maus‹. Der Name der Stadt geht einer Legende zufolge auf den Steinmetz Myškin zurück, der am Bau der Mariä-Entschlafens-Kathedrale im Moskauer Kreml mitgewirkt hatte und sich hier Ende des 15. Jahrhunderts niederließ. Im 19. Jahrhundert erhielt Myškin den Rang einer Kreisstadt. Die Einwohner befassten sich mit Landwirtschaft und Handwerk. Die Wälder waren reich an Beeren, Wild und Pilzen, der Fluss an Fischen. Mit Beginn des Sommers und der Schifffahrt auf der Wolga ging es hoch her in Myškin; im Winter erstarrte die Stadt. Keine Eisenbahn störte die Abgeschiedenheit, und die Straßen waren schlecht.

Dennoch gibt es wohl kaum einen Russen, der das Städtchen nicht kennt, sagt man doch den Myškinern von jeher einen besonderen Patriotismus und Unternehmungsgeist nach. Legendär war ihr Einsatz beim Feldzug Ivan des Schrecklichen gegen Kazan 1552. Damals ließ der Zar vor den Augen der verblüfften Tataren in weniger als einem Monat eine hölzerne Festung errichten. Das Holz zu dieser Festung stammte aus der Gegend um Myškin; die Myškiner hatten es gefällt, die Stämme zu Flößen verbunden und das Baumaterial die Wolga hinab nach Kazan gebracht.

Im 19. Jahrhundert wanderten viele Einwohner nach Petersburg, Moskau und Jaroslavl ab. Heute leben nur noch etwa 5000 Menschen in dem Städtchen, aber auch die heutigen Myškiner sind einfallsreich. Sie gründeten einen ganzen **Komplex von Museen**, die alljährlich etwa 140 000 Besucher anziehen. Dazu gehören ein Museum der Holzbaukunst, ein Heimatkundemuseum und ein Wodkamuseum. Der Clou aber ist eine Schmiede, in der nicht nur gezeigt wird, wie vor hunderten von Jahren Metall bearbeitet wurde, sondern wo man das Handwerk auch selbst erlernen kann. Noch berühmter ist das Städtchen für ein anderes Kleinod, dem die Myškiner ihrem Namen verdanken: das weltweit einzige **Mäusemuseum**. Zu der privaten Sammlung gehören Fotos, Bälge, Skulpturen, Gemälde und Mausefallen, die Myškiner und Gäste aus aller Welt zusammengetragen haben.

Einige Kilometer flussabwärts (**Km 335/1003**) überquert eine Eisenbahnbrücke die Wolga, Teil der Strecke Jaroslavl–St. Petersburg. Die Station befindet sich am flachen linken Flussufer und heißt ›Wolga‹.

Hinter der Station, ebenfalls am linken Flussufer, befand sich das Landgut ›**Borok**‹ eines radikalen Wissenschaftlers und Schriftstellers, dessen Biographie zwar nicht eben typisch, aber doch symbolisch für seine Zeit ist. Nikolai Morozov (1854–1946) war der Sohn eines

▲ *Am Schiffsanleger*

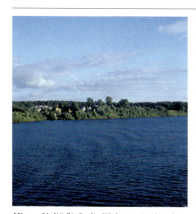

*Hinter Uglič fließt die Wolga weitgehend unreguliert*

Der ursprüngliche Lauf der Wolga folgt noch einige Kilometer über den See ostwärts und beschreibt dann bei Rybinsk eine Kehre im rechten Winkel in südlicher Richtung. Wolga-Reisende fahren weiter flussabwärts nach Süden (→ S. 193). Die Route nach St. Petersburg führt nach Norden über den Rybinsker Stausee zur Šeksna, zum Weißen See, zum Onega-See, über die Svir zum Ladoga-See und auf der Neva zur Ostsee (→ S. 130).

### Rybinsker Stausee

Im ›Rybinsker Knie‹ – so nannte man einst den Abschnitt der Wolga, wo sie nach Süden abschwenkte – war die Schifffahrt auf dem Strom von alters her durch Sandbänke und Flachwasser so weit erschwert, dass die Schiffe in manchen trockenen Sommern Wochen warten mussten, bevor sie die Flachwasser passieren konnten. In Rybinsk (Рыбинск) lagen sie dann so dicht beieinander, dass man von Kahn zu Kahn den hier mehr als 500 Meter breiten Fluss überqueren konnte. Manche Untiefen in Richtung Uglič maßen nicht mehr als 50 Zentimeter Wassertiefe. Die Schiffer gaben ihnen

Gutsbesitzers und einer Leibeigenen. Als Jugendlicher wurde er vom revolutionären Geist seiner Epoche erfasst und traf sich persönlich mit Karl Marx. Nach dem Attentat auf Zar Alexander II. wurde er wegen Beihilfe zu ›ewiger Zwangsarbeit‹ verurteilt, dann aber zu Festungshaft begnadigt. Viele Jahre verbrachte er in den Kasematten der Peter-und-Paul-Festung in St. Petersburg und auf der Feste Šlisselburg an der Stelle, an der die Neva den Ladoga-See verlässt. Während der Haft befasste er sich als Autodidakt mit den Naturwissenschaften und erregte mit seinen theoretischen Arbeiten Aufmerksamkeit in Fachkreisen. Als in Sowjetrussland mit dem ›Dekret über den Grund und Boden‹ jeglicher Landbesitz nationalisiert wurde, verfügte Lenin eine Ausnahme: Der einstige Revolutionär Morozov durfte sein Land behalten – der einzige sowjetische Grundbesitzer.
In ›Borok‹ erforschen seit den 1940er Jahren Wissenschaftler die Wirkungen künstlicher Gewässer auf die Umwelt. Das wichtigste Forschungsobkjekt ist der Rybinsker Stausee, in den die Wolga einige Kilometer stromabwärts mündet.

*Denkmal am Rybinsker Stausee*

so poetische Namen wie ›Kakerlakenloch‹ und ›Hundeschlupf‹. Über diese Untiefen wurden die Kähne, Barken und Schiffe getreidelt, das heißt sie wurden von Männern oder/und Pferden durch die flachen Gewässer gegen die Strömung gezogen Als sich die sowjetische Regierung in den 1930er Jahren anschickte, die Wolga auf ihrer ganzen Länge durch den Bau von Staudämmen schiffbar zu machen und zugleich Wasserkraft in elektrischen Strom zu verwandeln, war der Staudamm bei Rybinsk eines der zentralen Projekte. Er entstand von 1935 bis 1940 am Zusammenfluss von Wolga und Šeksna. Ab dem Herbst 1940 stauten sich die Wasser der Wolga und der hier in sie mündenden kleineren Flüsse. Es dauerte sieben Jahre, bis sich der Rybinsker Stausee (Рыбинское водохрани-лище) in seiner projektierten Ausdehnung gebildet hatte. Er überflutete ein Territorium von 4550 Quadratkilometern – das ist das Achtfache der Fläche des Bodensees. 600 Dörfer und eine blühende Stadt – Mologa, das ›sowjetische Atlantis‹ – versanken im Wasser. Im Gegensatz zu Kaljazin, von dem wenigstens noch die Spitze des Glockenturmes aus dem Wasser ragt, erinnert heute bis auf die Überlieferung nichts mehr an Mologa.

In seiner größten Nord-Süd-Ausdehnung misst der Rybinsker Stausee 112 Kilometer; er ist bis zu 56 Kilometer breit und zwischen 6 und 30 Meter tief und eines der flächenmäßig größten künstlich angelegten Gewässer weltweit. Mehr als 60 Flüsse und Bäche speisen den See, seine Ufer sind flach, von Wäldern, feuchten Wiesen und ausgedehnten Sümpfen bedeckt. Hier und da haben die Wellen aus dem Wasser ragende Findlinge und Baumstümpfe freigespült. Das Fahrwasser der Schiffe führt etwa

*Abendstimmung auf dem Rybinsker Stausee*

durch die Mitte des Sees. Mitunter bilden sich Nebelbänke, die so dicht sind, dass man vom Heck selbst kleiner Schiffe den Bug nicht erkennt. Dann wieder wühlen Winde und Stürme den See auf, der bis zu drei Meter hohe Wellen schlägt; besonders im Herbst. Von Mitte November bis Anfang Mai und länger als auf der Wolga bedeckt eine Eisschicht den See, weshalb ihn Eisbrecher im Frühjahr schiffbar machen.

Die Entstehung des Sees blieb nicht ohne Folgen für die Natur, die von den Biologen in Borok und den Forschern im Darwin-Biosphärenreservat am Nordwestufer beobachtet werden. Das 1945 gegründete Reservat gehört seit 2002 zum UNESCO-Programm für Natur und Umwelt. Durch die Stauung kühlten die Sommer ab, die Luftfeuchtigkeit nahm zu, was für den Weizen- und Flachsanbau das ›Aus‹ bedeutete. Dafür siedelten sich Vogelkolonien an: Enten, Gänse, Möwen, Strandläufer, Reiher und Schnepfen. Neben Hechten, Brassen und Barschen, den für die hiesigen Gewässern typischen Fischen, kamen aus dem Ladoga-See Kleine Maränen, aus dem Weißen Meer Stints und aus anderen Gegenden Karpfen.

# Die Wolgatreidler

Mehrere berühmte Gemälde Ilja Repins (1844–1930) beschäftigen sich mit den Wolgatreidlern. Die letzten Treidler gab es an der Wolga bis in das beginnende 20. Jahrhundert hinein. Im Russischen heißen die Treidler ›Burlaki‹. Das Wort ist der Sprache der Tataren entlehnt und bedeutet ›Heimat- oder Obdachloser. Als Treidler verdingten sich vor allem verarmte Bauern und Landstreicher.

Repin war fasziniert und erschüttert von dem Schauspiel der die schwer beladenen Schiffe ziehenden Männer. Bis zu einer Million ›Burlaki‹ verdingten sich jedes Jahr zwischen Mitte Mai und Ende September an die Kapitäne, Reeder und Kaufleute zwischen Rybinsk und Astrachan. Es war eine Knochenarbeit, die Kähne an Stricken hinter sich herzuziehen. Die Männer begannen am Morgen und zogen bis in die Nacht, wenn ihre Auftraggeber es eilig hatten.

»Barfuß, über spitze Steine, über Geröll ... der Kopf glüht, ... vornüber gebeugt, das Kinn zur Erde geneigt, jeder Knochen knirscht. Dabei kannst du den Weg nicht sehen, der Schweiß verklebt dir die Augen, während die Seele sich abhärmt, während die Träne rinnt. Du gehst und gehst, bist du im Ziehgurt zusammenbrichst.«

So schreibt Maxim Gorki über seinen Großvater, der Wolgatreidler war. Dabei sangen die Treidler ihr berühmtes Lied ›Ej uchnem‹, das den Takt für ihren Trott gab. Es wurde zu einem der beliebtesten russischen Volkslieder, zu dem Aleksandr Borodin (1833–1887) eine Klaviermelodie komponierte. Der auf- und abschwellende Gesang des von großen Chören gesungenen Liedes ist ergreifend.

Für ihre Arbeit bekamen die Treidler einen Hungerlohn, der kaum für die kärglichen Mahlzeiten reichte. Diese bestanden aus in Wasser aufgelöstem Roggenbrot mit einem Löffel Hanföl und Zwiebeln. Bis zu zwei Kilo Brot verzehrte ein Treidler am Tag. Weizengrütze war ein Festessen.

*Ilja Repin, Die Wolgatreidler*

# Vom Rybinsker Stausee nach St. Petersburg

Die nördlichen Wasserstraßen Russlands bereiteten den Seeleuten jahrhundertelang ebenso viele Schwierigkeiten wie die südlichen. Um von einem Flusslauf zum nächsten zu gelangen, mussten die Schiffe auf Rollen über Land gezogen werden, oder die Fracht wurde auf Fuhrwerke umgeladen und bis zum nächsten Gewässer gebracht – beides umständliche und zeitraubende Prozeduren. Auch die drei großen Seen im Norden – der Weiße See, der Onega- und der Ladoga-See – waren und sind den Seefahrern nicht immer wohl gesonnen. Unwetter haben so manches Leben und manche Fracht gekostet.

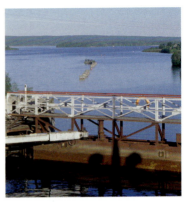

*Eine der zahlreichen Schleusen des Wolga-Ostsee-Kanalsystems*

Die Großprojekte der 1930er Jahre lösten das Problem der Schifffahrt durch den Bau von Staudämmen und Kanälen. So entstand das Wolga-Ostsee-Kanalsystem. Der erste Fluss, den man auf dem Weg nach Norden passiert, ist die dem Weißen See entspringende Šeksna; vom Rybinsker Stausee bis Vytegra am Onega-See sind es 361 Kilometer.

## Auf der Šeksna

Gerade im nördlichen Teil des Rybinsker Stausees ist die Navigation schwierig. Er erreicht hier zwar seine größte Tiefe, aber viele kleine Inseln und die mancherorts aus dem Wasser ragenden oder sich unmittelbar unter der Oberfläche befindlichen Überreste der überfluteten Dörfer zwingen die Schiffe in die Nähe des östlichen Ufers.

Das Dorf Mjaksa ist das größte auf diesem Abschnitt der Reise. Gegenüber – dort wo die obere Hälfte des Turmes der Einsiedlerkirche aus dem Wasser ragt – befand sich einst ein 1885 gegründetes Frauenkloster. Die Überreste einer weiteren Kirche benutzen die Steuerleute als Orientierungspunkt für einen Kurswechsel nach Osten zur Ausfahrt aus dem See. Die Route folgt nun dem Lauf der durch die Stauung verbreiterten Šeksna.

Kurz vor **Čerepovec** (**Km 497/841**), dem einzigen Industriezentrum an der Strecke zwischen Moskau und Petersburg, umfahren die Schiffe am Ostufer eine ganz von Wald bewachsene Halbinsel, die von den Einheimischen ›Vaganicha‹ genannt wird. Sie ist ein beliebtes Erholungsgebiet, das seit 1987 unter Naturschutz steht. An einigen unzugänglichen Stellen haben sich hier für den russischen Norden äußerst seltene Graureiher niedergelassen; zur Zeit sind es etwa 50 Tiere.

Hauptarbeitgeber des gut 300 000 Einwohner zählenden Čerepovec ist die Aktiengesellschaft ›Nordstahl‹, einer der weltgrößten Stahlproduzenten, unter anderem für den Schiffbau und die Automobilindustrie. Der Stahl wird in dutzende Länder exportiert, darunter auch in die USA. Die Region ist im Umkreis von etwa 50 Kilometern um Čerepovec von Umweltverschmutzungen betroffen. Ende 2005 wurde hier mit dem Bau der wirtschaftlich und politisch umstrittenen Ostseepipeline Nord Stream zwischen den russischen Gasfeldern und Westeuropa begonnen.

Zwischen Čerepovec und dem **Städtchen Šeksna** säumen Wälder die Ufer des Flusses. Die Šeksna ist durch das rückgestaute Wasser aus dem Rybinsker Stausee an dieser Stelle bis zu 1,5 Kilometer breit. Dann beschreibt die Route einen weiten Bogen und führt von nun an stracks nach Norden.

Bei der Siedlung Šeksna überqueren eine Eisenbahn- und eine Straßenbrücke den Fluss. Sie verbinden St. Petersburg mit Vologda, dem Zentrum des gleichnamigen Gebietes, durch das die Reise nun führt. Bis nach Vologda sind es von hier aus noch etwa 80 Kilometer in östlicher Richtung.

**Vologda** ist eine der ältesten Städte im russischen Norden, in der das Leben heute wie früher in steter Gemächlichkeit seine Kreise zieht. Die Stadt verfügt über einen Kreml, einige sehr sehenswerte Museen und Gemäldegalerien. 1889 machte sich von Vologda aus Vasilij Kandinskij (1866–1944), einer der berühmtesten Maler der Avantgarde, per Schiff auf den Weg in die östlich gelegenen Siedlungsgebiete der Finno-Ugren. Was er in den Bauernhäusern zu sehen bekam, war, wie er später schrieb, »als würde man in die Malerei eintreten«. Die Volkskunst der finno-ugrischen Bauern, die Fresken in den Moskauer Kirchen und die Eremitage waren für Kandinskij die Quellen seiner Malerei.

Das Gebiet von Vologda ist mit seinen 4000 Flüssen und 2000 Seen eines der wasserreichsten in Russland. Seit einigen Jahren werden die Flüsse um Vologda auch wieder von Ausflugsdampfern befahren. Wer das alte bäuerliche Russland und die Reste der finno-ugrischen Kultur kennenlernen möchte, wird das vielleicht in einigen Jahren hier tun können.

Bei der Siedlung **Šeksna (Km 549/789)** liegt das einzige Wasserkraftwerk am Fluss. Die Schiffe werden in der **Schleu-**

*Begegnung mit einem Tanker*

se **Nr. 7 des Wolga-Ostsee-Kanals** um 13 Meter gehoben. Der Šeksna-Stausee besteht aus zwei Becken. Das sich unmittelbare anschließende erste ist bis zu vier Kilometer breit und verjüngt sich in nördlicher Richtung bis zum Dorf Irma (**Km 567/771**), wo der Abstand zwischen linkem und rechtem Ufer auf 600 bis 800 Meter schrumpft. Irma ist ein malerischer Ort. Auf einem in den Fluss ragenden Hügel, an der Mündung eines Nebenflusses in die Šeksna, erhebt sich eine Kirche. Die meisten russischen Ausflugsdampfer legen hier an.

Hinter Irma passiert man den zweiten Šeksna-Stausee, der bis zu 10 Kilometer breit ist. Rund 12 Kilometer nach Verlassen des Sees ist das **Dorf Topornja** erreicht. Hier nimmt ein Kanal seinen Anfang, der in den 1820er Jahren angelegt wurde und die Šeksna mit der Dvina verband. Die Dvina ist 744 Kilometer lang, und fließt bei Archangelsk ins Weiße Meer. Das Kanalsystem trug lange den Namen ›Herzog Alexander Württemberg‹. Der deutsche Adlige (1771–1833) war der Bruder der Zarin Marija Fëdorovna, Ehefrau von Zar Paul I. Alexander Württemberg hatte entscheidenden Anteil an der Projektierung des Kanalsystems, weshalb man dem in nur drei Jahren fertiggestellten Wasserweg 1828 seinen Namen verlieh. In den 1920er Jahren wurde der Name geändert, in Nördlicher-Dvina-Wasserweg. Er wird heute selten von kleineren Ausflugsschiffen befahren.

Die Šeksna flussaufwärts folgt nach sieben Kilometern das **Dorf Ivanov Bor** (Ivanov-Wald). Die Fähre gehört zur Straßenverbindung zwischen Kirillov und Čerepovec.

## Goricy

Etwa 13 Kilometer hinter Ivanov Bor kommen am östlichen Flussufer die Kirchen und Türme eines Klosters in Sicht: Goricy (Горицы, **Km 605/733**) ist erreicht. In der Gegend von Goricy liegen drei Klöster; von der Šeksna ist das **Frauenkloster ›Christi Auferstehung‹** zu sehen. Gegründet wurde es 1544 von Efrosinja Starickaja, einer der interessantesten und umtriebigsten Frauen jenes Jahrhunderts. Sie war die Witwe eines der letzten Lehnfürsten des Moskauer

▲ *Das Frauenkloster in Goricy*

Großfürstentums und Tante Ivan des Schrecklichen. 1563 beteiligte sie sich federführend an einem Komplott gegen den Zaren. Es wurde aufgedeckt und Efrosinja als Nonne in ihr eigenes Kloster verbannt. Dort lebte sie sechs Jahre, gab sich ganz und gar der Goldstickerei hin, die unter ihrer Anleitung eine erste Blüte in Russland erreichte, und wurde später auf dem Weg nach Moskau ermordet.

Zum Kloster gehören drei Kirchen, eine Kapelle – zum Andenken an den in Uglič getöteten oder verunglückten Prinzen Dmitrij – und ein Glockenturm. 1930 wurde das ohnehin verarmte Kloster offiziell geschlossen und später als Heim für Schwerbehinderte genutzt. Seit Mitte der 1970er Jahre gehört es zum Museum des Kirillov-Klosters, und Ende der 1990er Jahre ließen sich einige Nonnen hier nieder, die sich selbst versorgen und die Anlagen pflegen.

Die **Anlegestelle von Goricy** ist ein typischer Pontonbau, wie man ihn oft an den russischen Flüssen findet und dessen Aufbauten an die zweideckigen Dampfer erinnern, wie sie Ende des 19. Jahrhunderts gebaut wurden. Die **Souvenirstände** bieten Waren an, die charakteristisch für die Region sind, unter anderem Pelze, Schnitzarbeiten, Leinen aus Vologda, Wollsachen sowie die obligatorischen Lackmalereien auf Schatullen, Kästchen und Löffelchen. Die Preise entsprechen der touristischen Bedeutung des Ortes, denn von Goricy starten die Exkursionen in das Kirillo-Belozerskij-Kloster (Кирилло-Белозерский монастырь), das meist Kirillov-Kloster genannt wird.

## Kirillov-Kloster

Das Kloster liegt etwa sieben Kilometer von Goricy entfernt. Die Straße führt über einen Hügel, der Maura heißt und mit 185 Metern über dem Meeresspiegel die höchste Erhebung im Umkreis ist. Der Blick schweift über die hüglige, von dichten Wäldern bedeckte Endmoränenlandschaft. An der Straße erinnert ein Schild daran, dass man sich nun im Nationalpark ›Russischer Norden‹ befindet. An den Hängen des Maura wachsen etwa 20 orchideenartige Blumen, darunter der Frauenschuh. Im Nationalpark leben Braunbären, Elche, Wölfe, Nerze, Biber, Wildschweine und Eichhörnchen. Zu den Reichtümern des russischen Nordens gehören die Moosbeeren, die in den feuchten Niederungen und Sümpfen kurz vor dem ersten Frost gesammelt werden. Sie sind – roh, als Konfitüre, Wein oder Likör – der wichtigste Vitaminspender in den langen Wintermonaten.

■ **Geschichte des Klosters**
Auf dem Gipfel des Hügels, von der Straße nicht zu sehen, befindet sich ein gewaltiger Findling. Manche Gläubige behaupten, der Abdruck eines Fußes auf seiner Oberfläche stamme von Kirill, der Ende des 14. Jahrhunderts das später nach ihm benannte Kloster gründete.

Bis in das 10. Jahrhundert war diese Gegend mehrheitlich von Finno-Ugren bewohnt, die dann von den Slawen verdrängt wurden oder sich assimilierten. Mit den Slawen und den warägischen Fürsten kam das Christentum in den heute russischen Norden. Vor mehr als sechs Jahrhunderten bestieg nach Wochen der Wanderschaft ein Moskauer Mönch namens Kirill diesen Hügel. Zu seinen Füßen erblickte er einen See, und er beschloss, an dessen Ufer ein Kloster zu gründen.

Kirill entstammte einer namhaften Moskauer Familie. Über sein weltliches Leben und seine geistige Suche weiß man wenig. Verbürgt ist jedoch, dass er 1380

*Malerische Lage: das Kirillov-Kloster*

## Kirillov-Kloster 135

im Alter von etwas mehr als 30 Jahren als Mönch in das Moskauer Simonov-Kloster eintrat. Nach wenigen Jahren bereits bekleidete er den Posten des Archimandriten (Abt), den er jedoch auf Grund von Intrigen bald niederlegte. Es lässt sich auch Jahrhunderte später nur spekulieren, warum sich Kirill 1397, in Begleitung seines Mitbruders Ferapont, auf den nicht ungefährlichen Weg in den Norden machte, um dort ein Kloster zu gründen. Er war bereits 60 Jahre alt, als er in einem Traum von seiner Mission erfahren haben soll.

Etwa 500 Kilometer Luftlinie trennen Moskau von dem malerischen Ort im Norden, wo die beiden Mönche vom Berg Maura den Siverskoe-See erblickten. Sie zimmerten ein Kreuz, errichteten eine Kapelle und lebten ein Jahr auf einer Anhöhe am Ufer des Sees. Dann zog Ferapont weiter nach Nordosten; Kirill gründete mit weiteren Moskauer Brüdern das Kloster auf einer Landzunge. Noch 30 Jahre lebte Kirill als Abt der Mönchsgemeinschaft, bevor er das Zeitliche segnete. Sein Grab befindet sich unter dem Fundament der Mariä-Entschlafens-Kathedrale. Kurz nach seinem Tod wurde er heiliggesprochen. Im Museum des Klosters befinden sich einige Exponate, die ihm gehört haben sollen, unter anderem ein ledernes Pilgergewand und seine Mönchsrobe.

Im 15. und vor allem im 16. Jahrhundert stieg das Kirillov-Kloster zu einem der einflussreichsten und mächtigsten im ganzen Land auf. Die Moskauer Großfürsten und Zaren, der Adel und die mit ihnen verbündeten Vertreter der Kirchenhierarchie betrachteten die Klöster als Vorposten der feudalen Kultur und ihrer Herrschaftsansprüche in den entlegenen Gegenden. Wohlpositioniert an den Handelswegen zwischen dem Norden und dem russischen Kernland, kam dem Kirillov-Kloster wirtschaftlich, kulturell und militärisch eine strategische Bedeutung zu. Dank des Erbes des sehr belesenen Kirill verfügte es über eine hervorragende Bibliothek, deren Bestände ständig wuchsen. Das Wissen Kirills und seiner Nachfahren machte die Äbte zu begehrten Ratgebern. Noch zu Lebzeiten stand Kirill in engem Briefwechsel mit dem Moskauer Großfürsten, seine Nachfolger taten es ihm nach. Berühmt waren die Mönche auch für ihre Sangeskünste.

An der Wende vom 15. zum 16. Jahrhundert geriet das geistige Russland in den Strudel prinzipieller religiöser Polemiken, die die Kirche erstmals an den Rand einer Spaltung brachten. Hauptstreitpunkt war die Rolle der Klöster im Land. Die Josifisten – benannt nach ihrem Ideengeber Iosif Volockij – traten für eine Stärkung der Macht der Kirche mit allen Mitteln, auch wirtschaftlichen, ein; ihre Opponenten vertrauten auf das persönliche Vorbild des Dienstes am Glauben und ein Leben jenseits der weltlichen Belange. Im Kirillov-Kloster siegten nach erbitterten Auseinandersetzungen zunächst die Anhänger der zweiten Richtung, die dann jedoch im ganzen Land an Boden verloren und allmählich entmachtet wurden. Es war die Zeit, als sich die Kirche bedingungslos auf die Seite des zentralisierten Moskauer Staates stellte und die Idee des ›Dritten Roms‹ propagierte.

Fast alle Zaren und einflussreichen Bojaren haben das Kloster besucht und mit reichen Geschenken bedacht. Dank des Monopols auf den Salzhandel und dank seiner rund 20 000 Leibeigenen war das Kirillov-Kloster zu einem der reichsten im ganzen Land geworden. Es revanchierte sich für die Privilegien und erlaubte den Zaren, die Zellen der Mönche als Verbannungsort für für in Ungnade gefallene weltliche und kirchliche Würdenträger zu nutzen.

■ **Besichtigung des Klosters**
Wer das Kloster besucht, betritt es durch das **Kazaner Tor**. Der Turm mit dem Erzengel Gabriel auf der Spitze gehört zu einer 1,3 Kilometer langen **Wehrmauer**, die das gesamte Gelände umfasst und von mehreren mächtigen Türmen flankiert wird. Die zehn Meter hohen Wälle bestehen aus drei Etagen. In den unteren Kammern lebten die Soldaten der Garnison, befanden sich die Munitionsvorräte. Die beiden oberen, nach innen offenen Freigänge dienten dem Schutz der Verteidiger. Der Wall ist nach der Belagerung durch die Polen und deren Verbündete 1612 erbaut worden. Diese waren zwar vertrieben worden, aber im russischen Norden standen sich nach wie vor Russland und Schweden gegenüber. Erst nach dem Sieg Peters des Großen über Karl XII .Anfang des 18. Jahrhunderts verlor das Kloster seine militärstrategische Bedeutung.

Das Gelände zwischen der ersten Wehrmauer und den älteren Klosteranlagen, in die man durch das Heilige Tor aus dem 16. Jahrhundert gelangt, bezeichnet man auch als die ›**Neue Stadt**‹. Von ihren Gebäuden hat keines die Zeiten überdauert. Die linker Hand in der Tiefe des Hofes auszumachende **hölzerne Kapelle** und die **Windmühle** wurden aus Dörfern hierhergebracht, die der Stauung der Šeksna zum Opfer fielen.

Eine Allee von Laubbäumen verbindet das Kazaner Tor mit dem **Heiligen Tor**. Dessen Fresken stammen aus dem Jahr 1585. Über der Einfahrt befindet sich die **Johannes-Klimakos-Kirche** (Ivan-Lestvičnik-Kirche). In den Gemächern rechts – von außen gesehen – waren **Schatzkammer und Bibliothek** untergebracht; im linken Flügel befanden sich die **Zellen der Mönche**. Dieser linke Teil ist bereits vollständig renoviert und beherbergt die Verwaltung und technischen Dienste des Museums. Zum Museum wurde das Kirillov-Kloster 1924. In jenem Jahr starben die letzten sechs Mönche im Kugelhagel eines Erschießungskommandos. Es war die Zeit der antireligiösen Kampagnen, als tausende Kirchen und Klöster geschlossen, geschleift und für weltliche Belange genutzt wurden. Nonnen, Mönchen und Priestern drohte als sozial Aussätzigen die Erschießung, zumindest aber Gefängnis und Lager.

Es war ein Glück für das künstlerisch und historisch einmalige Klosterensemble, dass es als Museum einen gewissen Schutz besaß. Ein Petersburger Lehrer kam Anfang der 1920er Jahre

▲ *Nicht alle Malereien sind gut erhalten*

*Die einstige Wehrhaftigkeit des Kirillov-Klosters ist deutlich zu erkennen*

hierher, und es gelang ihm, einige der wertvollen Ikonen und andere künstlerische Kleinode aus den Kirchen vor den offiziellen und gewöhnlichen Kunsträubern zu retten. Seit 1924 ist das Kloster ein Museum.

Die **Ikonen** der Ikonostasen und einige andere wertvolle Gegenstände sind heute im **Museum** ausgestellt, einst das im 17. Jahrhundert errichtete Wohngebäude des Abtes. Die Sammlung birgt einmalige Schätze: neben den Ikonen aus dem 15. und 16. Jahrhundert kunstvoll in Silber gefasste und verzierte Evangelien, Fragmente restaurierter Fresken, ein reichverziertes Tor zum Altarraum und vieles mehr. Die wertvollsten Ikonen sind die von Dionisij (1440-1502), einem der berühmtesten Künstler an der Wende vom 15. zum 16. Jahrhundert. Sein Hauptwerk schuf er im nahegelegenen Ferapontov-Kloster.

Dem ehemaligen Wohnhaus des Abtes gegenüber, links hinter der Einfahrt durch das Heilige Tor, erhebt sich die einfache und zugleich majestätische **Mariä-Entschlafens-Kathedrale** aus dem 16. Jahrhundert. Sie war das Zentrum des nach ihr benannten ursprünglichen Klosterensembles und bildete zusammen mit dem sich gen Süden anschließenden ›Kleinen Kloster die ›Alte Stadt‹. Die Fresken in der Kathedrale stammen aus dem 17. Jahrhundert. Die Kirchen im Schatten der Kathedrale sind Anbauten aus dem 16. und 17. Jahrhundert. ZumKloster gehören insgesamt neun Kirchen, dutzende Mönchs- und Priesterzellen, das Hospital, das Gouvernementssteueramt und die Rüstkammer.

Im ›**Kleinen Kloster**‹, auch ›Ivanovskij-Kloster genannt, siedelten sich 1997 die ersten beiden Mönche an, die sich vor den Blicken der neugierigen Touristen verbargen. Bis auf das kleine von diesen und inzwischen weiteren Mönchen bewohnte Areal ist der übrige Teil des Klosters für Besichtigungen offen.

Der noch bis vor wenigen Jahren teilweise beklagenswerte Zustand der Anlagen war nicht allein auf die Gleichgültigkeit oder Feindseligkeit der sowjetischen

Behörden zurückzuführen. Der Niedergang des Klosters begann bereits mit Peter dem Großen. Nach einem Besuch bei den Mönchen ließ der Zar, wie im ganzen Land, die Glocken abmontieren und für seine Kanonen einschmelzen. Sie wurden später ersetzt, aber da mit dem Sieg über die Schweden das Kloster seine militärische Bedeutung verloren hatte, verweigerte Peter weitere Zuwendungen. Das geistige Leben Russlands verlagerte sich in die Städte, und mit der Regierungszeit Katharinas II. begann die Epoche der Aufklärung. Unter ihrer Herrschaft verlor das Kloster seine Leibeigenen und wirtschaftliche Macht. Seit der religiösen Wiedergeburt an der Wende vom 20. zum 21. Jahrhundert hat das Kirillov-Kloster als nationales Heiligtum und Ort der Rückbesinnung auf religiöse, kulturelle und künstlerische Traditionen wieder an Bedeutung gewonnen.

In der **Kreisstadt Kirillov** am Siverskoe-See, der in den Langen See übergeht, leben zur Zeit etwa 7000 Menschen. Sehenswert sind einige Kirchen, historische Friedhöfe, Häuser wohlhabender Kaufleute aus dem 19. Jahrhundert und ein Museum. Am Siverskoe-See gibt es private Hotels mit Sauna, Pferden für Ausritte in die Umgebung und einen Bootsverleih.

## Ferapontov-Kloster

Etwa 15 Kilometer nordöstlich von Kirillov liegt ein weiteres Kloster, das Ferapontov-Kloster (Ферапонтов монастырь). Es gehört seit einigen Jahren zum Weltkulturerbe der UNESCO. Schiffe, die aus St. Petersburg kommen, ankern gewöhnlich etwas länger in Goricy, so dass man, da das Ferapontov-Kloster zumeist nicht zum Exkursionsprogramm gehört, einen individuellen Ausflug mit dem Taxi unternehmen kann.

Der Mönch, der sich mit Kirill aus dem Moskauer Simonov-Kloster auf den Weg nach Norden gemacht hatte, hieß Ferapont. Nach einem gemeinsam am Siverskoe-See verbrachten Jahr zog Ferapont weiter und legte 1398 den

▲ *Kleinod am Borodaev-See: das Ferapontov-Kloster*

Grundstein für ein Kloster am Ufer des Borodaev-Sees. Nach seinem Tod wurde Ferapont heiliggesprochen. Am 9. Juni wird seiner gedacht.

Die **Hauptkathedrale Mariä Himmelfahrt** entstand 1490 und ist der älteste bis heute erhaltene Bau aus Stein im russischen Norden. Die Kirche ist an den Außenwänden mit Keramikkacheln verziert, auf denen Fabeltiere und an Pflanzen erinnernde Ornamente abgebildet sind. Berühmt ist die Kirche für ihre Fresken, die zu den künstlerisch eindrucksvollsten religiösen Wandmalereien der Welt gehören. Sie sind das Spätwerk von Dionisij und seiner Söhne Vladimir und Feodosij, erschaffen in nur 34 Tagen vom 6. August bis zum 8. September 1502. Auf einer Gesamtfläche von 600 Quadratmetern im Innern der Kathedrale erzählt der Gemäldezyklus vom Leben Marias. Auch die Fresken über dem Westportal werden den drei Künstlern zugeschrieben.

Das ›goldene Zeitalter‹ des Ferapontov-Klosters fiel auf das 16. und 17. Jahrhundert. In jener Zeit entstanden die anderen drei Kirchen und der Glockenturm, der im 18. Jahrhundert ein bis heute funktionierendes Uhrwerk erhielt. Das Ferapontov-Kloster war kein Wehrkloster. Während der polnischen Intervention wurde es 1614 geplündert; glücklicherweise hatten die Mönche zuvor die wertvollsten Ikonen und Bücher in Sicherheit gebracht. Von 1666 bis 1676 hielt sich der in Ungnade gefallene Patriarch Nikon im Kloster auf (→ S. 27). Nach weiteren fünf Jahren bei den Mönchen im Kirillov-Kloster wurde er begnadigt; er starb auf dem Rückweg nach Moskau.

Anfang des 18. Jahrhunderts verlor das Ferapontov-Kloster seine Bedeutung und geriet auch kulturell und künstlerisch ins Abseits. 1798 wurde es aufgegeben und gut 100 Jahre später als Nonnenkloster neu gegründet. 1923 wurde es geschlossen und hatte Glück im Unglück: Es geriet in die Hände der Wissenschaft und Ende der 1960er Jahre unter das Dach des Kirillov-Museums. Die meisten wertvollen Ikonen, Handschriften und anderen Schätze gelangten in die Archive und Museen von St. Petersburg, Moskau und Kirillov. Seit 1993 besteht ein eigenes Museum mit einer kostbaren Sammlung aus Ikonen, Gemälden und Graphiken, Büchern und Handschriften sowie ethnographisch interessanten Exponaten. Das Klosterensemble auf einem kleinen Hügel besteht aus sechs Bauten des 15. bis 17. Jahrhunderts.

## Weißer See

Von Goricy bis zum Weißen See (Белое Озеро) sind es rund 45 Kilometer. Die Gegend ist spärlich besiedelt, das nächste größere Dorf taucht erst nach etwa 30 Kilometern am östlichen Ufer auf. Es heißt **Vognema**. Die Bezeichnung kommt aus dem finno-ugrischen, wobei niemand recht deuten kann, was die Silbe ›Vog‹ bedeutet. Der zweite Teil des Namens meint eine Halbinsel. Die wichtigste Dienstpflicht der Einwohner des Ortes bestand darin, den Hof des Zaren mit frischem Fisch aus der Šeksna und dem Weißen See zu beliefern.

Fünf Kilometer östlich, inmitten der Wälder, befand sich einst ein kleines **Einsiedler-Kloster**, das nach Nil Sorskij (1433–1508) benannt ist, einem der bekanntesten russischen Heiligen. Er war der wichtigste Gegenspieler der Josifisten, trat für einen an Gott und nicht an den materiellen Werten orientierten Weg der Kirche ein. Nach der Schließung war das Kloster zunächst ein Heim

*Anleger am Weißen See*

für schwererziehbare Kinder, dann für Behinderte und später – bis heute – für psychisch kranke Menschen.

Einige Kilometer nördlich, bei dem **Dörfchen Čajka** (Möwe), beginnt am westlichen Ufer der **Umgehungskanal** um den Weißen See, der zwischen 1843 und 1846 gebaut wurde. Er wurde angelegt, weil auf dem Weißen See oft heftige Winde gehen, die die Schifffahrt erschweren. Der Kanal ist 67 Kilometer lang, 40 Meter breit und 2 Meter tief. Er wird noch befahren, aber nur von kleineren Schiffen. Der Obelisk am Zusammenfluss von Šeksna und Kanal erinnert an die Erbauer.

Zweieinhalb Kilometer vor der Einfahrt in den Weißen See befand sich auf dem östlichen Ufer der Šeksna eine der ältesten russischen Städte. Sineus, ein Bruder des Warägers (Wikingers) Rurik, begab sich um 863 in die Gegend und übernahm die Regentschaft in Beloozero (Weißer See). Ursprünglich lag die Residenz Sineus' am Nordufer des Sees. Im 10. Jahrhundert wurde sie hierher verlegt. Zu weit im Norden gelegen, um für die Mongolen interessant zu sein, blieb Beloozero von deren Raubzügen verschont. In jene Zeit fällt die Blüte eines eigenständigen Fürstentums, dessen Existenz mit dem Tod des Herrschers und seines Sohnes während der Schlacht auf dem Schnepfenfeld 1380 endete. Beloozero gelangte in den Besitz des Moskauer Großfürsten. Letztmalig erwähnt wurde die Stadt 1398, als ein Novgoroder Heer sie stürmte und plünderte. Die Neugründung erfolgte 15 Kilometer nordwestlich, nun mit dem Namen Belozersk.

Ausgrabungen begannen in den 1860er Jahren und wurden in den 1940er Jahren besonders intensiv betrieben. Die Archäologen fanden Spuren der Grundmauern, entdeckten Werkstätten von Schmieden, Töpfern, Juwelieren und Knochenschnitzern sowie Überreste von hölzernem Straßenpflaster, Werkzeuge, westeuropäische und arabische Münzen. Davon ist heute nichts mehr zu sehen: Als Anfang der 1960er Jahre die Šeksna gestaut wurde, versanken zwei Drittel des ehemaligen Beloozero in den Fluten, das andere Drittel fiel einer Straße und einer Lehmgrube zum Opfer. Von einer der ältesten russischen Städte blieb nur ein versumpfter Uferstreifen mit einigen Bootshäusern. Die vom Wasser umspülte Kirche ein paar hundert Meter weiter nördlich gehörte zum Dorf Krochino.

Hinter Krochino fließt die Šeksna aus dem Weißen See. Der russische Name ›Beloe Ozero‹ ist eine wörtliche Übersetzung aus der Sprache der Wepsen, einem finno-ugrischen Volk, das in dieser Gegend lange vor den Slawen siedelte. Der See misst 46 Kilometer in der Länge und ist bis zu 33 Kilometer breit. Sein Grund besteht teils aus Felsgestein, teils aus feinem weißen Lehm, der bei stärkeren Winden aufgewirbelt wird und dem Wasser den hellen Schimmer verleiht. Durch den Bau des Šeksna-Staudammes 1964 stieg der Wasserspiegel um zwei Meter. Die Uferstreifen versumpften, und der in den See getragene Schlamm trübte das Wasser.

Einst war der See berühmt für Stör, Hausen und Stint, die in der Fischfabrik von Belozersk verarbeitet wurden. Diese Zeiten sind vorüber. Die Fischfabrik ist geschlossen. Stör, Hausen und Stint haben den See verlassen.

Die Kleinstadt **Belozersk** am Westufer ist die Nachfolgerin des Ende des 14. Jahrhunderts zerstörten Beloozero am Ufer der Šeksna. Ende des 15. Jahrhunderts wurde sie als einer der nördlichsten Vorposten des Moskauer Großfürstentums von einem mächtigen Erdwall und einer hölzernen Palisade umgeben. Gegenwärtig leben in Belozersk etwa 9000 Einwohner. Das Geschichts- und Kunstmuseum besitzt eine wertvolle ethnographische Sammlung mit Funden aus drei Jahrtausenden. So gut wie unverändert erhaltene zweistöckige Häuser, die sich Kaufleute in der ersten Hälfte des 19. Jahrhunderts errichten ließen, bestimmen das Stadtbild.

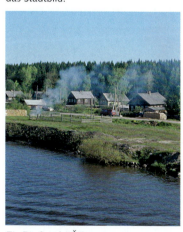

*Ein Dorf an der Šeksna*

Die Überquerung des Weißen Sees dauert etwa zwei Stunden. In nordwestlicher Richtung, kurz vor der Einfahrt in die von den Flüssen Kovža, Kema und Šola gebildete Bucht, passieren die Schiffe eine südlich des Fahrwassers gelegene rundliche, etwa einen Kilometer im Durchmesser große Insel. Die vom Schiff aus sichtbaren Ruinen einiger Gebäude gehörten zum Dorf Kovža, das beim Bau des Wolga-Ostsee-Kanals im Wasser versank. Die Maria-Lichtmess-Kirche, die die Insel krönt, stammt aus dem 17. Jahrhundert.

## Kovža und Vytegra

Der Weiße See und der Onega-See sind durch einen weiteren Abschnitt des Wolga-Ostsee-Kanals miteinander verbunden. Dieser folgt zwei Flüssen, der in den Weißen See mündenden Kovža (Ковжа) und der sich in den Onega-See ergießenden Vytegra (Вытерра). Der Kanal zwischen den beiden Flussläufen entstand Anfang der 1960er Jahre, etwa zeitgleich mit dem Šeksna-Stausee. Zuvor waren Vytegra und Kovža schon durch die Marien-Kanäle miteinander verbunden.

An den meisten Stellen misst die Entfernung zwischen linkem und rechtem Ufer nicht mehr als 500 Meter. Es gibt kaum Dörfer zu sehen, dichte Wälder säumen die Ufer, und das von den größeren Schiffen aufgewühlte Wasser schlägt in flachen Wellen ans Ufer. Holzverladeplätze kommen in Sicht, ab und an ein Bootssteg, ein entgegenkommendes Schiff, verfallene Siedlungen, Mündungen kleinerer Flüsse. Das einzige Geräusch, das der Wind von den Ufern herüber weht, ist das Lärmen der Vögel. An den Kanalbiegungen glühen Leuchtfeuer. Stunde um Stunde zieht die Landschaft ruhig am Reisenden vorüber.

Etwa 40 Kilometer hinter der Mündung der Kovža in den Weißen See liegt die **Siedlung Annenskij Most**. Der Name leitet sich von der Heiligen Anna und dem Wort ›Most‹ (Brücke) ab. Er stammt aus den Zeiten, als die Kovža und Vytegra durch den 1810 in Betrieb genommenen Marien-Kanal miteinander verbunden waren. Gegenwärtig ist der Ort ein Zentrum des Holzumschlages.

Etwa sechs Kilometer nördlich erreicht man das **Dorf Aleksandrovskoe**, das auf einer kleinen Insel zwischen dem Wolga-Ostsee-Kanal und dem von 1882 bis 1886 gebauten Neuen Marien-Kanal liegt. Der Neue Marien-Kanal verband die Vytegra und die Kovža auf einem kürzeren Weg. Der Obelisk zum Andenken an die Bauleute, der einst hier stand, befindet sich heute in Vytegra.

Der Kanallauf schwenkt nun nach Nordwesten ab. Der nächste Ort heißt **Verchnij Rubež** (Obere Grenze, **Km 799/ 539**). Die Grenze, die hier gemeint ist, ist die Wasserscheide zwischen dem Einzugsgebiet der Ostsee und dem des Kaspischen Meeres. Ganz in der Nähe soll Peter der Große 1711 in einer kleinen Holzhütte über den Bau eines ersten Kanals zwischen Kovža und Vytegra nachgedacht und erklärt haben: »Wir haben beschlossen, die wichtigsten Flüsse des Reiches zu einem Wassersystem zusammenzufügen.« Ein Jahr zuvor hatte er den Holländer John Perry bereits zu ingenieurtechnischen Erkundigungen ausgeschickt. Die etwa 12 Kilometer zwischen der Kovža und der Vytegra waren eine der damals schon von Peter ins Auge gefassten Varianten. Die Barken und Kähne wurden hier seit Urzeiten auf Rollen zwischen den Wasserstraßen über Land gezogen. Doch erst unter Zar Paul I. (1796–1801) wurde mit dem Bau des Marien-Kanals begonnen, der den Namen der Ehefrau des Zaren, Marija Fëdorovna (1759–1828) erhielt, der vormaligen Prinzessin Sophie Dorothea Augusta Luisa von Württemberg.

Einige Kilometer hinter Verchnij Rubež durchfährt das Schiff eine Landschaft, die von den Einheimischen als ›**Vytegorsker Schweiz**‹ bezeichnet wird. Bald danach ist die erste von **sechs Schleusen** erreicht, mit Hilfe derer vom Oberlauf der Vytegra bis zu ihrer Mündung in den Onega-See ein Höhenunterschied von insgesamt 84 Metern überwunden wird. Mittels der ersten Schleuse (Schleuse Nr. 6) werden die Schiffe um 17,2 Meter gesenkt; es ist der größte Höhenunterschied auf dem gesamten Weg von Moskau bis Petersburg. Die übrigen Schleusen überwinden je 13 bis 14 Meter Höhenunterschied; die letzte befindet sich bereits hinter Vytegra.

### ■ Vytegra

Die Stadt Vytegra (**Km 840/498**) verdankt ihre Entstehung der Schifffahrt auf den nördlichen Flüssen und ihre zeitweilige Blüte dem Kanal. Peter der Große verfügte hier den Bau einer Werft, auf der bis 1847 Schiffe vom

*Ein ›Raketa‹-Tragflächenboot*

Stapel liefen. Nach der Fertigstellung des Marien-Kanals boomte die Stadt für ein halbes Jahrhundert. . Dann kam die Eisenbahn, und die wollte von Vytegra nichts wissen, die Stadt fiel in einen Dornröschenschlaf, aus dem sie erst der Bau des Wolga-Ostsee-Kanals wachküsste.

Das **klassizistische Stadtzentrum** ist relativ gut erhalten. Es gibt einige sehenswerte Kirchen und Museen. Eines der interessantesten ist das **Nikolaj-Kljuev-Museum**. Nikolaj Kljuev (1887–1937) war einer der wichtigsten russischen Dichter des 20. Jahrhunderts. Er entstammte einem Dorf von Altgläubigen und verbrachte einige Jahre seiner Jugend in Vytegra, bevor er nach Petersburg übersiedelte. In seinen Gedichten thematisiert er eine tiefe mystische Religiosität, Naturverehrung, und das Andenken an die längst in der Literatur vergessene Sprache der nordrussischen Bauern und der zurückgezogen lebenden Altgläubigen. Kljuev war einer der wichtigsten Freunde und Lehrer des Dichters Sergej Esenin. Mitte der 1930er Jahre geriet er in die Fänge der Geheimpolizei, wurde verbannt und später erschossen. Erst in den 1990er Jahren erschienen seine Briefwechsel, wurden seine Gedichtbände neu aufgelegt.

## Onega-See

Etwa 14 Kilometer hinter der Stadt Vytegra erreicht man den Onega-See (Онежское озеро). Viele Jahrhunderte bekreuzigten sich die Seefahrer drei Mal, bevor sie mit ihren Booten aufs weite Wasser hinausfuhren. Über dem See treffen die kalten arktischen Luftmassen auf die wärmeren, die von der Ostsee oder aus dem Süden kommen. Stürme sind zu keiner Jahreszeit eine Seltenheit, besonders häufig aber im

*Schleuse bei Vytegra*

September und Oktober. Mitunter verhindern im Spätsommer Nebelbänke eine Weiterfahrt. Zwar sind die modernen Passagierschiffe mit Radar ausgerüstet, sinkt aber die Sichtweite unter eine bestimmte Grenze, wird aus Sicherheitsgründen Anker geworfen.

Die Russen nennen den See ›Onegobatjuško‹ (Väterchen Onego). Über die Herkunft des Wortes aus einer vorfinnischen Sprache – es könnte stürmisch, lauthals bedeuten, aber auch eben und flach – ist sich die Wissenschaft nicht einig. Die Menschen fürchten und lieben den Onega zugleich: wegen seines Fischreichtums, der Schönheit der Uferlandschaften, der Sonnenuntergänge. Viele Gedichte und Lieder haben den See zum Thema.

Mit knapp 10 000 Quadratkilometern Wasserfläche ist der Onega-See nach dem Ladoga-See der zweitgrößte Binnensee Europas. Er ist bis zu 127 Meter tief, besitzt etwa 50 Zuflüsse und nur einen Abfluss, die Svir im Südwesten. In manchen Nebenflüssen wurden früher Perlen gefunden, die wegen ihrer ebenmäßigen Form, dem Spiel des Lichts auf der Oberfläche und den zarten Farben des Schmelzes sehr beliebt waren. Die Mädchen des Landes stellten Ketten, Ringe und Ohrgehänge aus ihnen her. Die im 19. Jahrhundert begonnene Flößung von Holzstämmen auf den Flüssen hat die Gewässer verunreinigt. Seitdem sind die Perlmuscheln verschwunden.

Ein anderer Schatz des Onega-Sees stammt vom Westufer: der ›Šokšin-Porphyr. Dieses halbedle Eruptivgestein wurde in St. Petersburg zur Verzierung einiger Räume der Eremitage, der Isaak- und der Kazaner Kathedrale verwendet. 1847 schickte Zar Nikolaus I. 25 Monolithe als Geschenk nach Paris. Sie waren für die Krypta im Invalidendom bestimmt, in dem 1861 der Sarkophag mit den Überresten Napoleon I. aufgestellt wurde. Aus ›Šokšin-Porphyr besteht auch das Lenin-Mausoleum in Moskau. Die wichtigsten Sehenswürdigkeiten am See sind die Teufelsnase, das Dörflein Šeltozero, Petrozavodsk, die Hauptstadt Kareliens, am Westufer sowie die Insel Kiži im Norden.

### ■ Die Teufelsnase

Die Teufelsnase ist eine schmale, felsige Landzunge am Ostufer, die etwa zwei Kilometer in den See hineinragt. Sie erhebt sich bis zu 40 Meter aus dem Wasser und ist berühmt für ihre Felsmalereien: Vögel, Waldtiere, Sonnen- und Mondsymbole sowie Menschenfiguren. Die Mönche aus dem benachbarten Muromskij-Kloster vermuteten Teufelswerk und meißelten in einige der Abbildungen Kreuze zur Abwehr des Bösen. Entdeckt wurden die Fresken schon im 19. Jahrhundert. Sowjetische Wissenschaftler führten in den 1970er Jahren genaue Untersuchungen durch und entdeckten weitere Felszeichnungen, nicht nur auf der Teufelsnase. Ähnliche, etwa 5000 Jahre alte Abbildungen fanden Forscher in den 1920er Jahren nahe der Stadt Belomorsk am Weißen Meer.

### ■ Šeltozero

Das 1543 urkundlich erstmals erwähnte Dörflein Šeltozero liegt am Westufer. Hier befand sich das Zentrum des finno-ugrischen Stammes der Wepsen, der Ureinwohner dieser Gegend, bevor die Slawen sie besiedelten. Ein Museum im Dorf erzählt von der Kultur der Wepsen, dem Weg ihrer Assimilierung in Russland und dem Ringen um den Erhalt ihrer ethnischen und sozialen Identität. In der Nähe von Šeltozero wird Diabas gefördert. Aus dem festen Berggestein, bestehen unter anderem die Pflastersteine auf dem Roten Platz in Moskau.

## Petrozavodsk

Nicht alle Kreuzfahrtschiffe ankern in Petrozavodsk (Петрозаводск), der am Westufer gelegenen größten Stadt am Onega-See. Sie ist einen Besuch wert, wenn sie wegen der Zerstörungen im Zweiten Weltkrieg auch zum großen Teil aus Gebäuden besteht, die nach 1945 entstanden. Von weitem wirkt Petroza-

*Die ehemalige Residenz des Gouverneurs Deržavin in Petrozavodsk*

vodsk wie ein Amphitheater, dessen Bühne der Onega-See ist. Die Stadt erstreckt sich auf einer Länge von 25 Kilometern oberhalb des Sees und steigt in Terrassen zum Hafen hinab. Der Lenin-Prospekt führt vom Hafen zum Bahnhof, dem höchsten Punkt im Panorama.

Der Name der Stadt ist ihrem Gründer geschuldet: ›Petro‹ bezieht sich auf Peter den Großen, und ›Zavod‹ bedeutet ›Werk‹. ›Peters Werk‹ ist wörtlich zu verstehen, denn die Geburtsstunde der Stadt schlug am 29. August 1703 mit der Grundsteinlegung für einige staatliche Fabriken und die Werft. In kürzester Zeit errichteten Tausende Arbeiter – zwangsverpflichtete Einheimische, leibeigene Bauern und Arbeiter aus anderen Gegenden – die Waffenschmieden am Onega, in denen Kanonen, Handfeuerwaffen, Degen, Messer und Bajonette hergestellt wurden. Aus der Werft kam ein Teil der Schiffe für die Ostseeflotte des Zaren. Als die Schweden endgültig besiegt waren, verlagerten sich die Interessen des Staates in den Süden. Die Fabriken schlossen ihre Tore; die meisten Arbeiter gingen in den Ural, wo neue metallurgische Zentren entstanden.

Mitte der 1750er Jahre entsann man sich erneut des Potentials von Petrozavodsk, und als Katharina die Große daran ging, dem Osmanischen Reich die Stirn zu bieten, brauchte das Land erneut Kanonen. Da im Ural gestreikt wurde und Bauernaufstände das Land erschütterten, entstand in den Jahren nach 1770 die Alexander-Kanonen-Schmiede. In dieser Zeit erhielt die Stadt per Dekret der Zarin ihren offiziellen Namen und einen Generalbebauungsplan. Der klassizistische Elan jener Zeit ergriff auch Petrozavodsk, und einige der Bauten, insbesondere um den heutigen Lenin-Platz, der ursprünglich Runder Platz hieß, künden heute noch von ihm. Zum ersten Gouverneur von Petrozavodsk erkor sich Katharina II. einen der gebildetsten Menschen seiner Zeit, den Dichter Gavriil Deržavin (1743–1816). Seine von zwei bronzenen Löwen verzierte Residenz steht bis heute.

Im 19. und zu Beginn des 20. Jahrhunderts passierte nicht viel in Petrozavodsk, während des Ersten Weltkrieges wurde die Stadt an die Bahnstrecke Petersburg–Murmansk angeschlossen. Zu Beginn des Zweiten Weltkrieges besetzten finnische Truppen Petrozavodsk und fast den gesamten karelischen Osten. Bei der Rückeroberung durch sowjetische Truppen erlitt die Stadt immense Schäden. Nach dem Krieg entstand sie neu, mit breiten Alleen und weiten Plätzen. Etwa 280 000 Menschen leben hier heute. Es gibt zwei Universitäten, mehrere Theater, wissenschaftliche Zentren, Industriebetriebe und einen Hafen. Seit 1992 ist Petrozavodsk die Hauptstadt der Autonomen Republik Karelien.

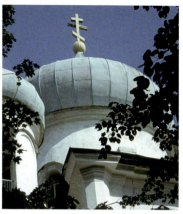

*Die Kuppeln der Kathedrale von Petrozavodsk*

## Die Karelier

Die Karelier gehören zu den finno-ugrischen Stämmen. Ihre Herausbildung begann vor etwa 3000 Jahren. Die Siedlungsgebiete der Finno-Ugren befanden sich östlich und westlich des Ural-Gebirges und reichten bis zum Nordmeer. Zu den Finno-Ugren gehören außer den Kareliern die Finnen, Esten, Ungarn, die Komi, die auf der Kola-Halbinsel im Nordwesten Russlands siedeln, die Mari und die Mordwinen zwischen dem Mittellauf der Wolga und dem Ural. Als Karelier bezeichnen sich etwa 130 000 Menschen in Russland und Finnland.

Zwischen dem 10. und dem 16. Jahrhundert wurden die meisten finno-ugrischen Stämme von den russischen Fürsten unterworfen und zu Tributzahlungen gezwungen. Russische Bauern ließen sich in den nördlichen Regionen nieder und vermischten sich mit den dort lebenden Ureinwohnern. Die Esten gerieten unter die Herrschaft deutscher Ordensritter; die Finnen unter die schwedische Krone. Um Karelien stritten seit dem 13. Jahrhundert die Schweden und Novgorod. Bereits zuvor hatten die Novgoroder einen Großteil der Karelier russisch-orthodox missioniert. Vertraglich geteilt wurde Karelien erstmals 1323: in einen westlichen (schwedischen) und einen östlichen (russischen) Teil. Der Westen wurde später protestantisch; Ostkarelien blieb russisch-orthodox.

1809 fiel ganz Finnland, einschließlich aller karelischen Gebiete, an Russland. 1920 erkannte Russland die Unabhängigkeit Finnlands an, zu dem nun auch ein großer Teil Kareliens gehörte. Die sowjetisch-finnische Grenze verlief nur wenige Kilometer westlich von Leningrad, dem heutigen St. Petersburg. Die Karelier in der Sowjetunion erhielten Autonomie. Im Zweiten Weltkrieg standen sich Finnland und die Sowjetunion als Gegner gegenüber; im Pariser Frieden von 1947 wurden die heutigen Grenzen festgeschrieben. Fast ganz Karelien gehört seitdem zu Russland. Nach der Auflösung der Sowjetunion 1991 wurde die Karelische Autonome Sowjetrepublik zur Republik Karelien in der Russischen Föderation. Sie ist etwa halb so groß wie Deutschland. Von den etwas mehr als 750 000 Einwohnern sind nur etwa 10 Prozent Karelier.

Seit Urzeiten waren die Karelier berühmt für ihre epischen Gesänge, Runen genannt. Als der Finne Elias Lönnrot im 19. Jahrhundert die alten Gesänge zu sammeln begann, wurde er vor allem bei dem karelischen Stamm der Perttunen am Ufer des Ladoga-Sees fündig. Sie waren die Grundlage des finnischen Nationalepos ›Kalevala‹, das Lönnrot 1836 veröffentlichte. Die mehr als 20 000 Verse erzählen die Geschichte von der Erschaffung der Welt bis zur Christianisierung des Landes. Neben Heldengeschichten und Abhandlungen zu Zaubersprüchen geben sie auch praktische Anleitungen, beispielsweise zur Kunst des Bierbrauens.

Die wichtigsten Wirtschaftszweige sind der Abbau von Eisenerzen, Papierindustrie, Steinbearbeitung und Forstwirtschaft. In den vergangenen Jahren ist die Bedeutung des Tourismus deutlich gestiegen. Karelien mit seinen 60 000 Seen und 27 000 Flüssen bildet die Fortsetzung der Finnischen Seenplatte nach Osten. Es locken eine unberührte Natur, vielfältige Möglichkeiten für Wassersport, Wanderungen und im Winter zum Skifahren sowie für Ausflüge auf die Klosterinsel Valaam und nach Kiži.

# Die Insel Kiži

Die beeindruckendste Sehenswürdigkeit des Onega-Sees ist die Insel Kiži (Кижи). Sie liegt inmitten eines Archipels aus mehreren Dutzend Inseln, von denen die größte 147 Quadratkilometer und die kleinste nur ein paar Quadratmeter misst. Obwohl im Norden des Sees gelegen, ist das Klima auf den Inseln milder als auf dem Festland. Die Böden sind mineralhaltig, die Vegetation üppig: Nadelwälder, durchsetzt mit Linden, Ulmen, karelischen Birken, vereinzelt Ebereschen, Faulbeerbäumen und Weiden, Wiesen mit an manchen Stellen bis zu mannshohen Gräsern, Heilkräutern, bis zu drei Meter hohen Doldenpflanzen, Geißblatt, Hagebutten, Johannisbeeren, Himbeeren und vielen anderen Pflanzen. In den dichten Wäldern der größeren Inseln leben Bären, Elche, Wölfe, Marder, Füchse, Hermeline, Wiesel, Nerze, Dachse, Bisamratten und Hasen. In den Kuppeln vieler Kirchen, unter anderem auch auf Kiži, sind Kolonien von Fledermäusen beheimatet.

## ■ Geschichte

Bereits vor mehr als 3000 Jahren gewannen die auf den Inseln lebenden Menschen aus den erzhaltigen Sümpfen Eisen. Die russische Besiedlung begann vor knapp 1000 Jahren. Im 17. Jahrhundert führten mehrere Handelswege durch die Gegend, in diese Zeit fällt die Ansiedlung hunderter russischer Familien. Die Russen rodeten die Wälder und verwandelten sie in Ackerflächen. Auf manchen Inseln überlebte nicht ein Baum, so dass die Regierung Ende des 18. Jahrhunderts Brandrodungen bei Strafe untersagte. Die Wälder regenerierten sich. Ende des 19. und Anfang des 20. Jahrhunderts wanderten viele Menschen in die Städte ab, kehrten aber nach 1917 zurück. Während des Zweiten Weltkrieges verlief die Front zeitweilig durch die Inselgruppe. Mit den finnischen Truppen verließen viele Karelier ihre Heimat und kehrten nie zurück.

Auf der größten Insel des Archipels, der Klimecker, lebten noch im 19. Jahrhundert berühmte Sagen- und Märchenerzähler. So wie die Gebrüder Grimm in Deutschland sammelten die beiden Ethnographen P. Rybnikov und A. Gilferding die Heldengeschichten und schrieben sie auf. Die Sagen wurden in Form von Poemen gesungen. Einer der in jenen Jahren berühmtesten Sagenerzähler war Vasilij Schtchegolenok. Sechs seiner Geschichten inspirierten Tolstoi zu eigenen Erzählungen in der Sprache des 19. Jahrhunderts. Ilja Repin malte ein Porträt.

Der Insel Kiži nähert sich das Schiff durch das Insellabyrinth von Süden. Dann tauchen am Horizont die an der Südspitze liegenden zwei hölzernen Kirchen mit

*Die Christus-Verklärungs-Kirche ist ganz aus Holz gebaut*

Kiži ist etwa 5 Kilometer lang und bis zu 1,4 Kilometer breit. Eine Hügelkette trennt sie in einen östlichen und einen westlichen Teil. Das Relief und der schwarze Boden, den die Einheimischen ›Šungut‹ nennen, prädestinierten sie für die Landwirtschaft. Die Pigmente dieses Bodens wurden im 18. Jahrhundert im Petrozavodsker Alexandrov-Werk als Anstrich für die Lafetten der Kanonen benutzt. Bis auf vereinzelte Ulmen und einige Weiden am Ufer wachsen auf der Insel so gut wie keine Bäume.

Der Name ›Kiži‹ leitet sich ab von dem karelischen Wort ›Kižat‹ (Spiele, Fest), was vermuten lässt, dass Kiži schon für die Karelier ein heiliger Ort war. Ab dem 16. Jahrhundert bewohnten vornehmlich Russen die Gegend. Zu jener Zeit wurde die Insel das Zentrum einer Kirchengemeinde, zu der mehr als 3000 Gläubige aus 130 Dörfern der umliegenden Inseln gehörten. Seit Ende des 17. Jahrhunderts wurden die Bewohner der Region zu Arbeiten für die Eisenindustrie zwangsverpflichtet: zur Lieferung von Holz, Holzkohle und Eisenerzen. Als die Repressionen das Maß des Erträglichen überstiegen, rebellierten 1769 die Bauern. Ihr Flehen und ihre Argumente blieben am Hof unbeachtet, und zwei Jahre später schossen Soldaten mit Kanonen auf die Rebellen; ihre Anführer wurden zu Zwangsarbeit in Sibirien verurteilt. Der ›Aufstand von Kiži‹ ist in die russischen Lehrbücher eingegangen.

dem Glockenturm auf. Insgesamt 33 Kuppeln krönen die drei architektonischen Wunder – so viele Jahre lebte Jesus unter den Menschen. Sie schimmern silbern in der Sonne und bei Regen grün. Die beiden Kirchen sind das Herz der Insel und der Grund, warum jedes Jahr Zehntausende hierher kommen.

### ■ Die Kirchen

Die beiden ganz aus Holz bestehenden Kirchen sind mehr als 200 Jahre alt. Das größere der beiden Gotteshäuser, die 37 Meter hohe **Christus-Verklärungs-Kirche**, entstand 1714. Der Legende nach war es ein einziger Zimmermann, der sie mit nur einem Instrument errichtete, seiner Axt. Als er fertig war, soll er ausgerufen haben: »So etwas hat es noch nicht – und wird es nie wieder geben«. Daraufhin soll er die Axt in den See geworfen haben und fortgegangen sein. Das ist ebenso eine Legende wie auch die Geschichte, Peter der Große habe persönlich den Bauplan gezeichnet. Nicht zu widerlegen aber ist, dass sowohl dieses Gotteshaus als auch die neben ihr stehende Maria-Schutz-und-Fürbitte-Kirche ohne einen einzigen metallenen Nagel auskommen; die Schindeln auf dem Dach werden von Holznägeln gehalten.

Die Christus-Verklärungs-Kirche wirkt zugleich grandios und majestätisch, aber ohne den Betrachter zu überwältigen. Die Bauern, Fischer und Handwerker kamen mit ihren Booten aus allen Richtungen, um an den Gottesdiensten teilzunehmen. Keiner sollte benachteiligt sein und etwa die Kirche aus einer Perspektive erblicken, die nicht ihrer ganzen Pracht entspricht. Ihre Grundstruktur beruht deshalb auf drei übereinander liegenden, sich nach oben verjüngenden Achtecken, um die sich in regelmäßigen Abständen und in unterschiedlicher Höhe die Aufbauten mit den Rundtonnen und Kuppeln gruppieren. Die vielen Details und die geschwungenen Linien zwischen den Aufbauten und Eckpunkten verleihen der Architektur eine verhaltene Dynamik, die den Eindruck von Feierlichkeit und Pracht unterstreicht, der mit der einfachen Natürlichkeit der Bauernhäuser harmoniert.

Die mit Kreuzen gekrönten Kuppeln der Kirche sind mit insgesamt 30 000 Schindeln aus Espenholz belegt, mit dem auch andere Details verkleidet sind. Das Espenholz reflektiert das Licht, und deshalb erglänzt der Bau bei jedem Wetter

in verschiedenen Farbtönen – silbern, rosa, gold oder grün.

Die Christus-Verklärungs-Kirche steht seit fast 30 Jahren Jahren leer. Im Verlauf der Jahrhunderte ist sie um einen Meter geschrumpft und neigt sich allmählich zur Seite. Innen haben die Restauratoren ein metallenes Gerüst errichtet; außen halten Balken die Fassade zusammen. Die Restaurierung – ein schwieriges, da beispielloses Unterfangen– dauert nun schon mehrere Jahre..

Die kleinere **Maria-Schutz-und-Fürbitte-Kirche**, errichtet 1764, war die Winterkirche der Gemeinde. Sie ist nach einem ähnlichen architektonischen Schema angelegt, aber mit ihren zehn Türmen bescheidener und in ihrer Grundfläche disproportional.

Die Öfen wurden bei der letzten Rekonstruktion entfernt; die Ikonen der Ikonenwand stammen aus verschiedenen Kirchen der Gegend. Keine von ihnen ist einer der berühmten Werkstätten des Landes oder einer Schule zuzuordnen. In

*Ikone aus dem 16. Jahrhundert in der Maria-Schutz-und-Fürbitte-Kirche*

dieser Gegend malten die Menschen ihre Heiligenbilder nach bekannten Vorbildern und folgten den eigenen Eingebungen. Die Ikonenwand ist in einem warmen Ocker gehalten; die Farben sind weniger leuchtend als die der professionellen Maler, weil sie für die hiesigen Meister zu teuer waren, oder weil es sie schlicht nicht zu kaufen gab. Willkürlich wirken die Proportionen der menschlichen Darstellungen, doch sprechen die Gesichter von Jesus, der Heiligen und einfachen Menschen eine beredte Sprache, die vieles von dem einstigen geistigen Leben in dieser Gegend erzählt. Im Vorraum der Kirche sind weitere Ikonen ausgestellt, zum Beispiel die der beiden Heiligen Zosima und Savvatij, der Gründer des Soloveckij-Klosters weit im Norden.

Der **Glockenturm** stammt von 1874; er ersetzt eine frühere Version. Der Stil war der Zeit angepasst und nahm verschiedene Einflüsse in sich auf. Das Ensemble aus den beiden Kirchen nebst Glockenturm ist von einer hölzernen Wehrmauer umgeben. Dabei handelt es sich um einen in den 1950er Jahren nach alten Zeichnungen entstandenen Nachbau.

Ein ausgedehntes Freilichtmuseum ist Kiži seit 1960, und seit 1990 gehört es zum Weltkulturerbe der UNESCO.

Außer den beiden Kirchen und dem Glockenturm gibt es ungefähr **80 weitere traditionelle Bauwerke aus Holz**, die an anderen Orten auf der Insel oder vom Ufer des Sees demontiert, dann restauriert und auf Kiži wiederaufgebaut wurden, darunter Wohnhäuser in der karelischen oder russischen Bauart, Kapellen, Badehäuser und Windmühlen. Die meisten von ihnen befinden sich an der Südspitze der Insel, in unmittelbarer Nähe zu den beiden Kirchen; weitere sind auf der ganzen Insel verstreut.

Die meisten Dampfer halten so lange, dass man nach dem Besuch der Kirchen und Bauernhäuser einen kleinen Spaziergang auf der Insel unternehmen kann. Dabei sollte man die Wege nicht verlas-

▲ *In den Bauernhäusern auf Kiži wird auch traditionelles Handwerk präsentiert*

*Karelisches Haus auf Kiži*

sen, denn die Schwarzerde auf der Insel erwärmt sich bei Sonneneinstrahlung schneller als die Luft und ist auch in der Lage, die Wärme zu speichern. Das ist der Grund, warum sich auf Kiži in großer Zahl **Kreuzottern** angesiedelt haben. Auf festes Schuhwerk sollte man deshalb bei einer Exkursion nicht verzichten.

Von Kiži aus, dem nördlichsten Punkt der Reise zwischen Moskau und Petersburg, nehmen die Schiffe wieder Kurs nach Süden. Manchmal stürmt es, an anderen Abenden wieder ist die Oberfläche des Sees glatt wie ein anthrazitfarbener, metallener Spiegel.

Für die Überquerung des Sees benötigen die Passagierschiffe mehrere Stunden, bis an seinem Südwestufer die Bucht der Svir in Sicht kommt.

## Auf der Svir zum Ladoga-See

Die Svir (Свирь) verbindet auf einer Länge von 218 Kilometern den Onega-See mit dem Ladoga-See. Sie überwindet dabei ein Gefälle von 28,5 Höhenmetern. Den Schiffern war der Fluss wegen der Untiefen, Stromschnellen, Felsblöcke und kilometerlangen seichten Abschnitte ein Gräuel. Bis weit in das 20. Jahrhundert wurde getreidelt. Die hohe Fließgeschwindigkeit von bis zu 10 bis 12 Kilometern pro Stunde kam zwar den flussabwärts fahrenden Schiffen entgegen; flussaufwärts, also zum Onega-See, vervielfachte sich jedoch die für die Passage notwendige Zeit.

Die Herkunft des Namen ›Svir‹ gibt Rätsel auf. Er könnte sowohl mit dem finno-ugrischen Wort ›Sjubjar (tiefes Wasser) zu tun haben, aber auch aus dem Russischen stammen: Die Übersetzung des Verbes ›sverlit'‹ meint ›bohren‹: Der Fluss bohrt sich seinen Weg durch die angrenzenden Hügelketten. In alten Novgoroder Handschriften ist von einem Fluss ›Sver die Rede, aus dem dann Svir wurde.

Der im 19. Jahrhundert zur Erleichterung der Verbindung zwischen Ostsee und Wolga errichtete Marien-Kanal bezog auch die Svir ein. Der Fluss wurde dazu an manchen Stellen vertieft, es entstanden Dämme und Schleusen, die die Schifffahrt zwar erleichterten, aber deren Probleme nicht lösten. Erst in den 1930er Jahren, mit dem Bau von zwei Staumauern und Schleusen, wurde der Fluss durchgängig schiffbar.

Die Svir verlässt den Onega-See bei dem Dorf **Voznesen'e (Km 906/432)**. Seinen Namen hat es nach dem Himmelfahrts-Kloster, das hier einmal stand.

Als der Marien-Kanal 1810 fertiggestellt war, passierten jährlich bis zu 4000 Schiffe den Ort. Hier wurden die Waren umgeladen, in Speichern und Hallen lagerten Getreide, Salz und andere Güter, die von und nach St. Petersburg gebracht wurden. Mit dem Aufkommen der Dampfschifffahrt erlangte Voznesen'e Bedeutung als Reparaturhafen.

In der Umgebung des Dorfes endet der 67 Kilometer lange Onega-Umgehungskanal, der Mitte des 19. Jahrhunderts errichtet wurde. Aufgrund der geringen Wassertiefe wird er heute kaum noch genutzt.

Die nächsten 90 Kilometer über den Fluss bis nach Podporož'e, wo sich der gleichnamige Staudamm und eine Schleuse befinden, gibt es nur wenige Dörfer: Die einstigen Siedlungen wurden bei der Stauung der Svir geflutet und die Bewohner ins Landesinnere evakuiert. Viele von ihnen verließen während der finnischen Besatzung (1941–1944) die Sowjetunion.

Hinter Voznesen'e erstrecken sich zu beiden Seiten des Ufers, auf einer Länge von etwa vier Kilometern, Anlegestellen und Holzlager. Die über den Onega-See manövrierten Holzflöße werden hier entflochten. Die Baumstämme gelangen dann über eine Schmalspurbahn in das im Landesinnern liegende Sägewerk.

Einige Kilometer flussabwärts teilt sich die Svir in mehrere Arme, von denen nur der nördliche schiffbar ist. Die Ufer sind hier felsig und steil. Hinter diesem Abschnitt passiert man das Ivinsker Bekken, einen Eiszeitsee, der sich in einem Talkessel gebildet hat. Hinter dem Bekken rücken die Ufer wieder näher zusammen. Die Svir fließt fast geradeaus, biegt dann in einer scharfen Kurve ab in Richtung Südwest.

Am rechten Flussufer kommt das **Dorf Pid'ma** an der Mündung des gleichnamigen Flusses in die Svir in Sicht. ›Pidm‹ ist ein Wort aus der Sprache der Wepsen und bedeutet ›Stockung‹ oder ›Stauung‹. Der Name hat damit zu tun, dass hinter dem Ort eine für die Schifffahrt durch Stromschnellen schwierige Passage begann, die nur durch Treideln zu überwinden war, was Zeit kostete. Pid'ma entwickelte sich deshalb zum Handelszentrum. Dreimal im Jahr wurden hier große Märkte abgehalten, die Händler, Bauern, Fischer und Jäger auch aus entfernten Gegenden anzogen.

Vierzehn Kilometer weiter liegt der nächste Ort, das mehr als 500 Jahre alte **Mjatusovo**. Dahinter erschwerten lange Zeit weitere Stromschnellen den Schiffsverkehr. Ende des 19. Jahrhunderts endete in Mjatusovo eine Kette, an der die Schiffe mittels eines kleinen Dampfschiffes stromaufwärts gezogen wurden. Die häufigen Stauungen in beiden Richtungen führten zur Entstehung von Märkten, die im Januar, August und September stattfanden.

Das fünf Kilometer flussabwärts liegende **Dorf Chevron'ino** war früher eine Lotsensiedlung, in der sich die Einheimischen darauf spezialisiert hatten, die schwierigen Stromschnellen zu überwinden. Für Katharina II. waren die Lotsen so wichtig, dass sie sie vom Militärdienst befreite. Auch heute noch werden an dieser Stelle wegen der häufig auftretenden Nebel mitunter Lotsen angefordert. Die Einwohner von Chevron'ino sind vor allem in den Steinbrüchen und Kiesgruben der Umgebung oder in der Lebensmittelindustrie beschäftigt.

Nach weiteren Kilometern ist das am linken Ufer der Svir gelegene **Podporož'e** (**Km 999/339**) erreicht. Übersetzt bedeutet der Name des Ortes ›Vor den Stromschnellen‹. Ungefähr 20 000 Menschen leben heute in der Kleinstadt. Spuren der ersten Siedlungen an dieser Stelle des Flusses, den Sigovecer Stromschnellen, führen ins 15. Jahrhundert. Peter der Große veranlasste die Umsiedlung von Lotsen von dem weiter westlich gelegenen Fluss Meta an diesen Ort, um den Schiffsverkehr auf der Svir zu befördern. Die Lotsen taten ihre Pflicht, bis 1936 die Arbeiten zum Bau des Oberen-Svir-Staudammes begannen. Während des Krieges wurde der Damm gesprengt und bis 1951 wiedererrichtet. In der dortigen Schleuse werden die Schiffe in Richtung Ladoga-See um zehn Meter gesenkt. Podporož'e liegt heute etwa sechs Kilometer vom Fluss entfernt auf einem Hügel.

*Wälder und Wasser prägen Karelien*

Hinter Podporož'e überspannt eine Eisenbahnbrücke den Fluss, auf der die Züge zwischen St. Petersburg und Murmansk über Petrozavodsk verkehren. Die Brücke kann in der Mitte auf einer Breite von 15 Metern aufgezogen werden.

Hinter der nächsten Flussbiegung liegt auf einer Halbinsel am rechten Flussufer das **Dorf Nikolskij**. Auch seine Entstehung ist mit dem Wirken Peter des Großen verbunden. Der Zar brauchte für seine flussabwärts, in Lodejnoe Pole, gebauten Schiffe Ketten und Anker und ließ deshalb Schmiedemeister aus der Deutschen Vorstadt in Moskau hierher kommen. Das Dorf erhielt den Namen ›Nemeckoe‹ (Das Deutsche). Als es keinen Bedarf an Ankern und Ketten mehr gab, blieben von ihm nur der Name, der später auch verschwand, und einige Häuschen. In den 1730er Jahren entstand hier eine Werft, auf der bis 1957 Holzbarken gebaut wurden.

Auf diesem Abschnitt der Svir legen die meisten Kreuzfahrtschiffe einen Halt in der Siedlung **Oberes Mandrogi** ein. Das karelische ›Mandrogi‹ bedeutet ›Kiefern im Sumpf‹. Sumpfig ist die Gegend im Mittellauf der Svir, aber Kiefern gibt es nur noch wenige. Die Siedlung ist kein Dorf im eigentlichen Sinne. Wie die meisten anderen kleinen Orte am Fluss war es geflutet und während des Zweiten Weltkrieges vollends zerstört worden.

In der Mitte der 1990er Jahre investierten im ehemaligen Oberen Mandrogi auf Initiative des Petersburgers Sergej Gutcajt mehrere Unternehmer in den Bau eines Musterdorfes. Sie errichteten neue Häuser in der traditionellen russischen und karelischen Bauweise: Museen, Gästehäuser und Künstlerwerkstätten. Dazu kamen ein Gehege für Elche, eine Pferdekoppel, eine Schule mit Kindergarten und eine Schenke, in der man hervorragende Piroggen bekommt. Einige Wege sind in der traditionellen russischen Art holzgepflastert. Im **Wodka-Museum** sind mehr als 2500 Sorten Wodka ausgestellt, dazu Brennapparate und – der Clou der Kollektion – ein Schachspiel, dessen weiße Figuren mit Wodka, die schwarzen mit Kognak gefüllt sind. In den Werkstätten arbeiten Künstlerinnen und Künstler mit Holz, Farben, Ton, Leder und anderen Materialien. Man kann ihnen zuschauen und die Souvenirs auch kaufen. Präsident Putin war bereits mehrmals zu Gast. Auf einer Insel hinter dem Ort, zu der man sich mit Booten übersetzen lassen kann, haben Künstler und Forstleute einen Märchenpark mit weiteren Tiergehegen angelegt.

Nach etwa einer weiteren Stunde Fahrt kommen die Anlagen des **Unteren-Svir-Kraftwerkes** in Sicht. Der Bau, an dem bis zu 15 000 Arbeiter beteiligt waren, begann 1928 inmitten unberührter Natur; das Kraftwerk ging 1933 ans Netz. Es wurde während des Krieges stark beschädigt und unter anderem durch Kriegsgefangene bis 1948 wieder aufgebaut. Die Schleuse senkt die Schiffe um 12 Meter auf ein Niveau von knapp fünf Metern über dem Meeresspiegel. Der Ort Svirstroj (Svirbau) entstand als Siedlung für die beim Bau der hydrotechnischen Anlagen beschäftigten Arbeiter. Auch heute leben die Einwohner vornehmlich von den Wartungsarbeiten und vom Wald.

Die **Stadt Lodejnoe Pole** (Bootsfeld, **Km 1057/281**), 14 Kilometer flussabwärts, war ein wichtiger Posten am Archangelsker Handelstrakt, der Novgorod und später St. Petersburg mit Archangelsk am Weißen Meer verband und hier am linken Ufer der Svir entlangführte. Diesen Ort erwählte Peter der Große 1702 als Standort für die Olonecker Werft. Schon ein Jahr später lief in Lodejnoe Pole die erste, mit 28 Kanonen bestückte Fregatte vom Stapel, die ›Standart‹. Sie war das Flaggschiff der Ostseeflotte, mit der Zar Peter in den nächsten 20 Jahren die Hegemonie der Schweden im Ostseeraum brach.

Das bekannteste auf der Olonecker Werft gebaute Schiff war eine 1818 auf den Namen ›Mirnyj‹ getaufte Schaluppe. Auf ihr erreichten 1820 Michail Lazarev (1788–1851) und Fabian Gottlieb von Bellinghausen (1778–1852), Offiziere und Forscher der russischen Kriegsmarine, als erste Europäer das Festland am Südpol. Die russische Bezeichnung einiger Gegenden in den internationalen Gewässern der Antarktis geht auf die damalige Expedition im Auftrag des Zaren zurück.

▲ *Im Wodka-Museum von Mandrogi*

Die Olonecker Werft existierte bis 1830. Im 19. Jahrhundert entwickelte sich Lodejnoe Pole zum Zentrum des Holzhandels an der Svir. Während des Zweiten Weltkriegs überstand die Stadt eine fast dreijährige Belagerung durch deutsche und finnische Truppen. Etwas weiter nördlich verlief die ›Straße des Lebens‹, über die das belagerte Leningrad mit dem Lebensnotwendigen versorgt wurde. Im Juli 1944 begann hier die Offensive gegen die finnischen Truppen, infolge derer die Kriegshandlungen im Norden Russlands innerhalb weniger Wochen beendet wurden.

Die Gegend hinter Lodejnoe Pole ist kaum bewohnt. Die Svir wird zu einem breiten Strom. Die Ufer aus rötlich schimmerndem Lehm sind anfangs steil, bald gehen sie in eine Ebene über, in der das **Dorf Sermaksa** auszumachen ist – eine der ältesten Siedlungen an der Svir. Hier wurden einst die Steuern zum Passieren des Flusses erhoben.

Hinter Sermaksa beginnt das **Mündungsdelta der Svir** in den Ladoga-See. Der Wasserweg führt nun durch ein Naturschutzgebiet, in dem im Herbst und Frühjahr mehr als eine Million Zugvögel auf ihrem Weg von der Ostsee zum Weißen Meer und umgekehrt rasten; unter ihnen sind so seltene Arten wie schwarze Störche, Wanderfalken, See- und Fischadler. Außerdem leben hier Birkhähne, Auerhähne und Haselhühner. In den Gewässern tummeln sich Hechte, Seelachse und Seeforellen, Renken, Zander sowie die sehr seltenen Ladoga-Robben; die Ostseelachse und -forellen kommen zum Laichen ins Delta. In den von Sümpfen durchzogenen Wäldern leben Braunbären, Elche, Luchse, Dachse und Hasen, ebenso wie Biber, Bisamratten, Marder und Eichhörnchen. Das Naturschutzgebiet erstreckt sich auf einer Fläche von knapp 50 000 Hektar.

Die sich über acht Inseln erstreckende **Siedlung Svirica** (**Km 1116/222**) liegt sieben Kilometer vor der Mündung in den See. Die Siedlung ist sehr alt. In früheren Jahrhunderten wurden hier die Ladungen der großen, vom Ladoga-See kommenden Schiffe auf kleinere verteilt, die dann ihren Weg die Svir flussaufwärts nahmen. Auch heute leben die Einwohner überwiegend vom Fluss. Es gibt kleinere Reparaturwerkstätten, einen Fischfangbetrieb, ein meteorologisches Zentrum. Die Häuser stehen an den Ufern der Verbindungskanäle und Nebenarmen der Svir. Das wichtigste Verkehrsmittel sind Boote.

Ebenso wie Onega-See und Weißer See zum Schutz der Schiffe vor starken Winden auf Umgehungskanälen umfahren werden können, gibt es zwischen Neva und Svir zwei künstliche Wasserwege, von denen der jüngere, der Neue Ladoga-Kanal, bei Svir endet. Gebaut wurde er in der zweiten Hälfte des 19. Jahrhunderts. Er verbindet die Svir mit der Volchov, dem mächtigsten in den Ladoga mündenden Strom, und die Volchov mit der Neva. Der noch zu Lebzeiten Peters des Großen begonnene, südöstlich verlaufende Alte Kanal wurde 1810 fertiggestellt. Beide Kanäle können nur von Kähnen und Barken mit geringem Tiefgang befahren werden.

## Ladoga-See

Der Ladoga-See (Ладожское озеро) ist der größte See Europas. Seine maximale Ausdehnung beträgt in Nord-Süd-Richtung 219 Kilometer, in West-Ost-Richtung 83 Kilometer. Die mittlere Tiefe beträgt 50 Meter. Der Ladoga-See ist für seine Stürme gefürchtet, die selbst größeren Schiffen gefährlich werden können. Das Wasser ist schwach mineralisiert und kaum verschmutzt. Entstanden ist er in einem eiszeitlichen Talkessel. Er wird von dutzenden Flüssen gespeist, von denen die Svir und die Volchov die größten sind. Nur ein einziger verlässt ihn: die Neva, die den Ladoga-See mit dem Finnischen Meerbusen der Ostsee verbindet. Die meisten der mehr als 650 Inseln des Sees liegen im Norden Die Uferlandschaften sind sehr verschieden. Im Norden ist die mit Nadelbäumen – Kiefern und Tannen – bewaldete Küste von vielen kleinen, malerischen Felsenbuchten und Halbinseln zerschnitten. Hier erreicht der See seine größte Tiefe – bis zu 230 Meter. Der Ladoga-Granit, aus dem in Petersburg so berühmte Monumentalbauten wie die Atlanten an der Neuen Eremitage, das Fundament der Isaak-Kathedrale und die Palastbrücke über die Neva errichtet wurden, stammt von hier. Im Süden sind die Ufer flach und vielerorts sumpfig. Mit Sträuchern bewachsene Abschnitte wechseln sich mit Kiefernwäldern, Sand- und Geröllstränden ab.

Von November bis April bedeckt eine in manchen Jahren bis zu einen Meter starke Eisschicht den See. Wenn sie im April bricht, treiben die Schollen in Richtung der Šlisselburger Bucht und weiter über die Neva zum Finnischen Meerbusen. Da sich die Neva weit eher als der Ladoga-See von ihrem Eispanzer befreit, spricht man in Petersburg vom Ladoga-Eisgang, wenn bis Mitte Mai Eisbrocken von noch immer beträchtlichem Ausmaß durch die Stadt treiben. Von Dezember bis März gehört es zu den Lieblingsbeschäftigungen mancher Petersburger, auf den Ladoga-See zu fahren, Löcher ins Eis zu hacken, sich mit Wodka oder heißem Tee zu wärmen und zu angeln. Die Ausbeute ist beträchtlich,

*Warten in einer der zahlreichen Schleusen*

die Fische sind fett und schmackhaft. Der Sport ist nicht ungefährlich. Nicht selten bricht das Eis in Ufernähe, und jedes Jahr wiederholen sich die Meldungen von dramatischen Rettungsaktionen, wenn auf den Schollen treibende Freizeitangler von Hubschraubern geborgen werden müssen.

Mitunter heftige Winde sind charakteristisch für den Ladoga-See; aber auch absolute Windstillen, die für sehr kurze Zeit, besonders häufig im Juni, auftreten. Im Juli und August sind vereinzelt sogar Fata Morganas zu beobachten. Schiffe verkehren mindestens seit dem 9. Jahrhundert unserer Zeit auf dem See. Über ihn führte die Handelsstraße aus dem Land der Waräger bis nach Byzanz, und entlang seines Südufers verkehren bis heute die Schiffe zwischen der Ostsee und der Wolga. Der See ist bei den Touristen beliebt, und seine Fische sind eine begehrte Delikatesse. In ihm leben mehr als 60 Arten, vor allem Lachse, Forellen, Renken, Äschen, Stints, Plötzen, Alande und Brassen.

Die Ufer des Ladoga-Sees sind kaum bewohnt. Die größten Orte sind Šlisselburg, Neu-Ladoga und Priozërsk. Nach Priozërsk gelangt man von Petersburg mit der Vorortbahn in ungefähr drei Stunden. Von dort verkehren im Sommer Tragflächenboote und kleinere Schiffe bis nach Valaam.

## Valaam

Valaam (Валаам) ist die berühmteste Inselgruppe im See und eines der beliebtesten Ausflugsziele in der Umgebung von Petersburg. Nur wenige Schiffe auf der Route zwischen Moskau und Petersburg laufen Valaam an.

Weil auf der Klosterinsel wieder Mönche leben und die jährlich mehr als 100 000 Besucher der Landschaft empfindliche Schäden zufügen, werden immer wieder Gerüchte laut, dass die Insel für Touristen gänzlich geschlossen werden soll. Dennoch kann man nicht über den Ladoga-See schreiben, ohne von Valaam zu erzählen, dem ›nördlichsten Paradies‹ auf Erden.

Valaam ist ebenso der Eigenname der größten Insel des Archipels, das insgesamt eine Fläche von 36 Quadratkilometer bedeckt. Die Ufer der hügligen Insel sind felsig, von kleineren und größeren Buchten zerklüftet. Majestätische Nadelwälder bedecken sie, einige Seen, außerdem Birkenhaine, vereinzelt Espen, Ahorn, Linden, Ebereschen, Wacholder sowie Holunder, Johannis- und Faulbeere. Der rötliche Schimmer der Böden rührt von seinem hohen Eisengehalt. Auf Valaam leben zehn Arten von Säugetieren, unter ihnen Elche, Füchse und Hasen, außerdem mehr als 100 Vogelarten sowie Kreuzottern und Ringelnattern. Seit den 1960er Jahren steht die Inselgruppe unter Naturschutz. Die Lage im See führt dazu, dass alle Jahreszeiten zwei bis drei Wochen später beginnen als auf dem Festland. Die Sommer sind kurz und angenehm kühl, die Winter lang, kalt und schneereich. Anfang Juni blüht der üppigwachsende Flieder, der September spielt mit tausend Farben, und im Oktober fegen Stürme durch die

*Kloster Valaam*

Wälder, die auf dem See bis zu sechs Meter hohe Wellen aufwühlen.
Aber nicht der Natur wegen kommen die Touristen. Valaam war lange Zeit einer der nördlichsten Vorposten der christlichen Kultur. Die eigentliche Sehenswürdigkeit sind die teilweise bereits restaurierten Überreste des Klosters, zu dem nicht nur das befestigte Ensemble um die Erlöser-Verklärungs-Kathedrale, sondern auch die über die gesamte Insel verstreuten Einsiedeleien und die von den Mönchen gestaltete Landschaft – Alleen, Obstgärten, in Weideland verwandelte Sümpfe, Brücken und Kanäle – gehören. Die Mönche fällten für ihre Bauten nicht einen Baum. Alles Bauholz war entweder von Stürmen geknickt, vom Wasser des Sees angeschwemmt oder vom Festland auf die Insel gebracht worden. In Jahrhunderten war auf Valaam ein Art Gottesstaat entstanden, in dem während seiner Blütezeit im 19. Jahrhundert bis zu 1000 Menschen lebten, unter ihnen 450 Mönche.
In jener Zeit zog Valaam auch Künstler, Schriftsteller und Musiker an. Peter Tschaikowski zum Beispiel schuf hier im Jahre 1866 seine Erste Symphonie, die ›Winterträume‹.

Der Name der Insel ist karelischen Ursprungs. ›Valamo‹ bedeutet ›hoher, felsiger Boden‹. ›Valaam‹ ist aber auch der russische Name für den alttestamentarischen Gott Baal. Der Legende nach war es der Apostel Andreas, der den christlichen Glauben in den heute russischen Norden bis zum Eismeer gebracht haben soll. Auf seinen Wanderungen gelangte er auch nach Valaam, woran ein Holzkreuz im Norden der Insel erinnert. Im 10. Jahrhundert legten die beiden Wandermönche Sergej und German den Grundstein für das Kloster. Kirchliche Chroniken erwähnen Valaam erstmalig 1163 im Zusammenhang mit einem Überfall der Schweden. Als gesichert gilt, dass 1429 im Kloster der Mönch Savvati lebte, der einige Jahre später etwa 1000 Kilometer nordwestlich das berühmte Kloster auf den Solovecker Inseln gründete. Anfang des 16. Jahrhunderts gehörten zu Valaams ausgedehnten Ländereien Tausende leibeigene Bauern und dutzende Dörfer vom Ladoga-See bis zum Weißen Meer.
Von 1839 bis 1882 ›regierte‹ auf der Insel der Abt Damaskin. Kurz vor oder während seiner Amtszeit entstanden die meisten der auch heute noch erhaltenen

▲ *Kreuzfahrtschiff bei Valaam*

Bauten, einige der Alleen und landwirtschaftlichen Nutzflächen. Die Mönche besaßen ihre eigene Verwaltung, ein Krankenhaus, eine Kerzenfabrik, Werkstätten und eine Zollstation. In einer der Einsiedeleien studierten 40 Novizen. Vater Damaskin schaffte das Eremitentum ab, nicht aber die Verfügung, wonach keiner der Mönche die Insel ohne höchste Erlaubnis verlassen durfte; sie blieb bis zum Anfang des 20. Jahrhunderts in Kraft. Seit Urzeiten war Valaam Verbannungsort für in Ungnade gefallene Kirchenmänner. Ringsum von Wasser eingeschlossen, war jeder Fluchtversuch zwecklos.

Von 1918 bis 1940 gehörte Valaam zu Finnland. Als sowjetische Truppen an der Jahreswende 1939/1940 Valaam angriffen, flohen die letzten Mönche ins finnische Kernland, wo sie in Heinavesi das Kloster Neu-Valaam (finn. Uusi-Valamo) gründeten. Die wertvollsten Ikonen, die 30 000 Bände der Bibliothek, die kostbarsten Gewänder und andere Kirchenschätze nahmen sie mit in die Emigration. Bis 1977 wurden in Neu-Valaam russischsprachige Gottesdienste abgehalten; 1981 starb der letzte russische Mönch. Überlebende der Blockade in Leningrad/Petersburg erinnern sich noch der vielen Kriegskrüppel, die in den ersten Jahren nach Beendigung des Zweiten Weltkrieges auf den Straßen der Stadt um Almosen bettelten. In den Jahren 1950 und 1951 verschwanden sie plötzlich – niemand wusste wohin. Erst Jahrzehnte später lüftete sich der Schleier des Geheimnisses: Sie waren nach Valaam verbracht worden, wo die letzten Überlebenden in den 1980er Jahren starben. Eine Erzählung des Schriftstellers Jurijj Nagibin (1920–1994) greift diese Episode aus der sowjetischen Geschichte Valaams auf.

Für Touristen wurde Valaam 1957 geöffnet, als die ersten Ausflugsdampfer anlegten. Seit 1979 ist das Archipel Museum; Anfang der 1980er Jahre begannen die Restaurationsarbeiten, 1989 tauchten nach einem halben Jahrhundert der Abwesenheit die ersten Mönche auf. Als 1992 Boris Jelzin die Insel besuchte, gab er das Kloster der Orthodoxie zurück, und die Eigentumsrechte wurden offiziell bestätigt. Seitdem befasst sich eine bereits mehr als 100 Mönche zählende Gemeinschaft mit dem Wiederaufbau der Anlagen und der Betreuung der Pilger.

Die aus Richtung Petersburg kommenden Ausflugsdampfer legen in der vor Winden geschützten Großen Nikonbucht am Südufer der Insel an. Von hier werden die Besucher in der Regel mit kleineren Dampfern bis zur Klosterbucht gefahren, wo die meisten Exkursionen beginnen. Von der Anlegestelle zum zentralen Klosterensemble führt eine Allee aus mehr als 100 Jahre alten Laubbäumen.

## Auf der Neva nach St. Petersburg

Die Neva verbindet den Ladoga-See mit dem Finnischen Meerbusen; die Strecke misst 74 Kilometer. Die Neva ist kein mächtiger Strom, doch ist Petersburgs Stadtlandschaft ohne sie und die zahlreichen Brücken, die sie überspannen, undenkbar. In den Sommermonaten werden diese Brücken zwischen halb zwei und halb fünf Uhr morgens aufgezogen, um auch Schiffe mit größeren Aufbauten passieren zu lassen – ein einmaliges Schauspiel vor der Kulisse einer der architektonisch aufregendsten Städte der Welt.

Die erste Stadt am Ufer der Neva ist **Petrokrepost'** (**Km 1272/66**) mit der

Festung Šlisselburg auf einer Insel kurz hinter der Mündung. Das ›i‹ im ›Schlüssel‹ ist der russischen Artikulation geschuldet; auch Petersburg wurde früher zumeist ›Piterburg‹ mit Betonung auf der letzten Silbe ausgesprochen. Daraus entstand ›Piter‹, der Kosename von St. Petersburg.

**Šlisselburg** (Шлиссельбург) erstreckt sich am linken Ufer der Neva. Seit Ende des 18. Jahrhunderts ist die Stadt ein wichtiger Hafen. In ihrer Nähe enden der Alte und der Neue Umgehungskanal um den Ladoga-See. Im Zweiten Weltkrieg stießen die deutschen Truppen bis hierher vor, mussten sich im Januar 1943 aber zurückziehen. Wäre es ihnen gelungen, die **Festung Šlisselburg** einzunehmen, hätte Leningrad während der Belagerung durch die Deutschen seinen einzigen Versorgungsweg über den Ladoga-See verloren – mit fatalen Konsequenzen für die Stadt und ihre Bewohner.

Die Festung Šlisselburg liegt auf der Orechov-Insel, die die Neva in zwei Arme teilt. ›Orech‹ bedeutet ›Nuss‹, und ›Orešek‹ hieß die hier vom Novgoroder Großfürsten Jurijj Danilovič 1323 zum Schutz vor den Schweden gegründete Festung. Anfang des 17. Jahrhunderts belagerten die Schweden sie ein halbes Jahr, bevor die Garnison sich ergab. Von den 1300 Verteidigern überlebten nur 100. Und aus Orešek wurde Noteburg; ›note‹ ist die schwedische Übersetzung für Nuss. Mit einer derart mächtigen, vom Feind gehaltenen Festung im Rücken hätte Petersburg nie gegründet werden können. Im Herbst 1702 belagerten daher russische Truppen Noteburg. Zehn Tage dauerte die Kanonade, dann stürmten die Russen die Festung. Es heißt, dass Zar Peter selbst als Artillerist an der Belagerung teilnahm. Nach seinen Plänen wurde die Zitadelle erweitert. Anfang des 19. Jahrhunderts verlor sie ihre militärische, nicht aber ihre politische Bedeutung. Als ›Festung der Todgeweihten‹ symbolisierte sie die finstersten Seiten des Zarenabsolutismus; politische Häftlinge jeder Couleur waren hier eingekerkert. Im Februar 1917 stürmten aufständische Arbeiter das Ge-

▲ *Die Festung Šlisselburg von der Neva aus gesehen*

fängnis und befreiten die Insassen. Von 1944 bis 1992 trug die Festung den Namen Petrokrepost' (Peter-Festung). Die Restaurationsarbeiten begannen 1966. Wer es wünscht und nötig hat, kann sich für viel Geld in den Kasematten einsperren lassen und wird von den Wärtern so behandelt wie vor 100 Jahren die Zuchthäusler des Zaren.

Gegenüber von Šlisselburg, am Ufer der Neva, liegt die **Siedlung Morozovo**. Ihr Name geht auf einen der berühmtesten Gefangenen von Šlisselburg zurück, den Revolutionär und Wissenschaftler Nikolai Morozov (1854–1946), der 20 Jahre eingekerkert war und alle freie Zeit seiner akademischen Bildung widmete. Nikolaj Morozov war der im Zusammenhang mit dem Landgut ›Borok‹ erwähnte einzige sowjetische Grundbesitzer (→ S. 126).

Etwa fünf Kilometer vor der nächsten Stadt, Kirovsk (**Km 1282/56**), überspannt eine Brücke die Neva. Am linken Flussufer erinnert der neben dem Brückenpfeiler stehender Panzer T 34 an die Offensive der Roten Armee im Januar 1943, durch die der Blockadering an der Neva gesprengt wurde.

In der Nähe von **Kirovsk**, das sich auf einer Länge von fünf Kilometern am linken Steilufer der Neva erstreckt, fanden während des Krieges heftige Kämpfe statt. Zehntausende verloren hier ihr Leben. Die im Krieg völlig zerstörte Stadt erhielt ihren Namen 1953 nach Sergej Kirov (1886–1934), dem 1934 ermordeten Parteichef von Leningrad. Da er in der Partei und bei den Leningradern sehr beliebt war, liegt die Vermutung nahe, dass Stalin den Mord befahl, um sich eines Konkurrenten zu entledigen. Ein Denkmal für Kirov befindet sich im Zentrum der Stadt; von dort führt eine Treppe zur Neva.

Der nächste Ort ist **Dubrovka** am rechten Flussufer (**Km 1287/51**), gefolgt von **Pavlovo** (**Km 1298/40**) und der nach einem Dorf in der Nähe benannten **Kuzminsker Brücke** (**Km 1337/30**). In der Stadt Otradnoe, die sich auf einer Länge von 10 Kilometern am linken Ufer hinzieht, hatte Katharina II. eines ihrer liebsten, von einem Park umgebenen Lustschlösser. Ihr Sohn Pavel (Paul I.) ließ es 1796 demontieren und als Baumaterial für seinen Michajlov-Palast – heute Ingenieur-Palast genannt – nutzen.

Gegenüber von Otradnoe liegt am rechten Ufer das **Dorf Ostrovki**, das nach den vielen kleinen, zum Teil künstlich angelegten Inseln im Flusslauf der Neva benannt ist.

Die Neva passiert nun die ehemaligen **Ivanovsker Stromschnellen**. Der Fluss ist hier nur 210 Meter breit; es ist die engste Stelle zwischen Ladoga-See und Finnischem Meerbusen. Die Fließgeschwindigkeit betrug hier früher bis zu vier Meter pro Sekunde. Durch Aushebungen und Sprengungen wurde der Fluss gebändigt.

Hinter den Stromschnellen erweitert sich die Neva auf bis zu einen Kilometer Breite. Sie nimmt hier die Tosna auf, ihren bedeutendsten Nebenfluss. Das Dorf **Ivanovsk** an der Mündung der Tosna (**Km 1302/36**) gehört zum Stadtgebiet von **Otradnoe**. Die Kriegsdenkmale zu beiden Seiten der Tosna und am rechten Ufer der Neva ehren diejenigen, die hier im August 1942 im Rücken der Deutschen landeten und einen Teil der Stellungen zerstörten. Sie hielten den Brückenkopf fast ein ganzes Jahr. In der Kriegsliteratur wird dieser Ort auch ›Nevskij Pjatačok‹ (Neva-Fleckchen) genannt. Hunderttausende ließen hier ihr Leben. Marschall Žukov begründete später die enormen Opfer damit, dass die hier kämpfenden Soldaten Armeen des Gegners banden, die ihm anderswo zu offensiven Handlungen fehlten. Die Eisenbahn- und die Straßenbrücke verbinden St. Petersburg mit Murmansk im Norden.

In **Ust-Ižora (Km 1310/28)** mündet die Ižora in die Neva, und auch hier gibt es ein Kriegerdenkmal, eine 1953 errichtete Stele. An dieser Stelle besiegte der Novgoroder Fürst Aleksandr 1240 ein schwedisches Heer. Der militärische Erfolg brachte ihm den Beinamen ›Nevskij‹ (von der Neva) ein. Zwei Jahre später schlug er die Ritter des Deutschen Ordens auf dem Eis des Pejpussees. Peter der Große bewunderte Aleksandr Nevskij und ließ ihm zu Ehren das Aleksandr-Nevskij-Kloster gründen, an dem heute der Nevskij-Prospekt endet, die wichtigste Magistrale von Petersburg.

Am rechten Ufer der Neva, gegenüber von Ust-Ižora, liegt das **Dorf Sverdlov**; ihm folgt nach einigen Kilometern der ›Neva-Waldpark‹, ein beliebtes Ausflugsgebiet. Im 19. Jahrhundert gab es hier künstliche Grotten, Inseln, Brücken und Kanäle sowie eine Gemäldegalerie, die 1960 einem Brand zum Opfer fiel. Das dem Waldpark folgende Dorf heißt **Novosaratovka**. Seine Geschichte beginnt mit deutschen Siedlern, die sich hier 1762 niederließen. Ein Teil von ihnen war zunächst nach Saratov an der Wolga gezogen und hatte sich dann von dort in den Norden aufgemacht. Daher der Name, der Neu-Saratov bedeutet. Hinter dem Dorf beginnt das Stadtgebiet von St. Petersburg.

Die bereits zu Petersburg gehörende Schlafstadt am linken Ufer trägt den Namen **Rybackoe**. Peter der Große ließ hier 1716 Fischer vom Fluss Oka ansiedeln, die den Hof des Zaren mit frischem Fisch belieferten. Die vom Fluss sichtbaren Neubausiedlungen entstanden in den 1980er Jahren. Im Park am linken Flussufer befinden sich die Anlagen eines Sportforums mit Stadien, Schwimmhallen und Trainingsmöglichkeiten für dutzende Sportarten. Es gehört dem metallurgischen Werk ›Bolschewik‹, das 1863 als Obuchov-Werk entstand, seinerzeit eines der besten Stahlwerke Europas. Als 1901 die Arbeiter streikten, um 26 verhaftete Kollegen zu unterstützen, schossen Kosaken auf die Menge. Die Arbeiter wehrten sich mit Pflastersteinen und besetzten das Werk. In die Geschichte Russlands ging diese Episode als ›Obuchover Verteidigung‹ ein. So heißt auch der Prospekt längs des Ufers, an dessen Ende stadteinwärts sich der Petersburger Passagierhafen für Flussschiffe befindet (pr. Obuchovskoj Oborony). Sergej Eisensteins (1898–1948) berühmter Film ›Streik‹ vollzieht das Geschehen in expressiven Bildern nach.

Ab dem Passagierhafen ist die Neva in ein granitenes Bett eingefasst. In Fahrtrichtung überspannt die 1936 errichtete Volodarsker Brücke den Fluss. Die nächstgelegene Metro-Station ist die ›Proletarskaja‹. Von dort sind es nur fünf Stationen bis ins Herz von Petersburg, dem Nevskij-Prospekt. Seit 2012 wird das zwischen 1962 und 1974 errichtete Empfangsgebäude des Flusshafens restauriert. Ein Teil der Schiffe legt immer noch hier an. Andere ca. drei Kilometer südlich am rechten Ufer der Neva, zu Füßen der 2007 vollendeten Brücke der ›Obuchover Verteidigung‹, die zum Autobahnring um Sankt Petersburg gehört. Von dort aus sind es ca. 20 Minuten mit einem Kleinbus (Maršrutka) bis zur nächst gelegenen Metrostation. 2018 sollen die Bauarbeiten für einen neuen Flusshafen beginnen.

*Sanierung der Christus-Verklärungs-Kirche auf der Insel Kiži*

»Es gibt nichts Besseres als den Newski-Prospekt, wenigstens in Petersburg: für diese Stadt bedeutet er alles. ... Kaum hast du den Newski-Prospekt betreten – und schon duftet bereits alles nach Feiertag und nach Promenade. Dies hier ist der einzige Ort, wo die Menschen nicht im Zwange der Notwendigkeit hinkommen, wohin sie nicht jenes dringende merkantile Interesse hingetrieben hat, welches doch sonst ganz Petersburg umfängt... Der Newski-Prospekt ist die allverbindende Kommunikation Petersburgs... Er ist allmächtig, dieser Newski-Prospekt!«

*Nikolai Gogol*

# St. Petersburg

*Der Nevskij-Prospekt*

# Das Venedig des Nordens

St. Petersburg (Санкт-Петербург) ist eine der großartigsten Städte der Welt und dabei sehr jung. Erst 1703 gegründet, war sie schon 1712 Hauptstadt, und 1725 lebten bereits rund 40 000 Menschen an dem Ort, wo wenige Jahre zuvor nur ein paar Fischerdörfer im sumpfigen Delta der Neva gestanden hatten.

Petersburg ist die Stadt der Paläste und der Kontraste, das ›Venedig des Nordens‹ und für Russland seit jeher das ›Fenster nach Europa‹. Peter der Große träumte davon, sein Land aus der Lethargie, in der er es sah, zu reißen. Er wollte es grundlegend reformieren und modernisieren, mit Traditionen brechen. Er verabscheute die langbärtigen Bojaren und ihre Intrigen, die Schicksalsergebenheit seiner Untertanen, die seinen Plänen im Wege zu stehen schienen. Um das Land zu verändern, war dem Zaren, der sich ab 1721 Imperator nannte, jedes Mittel recht. Er zwang seine Untertanen dazu, wenn schon nicht an seine Träume zu glauben, so doch ihnen zu dienen. Zehntausende Leibeigene schufteten auf den Inseln im Delta der Neva, gruben Kanäle, legten Sümpfe trocken, bauten Häuser und Paläste, im kurzen Sommer von Milliarden Mücken umschwärmt, im Frühjahr und Winter im kalten und feuchten, vom Meer wehenden Wind, im Winter bei strengstem Frost. Zehntausende sollen ihr Leben dabei gelassen haben. Ab 1714 durfte nirgendwo im Land mehr mit Steinen gebaut werden, denn sie wurden für die neue Hauptstadt gebraucht. So entstand Petersburg. Das älteste bis heute erhaltene Gebäude in der Stadt ist auch das erste: eine kleine Blockhütte auf der Petrograder Seite, in der Peter in den ersten Jahren residierte, wenn er in der Stadt war – heute ein Museum (→ S. 187).

## Geschichte der Stadt

Die schlichtweg faszinierende Stadtlandschaft entstand in zwei Jahrhunderten. Die ersten Glanzlichter in Petersburg setzte der Barock; herausragend sind die Arbeiten des Italieners **Bartolomeo Rastrelli** (1700–1771). Nach seinen

▲ *Am Isaaks-Platz, rechts das Hotel ›Astoria‹*

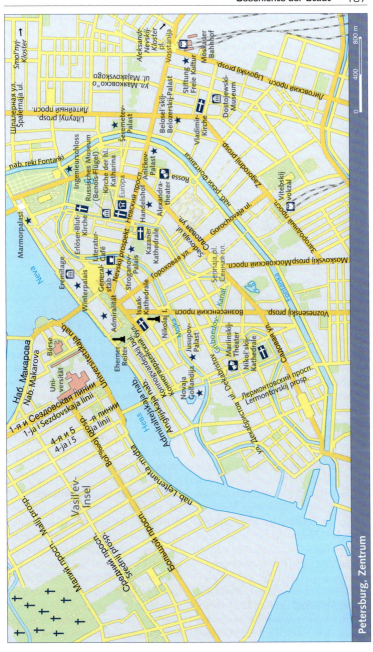

Plänen entstanden unter anderem das Winterpalais, der Stroganov-Palast an der Kreuzung Nevskij-Prospekt und Mojka-Brücke), das Smolnyj-Kloster, die Paläste von Carskoe Selo (heute Puschkin) und Peterhof. Einer seiner berühmtesten Nachfolger, **Giacomo Quarenghi** (1744–1817), ein glühender Anhänger des Klassizismus, zog jedes Mal, wenn er am barocken Smolnyj-Kloster vorüber kam, hochachtungsvoll den Hut, verneigte sich und rief: »Das ist Architektur!« Dem Barock folgte der Klassizismus. Einige der eindrucksvollsten Bauten aus jener Zeit entstanden nach Plänen des Architekten **Carlo Rossi** (1775–1849). Dessen Mutter war eine italienische Balletttänzerin, die von Katharina II. an den Petersburger Hof gerufen worden war. Gerüchte behaupten, Carlo sei das Ergebnis einer Affäre der Ballerina mit Katharinas ungeliebtem Sohn Paul gewesen. Seine Ausbildung zum Architekten erhielt er in Italien, und Zar Alexander I. gab ihm nach dem Sieg über Napoleon die Möglichkeit, sein Talent ungehindert zu entfalten. Rossi gelang es, Macht und Glanz des Zarentums in der Architektur der Hauptstadt zum Ausdruck zu bringen. Davon zeugen der großartige Platz vor der Eremitage mit dem Gebäude des Generalstabes, der Platz der Künste mit dem Michajlov-Palais – heute das Russische Museum –, das Alexandrinskij-Theater und dahinter die nach dem Architekten benannte Straße, das Gebäude der Nationalbibliothek, die Synode und der Senat. Insgesamt 13 Plätze und 12 Straßen sind mit den Namen Carlo Rossi verbunden.

Das Nach-Rossi-Zeitalter prägte unter anderem der Leibarchitekt **Nikolaus I.**, **Andrej Stakenschneider** (1802–1863) mit dem Pavillonsaal in der Neuen Eremitage, dem Palast der Fürsten Beloselskij-Belozerskij am Nevskij-Prospekt und dem Marienpalast gegenüber der Isaak-Kathedrale. 1858 vollendete der Franzose **Auguste de Montferrand** (1786–1858) nach 40 Jahren Bauzeit die Isaak-Kathedrale.

In der zweiten Hälfte des 19. Jahrhunderts hielten der Jugendstil und die Petersburger Eklektik Einzug.

Anders als Moskau ist Petersburg planmäßig gewachsen und so zu dem geworden, was es heute ist: ein Museum unter freiem Himmel. In der Stadt leben etwas mehr als 5 Millionen Menschen, und die meisten lieben ihr Petersburg, auch wenn das Leben auf Grund des Klimas und der Extreme, in denen sich Glanz und Elend auf kleinstem Raum begegnen, nicht einfach ist.

Benannt ist die Stadt übrigens nicht nach Peter dem Großen, sondern dessen Schutzpatron, dem Apostel Petrus, dem Kirchenheiligen am Tag der Geburt des Zaren, dem 30. Mai 1672. Im Jahr 1914 wurde das deutschklingende Petersburg infolge der patriotischen Euphorie beim Ausbruch des Ersten Weltkrieges in das russische ›Petrograd‹ umbenannt. Nach Lenins Tod wurde daraus 1924 ›Leningrad‹. Als die Kommunistische Partei 1991 von der politischen Bühne abtrat, erhielt die Stadt ihren ursprünglichen Namen zurück.

## Schlossplatz und Eremitage

Die höchste Anziehungskraft unter den Petersburger Sehenswürdigkeiten besitzt der Schlossplatz (Dvorcovaja ploščad', Дворцовая площадь) vor der Eremitage. Am effektvollsten ist der Anblick, wenn man ihn aus Richtung der Bolšaja-Morskaja betritt, durch den **Torbogen** unter dem Gebäude des Generalstabes. Über dem Torbogen befindet sich der Triumphwagen der Siegesgöttin Nike.

*Der Schlossplatz mit dem Generalstabsgebäude*

Errichtet wurde der halbrunde, 600 Meter lange **Generalstab** um 1829 von Carlo Rossi. Der Westflügel wird auch heute gemäß seiner ursprünglichen Bestimmung genutzt, nun als Kommandozentrale des Westlichen Militärbezirkes. Teile des **Ostflügels** gehören der Eremitage. Die restaurierten Räumlichkeiten waren 2014 Gastgeber der ›Manifesta 10‹ – Biennale junger europäischer Kunst. Aus diesem Anlass verließen die Werke von Matisse, die Komposition Nr. 6 von Kandinsky und das ›Schwarze Quadrat‹ von Malevič das Hauptgebäude der Eremitage. Von Zeit zu Zeit werden weitere hochkarätige Ausstellungen gezeigt.

### ■ Alexandersäule

Die Alexandersäule wurde 1834 zum Gedenken an den Sieg gegen Napoleon errichtet. Ihr Schöpfer war ein Franzose, der 1807 nach Russland emigrierte Auguste de Montferrand (1786–1858). Der Monolith aus Granit ist 47,5 Meter hoch, wiegt 700 Tonnen und ruht unverankert auf einem Bronzesockel. Die Basreliefs sind Allegorien auf Ereignisse aus dem Krieg gegen Napoleon. Auf der Spitze thront ein Engel mit einem Kreuz. Seine Züge sollen denen Alexanders I. ähnlich sehen, dem russischen Gegenspieler Napoleons.

### ■ Eremitage

Das Winterpalais (Зимний дворец), das zwischen 1754 und 1762 errichtet wurde, war mehr als 150 Jahre lang die Residenz der russischen Zaren. Seine Auftraggeberin war Zarin Elisabeth, der Baumeister ihr Lieblingsarchitekt Rastrelli. Bevor das Palais beendet war, verstarb Elisabeth. Katharina II. brachte ihren Geschmack ein, auf sie geht auch die Sammlung der weltberühmten Eremitage (Эрмитаж) zurück.

Der Begriff Eremitage stammt aus dem Französischen und bedeutet wörtlich ›Einsiedelei‹. Im 16. Jahrhundert bezeichnete man mit dem Wort in der Gartenkunst einen höfischen Ort der Besinnung. In dieser Bedeutung kam der Begriff nach Russland, und Katharina, die alles Französische liebte, benannte mit ihm ihre Gemäldesammlung. Den Grundstein legten im Jahr 1764 225

*Das Winterpalais ist Teil der Eremitage*

Bilder aus dem Besitz von Johann Ernst Gotzkowsky, einem Berliner Seidenfabrikanten und Berater Friedrichs II. Alle Zaren nach Katharina erweiterten die Sammlung, nach der Revolution gelangten wertvolle Arbeiten aus den Petersburger Adelspalästen und bürgerlichen Sammlungen in den Besitz der Eremitage. Heute ist sie mit etwa 60 000 Exponaten in 350 Sälen eines der größten Museen der Welt. In den Magazinen und Archiven lagern weitere rund drei Millionen Objekte.

Nach dem Sturz des Zaren und der Verstaatlichung der Kunstschätze wurden Winterpalais und Eremitage zu einem Staatlichen Museum zusammengelegt. Bis zu vier Millionen Gäste kommen pro Jahr hierher.

Das eigentliche **Museum** besteht aus vier Gebäuden am Ufer der Neva: dem **Winterpalais** mit den Wohnräumen der Zarenfamilie und dem Thronsaal, der **Kleinen Eremitage** (1775), der **Alten Eremitage** (1787) und dem Eremitage-Theater (1787) sowie der **Neuen Eremitage** (1852) mit ihrer zur Millionnaja weisenden Fassade.

**Öffnungszeiten Eremitage**: Dienstag, Donnerstag, Samstag und Sonntag von 10.30 bis 18 Uhr, Mittwoch und Freitag von 10.30 bis 21 Uhr. Montag geschlossen. Kassen im Winterpalais, Eintritt 700 Rubel, Schüler und Studenten frei, www.hermitagemuseum.org.

■ **Ein Rundgang durch die Eremitage**
Für die Liebhaber der europäischen Malerei vom 15. bis zum 20. Jahrhundert ist die Eremitage ein Paradies. Ein Rundgang führt zunächst über die 1762 von Rastrelli mit Grandezza entworfene marmorne **Jordan-Treppe**. Im Westflügel liegen die Thron- und Ballsäle sowie die Privatgemächer der Zarenfamilie. Nach links führt der mit alten Gobelins dekorierte Ministerialkorridor zum **Pavillonsaal**, in dem die Pfauenuhr ausgestellt ist, eine englische Spieluhr, die Katharina II. als Geschenk für ihren Favoriten Fürst Grigorij Potëmkin erwarb. Einmal in der Woche, in der Regel mittwochs um 17 Uhr, wird sie aufgezogen und gespielt.

Entlang der Fenster, mit Blick auf die Neva, gelangt man in die Säle mit der **italienischen Malerei**, zunächst der frühen, und dann zu Leonardo da Vincis ›Madonna Litte‹, einem Meisterwerk der italienischen Renaissance. Zur Sammlung gehören Bilder von da Vinci, Tizian, Michelangelo, Raffael, Giorgione, Veronese und Tintoretto; weiter sind die Spanier Velasquez und El Greco vertreten, ganze Säle der holländischen und flämischen Malerei vorbehalten, unter anderem die mit 20 Gemälden **größte Rembrandt-Sammlung außerhalb der Niederlande**, desweiteren Bilder von Rubens, van Dyck und Snyders. Eine ganze Zimmerflucht zum Schlossplatz nimmt die **französische Malerei** ein: Poussin, Watteau, Lorrain, Boucher und Fragonard. Die **deutsche Kunst** ist durch Dürer, Lucas Cranach den Älteren, Daniel Schultz und einige Landschaften von Caspar David Friedrich präsent.

In der dritten Etage, über den französischen Meistern des 17. und 18. Jahrhunderts, haben die **Impressionisten und andere moderne Künstler** – Monet, Cézanne, Gauguin, Rodin, van Gogh und Picasso – eine Heimat gefunden. Sie gehörten zur Sammlung der beiden Moskauer Mäzene Sergej Ščukin und Ivan Morozov, die 1918 verstaatlicht und später zwischen dem Puschkin-Museum in Moskau und der Eremitage aufgeteilt wurde. In einem Nebenraum hängen auch einige Kandinskys aus dessen Münchener Periode, den Jahren vor 1914.

*Atlanten an der Fassade der Neuen Eremitage*

Nicht weniger beeindruckend ist die **Sammlung antiker Skulpturen** in der Neuen Eremitage sowie die von Quarenghi gestaltete **Loggia**, die den von Raffael im Vatikan geschaffenen Innenräumen nachempfunden ist. Die Loggia führt rechts an dem von vielen Kindern favorisierten Rittersaal vorbei und endet in der 12-Säulen-Halle. Von hier aus gelangt man zu den übrigen Sammlungen.

Die Eremitage war 2003 Schauplatz eines ungewöhnlichen Filmprojekts. Zum 300. Geburtstag Petersburgs erlebte ›Die russische Arche‹ des Regisseurs Aleksandr Sokurov ihre Premiere. Sokurov ist gegenwärtig einer der renommiertesten russischen Filmemacher. ›Die russische Arche‹ drehte er in nur einer Einstellung – ein Novum in der Filmgeschichte – mit dem deutschen Kameramann Tilman Büttner. Die Kamera begleitet einen fiktiven Erzähler und den französischen Marquise de Custine, der Russland 1839 besucht und ein vernichtendes Bild des Landes entworfen hatte, durch 33 Räume der Eremitage. Mehr als 1000 Statisten und Schauspieler stellen Szenen der russischen Geschichte bis 1917 nach. Der begleitende Text kreist um das Schicksal Russlands und des russischen Volkes, das trotz vieler Katastrophen – blutige Aufstände, Verschwörungen und Kriege – die klassische Kultur und Kunst zu bewahren wusste.

## Nevskij-Prospekt

Die wichtigste Petersburger Magistrale verdankt ihren Namen nicht dem Fluss, an dem sie ihren Anfang nimmt, sondern dem Kloster, an dem sie endet. Ihre Entstehung geht auf das Jahr 1710 zurück, als der Zar befahl, das Aleksandr-Nevskij-Kloster mit der 1704 errichteten Admiralität zu verbinden. Zu jener Zeit bedeckten dichter Wald und Sümpfe die Ufer der Neva. Durch sie schlugen Arbeiter eine Schneise. Kriegsgefangene Schweden arbeiteten sich von Seiten der Admiralität vor; die Mönche und ihre leibeigenen Bauern aus Richtung des Klosters. Sie trafen sich dort, wo sich heute der Moskauer Bahnhof befindet. Der stumpfe Winkel, in dem sich die beiden Achsen treffen, ist kein planerischer Fehler, sondern war städtebaulich gerechtfertigt.

### ■ Zwischen Neva und Moskauer Bahnhof

Den 4,5 Kilometer langen Nevskij-Prospekt (Невский проспект) vollständig abzulaufen, lohnt sich nicht. Imperial und prächtig, voller Geschichte und Geschichten ist er in erster Linie zwischen Neva und Moskauer Bahnhof.

Traditionell unterscheidet man die Sonnen- und die Schattenseite. Auf der nördlichen Sonnenseite tragen die Häu-

*Die Admiralität von der Eremitage aus gesehen*

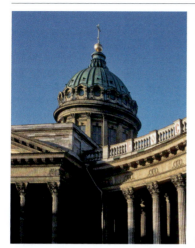

*Die Kazaner Kathedrale*

ser gerade Nummern; die südliche Schattenseite ist die mit den ungeraden. Die Petersburger nutzen jeden Sonnenstrahl, der ihnen das nördliche Klima gönnt und ziehen daher die Sonnenseite dem Schatten vor. Während der Blockade durch die Deutschen während des Zweiten Weltkrieges verkehrten sich die Präferenzen, da die nördliche Straßenseite direktem Beschuss der deutschen Artillerie ausgesetzt war. Eine Gedenktafel am 1939 errichteten Haus Nr. 14 – Architekt war Aleksandr Ščusev, der Baumeister des Lenin-Mausoleums –, in dem sich eine Schule befindet, erinnert daran. Die Inschrift lautet: »Bürger! Bei Artilleriebeschuss befinden Sie sich auf dieser Seite in größerer Gefahr.«

Der Nevskij-Prospekt beginnt vor der Admiralität mit dem 1874 angelegen **Alexandergarten** auf der einen und dem Schlossplatz auf der anderen Seite als Verlängerung der Schlossbrücke (Dvorzovyj Most) über die Neva. Sein erstes Teilstück bis zur Mojka, einem der drei Kanäle im Stadtzentrum, ist recht schmal. Die Gebäude stehen lückenlos nebeneinander, was bereits zu Zeiten des Zaren Peter als städtebauliches Prinzip der ›einen Fassade‹ galt. An der Ecke des Prospekts und der Mojka befand sich im Erdgeschoss des **Hauses Nr. 18** die erste Petersburger Konditorei; ein Schweizer gründete sie. Hier verbrachte Puschkin den Abend des 26. Januar 1837 vor seinem tödlichen Duell, und hier soll Peter Tschaikowski während einer Cholera-Epidemie ein Glas unabgekochtes Wasser getrunken haben, das ihm das Leben kostete. In der ehemaligen Konditorei befindet sich seit langem das mittlerweile sehr elegante und sehr teure ›**Literatur-Café**‹. Bei Restaurierungsarbeiten fanden Bauarbeiter zwei Treppenstufen, die aus der Ära Puschkins stammen. Sie liegen heute in einem gläsernen Kasten zwischen den Doppelfenstern.

Die **Grüne Brücke** führt über die Mojka. Das erste Gebäude auf der rechten Straßenseite jenseits des Kanals ist das von Rastrelli 1754 errichtete **Stroganov-Palais**. Ein französischer Koch der Familie kreierte das weltberühmte Boeuf Stroganov. Im Palast befindet sich eine Filiale des Russischen Museums, in der wechselnde Ausstellungen stattfinden. Im Innenhof gibt es ein Café.

Hinter der Mojka zweigen nach links die Bolšaja und die Malaja-Konjušennaja (Große und Kleine Marstallstraße) ab. Zwischen ihnen errichtete Aleksandr Brjullov 1833 bis 1838 die **lutherische Peter-Kirche**. Hinter ihr befindet sich die 1710 gegründete **Peter-Schule**.

Eines der berühmtesten Bauwerke am Nevskij-Prospekt ist die **Kazaner Kathedrale**. Errichtet wurde sie von Andrej Voronichin (1759–1814). Als Leibeigener der Stroganovs geboren, erhielt er aufgrund seines sich früh abzeichnenden Talents eine hervorragende Ausbildung, wurde von seinem Herrn aus der Leibeigenschaft entlassen, auf eine Studienreise nach Westeuropa geschickt und in späteren Jahren protegiert. Die an den Petersdom in Rom erinnernde Kathedrale wurde eigens für die Ikone der Kazaner Gottesmutter gebaut, eines der wichtigsten Heiligtümer der russischen Orthodoxie. Bevor sich Michail Kutuzov 1812 auf den Weg zu seinen Armeen machte, betete er vor ihrem Abbild. Ein Jahr später fand der Feldmarschall in der Kathedrale seine letzte Ruhestätte – neben den von den Franzosen erbeuteten Standarten und Schlüsseln eroberter Städte. Eines der beiden Denkmale auf dem Platz ist ihm gewidmet, das andere Barclay de Tolly, der 1812 gemeinsam mit Kutuzov die russischen Truppen gegen Napoleon in der Schlacht bei Borodino befehligte.

Die **Kazaner Brücke** über den Griboedov-Kanal ist mit 95 Metern eine der breitesten in Petersburg. Nach rechts gelangt man zur berühmten **Greifenbrücke** mit den beiden geflügelten Fabelwesen und nach links zur **Erlöser-Blut-Kirche**. Diese Kirche im neorussischen Stil steht an der Stelle, wo Zar Alexander II. 1881 von einem Attentäter tödlich verwundet wurde. Rechts vor der Kirche befindet sich der Eingang zum **Benois-Flügel des Russischen Museums** (→ S. 178).

Links am Nevskij-Prospekt passiert man nach einigen Schritten die 1783 errichtete **katholische Kirche der heiligen Katharina**. Der Kirche schließt sich die Seitenfassade des Hotels ›Europa‹ an. Die nach links abzweigende Michajlovskaja-Straße mündet in den **Platz der Künste**. An ihm liegen der **Michajlovskij-Palast** – heute Russisches Museum (→ S. 178) –, die **Philharmonie**, die **Kleine Oper** und das **Ethnographische Museum**. Das **Puschkin-Denkmal** steht in seinem Zentrum.

Einen ganzen Block am Nevskij nimmt auf der rechten Seite die Fassade des **Gostinyj Dvor**, des Handelshofes, ein. Er wurde 1785 von Quarenghi errichtet und war lange das größte Kaufhaus der Stadt. Die Geschäfte befinden sich in Galerien auf drei Etagen. Zu kaufen gibt es hier buchstäblich alles.

Die sich in einem Hof gegenüber verbergende Kirche gehört der **armenischen Gemeinde**. Frisches armenisches Brot und Gebäck bekommt man in der kleinen Bäckerei im Seitenflügel des Hauses Nr. 42, gleich neben der Kirche. Im gleichen Haus lebte von 1854 bis 1873 der russische Dichter Fëdor Tjučev (1803–1873), von dem ein berühmter Vierzeiler über Russland in der Übersetzung so lautet: »Der kühle, wägende Verstand / Kann Russlands Wesen nicht verstehen; / Denn, dass es heilig ist, dies Land, / Das kann allein der Glaube sehen.«

Hinter der Kreuzung des Nevskij-Prospekts mit der Gartenstraße (Sadovaja ulica) mündet die **Malaja Sadovaja ulica** (Kleine Gartenstraße) von links in den Nevskij ein, eine weitere Fußgängerzone. Im hinteren Abschnitt dieser Straße zweigt nach rechts ein Durchgang zu stilvoll restaurierten Hinterhöfen ab. Gegenüber liegt der **Katharinengarten** (Ekaterininskij Sad) mit einem monumentalen Denkmals der Zarin. Dahinter erhebt sich das nach der Gemahlin von Nikolaus I. benannte **Alexandrinskij-Theater**.

Im Rücken dieses von Carlo Rossi errichteten Gebäudes beginnt die nach dem Architekten benannte **Rossi-Straße**, eine der faszinierendsten Petersburger Straßen. Das Besondere an ihr ist eine mathematische Raffinesse: Ihre Breite entspricht exakt der Höhe der Häuser, ihr

*Der Griboedov-Kanal mit der Erlöser-Blut-Kirche*

Querschnitt also einem nach oben hin offenen Quadrat. Die nur etwa 200 Meter lange Straße mündet in den halbrunden, zur Fontanka hin offenen **Lomonosov-Platz**, der ebenfalls von Rossi gestaltet wurde. Hinter den strengen Fassaden der links und rechts einander spiegelnden, durchgängigen Häuserfronten der Rossi-Straße verbergen sich die zum Theater gehörende Bibliothek, das Theatermuseum und die Vaganov-Ballett-Akademie.

Dem Katharinengarten schließt sich der 1754 von Rastrelli errichtete **Aničkov-Palast** an, der seit 1932 den Petersburger Kindern gehört. Seinen Namen erhielt der Palast von der Brücke über die Fontanka, an deren Ufer er liegt. Die Fontanka, übersetzt ›Fontänenfluss‹, versorgte einst die über 50 Brunnen und Fontänen des Sommergartens mit Wasser. Bis zur Mitte des 18. Jahrhunderts bildete der sieben Kilometer lange Kanal die südliche Stadtgrenze.

Die Brücke, über die der Nevskij-Prospekt die Fontanka quert, ist nach Oberstleutnant Aničkov benannt, der an dieser Stelle 1713 die erste hölzerne Verbindung zwischen den beiden Ufern errichtete. Die heutige Konstruktion stammt von 1785. Berühmt ist die **Aničkov-Brücke** für ihre Skulpturen. Ihr Schöpfer war der aus einem alten livländischen Adelsgeschlecht stammende Peter Klodt (1805–1867). Die aus vier Skulpturengruppen bestehende Komposition beschreibt allegorisch die Unterwerfung der Natur durch den Menschen. Zar Nikolaus war von den vier sich aufbäumenden und sich gegen ihren Bändiger wehrenden Pferdekörpern begeistert. Angeblich sagte er: »Klodt, Du machst die Pferde besser als jeder Hengst!« Je zwei Kopien der ›Pferdebändiger‹ schenkte der russische Zar dem preußischen König – sie standen vor dem Schloss in Berlin –, und dem König von Sizilien, der sie in Neapel aufstellen ließ.

In Richtung Neva liegt am rechten Ufer der Fontanka der um 1750 errichtete **Šeremetev-Palast**, der auch Fontannyj dom, Fontänenhaus, genannt wird. In ihm befinden sich ein wunderbar eingerichtetes Musikzimmer und ein **Museum für Musikinstrumente**.

Im hinteren Seitenflügel, den man über das Haus Litejnyj-Prospekt 53 erreicht, lebte viele Jahre Anna Achmatova (1889–1966), eine der berühmtesten und faszinierendsten russischen Dichterinnen. Über ihre Zeit an diesem Ort schrieb sie: »Ich habe auf diesen Adelssitz weder Anrecht noch Anspruch. Aber es ergab sich, dass ich fast mein ganzes Leben unter dem Dach des Fontänenhauses verbrachte; arm trat ich ein und arm verlasse ich es«. In dem Seitenflügel mit der **ehemaligen Wohnung Achmatovas** befindet sich seit 1989 eines der wichtigsten literarischen und künstlerischen Zentren Petersburgs.

Die meisten Bauten auf dem Nevskij-Prospekt zwischen der Aničkov-Brücke und dem Moskauer Bahnhof entstanden in der zweiten Hälfte des 19. und im ersten Jahrzehnt des 20. Jahrhunderts. Das prächtige, rot gestrichene neobarocke Eckgebäude mit seinen 16 leidenden Atlanten an der Fassade war der **Palast der Fürsten Beloselskij-Belozerskij**, eines der ältesten russischen Adelsgeschlechter. Es liegt direkt an der Ecke zur Fontanka.

Einige Schritte weiter zweigt nach rechts die **ul. Rubinštejna** ab. An ihr befinden sich das Kleine Dramatische Theater, einige gemütliche Cafés und Restaurants und fast am Ende, rechter Hand, ein faszinierendes Mietshaus aus der

Zeit kurz vor dem Ersten Weltkrieg, dessen Hinterhöfe und monumentalen Torbögen die Straße mit der Fontanka verbinden.

An der nächsten großen Kreuzung des Nevskij-Prospekts zweigen nach rechts der **Vladimir-** und nach links der **Litejnyj-Prospekt** ab. Über ersteren gelangt man zur **Vladimir-Kathedrale**, hinter der sich Petersburgs teuerster Markt und das **Dostojewski-Museum** befinden. Das Eckhaus, das Hotel ›Radisson SAS Royal‹, ist das jüngste der Petersburger Luxushotels. Von den 1960er bis zu den 80er Jahren befand sich hier das legendäre Café ›Saigon‹, in dem sich Maler, Schriftsteller, Dichter, Rocker, Hippies und Lebenskünstler des Leningrader ›Underground‹ trafen. Die Traditionen des ›Saigon‹ lebten in der vor dem Moskauer Bahnhof abzweigenden Puškinskaja-Straße fort. In dem besetzten Haus Nr. 10 vor dem kleinen Platz mit dem Puschkin-Denkmal schlug Anfang der 1990er Jahre das Herz der Petersburger nonkonformistischen Kunst. Was von ihm übrig blieb, ist die **Stiftung ›Freie Kultur**, deren Galerien und dessen Club (›Fischfabrik‹) man über die Parallelstraße – Ligovskij-Prospekt 53 – betritt.

Der **Platz des Aufstandes** (ploščad' Vosstanija) hieß früher Znamenskaja (Mariä Erscheinung) und trug seinen Namen nach einer kleinen Kirche, die dort stand, wo sich heute der Pavillon der Metrostation befindet. Seinen Namen bekam der Platz, weil sich hier im Februar 1917 Soldaten weigerten, auf Demonstranten zu schießen. Der **Obelisk** ›In Gedenken an die heldenhafte Verteidigung Leningrads‹ während des Zweiten Weltkrieges stammt aus dem Jahr 1985. An seiner Stelle saß ursprünglich Alexander III. auf einem bronzenen Pferd. Das unspektakuläre Reiterstandbild ist zum Marmor-Palast umgezogen. Links zweigt die ul. Okjabrskaja (Oktober-Straße) vom Platz ab, rechts der Ligovskij-Prospekt. Die Fassade des großen Petersburger **Hotels Okjabrskaja** (Oktober) begrenzt ihn von Norden, der Moskauer Bahnhof von Süden.

*Im Dostoevskij-Museum*

## ■ Alter Nevskij

Der Nevskij-Prospekt zwischen dem Moskauer Bahnhof und dem Aleksandr-Nevskij-Kloster heißt **Alter Nevskij** (Staro-Nevskij). Ihn säumen Boutiquen, Restaurants und Cafés. Die meisten Gebäude stammen vom Beginn des 20. Jahrhunderts.

Der Prospekt mündet, kurz vor Erreichen der Neva, in einen Platz mit beträchtlichen Ausmaßen. An dessen südlicher Seite befindet sich unübersehbar das **Aleksandr-Nevskij-Kloster** (Александро-Невская Лавра). Es ist so alt wie die Stadt Petersburg. Den Weg zu ihm flankieren zwei ummauerte **Friedhöfe**. Die Grabstätten sind seit 1923 Museum. Auf dem linker Hand gelegenen Lazarus-Friedhof befinden sich vornehmlich aus dem 18. und der ersten Hälfte des 19. Jahrhunderts stammende Grabmale. Gegenüber, auf dem Künstler-Friedhof, kann man einen Blick auf die **Grabdenkmale für Dostojewski, Tschaikowski, Glinka** und viele andere verdiente Petersburger werfen.

Die klassizistische **Dreifaltigkeitskathedrale** (Svjato-Troickij sobor) des Klosters wurde 1790 geweiht. Der mächtige einkupplige Kirchenbau beeindruckt im Innern durch seine räumliche Dimension, aber auch durch das selbst an lichten Tagen herrschende Halbdunkel. Über der Eingangstür halten zwei Engel das Wappen Aleksandr Nevskijs (1220–1263). Die sterblichen Überreste des im 16. Jahrhundert heilig gesprochenen Fürsten wurden 1724 in der Kathedrale beigesetzt. Er hatte einst die Schweden an der Newa und die Kreuzritter auf dem Peipussee bei Novgorod besiegt. Während des Nordischen Krieges, den Zar Peter I. gegen die Schweden führte, betrachteten die Russen ihn als ihren himmlischen Beistand.

## Russisches Museum

Ganz in der Nähe des Nevskij-Prospekts befindet sich der Platz der Künste (pl. Iskusstv), dessen Nordflanke vom **Michajlovskij-Palast** begrenzt wird. Dieser Palast (Михайловский дворец) ist ein weiterer Prachtbau von Carlo Rossi, den der Architekt für den vierten und jüngsten Sohn von Zar Paul I., Michail, errichtet hatte. Von diesem erhielt der Palast seinen Namen. Alexander III. ließ ihn als Museum herrichten, das sein Sohn Nikolaus II. 1898 eröffnete. Es beherbergt die **größte Sammlung russischer Kunst weltweit** und ist in gewisser Weise ein Konkurrent der Moskauer Tretjakov-Galerie. Während die Moskauer vor allem mit ihrer Ikonensammlung und den Wandermalern aus der zweiten Hälfte des 19. Jahrhunderts reüssieren, ist die Petersburger Sammlung stärker von den Werken aus dem 18. Jahrhundert, der akademischen Tradition und der Avantgarde geprägt.

Bereits wenige Jahre nach der Eröffnung entstanden rechts das Gebäude, in dem heute das **Ethnographische Museum** (1911) untergebracht ist, und am Ufer des Griboedov-Kanals ein weitere Flügel (1912), der nach seinem Architekten Leontij Benois (1856–1928) benannt wurde. Neben der ständigen Ausstellung im Erdgeschoss finden im **Benois-Flügel** die spektakulärsten Petersburger Ausstellungen statt – sowohl moderner Kunst als auch Retrospektiven. In den oberen Räumen befinden sich die Meisterwerke vom Ende des 19. bis und den ersten beiden Jahrzehnten des 20. Jahrhunderts. Neben der Eremitage ist der Benois-Flügel des Russischen Museums eines der größten Geschenke der Kunst, die man in Petersburg erhält. Die Kasse befindet sich im Eingang am Griboedov-Kanal.

Zum Russischen Museum gehören auch der Marmorpalast und das Michajlovskij- (Ingenieur-) Schloss am Marsfeld.

■ **Marmorpalast**

Der Marmorpalast am Ufer der Neva wurde von Antonio Rinaldi (1709– 1794) für einen Favoriten der Zarin Katharina II. errichtet. Rinaldi verwendete für den Bau 33 verschiedene Sorten Marmor, außerdem Granit, Lasur- und Sandstein. In der ersten Etage sind 33 vom Kölner Sammlerehepaar Peter und Irene Ludwig dem Museum 1995 geschenkte Avantgardekunstwerke ausgestellt. Einen Stock höher liegen die Ausstellungsräume für moderne Kunst. Im der Neva zugewandten Flügel sind die ehemaligen Wohnräume des letzten Bewohners, Konstantin Romanov, zugänglich. Eine Dauerausstellung zeigt darüber hinaus Werke ausländischer Künstler des 18. und 19. Jahrhunderts, die in Russland lebten. Berühmt für seine Akustik ist der Musiksaal des Palastes, in dem ab und an Konzerte stattfinden.

■ **Michajlovskij-Schloss**

Das Michajlovskij-Schloss gegenüber Marsfeld und Sommergarten an der Fontanka ließ sich der Sohn Katharina II., Paul I., als mittelalterliche Festung errichten. In seinem Schlafzimmer wurde er von Offizieren der Garde ermordet. Später beherbergte der Palast eine Ingenieurschule, dessen berühmtester Absolvent Fjodor Dostojewski war. Zum 300. Jahrestag von St. Petersburg wurde das Schloss restauriert und eine Ausstellung über seine Geschichte eröffnet.

Zwischen Michajlovskij-Schloss und Neva bzw. Marsfeld und Gribojedov-Kanal liegt der in den letzten Jahren umgestaltete **Sommergarten** (Летний Сад) mit seinen von Skulpturen gesäumten Alleen und Fontänen sowie dem Sommerhäuschen Peter des Großen (im Sommer von 10 bis 22 Uhr geöffnet).

**Öffnungszeiten Russisches Museum** und M**armorpalais**: täglich außer Dienstag von 10 bis 18 Uhr, Montag 10 bis 20 und Donnerstag 13 bis 21 Uhr. Kassen im Michajlovskij-Schloss, Eintritt 450 Rubel, www.rusmuseum.ru.

*Das Michajlovskij-Schloss gehört ebenfalls zum Russischen Museum*

## Rund um die Isaak-Kathedrale

Geht man vom Schlossplatz Richtung Westen quert man zunächst den Alexandergarten mit seinem Springbrunnen, der die Südseite der Admiralität begrenzt. Durch den Park gelangt man zur Isaak-Kathedrale (Исаакиевский собор), die das bauliche Ensemble in diesem Teil Petersburg überragt. Ihren Namen erhielt sie vom Heiligen Isaak von Dalmatien, dessen Gedenktag mit dem Geburtstag Peters des Großen zusammenfällt.

Der Architekt der Kathedrale war der Franzose Auguste de Montferrand (1786–1858). Die Bauarbeiten nahmen 40 Jahre in Anspruch. Mit 101,5 Metern Höhe ist sie eine der größten Kuppelkirchen der Welt. Die Kathedrale wird von 72 granitenen Säulen eingefasst, die jede bis zu 114 Tonnen wiegen. Für die Gestaltung des Kirchenraums verwendete Montferrand verschiedenfarbigen Marmor, Porphyr, Lasurstein, Malachit und Jaspis. Die Malereien – Fresken und Bilder – stammen von den besten Malern jener Epoche. Dem Besucher kommt es vor, als sei diese Kathedrale von Beginn an als Museum gedacht gewesen. Diese Nutzung erfährt sie allerdings erst seit den 1930er Jahren. Seit einigen Jahren finden an wichtigen religiösen Feiertagen Messen statt, an denen bis zu 14000 Gläubige teilnehmen können.

Wer die 565 Stufen zur vergoldeten Kuppel nicht scheut, hat von oben, zur Musik von Tschaikowski, einen einzigartigen Blick auf das Zentrum Petersburgs. Besonders schön ist es hier im Morgengrauen während der Weißen Nächte, wenn hinter der Eremitage die Sonne aufgeht.. Vom 1.6. bis 20.8. ist der Zugang zur Aussichtsplattform bis 4.30 Uhr morgens geöffnet, 1.5. bis 31.10. bis 22.30 Uhr. Das Museum öffnet täglich außer Mittwoch von 10.30 bis 18 Uhr, Eintritt 250 Rubel.

### ■ Jusupov-Palast

Die Jusupovs waren eines der reichsten Fürstengeschlechter. Ihre Vorfahren gelangten zu Zeiten Ivan des Schrecklichen nach Russland. Im 17. Jahrhundert traten sie zum Christentum über. Der letzte Spross und Besitzer des Palastes an der Mojka war Feliks Jusupov (1887–1967). Im Keller ermordeten er und einige Mitverschworene in der Nacht vom 16. zum 17. Dezember 1916 Grigorij Rasputin. Von außen wirkt der Palast der Jusupovs (Юсуповский дворец) an der Mojka (hinter der Isaak-Kathedrale) eher bescheiden, doch sein Innendekor ist eines der prachtvollsten in der ganzen Stadt. Zum 300. Geburtstag von St. Petersburg wurde er vollständig restauriert.

### ■ Eherner Reiter

Im Park zwischen der Isaak-Kathedrale und der Neva steht eines der wichtigsten Petersburger Wahrzeichen, der ›Eherne Reiter‹ (Медный всадник). Der Urheber

*Der Eherne Reiter*

# Rund um die Isaak-Kathedrale

*Die Isaak-Kathedrale*

des Namens für das Standbild Peter des Großen ist Alexander Puschkin. So nannte der Dichter sein 1833 geschriebenes Poem über die verheerendste Überschwemmung in Petersburg (1824) und den wilden Ritt des Zaren Peter durch die Straßen der Stadt in den Fieberträumen des Helden Evgenij.

Das Reiterstandbild wurde von Zarin Katharina II. in Auftrag gegeben. Angefertigt wurde es von dem französischen Bildhauer Etienne Maurice Falconet (1716–1791). Zehn Jahre brauchte Falconet, bis sein aus Erz gegossenes Denkmal 1778 endlich fertig war. 1782, zum 100. Jahrestag der Thronbesteigung Peters, wurde es enthüllt. Das sich aufbäumende Ross steht auf einem ursprünglich 1600 Tonnen schweren Felsmonolithen. Die Schlange unter den Hufen soll Falschheit und Hinterlist symbolisieren. Von Marie Collot, einer Schülerin Falconets, stammt der lorbeerbekränzte Kopf des Zaren. Die lakonische Inschrift »Peter dem Ersten von Katharina II.« soll von der Zarin selbst stammen.

## ■ Isaak-Platz

Hinter der Isaak-Kathedrale stadteinwärts befindet sich der Isaak-Platz, hinter diesem das Denkmal für Nikolai I. und auf der gegenüberliegenden Seite der Moika im Mariijnskij-Palast das Petersburger Stadtparlament. Die rechte Seite des Platzes wird von den beiden Hotels Angleterre und Astoria begrenzt. Sie gehören mit zu den besten Adressen in der Stadt. Das Angleterre ist traurig berühmt für den Tod eines der bis heute in Russland beliebtesten Dichter, Sergej Esenin. Am 28.12.1925 nahm dieser sich in einem der Gästezimmer das Leben, nicht ohne das Zutun von Agenten der Geheimpolizei, wie vermutet wird.

## ■ Neu-Holland

Vom Isaak-Platz lohnt sich ein Spaziergang entlang der Fontanka Richtung Hafen. Nach etwa einem Kilometer erreicht man eine kleine künstliche Insel mit dem Namen ›Neu-Holland‹ (Novaja Gollandija). Von der Moika gelangt man mit dem Boot durch eine 26 Meter aufragende, von einem Bogen überspannte Kanaleinfahrt in das Areal. Mit dem Bau begonnen wurde noch zu Lebzeiten Peters des Großen. Der Zar legte hier den Grundstein für den ersten russischen Militärhafen. Auf dem Gelände von Neu-Holland befanden sich Werkstätten und Lagerräume für den Schiffbau, Versuchsbecken, ein Marinegefängnis (der Rundbau an der Spitze der Insel) und verschiedene andere Bauten aus fast eineinhalb Jahrhunderten industrieller Architektur. Eines der Denkmale war eine mächtige, während des Ersten Weltkrieges errichtete Radiostation, mit deren Hilfe die Bolschewiki im Herbst 1917 den Informationskrieg gegen ihre Rivalen für sich entschieden. Bis in die 1990er Jahre wurde das Territorium

Neu-Hollands von der Marine genutzt. 2004 vernichtete ein verheerender Brand weite Teile der maroden Anlagen. In den letzten Jahren wurde das gesamte Areal umgestaltet, mit dem Anspruch einer Synthese von Kommerz, Erholung und Kreativität auf engstem Raum. Ein Spaziergang lohnt sich allemal.

Lohnenswert ist bei gutem Wetter ein Spaziergang über die **Blagoveščenskij-Brücke** ans gegenüberliegende Neva-Ufer – dort befindet sich die Kunstakademie, ihr zu Füßen die Sphynxen. Oder man kehrt durch die Galernaja Straße zurück zum Alexandergarten oder eman ntscheidet sich für einen Spaziergang zum Marijnskij Theater, das sich in Richtung Süden befindet. Von dort kommt man entlang des Griboedov-Kanals zum Nevskij zrück.

## Vasilev-Insel

»Auf die Vasilev-Insel geh' ich, um zu sterben«, notierte der Schriftsteller Iosif Brodskij (1940–1996). Er liebte die Vasilev-Insel (Васильевский остров) wegen ihres ganz eigenen Flairs und weil die Luft hier »die vielleicht einzige

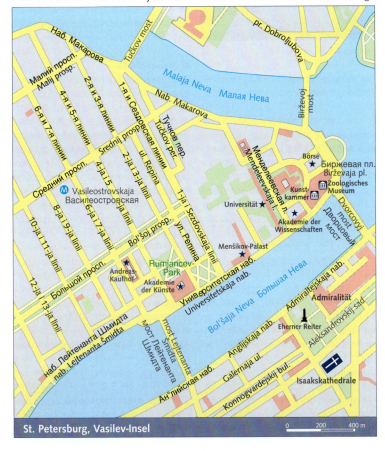

St. Petersburg, Vasilev-Insel

in Petersburg ist, die es verdient, sie tief in die Lungen einzuatmen.« Die Worte stammen aus den 1960er Jahren, als es noch keine Staus gab. Dennoch haben sie auch heute noch ihre Gültigkeit: Auf der Insel riecht es nach Meer. Einen Spaziergang kann man sowohl an der Metrostation ›Vasileostrovskaja‹ als auch an der ›Strelka‹ (Spitze) der Insel beginnen. Zur Spitze gelangt man über die **Schlossbrücke** (Dvorcovyj most). Bis ins 19. Jahrhundert befand sich hier, zwischen der Kleinen und der Großen Neva, der Petersburger Handelshafen.

Die beiden 32 Meter hohen, rostrot gestrichenen ›**Rostrasäulen**‹ links und rechts dienten einst als Leuchttürme. Ihren Namen verdanken sie den sogenannten Rostren, Schiffsschnäbeln, mit denen sie verziert sind. Die allegorischen Figuren am Postament symbolisieren die vier wichtigsten russischen Flüsse: die Neva und den Volchov an der dem Winterpalais näher stehenden Säule, die Wolga und den Dnepr an der anderen.

Die 1816 errichtet **Börse**, deren äußere Gestalt an einen antiken Tempel erinnert, steht im Zentrum des architektonischen Ensembles, das vom ehemaligen Packhaus und vom Zollamt komplettiert wird. Im Packhaus befindet sich heute das **Zoologische Museum**.

Mit ihm beginnt die **Uferpromenade der Universität** (Universitetskaja naberežnaja). ). An ihr liegen zwischen Schlossbrücke und Blagoveščenskij-Brücke (bis 2007 Leutnant-Schmidt-Brücke (most Lejtenanta Šmidta) die **Kunstkammer**, mit 1,8 Millionen Exponaten eine der bedeutendsten anthropologischen Sammlungen der Welt, die von Quarenghi errichtete **Akademie der Wissenschaften**, das **Lomonosov-Denkmal** auf dem gleichnamigen Platz, die **Universität**, der **Menšikov-Palast**, der Rumjancev-Park und die 1776 errichtete **Akademie der Künste**.

Vor der Akademie, am Ufer der Neva, stehen sich seit 1836 zwei ägyptische Sphinxen gegenüber, die Nikolaus I. vom ägyptischen Pascha erworben hatte. Sie schauen stolz über jeden Betrachter hinweg. Von dieser Stelle, die altehrwürdige, von Sphinxen bewachte Akademie im Rücken, hat man einen wunderbaren Blick über den Fluss auf

*Eine der Rostra-Säulen*

die gegenüberliegende Englische Uferpromenade, die Isaak-Kathedrale und in der Ferne die Eremitage – es ist einer der schönsten Orte in Petersburg.

Hinter dem nach dem Feldmarschall Pëtr Rumjancev (1725–1796) benannten Rumjancev-Park führt die schmale, mit Pflastersteinen belegte **ul. Repina** – mit ihren sauberen Hinterhöfen und den niedrigen Häusern erinnert sie an Riga und Stockholm – zum **Bolšoj-Prospekt** (Großer Prospekt). Geht man von dort nach links, gelangt man zu den Arkaden des **Andreas-Kaufhofes** an der 6. Linie.

**Nummerierte ›Linien‹** ersetzen auf der Vasilev-Insel die Straßennamen. Sie schneiden im rechten Winkel die drei parallelen Magistralen, den Großen (Bolšoj), Mittleren (Srednij) und Kleinen (Malyj) Prospekt. Jede Straßenseite besitzt eine eigene Nummer, von 1 bis 30. Diese Besonderheit geht auf die Affinität von Zar Peter zu Amsterdam zurück. Die Straßen waren, als die Stadt angelegt wurde, den holländischen Grachten ähnliche Kanäle. Als sie versumpften, wurden sie zugeschüttet und die Nummerierung beibehalten. Die **6. Linie** ist zwischen dem Großen Prospekt und der Metrostation ›Vasile-ostrovskaja‹ (Васильевский Остров) eine belebte und begrünte Fußgängerzone mit Cafés, Restaurants und einem Biergarten. Etwa in der Mitte steht vor einem Neubau das Denkmal für Vasilij Korčmin, dem die Insel ihren Namen verdankt. Der Artilleriehauptmann kommandierte in den ersten Jahren nach der Stadtgründung eine Geschützbatterie auf der Insel, die den Schweden den Zugang ins Delta versperrte. Wenn Peter ihm einen Brief schrieb, dann stets mit dem Vermerk »Für Vasilij auf die Insel.« Daraus, so die Legende, wurde mit der Zeit der heute gebräuchliche Eigenname.

## Peter-und-Paul-Festung

Die Apostel Petrus und Paulus standen Pate für den Namen der Festung (Петропавловская крепость) auf der Haseninsel, deren Grundstein Zar Peter am 16. Mai 1703 legte. Der von Domenico Trezzini (1670–1734) entworfenen Zitadelle mit ihren dicken Mauern und dem Grau des nordischen Granits war und ist eine kühle Strenge eigen. Bereits ein Jahr nach dem ersten Spatenstich standen die mit Kanonen bestückten irdenen Wälle und hölzernen Palisaden. Nach und nach wurden sie im Verlauf der folgenden 30 Jahre durch Aufbauten

▲ *Blick über die Neva zum Schlossufer*

St. Petersburg, Peter-und-Paul-Festung

aus Stein ersetzt. Die Festung hat die Form eines unregelmäßigen Sechsecks, dessen Eckpunkte durch vorstehende Bastionen verstärkt sind. Nicht einem Angriff musste die Garnison standhalten, weshalb sie von Beginn an protzige Dekoration am Neva-Ufer war. Bis 1917 diente die Festung als Gefängnis für politische und persönliche Gegner der Zaren; der erste Häftling war der leibliche Sohn Peters I., Aleksej. Der Prinz hatte angeblich gegen den Vater konspiriert, war ins Ausland geflohen und von einem Vertrauten des Zaren zurückgebracht worden. Es heißt, dass Peter ihn eigenhändig zu Tode peitschte.

Der Zugang zur Festung führt über die hölzerne **Johannesbrücke**, die älteste Brücke in St. Petersburg. Durch das Johannes-Tor gelangt man in einen kleinen Vorhof und weiter durch das Petrov-Tor in das Innere der weitläufigen Anlage. Vom Eingang führt eine Allee zum Platz vor der Kathedrale.

Das einstöckige Gebäude linker Hand ist das **Ingenieurhaus**, das älteste Gebäude auf dem Festungsgelände. Ihm schließt sich die **ehemalige Hauptwache** an. Das **Denkmal** auf der Grünfläche heißt ›Peter der Große‹ und ist eine Arbeit des Bildhauers Michail Šemjakin. Der 1943 in Moskau geborene Šemjakin hat 1972 seine Heimat verlassen. Er lebt heute in New York und hat sich in Russland mit einer Reihe von Skulpturen einen Namen gemacht. Šemjakins Peter auf dem Gelände der Peter-und-Paul-Festung hat einen für die Dimension seines Körperbaus viel zu kleinen Kopf; die feingliedrigen, in die Länge gezogenen knochigen Finger krampfen sich in die Armlehnen des Sessels. Der Eindruck, den die Skulptur hervorruft, ist monströs, und daher lehnten viele Petersburger das expressive Kunstwerk zunächst ab. Heute haben sie sich an Šemjakins Vision gewöhnt, und vor allem die Kinder lieben es, sich auf den Knie Peters fotografieren zu lassen.

Die **Peter-und-Paul-Kathedrale** erinnert ein wenig an einen Zweimaster. Mit dem Bau wurde nach Plänen von Domenico Trezzini 1712 begonnen. Die Grundmauern und der Turm standen, als Zar Peter 1725 starb; die Arbeiten im Innern waren 1733 abgeschlossen. Bei dem Entwurf hatte sich der Architekt an protestantischen Vorbildern orientiert, während er bei der Ausstattung auf das Vorbild der opulenten römischen Barockkirchen zurückgriff. Mit ihrer 122,5 Meter aufragenden Spitze war die Peter-und-Paul-Kathedrale lange Zeit das höchste Bauwerk Petersburgs und ganz Russlands. Von der Spitze schaut ein melancholischer, vergoldeter Engel in die Ferne. Die eine Hand umklammert ein Kreuz, die andere hält er von sich gestreckt. Neben dem Schiffchen auf der Turmspitze der Admiralität, den Sphinxen vor der Akademie der Künste und dem Ehernen Reiter ist dieser Engel eines der wichtigsten Symbole der Stadt. Nach dem Umzug des Hofes nach St. Petersburg diente die Kathedrale den Zaren als Begräbniskirche. Die letzte große Zeremonie fand am 17. Juli 1998 statt, als hier die im Ural geborgenen Gebeine der letzten Zarenfamilie und ihrer engsten Getreuen begraben wurden.

Neben der Kathedrale steht das ›**Bootshaus**‹, in dem sich das Modell eines Kahns befindet. Das Original hatten die englischen Bewohner der Moskauer Ausländervorstadt dem jungen Peter geschenkt. Zum 20. Jahrestag der Stadtgründung setzte Peter seine Admirale an die Ruder und stand selbst am Steuer, um an der versammelten Baltischen Flotte vorüberzugleiten.

Zur Neva wird die Festung von der **Naryšskin-Bastion** und dem 1731 errichteten **Flaggenturm** geschützt. Rechts neben dem Turm steht eine Kanone, aus der jeden Tag um 12 Uhr mittags ein Schuss abgegeben wird.

Von der Naryšskin-Bastion kann man auf einem hölzernen Steg einen Spaziergang über die Mauer der Festung zur **Zaren-Bastion** unternehmen. Beim Rückweg lohnt es sich, zu Füßen der Mauer entlangzugehen. In ihren Kasematten befin-

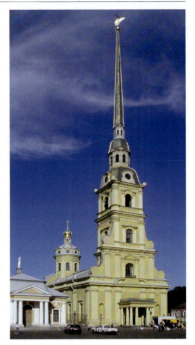

*Die Peter-und-Paul-Kathedrale*

den sich Ausstellungsräume des **Museums für Stadtgeschichte**, eine Druckerei und das **Zentrum ›Pro Arte‹**, eine nichtstaatliche Organisation zur Förderung moderner Kunst.

Durch das Neva-Tor gelangt man zum **Landesteg des Kommandanten**. Unter dem Torbogen befinden sich die Markierungen der sechs verheerendsten Hochwasser. Die schwersten Überschwemmungen hatte die Stadt 1824 heimgesucht und Alexander Puschkin zu seinem Versepos ›Der Eherne Reiter inspiriert. Dessen Held Evgenij verliert, als er die Leiche seiner Geliebten im Wasser treiben sieht, den Verstand und flüchtet vor dem plötzlich zum Leben erwachten Reiterstandbild Peters des Großen (→ S. 180).

## Petrograder Seite

Der Stadtteil hinter der Peter-und-Paul-Festung heißt ›Petrograder Seite‹ (Петроградская сторона) und liegt auf sieben Inseln. Ursprünglich wollte Zar Peter hier, im Schatten der Festung, das Zentrum seiner Hauptstadt errichten. Es entstand jedoch auf dem gegenüberliegenden Ufer.

Erst als 1903 nach dem Entwurf eines Pariser Architektenbüros, zu dessen Mitgliedern auch Gustafe Eiffel gehörte, die **Dreifaltigkeitsbrücke** (Troickij Most) zwischen dem Marsfeld und dem Nordufer eingeweiht wurde, begann der Boom am rechten Neva-Ufer. Die Häuser, überwiegend im nordischen Jugendstil mit Anleihen aus der Renaissance, dem Neoklassizismus und der Gotik, waren für wohlbetuchte Bürger, Künstler, Architekten und verbürgerlichte Adlige bestimmt.

Hinter der Brücke, auf dem begrünten **Dreifaltigkeitsplatz**, steht eine kleine Kapelle. Hier hatte Zar Peter den Grundstein für das erste Gotteshaus Petersburgs gelegt, die Dreifaltigkeitskathedrale. Sie wurde von den Bolschewiki gesprengt. Monumentale Wohnblocks aus der Stalin-Ära, die sich entlang der Uferpromenade bis zum Panzerkreuzer ›Aurora‹ hinziehen, begrenzen den Platz rechter Hand. Hier lebte die sowjetische Elite, unter anderem auch der letzte Parteichef der Stadt, der – Ironie der Geschichte – ebenfalls den Namen Romanov trug.

Das erste Haus an der Uferpromenade ist das **Blockhaus Peters I.** Das älteste in Petersburg erhaltene Gebäude diente Peter als Unterkunft, während er die Bauarbeiten an seiner Hauptstadt überwachte. Katharina die Große ließ es 1784 in einen Mantel aus Ziegelsteinen hüllen und als Museum herrichten.

Dort, wo sich ein Nebenarm – die Bolšaja Nevka (Große Nevka) – vom Hauptstrom trennt, liegt die ›**Aurora**‹ (Morgenröte) vor Anker, die seit 1957 ein Museum ist. Der Kreuzer gab am 25. Oktober 1917 vor der Erstürmung des Winterpalais einen Blindschuss ab, der ihn in ein mythisches Symbol der Revolutionsgeschichte verwandelte. 2012 schrieb die russische Flotte den Kreuzer ab, er wurde überholt und liegt seit 2016 als Museum am gleichen Ort vor Anker. Öffnungszeiten: täglich außer Montag und Dienstag von 11 bis 18 Uhr.

Die parallel zur Neva verlaufende **ul. Kujbyševa** beginnt am Dreifaltigkeitsplatz mit einer der schönsten Petersburger Jugendstilvillen. Sie gehörte der Ballerina M. Ksešinskaja (1872–1971), der Geliebten Nikolaus II. – vor seiner Krönung – und zweier Großfürsten. Den zweiten heiratete sie. In ihrer Villa befindet sich heute das **Museum für Politi-**

*Der Kreuzer Aurora*

sche Geschichte Russlands. Die **Moschee** gleich nebenan, deren Minarette das Viertel überragen, wurde 1913 errichtet und bietet 5000 Gläubigen Platz. Auf der anderen Seite des Kamennostrovskij-Prospekts erstreckt sich der Alexandergarten mit der Metrostation ›Gorkovskaja‹. Die Petersburger sagten früher schon, dass man auf die Petrograder Seite nicht als Tourist kommt, und, dass »ein müßiger Spaziergänger entweder einen echten Genießer und Kenner oder aber einen modischen Geck« verrät. Es gibt eine **Vielzahl kleiner, intimer Museen**, beispielsweise für den berühmten Sänger Fëdor Šaljapin, den 1934 ermordeten Parteichef Sergej Kirov, Sigmund Freud, für Grammophone, Spielzeug und für Aleksandr Popov (1859–1905), den Erfinder des Radios.

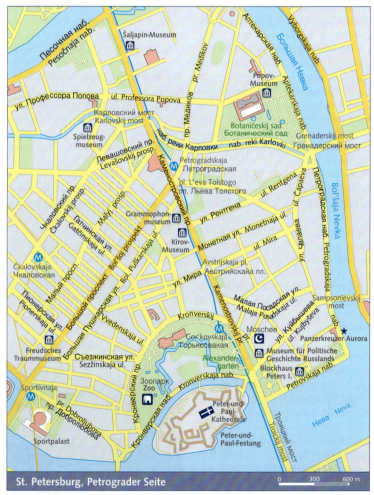

St. Petersburg, Petrograder Seite

# Die Zarenresidenzen

Die Zarenfamilie besaß mehrere Sommerresidenzen im Umland von Petersburg – prächtige Schlösser und Parks, die während des Krieges zerstört und in jahrzehntelanger Arbeit wiedererrichtet wurden. Diese Anlagen sind in Größe und architektonischem Reichtum einzigartig und jede für sich einen Ausflug wert.

## Peterhof

Das 1714 von Peter dem Großen angelegte Peterhof (Петергоф) am Hochufer des Finnischen Meerbusens ist die älteste Sommerresidenz im Petersburger Gebiet. Das Zentrum dieses Ensembles ist der von Rastrelli für die Zarin Elisabeth errichtete Große Peterhofer Palast. Rastrellis Schloss erweckt den Eindruck, so der Maler Alexander Benois, als wäre es »aus der Gischt des Meeres erbaut – eine Residenz des Königs der Meere«. Zwischen dem Großen Palast und der Straße nach Petersburg liegt der Obere Park mit seinen Teichen und Fontänen. Von einer kleinen Terrasse auf der Rückseite des Palastes öffnet sich der Blick auf den Finnischen Meerbusen, den Unteren Park und die berühmten Peterhofer Fontänen. An der Großen Kaskade reißt ein vergoldeter Samson einem wilden Löwen siegessicher das Maul auf. Am Tag des Heiligen Samson, am 27. Juni 1709, hatten die Armeen des Zaren Peter ihren ersten großen Sieg gegen die Schweden errungen. Das Wappentier König Karls XII., der an diesem Tag nur knapp der Gefangenschaft entkam, ist ein Löwe. Die beiden allegorischen Figuren sind das Symbol von Peterhof.

Neben der Hauptkaskade gibt es zwei weitere links und rechts; außerdem Peters Schlösschen ›Monplaisir‹ am Ufer des Finnischen Meerbusens und weitere Landhäuser im Oberen und im Unteren Park.

*In Peterhof*

## Carskoe Selo und Katharinenpalast

Den ersten Palast in Carskoe Selo (Царское село, Zarendorf), dem heutigen Puškin, ließ sich Katharina I. errichten, die Gattin Peter des Großen und nach dessen Tod von 1725 bis 1727 Zarin. Nach ihr ist er auch benannt. Rastrelli verwandelte das Palais für Zarin Elisabeth in ein barockes Kleinod. In Carskoe Selo verbrachte Prinzessin Sophie Auguste Friederike von Anhalt-Zerbst-Dornburg ihre ersten Jahre in Russland. In ihren Memoiren beschrieb die zukünftige Zarin Katharina II., mit welcher Geschicklichkeit und Unverschämtheit so gut wie alle am Bau Beteiligten die Staatskasse plünderten. Ungeachtet der Tatsache, dass sie den in ihren Augen plüschigen Barock nicht mochte, machte sie Carskoe Selo zu ihrer Sommerresidenz. Aus gutem Grund: Denn an Pracht und Reichtum ist der Katharinen-

*Kunstvoller Zaun in Carskoe Selo*

palast unübertroffen. Seit 2003 ist es während der Hauptsaison so gut wie unmöglich hineinzugelangen, denn die Massen strömen zum nach alten Foto-

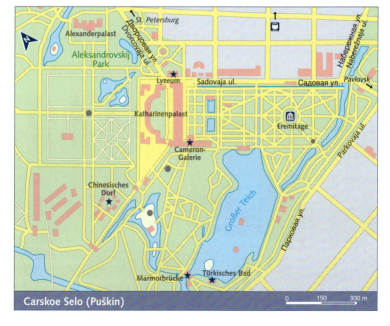

grafien nachgebauten **Bernsteinzimmer**, das der preußische König Friedrich Wilhelm I. im Jahre 1716 Peter dem Großen zum Geschenk gemacht hatte. Bei der Rekonstruktion wurden eine halbe Million Bernsteinstücke mit einem Gewicht von insgesamt sechs Tonnen verarbeitet. Zum Schloss gehört ein sehenswerter Landschaftspark.

Den Russen ist Carskoe Selo auch deshalb heilig, weil im 1811 gegründeten Lyzeum Alexander Puschkin sechs Schuljahre verbrachte. Der Prüfungsraum und Puschkins Zimmer sind bis heute eine Attraktion für russische Schulkinder.

## Pavlovsk

Nur eine halbe Stunde Fußweg von Carskoe Selo entfernt liegt Pavlovsk, das Katharina für ihren ungeliebten Sohn Paul (Pavel) errichten ließ.

Das Ensemble von Park und Schloss ist eines der gelungensten Beispiele für eine harmonische Verbindung von Kunst, Natur und Leben, wie sie im späten 18. und frühen 19. Jahrhundert das Ideal des ›romantischen Klassizismus‹ verkörperte. Paul I. diente das in den 1780er Jahren von James Cameron und Vincenzo Brenner gebaute hufeisenförmige Schloss nur fünf Jahre als Zarenresidenz. Nach seinem gewaltsamen Tod übernahm die Witwe Pauls, Marija Fëdorovna, mit all ihrer Energie und künstlerischen Begabung die Ausgestaltung von Park und Schloss. Dabei beteiligte sie neben dem russischen Architekten Andrej Voronichin auch Giacomo Quarenghi und Carlo Rossi. Die Innenräume des Schlosses atmen eine andere Atmosphäre als der schier erdrückende Luxus von Carskoe Selo. Hier zeugt alles von einem strengen künstlerischen Geschmack, der sich am Detail und grazilen Formen erfreut. Die meisten Exponate sind Originale, die rechtzeitig vor Beginn der Kampfhandlungen im Zweiten Weltkrieg evakuiert werden konnten.

Der Park liegt zu beiden Seiten des Flüsschen Slavjanka. Zu seinem Ensemble gehören Pavillons, Ruinen, Mausoleen und antike Statuen – die Musen, die Götter, ein Apollo und vier Satyrn an einer Brücke über die Slavjanka. Eine andere Brücke im Innern des Parks wird von einem stattlichen Turm flankiert.

*Der Katharinenpalast*

Zwischen Rybinsk und Astrachan liegen malerische Klöster, kleine Dörfer und bedeutende Industriestädte. Zahlreiche Sehenswürdigkeiten sind eng mit der dramatischen Geschichte Russlands verbunden, und in vielen Orten stößt der Besucher auf berühmte Namen.

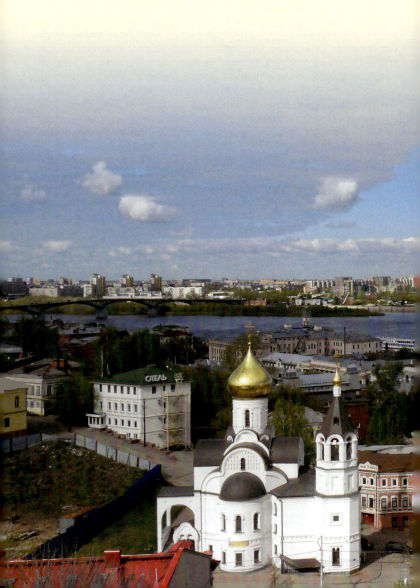

# AUF DER WOLGA ZUM KASPISCHEN MEER

*Blick vom Kreml in Nižnij Novgorod auf Wolga und Oka*

# Von Rybinsk nach Jaroslavl

Das ›Mütterchen Wolga‹, nachdem es sich im Rybinsker Stausee mit gut 50 anderen Flüssen gestärkt hat, findet hinter dem Staudamm bei Rybinsk in sein Bett zurück. Von nun an fließt die Wolga nach Südosten. Die Schiffe müssen durch eine Schleuse, denn zwischen dem Wasserniveau des Stausees und dem des ursprünglichen Bettes der Wolga liegen 18 Meter Höhenunterschied. Der Bau des Staudamms war im Frühjahr 1941 vollendet, das Wasserkraftwerk lieferte ab November 1941 Strom.

## Rybinsk

In Rybinsk (Рыбинск, **Km 389/949**) halten die wenigsten Kreuzfahrtschiffe; viel zu sehen gibt es in der 300 000 Einwohner zählenden Stadt auch nicht. Gegründet wurde Rybinsk im 11. Jahrhundert. Von der Hauptbeschäftigung seiner Einwohner, die die Fürsten- und Zarenhöfe mit frischem Fisch versorgten, zeugt schon der Name: ›Ryba‹ bedeutet ›Fisch‹. Ende des 17. Jahrhunderts beliefen sich die obligatorischen Abgaben jedes Rybinsker Fischers auf drei Dutzend Störe, zwei Dutzend Weißlachse, ein Dutzend großer, zwei Dutzend mittlerer und einem halben Hundert kleiner Sterlets jährlich. Mit dem Fisch, den sie zusätzlich zu diesen Mengen fingen, erzielten die Rybinsker stattliche Einnahmen.

Ihre stürmischste Zeit erlebte die Stadt im 18. und 19. Jahrhundert. Die Zahl

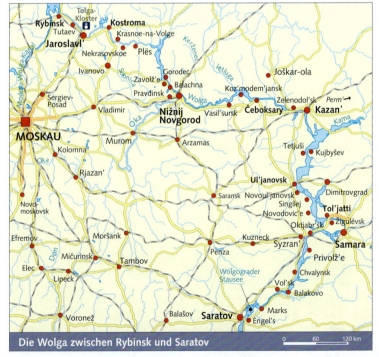

Die Wolga zwischen Rybinsk und Saratov

der Handelsschiffe vergrößerte sich in jener Zeit erheblich, und die Untiefen im Oberlauf der Wolga, Flauten und häufige Niedrigwasser zwangen die Schiffer auf der Wolga, ihre Waren in Rybinsk auf Kähne und Barken mit geringerem Tiefgang umzuladen oder darauf zu warten, bis sie getreidelt wurden. Am Ende des 19. Jahrhunderts stieg die Einwohnerzahl auf 15 000 Menschen im Winter; in den Sommermonaten zog die Stadt zusätzlich bis zu 80 000 Saisonarbeiter an: Lastträger und Wolgatreidler. Ihren Anschluss an das Eisenbahnnetz erhielt Rybinsk 1870, etwas später einen im Jugendstil errichteten Bahnhof. Der Stadtkern besteht vorwiegend aus Gebäuden des 19. Jahrhunderts – die Villen der zahlreichen Kaufleute.

In der sowjetischen Ära entstanden neben dem Stausee und dem Wasserkraftwerk zahlreiche Industriebetriebe. Die Stadt erstreckt sich heute auf einer Länge von 22 Kilometern an beiden Ufern der Wolga. Das Hauptgebäude des Passagierhafens mit seinem Portikus und dem imposanten Ziergiebel ist im ehemaligen Getreidespeicher untergebracht. In der Stadt gibt es zwei Museen – ein historisch-künstlerisches am Ufer der Wolga gegenüber der Börse und eines zur Geschichte der im Rybinsker Meer versunkenen Stadt Mologa und seiner Umgebung –, außerdem ein Theater und ein Puppentheater.

## Tutaev

Die nächste größere Stadt an der Wolga ist Tutaev (Тутаев, **Km 439**), etwa auf der Hälfte des Weges zwischen Rybinsk und Jaroslavl. Sie erstreckt sich zu beiden Seiten der Wolga am malerischen, 40 Meter hohen Steilufer. Etwa 40 000 Menschen leben hier. Ihren Namen erhielt die Stadt 1918 in Gedenken an einen Rotarmisten, der bei der Niederschlagung eines antibolschewistischen Aufstandes in Jaroslavl im Juni 2018 ums Leben kam. Zuvor hieß der Ort Romanov-Borisoglebsk. Der Ortsteil am östlichen Ufer trug den Namen Romanov und war Mitte des 14. Jahrhunderts als Festung gegründet worden. Borisoglebsk ist hundert Jahre älter und verdankt seine Entstehung Flüchtlingen aus Jaroslavl, die sich hier vor den Mongolen in Sicherheit brachten. Ende des 15. Jahrhunderts gerieten beide Siedlungen unter die Herrschaft der Moskauer Großfürsten. Anfang des 19. Jahrhunderts wurden die beiden Orte an den gegenüberliegenden Ufern der Wolga vereint.

Das Panorama Tutaevs lässt etwas vom ursprünglichen Charakter und der Stimmungen längs der Uferlandschaften erahnen. Über den Abhängen und Schluchten erheben sich die Kirchen und Glockentürme des Ortes.

Die Russen lieben Tutaev wegen seines besonderen Charmes und wegen einer der berühmtesten wundertätigen Ikonen der russischen Orthodoxie. Sie befindet sich in der über dem westlichen Ufer gleichsam schwebenden Auferstehungskirche und ist das Ziel von Pilgern aus dem ganzen Land. Die ›Erlöser-Ikone‹ stammt aus dem 15. Jahrhundert. Wahrscheinlich ist sie ein Werk von Dionisij Glušickij. Ihr werden Wunderkräfte bei der Heilung von Nervenleiden zugeschrieben.

## Tolga-Kloster

Etwa acht Kilometer vor Jaroslavl passiert man das am linken Flussufer liegende Tolga-Kloster (Толгский монастырь), in dem seit einigen Jahren wieder Nonnen leben. Hat man das Glück, einen ganzen Tag im Hafen von Jaroslavl vor

*Das Tolga-Kloster*

Anker zu liegen, lohnt sich ein Ausflug mit dem Tragflächenboot, mit dem Bus oder dem Taxi.

Gegründet wurde das Kloster 1314 vom Jaroslavler Bischof Tichon. Die Legende berichtet, dass Tichon während eines nächtlichen Traumes am Flussufer die Jungfrau Maria in einer Flammensäule sah. Am nächsten Morgen machte er sich mit einigen Begleitern auf die Suche nach der Stelle. An der Mündung des Flüsschens Tolga in die Wolga fand er eine Ikone – die ›Gottesmutter von Tolga‹. Ihr zu Ehren legte er den Grundstein für ein Mönchskloster. Während eines Morgengottesdienstes vor der Ikone im Jahr 1392 sahen die Mönche, wie sich aus der rechten Hand der Gottesmutter ein Rinnsal Myrrhe ergoss, aus dem linken Fuß des Jesuskindes fiel ein Balsamtropfen. Die ›Gottesmutter-Ikone bewirkte also Wunder. Hunderte Blinde soll sie in den kommenden Jahrhunderten sehen, Lahme laufen und Todkranke ge- sunden haben lassen. Als Ivan der Schreckliche das Kloster 1553 besuchte, genas er nach Gebeten vor der Ikone von einer Erkrankung seines linken Beines. Der dankbare Zar schenkte den Mönchen die Samen einiger sibirischer Zedernbäume. Die sibirischen Zedern verleihen dem Kloster bis heute – neben den alten Linden –eine besondere Atmosphäre.

Anfang des 17. Jahrhunderts wurde die Anlage von Polen und Litauern zerstört. Als sich in Jaroslavl 1612 das Volksheer von Minin und Požarskij zum Feldzug gegen die Eindringlinge rüstete, drohte eine Seuche das Unternehmen im Keim zu ersticken. Die Anführer des Widerstandes ließen die Tolga-Ikone nach Jaroslavl bringen, und das ganze Volk betete vor ihr – mit Erfolg. Die durch den Sieg über die Polen auf den Thron gelangten Romanovs verliehen dem Tolga-Kloster daraufhin eine Reihe von Privilegien, die den wirtschaftlichen Aufstieg begünstigten. Im 17. und 18. Jahrhundert entstanden die Kathedrale, die Kirchen, das Haus des Abtes, das Spital und die Mönchszellen. Die strenge, formvollendete Vvedenskij-(Mariä Opfer-)Kathedrale (1688) mit ihren fünf Kuppeln brachte den Jaroslavler architektonischen Stil zu seiner Vollendung. Die Fresken im Innern der Kathedrale zeigen Szenen, Farben und Gesichter vom Leben an der Wolga.

Das Tolga-Kloster wurde 1926 geschlossen. Es diente nacheinander als Ausbildungsstätte für Arbeiter, als Lazarett und als Besserungsanstalt für minderjährige Jugendliche. Seit 1987 ist es wieder im Besitz der Kirche und wird nach und nach saniert. Kopien der wundertätigen Ikone ›Gottesmutter von Tolga‹ befinden sich in vielen Museen überall auf der Welt. Das Original befindet sich seit 2003 wieder im Tolga-Kloster.

## Jaroslavl

Im Jahr 2005 wurde das architektonische Ensemble der Jaroslavler Innenstadt von der UNESCO in die Liste des Weltkulturerbes aufgenommen, 2010 beging die Stadt ihren 1000. Geburtstag. Jaroslavl (Ярославль, **Km 475**) ist eine der ältesten russischen Städte und auch auf dem 1000-Rubel-Schein abgebildet. Auf der Vorderseite sind Jaroslav der Weise, der Namensgeber und Gründer der Stadt, sowie die Kapelle der Kazaner Gottesmutter abgebildet, auf der Rückseite eine Ansicht des ehemaligen Kreml mit der Christus-Verklärungs-Kathedrale und dem Glockenturm.

In der sowjetischen Ära stieg Jaroslavl zu einer der wichtigsten Industriestädte an der Wolga auf. Aus Jaroslavl kamen die ersten sowjetischen Lastwagen und Oberleitungsbusse; der Maschinenbau produzierte den ersten sowjetischen Dieselmotor für Großlastwagen; in der Stadt entstand das weltweit erste Werk zur Produktion von synthetischem Kautschuk. Noch heute befindet sich hier eines der größten russischen Reifenwerke. Die hier ansäasige chemische Industrie produziert vor allem Lacke und Farben. In Jaroslavl leben heute etwas mehr 600 000 Einwohner. Die Stadt ist in sechs Stadtbezirke gegliedert, von denen sich nur einer am östlichen Ufer der Wolga befindet. Die Wolga überspannen eine Eisenbahnbrücke und zwei Autobrücken. Eine weitere Autobrücke ist geplant. In Jaroslavl gibt es vier Universitäten, eine Landwirtschaftliche Akademie, zwei Militärhochschulen und eine Theaterschule. Reich ist das kulturelle

*In der Prophet-Elias-Kirche*

*Im Flusshafen von Jaroslavl*

und künstlerische Leben mit vier Theatern, Philharmonie, Planetarium, Zirkus sowie zahlreichen Museen und Galerien. Die bekannteste Ehrenbürgerin von Jaroslavl ist Valentina Tereškova, die erste Frau im All und daher eine der Ikonen der russischen Raumfahrt. Sie arbeitete, bevor sie in den Kosmos flog, in einer Jaroslavler Textilfabrik. Am 16. Juni 1963 umrundete sie mit dem Raumschiff ›Vostok‹ 48 Mal die Erde.

Zum 1000-jährigen Jubiläum der Stadt wurde ein vor allem für Kinder gedachtes Kosmologisches Zentrum eingeweiht, das den Namen von Valentina Tereschkova trägt. Es befindet sich in der ul. Čajkovskogo 3.

## Geschichte der Stadt

Um die Gründung Jaroslavls rankt sich eine Legende, die vom Fürsten Jaroslav dem Weisen (978–1054) berichtet. Der Name verbindet zwei slawische Worte mit einander: Jarilo bzw. Jarila - ein Gott der Frühlingsfruchtbarkeit, und Slava - Rum. Jaroslav der Weise, so die Überlieferung, soll hier einen Bären mit seiner Axt erschlagen haben. Die Umstände werden verschieden ausgeschmückt. Im wesentlichen geht es darum, dass der Fürst des etwa 70 Kilo- meter südwestlich gelegenen Rostov Velikij mit seinem Gefolge an der Mündung der Kotorosl in die Wolga ein Dorf vorfand, das er unter seine Herrschaft brachte. Wahrscheinlich haben sich die Bewohner gewehrt, weshalb es wohl einer besonderen Tat brauchte, um die fürstliche Überlegenheit und die des Christentums unter Beweis zu stellen. Da der Bär für die heidnischen Slawen und Finno-Ugren ein heiliges Tier ist, kam seine Tötung einem symbolischen Akt der Unterwerfung gleich. So entstand die Legende.

Das Dorf erhielt den Namen des Fürsten, der einige Jahre später Großfürst der Kiever Rus wurde. Am Steilufer längs der Wolga und der Kotorosl ließ Jaroslav eine Festung errichten. Den Kreml, der aus Holz bestand, mehrmals abbrannte und wieder aufgebaut wurde, gibt es seit Mitte des 17. Jahrhunderts nicht mehr. Das Hochufer liegt heute im Grün eines Parks, von dessen Eckpunkt man einen phantastischen Blick auf die Wolga sowie die Kotorosl und ihre Ufer hat. Hier erhebt sich die zum 1000jährigen Jubiläum der Stadt wiedererrichtete Mariä-Entschlafens-Kathedrale. Der 1976 eingeweihte Passagierhafen befindet sich

## Das Lied von der Heerfahrt Igors

Das Werk, das als ›Igor-Lied‹ bekannt ist, gilt als eines der ersten literarischen Zeugnisse Russlands und hat in Wirklichkeit einen viel längeren Namen. Er weist darauf hin, dass der beschriebene Feldzug erstens missglückte und zweitens gegen die Polowzer Steppennomaden geführt wurde.

Das Lied besingt wichtige Ereignisse am Ende des 12. Jahrhunderts, als sich die Fürsten der Kiever Rus befehdeten. Bei Igor handelt es sich um den Novgoroder Herrscher Svjatoslavovič. Seine Heerschar wurde vernichtend geschlagen, und er selbst und sein Sohn Vladimir gerieten in Gefangenschaft. Die Polowzer plünderten daraufhin die Grenzregion und brachten viel Leid über die schutzlose Bevölkerung. Von dieser Episode handelt der erste Teil. Der zweite hat einen unheilvollen Traum des Kiever Großfürsten zum Thema, der im Kern beinhaltet, dass nur die Einheit der Fürsten die äußeren Gefahren abwenden kann. Ohne den inneren Zusammenhalt, so der Tenor, sei das Land äußeren Feinden ausgeliefert.

Igor konnte 1186 aus der Gefangenschaft fliehen, während sein Sohn Vladimir die Tochter eines Polowzer Fürsten heiratete und 1187 freigelassen wurde. Ein Hochruf auf die Fürsten beschließt das Werk.

Der Autor des Werkes ist bis heute nicht bekannt. In seiner Bedeutung wird das in Versen verfasste Igor-Lied mit der Roland-Saga und dem Nibelungenlied verglichen. Das Besondere ist nicht nur das weltliche Sujet, sondern auch die feine Ironie, mit der sich der Autor über den glücklosen Fürsten lustig macht, ihm aber auch die Chance gibt, seine Fehler zu bereuen.

Der Text enthält neben relativ wenigen christlichen Begriffen und Symbolen etliche Namen und Anspielungen auf die heidnische Mythologie, Spuren volkstümlichen Glaubens und vorchristlichen Naturempfindens. Der Wortschatz des Igor-Liedes ist reich, die Sprache sehr emotional.

Die Schrift blieb lange unentdeckt und wurde Ende des 18. Jahrhunderts nur durch einen glücklichen Zufall von Graf Musin-Puškin gefunden. Er übersetzte das in altslawisch verfasste Igor-Lied in die Literatursprache seiner Zeit und ließ auf Bitte Katharinas II. eine Abschrift anfertigen. Die originale Handschrift befand sich in der Moskauer Bibliothek des Grafen und ging 1812 beim großen Brand verloren.

Einzig die Abschrift und einige Exemplare des Erstdruckes sind erhalten. Seitdem verstummen die Stimmen derer nicht, die das Igor-Lied als geniale Fälschung betrachten und seine Entstehung einem späteren Zeitpunkt zuordnen. Andere Historiker halten es für eines der ganz wenigen Zeugnisse einer blühenden Volkskultur des frühen russischen Mittelalters. Sie vermuten, dass der Klerus die literarischen Zeugnisse weltlicher Dichtung vernichten ließ, um seinen Alleinanspruch auf die Köpfe und die Herzen der Menschen zu sichern. Im 19. Jahrhundert wurde das Werk vor allem in Osteuropa populär, aber auch in Deutschland, wo es unter anderem Rainer Maria Rilke übersetzte. Aleksandr Borodins Oper ›Fürst Igor‹ mit den berühmten Polowzer Tänzen basiert auf dem Igor-Lied.

**Rainer Maria Rilke (Übersetzer), D. S. Lichatschow (Autor)**: Das Igor-Lied. Eine Heldendichtung. Russisch und Deutsch, Insel Verlag, Frankfurt a. M. 1978

# Jaroslavl

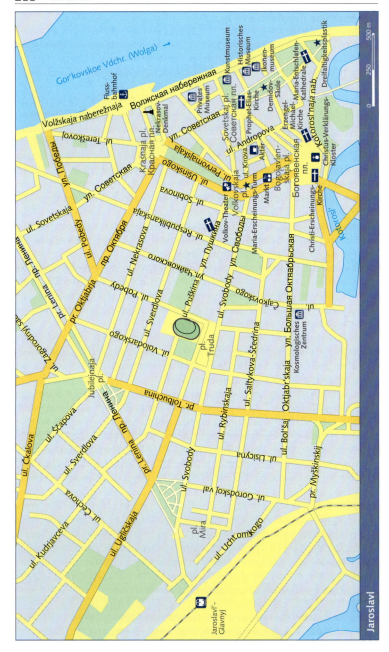

gut einen Kilometer nördlich der historischen Wiege der Stadt am Westufer der Wolga. Das Abfertigungsgebäude ist dem Deck eines Ozeandampfers nachempfunden. In der Nähe verbinden drei Brücken das westliche mit dem östlichen Ufer, zwei für den Straßenverkehr (1966 und 2006 eingeweiht) und eine Eisenbahnbrücke (1903), die zur Nordtrasse der Transsibirischen Eisenbahn gehört.

Jaroslavl war und ist eine der bedeutendsten und schönsten Städte am Oberlauf der Wolga. Seit ihrer Entstehung spielte sie eine herausragende Rolle als Wirtschaftsplatz und Handelszentrum ebenso wie als Avantgarde der russischen Kultur. 1218 teilte Fürst Konstantin Vsevolidovič von Rostov Velikij seinen Besitz. Der ältere Sohn erhielt das Stammfürstentum, der jüngere wurde Fürst von Jaroslavl. In jener Zeit entstanden die ersten steinernen Kirchen, sowohl im Christus-Verklärungs-Kloster als auch das Palais der Fürsten auf der Landzunge zwischen Wolga und Kotorosl im Kreml. Chroniken berichten, dass die Farben weiß und rot die Fassaden weltlicher und sakraler Bauten bestimmten. Die materiellen Spuren, die die Geschichte hinterlassen haben könnte, sind weitgehend zerstört. Dazu trugen die Mongolen bei, die Jaroslavl 1238 nach erbittertem Widerstand eroberten, plünderten und niederbrannten. Die Jaroslavler setzten sich in den folgenden zwei Jahrhunderten gegen die Goldene Horde zur Wehr, aber eine weitere vernichtende Niederlage machte 1356 die Hoffnungen auf einen selbständigen Weg zunichte. 1456 unterwarf sich Jaroslavl freiwillig dem Moskauer Führungsanspruch über die russischen Fürstentümer. Die Moskauer Großfürsten wussten die Geste der Jaroslavler zu würdigen.

Bereits im 16. Jahrhundert hatten die ersten Ausländer – vor allem Engländer – ihre Kontore in Jaroslavl eröffnet. Die Handelswege führten von England über Astrachan im Norden über die Wolga bis nach Persien und Indien. Die wichtigsten Waren, die in Jaroslavl umgeschlagen wurden, waren Getreide, Fisch und Leder. Ihren Ruhm verdankte die Stadt

*Blick vom Glockenturm der Christus-Verklärungs-Kathedrale*

außerdem den Künstlern und Handwerksmeistern, die silbernes und kupfernes Geschirr, Spiegel, Lederwaren und bestickte Stoffe herstellten.

Die reichsten Kaufleute der Stadt wetteiferten nun darum, als Bauherren der originellsten und prunkvollsten Kirchen zu gelten. Das Ergebnis waren die Herausbildung eines eigenen Baustiles, einer eigenen Malschule und mehr als zwei Dutzend Kirchen, von denen einige zu den schönsten im ganzen Land gehören. Die Jaroslavler Gotteshäuser des 17. Jahrhunderts besaßen fünf Kuppeln, von denen vier auf in den Baukörper integrierten Stützen ruhten. Sie bestanden aus einer Sommer- und einer Winterkirche – oft auch noch einer Familienkirche –, einer geräumigen, umlaufenden Galerie, einer überdachten Vortreppe und einem Glockenturm mit Zeltdach. Eines der wichtigsten Zierelemente waren die seit dem 16. Jahrhundert in Jaroslavl gebrannten Majolika-Kacheln mit farbigen Pflanzen- und Tiermotiven oder Ornamenten. Die Fresken, mit denen die Innenräume vollständig ausgemalt wurden, betonten die religiösen Sujets mit expressiven Mitteln, zu denen auch kompositorische Tricks wie Spiegelungen und rhythmische Aneinanderreihungen oder Wiederholungen von Posen, Figurengruppen und Hintergründen zählen. Eine ihrer für das Auge angenehmsten Eigenheiten besteht in der Betonung des Hintergrundes auf Ikonen und Wandbildern. Die Kirchen, insbesondere die beheizbaren Winterkirchen, waren für die Kaufleute nicht nur Gotteshäuser, sondern auch ein öffentlicher Raum, in dem sie ihre geschäftlichen Angelegenheiten besprachen.

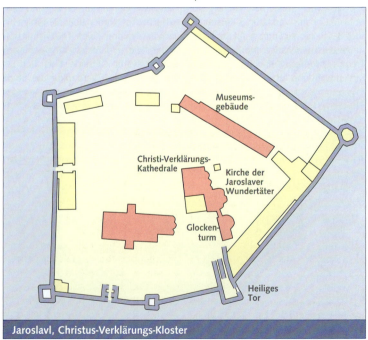

Jaroslavl, Christus-Verklärungs-Kloster

*Das Verklärungskloster*

## Christus-Verklärungs-Kloster

Die Fürsorge der Moskauer Großfürsten galt vor allem dem im 12. Jahrhundert am Ufer der Kotorosl gegründeten Christus-Verklärungs-Kloster. Die ›Verklärung Christi‹ – der Tag, an dem Jesus auf dem Berg Tabor in Begleitung der Propheten Elias und Moses erstmalig seinen Jüngern als Messias erschien – wird in der orthodoxen Kirche am 18. August mit feierlichen Gottesdiensten und Kreuz-Prozessionen begangen. Am 18. August 1010 hatte Jaroslav der Weise den Bären erschlagen. Beide Anlässe bilden den Urgrund, in dem die Jaroslavler Mythen wurzeln. Das Kloster sollte der weltlichen Macht die geistige zur Seite zu stellen. Ende des 15., Anfang des 16. Jahrhunderts umgab es sich mit einer mächtigen, drei Meter dicken und bis zu zehn Meter hohen Festungsmauer.

Zwischen 1503 und 1516 errichteten Moskauer Baumeister die **Christus-Verklärungs-Kathedrale**. Der quadratische Bau mit den für die Zeit charakteristischen äußeren Galerien und den drei vergoldeten Kuppeln, in dem sich die russische und italienische Tradition verbinden, lehnt sich in vielen Details an die berühmte Erzengel-Michael-Kathedrale im Moskauer Kreml an.

Im quadratischen **Unterbau** der Kirche wurden Fürsten und angesehene Bürger der Stadt beigesetzt. Die **nördliche Vorhalle** diente als Bibliothek für wertvolle Handschriften. In ihr entdeckte der russische Historiker Graf Aleksej Musin-Puškin (1744–1817) eines der ältesten ostslawischen literarischen Zeugnisse, das ›Igor-Lied‹. Zum 975. Geburtstag Jaroslavls öffnete im Kreml-Museum in Moskau eine Dauerausstellung, die dem Igor-Lied gewidmet ist.

Das sich südlich an die Kathedrale anschließende Gebäude mit dem klassizistischen Portikus ist die **Kirche der Jaroslavler Wundertäter**, ein Bau aus der ersten Hälfte des 19. Jahrhunderts. Eigentlich ein in sich harmonischer Bau, schafft die unmittelbare Nachbarschaft

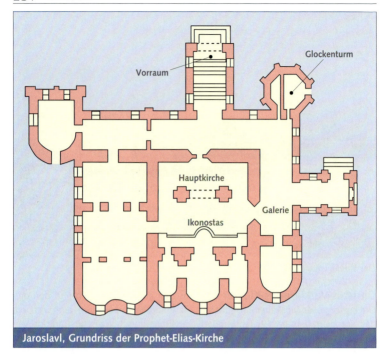

Jaroslavl, Grundriss der Prophet-Elias-Kirche

zur Kathedrale jedoch den Eindruck eines ungleichen Paares. Zum im 16. Jahrhundert angelegten Klosterkomplex gehören außerdem das **Refektorium**, der **Glockenturm** und das **Heilige Tor**, durch das man die Anlage von Süden betritt. Vom Glockenturm hat man einen weiten Blick über Jaroslavl und seine Umgebung. Die Gemächer des Abtes und die Mönchszellen entstanden im 17. Jahrhundert.

In den Kirchen finden an wichtigen religiösen Feiertagen wieder Gottesdienste statt. Das Tauziehen zwischen Klerus und weltlicher Macht um die Verfügungsgewalt über die Kirchen und ihre religiösen Schätze ist jedoch noch nicht entschieden. Alljährlich im Sommer findet auf dem Gelände des Klosters ein Chor- und Glockenspielerfestival statt, an dem Künstler aus dem In- und Ausland teilnehmen.

Vor dem Heiligen Tor befindet sich seit 1997 eine kleine **Kapelle der Kazaner Gottesmutter**. Die Ikone der Kazaner Gottesmutter war die Schutzikone der Streitmacht, die Moskau 1612 von der polnischen Fremdherrschaft befreite und den Romanovs den Weg zur Besteigung des russischen Thrones ebnete. Das russische Heer hatte sich in Jaroslavl versammelt. Im Frühjahr 1613 wurde der 16-jährige Michail Romanov in Kostroma, etwa 80 Kilometer südöstlich von Jaroslavl, zum Zaren gewählt. Vor seiner Krönung in Moskau hielt er sich einige Zeit im Kloster auf. Hier tagte die provisorische Regierung des Regenten. Die Klostermauern boten zuverlässigen Schutz, und die Romanovs zeigten sich dankbar. Sie bedachten das Christus-Verklärungs-Kloster und Jaroslavl mit Privilegien, die im 17. Jahrhundert den Aufstieg der Stadt zu einer der reichsten des Landes ermöglichten.

## Prophet-Elias-Kirche

Das wohl beeindruckendste Beispiel für die Jaroslavler Baukunst ist die Prophet-Elias-Kirche (Церковь Ильи Пророка, 1647–1650) im Stadtzentrum. Die Bauherren waren zwei Brüder, Anikej und Nifantej Skripin. Die beiden Kaufleute hatten mit dem Pelzhandel in Sibirien ein Vermögen verdient und waren zu einer der einflussreichsten Dynastien im Land aufgestiegen. Zar und Patriarch sahen sich gezwungen, den Interessen der Skripins in gewisser Weise entgegenzukommen. Die Kaufmannschaft von Jaroslavl stritt in der Mitte des 17. Jahrhunderts gegen den Anspruch des Klosters auf die absolute religiöse Macht in der Stadt. Als Anikej Skripin den Zaren in einer Bittschrift daran erinnerte, dass die Steuern seiner Unternehmungen die Abgaben des Klosters an die Staatskasse weit überschritten, verlor das Christus-Verklärungs-Kloster 1648 einen Teil seiner politischen und wirtschaftlichen Privilegien. Der Zar erwies den Skripins seine besondere Referenz, indem er der Prophet-Elias-Kirche ein Stück der ›Robe Christi‹ übereignete, die sich als eine der heiligsten Reliquien des Reiches im Moskauer Kreml befand.

Der Jaroslavler Baustil zeichnet sich unter anderem durch die Virtuosität seiner Baumeister aus. Die Prophet-Elias-Kirche vereint vier Kirchen unter einem Dach. Trotz ihrer in Grundriss und Aufbauten komplizierten, unregelmäßigen Komposition wirkt sie harmonisch und einheitlich. Die Kuppeln waren ursprünglich mit gebrannten Majolika-Kacheln bedeckt. Die **Fresken** stammen vom Ende des 17. Jahrhunderts; an ihrer Gestaltung waren berühmte Meister aus Kostroma und Jaroslavl selbst beteiligt. Phantasiereich sind die Darstellungen aus dem Leben des Heiligen Elias und seines Schülers Elisäus. Eine der schönsten Kompositionen ist die ›Ernte‹: Der goldfarbene Roggen, der gemessene Schwung der Sensen und die Schnitter in ihren farbigen Hemden verleihen dem Geschehen eine in der religiösen Kunst jener Zeit seltene poetische Note; das Sujet selbst – Bauern bei der Arbeit – war ebenso ungewöhnlich. Die Fresken, auch das eine Besonderheit, sind Originale. Sehenswert ist der Ikonostas mit einigen wundervollen Arbeiten aus dem 16. und 17. Jahrhundert.

Aus dem 16. Jahrhundert stammen die beiden Betstühle gegenüber dem Ikono-

*Ikone in der Prophet-Elias-Kirche*

stas, die traditionell dem Zaren und dem Metropoliten vorbehalten waren. In die wie geflochtene Spitzen wirkenden Verzierungen sind kunstvoll Doppeladler, sechsflügige Seraphime, Blumen und Tiere verwoben.

## Ein Stadtrundgang

Katharina II., die Jaroslavl einen Besuch abgestattet hatte, kannte die Prophet-Elias-Kirche. Sie ordnete an, alle Gebäude um das Gotteshaus abzureißen. Anstelle der mittelalterlichen Gassen mit zumeist hölzernen Häusern entstand so Ende des 18. Jahrhunderts das neue, klassizistische Zentrum von Jaroslavl. Den weitflächigen **Platz vor der Prophet-Elias-Kirche** säumten nun drei Bauten, zwischen und seitlich von denen strahlenförmig Straßen in Richtung des Erdwalls und über diesen hinaus verliefen. Der Erdwall selbst wurde abgetragen und teils in einen grünen Boulevard verwandelt, teils bebaut.

Das mittlere Gebäude am Platz vor der Prophet-Elias-Kirche ersetzt seit den 1970er Jahren ein sowjetischer Neubau. Der Platz heißt auch heute noch der ›Sowjetische‹; ebenso wie die meisten anderen Straßen ihre nach 1917 erworbenen Namen behalten haben. Die Einwohner begründen ihre Treue zur sowjetischen Tradition mit dem Hinweis auf ihre Kindheitserinnerungen. Etwa die Hälfte der Bewohner ist dennoch für die Rückkehr der historischen Bezeichnungen, die andere Hälfte für die Beibehaltung der gewohnten. An den meisten Straßen im Zentrum befinden sich deshalb am Anfang mehrere Schilder mit den früheren und dem gegenwärtigen Namen. Der ›Sowjetische Platz‹ ist wegen des glatten Teers einer der beliebtesten Treffpunkte der Teenager, die sich hier auf Rollschuhen, Skateboards oder Fahrrädern verlustieren.

Über die **Kirov-Straße** ist der Sowjetische Platz mit dem **Maria-Erscheinungs-Turm** verbunden. In der Nähe des Turmes geht die Straße in eine Fußgängerzone über. Im Innenhof des Hauses Nummer 5 befindet sich das Café ›Ak-

*Die Prophet-Elias-Kirche*

tër, ein beliebter Treffpunkt von Jugend, Boheme und Künstlern. Vor der abwärtsführenden Treppe mahnt eine Tafel: »Hier endet das Vergnügen und beginnt der Ernst des Lebens!«

Der Maria-Erscheinungs-Turm ist eines der Wahrzeichen der Stadt. Im Mittelalter befand sich hier eine Zollstation. Nachdem Peter der Große für alle Träger von Vollbärten eine Bartsteuer eingeführt hatte, ließen die Wächter den Passanten keine Wahl: »Bart ab!« oder »Geld raus!«. Wer nicht zahlen konnte, wurde kostenlos rasiert. Heute befindet sich im stattlichen Turmbau ein Kinderfilmstudio. Die Immobilie gehört der Universität von Jaroslavl, die bisher nicht recht weiß, was sie mit ihr anfangen soll. Die Mittel fehlen, in dem Gebäude Unterrichtsräume einzurichten.

Rechts vom Turm schließt sich der weiträumige **Volkov-Platz** an. Fëdor Volkov (1728–1763) gilt als der erste russische Schauspieler. Geboren in Kostroma, zog er nach dem Tod des Vaters mit seiner Mutter nach Jaroslavl. Auf seine Initiative fanden sich einige junge Leute – seine beiden Brüder, ein Barbier, ein Kanzlei-angestellter und ein Beamter – zusammen, um Theater zu spielen. In einem Lagerhaus fand am 29. Juni 1750 die erste Aufführung statt. Augenzeugen beschrieben sie als »ein äußerst wunderliches Mimenspiel«. Die Gerüchte von der Existenz der sonderbaren Truppe gelangten bis zur Zarin Elisabeth, die die Schauspieler nach St. Petersburg einlud. Sie spielten am Hof einige Stücke, unter anderem Shakespeares ›Hamlet‹, und hatten Erfolg. Auf diese Weise standen die Jaroslavler Schauspieler an der Wiege des 1756 gegründeten ›Russischen Theaters‹.

Seitlich des Platzes wurde Fëdor Volkov 1973 mit einer bronzenen, lebensgro-

*Die Epiphanias-Kirche*

ßen Skulptur ein Denkmal gesetzt. Dem Maria-Erscheinungs-Turm gegenüber befindet sich das Anfang des 20. Jahrhunderts errichtete **Jaroslavler Volkov-Theater**. Hinter dem Theater beginnt der Boulevard in Richtung Hafen.

Zwischen Maria-Erscheinungs-Turm und Christus-Verklärungs-Kloster liegen am Fluss Kotorosl einige alte Häuserzeilen. Ihnen gegenüber, linker Hand, befinden sich in den **ehemaligen Handelsreihen** der Markt und die Einkaufsstraßen.

Der Platz vor dem Kloster heißt **Epiphanias-Platz** (Bogojavlenskaja pl.). Das historische Denkmal rechter Hand wurde für den Stadtgründer errichtet, Jaroslav den Weisen. Zwischen Kloster und der aus rotem Ziegelstein errichteten **Epiphanias-Kirche** (1684–1693) mit ihren zierlichen Türmen und den Majolika-Kacheln verläuft die Straße nach Moskau.

*Für diese Kacheln ist die Stadt berühmt*

## Längs des Hochufers von Kotorosl und Wolga

Östlich vom Christus-Verklärungs-Kloster, am Hochufer entlang der Kotorosl bis zur Mündung in die Wolga, entstand im 17. Jahrhundert eine Kirche neben der anderen. Einige von ihnen sind bis heute erhalten und können besichtigt werden.

Ihnen schließt sich die sogenannte Bärenschlucht an, einst ein tiefer Einschnitt in die Uferlandschaft, der zugeschüttet wurde. Hier befindet sich ein Sportplatz. Schließlich gelangt man zur Wolga. Bevor die Kotorosl in den Strom mündet, bildet sie eine flache Landzunge (Strelka), auf der sich seit dem 975. Geburtstag der Stadt eine Gartenanlage befindet. Eine der Blumenrabatten stellt einen Bären mit Streitaxt dar, das an das Gründungsjahr 1010 erinnernde Wappen Jaroslavls. Zum 1000-jährigen Jubiläum der Stadt wurden die Anlagen komplett neu gestaltet.

Am **gegenüberliegenden Ufer der Kotorosl** lassen sich hinter Baumwipfeln die Zwiebeltürme eines weiteren Kirchenensembles ausmachen: **Korovniki** (Rinderställe). Es besteht aus der **Johannes-Chrysostomus-Kirche** (1649–1654), der zu Ehren der Gottesmutter von Vladimir errichteten Winterkirche (1669), dem zwischen ihnen sich erhebenden Glockenturm (1680) und dem im 18. Jahrhundert hinzugekommenen ›Heiligen Tor‹. Das mit Mitteln einer Kaufmannsfamilie errichtete Ensemble gehörte einst zu den schönsten von Jaroslavl. Sehenswert sind vor allem die zwölf in den Stein versenkten und von Steinmetzen verzierten Fensteröffnungen, der Barock-Ikonostas und die in der Mitte des 18. Jahrhunderts entstandenen Fresken in der Johanneskirche. Eine blühende Sonnenblume ist das Grundmotiv der Verzierungen an der Zarenpforte. Das Kirchenensemble wird von den Altgläubigen in Jaroslavl genutzt.

Zwischen dem Hochufer an der Mündung der Kotorosl in die Wolga und der Erzengel-Michael-Kirche erstreckt sich ein parkähnlicher Grünstreifen, der in einen Boulevard übergeht.

In einigem Abstand vom Ufer befindet sich das größte Gotteshaus von Jaroslavl, die zwischen 1215 und 1219 auf dem Territorium des heute nicht mehr existierenden Kreml errichtete **Mariä-Entschlafens-Kathedrale**. Im 17. Jahrhundert wurde sie beträchtlich erweitert. Während der Auseinandersetzungen zwischen Aufständischen und Bolschewiki im Juni 1918 beschossen die Roten Garden vom Fluss aus die Stadt, wobei die meisten Gebäude an der Strandpromenade stark beschädigt wurden, ebenso die Kathedrale. Ihre Reste ließen die Bolschewiki 1937 sprengen. In den letzten Jahren wurde sie wieder aufgebaut und 2011 geweiht. An das zerstörte Gotteshaus erinnert seit 1995 eine Plastik von Nikolaj Muchin, heute der berühmteste Ikonenmaler der Stadt. Die Figurengruppe besteht aus drei engelsartigen Gestalten, die die Dreifaltigkeit symbolisieren. Die Plastiken wecken mit ihren feingliedrigen Händen sowie den in die Länge gezogenen Körpern und Gesichtern Assoziationen zur Malerei Andrej Rublëvs, des berühmtesten russischen Ikonenmalers.

Hinter der Kathedrale in Richtung Wolga befindet sich das **Haus des Mitropoliten** (Erzbischofs) aus dem 17. Jahrhundert, heute Museum für altrussische Kunst – mit einer wertvollen Ikonensammlung. Die älteste Ikone stammt aus dem 13. Jahrhundert, vor dem Einfall der Mongolen. Der Jaroslavler Ikonenmaler Nikolaj Muchin beteiligte sich mit anderen Künstlern an der Ausmalung der wiedererrichteten Christus-Erlöser-Kirche in Moskau.

Weiter den Boulevard entlang gelangt man zur **Demidov-Säule**, die an Pavel Demidov erinnert, den Gründer der Universität von Jaroslavl. Gegründet 1803, ist sie die drittälteste Universität im Land. Die Wiedererrichtung des Denkmals geht auf eine Initiative von Dozenten der Universität zurück. Die ursprüngliche Säule war nach 1917 zerstört worden, da die Demidovs eine der reichsten Industriellenfamilien des Landes und Symbol des Kapitalismus waren.

Etwas weiter gelangt man zu einem **Denkmal für die kommunistischen Opfer des Bürgerkrieges**. Von dort aus sind es nur noch ein paar Schritte bis zur Prophet-Elias-Kirche.

Die Uferpromenade an der Wolga entstand zwischen 1823 und 1835 und ist seit ihrer Rekonstruktion 1960 drei Kilometer lang. Zwischen der Mündung der Kotorosl und dem Passagierhafen liegen zahlreiche Museen: das **Ikonenmuseum** im aus dem 17. Jahrhundert stammenden ehemaligen Wohnhaus des Metropoliten, das **Historische Museum**, das **Kunstmuseum** mit einer sehenswerten Gemäldesammlung in der ehemaligen Residenz des Gouverneurs sowie das ›**Private Museum**‹ mit seiner Sammlung von Uhren, Grammophonen und Musikinstrumenten.

Der am Flusshafen nach Westen zum Lenin-Platz führende Boulevard beginnt mit einem **Denkmal** für den russischen Dichter und Schriftsteller **Nikolaj Nekrasov** (1821–1871). Nekrasov kam aus dem Adel und war von rebellischer Natur. Seinem Vater bot er die Stirn, als der ihn in eine militärische Laufbahn drängen wollte. Statt dessen studierte er an der Petersburger Universität und verdiente sich seinen Unterhalt mit Schreiben. Mit vielen seiner Gedichtbände traf er den Geschmack der Zeit. Eines seiner bedeutendsten Werke ist ›Wer hat es schon leicht in Russland?!‹, eine Sammlung volkstümlicher Lieder und Balladen, mit Zeilen wie »Mein Russland, du bist erbärmlich und du bist erhaben, du bist mächtig und du bist hilflos«.

Einige Kilometer von Jaroslavl entfernt, in dem **Dörfchen Karabicha**, befand sich der Landsitz der Nekrasovs. Seit 1947 finden hier alljährlich im Juli die im ganzen Land beachteten Nekrasov-Lesungen statt. Das Anwesen mit seinen guterhaltenen Wohn- und Wirtschaftsbauten, den Obstgärten und schattigen Parks aus dem 18. Jahrhundert vermittelt eine Vorstellung vom Leben des russischen Landadels jener Zeit.

Ein weiteres Gebäude an der Uferpromenade ist durch die russische Literatur bekannt geworden. In Leo Tolstois Roman ›Krieg und Frieden‹ wird Andrej Volkonskij in der Schlacht von Borodino gegen die Franzosen 1812 schwer verwundet. Man schafft ihn nach Jaroslavl in eben dieses Haus, in dem er einige Zeit später stirbt.

*Im Zentrum von Jaroslavl*

## Zwischen Jaroslavl und Kostroma

Die Industriegebiete hinter Jaroslavl enden schon bald; gemächlich wälzt sich nun der Strom zwischen den von Wiesen und Wäldern bedeckten, hügeligen Ufern.

Etwa 30 Kilometer flussabwärts mündet das **Flüsschen Solonica** in die Wolga. Der Name – ›die Salzige‹ – erinnert daran, dass hier einmal Salz gewonnen wurde. Im Mittelalter waren die Salzsiedereien eine der wichtigsten Einnahmequellen. Ihretwegen befehdeten die Fürsten von Vladimir und Rostov Velikij einander.

Der Ort an der Mündung, der heute **Nekrasovskoe** heißt (**Km 516**), trug damals den Namen ›Großes Salz‹. Erstmals erwähnt wurde er 1214. Die Salzlager befanden sich vier Kilometer von der Wolga entfernt. In 19 Siedereien wurde die Lauge in riesigen gusseisernen Pfannen verdampft, eine schwere und nur mit großem Geschick zu bewältigende Arbeit. Die Lagerstätten erschöpften sich zum Ende des 17. Jahrhunderts. Die Bewohner des Dorfes stellten sich in den folgenden Jahrhunderten als geschickte Kunsthandwerker heraus, bekannt für ihre Schnitzarbeiten und Malerei. Der Rahmen-Ikonostas in der Jaroslavler Prophet-Elias-Kirche ist beispielsweise eines ihrer Werke.

Der neue Name Nekrasovskoe ist eine Reminiszenz an den Dichter und Schriftsteller Nikolaj Nekrasov, der in einem nahe gelegenen Dorf seine Kindheit und Jugend verbracht hatte. In seinem Werk ›Wer hat es schon leicht in Russland‹ beschreibt er den Ort ›Großes Salz‹. Heute ist Nekrasovskoe ein Kurort mit drei Sanatorien, in denen die mineralhaltigen Wasser der Umgebung zu Heilzwecken verwendet werden.

Die Wolga durchfließt nun eine Landschaft, die ›**Malye Veži**‹ (Kleine Haine) genannt wird. Die Flussufer sind hier flacher, denn durch die Stauung der Wolga bei Nižnij Novgorod – die Ausläufer des Stausees reichen bis hierher – ist der Wasserspiegel gestiegen. Insgesamt 80 Kilometer lange Dämme schützen die Dörfer landeinwärts vor den Frühjahrsüberschwemmungen.

Im gleichnamigen Dorf Malye Veži lebte einer der mit großer Liebe von Nikolaj Nekrasov beschriebenen Jäger und Fischer, Großvater Mazaj. In der Verserzählung ›Väterchen Mazaj und die Hasen‹ beschreibt Nekrasov die Landschaft: »Sie ertrinkt ganz und gar in grünen Gärten; / Auf Stelzen stehen die Häuschen hier. / Das Wasser hebt die ganze Gegend, / im Frühjahr gleichsam schwebend fort...« Großvater Mazaj war eine reale Gestalt, und seine Nachfahren lebten noch im 20. Jahrhundert dort, bevor das Dorf der Mazajs in der gestauten Wolga versank. Die Gegend ist ein beliebtes Jagdgebiet.

# Kostroma

Etwa 80 Kilometer hinter Jaroslavl liegt der nächste größere Ort, Kostroma (Кострома, **Km 556**). Die Stadt erstreckt sich an beiden Ufern der Wolga. Der Eindruck, den man während eines Spazierganges durch Kostroma gewinnt, ist der eines Besuches in den Kulissen eines Filmstudios. Nur wenige russische Städte können sich eines derart gut erhaltenen Stadtkerns rühmen. Ein Bummel durch die **Galerien der Handelsreihen**, über den **Markt**, den zentralen **Susanin-Platz** und durch die Parks mit ihren Denkmalen ist gleichsam ein Flirt mit mehreren Jahrhunderten russischer Geschichte.

In Kostroma leben gegenwärtig etwa 280 000 Menschen. Neben Textilien werden vor allem Möbel und Schmuckwaren aus Silber produziert, ebenso Maschinen. In der Stadt gibt es eine Pädagogische Universität und eine Landwirtschaftliche Akademie, eine Technische Hochschule und eine Filiale der Petersburger Hochschule für Wirtschaft und Handel. Das Theater ist mehr als 100 Jahre alt. Außer ihm gibt es eine Philharmonie, ein Puppentheater und einen Zirkus. Oberhalb des Ufers, unweit des auf einem Ponton am linken (östlichen) Flussufer gelegenen Passagierhafens von Kostroma, befindet sich ein kleiner Pavillon mit acht Säulen. In

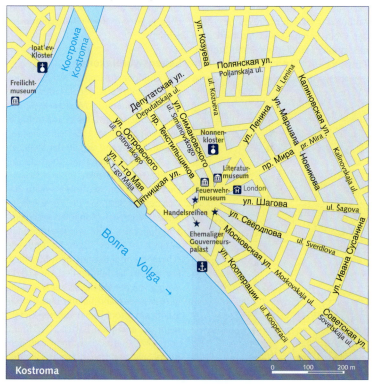

seinen Erinnerungen beschrieb der Dramatiker Alexander Ostrovskij (1823–1886) den von ihm geliebten Blick auf die Wolga (→ S. 218). Die Einheimischen gaben dem kleinen Pavillon deshalb den Namen des Dramatikers. Heute verstellen Bäume die Aussicht; dennoch bereitet es wenig Mühe, sich in Ostrovskijs Zeit zurückzuversetzen.

Die Bedeutung Kostromas beschränkte sich nicht allein auf Klöster, Gotteshäuser, Ikonen und Handelsreihen. Ihre Blüte verdankte die Stadt auch dem Kostromaer Leinen. Aus den Manufakturen der Stadt kamen ab dem 18. Jahrhundert Segeltücher und Stoffe für die Textilindustrie. Die Leinenfabrik an der Kostroma, einem Nebenfluss der Wolga, nach dem die Stadt benannt ist, war Anfang des 19. Jahrhunderts die größte der Welt. Bereits am Hafen trifft man auf mobile Händler mit ihren Stoffen, Tischtüchern, Strickjacken und Pullovern. Diese Produkte sind qualitativ hochwertig, im Design traditionell anspruchslos und zugleich originell – klassische Mitbringsel aus Kostroma.

Kostroma ist die Hauptstadt des gleichnamigen Gebietes, das eine Fläche von 60000 Quadratkilometer bedeckt (in etwa so viel wie Brandenburg, Sachsen und Thüringen zusammen). Es ist zu 75 Prozent von dichten Wäldern bedeckt. Der Holzeinschlag und die Holzverarbeitung sind nach der Energiegewinnung der wichtigste Industriezweig.

Kostroma gilt als die Heimat der Sneguročka, der aus russischen Väterchen-Frost-Märchen bekannten Schneeprinzessin. Alexander Ostrovskij schrieb ein Märchen über sie, in dem er Sneguročka als die Tochter von Väterchen Frost und der Frühlingsgöttin beschrieb.

## Sehenswürdigkeiten

Der Gründer Kostromas war Jurijj Dolgorukij, jener Fürst, der auch den Grundstein zum Kreml in Moskau legte. An der Mündung des Flusses Kostroma in die Wolga ließ er 1152 eine Festung bauen. Sie befand sich an der Stelle, an der sich heute der Park oberhalb der Anlegestelle erstreckt.

Den Kreml von Kostroma ereilte das gleiche Schicksal wie die Feste von Jaroslavl. Von den Mongolen geschleift, abermals aus Holz wiederaufgebaut, brannte er eines Tages ab und verschwand endgültig aus dem Stadtbild. Das war im 18. Jahrhundert, als sich die Wolga von der Quelle bis zur Mündung in russischer Hand befand und sich die Städte am Strom keiner äußeren Gefahr mehr zu erwehren hatten. Der Brand von 1773 hatte zusammen mit dem Kreml alle anderen hölzernen Bauten der Stadt vernichtet.

▲ *Das sowjetische Susanin-Monument*

## ■ Susanin-Platz

Der Wiederaufbau nach dem Brand geschah nach den Plänen Katharinas II. Vom zentralen, zur Wolga hin offenen Susanin-Platz streben sieben Straßen wie die Radialen eines Fächers ins Landesinnere. Umgeben ist der Platz von einzigartig schönen Gebäuden: der historischen **Feuerwache** mit ihrem 37 Meter hohen Turm (heute ein Feuerwehrmuseum), der **Hauptwache** mit ihrem Portikus und dem Basrelief, das Szenen aus dem Krieg von 1812 darstellt (heute das Literaturmuseum), der Seitenfassade des **Gouverneurspalastes**, in dem heute der Bürgermeister von Kostroma residiert, und schließlich dem klassizistischen **Palast des Senators S. Borščëv**, der am Krieg 1812 gegen Napoleon teilgenommen hatte (seit der Mitte des 19. Jahrhunderts das Hotel ›London‹). Vorbei am Gouverneurspalast, Richtung Süden, gelangt man zu einem kleineren, grünen Platz mit der Skulptur des Stadtgründers Jurijj Dolgorukij.

Bis zu den bolschewistischen Umwälzungen stand im Zentrum des Susanin-Platzes ein Denkmal, das ihm den Namen gab, die **Susanin-Säule**. Die Skulptur zu ihren Füßen huldigte dem Bauern Ivan Susanin, die sie krönende Büste dem jungen Michail Romanov, der als 16-jähriger 1613 den Thron bestieg und die Dynastie der Romanovs begründete. Die historische Episode, an die die Säule erinnerte, soll sich zugetragen haben, als der junge Romanov mit seiner Mutter im nahegelegenen Ipatev-Kloster Zuflucht gefunden hatte. Ein polnisches Heer zog 1612 aus, um des Prätendenten auf den russischen Thron habhaft zu werden. Ein Bauer, Ivan Susanin, bot an, sie nach Kostroma zu führen. Statt nach Kostroma führte er sie jedoch in entlegene Sümpfe und in die Irre. Seinen Mut bezahlte der Bauer mit seinem Leben – Michail Romanov aber war gerettet. Der Architekt der Säule gab dem aufopferungsvollen Patriotismus des Bauern Gestalt, und nach dem Sujet dieser Legende komponierte Michail Glinka (1801–1857) im Jahr 1836 die Oper ›Ein Leben für den Zaren‹, die erste russische Nationaloper. Mit ihr wurde 1860 das Mariinskij-Theater in St. Petersburg eröffnet. Unter Boris Jelzin avancierte dann eine der Melodien aus der Oper zur Nationalhymne, die ohne Text intoniert wurde. Noch heute sagt man in Russland zu Leuten mit schlechtem Orientierungssinn, sie seien ein ›Susanin‹.

Den Bolschewiki gefiel die Säule nicht. Zu offensichtlich verehrte sie den Zaren, zu dessen Füßen Ivan Susanin demütig als Held starb. Sie ließen sie als Symbol der Selbstherrschaft stürzen. Ein Frag-

*In den Handelsreihen*

ment liegt heute am Zugang zum zentralen Platz. Das **sowjetische Ivan-Susanin-Monument**, eine überlebensgroße Skulptur, steht seit 1967 etwas näher zur Wolga in einer Grünanlage vor den beiden zentralen Handelsreihen.

### ■ Die Handelsreihen

Die beiden Handelsreihen – auf der nördlichen Seite der **Zentralmarkt** und auf der südlichen der **Gostinyj Dvor**, der Handelshof – sind heute zwei der ganz wenigen in Russland erhaltenen Anlagen dieser Art. Errichtet wurden sie Ende des 18. und Anfang des 19. Jahrhunderts. Die klassizistische Strenge der Architektur jener Epoche hat sich hier ein einzigartiges Denkmal geschaffen. Hinter von Säulen getragenen Galerien erstreckten sich die Läden der Händler. Sie bestehen aus zwei Stockwerken – dem eigentlichen Verkaufsraum und einem niedrigen Dachboden – sowie dem Keller, der als Lagerraum diente. Die Namen der Handelsreihen – Gewürz-, Tabak-, Öl, Fisch- oder Mehlreihe – verrieten, was hier verkauft wurde. 1833 lebten in Kostroma 12 000 Einwohner, und es gab 288 solcher Kleingeschäfte. In das Innere der Handelsreihen führen **Tore**. Das eindrucksvollste ist das ›Schöne Tor‹ (Krasnye vorota) in der Westfassade des Handelshofes, mit der **Erlöser-Kirche** und einem Glockenturm.

Hinter dem Gostinyj Dvor, rechterhand, beginnt der Park, der sich auf dem **Territorium des ehemaligen Kreml** erstreckt. Sein Wahrzeichen ist das monumentale **Lenin-Denkmal**. Das überdimensionierte Postament, auf dem Lenin in die Ferne weist, passt ganz offensichtlich nicht zu ihm. Es war auch nicht für ihn gedacht, sondern für die Zarendynastie. Nikolaus II. hatte hier 1913 während einer der zahlreichen Feierlichkeiten zum 300. Jahrestag der Romanovs den Grundstein zu einem Zarendenkmal gelegt. Bis 1914 entstand das Postament. Die Revolution fegte drei Jahre später die Herrschaft der Romanovs hinweg. Lenin erhielt das Postament. Von dieser überragt er so gut wie alle Gebäude in Kostroma. Die Mariä-Entschlafens-Kathedrale in der Nachbarschaft am Hochufer der Wolga, die ihm in dieser Hinsicht Konkurrenz machte, wurde Anfang der 1930er Jahre gesprengt.

### ■ Anastasia-Kloster

Das Nonnenkloster zur Anastasia-Gotteserscheinung befindet sich unweit des Stadtzentrums. Man vermutet, dass es im 15. Jahrhundert als Mönchskloster von einem der Schüler des heiligen Sergej von Radonež gegründet wurde. Als Wehrkloster besaß es bis ins 17. Jahrhundert hinein Bedeutung. Die auf dem Gelände zwischen 1559 und 1565 errichtete **Gotteserscheinungs-Kathedrale** war das erste in Kostroma aus Stein errichtete Gebäude. Während eines verheerenden Brandes 1847 wurde das Gotteshaus zerstört. Das Kloster sollte daraufhin aufgegeben werden, wogegen sich Widerstand in der Stadt regte.

Das wichtigste Heiligtum des Klosters ist die wundertätige **Fëdor-Ikone der Gottesmutter**, die Fürst Vasilij einer Legende zufolge Ende des 13. Jahrhunderts in der Nähe Kostromas auf der Jagd ›gefunden‹ haben soll. Mit dieser Ikone, der wundertätige Eigenschaften nachgesagt wurden, soll die Mutter des jungen Michail Romanov ihren Sohn nach dessen Wahl zum Zaren gesegnet haben. Seit Ende des 18. Jahrhunderts erhielten alle deutschen Prinzessinnen, die in die Zarenfamilie einheirateten, bei ihrem Übertritt

Kostroma, Ipatev-Kloster

zum orthodoxen Christentum zu Ehren an diese Ikone den Vatersnamen ›Fëdorovna‹, so auch Alexandra Fëdorovna, die Ehefrau von Nikolai II. Die Ikone überstand Dutzende verheerender Brände in Kostroma. Die antireligiösen Zerstörungen der 1920er und 1930er Jahre überlebte sie in einer Moskauer Restaurationswerkstatt. Das Anastasia-Kloster wird seit 1991 wieder von Nonnen bewohnt. Die Kathedrale mit ihren 27 Kuppeln ist für Besucher geöffnet.

## Ipatev-Kloster

Bis auf Peter den Großen statteten alle russischen Zaren Kostroma mindestens einen Besuch ab. Ende des 17. Jahrhunderts war die Stadt nach Moskau und Jaroslavl die drittgrößte in Russland. Bedeutung und Reichtum hatten nicht nur mit der günstigen Lage als Handelszentrum zu tun, sondern vor allem mit dem Ipatev-Kloster (Ипатьевский монастырь) an der Mündung der Kostroma in die Wolga. Eine Legende über die Gründung des Klosters berichtet von einem tatarischen Fürsten mit Namen Čet, der 1330 auf dem Weg aus Kazan zum Moskauer Großfürsten war. Unterwegs erkrankte er, und an der Kostroma verließen ihn die Kräfte. Von Fieberträumen gequält, erschien ihm in einer Vision die Jungfrau Maria in Begleitung des Apostels Philipp und des Märtyrers Ipatios (Ipatev), dessen Martyrium – er im Jahr 325 gesteinigt – sowohl in der orthodoxen als auch der römischen Kirche begangen wird. Die Jungfrau versprach dem tatarischen Fürsten Heilung. Am nächsten Tag legte Čet das Gelübde ab, im Falle seiner Genesung an dieser Stelle ein Kloster zu gründen. Er genas, ließ sich taufen und stiftete das nach dem Märtyrer genannte Kloster. Der Stammbaum des Zaren Boris Godunov (reg. 1598–1605) geht auf den tatarischen Fürsten Čet zurück, weshalb die Godunovs das Kloster von Beginn an mit Privilegien unterstützten; es erhielt unter anderem die beträchtlichen Einnahmen aus dem Fährverkehr über die Wolga.

Im 16. Jahrhundert wurden die hölzernen Bauten durch steinerne ersetzt. Eine steinerne Mauer umfasste das Gelände mit der Dreifaltigkeitskathedrale, den Zellen der Mönche und dem Gebäude des Abtes. Das Kloster war für seine Freskenmaler berühmt, die im ganzen Land die Innenräume dutzender Kirchen gestalteten. Die im Kloster verwahrte und nach ihm benannte Ipatev-Chronik gilt als eines der wertvollsten literarischen Zeugnisse über das frühe russische Mittelalter.

Mit dem Tod von Boris Godunov 1605 erlosch der Glanz dieser Bojarendynastie, und die ›Jahre der Wirren‹ begannen. 1609 besetzten die Polen das Ipatev-Kloster, wurden jedoch recht bald von Aufständischen vertrieben. Im Herbst 1612 suchten die Nonne Marfa und ihr Sohn Michail Romanov Schutz im Kloster vor den Nachstellungen der Moskauer Machthaber. Die Romanovs waren ein Bojarengeschlecht, erstmals im 14. Jahrhundert in Moskauer Chroniken erwähnt. Unter Boris Godunov fielen sie in Ungnade. Michails Vater und Mutter wurden gezwungen, den Mönchs- und Nonneneid zu schwören und nach Sibirien verbannt, wo die Geschwister Michails an den Entbehrungen starben. Nach Godunovs Tod kehrten sie nach Moskau zurück. Doch da der junge Michail Romanov ernsthafte Aussichten auf den verwaisten Zarenthron hatte, war sein Leben in Gefahr. Mit seiner Mutter fand er Zuflucht vor den Nachstellungen hinter den dicken Mauern des Ipatev-Klosters. Ihre Gemächer im **Haus des Abtes** sind heute **Museum**. Im März 1613 überbrachte eine Gesandtschaft Michail Romanov die Nachricht, dass die Moskauer Ständeversammlung ihn zum Zaren erkoren habe und bat um seine Zustimmung. Nach einem Tag des Zögerns, heißt es in der offiziellen Geschichtsschreibung, habe Michail Romanov die Wahl akzeptiert und einen Eid abgelegt. Im Juli 1613 wurde er im Moskauer Kreml zum Zaren gekrönt. 304 Jahre währte die Regentschaft Herrschaft des Romanovs auf dem Thron. Das Ipatev-Kloster galt als Familienheiligtum. Gemessen an der Zahl der Leibeigenen, war es das viertgrößte Kloster im Land. In den ersten

*Das Ipatev-Kloster*

# Kostroma 217

*Im Freilichtmuseum*

Jahrzehnten nach den dramatischen Ereignissen 1612/13 flossen immense Mittel in die Rekonstruktion der Anlage. Ironie der Geschichte: So wie der Beginn der Romanov-Dynastie mit dem Namen Ipatev verbunden war, so stand auch am Ende ein Ipatev: der Besitzer des Hauses in Ekaterinburg, in dessen Keller Zar Nikolaus II., seine Frau und die Kinder 1918 erschossen wurden.

Die fünfkupplige **Dreifaltigkeitskathedrale** ist das einzig vollständig erhaltene Gotteshaus des Klosters. Sie wurde in der Mitte des 17. Jahrhunderts errichtet, nachdem zunächst eine Explosion, dann ein Sturm die von den Godunovs finanzierte Vorgängerkirche zerstört hatten. Die Fresken im Innern sind ein Meisterwerk der Freskenmalerei aus der zweiten Hälfte des 17. Jahrhunderts. Gestaltet wurde sie von einem Meister aus Jaroslavl, Gurij Nikitin, mit 19 Gesellen, in nur einem Sommer. Auf einer Fläche von 4000 Quadratmetern erschufen sie 81 Kompositionen zu biblischen Themen. In einem aufwändigen Verfahren, bei dem Farbreste in den Poren des Putzes aufgespürt und anhand von ihnen die Farbintensität und Farbdichte rekonstruiert worden, wurden die Fresken in den letzten Jahren restauriert und erleuchten in altem Glanz. Eine der beeindruckendsten Kompositionen ist die Jakobsleiter in der Vorhalle.

Neben dem Ikonostas, die aus der Mitte des 18. Jahrhunderts stammt, befinden sich Überreste der Flügeltüren des Eingangstores. Wie dieder Mariä-Entschlafens-Kathedrale im Kreml sind sie im extrem aufwändigen Feuervergoldungsverfahren aus Eisen und mit Gold geprägt. Unter den abgebildeten Personen erkennt man bei näherem Hinsehen die Porträts von Demokrit, Platon und ein für das mittelalterliche Russland seltenes Apollo-Bildnis. Der Glockenturm neben der Kathedrale stammt vom Anfang des 17. Jahrhunderts.

Die Blüte des Ipatev-Klosters währte hundert Jahre. Dann teilte es das Los aller anderen russischen Klöster. Peter der Große brauchte Geld für seine Kriege und Metall für seine Kanonen, und er holte es sich von dort wo es war: Dem kirchlichen Besitz. Im folgenden Jahrhundert verloren die Mönche in Kostroma die meisten ihrer Ländereien und sonstigen Einkünfte. 1918 wurde das Kloster aufgelöst, später zu einem Museum und ist nun wieder Kloster und Museum zugleich. Alle Präsidenten Russlands nach dem Zerfall der Sowjetunion statteten ihm in monarchischer Manier einen Besuch ab und wurden in Ehren empfangen. Wie in den Zeiten vor der 1917 spenden auch heute der Staat und hohe Staatsbeamte beträchtliche Summen zur Erhaltung der Anlagen.

Jenseits der Klostermauern befindet sich ein 1955 gegründetes **Freilichtmuseum**. Es bietet einen sehenswerten Überblick

## Eine grausame Romanze

Die Stadt- und Wolgalandschaften in und um Kostroma schufen für viele Verfilmungen historischer Stoffe die entsprechende Atmosphäre. Der Regisseur Ėldar Rjazanov, der seit den 1960ern eine Reihe von sowjetischen Kultfilmen gedreht hat, filmte in und um Kostroma Anfang der 80er Jahre ›Žestokij Romans‹ (Eine grausame Romanze): Ein reicher Kaufmann bemüht sich um ein junges Mädchen aus einer armen Familie. Er umwirbt die unerfahrene Schöne, demütigt einen sie liebenden ›kleinen‹ Beamten, lädt das junge Mädchen auf sein Schiff, einen Raddampfer. Wie ein Zauberer erobert er gegen alle Bedenken ihr Herz. Der Film bietet, eingefangen in Bilder vom russischen Leben im 19. Jahrhundert, Zigeunermusik, Blaskapellen, wilde Gelage, Liebeserklärungen, Sehnsucht und Unglück. Er mag Betrachtern heute archaisch erscheinen, aber in Kostroma spürt man die poetische Kraft, die Rjazanov auf die Leinwand gebannt hat.

Das Drehbuch entstand nach Motiven eines Stückes von Aleksandr Ostrovskij (1823–1886), ›Braut ohne Aussteuer‹. Der in Moskau geborene Sohn einer reichen Kaufmannsfamilie wuchs mit Büchern und Sprachen auf. Er schrieb mehr als 60 Stücke, von denen viele auch heute noch zum Repertoire der meisten russischen Theater gehören. Das Malyj-Theater in Moskau, gegenüber dem ›Bolšoj‹, ist nach ihm benannt.

Ostrovskij traf den Geist seiner Zeit ebenso, wie er das Seelenleben der Menschen zu entschleiern vermochte. Dass der Dramatiker in Westeuropa weniger bekannt ist als Maxim Gorki und Anton Tschechow, hat mit der Epoche zu tun, in der er lebte und der Welt, über die er schrieb: Sie ist längst untergegangen.

Kostroma und Ostrovskij sind auf besondere Weise miteinander verbunden. Der Vater des Dramatikers besaß ganz in der Nähe, in Ščelykovo, ein Sommerhaus. Inmitten einer urwüchsigen Waldlandschaft gelegen, ist das Anwesen mitsamt Garten und Park heute ein Museum. An der Wolga fand Ostrovskij die Motive und Charaktere für viele seiner Stücke, unter anderem auch für die ›Braut ohne Aussteuer‹.

*Idylle am Fluss: der Ostrovskij-Pavillon in Kostroma*

*Die erste der beiden Schleusen am Gorki-Stausee*

über die Architektur der hölzernen Bauernhäuser, Windmühlen und Kirchen in der Umgebung von Kostroma. Ausstellungen mit Gegenständen der Gebrauchskunst und alten Ikonen ergänzen das Bild.

## Zwischen Kostroma und Niżnij Novgorod

Kostroma und Niżnij Novgorod trennen 306 Kilometer. Bis Gorodec fährt man über den Gorkier Stausee, der nach dem Schriftsteller Maxim Gorki (1868–1936) benannt ist. Auch die Stadt Niżnij Novgorod trug bis in die 1990er Jahre den Namen Gorkij. Die Wolga ist durch die Stauung über ihre Ufer getreten, an manchen Stellen ist sie über zehn Kilometer breit.

Nach und nach gehen die Nadel- und Mischwälder in reine Laubwälder über. Im ersten Abschnitt sind die Ufer steil und zerklüftet. Die Einheimischen nennen die Hügel hinter Kostroma ›**Ziegenberge**‹ (Kozlovy Gory). Ihren Namen haben sie von einem Räuberhauptmann mit dem Spitznamen Kozël (Ziegenbock). Er war im 16. Jahrhundert der Anführer einiger hundert entlaufener Leibeigener und anderer Heimatloser, die Kaufleute auf der Wolga überfielen und reiche Beute machten.

Fast nie halten die Kreuzfahrtschiffe mit ausländischen Touristen in den vielen kleinen Ortschaften entlang der Strecke zwischen den beiden Städten, obwohl sie Beachtung verdient hätten. Die Siedlung **Krasnoe-na-Volge** (Красное на Волге), übersetzt ›Die Schöne an der Wolga‹, am linken Flussufer zum Beispiel ist seit Jahrhunderten berühmt für ihre Juweliere. Die Meister stellten silbernes Geschirr, Beschläge für Ikonen und Bücher, Brustkreuze und allerlei andere Schmuckgegenstände her. Ihre Erzeugnisse waren bis in den Orient gefragt. Viele der in den russischen Zügen begehrten Einsätze für Teegläser kommen aus Krasnoe-na-Volge. Bis heute leben im Ort einige Meister.

### ■ Plës

In Plës (Плёс, Km 615), 71 Kilometer von Kostroma entfernt, am rechten Wolga-Hochufer erheben sich die Hügel bis zu 56 Meter über den Fluss. Der Blick, den man von ihnen auf den Strom und die Hügellandschaften im Hinterland hat, ist allein eine Reise in die Stadt mit ihren 1800 Einwohnern wert.

Die Bewohner waren als Handwerker und Fischer bekannt, die den Reichtum der Gegend an mineralischen Quellen geschickt zu nutzen wussten. Reisende im 19. Jahrhundert berichten von kleinen, künstlich angelegten Seen in den Höfen der Bauern, durch die sie Quellwasser leiteten und in denen prächtige Sterlets schwammen.

Die Umgebung von Plës ist ein echt russisches Paradies. Seit Mitte des 19. Jahrhunderts zieht es Intellektuelle und Künstler aus der Umgebung und auch aus Moskau und St. Petersburg in die dörfliche Abgeschiedenheit. Luft, Natur und Heilquellen, ›urwüchsige‹ Menschen und eine mehr als 500-jährige Geschichte ziehen sie an. Zu ihnen gehörte der Maler Isaak Levitan (1860–1900), der zu den ›Peredvižniki‹ gehörte, den Wandermalern. Er besuchte Plës erstmals 1888. Der Ort und die ihn umgebenden Landschaften inspirierten ihn zu insgesamt 40 Bildern. Einige hängen heute in der Tretjakov-Galerie in Moskau.

Im Ort befindet sich ein kleines Museum in dem Haus, das er bei seinen Aufenthalten bewohnte. In und um Plës befinden sich dutzende Kur- und Erholungsheime. Landsitze in der Nähe haben auch Putin und Medvedev. Vom Schiff sind die **acht Kirchen des Ortes** gut zu erkennen. Die älteste ist 300 Jahre alt. Ausflugsschiffe, die hier anlegen, bieten bei längeren Aufenthalten Exkursionen in zwei der berühmtesten Städte des Goldenen Rings – Suzdal und Vladimir – an.

Unweit von Plës beginnt ein 1965 gegrabener höhergelegener Kanal (**Km 623**), der die knapp 80 Kilometer entfernte Stadt **Ivanovo**, ein Zentrum der Textilindustrie, mit Wasser versorgt. Es wird aus der Wolga durch Röhren den Hang hinaufgepumpt.

Die folgenden Orte – **Navoloki** (**Km 650**) und **Kinešma** (**Km 664**) am rechten sowie Zavolžsk am linken Ufer – sind ebenfalls durch die Textilindustrie geprägt. In Kinešma, der größten dieser Städte, leben etwa 100 000 Menschen.

■ **Gorodec**

Der 427 Kilometer lange **Gorki-Stausee** wird von der Staumauer und dem **Wasserkraftwerk** von Gorodec (Городец, **Km 808**) gebildet. In **zwei Schleusen** überwinden die Schiffe 18 Meter Höhenunterschied.

▲ *Brücke kurz vor Nižnij Novgorod*

Hinter der zweiten Schleuse am linken Ufer taucht Gorodec auf. Fürst Jurijj Dolgorukij war ein unermüdlicher Gründer von Städten und Ortschaften: 1147 Moskau, 1152 Kostroma und kurz darauf Gorodec. Mehrmals von den Tataren und Mongolen dem Erdboden gleichgemacht, erstand Gorodec stets wieder.

In Gorodecer **Fëdor-Kloster** verstarb 1263 Aleksandr Nevskij, einer der talentiertesten und machtbewusstesten Fürsten des frühmittelalterlichen Russland. Der Sieger gegen die Schweden und die Kreuzritter war vor seinem Tod im Lager der Goldenen Horde, wo er Verhandlungen über das Geschick Novgorods geführt hatte. Manche Historiker vermuten, er sei dort – wie ein gutes Jahrzehnt zuvor sein Vater – von den Mongolen vergiftet worden und an den Folgen des Attentats auf dem Heimweg gestorben. Vor seinem Tod ließ er sich in Gorodec zum Mönch weihen. Hinter der Anlegestelle am Hochufer ist die Skulptur Aleksandr Nevskijs auszumachen.

Bekannt ist das sich zwischen Fliederbüschen und Akazienbäumen behaglich ausbreitende Gorodec aber auch wegen seines **Kunsthandwerks**: der Holzschnitzerei und der Bemalungen von Flachs- und Hanfhecheln, Webstühlen, Walken und anderer Gebrauchsgegenstände. Als diese Geräte vom technischen Fortschritt verdrängt wurden, verlegten sich die hiesigen Meister auf die Produktion von Kindermöbeln und nostalgischen, buntbemalten Holzerzeugnissen. Zu den beliebtesten Motiven gehören Pferde, Blumen und Vögel. Gorodec gegenüber liegt die Industriestadt **Zavolž'e** mit 46 000 Einwohnern. Sie entstand mit dem Bau des Wasserkraftwerkes Mitte der 1950er Jahre und ist Standort eines der größten Motorenwerke Russlands, Zulieferer der in den Städten an der mittleren Wolga ansässigen Automobilindustrie, die Personen- und Lastkraftwagen herstellt.

Ebenfalls am rechten Ufer des Stromes erstreckt sich **Pravdinsk**. Seine Geschichte beginnt 1928 mit dem Bau einer gigantischen Zellulosefabrik. Die Produktion deckte im wesentlichen den Bedarf der Sowjetunion an Zeitungspapier. Da auf dem Papier auch die ›Pravda‹ (Wahrheit), das Sprachrohr der Kommunistischen Partei, gedruckt wurde, erhielt der Ort seinen Namen nach dieser Zeitung.

## ■ Balachna

Balachna (**Km 830**) an der Mündung des Flüsschens Neteči (Die ›Nicht-Fließende‹) verdankt seine Entstehung der Eroberung Velikij Novgorods durch Ivan III. im Jahr 1478. Einen Teil jener Novgoroder, die sich dem Moskauer Großfürsten nicht unterwerfen wollten, verbannte er nach Balachna. Die Gegend war reich an Salz, und im 17. Jahrhundert entwickelte sich die Siedlung zu einem der wichtigsten Salzproduzenten an der Wolga. Als die Lagerstätten versiegten, verlegte man sich auf die Produktion von Ziegelsteinen, Kacheln und Glocken. Außerdem entstand eine Werft. Meister aus Balachna bauten in Nižnij Novgorod eines der ersten großen russischen Schiffe nach Plänen des Deutschen Philipp Crusius, die ›Friedrich III.‹ Peter der Große schickte 1699 ausländische Schiffbauer nach Balachna, die den Einheimischen neue Technologien des Schiffbaus beibrachten. Ende des 19. Jahrhunderts verlor die Stadt ihre industrielle Bedeutung, die sie erst mit dem Bau eines mit Torf beheizten Wärmekraftwerkes wiedererlangte. Heute leben in Balachna etwa 60 000 Menschen.

# Nižnij Novgorod

›Novgorod‹ bedeutet Neustadt. Es gibt in Russland zwei Neustädte. Velikij Novgorod (Große Neustadt) liegt im Norden des Landes und war bereits zu Zeiten der Kiever Rus ein bedeutendes und einflussreiches Fürstentum mit Handelsbeziehungen in alle Welt. Nižnij Novgorod (Нижний Новгород, Km 862) ist die ›Untere Neustadt‹, womit gemeint ist, dass sie weiter südlich liegt. Gegründet wurde die Stadt 1221 nach dem siegreichen Feldzug eines Fürsten von Vladimir-Suzdal gegen die Wolga-Bulgaren.

An der Mündung der Oka in die Wolga steigt das zuvor flache rechte Ufer beträchtlich in die Höhe. Von hier beherrscht man die beiden Flüsse. Die Oka und ihre Nebenflüsse verbinden die Wolga mit Vladimir und Moskau, und die Gründung Nižnij Novgorods geht nicht zuletzt auf diese strategisch günstige Lage zurück.

## Geschichte der Stadt

Der Berg an der Mündung, auf dem der Fürst von Vladimir-Suzdal seine Festung errichten ließ, heißt seit Urzeiten Djatel. Einer alten Überlieferung zufolge war Djatel (Specht) ein mordwinischer Zauberer zu Zeiten des mächtigen Fürsten Skvorec (Star). Die Mordwinen, ein finno-ugrisches Volk, das noch heute jenseits der Wolga ein eigenes Autonomes Gebiet besitzt, beherrschten vor der Eroberung durch die Russen die Gegend um Nižnij Novgorod. Sie waren den Wolga-Bulgaren tributpflichtig. Der Zauberer Djatel nun prophezeite seinem Herrscher, dass im Fall einer Aufteilung seines Gebietes unter seinen drei Söhnen sie dieses verlieren würden. So geschah es auch. Die Mordwinen lehnten sich zunächst gegen die russischen Eindringlinge aus dem Norden auf. 1232 wurde ihre Streitmacht aber vernichtend geschlagen, und sie unterwarfen sich.

Sechs Jahre später tauchten die Mongolen an der oberen Wolga auf. Die Russen hatten ihnen nichts als ihren Heldenmut entgegenzusetzen. Von ihrer Verzweiflung erzählt die Sage von der ›rechtgläubigen‹ Stadt Kitež. Die Stadt mit den goldenen Kuppeln soll am Ufer

▲ *Die Čkalov-Treppe in Nižnij Novgorod führt vom Wolgaufer zum Kreml hinauf*

# Die Stauseen der Wolga

In einem Fachartikel aus den späten 1980er Jahren bezeichnen die Autoren die Wolga als »geschundenen Lastgaul der sowjetischen Industrialisierung«, den »die Sowjetmacht seiner Kraft und weithin seiner melancholischen Schönheit« beraubt habe. Gemeint ist der Bau von insgesamt sieben Wasserkraftwerken, deren Stauseen von Tver bis Volgograd fließend ineinander übergehen. Sie bedecken ein geflutetes Territorium von insgesamt 20 000 Quadratkilometern. Auch für größere Schiffe ist der Strom durch die Stauung während der gesamten Navigationszeit befahrbar, und die Kraftwerke liefern konstant Strom. Diese Vorteile haben jedoch einen enorm hohen Preis. Bis zu seiner Regulierung legte der Strom die Strecke von Rybinsk bis Volgograd in 30 Tagen zurück. Heute braucht er für die etwas weniger als 3000 Kilometer etwa ein Jahr. Die niedrige Fließgeschwindigkeit zieht eine Minderung der Selbstreinigungskräfte nach sich.

In den Städten und um sie herum entstanden zudem Dämme und Umgehungskanäle, die ein überdurchschnittliches Ansteigen des Wasserpegels während der jährlichen Frühlingshochwasser verhindern. Dies aber war wichtig für die Fischgründe, denn die überschwemmten Wiesen boten vielen Fischarten ideale Laichplätze. Heute müssen zum Beispiel Lachse auf künstlichem Weg ›erzeugt‹ werden, da ihre Wanderung druch die Schleusen unmöglich ist. In den nur langsam fließenden Gewässern der Wolga und ihrer Nebenflüsse setzen sie Gewicht an und werden im Herbst gefangen. Fischbroiler-Zucht nennen Einheimische mit Humor diese Art der Aufzucht. Das Verharren des Wassers in den Stauseen führt zudem dazu, dass sich Schadstoffe ablagern und damit zu einer immer größeren Gefahr für die Umwelt werden. Wasser aus der Wolga trinkt heute niemand mehr, dem seine Gesundheit wichtig ist. Dabei war der Fluss einmal, besonders im trockenen Süden, das wichtigste Trinkwasserreservoir für die gesamte Region.

Über die Umweltsünden der Sowjetunion – ungeklärte Industrieabwässer, Luftverschmutzung, in die Flüsse und Seen gespülte Rückstände chemischer Dünge- und Pflanzenschutzmittel – ist viel berichtet worden. In den Jahren der Perestroika entstanden in fast allen Städten am Fluss Umweltbewegungen, die sich für den Schutz ihres Lebensraumes einsetzten; Bürgerinitiativen verlangten Auskunft über die Gefahren.

Einiges hat sich inziwschen geändert, wozu vor allem die Stilllegung vieler Fabriken beigetragen hat. In Russland ist man für Umweltprobleme sensibler geworden und engagierte Bürger wehren sich gegen Missstände, die Gesetzgebung wurde verschärft.

*Die Idylle trügt*

eines Sees gelegen haben. Als die Mongolen und Tataren sich näherten und jeder Widerstand zwecklos schien, versank sie mit all ihren Bauten und Einwohnern im Wasser dieses Sees. Dort befindet sie sich auch heute noch – unsichtbar für jene, die nicht an sie glauben. Alljährlich pilgern Zehntausende an einen See in der Nähe Nižnij Novgorods, um die Glocken aus den Tiefen des Gewässers läuten zu hören.

Unruhig war das Leben in Nižnij Novgorod auch in den folgenden drei Jahrhunderten. Die Raubzüge der Tataren und Mongolen waren wie eine Heimsuchung. 1390 fiel die Stadt an das Moskauer Großfürstentum. Nach der Eroberung Kazans 1552 durch Ivan IV. kehrte Frieden in Nižnij Novgorod ein, den erst die Polen 1609 brachen. Vor den Mauern der Stadt endete der Feldzug des mit dem polnischen König verbündeten Bojaren Vjazemskij, der auf dem Marktplatz von Nižnij Novgorod öffentlich gehängt wurde. In den folgenden Jahren mobilisierte der Novgoroder Fleischer Kuz'ma Minin die Handwerker und Bauern an der Wolga zur Befreiung Moskaus von den ›Ungläubigen‹.

Mit der Eroberung Kazans und einige Jahre später Astrachans war die Wolga im 16. Jahrhundert auf ganzer Länge unter russische Herrschaft gelangt. Dank seiner strategisch günstigen Lage stieg Nižnij Novgorod zu einem der bedeutendsten Industrie- und Handelszentren auf. Arbeitswillige und Gewinnler aus allen Teilen des Landes zog es in die Stadt, im Hafen wurden Waren von und nach dem Orient und dem Polarmeer, aus Europa und Sibirien umgeschlagen. Die Schifffahrt brauchte Barken und Kähne, und so fand das Handwerk goldenen Boden. Immer wieder jedoch vernichteten Brände Teile der Stadt, begruben Erdrutsche ganze Viertel unter sich, dezimierten Epidemien die Bevölkerung. Anfang des 19. Jahrhunderts lebten hier 10 000 Menschen.

Das größte ›Geschenk‹ des Schicksals an Nižnij Novgorod war die Verlegung der Messe aus dem flussabwärts gelegenen

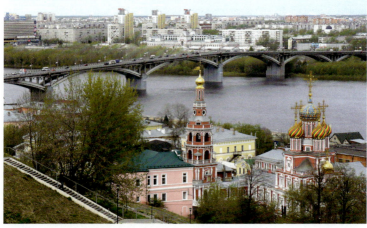

▲ *Blick über die Oka zur Neustadt, vorne die Mariä-Geburt-Kirche*

Makarev-Kloster an die Mündung der Oka in die Wolga. Das geschah 1817, und Ende des 19. Jahrhunderts war Nižnij Novgorod einer der wichtigsten internationalen Handelsplätze.

Mit dem Anwachsen des Handels wurde auch ein Ausbau der Infrastruktur notwendig. Die Kais an Oka und Wolga erstreckten sich bald auf einer Länge von insgesamt 16 Kilometern, und 1862 traf der erste Zug aus Moskau in Nižnij Novgorod ein. Einige Jahre zuvor war die Sormov-Schiffswerft gegründet worden, die zu einer der größten in Russland heranwuchs. Die Geschichte des 19. Jahrhunderts in Nižnij Novgorod liest sich wie ein spannender Roman über die Genesis und Vermehrung unermesslichen Kapitals und kaum vorstellbarer Reichtümer. Aus jener Zeit stammt der Ausspruch: »Petersburg ist der Kopf Russlands, Moskau sein Herz und Nižnij Novgorod seine Geldbörse.«

Im rasanten Aufstieg war jedoch bereits der Verfall angelegt. Das sich vornehmlich aus ehemals leibeigenen, nun aus ihren Dörfern vertriebenen Bauern zusammensetzende Industrieproletariat lebte unter entsetzlichen Bedingungen. Der Ruf nach Gerechtigkeit und Veränderungen wurde immer lauter, der Unwille, ihn zu erhören, zugleich immer offensichtlicher. Bekanntestes Sprachrohr dieses Rufs war der 1868 in Nižnij Novgorod geborene Schriftsteller Maxim Gorki (→ S. 231).

Die Sormov-Werft, der erste große Industriekomplex in Nižnij Novgorod, existiert auch heute noch und produziert Schiffe, Tragflächenboote, Schwimmkrane und -bagger sowie Spezialausrüstungen. In der sowjetischen Ära entstanden weitere Industriegiganten. Aus einem der größten Autowerke der Welt (Gorkovskij Avtomobilnyj Zavod, kurz GAZ) stammt nicht nur der ›Wolga‹, der berühmteste sowjetische PKW, sondern auch schier unverwüstliche Lastkraftwagen sowie geländegängige Kleinbusse, die lange das Rückgrat des Nahverkehrs in der ehemaligen Sowjetunion bildeten. Während des Zweiten Weltkrieges wurden hier die T-34-Panzer und die Katjuša-Geschosswerfer produziert. In der Nähe der Stadt befanden sich in der offiziell nicht existenten Ortschaft Arzamas-16 die Anlagen zur Produktion der ersten sowjetischen Atombombe.

Die Präsenz der Militärindustrie führte dazu, dass Nižnij Novgorod von der Außenwelt abgeschottet wurde. Kein sowjetischer Bürger und schon gar kein Ausländer durfte die Stadt – die damals Gorkij hieß – ohne spezielle Genehmigung betreten. Insofern war die Wahl des Verbannungsortes für den sowjetischen Kernphysiker Andrej Sacharov (1921–1989) ein einerseits logischer, andererseits bereits von Hilflosigkeit zeugender Schachzug des sowjetischen Geheimdienstes KGB. Sacharov hatte als Atomphysiker beträchtlichen Anteil am Bau der ersten sowjetischen Wasserstoffbombe. Nach dem Einmarsch sowjetischer Truppen in die Tschechoslowakei protestierten er und einige andere mutige sowjetische Intellektuelle gegen die Invasion. Zwei Jahre später beteiligte er sich an der Gründung des ›Sowjetischen Komitees für Menschenrechte‹.

Die Dissidenten waren der Staatsmacht ein Dorn im Auge, doch Sacharov war international zu bekannt, als dass die in anderen Fällen oftmals praktizierten Bestrafungen Verurteilung und Lager auf ihn anwendbar waren. Erst als Sacharov den Einmarsch der sowjetischen Armee in Afghanistan heftig attackierte und den Westen zum Boykott der Olympi-

# Die Messe von Nižnij Novgorod

Zeitgenossen vermuteten, dass der Brand, der 1816 das Messegelände des Makarev-Klosters (→ S. 232) zerstörte, kein Zufall war. Seit 1641 hatten dort Jahrmärkte tausende Käufer und Verkäufer angezogen, und die Einnahmen aus dem Geschäft waren vornehmlich in die Kassen des Klerus geflossen. Nach dem Brand verlegte Zar Alexander I. die Messe nach Nižnij Novgorod. Auf der Landzunge der Oka wurden eine orthodoxe und eine armenische Kirche sowie eine Moschee errichtet, außerdem 60 steinerne Handelsreihen, zwei Flaggentürme und ein Kanal, der das Gelände vor Überschwemmungen schützte.

Bis zum Ende des 19. Jahrhunderts war die Messe auf der Landzunge zu einer kleinen Stadt aus Kaufläden und Lagerräumen geworden, die dem Staat – und nicht mehr dem Klerus – allein durch ihre Vermietung 500 000 Goldrubel einbrachte. Der Wert der zur Messezeit gehandelten Waren, vom Nagel bis zum Luxusgegenstand, betrug jährlich zwischen 165 und 200 Millionen Rubel. »In einem riesigen Völkergemisch ballte sich hier alles zusammen, was dieses Russland produzierte und zu Markt brachte. Hier trafen Europa und Asien zusammen«, notierte Gottlieb Daimler 1881. Rund 70 Prozent der russischen Industrieproduktion fanden in Nižnij Novgorod ihre Abnehmer. Für die Händler aus China, Indien und Persien war die Stadt das wichtigste Fenster nach Europa. Bis zur Erfindung der Dampfschifffahrt fungierte die Messe auch als Markt, auf dem Reeder und Kapitäne unter den zahlreichen angereisten armen Bauern und Landstreichern die Treidler für ihre Handelsschiffe rekrutierten.

Während der Messe verzehnfachte sich die Bevölkerung der Stadt; bis zu 200 000 Personen suchten Unterkunft, Verpflegung und Vergnügen. Von den Einnahmen im Sommer konnten Hotel-, Restaurant-, Spelunken-, Jahrmarktsbuden- und Dampfbadbesitzer ein ganzes Jahr lang leben. Schauspieler, Marktschreier, Akrobaten, Zauberkünstler, Trickbetrüger, leichte Mädchen und schwere Jungs zogen den Kaufleuten das Geld aus der Tasche, die im Grunde genommen nichts dagegen hatten, denn der Hang zur Ausschweifung und Maßlosigkeit war außer bei den strengen ›Altgläubigen‹ weit verbreitet.

Mit der Messe war es 1917 vorbei. Die Sowjetunion schottete sich teils gewollt, teils gezwungenermaßen von der Welt ab. Das Handelstor des Ostens zum Westen wurde Leipzig. Erst ab den 1980er Jahren erinnerte sich Nižnij Novgorod seiner Tradition, und seit einigen Jahren etabliert sich die Messe als Ausstellungs- und Kongresszentrum, in dem alljährlich ein gutes Dutzend größerer Veranstaltungen stattfinden.

*Die Alexander-Nevskij-Kathedrale*

schen Spiele in Moskau aufrief, sollte er durch die Verbannung zum Schweigen gebracht werden. Die Rehabilitierung Sacharovs durch Gorbatschow war eines der ganz wichtigen Ereignisse und symbolisch für die Perestroika. Von nun an gab es keine Dissidenten mehr im Land, sondern nur noch Menschen, die anderer Meinung waren als die schweigende Mehrheit und die Partei. Kurz vor seinem Tod 1989 wurde Sacharov Abgeordneter des letzten sowjetischen Parlaments. In seiner Nižnij-Novgoroder Wohnung, Gagarin-Straße 216, befindet sich heute ein Museum, und die Bushaltestelle in der Nähe des Hauses ist nach ihm benannt.

In Nižnij Novgorod leben derzeit etwa 1,26 Millionen Menschen, damit ist Nižnij Novgorod die nach Moskau, St. Petersburg, Novosibirsk und Ekaterinburg fünftgrößte Stadt Russlands.

## Sehenswürdigkeiten

Am rechten Hochufer der Oka befinden sich in und um den Kreml die Verwaltungszentren der Stadt, die Universitäten und Hochschulen, die meisten Museen und vor allem die teils wunderschönen Häuser aus dem 18. und 19. Jahrhundert. Am linken Ufer der Oka liegen das Messegelände, die Industrieanlagen und Schlafstädte. Nižnij Novgorod hat eine Metro, die aus technischen Gründen aber nicht das Zentrum berührt. Das linke und das rechte Wolga-Ufer sind mit einer 3,6 km langen Gondelseilbahn verbunden.

Der architektonische Reichtum und das Ensemble des Kremls veranlassten die UNESCO, Nižnij Novgorod in die Liste der Städte von historischer und kultureller Weltbedeutung aufzunehmen.

Bevor das Schiff im Hafen anlegt, unterquert es eine gewaltige **Eisenbahn- und Autobrücke** über den Strom, passiert dann die Wohnsiedlungen und Hafenanlagen auf der flachen Landzunge an der Oka-Mündung. Das Wahrzeichen der **Landzunge** ist die in den letzten Jahren restaurierte **Aleksandr-Nevskij-Kirche**, die einst zum Messegelände gehörte. Der Passagierhafen liegt zu Füßen des Kremls am Ufer der Wolga. Die 500 Stufen zählende **Treppe zum Kreml** ist nach Valerij Čkalov (1904–1938) benannt, einem der berühmtesten und verwegensten sowjetischen Testflieger. Oberhalb der Treppe zeigt ein Denkmal den Piloten während der Vorbereitungen auf seinen nächsten Flug. Jedes Kind in Russland kennt Čkalov, seine Nonstop-Flüge in den Fernen Osten und die Überquerung des Nordpols sind legendär. Geboren wurde der Pilot in einem Dorf nördlich von Nižnij Novgorod, das mit dem Bau des Kraftwerkes am ehemaligen Gorkij-Stausee zu einer Stadt wurde und seit 1940 Čkalovsk (**Km 794**) heißt.

Am **Čkalov-Denkmal** endet die Uferpromenade längs des Passagierhafens. Die Häuser an dieser und an der parallel verlaufenden Straße stammen fast alle aus der zweiten Hälfte des 19. Jahrhunderts. In ihren Fassaden drückt sich der Wohlstand der zu dieser Zeit auch politisch einflussreichen Kaufmannschaft aus.

Eine der bekanntesten Industriellen- und Kaufmannsfamilien waren die **Stroganovs**. Die Ursprünge der Dynastie gehen auf das frühe 16. Jahrhundert zurück. Mit Unterstützung Ivan des Schrecklichen erschlossen die Stroganovs die Gebiete zwischen Wolga und Ural. In ihrem Dienst unternahm der Kosaken-Ataman Ermak 1582/83 den ersten russischen Feldzug nach Sibirien. Peter der Große hob die Stroganovs in den Adelsstand, die österreichische Kaiserin Maria Theresia verlieh ihnen 1761 den Grafentitel. International bekannt ist der Name bis heute dank des Boeuf Stroganov, ein Gericht aus Rinderfiletspitzen in einer Rahmsauce auf der Basis von Schalotten, Senf und Sauerrahm, das von einem französischen Koch im Dienst der Familie kreiert wurde.

Am Nevskij-Prospekt in Petersburg besaßen die Stroganovs ein Palais, in Nižnij Novgorod ließen sie Anfang des 18. Jahrhunderts die **Mariä-Geburt-Kirche** errichten. Der Barockbau befindet sich ganz in der Nähe des Hafens auf einer Terrasse und bezeugt mit seinen phantasievollen Steinmetzarbeiten auf violett-rotem Untergrund, dem verspielten Schmuckwerk aus weißem Kalkstein sowie den einfallsreichen Fensterumrahmungen den Geschmack der Zeit und den Reichtum der Stifter. Fresken und Ikonenwand sind original erhalten. Als die Stroganovs den Hauptsitz ihrer Geschäftsaktivitäten von Nižnij Novgorod nach Petersburg verlegten, schenkten sie die Kirche der Stadt.

### ■ Kreml

Am Berghang oberhalb der Uferpromenade erstreckt sich der Kreml von Nižnij Novgorod. Die ihn umgebende **Mauer** ist mit 2045 Metern Länge nur wenig kürzer als die des Moskauer Kreml. Erbaut wurde sie zwischen 1506 und 1511, wahrscheinlich nach Plänen des Italieners Pedro Frjazin. Die Mauer passt sich dem Gelände an, führt hügelauf und hügelab, als würde sie die zur Wolga strebenden Berghänge halten. Verstärkt wird sie durch 12 Türme; ursprünglich waren es 13. Der größte unter ihnen ist der 30 Meter hohe Dmitriev-Turm, über dessen Einfahrt ein springender Hirsch angebracht ist, das Stadtwappen von Nižnij Novgorod. Der Zugang zum Kreml erfolgt vom **Minin- und Požarskij-Platz**, den einige der architektonisch einfallsreichsten Gebäude Nižnij Novgorods umstehen. In seiner Mitte erinnert das Denkmal an den Fleischer Minin und den Fürsten Požarskij, die 1612 mit ihrem Volksheer Moskau von den Polen befreiten.

Der Kreml ist einer der behaglichsten Orte von Nižnij Novgorod. An der Innenseite der Mauer, links vom Dmitriev-Turm, ist **Militärtechnik** aus dem Zweiten Weltkrieg ausgestellt, die in den Betrieben der Stadt produziert wurde. Die Bauten aus der zweiten Hälfte des 20. Jahrhunderts beherbergen die Gebiets- und die Stadtverwaltungen. Entlang von Grünanlagen und bunten Blumenrabatten gelangt man zum 1826 errichteten Minin- und Požarskij-Obelisken.

Die sterblichen Überreste von Minin sind in der 1631 eingeweihten **Erzengel-Michael-Kathedrale** bestattet, dem einzigen erhaltengebliebenen Sakralbau auf dem Gelände der Festung. Im klassizistischen Palais gegenüber ist heute die **Philharmonie** untergebracht. Neben dem Minin- und Požarskij-Obelisken brennt eine ewige Flamme für die Opfer des Zweiten Weltkrieges. Die mit Stofffetzen behangene Birke ist eine Art heidnische Reminiszenz. Jungvermählte wünschen sich Glück, Reichtum und viele Kinder. Darum behängen sie diesen Baum mit ihren Botschaften. Über den Blick, den man von der oberen Uferpromenade auf dem Gelände des Kreml hat, schrieb der Maler Ilja Repin (1844–1930): »Diese majestätische über dem ganzen Osten Russlands errichtete Stadt hat uns die Köpfe verdreht. Wie überwältigend sind ihre unübersehbaren Weiten.«

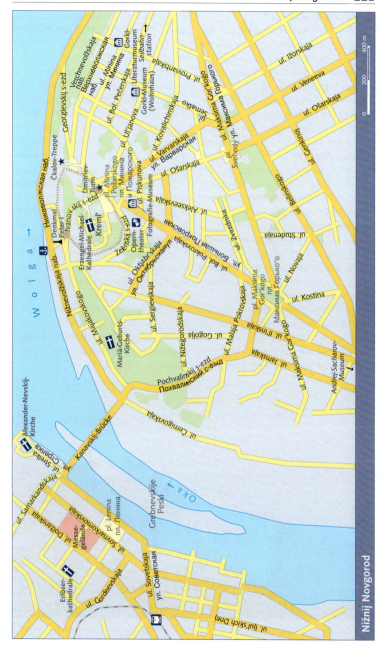

## Historische Altstadt

Die Gebäude in der historischen Altstadt, hier und da im 20. Jahrhundert um sowjetische Zweckbauten ohne künstlerischen Wert ›bereichert‹, stammen aus dem 17. bis zum Beginn des 20. Jahrhunderts. Barock, Klassizismus, Eklektizismus und Moderne stehen einträchtig nebeneinander. Die meisten von ihnen liegen um den **Minin-und Požarskij-Platz** vor dem Kreml und entlang der am Platz beginnenden, fast zwei Kilometer langen Bolšaja-Pokrovskaja- (Große Fürbitte) Straße, der beliebtesten Flaniermeile.

Ein Meisterwerk des berühmtesten russischen Jugendstil-Architekten, Fëdor Šestel, ist das von 1908 bis 1912 errichtete **Bankhaus der Brüder Rukavišnikovy** in der Verchne-Volžskaja-Naberežnaja- (Верхне-Волжская наб.) Straße 7.

Das prächtige **Operntheater** in der Belinski-Straße 59 (ул. Белинского) wurde 1896 mit ›Ein Leben für den Zaren‹ von Michail I. Glinka eingeweiht. Der noch junge Fjodor Šaljapin sang damals die Partie des Ivan Susanin. Meist bleibt zu wenig Zeit, und so fällt der Abschied von Nižnij Novgorod schwer. Vieles gäbe es in der Stadt zu sehen und zu erfahren, zum Beispiel über einige berühmte Bürger. Dazu zählt der Konstrukteur Ivan Kulibin (1735–1818). Er machte geniale Erfindungen, die so gut wie keine Verwendung fanden, und starb verarmt, nachdem ein Brand die meisten seiner Skizzen vernichtet hatte. Man muss auch Nikolaj Lobačevskij (1792–1856) erwähnen, den Erfinder der nichteuklidischen (absoluten) Geometrie, dessen Namen die Universität von Nižnij Novgorod trägt; dann den Komponisten und Dirigenten Milij Balakirev (1837–1910), der in der Stadt eine kostenlose Musikschule gründete; und den Schriftsteller Vladimir Korolenko (1853–1921), der nach seiner Verbannung einige Jahre in hier lebte und während der Hungersnot Anfang der 1890er Jahre eine bis dahin beispiellose Kampagne zur Unterstützung der Notleidenden organisierte.

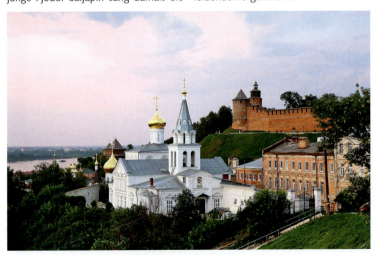

*Blick auf den Kreml und die Wolga*

# Maxim Gorki

Eines der bekanntesten Werke Gorkis ist ›Die Mutter‹. In diesem Roman beschreibt Gorki das Leben der Arbeiter in der Sormov-Werft und ihren Widerstand gegen Ausbeutung und Unterdrückung. ›Die Mutter gilt als eines der wichtigsten Werke des ›sozialistischer Realismus‹, der ab 1934 in der Sowjetunion allein gültigen Stilrichtung in der Kunst. Gorki ist unbestritten einer der größten Schriftsteller seiner Epoche. »Alles, was ich im Leben besitze, verdanke ich den Büchern«, schrieb er in seinen Memoiren.

Aleksej Maksimovič Peškov, Gorkis eigentlicher Name, wurde 1868 in Nižnij Novgorod geboren. Nach dem frühen Tod des Vaters nahm ihn sein Großvater zu sich. Als auch seine Mutter starb, zwang der Großvater ihn, sich seinen Lebensunterhalt als Laufjunge, Tellerwäscher, Bäckergeselle, Hafenarbeiter und Ikonenmaler selbst zu verdienen. Peškov bemühte sich vergeblich um die Immatrikulation an der Universität, schloss sich einem marxistischen Zirkel an, wurde daraufhin verhaftet und unter Polizeiaufsicht gestellt. In den folgenden Jahren durchwanderte er ganz Russland. In den beiden Büchern ›Meine Kindheit‹ und ›Unter fremden Menschen‹ hat er diese Zeit beschrieben.

Im Alter von 19 Jahren veröffentlichte Peškov seine erste Erzählung, ›Makar Čudra‹, die er mit seinem Pseudonym ›Gorkij‹ (Горький, ›der Bittere‹) unterschrieb. Dieser ersten Arbeit folgten realistische Märchen wie ›Das Lied vom Sturmvogel‹. Er lernte Anton Tschechow und Leo Tolstoi kennen, freundete sich mit Lenin an, bezog politisch Position, trat jedoch nie der bolschewistischen Partei bei.

Seine in Italien verfasste Biographie ›Das Leben des Klim Samgin‹ ist eines der künstlerisch dichtesten Porträts der russischen ›Intelligenzija‹ Anfang des 20. Jahrhunderts. International bekannt wurde er durch sein Stück ›Nachtasyl‹ (Uraufführung 1902), das bis heute zum Repertoire vieler renommierter Theater, nicht nur in Russland, gehört. Gorkis Nachtasyl ist eine schäbige Kellerhöhle, in die sich Ausgestoßene und Deklassierte flüchten, ein surrealer Ort des Wartens, Hoffens und Überdauerns.

Gorki lebte mit seiner Familie in den 1920er Jahren auf Capri. 1931 kehrte er auf Drängen Stalins in die Sowjetunion zurück. Im gleichen Jahr wurde seine Geburtsstadt Nižnij Novgorod ihm zu Ehren in Gorkij umbenannt – zu Lebzeiten des Schriftstellers!

Gorki war der bedeutendste unter den mehr als hundert sowjetischen Literaten, die von Stalin zu einer Reise auf dem von GULAG-Häftlingen erbauten Weißmeerkanal eingeladen wurden, den sie daraufhin zu preisen hatten. Er starb am 18. Juni 1936 unter bis heute ungeklärten Umständen. Seine Distanz zur Politik Stalins war gewachsen, weshalb die Vermutung, Stalin habe ihn vergiften lassen, keineswegs absurd erscheinen.

Im Jahre 1990 erfolgte die Rückbenennung Gorkijs in Nižnij Novgorod. Gorki wird in der Stadt aber nach wie vor verehrt. Sein Geburtshaus steht unter Denkmalschutz; das Haus, in dem er von 1902 bis 1904 mit seiner Frau und den beiden Kindern lebte, ist ein Museum. Die Innenausstattung mit den Gäste-, Kinder- und Speisezimmern und dem Arbeitsraum Gorkis sind original erhalten.

## Zwischen Nižnij Novgorod und Kazan

Auf den gut 400 Kilometern zwischen Nižnij Novgorod und Kazan ist die Wolga zwar reguliert und gestaut, hat aber ihre natürlichen Ufer und den Verlauf weitgehend beibehalten. Das rechte Ufer hebt sich mehr oder weniger steil aus dem Wasser. Die Wolgahöhen erstrecken sich von Nižnij Novgorod bis zur Steppe, die bei Volgograd beginnt, und erreichen in den Žiguli-Bergen bei Samara eine Höhe von bis zu 375 Metern.

Etwa 50 Kilometer flussabwärts befindet sich am linken Ufer eine **Bucht mit Ankerplatz und Reparaturhafen**. Der dazugehörige Ort trägt den exotischen Namen ›Denkmal der Pariser Kommune‹ (**Km 911**). Hier überwintern die Passagier- und Frachtschiffe im Eis. In der Werft am gegenüberliegenden Ufer werden seit Generationen Schiffe gebaut. Der Ort heißt Leninskaja Sloboda (Lenin-Siedlung/Vorstadt).

### ■ Makarev-Kloster

An der Mündung des Flusses Kerženec erblickt man die Kuppeln des Makarev-Klosters (**Km 952**, 90 Kilometer hinter Nižnij Novgorod), zu dessen Füßen bis 1816 die berühmten Messen abgehalten wurden. Im Kloster leben seit einigen Jahren wieder Nonnen, die sich um den Wiederaufbau der im 17. Jahrhundert errichteten Kirchen, der Wehrmauer und der sonstigen Bauten verdient machen. Landeinwärts befanden sich bis ins späte 19. Jahrhundert Siedlungen der Altgläubigen, die in den dichten Wäldern vor der Verfolgung durch religiöse und weltliche Autoritäten Zuflucht fanden. Eines der wenigen authentischen Zeugnisse über ihren Glauben, ihren Lebenswandel in den Einsiedeleien und Dörfern sind die auch ins Deutsche übersetzten Romane ›In den Wäldern‹ und ›Auf den Bergen‹ des Schriftstellers Pavel Melnikov-Pečërskij (1819–1883). Besonders die ersten beiden Teile von ›In den Wäldern‹ machen mit einer ganz eigenen, exotischen Welt bekannt. Am rechten Wolgaufer erheben sich die **Fadeev-Berge**. Sie sind die Heimat der berühmten Wolga-Anis-Äpfel.

### ■ Vasilsursk

Einer der malerischsten Orte dieser Gegend ist das 1523 gegründete Vasilsursk (**Km 1032**) am rechten Ufer, das seinen Namen Großfürst Vasilij III. (1479–1533) verdankt, dem Stifter der Stadt, und dem Fluss Sura, an dessen Mündung sie liegt. Das Holz in den Wäldern der Umgebung eignete sich gut für den Schiffbau. Mehr als hundert Jahre befand sich in Vasilsursk die Vorgängerin der Messe im Makarev-Kloster.

Die einst unberührte Schönheit der Landschaften entlang dieses Wolgaabschnitts inspirierte die zwei berühmtesten Landschaftsmaler des 19. Jahrhunderts – Isaak Levitan (1860–1900) und Ivan Šiškin (1832–1898) – zu zahlreichen Gemälden.

*Die Besatzung eines Flussschiffes*

*›An der Wolga‹, Gemälde von Isaak Levithan*

### ■ Republik Marij Èl

Hinter Vasilsursk fließt die Wolga auf einer Länge von etwa 70 Kilometern durch das Gebiet der Autonomen Republik Marij Èl. Auf einer Fläche von etwa 23 000 Quadratkilometern leben hier rund 700 000 Menschen, unter ihnen 300 000 Maren. Die Maren gehören zu den finno-ugrischen Völkern. Sie siedelten in diesem Gebiet seit dem 9. Jahrhundert und waren zunächst den Wolgabulgaren, dann der Goldenen Horde und später den Russen untertan. Unter Lenin erhielten sie begrenzte Autonomie. Im Jahr 1992 erhielt Marij Èl den Status einer Republik innerhalb der Russischen Föderation. Der Präsident und die Abgeordneten des Parlaments werden von den Einwohnern gewählt.

Gegenüber der Mündung der Vetluga – mit 900 Kilometern Länge einer der größeren Nebenflüsse der Wolga – befindet sich das Städtchen **Koz'modem'jansk** (**Km 1077**). Ihren Namen hat die Stadt von den beiden Schutzheiligen der Ärzte und Apotheker, Cosima und Damian. Im Stadtwappen sind auf rotem Grund drei Pfeile und ein Bogen abgebildet, ein Hinweis darauf, dass die ersten Bewohner Soldaten und Offiziere eines Strelitzen-Regiments waren, die Ivan der Schreckliche nach der Eroberung Kazans (1552) hier ansiedelte. Ihre Nachfahren beteiligten sich 1695 am Feldzug Peters des Großen gegen die türkische Festung Asov am Asovschen Meer. Die Strelitzen müssen sich gut geschlagen haben, denn Zar Peter erlaubte ihnen, am Ufer der Wolga eine Kapelle zu errichten. Der Holzmarkt von Koz'modem'jansk war im 19. Jahrhundert einer der größten im Land. In der Stadt gibt es drei Museen: das Kunstmuseum mit Gemälden russischer Landschaftsmaler, ein Freilichtmuseum zur Holzbauarchitektur der Mari und ein Museum, das ›Ostap Bender‹ heißt. Bender ist eine der originellsten Figuren in der russischen Literatur des 20. Jahrhunderts.

## Die ›Zwölf Stühle‹

Der Roman ›Zwölf Stühle‹ der beiden aus Odessa stammenden Autoren Ilf und Petrov ist womöglich das komischste russischsprachige Buch aller Zeiten. Der 1928 veröffentlichte Schelmenroman handelt von der Suche nach einem Juwelenschatz, dem drei Gauner hinterherjagen: ein verarmter trotteliger Adliger, Ippolit Vorobjaninov, der raffgierige Pope Fëdor und der Kleinganove Ostap Bender. In einem der zwölf Stühle hatte die Tante Vorobjaninovs ihren Familienschmuck versteckt, was sie ihrem Neffen und ihrem Beichtvater kurz vor ihrem Tod anvertraute. Die Revolution nun aber hatte der Dame nicht nur ihren Titel genommen, sondern auch sämtliche Stühle. Die Jagd nach ihnen beginnt. Ostap Bender, der ›große Kombinator‹, den Vorobjaninov zufällig kennenlernt, nimmt die Sache in die Hand. Seine kaltschnäuzige Frechheit, charmante Schläue und Redegewandtheit retten ihn und Vorobjaninov aus scheinbar auswegslosen Situationen. Ein Stuhl nach dem anderen gerät in ihre Hände, bis nur noch ein einziger übrigbleibt. Und der steht im Eisenbahnerclub einer großen Stadt. Bis dahin aber reisen Vorobjaninov und Bender, und ihnen auf der Spur der Beichtvater, kreuz und quer durch das Land. Sie erleben unglaubliche und komische Abenteuer im post-revolutionären Russland der 1920er Jahre zu Zeiten der Neuen Ökonomischen Politik (NÖP).

Heerscharen von Enthusiasten stürzten sich nach dem Erscheinen des Romans auf eine andere Suche: nach den authentischen Orten, wo sich die Geschichten abgespielt haben sollen. Die verschlafene Kleinstadt Vasjuki an der Wolga stellte sich als Koz'modem'jansk heraus. Hier naseweist Bender die Enthusiasten eines Schachklubs, denen er sich als angeblicher Großmeister vorstellt. Sein Versprechen, Vasjuki zur Hauptstadt des Schachs zu machen, versetzt die leichtgläubigen Schachanhänger erst in Verwunderung, dann in Euphorie: »Blendende Perspektiven tun sich vor den Schachliebhabern von Vasjuki auf. Das Zimmer wird weit, die verrotteten Wände fallen in sich zusammen, und an ihrer Stelle reckt sich ein 33-geschossiger Schachpalast aus Glas in den blauen Himmel. Am Ufer haben Ozeandampfer festgemacht. In Drahtseilbahnen fahren pausbäckige Ausländer in die Stadt hinauf. Expresszüge laufen in zwölf Bahnhöfen ein und bringen immer neue Massen von Schachbegeisterten.« Dann spielt Bender simultan gegen die Mitglieder des Klubs. Die Ehrfurcht vor dem Bluffer, der lediglich weiß, wie man die Figuren setzt, und der Glaube an den von ihm geweckten Traum sind groß. Sie schwinden, als ›der große Kombinator‹ eine Partie nach der anderen verliert. Wer Beine hat, jagt Bender und Vorobjaninov bis zur Wolga. Mit Mühe und Not entkommen die beiden auf einem Boot.

In Russland kennt jedes Kind die ›Zwölf Stühle‹. Viele der von Ilf und Petrov aufgeschriebenen Sätze wurden zu geflügelten Worten. Die beiden sowjetischen Verfilmungen laufen noch immer jedes Jahr im öffentlichen Fernsehen.

Die erste Verfilmung (1938) mit Heinz Rühmann und Hans Moser spielt in Wien und heißt ›13 Stühle‹. Auch Mel Brooks drehte einen gleichnamigen Film. 2003 schuf die Berliner Regisseurin Ulrike Ottinger die jüngste Leinwandversion des Romans. Ihr 198 Minuten langer Film versetzt die Handlung in die Ukraine der Gegenwart, wobei die Schauspieler in den historischen Kostümen der 1920er Jahre spielen.

## ■ Čeboksary

Die an Marij Él anschließende Autonome Republik ist Tschuwaschien (Чувашия). Die Tschuwaschen entstanden aus der Vermischung finno-ugrischer Stämme mit den Wolga-Bulgaren. Sie sprechen eine dem Aserbaidschanischen ähnliche Turksprache.

Hier leben auf 20 000 Quadratkilometern etwa 1,3 Millionen Einwohner, davon 900 000 Tschuwaschen. Seit 1992 ist Tschuwaschien eigenständige Republik innerhalb der Russischen Föderation. Landschaftlich dominieren Wälder und fruchtbare Böden. Drei Viertel des russischen Hopfens kommen von hier, das tschuwaschische Schwarzbier ist berühmt. Seit jeher gilt die Region als eines der beliebtesten Jagdgebiete.

Die Hauptstadt Čeboksary (Чебоксары) liegt am rechten Wolgaufer (**Km 1136**). Hier leben 490 000 Menschen. Bei der Flutung des gleichnamigen Stausees versanken große Teile der Altstadt, lediglich die Kathedrale, eine kleinere Kirche und zwei Kirchen des Klosters am Ufer der Wolga wurden nicht betroffen. Ihren Aufstieg zur Industrie- und Hauptstadt verdankte Čeboksary zunächst der Ende des 19. Jahrhunderts gebauten Eisenbahnstrecke nach Kazan, später der Industrialisierung zu Sowjetzeiten.

Einer der berühmtesten Söhne der Stadt ist Vasilij Čapaev, General und ein Held des Bürgerkrieges 1919 bis 1922. Der Schriftsteller Dmitrij Furmanov (1891–1926), einige Zeit sein Politkommissar, schrieb ein Buch über ihn. Durch den hochdramatischen Film ›Čapaev‹ (1934), wurde der Kommandeur zu einem Volkshelden. Die unfreiwillige Komik einiger Dialoge hat Čapaev und seine Ordonnanz Petja in beliebte sowjetische Witzfiguren verwandelt.

Einer der meistgelesenen russischen Schriftsteller in den 1990er Jahren, Viktor Pelevin (geb. 1962), griff im Titel seines Buches ›Čapaev und die Leere‹ (deutscher Titel: ›Buddhas kleiner Finger‹) den Čapaev-Kult auf. Pelevin geht es aber nicht um den Bürgerkriegshelden, sondern um die Demontage des Mythos als solchem. Wie auch immer: In Čeboksary gibt es nach wie vor ein **Čapaev-Denkmal** und ein **Čapaev-Museum**.

Südlich der Stadt befindet sich der **Staudamm**, der die Wolga bis hierher auf einer Länge von mehr als 200 Kilometer staut.

*Čeboksary vom Schiff aus gesehen*

## Die Tataren

Die eurasischen Steppen zwischen dem Enisej und dem Schwarzen Meer waren über Jahrtausende ethnische Schmelztiegel von Völkern, die sie aus allen Richtungen kommend durchzogen. Eine historische Zäsur bedeuteten die Kriegszüge von Dschingis Khan. Er, seine Söhne und Enkel eroberten in der ersten Hälfte des 13. Jahrhunderts mit ihren Reiterarmeen fast die gesamte Welt zwischen dem Gelben und dem Schwarzen Meer. Eine der mongolischen Stammesgemeinschaften waren die Tata. Einer Legende zufolge wurde einem Tata die Ermordung des Vaters von Dschingis Khan zur Last gelegt. Aus Rache unterwarf Dschingis Khan den Stamm und ließ dessen Krieger in den ersten Reihen seiner Armeen kämpfen. Diese Praxis behielt er bei allen eroberten Stämmen und Völkern bei. Aus den Tata wurden ›Tataren‹, und in den chinesischen und europäischen Chroniken dieser Zeit galten Tataren und Mongolen als Synonyme. Man spricht deshalb in der russischen Geschichtsschreibung vom ›Joch der Tataro-Mongolen‹.

Vor der Eroberung durch die Tataren und Mongolen lebten an den Ufern der Wolga zwischen Kazan und dem heutigen Volgograd die Bulgaren. Wahrscheinlich wurde im 7. Jahrhundert ein Heer der Bulgaren, die in den Steppen am Don siedelten, von den Chasaren geschlagen. Ein Teil von ihnen wanderte daraufhin nach Westen und ließ sich an der Donau nieder, andere bulgarische Stämme zogen nach Norden und gründeten im 9. oder 10. Jahrhundert an der mittleren Wolga ein eigenes Staatsgebilde mit der Hauptstadt Bulgur und dem Islam als Staatsreligion. Dieses Reich wurde im 13. Jahrhundert von den Tataro-Mongolen erobert, auf seinem Territorium bildete sich Mitte des 15. Jahrhunderts das Kazaner Khanat.

Ihren Namen hatten die Kazaner Tataren also von den Mongolen bekommen; ethnisch betrachtet, waren sie aus der Verschmelzung der Wolga-Bulgaren mit den Mongolen und weiteren Völkern hervorgegangen. Die Tataren selbst bezeichneten sich noch bis zum Ende des 19. Jahrhunderts als Bulgaren.

Der Feldzug Ivan des Schrecklichen 1552 beendete endgültig das ›Joch der Tataro-Mongolen‹ über die russischen Länder. Damit aber war die Geschichte der Tataren noch längst nicht zu Ende geschrieben. Viele hatten sich schon vor dem Fall Kazans in russische Dienste begeben. Tataren lebten am Hof in Moskau, bekleideten hohe Staatsämter und siedelten als Kaufleute und Handwerker in der Moskauer Vorstadt ›Zamoskvoreč'e‹. Viele von ihnen waren zum Christentum konvertiert.

Mit etwa sieben Millionen Menschen sind die Tataren heute die zahlenmäßig zweitgrößte Bevölkerungsgruppe in der Russischen Föderation. Nur ein Drittel lebt in Tatarstan und stellt hier die Bevölkerungsmehrheit, die anderen leben über das ganze Land verstreut. Perestroika und Wirtschaftskrise setzten die Spannungen innerhalb des Vielvölkerstaates frei, die bis dahin unter der Oberfläche verborgen geblieben waren. Die nationale Bewegung der Tataren gipfelte in der Ausrufung der Republik, der Annahme einer Verfassung und der Wahl eines Präsidenten. Radikale Nationalisten forderten gar die Trennung von Moskau. Sie beriefen sich auf den Islam und die durch die Russen in Jahrhunderten erlittene Schmach. Es grenzt an ein Wunder, dass aus den lokalen Zusammenstößen mit der Staatsgewalt und zwischen den Bevölkerungsgruppen kein schlimmerer Schaden entstand.

# Kazan

Bei **Zelenodolsk** (**Km 1239**), wo eine Eisenbahn- und eine Straßenbrücke die Wolga überspannen, ist die Grenze Tatarstans erreicht. Die 1991 ausgerufene **Republik Tatarstan** versteht sich als Nachfolgerin des von Ivan dem Schrecklichen 1552 besiegten und unterworfenen Kazaner Khanats.

Etwa 20 Kilometer vor Erreichen Kazans passiert man die am rechten, westlichen Ufer gelegene Insel Svijažsk an der Mündung des Flusses Svijaga in die Wolga. Zur Insel wurde der Ort erst durch die Flutung der Wolga. Im Jahr 1551 errichteten hier die Russen eine Festung, von der aus sie Kazan belagerten. In seinen Ausmaßen übertraf diese selbst den Moskauer Kreml. Zugleich entstand das Mariä-Himmelfahrts-Kloster, aus dem 1928 eine Kommune für verwahrloste Kinder entstand, 1937 ein Gefängnis, während des Zweiten Weltkrieges ein Lager für deutsche Kriegsgefangene und von 1947 bis 1994 eine psychiatrische Klinik. Die 1957 erfolgte Flutung des Stausees von Kuibyšev zwischen Uljanovsk und Samara verwandelt Svijažsk in eine Insel. 2010 begannen umfangreiche Rekonstruktionsarbeiten. Ein Museum informiert über die Geschichte. Im Juli 2017 nahm die UNESCO den Ort in das Verzeichnis des Weltkulturerbes auf. Von Kazan aus gelangt mit dem Tragflächenboot oder dem Bus auf die Insel.

## Geschichte

Zwei Belagerungen hatte Kazan in der ersten Hälfte des 16. Jahrhunderts bereits überstanden, als den Russen die Idee kam, praktisch vor den Augen der verdutzten Tataren, die Festung Svijažsk zu bauen. Die Stämme für die Wälle und Türme kamen auf der Wolga aus dem Norden, vornehmlich aus Uglič. Mehr als 150 000 Soldaten sollen auf russischer Seite an der Schlacht beteiligt gewesen sein, die am 2. Oktober 1552 mit einer vernichtenden Niederlage der Tataren endete. Kazan fiel an Moskau, und nach Kazan das Khanat von Astrachan am Unterlauf der Wolga. Mitte des 16. Jahrhunderts war der Strom von seiner Quelle bis zur Mündung ins Kaspische Meer in russischer Hand. 27 Jahre nach der Eroberung Kazans fand ein junges Mädchen in den Ruinen eines Hauses eine Gottesmutter-Ikone, die bis auf den heutigen Tag als eines der größten Heiligtümer der russischen Orthodoxie gilt.

Für die in Kazan lebenden islamischen Tataren brachen schwere Zeiten an. Nicht immer waren die Russen tolerant gegenüber den religiösen und nationalen Bedürfnissen ihrer Untertanen. Die meisten Moscheen im Land und so gut wie alle in Kazan wurden nach der Eroberung vernichtet. Wer im Staatsdienst Karriere machen oder als Kaufmann erfolgreich sein wollte, musste sich taufen

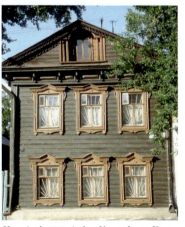

*Haus in der tatarischen Vorstadt von Kazan*

lassen. Jene Tataren, die der Versuchung zu konvertieren widerstanden, waren gezwungen, sich in Vorstädten außerhalb des Stadtgebietes anzusiedeln.
Zarin Katharina II. besuchte Kazan 1767. Die Stadt gefiel ihr, und als aufgeklärte Europäerin erlaubte sie den Muslimen den Bau zweier Moscheen. Im 19. Jahrhundert entstanden weitere Moscheen, neben dutzenden orthodoxen Kirchen, Gotteshäusern anderer christlicher Konfessionen und Synagogen. Die tatarische Hauptstadt besitzt bis heute das unvergleichliche Kolorit einer sowohl europäischen als auch asiatischen Stadt.
Mit der Erschließung Sibiriens ging der Aufstieg Kazans zu einem Zentrum der Pelzverarbeitung sowie der Leder- und Textilindustrie einher. Die Pelze wurden über die sibirischen und russischen Ströme transportiert. Die Kama, die südlich der Stadt in die Wolga mündet, war einer dieser Transportwege. Im 17. Jahrhundert begann zudem die Besiedlung der Wolgaregion mit russischen Bauern. Der Anbau von Getreide wurde zu einem wichtigen Wirtschaftszweig, der Handel mit dem Korn zu einer weiteren Einnahmequelle. Unter Peter dem Großen erhielt die Stadt eine Schiffswerft. Daneben entwickelten sich Kunst und Kultur. An der 1804 gegründeten Universität studierten viele bedeutende russische Persönlichkeiten, unter anderem Leo Tolstoi, Vladimir Uljanov (Lenin) und der Komponist Milij Balakirev (1837–1910). Lenin hatte kein Glück mit seiner akademischen Laufbahn in Kazan. Nach nur 114 Studientagen wurde er wegen Teilnahme an studentischen Protesten gegen den quasimilitärischen Lehrbetrieb exmatrikuliert. Maxim Gorki erhielt wegen seiner unvollständigen Schulbildung keine Zulassung zur Universität. Zwei Jahre arbeitete er als Bäckergehilfe in der heutigen Gorkij-Straße 10. Die Backstube, 1940 originalgetreu nachgebaut, ist ein Museum, zu dem weitere Räume mit interessanten Materialien gehören.
Der Anschluss Kazans an das russische Eisenbahnnetz Ende des 19. Jahrhunderts schuf die Voraussetzungen für den industriellen Aufschwung. Die Bolschewiki hatten es zunächst nicht leicht in Kazan. Ihr Erfolg im Bürgerkrieg war dann aber nicht zuletzt den Versprechen geschuldet, die sie den nichtrussischen Nationalitäten machten – und zunächst auch hielten. Die Tataren bekamen ihre Autonomie. Hatten bis dahin an der Kazaner Universität in den hundert Jahren ihres Bestehens nur 17 Tataren studiert, stieg ihr Anteil in den folgenden

▲ *Blick vom Kreml über Kazan*

Jahrzehnten auf mehr als ein Drittel. Heute liegt er noch höher. In Kazan entstanden auch ein tatarisches Dramatisches Theater und ein Musiktheater.
Die kommunistische Nationalitätenpolitik war jedoch von Beginn an widersprüchlich. 1928 verloren die Tataren per Dekret ihre arabische Schrift. Sie wurde zunächst durch ein lateinisches Alphabet und 1939 durch kyrillische Buchstaben ersetzt. Dem stalinschen Terror fielen tausende Intellektuelle und Funktionäre zum Opfer. Dennoch fanden die Tataren eine Nische für ihre Literatur und ihre Kunst, was ihnen Selbstbewusstsein verlieh.
Tatarstan, flächenmäßig etwa so groß wie Bayern, gehört zu den reichsten Autonomen Regionen Russlands. Nach dem Zweiten Weltkrieg entwickelte sich die Region zu einem Zentrum des Maschinen- und Fahrzeugbaus und der Nachrichtentechnik. Die reichen Vorkommen an Erdöl und Erdgas, Kohle und Kupfer machen die Region zu einem der dynamischsten Wirtschaftsgebiete an der Wolga. Mitte der 1990er Jahre handelte man mit Moskau einen Konföderationsvertrag aus, der die Zuständigkeiten der Behörden und die Verteilung der Gewinne regelte. Tatarisch wurde neben Russisch zur Amtssprache. Wer im Staatsdienst arbeiten will, muss Russisch und Tatarisch beherrschen. Zeitweise gab es eine doppelte Staatsbürgerschaft.
Die Tataren sind traditionell sunnitische Moslems. Die Wiedergeburt des nationalen Bewusstseins nach dem Zerfall der Sowjetunion ging mit einer religiösen Rückbesinnung einher. Mittlerweile gibt es in Kazan mehr Moscheen als orthodoxe Kirchen. Die größte befindet sich auf dem Territorium des Kreml.
Im Jahr 2005 begingen die Kazaner den 1000. Jahrestag der Stadtgründung. Aus diesem Anlass flossen erhebliche Mittel in die Erneuerung des Zentrums und des Kremls. Restaurierte historische Bauten, wiedererrichtete Kirchen und Moscheen, neue Grünanlagen, eine Fußgängerpromenade im Zentrum, die 2005 eingeweihte Metro, das neue Gebäude des Passagierhafens an der Wolga: Kazan verblüfft durch neuen Glanz und Selbstbewusstsein.
Heute leben in Kazan ca. 1,25 Millionen Menschen. Tendenz steigend. Die Stadt ist einer der Austragungsorte der Fußball WM 2018. Für die Spiele wurde eigens ein neues Stadion errichtet.

## Die Ikone der Gottesmutter von Kazan

Manche Ikonen sind wie lebendige Wesen, so als hätten sie eine eigene Seele und damit einen Willen und einen Weg. Eine dieser Ikonen, die verschwinden, um an anderem Ort erneut ›gefunden‹ zu werden, ist die der Gottesmutter von Kazan, die in Russland als himmlische Beschützerin verehrt wird. In schwierigen, das Schicksal des Landes entscheidenden Situationen beschwören die Menschen die Gottesmutter und ihr Antlitz auf den heiligen Ikonen inbrünstig, und manchmal erscheint sie auch ›von selbst‹.
Das geschah 1579 in Kazan, nachdem ein Brand die Stadt zerstört hatte. Ein neunjähriges Mädchen, Matrona, hörte in der Nacht eine Stimme, die zu ihr sagte, im Hof unter den Ruinen des Hauses gäbe es ein Abbild der Gottesmutter. Das solle sie ihrer Mutter mitteilen. Matrona erzählte der Mutter von dem Traum. Die lachte sie aus. In der folgenden Nacht wiederholte sich der Traum, und die Gottesmutter zeigte sich dem Mädchen nun auch. Wieder schenkte die Mutter dem Kind kein Ver-

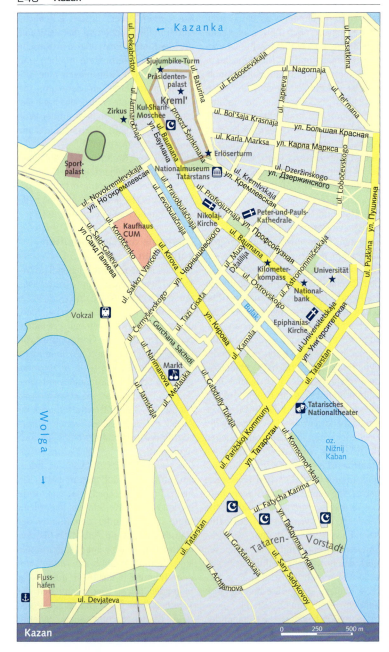

trauen. Erneut erschien Matrona die Gottesmutter, diesmal als Abbild auf ihrer Ikone: »Wenn du nicht tust, wie dir geheißen, werde ich an anderem Ort erscheinen, du aber wirst sterben.« Als Matronas Mutter das hörte, erschrak sie, ging zum Popen und erzählte ihm von der Erscheinung. Der lachte sie aus. Die Mutter grub selbst vergeblich im Hof des zerstörten Hauses nach der Ikone, Matrona fand sie. Den Brand hatte sie unbeschadet überstanden. Nun nahm der Bischof von Kazan die Angelegenheit in eigene Hände. In einer feierlichen Prozession wurde die Ikone in die Mariä-Verkündigungs-Kathedrale des Kreml gebracht. Auf dem Weg dorthin geschahen die ersten Wunder; zwei Blinde wurden sehend. Als der Zar von den Kazaner Geschehnissen hörte, verfügte er, an der Stelle, wo die Ikone gefunden worden war, ein Frauenkloster zu gründen. Matrona wurde die erste Äbtissin.

1612 begleitete eine Kopie das Volksheer von Minin und Požarskij nach Moskau. Im Morgengrauen vor der entscheidenden Schlacht betete das gesamte Heer vor ihrem Antlitz. Aus Dankbarkeit über den errungenen Sieg stiftete Fürst Požarskij am Moskauer Roten Platz ihr zu Ehren eine Kapelle. Die Romanovs, durch den Sieg über die Polen an die Macht gekommen, betrachteten die Ikone als dynastisches Heiligtum. Peter der Große verlegte die Hauptstadt nach Petersburg, und mit ihm gelangte auch die sich im Besitz der Zarenfamilie befindliche Kopie der Ikone dorthin. Sie wurde in der Kazaner Kathedrale am Nevskij-Prospekt aufbewahrt und war damit allen Gläubigen zugänglich.

Neben der byzantinischen Ikone der Gottesmutter von Vladimir wurde die Gottesmutter von Kazan zu einem Nationalheiligtum von heute kaum mehr nachvollziehbarer Symbolkraft. Hunderte Kopien der Ikone zirkulierten überall im Land, von denen einige ebenfalls Wunder verrichtet haben sollen.

Das Original hüteten nach wie vor die Nonnen im Kazaner Kloster. 1904 verschwand es. Die Diebe wurden zwar gefasst und verurteilt, aber über den Verbleib der Ikone schwiegen sie sich aus. Womöglich hatten sie es allein auf die mit Edelsteinen, Gold und Silber versehenen Beschläge abgesehen. Nicht ausgeschlossen ist deshalb, dass die Diebe die Ikone verbrannten.

Ein gutes Dutzend Jahre nach ihrem Verlust begannen die aus Sicht der Kirche ›gottlosen Zeiten‹. Die Ikone der Gottesmutter von Kazan, so schien es, ging auf Reisen. In den 1950er Jahren erwarb der englische Archäologe Frederick Mitchell-Hedges eine Kopie, die 1964 auf der Weltausstellung in New York gezeigt wurde. Ende der 1960er Jahre erwarb die Blaue Armee Mariens die Kopie für eine eigens im portugiesischen Fatima gebaute Kirche. Die Kleinstadt ist einer der wichtigsten katholischen Pilgerorte Europas. Von dort aus gelangte sie 1993 in die Privatgemächer von Papst Johannes Paul II. Inzwischen war Russland zum Christentum zurückgekehrt. Der Papst gab sein Einverständnis, von russischen Spezialisten überprüfen zu lassen, ob es sich bei der Ikone um das verschwundene Original handeln könnte. Die Experten bestätigten die Echtheit der Ikone, doch stamme sie wahrscheinlich aus dem 18. Jahrhundert. Das Original bleibt weiterhin verschollen. Die Wanderschaft der Gottesmutter von Kazan hatte jedoch auch der Kopie eine enorme symbolische Kraft verliehen.

Papst Johannes Paul II. träumte davon, sie dem russischen Patriarchen persönlich zu überreichen – ein symbolischer Akt von großer Tragweite. Die Verhandlungen über einen Besuch des Papstes verliefen aber im Sande. Ein Verbleib der Ikone in Rom war nicht länger zu begründen. 2004 gelangte sie zurück nach Russland. Am 21. Juli 2005 weihte der Patriarch mit ihr die restaurierte Mariä-Entschlafens-Kathedrale im Kazaner Kreml. Danach wurde sie in das eigens wiedererweckte Frauenkloster von Kazan gebracht, aus dem das Original 1904 gestohlen worden war. Im Jahr 2011 brachten russische Kosmonauten eine Kopie der Ikone in die Internationalen Raumstation (ISS), wo sie sich bis heute befindet.

## Der Kreml

Das beeindruckendste architektonische Ensemble in Kazan ist der Kreml. Er entstand unmittelbar nach der Eroberung durch Ivan den Schrecklichen auf den Grundmauern der zerstörten tatarischen Festung. Sein Baumeister war Postnik Jakovlev nach dessen Plänen einige Jahre später die Basiliuskathedrale auf dem Roten Platz in Moskau errichtet wurde. In nur sieben Jahren entstand die 1800 Meter lange, mit 13 Türmen – erhalten sind 8 – verstärkte **Festungsmauer**. Man betritt sie in der Regel durch den **Spasskij-Turm** (Erlöser-Turm) an der Südostseite. Der kleine Platz vor ihm heißt heute ›Erster Mai‹. Zu Zeiten des Kazaner Khanats hatte sich hier ein Marktplatz befunden, an dem die wichtigsten Straßen der Stadt ihren Anfang nahmen. Heute ist er ein Ort des Gedenkens: an die während des Bürgerkrieges gefallenen Revolutionäre und an Musa Džalil, einen der beliebtesten tatarischen Dichter, der 1944 in Berlin-Plötzensee hingerichtet wurde. Džalil war in deutsche Kriegsgefangenschaft geraten, hatte sich als Freiwilliger für eine von den Faschi-

*Die Kul-Scharif-Moschee im Kreml*

sten aufgestellte Division gemeldet und dort Propaganda für ein schnellstmögliches Überlaufen zu den sowjetischen Truppen betrieben. Die Gruppe, der er angehörte, wurde 1943 von der Gestapo enttarnt. Auf dem Postament des Denkmals sind einige Worte aus den ›Moabiter Versen‹ des Dichters eingemeißelt.

Die Festung auf einem Hügel oberhalb des linken Ufers der Wolga und ihres Nebenflusses, der Kazanka, ist so alt wie Kazan. Nirgendwo sonst kreuzen sich die verschiedenen Linien der Geschichte so anschaulich wie hier. Der Präsident Tatarstans ist der erste Tatare und Muslim, der offiziell in einem russischen Kreml residiert. In nur einem Jahrzehnt erwuchs aus einem halbzerstörten Monument ein Museum unter freiem Himmel. Die UNESCO erklärte den Kreml von Kazan im Jahr 2000 zum Weltkulturerbe. Im Jahr 2005, während der 1000-Jahr-Feiern, erfolgte die Weihung sowohl der neuerbauten Kul-Scharif-Moschee als auch der restaurierten Mariä-Verkündigungs-Kathedrale.

### ■ Kul-Scharif-Moschee

Die Kul-Scharif-Moschee entstand als Nachfolgerin des von den Soldaten Ivan des Schrecklichen zerstörten islamischen Gotteshauses gleichen Namens, die mit ihren acht Minaretten eines der schönsten Gebäude an der ganzen Wolga gewesen sein soll. Man weiß heute nicht einmal mehr, wo genau sie gestanden hat. Die neue Moschee mit ihren vier Minaretten und der 39 Meter hohen Kuppel ist für die Mohammedaner von gleicher großer Bedeutung wie für die orthodoxen Russen die wiedererrichtete Christus-Erlöser-Kathedrale in Moskau. Die Moschee bietet zugleich 3000 Gläubigen Platz. In einer Loge im Rang können Frauen an den Gebetsritualen teilnehmen, und im zweiten Rang befinden sich zu beiden Seiten Aussichtsplattformen für Besucher.

### ■ Mariä-Verkündigungs-Kathedrale

Den Grundstein zur christlich-orthodoxen Mariä-Verkündigungs-Kathedrale legte Zar Ivan der Schreckliche zwei Tage nach der siegreichen Schlacht um Kazan. Seitdem war sie mehrmals umgebaut und erweitert worden. Die Bolschewiki brachten in der Kathedrale zeitweise ihr Parteiarchiv unter. Die Rekonstruktion der Kathedrale dauerte zehn Jahre, geweiht wurde sie 2005 von Patriarch Alexis II. mit einem feierlichen Gottesdienst und einer anschließenden Prozession. Nur ein einziges originales Fresko der Dreifaltigkeit an der Decke im Chorraum hat die Jahrhunderte überstanden. Alle anderen Wandmalereien und Ikonen sind Arbeiten moderner Künstler und Restauratoren.

In der Nähe der Kathedrale befindet sich der Palast des Präsidenten Tatarstans. Das Gebäude wurde in der Mitte des 19. Jahrhunderts als Residenz für den Gouverneur errichtet. An gleicher Stelle hatte sich zuvor der Palast der Kazaner Khane befunden.

### ■ Sjujumbike-Turm

Das Symbol Kazans ist der Sjujumbike-Turm in der nördlichen Kreml-Mauer. Sjujumbike war eine Prinzessin aus dem Steppenvolk der Nogaier und mit dem Sohn eines Kazaner Khans verheiratet. Ivan der Schreckliche, so eine Legende,

*Die Maria-Verkündigungs-Kathedrale*

war von Schönheit und Klugheit Sjujumbikes beeindruckt und bot ihr sein Herz und seine Hand. Die Prinzessin soll sich daraufhin von eben jenem Turm in den Tod gestürzt haben, denn weder konnte sie dem Zaren einen Korb geben, noch wollte sie die Frau des Herrschers werden, der ihr Volk unterworfen hatte.

Die Geschichte ist pure Phantasie, die Prinzessin Sjujumbike jedoch genau wie ihr angeblicher Verehrer eine reale historische Gestalt. Von 1549 bis 1551 regierte sie das Kazaner Khanat für ihren minderjährigen Sohn. Dann geriet sie in russische Gefangenschaft, und 1552 gab Ivan der Schreckliche sie einem verbündeten tatarischen Khan zur Frau. Ihr Grab befindet sich in der Stadt Kasimov im Gebiet von Rjazan', südlich von Moskau.

Das genaue Datum, wann der durch die Harmonie seiner Formen und die Phantasie des Baumeisters beeindruckende Sjujumbike-Turm gebaut wurde, ist unbekannt, doch auf keinen Fall vor 1692, also lange nach dem Tod von Prinzessin und Zar. Der Turm ist einer der weltweit etwa 40 ›schiefen‹ Türme. Er neigt sich jährlich um etwa einen Zentimeter, insgesamt bisher um fast zwei Meter.

Zu den Bauten des Kreml gehören außerdem das **Arsenal**, eine **geistliche Akademie** (heute Ministerium für Gesundheit), das **Haus des Erzpriesters** (Verwaltung des Präsidenten), die Kasernen der ehemaligen Junkerschulen und andere Bauten. In einem von ihnen eröffnete die Petersburger Eremitage eine Filiale mit einer **Dauerausstellung**. Gezeigt werden Schätze der Goldenen Horde. Die Kazaner Dependance ist eine der weltweit nur fünf Vertretungen der Eremitage außerhalb Petersburgs.

## Ein Rundgang durch Kazan

Vom Spasskij-Tor gelangt man über die Kreml-Straße, vorbei an den einstigen Handelsreihen – heute Museum der Stadt Kazan –, zur **Peter-und-Paul-Kathedrale**, die zu den verspieltesten Barockdenkmälern Russlands gehört. Ihr Bauherr war Kaufmann und Besitzer einer Textilmanufaktur. In dessen Haus logierte Peter der Große während seines Aufenthaltes in Kazan 1722. Der Zar war zu seinen Soldaten unterwegs, mit denen er gegen die Perser ins Feld ziehen wollte. In Kazan beging Peter seinen 50. Geburtstag, und aus diesem Anlass ›schenkte‹ ihm sein Gastgeber die Kirche – ein verschnörkeltes Wunderwerk, das an den bayerischen Barock erinnert. Überwiegen in Bayern blau und weiß, so in Kazan die tatarischen Farben blau und grün. Die Kathedrale reckt sich in die Höhe, und der elegante Glockenturm verleiht dem Ensemble freundlichen Stolz und Würde. Den gleichen Eindruck

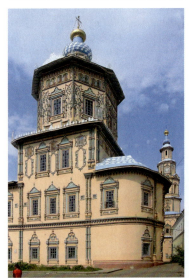

*Der Glockenturm hinter der Peter-und-Paul-Kathedrale*

weckt das Innere mit dem Ikonostas aus dem 18. Jahrhundert, den Fresken und Ornamenten sowie Weinreben und Blumen aus Gips an den Wänden. Fast alle Details sind im Original erhalten, was dem Umstand zu verdanken ist, dass sich in der Kathedrale zwischen 1930 und 1993 eine Künstlerwerkstatt befand.

### ■ Südlich des Kreml

Bis in das späte 18. Jahrhundert wurde Kazan immer wieder Opfer von verheerenden Bränden. Nach und nach erst entstand der aus Stein errichtete Kern der Stadt. Anders als die meisten Städte an der Wolga zerfällt Kazan in mehrere Zentren und lose verbundene bauliche Ensembles. Südlich des Kreml befinden sich das Hauptgebäude der **Universität**, die **Tatarische Bibliothek** in einem der schönsten Häuser der Stadt, und um den **Platz der Freiheit** (Площадь Свободы) liegen das Tatarische Theater für Oper und Ballett, die ehemalige Adelsversammlung – heute das Rathaus – und der 1996 erbaute Konzertsaal.

### ■ Die ul. Baumana

Näher zur Wolga, unterhalb des Kreml, zieht sich die ul. Baumana in Nord-Süd-Richtung durch das alte Kazan. Sie ist eine der ältesten Straßen der Stadt, über die zu Zeiten des Kazaner Khanats die Handelswege nach Süden führten. Nikolaj Bauman (1873–1905) war ein in Kazan geborener Bolschewik. Die nach ihm benannte Straße ist seit einigen Jahren eine Fußgängerzone mit einer Vielzahl von Geschäften, Galerien, Cafés, Denkmälern und kleinen urbanen Oasen. Fast alle historischen Gebäude, zumindest ihre Fassaden, wurden in den vergangenen Jahren restauriert. Vor allem im Sommer ist die Promenade der belebteste Ort der Innenstadt.

Am Anfang der ul. Baumana steht eine verschnörkelte **Standuhr**. Das erste Denkmal ist die **Skulptur der tatarischen ›Loreley‹**, die am Wildschwein-See (ozero Kaban) in unmittelbarer Nähe ihre Opfer fand.

Am linken Straßenrand folgt die **Epiphanias-Kirche**. Sie wurde in der ersten Hälfte des 18. Jahrhunderts errichtet. Bis zum Zerfall der Sowjetunion diente das seiner Türme beraubte Gotteshaus als Sportsaal. In den vergangenen Jahren wurde die Kirche restauriert. Der berühmteste Kazaner, der in ihr getauft wurde, war Fjodor Šaljapin (1873–1938). Sein Denkmal befindet sich in der Nähe. Šaljapin ist heute weitgehend in Vergessenheit geraten, doch Anfang des 20. Jahrhunderts verzauberte der Opernsänger mit seiner Stimme zuerst Russland, dann die ganze Welt. Die Bolschewiki verziehen ihm nie, dass er 1921 emigriert war. Erst mit der Perestroika kehrte die Erinnerung an ihn zurück. In dem Ende des 19. Jahrhunderts aus rotem Backstein errichteten **Glockenturm der Epiphanias-Kirche** befinden sich seit einigen Jahren der **›Šaljapin-Konzertsaal** und ein kleines **Museum**. Der Glockenturm selbst ist eine unnachahmliche architektonische Mixtur, die Elemente aus der orthodoxen, islamischen, katholischen und jüdischen Tradition integriert.

Etwas kitschig geraten sind das **Šaljapin-Bristol-Hotel** für zahlungskräftige Kundschaft und auch das Modell der Kutsche auf dem Boulevard, eine Kopie der Staatskarosse von Katharina II., die sie 1767 dem hiesigen Erzbischof Ven'jamin geschenkt hat.

Einige Meter weiter, auf der rechten Seite, folgt das 1914/15 errichtete neoklassizistische **Gebäude der Nationalbank**. In ihren Tresoren befanden sich von 1917 bis 1920 die Goldreserven des Imperiums, 148 Tonnen. Die ›Weißen‹ unter Admiral Kolčak verluden sie während ihres Rückzuges auf Güterwagen und brachten sie in den Osten des Landes. Bis heute ist nicht vollständig geklärt, was mit dem Gold passierte. Ein Teil verschwand spurlos, ein anderer Teil wurde von den Verbündeten Kolčaks – den Engländern und Japanern – über Vladivostok außer Landes gebracht.

Gen Norden beruhigt sich das Leben auf der ul. Baumana. Es lohnt sich jedoch, zumindest bis zum in das Pflaster eingelassenen ›**Kilometer-Kreisel** zu gehen, der die Entfernungen von hier bis zu einigen recht willkürlich gewählten Orten auf der Weltkarte anzeigt. So sind es zum Beispiel von Kazan bis Moskau 722 Kilometer. Etwa gleich weit haben es die Kazaner bis zum Nordpol (3808 Kilometer) und nach Mekka (3903 Kilometer). Sehr weit weg liegt New York: 8033 Kilometer.

## Zwischen Kazan und Uljanovsk

Zwischen Kazan und Uljanovsk, das früher einmal Simbirsk hieß, liegen 228 Kilometer. Noch bis zur Mitte des 20. Jahrhunderts befand sich Kazan etwa sechs Kilometer von der Wolga entfernt. Dem Stau des Stromes am Staudamm bei Toljatti, etwa 400 Kilometer flussabwärts, fielen die Niederungen zum Opfer. Die Wolga erreicht bei Kazan deshalb beträchtliche Ausmaße: Sie ist hier bis zu 10 Kilometer breit. Ein 25 Kilometer langer Damm und insgesamt 53 Kilometer Entwässerungsleitungen schützen die Stadt vor Überschwemmungen.

Bei Kazan bildet die Wolga fast einen rechten Winkel und fließt weiter nach Süden; am rechten Ufer erstrecken sich bald Hügellandschaften. Die Dörfer in

*Tatarin in Kazan*

dieser Gegend sind für ihre Obstplantagen bekannt. Von hier stammen die frostbeständigen Antonovka-Äpfel, die nach dem **Dorf Antonovka** am rechten Ufer (**Km 1328**) benannt sind. Gegenüber, am linken Ufer, erstreckt sich der Wolga-Kama-Naturpark. Er wurde 1960 zum Schutz der durch die Stauung der Wolga und Kama gefährdeten Landschaft gegründet. In den Kiefern- und Mischwäldern leben Waschbären, Elche, Marder, Füchse, Auerhähne, Haselhühner, Graukraniche und viele andere Tiere. Dort wo sich die **Wasser der Kama und der Wolga** mischen, schwimmt eine schwarz-weiße Tonne im Stausee.

Die **Kleinstadt Kujbyšev** liegt am linken Ufer (**Km 1388**). Bei Ausgrabungen im Ort und in dessen Umgebung wurden Überreste einer Stadt gefunden. Man nimmt an, dass es sich hierbei um Bolgar handelt, die sagenumwobene Hauptstadt der Wolga-Bulgaren. Nach mehrmaligen Zerstörungen durch die Heere der Goldenen Horde gaben die Bulgaren sie Mitte des 14. Jahrhunderts auf und zogen nach Kazan, das im 15. Jahrhundert zum Zentrum des gleichnamigen Khanats aufstieg. Im Jahr 922 sollen die Wolga-Bulgaren hier den Islam zur Staatsreligion erklärt haben. Seit 2014 gehört die Ausgrabungsstätte zum Weltkulturerbe der UNESCO.

Hinter Bolgar verlässt die Wolga Tatarstan und durchfließt nun das Gebiet von Uljanovsk. Das Gebiet gehört zur nördlichen Waldsteppenzone, die sich von Kazan bis Saratov erstreckt. Die Winter sind kalt und schneereich, die Sommer warm und trocken. Im Januar liegt die Durchschnittstemperatur bei minus 13 Grad Celsius, im Juli bei plus 19. Die typische Waldsteppe ist mit Laubwald bewachsen, die im Süden in die Krautsteppe übergeht. Die Schwarzerde bietet gute Bedingungen für die Landwirtschaft

## Der Fluss Kama

Mit 1805 Kilometer Länge ist die Kama der mächtigste Nebenfluss der Wolga. Sie entspringt nordwestlich der Stadt Perm', macht einen Bogen nach Norden, fließt dann entlang des Ural und in einer eleganten Schleife weiter nach Süden, wo sie sich mit der Wolga vereint. Im Mündungsgebiet erreicht der Strom durch die Stauung der Wolga eine Breite von bis zu 40 Kilometern.

Schiffbar ist die Kama durch zwei Staudämme bis über Perm' hinaus. Seit Urzeiten gehört der Fluss zu den wichtigsten Handelsstraßen. Wer die Kama beherrschte, kontrollierte den Warenaustausch zwischen den finno-ugrischen Völkern zu beiden Seiten des Ural mit den Steppenvölkern im Süden, mit China und Byzanz. Über die Kama und ihre Nebenflüsse gelangten die Kosaken des Atamans Ermak 1582 nach Sibirien, indem sie ihre Boote über den Kamm des Ural ostwärts trugen und von dort in die Ebenen von Irtyš und Ob' vordrangen.

Zwischen Perm', etwa 900 Kilometer von der Mündung der Kama in die Wolga entfernt, und der Wolga liegen einige interessante Orte, die man am einfachsten während einer Schiffsreise auf der Kama kennenlernt. Einer von ihnen ist **Elabuga** unweit der Mündung des Flusses Vjatka in die Kama. Hier wurde ein berühmter russischer Landschaftsmaler geboren: Ivan Šiškin (1832–1898). Der Sohn eines Kaufmanns hatte Glück mit seinem Vater, der der Leidenschaft seines Sohnes für das Malen keine Steine in den Weg legte. Außerdem befinden sich in Elabuga die Grabstätten von zwei Frauen, von denen die eine im 19. und die andere im 20. Jahrhundert – jede auf ihre Art – tiefe Spuren hinterlassen hat. Die ältere der beiden Damen ist Nadežda Durova, eine Heldin des Krieges von 1812. Mit leidenschaftlicher Energie stürzte sich die damals junge Frau ins Leben. Sie tauschte ihre verhaßten Röcke gegen Hosen, Wams, Hut, Degen und Pistole. Es dauerte eine Weile, bis ihre Mitstreiter bemerkten, dass sie eine Frau in ihren Reihen hatten. Dass man sie nicht davonjagte, hatte die Durova ihrem Mut und ihrer Ausdauer im Umgang mit den Männern zu verdanken. Sie schrieb nach der Demobilisierung Memoiren, die von den Zeitgenossen hoch geschätzt wurden.

Die zweite Frau, deren Lebensweg in Elabuga endete, war Marina Cvetaeva (1892–1941), eine der größten russischen Dichterinnen des 20. Jahrhunderts. Kurz nach Ausbruch des Zweiten Weltkrieges verließ sie Moskau und gelangte schließlich mit ihrem 16-jährigen Sohn Georgij nach Elabuga. In den Jahren zuvor hatte sie nach der Rückkehr aus der Pariser Emigration ihren Mann verloren – er war erschossen worden. Ihre Tochter Ariadna saß im Lager. Fern von allen Menschen, die ihr lieb waren, erfasste sie tiefe Verzweiflung. Am 31. August 1941 nahm sich Marina Cvetaeva das Leben. Im Ort erinnert ein **Cvetaeva-Museum** an die Dichterin.

Weiter flussaufwärts liegt die Stadt **Naberežnye Čelny** (Uferkähne). In der Nähe befindet sich ein riesiges Werk zur Produktion von LKW der Marke ›Kamaz‹. Bei Naberežnye Čelny beginnt eine Hügellandschaft, in der Tannen, Fichten und Linden wachsen. Selbst weitgereiste Leute preisen die Schönheit der Wälder und Seen. **Votkinsk**, einige Kilometer landeinwärts, ist der Geburtsort von Peter Tschaikowski (1840–1893). Der Ort befindet sich in der Nähe der 1955 gegründeten Stadt **Čajkovskij**.

■ **Perm**

Ihre Gründung verdankt die Stadt am zerklüfteten linken Ufer der Kama einer 1723 entstandenen Kupferhütte. In nur wenigen Jahrzehnten wuchs Perm zu einem der wichtigsten Zentren des Bergbaus im Vorland des Ural. Über Kazan und Jaroslavl erhielt sie am Ende des 19. Jahrhunderts Anschluss an das russische Eisenbahnnetz. So gut wie alle Züge der Transsibirischen Eisenbahn passieren die Stadt. In Perm befinden sich ein interessantes **Kunstmuseum im ehemaligen Hafengebäude**, eine bedeutende **Kunstgalerie** in der ehemaligen Erlöserkirche, ein großes **Heimatmuseum** am Kama-Ufer sowie einige Bauten aus den letzten drei Jahrhunderten. Die Permer unternehmen viel, um der Millionenstadt ein modernes Gesicht zu geben. Die Vorhaben der Stadtplaner sind kühn und Perm könnte in einigen Jahren den Metropolen an der Wolga den Rang ablaufen.

Das **Opern- und Balletttheater** der Stadt hat sich in den letzten Jahren einen guten Ruf in der internationalen Klassikszene erarbeitet. Unter dem jungen griechisch-russischen Musikdirektor Theodor Currentzis ist es ein Zentrum innovativer Inszenierungen geworden.

Sehr reizvoll ist die Umgebung der Stadt. Etwa 100 Kilometer südöstlich lohnen die **Eishöhlen bei Kungur** mit ihren berühmten Grotten einen Besuch.

Hinter Perm liegt **Solikamsk**, das im Mittelalter etwa die Hälfte des russischen Bedarfs an Steinsalz deckte. Hier wirtschafteten unter anderem die Stroganovs, die mit dem Abbau und Salzhandel ein Vermögen verdienten und lange in Nižnij Novgorod ansässig waren.

▲ *Am Flusshafen in Perm*

# Uljanovsk

Bevor das Schiff von Norden kommend den Hafen von Uljanovsk (Ульяновск, **Km 1495**) erreicht, unterquert es eine Eisenbahn- und Straßenbrücke, die das auf einem Hochufer gelegene Stadtzentrum mit einem der Außenbezirke verbindet. Eine neue Brücke wurde vor wenigen Jahren für den Verkehr freigegeben. Am Hochufer überragt ein 49 Meter hoher Obelisk, der zum 30. Jahrestag des Sieges gegen Hitler-Deutschland als Mahnmal errichtet wurde, Wolga und Stadt.

In Uljanovsk gibt es mehrere Theater, drei Universitäten, verschiedene Museen, Konzertsäle und Parks. Gut 600 000 Menschen, die zu 89 Nationalitäten gehören, leben hier.

Aus Simbirsk, wie Uljanovsk bis 1924 hieß, stammen vier Männer, die in der russischen Geschichte bleibende Spuren hinterlassen haben. Einer von ihnen, der Historiker Nikolaj Karamzin, erblickte 1766 das Licht der Welt. Die drei anderen wurden im 19. Jahrhundert geboren: der Schriftsteller Ivan Gončarov sowie Vladimir Uljanov (Lenin) und Aleksandr Kerenskij.

## Geschichte der Stadt

Die Geburtsstunde von Simbirsk schlug im Jahr 1648. Die heutige Großstadt entstand als Festung auf einem Berghang, von dem die Wolga stromauf und stromab gleichermaßen gut einzusehen war. Auf der anderen Seite der Anhöhe fließt in entgegengesetzter Richtung die Svijaga. Der Kreml von Simbirsk gehörte einst zu den am besten befestigten russischen Forts an der Wolga. Seine Feuerprobe bestand er, als ihn 1670 die aufständischen Bauern und Kosaken des Atamans Stepan Razin (→ S. 296) be-

*Das Leninmuseum*

lagerten. Zuvor waren den Rebellen alle südlichen, ebenfalls befestigten Städte – Caricyn, Saratov, Samara – in die Hände gefallen. Nur Simbirsk widerstand der Attacke, und als reguläre Truppen aus Kazan anrückten, hatten Stepan Razins letzte Stunden geschlagen. Er wurde verwundet, konnte zwar fliehen, wurde aber dann von den Kosaken ausgeliefert, nach Moskau gebracht und auf dem Roten Platz hingerichtet.

Der Name ›Simbirsk‹ geht mit großer Wahrscheinlichkeit auf den bulgarischen Fürsten Simbir zurück, der im 14. Jahrhundert gelebt haben soll. Die Einwohner der um den Kreml entstehenden Siedlungen lebten vom Handel und Fischfang, der Jagd und dem Handwerk. Die fruchtbaren Böden gaben gute, jedoch keine kontinuierlichen Ernten, so dass immer wieder Hungersnöte ausbrachen, die soziale Spannungen hervorriefen. Gut hundert Jahre nach Stepan Razin suchte Emeljan Pugačëv mit seiner

Bauernarmee Simbirsk heim und plünderte die Vorstädte, 1864 vernichtete ein verheerender Brand den Kreml und so gut wie alle hölzernen Bauten der Stadt. Die jüngste Schwester Lenins schrieb über ihre Kindheit: »Das war eine kleine Provinzstadt, still und ruhig. Dort gab es keine Fabriken, keine Straßenbahnen und nicht einmal eine Pferdebahn, und Simbirsk war zu jener Zeit auch noch nicht an das Eisenbahnnetz angeschlossen.«

Die Eisenbahn erreichte Simbirsk Anfang des 20. Jahrhunderts, 1915 entstand eine Brücke über die Wolga. Damals lebten rund 30 000 Menschen in der Stadt. Mehr als 30 Klöster und Kirchen, von denen wenige erhalten sind, prägten das Stadtbild.

Als **Vladimir Uljanov** (Lenin) 1924 nach schwerer Krankheit starb, erhielt die Stadt, in der er geboren wurde, seinen Namen, und so heißt sie bis heute: Uljanovsk. Die zu Beginn des Zweiten Weltkrieges aus den westlichen Landesteilen verlagerten Betriebe bildeten die Grundlage für die industrielle Entwicklung in der Nachkriegszeit. Aus Uljanovsk und der Umgebung kommen heute die im ganzen Land geschätzten geländegängigen Jeeps und Kleinbusse vom Typ UAZ (Uljanovskij Avtomobilnij Zavod – Uljanovsker Automobilwerk), die auch in allen Nachfolgestaaten der Sowjetunion verbreitet sind. Außerdem werden Maschinen, Baumaterialien und Nahrungsmittel, aber auch Flugzeuge und militärisches Gerät hergestellt. Zur Bekanntheit der Stadt trägt aber sicherlich am meisten der Namen Lenin bei. Der Leninkult der kommunistischen Atheisten weist mit der Heiligenverehrung der orthodoxen Christen durchaus Ähnlichkeiten auf. Der Kult zeigt sich in den Lenin-Abzeichen der Jungpioniere,

*Lenins Geburtshaus auf dem Gelände des Gedenkmuseums*

den Straßennamen und vor allem in den Lenin-Denkmalen überall im Land. Es gibt nur ein gutes Dutzend kanonisierte Posen, in denen er dargestellt wurde, und wenn ein Bildhauer von ihnen abwich, dann entstand mitunter etwas Besonderes.

Unter Stalin wurde Lenin in geradezu überirdische Höhen gehoben, mittlerweile, mehr als zwei Jahrzehnte nach dem Ende des Kommunismus, sind die von ideologischen Vorlieben geprägten Emotionen verebbt. Beim Besuch des letzten Wohnhauses der Familie und der monumentalen, zum 100. Geburtstag (1970) Lenins angelegten Gedenkstätte lernt man den jungen Vladimir Uljanov, seine Eltern und Geschwister sowie die Zeit, in der er lebte, ebenso wie die Stadt, ihre Vergangenheit und Gegenwart sowie die Befindlichkeit der hier lebenden Menschen kennen.

## Ein Stadtrundgang

Die **Lenin-Gedenkstätte** liegt auf der Anhöhe, auf der einst der 1864 abgebrannte und nie wieder aufgebaute Kreml stand. Diese Anhöhe heißt ›Venec‹ (Krone, Kranz). Während eines Spazier-

# Vier Bürger einer Stadt

**Nikolaj Karamzin** (1766–1826), einer der gebildetsten Menschen seiner Epoche, hielt sich Ende des 18. Jahrhunderts in Deutschland auf, traf dort Herder und Kant, sprach mit Goethe, Schiller und Wieland und veröffentlichte seine Erinnerungen an die Begegnungen in den ›Briefen eines russischen Reisenden‹. Die flüssige und melodische Prosa seiner Aufzeichnungen brach mit dem gestelzten Barock seiner Vorgänger. Karamzin war einer der Erzieher und Lehrer des späteren Zaren Alexander I., der nach dem gewaltsamen Tod seines Vaters Paul I. das Land von 1801 bis 1825 regierte. Sein Hauptwerk aber ist die 12-bändige ›Geschichte des Russischen Reiches‹, mit der Karamzin die Grundlage für die russische Geschichtsschreibung legte.

**Ivan Gončarov** (1812–1891) ging in die Geschichte der russischen Literatur als Verfasser eines einzigen Buches ein. Der 1859 veröffentlichte Roman heißt ›Oblomov‹ und gehörte lange zur Pflichtliteratur russischer Schüler. Das Buch handelt von einem adligen Gutsbesitzer, den nichts davor bewahrt, in der stillen Abgeschiedenheit seines Gutes über die Sinnlosigkeit des aktiven Lebens zu philosophieren. Schönheit ist für ihn Kontemplation, Stille und Zurückgezogenheit von den Versuchungen der gemeinen Welt. Oblomov ist kein aktiver Christ; er ist überhaupt nicht aktiv. Doch er liebt Olga, eine kluge und schöne junge Frau. Und Olga liebt ihn für die Wärme, die er ihr schenkt, für die Worte, die er ihr sagt, und für seine romantische Zärtlichkeit. Gleichzeitig liebt sie Štolc, den Freund Oblomovs aus Kindertagen, der ebenso um ihre Hand anhält. Štolc mit seinen deutschen Wurzeln ist der literarische Gegenspieler des Protagonisten. Er stürzt sich ins geschäftliche Leben, umwirbt Olga mit seiner Tatkraft. Letztlich entscheidet sie sich für ihn. Als Oblomov, der seine Haushälterin geheiratet hat, stirbt, nehmen die beiden dessen Kinder zu sich.

In Gončarovs ›Oblomov‹ findet jeder, was er oder sie finden möchte. Die offizielle sowjetische Literaturwissenschaft dankte dem Autor für seinen Protagonisten, in denen sie den Prototyp des adligen Faulenzers und Parasiten sah – im Gegensatz zum neuen Menschenbild: dem energischen Erbauer des Sozialismus. Doch das Wesen ›Oblomovs‹ liegt tiefer. Gončarov vermochte es, der vielbeschworenen russischen Seele drei Gesichter zu geben. Der Name des Protagonisten selbst ist, etwas platt, zum geflügelten Wort für Müßiggang geworden. Verfilmt wurde der Roman 1980 von Nikita Michalkov.

*Das Denkmal für Karamzin in Uljanovsk*

**Aleksandr Kerenskij** (1881–1970) und **Vladimir Uljanov** (1870–1924), der sich später Lenin nannte, waren die beiden Gegenspieler im Schicksalsjahr 1917. Der eine ist so gut wie vergessen, der andere eine der bekanntesten Persönlichkeiten des 20. Jahrhunderts. In manchen Details ähneln sich ihre Herkunft und Erziehung. Der Vater Lenins war Inspekteur der Volksschulen des Gouvernements von Simbirsk, Kerenskijs Vater leitete das Simbirsker Gymnasium, an dem auch Lenin seine Schulbildung erhielt. Beide studierten Rechtswissenschaften – Lenin in Kazan, Kerenskij in St. Petersburg –, beide wollten ein anderes Russland. Kerenskij schloss sich den Sozialdemokraten an und wollte Reformen durchsetzen. Als Rechtsanwalt verteidigte er Zarengegner in politischen Prozessen. Lenin aber hatte einen geliebten Bruder, der nach einem missglückten Attentat auf den Zaren hingerichtet wurde. Da war er 17 Jahre alt. Lenin wurde wegen Teilnahme an Studentenprotesten exmatrikuliert, später nach Sibirien verbannt und musste emigrieren. Er brach nicht nur mit dem Zaren, sondern mit dem System überhaupt. Der Graben zwischen Lenin und Kerenskij wuchs unerbittlich, und 1917 trennten sie Welten. Kerenskij war von Juli bis Oktober 1917 Premierminister der russischen Regierung – bis Lenin ihn stürzte. Kerenskij flüchtete nach Paris und 1940 in die USA. Als Hitler auch die Sowjetunion angriff, bot er Stalin seine Hilfe an. Der lehnte ab. Kurz vor seinem Tod schrieb er: »Ich bin mutterseelenallein. Alle sind sie tot – Kornilov, Churchill, Lenin und Stalin. Warum nahm der Herr Jesus zu sich, als er erst 33 Jahre alt war; ich aber bin schon fast 90, und lebe immer noch?! Was ist das – eine Mission oder eine Bestrafung? Eine Bestrafung mit Langlebigkeit und Allwissenheit. Ich weiß so viel, was niemand mehr wissen kann.«

*Aleksandr Kerenskij*

*Ivan Gončarov, Verfasser des ›Oblomov‹*

ganges auf dieser Anhöhe wird der Besucher mit verschiedenen Epochen und Baustilen konfrontiert. Gigantisch und imperial in seinen Ausmaßen ist das im Neoklassizismus der 30er und 40er Jahre des 20. Jahrhunderts errichtete Gebäude der ehemaligen Gebietsverwaltung der Kommunistischen Partei mit dem Paradeplatz davor. Einst befand sich etwa an gleicher Stelle die ebenfalls monumentale Dreifaltigkeitskathedrale.

Vom Platz führt eine mit Edeltannen und Blumenrabatten gesäumte Allee zum etwa 500 Meter entfernten **Lenin-Gedenkmuseum**, einem Betonbau der Breschnew-Ära. In seinem Zentrum befinden sich das demontierte und hier aufgestellte Geburtshaus Lenins sowie zwei weitere Wohnhäuser der Familie. Dahinter, im Schatten des Gebäudes, steht eines der eindrucksvollsten Lenin-Denkmale: Der kleine Vladimir mit seiner Mutter, ernst sind die Gesichter der beiden, zärtlich hat die Mutter ihren Arm um die Schultern des Sohnes gelegt. Die Sammlung des Museums besteht aus einem Diorama des historischen Simbirsk zur Zeit von Lenins Geburt und tausenden Devotionalien. Lenin auf allem, was man sich denken kann: Tassen, Tellern, Teppichen, Leinwänden, Vasen, Münzen, Ansichtskarten, Mammutknochen und Skulpturen unterschiedlicher Größe. Unübertroffen ist eine in zartgoldenen und orangefarbenen Tönen ausgeleuchtete Gedenkhalle in einem Seitenraum mit einer überdimensiona-

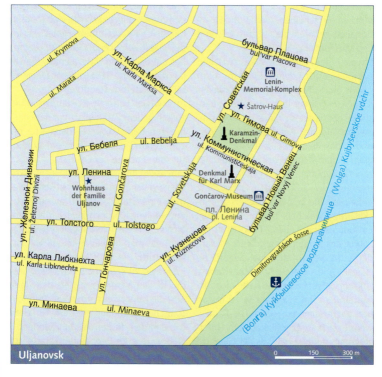

*Das Šatrov-Haus*

len Lenin-Figur im Zentrum. Eines der originellsten Exponate ist das Lamellenbild von der Hand eines Arbeiters, auf dem, geht man an ihm vorüber, nacheinander die Porträts von Marx, Engels und Lenin erscheinen. Auch Putin-Devotionalien gehören bereits zum Bestand des Museums.

Etwa auf der Hälfte des Wegs zwischen Anhöhe und Lenin-Gedenkmuseum wacht ein in Nachdenken versunkener Karl Marx. Hinter ihm, an einer Seitenstraße, befindet sich das Gymnasium, dessen Direktor Kerenskijs Vater war, und in das Vladimir Uljanov zur Schule ging. In dem kleinen Park gegenüber hat Nikolaj Karamzin – verkleidet als Clio, die Muse der Geschichte – seinen Platz gefunden. Die beiden Basreliefs am Sockel des Denkmals beschreiben zwei Episoden seines Lebens: Links ist er der Lehrer des jungen Thronfolgers Alexander, rechts verschüttet eine allegorische Gestalt Gold aus einer Amphora. Karamzin war schwer krank und hatte nicht die Mittel, dem Rat seiner Ärzte zu folgen und nach Italien zu reisen. Die Familie wandte sich an Zar Nikolaus um Unterstützung, der erst half, als der Gelehrte bereits im Sterben lag. Etwas weiter sitzt Ivan Gončarov in Gedanken versunken auf seinem Sockel. In einer Seitenstraße, die zur Allee zwischen Paradeplatz (Lenin-Platz) und Lenin-Gedenkstätte zurückführt, befindet sich eines der schönsten klassizistischen Häuser von Uljanovsk, das nach seinem ehemaligen Besitzer benannte **Šatrov-Haus**.

Parallel zur Allee verläuft am Abhang längs der Wolga eine Promenade. Aus etwa 80 Meter Höhe blickt man auf den Strom, die 1915 errichtete Eisenbahn- und Straßenbrücke und das jenseitige Ufer. Die Bauten am Horizont sind eine Wohnsiedlung und ein Flugzeugwerk. Ein wenig abseits stehen nebeneinander das Gebäude der Landwirtschaftlichen Akademie und das 1912 aus Anlass des 100. Geburtstages von Gončarov errichtete und nach ihm benannte Heimatkundemuseum. Einige Schritte weiter befindet sich eine Bibliothek. Hinter ihr, an der Allee zum Lenin-Gedenkmuseum, hat die nach dem Vater Lenins, Ilja Uljanov, benannte Pädagogische Universität ihr modernes Hauptgebäude.

In gewisser Hinsicht ist das Ensemble zwischen dem Paradeplatz vor dem ehemaligen Gebietskomitee der Partei bis zum Lenin-Gedenkmuseum ein Symbol für die Epoche, die Russland heute durchschreitet. Die meisten Uljanovsker weigern sich, von dem sowjetischen Namen ihrer Stadt Abschied zu nehmen, und fühlen sich doch zugleich als Simbirsker. Diese Art verdoppeltes Bewusstsein, das man bis heute überall in Russland trifft, ist in Uljanovsk-Simbirsk intensiver zu spüren als anderswo. Das macht den besonderen Reiz der Stadt aus, die keineswegs arm ist an architektonischen Kleinoden aus dem 18., dem 19. und dem frühen 20. Jahrhundert. Neben der großen Gedenkstätte ist auch das Geburtshaus Lenins, in dem er die ersten Lebensjahre verbrachte ein sehenswertes Museum, das in der Regel auch zum Proramm der Stadtbesichtigung gehört.

## Von Uljanovsk nach Samara

Der 216 Kilometer lange Abschnitt an der Wolga zwischen Uljanovsk und Samara ist auf seinem letzten Viertel einer der schönsten an der Wolga. Zunächst führt die Fahrt an einigen Satellitenstädten von Uljanovsk am rechten Ufer vorbei. Sowohl in **Novouljanovsk** als auch in **Sengilej** (**Km 1538**) wird Zement produziert. Einige Kilometer hinter Sengilej weitet sich die Wolga auf 10 Kilometer. Das Dorf **Novodevič'e** (Neujungfräulichkeit) bei Kilometer 1582 am rechten Ufer gehörte einst dem Moskauer Neujungfrauen-Kloster. Der Obelisk am Ufer erinnert an die Opfer des Bürgerkrieges. Novodevič'e liegt bereits im Gebiet von Samara. Der Samara-Weizen wurde im 19. Jahrhundert bis nach Kanada exportiert. 70 Prozent des etwa 400 mal 500 Kilometer großen Gebietes werden landwirtschaftlich genutzt, nur 10 Prozent sind Waldfläche. Zugleich sind in der Region einige der für Russland wichtigsten Industriebetriebe angesiedelt.

## Toljatti und Umgebung

Die Industriestadt Toljatti (Тольятти, **Km 1631**) wurde in den 1960er Jahren buchstäblich aus dem Boden gestampft. Ihr Namensgeber war Palmiro Togliatti (1893–1964), langjähriger Generalsekretär der Italienischen Kommunistischen Partei. In Toljatti entstand Ende der 1960er Jahre eines der größten Werke zur Produktion von PKW, in dem zunächst in Lizenz der Fiat 124 nachgebaut wurde. Die aus dem Werk (AvtoVaz) stammenden Marken sind im Ausland unter dem Namen Niva (Feld, Flur) – ein allradgetriebener Typ, quasi der Urvater aller modernen geländegängigen Fahrzeuge – und Lada bekannt. Mit der Privatisierung Anfang der 1990er Jahre geriet der Konzern in die Schlagzeilen. Er wurde Teil des Firmenimperiums von Boris Berezovskij (1946–2013), einem der bekanntesten russischen Oligarchen. Berezovskij nutzte Lücken in der sowjetischen und dann russischen Gesetzgebung, seine guten Kontakte zur Familie

*Abfahrt aus Uljanovsk*

Jelzin sowie seine Talente als hervorragender Organisator und verdiente so Milliarden. Nicht zuletzt damit verhalf er Putin zur Präsidentschaft, konnte auf ihn dann jedoch weniger Einfluss nehmen als gedacht. Daraufhin machte er in den von ihm kontrollierten Medien – unter anderem der größte staatliche TV-Sender ORT – Stimmung gegen den Präsidenten. Dieser schickte seine Steuerfahnder aus. Die Ermittlungen gegen den Autokonzern begannen 1999, und die Staatsanwaltschaft fand genügend Material, um Anklage zu erheben. Berezovskij erhielt Asyl in Großbritannien. Im März 2013 fand ihn ein Angestellter seines Hauses tot. Ob er ermordet worden war oder sich nach einer Reihe persönlicher und juristischer Rückschläge das Leben genommen hat, konnte nicht zweifelsfrei festgestellt werden.

In Toljatti leben heute etwa 600 000 Einwohner. Vor der Stauung der Wolga befand sich ganz in der Nähe die Stadt Stavropol, die in den Fluten versank. Mit dem Bau von Staudamm, Wasserkraftwerk und Schleuse wurde 1951 begonnen; die Staumauer ist 2 Kilometer lang, 45 Meter hoch und bis zu 60 Meter breit. In den ersten Jahren waren am Bau auch deutsche Kriegsgefangene beteiligt. Die Schiffe werden in zwei Schleusengängen um insgesamt 28 Meter gehoben oder gesenkt. Bis in die 1990er Jahre trugen die Anlagen den Namen des kommunistischen Funktionärs Valerian Kujbyšev (1888–1935), der bis zu seinem Tod Vorsitzender der Staatlichen Plankommission war.

Am Toljatti gegenüber liegenden Ufer liegt die junge Stadt **Žigulëvsk**, die im Zusammenhang mit dem Bau von Staudamm und Wasserkraftwerk entstand. Ihren Namen hat die Stadt von den Žiguli-Bergen am rechten Ufer. In der Nähe wurden Erdöllager entdeckt, das Öl wird in der Žigulëvsker Raffinerie verarbeitet.

Die Wolga beschreibt nun einen Bogen um ein an Mythen reiches Bergmassiv, dessen höchster Gipfel 375 Meter über dem Meeresspiegel liegt. Das rechte Ufer ist zerklüftet, Felsen und Berge steigen 150 bis 180 Meter in die Höhe. Tektonische Prozesse vor Jahrmillionen haben dieses kleine Gebirge aus den Tiefen der Erdkruste gehoben. Das feste Gestein versperrt der Wolga den Weg, so, dass sie gezwungen ist, es in einem weiten östlichen Bogen zu umfließen.

Von einem der Felsen sollen Stenka Razin und seine Leute einst nach Beute auf dem Fluss Ausschau gehalten haben, und in einer der zahlreichen Karsthöhlen, so heißt es, wartet der Schatz des Atamans noch immer auf seinen Entdecker.

Um den Ort **Širjaevo** stehen die **Žiguli-Berge** seit 1927 unter Naturschutz. Das außerordentliche Relief hat am Übergang der Waldsteppen- in die Steppenzone zur Schaffung einzigartiger Biotope beigetragen, in denen mehr als 800

▲ *Die Žiguli-Berge kurz vor Samara*

verschiedene Pflanzen beheimatet sind. Der seltenste Säuger ist der Steinbock, das Wappentier von Samara.

Širjaevo war in der zweiten Hälfte des 19. Jahrhunderts ein Mekka russischer Landschaftsmaler. Ilja Repin begann hier mit den Studien zu seinen ›Wolgatreidlern‹. In einem 1895 geschriebenen Brief aus Širjaevo berichtet er dem Bürgermeister von Samara: »Wir verbrachten hier den ganzen Sommer, nahmen ein Segelboot und machten häufig Ausflüge von 10 bis 15 Werst die Wolga auf- und abwärts, um Studien zu betreiben. Die örtliche Bevölkerung war uns gegenüber misstrauisch. Die Menschen konnten einfach nicht verstehen, womit wir uns hier die Zeit vertrieben. Schon die erste Zeichnung von einer Kindergruppe am Ufer endete mit einem Aufruhr. Die Kinder erhielten jeder fünf Kopeken fürs Stillsitzen, doch die herbeigelaufenen Mütter rannten vor Schreck davon, als wir ihnen die Skizzen zeigten. Sie zwangen die Kinder, das Geld wegzuwerfen, und sperrten sie ein. Am Strand lauerten die Bauern uns auf, und verlangten streng eine Erklärung, wer wir seien. Sie eskortierten uns bis zu unseren Holzhäusern, wo schon eine Menge aufgebrachtes Volk wartete, und nachdrücklich forderte, unsere Pässe zu sehen.«

In einem dieser Holzhäuser befindet sich heute ein Museum, in dem Skizzen und Entwürfe von den hier entstandenen Bildern Repins und anderer Maler zu sehen sind.

Zwischen Širjaevo am rechten und Volžskij am linken Ufer wird die Wolga von den Žiguli-Bergen einerseits und den Falkenbergen andererseits auf 800 Meter Breite zusammengepresst; das ist das ›**Wolga-Tor**. Bis Samara weitet sich der Strom wieder auf etwa 2000 Meter.

# Samara

Etwa auf halber Strecke zwischen der Wolgaquelle in den Valdaj-Höhen und der Mündung ins Kaspische Meer, am Scheitelpunkt des vom Strom geschlagenen Bogens um die Žiguli-Berge, liegt die Stadt Samara (Самара, **Km 1704**). Der Fluss Sok begrenzt sie im Norden, die Samara im Süden. ›Samara‹ ist ein turksprachiges Wort und bedeutet ›Steppenfluss‹. Der Name könnte auch auf das griechische Wort ›Samar (Kaufmann) zurückzuführen sein; ›Ra‹ ist ein uralter Name für die Wolga. Samara befindet sich auf einem Breitengrad mit Berlin und ist zugleich der am weitesten im Osten gelegene Ort an der Wolga. 1,3 Millionen Menschen leben hier, womit die Stadt, ein industrielles und kulturelles Zentrum mit einer bewegten Geschichte und interessanten Gegenwart, die sechstgrößte Russlands ist. Etwa 60 Kilometer zieht sich Samara entlang des Wolgaufers, und bis zu 15 Kilometer ins Landesinnere.

## Geschichte der Stadt

Gegründet wurde Samara 1588 als Festung zum Schutz der russischen Siedler und der Handelswege vor den Überfällen der Nogaier, eines turksprachigen Steppenvolkes. Im 16. und 17. Jahrhundert sorgten die Nogaier beständig für Unruhe an den russischen Grenzen. Bewähren musste sich der Kreml mehrmals: 1639 belagerten die aus dem Norden der Mongolei stammenden Kalmücken mit einem 10 000 Mann zählenden Heer die von nur 500 Strelitzen

# 258 Samara

*Blick auf Samara*

gehaltene Feste, später plünderten Stepan Razin und sein aufständisches Heer Samara und brannten es nieder.
Einige Jahre nach dem Bau des Kreml wurde eine Zollstation zur Besteuerung der Warenströme auf den sich in Samara kreuzenden Handelswegen eingerichtet. Zu Reichtum kam die Stadt im 19. Jahrhundert durch den Getreidehandel. Ein Siebtel der in jener Zeit beträchtlichen Getreideexporte Russlands kam aus dem Gebiet von Samara. Zugleich entstanden einige der größten industriellen Getreidemühlen an der Wolga. Bierbrauer siedelten sich in der Stadt an, unter anderem der aus Österreich stammende Alfred von Wokano, in dessen Brauerei auch heute noch das im ganzen Land bekannte ›Žigulëvskoe‹ produziert wird. Erste Maschinenfabriken entstanden, und 1880 überspannte bei Samara die in jenen Jahren längste Brücke an der gesamten Wolga den Strom. Samara lag im Schnittpunkt von Eisenbahnlinien, die die Stadt mit Moskau, Mittelasien und Sibirien verbanden.
In diesen Jahrzehnten der Prosperität wuchsen die Spannungen in der Gesellschaft. Der Adel, der sich nach Aufhebung der Leibeigenschaft auf das politische und soziale Abstellgleis gedrängt sah, klammerte sich an seine Privilegien, die ›neuen Reichen‹ kämpften für die besten Plätze um den großen Kuchen – gewöhnlich auf dem Rücken derjenigen, die nichts zu verlieren hatten. So reich die Gegend auch war, die Hungersnot 1891/92, die tausende Tote forderte, traumatisierte nicht nur die Menschen in der Region, sondern das ganze Land. In der Stadt gab es zwei Klöster und dutzende Kirchen. Die in der zweiten Hälfte des 19. Jahrhunderts errichtete Auferstehungs-Kathedrale war eines der größten Gotteshäuser an der Wolga. Sie wurde 1930 ungeachtet vieler Proteste gesprengt; an ihrer Stelle entstand ein Kulturpalast. Die orthodoxen Gemeinden lebten mehr oder weniger in Eintracht mit Protestanten, Katholiken, Juden und Moslems. Sie alle besaßen ihre Kirchen, Synagogen und Moscheen, die sie unter Stalin verloren und in der Zwischenzeit zurückerhalten haben.
Samara ist mit den Namen vieler bekannter, in Russland und weltweit geschätzter Schriftsteller und Künstler verbunden. Leo Tolstoi kam seit 1862 jährlich zur Kur nach Samara, 1872 erwarb er ein kleines Gut in der Nähe der Stadt. Er wollte aus den hiesigen Steppenpferden und europäischen Trabern eine neue Pferderasse züchten – ohne Erfolg. Zehn Jahre später verkaufte er seinen Besitz. Doch riss die Beziehung des Schriftstellers zu Samara nie ab; noch 1899 unterstützte er verarmte Bauern mit Spenden.
Nicht oder nur sehr entfernt verwandt mit Leo Tolstoi ist sein Namensvetter Aleksej, der ›rote Graf‹. Aleksej Tolstoj wurde 1883 in der Nähe von Samara geboren und verbrachte seine Kindheit und Jugend in der Stadt. Er liebte schö-

ne Frauen, alte Bilder und schrieb Bücher. Die sowjetischen Kinder liebten seinen ›Buratino‹, eine Holzpuppe, die unbedingt ein Mensch werden will und Pinocchio sehr ähnlich ist. Einer der Förderer von Aleksej Tolstoj war Maxim Gorki, der kurze Zeit in Samara verbrachte, wo er 1895 für die ›Samaraer Zeitung‹ Feuilletons schrieb. Hier entstand eine seiner ersten Erzählungen: ›Die Alte Izergil‹. 1892/93 lebte Lenin in Samara; er arbeitete am Gericht. Die Wohnungen von Tolstoi, Gorki und Lenin sind als Museen eingerichtet. Die Eltern des weltberühmten Opernsängers Fëdor Šaljapin lebten in Samara.

Knapp 100 000 Menschen zählte die Bevölkerung der Stadt vor Ausbruch des Ersten Weltkrieges. Während des Bürgerkrieges fanden in und um Samara erbitterte Kämpfe zwischen ›Roten‹ und ›Weißen‹ statt, während derer es Jaroslav Hašek (1883–1923), den Autor des ›Braven Soldaten Schwejk‹, nach Samara verschlagen hatte.

Im Jahr 1935 erhielt Samara den Namen Valerian Kujbyševs, der hier 1917 die Sowjetmacht ausgerufen hatte. Während des Zweiten Weltkriegs spielte Samara, nun Kujbyšev, eine Schlüsselrolle bei der Verteidigung des Landes. Als die deutschen Truppen Moskau bedrohlich nahe gekommen waren, befahl Stalin am 15. Oktober 1941, den Regierungssitz in das rund 1000 Kilometer entfernte Kujbyšev zu verlegen. Neben den wichtigsten Ministerien, den Botschaften und zahlreichen Industriebetrieben – darunter ein Flugzeugwerk, in dem die Iljušin-Kampfflieger vom Typ IL-2 produziert wurden – siedelte auch das Bolšoj Theater nach Samara um. Dmitri Schostakowitsch vollendete in Samara seine berühmte ›Leningrader Symphonie‹, die im März 1942 uraufgeführt wurde. Die Entbehrungen, die die Menschen in jenen Jahren nicht zuletzt wegen der rapide angestiegenen Einwohnerzahl auf sich nehmen mussten, sind kaum nachvollziehbar; so wurde etwa der jedem Bewohner gesetzlich zustehende Wohnraum auf zwei Quadratmeter begrenzt.

Nach dem Krieg entwickelte sich Kujbyšev zu einem der wichtigsten Zentren der Rüstungs- und Raumfahrtindustrie. Bis 1991, als die Stadt ihren alten Namen Samara zurückerhielt, war sie für Ausländer und sowjetische Staatsbürger ohne Spezialgenehmigung gesperrt. Neben Rüstungsgütern wurden in der Stadt Passagierflugzeuge vom Typ Tupolew 154, Kugellager für den Fahrzeug- und Maschinenbau und vieles andere hergestellt. Die Schokoladenfabrik, galt als eine der besten im Land.

Mit der Auflösung der Sowjetunion begannen harte Zeiten für Samara. Die Umstellung der Rüstungsbetriebe auf neue Produktionspaletten kostete viele Beschäftigte ihren Arbeitsplatz, und als die Privatisierung der Betriebe begann, rissen sich macht- und einflussreiche Gruppierungen um die besten Beutestücke. Samara geriet deshalb in den Ruf, Hauptstadt der Kriminalität an der Wolga zu sein. Kurz vor dem Jahr 2000 verbrannten in einem gigantischen Feuer Archive jenes letzten Jahrzehnts, unter anderem die des Autowerkes von Toljatti, dutzende Menschen starben. Wer das Feuer gelegt hat, ist bis heute nicht geklärt. Nach dem wirtschaftlichen Desaster in den 1990er Jahren ist die Industrie in Samara wieder auf die Beine gekommen.

Das reiche kulturelle Leben der Stadt konzentriert sich um die Theater, Museen, die Oper und das Ballet und den Zirkus. Jährlich findet ein Kulturfestival statt, zu dem Schriftsteller und Künstler aus aller Welt anreisen. Zugleich ist Samara eine Metropole der Studenten. Sie studieren an 41 Hochschulen. Die extravaganteste ist die 1942 gegründete Aerokosmische Universität. Ein Raumfahrtmuseum erzählt von den Anfängen der Eroberung des Kosmos bis in die Gegenwart, von den ersten Versuchen Konstantin Ziolkovskis (1857–1935) bis hin zu den benannten Raumflügen und Forschungsstationen im All.

## Sehenswürdigkeiten

Wer sich auf einem Kreuzfahrtschiff Samara nähert, erblickt über dem Hochufer zunächst eine elegante, 40 Meter in die Höhe strebende Stele mit einer 13 Meter hohen Figur auf ihrer Spitze. Der ›**Flügel über der Wolga**‹, so die umgangssprachliche Bezeichnung für dieses Bauwerk, ist das Symbol der Luft- und Raumfahrtindustrie. Samara liegt am linken, sanft ansteigenden Ufer der Wolga. Die modernen Bauten in Ufernähe bilden eine Skyline, die an manche Mittelmeerstädte erinnert.

Der **Kai für die Passagierschiffe** ist einer der größten an der Wolga. Bis zu 13 Schiffe können hier gleichzeitig festmachen. Gegenüber der Anlegestelle befindet sich eine kleine **Kapelle**, die von den Skulpturen zweier Heiliger der russischen Orthodoxie – Sergej von Radonež (1313–1391) und Aleksej, Metropolit von Moskau Ende des 14. Jahrhunderts – flankiert ist. Aleksej, ein Schüler des Heiligen Sergej von Radonež, war mit einer diplomatischen Mission auf dem Weg von Moskau zur ›Goldenen Horde‹. Dort, wo sich heute Samara befindet, nahm er sein Nachtlager, und im Traum sah er eine blühende Stadt.

Die **Uferpromenade** direkt an der Wolga erstreckt sich Kilometer um Kilometer am Wasser. Gen Norden geht sie in ein Industriegebiet über. Hier standen im 19. Jahrhundert die größten Getreidemühlen und die Bierbrauerei des Alfred von Wokano, ein aus rotem Backstein bestehendes Denkmal der Industriearchitektur des 19. Jahrhunderts. Eine der Mühlen wurde unter Stalin zum Gefängnis. Sein prominentester Insasse war 1950 Alexander Solschenizyn (1918–2008), der Autor des ›Archipel GULAG‹ und Nobelpreisträger für Literatur von 1970. Solschenizyn wurde von hier aus zur Zwangsarbeit nach Sibirien verbracht.

### ■ Altstadt

Vom Hafen gelangt man hügelan in die historische Altstadt, die schachbrettartig angelegt ist. An zwei parallelen Straßen – ul. Frunze und ul. Kujbyševa – befinden sich auf mehreren Kilometern Länge die meisten sehenswerten histo-

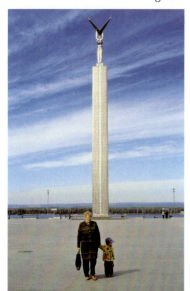

▲ *Der ›Flügel über der Wolga‹*

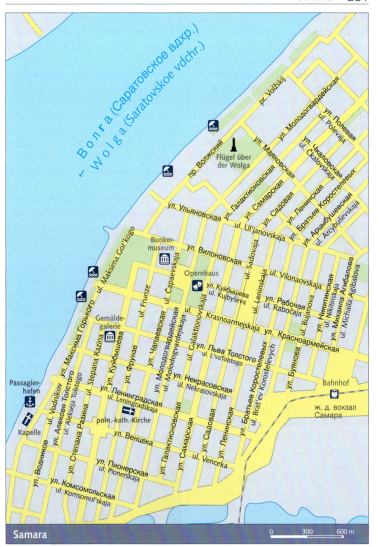

rischen Gebäude der Stadt. Michail Frunze (1885–1925) war einer der talentiertesten Befehlshaber der Roten Armeen im Bürgerkrieg und ihr Reorganisator bis zu seinem Tod infolge einer Magenoperation in einem Moskauer Krankenhaus. Auch Valerian Kujbyšev (1888–1935) war Kommandeur im Bürgerkrieg. Er galt als einer der engsten Vertrauten Stalins und einer der Organisatoren des ersten Fünfjahrplanes zur Industrialisierung der Sowjetunion.

In einem der sehenswerten Gebäude, das ursprünglich der Wolga-Kama-Bank, dann dem Stadtkomitee der Kommunistischen Partei gehörte, hat die **Gemäldegalerie** ihr Domizil (ul. Kujbyševa 92). Die wertvollsten und schönsten Bilder stammen vom Ende des 19. Jahrhunderts, von Šiškin, Perov, Surikov und Kuindži. So gut wie jeder Maler, der im ausklingenden 19. Jahrhundert nachhaltige Spuren in der Kunst hinterlassen hat, ist hier vertreten. Die größte Überraschung aber ist die Kollektion der russischen Avantgarde mit Werken von Kasimir Malewitsch (1878–1935), Aleksandra Ėkster (1884–1945), Dawid Burljuk (1882–1967) und anderen.

Die **lutherische Kirche** (ul. Kujbyševa 115) und die **polnisch-katholische** Kirche in der ul. Frunze 157, beide im neogotischen Stil, sind frisch restauriert. Sehenswert ist vor allem das katholische Gotteshaus mit einer Kopie des ›Christus am Kreuz‹ von Salvador Dalí. Das Original befindet sich in Schottland.

Einige Schritte weiter, an der rechten Straßenseite, hat die avantgardistische Sowjetarchitektur mit einem an den Bauhaus-Stil erinnernden modernen Gebäude Akzente gesetzt.

Sehenswert ist auch das Gebäude der **Philharmonie** in der ul. Frunze 141. Das Gebäude stammt aus dem Jahr 1974, nachdem Abriss des Zirkus ›Olimp‹ von Samara. Die Architekten des Neubaus nahmen einige wesentliche Elemente des Jugendstils auf. Der Star des beginnenden 20. Jahrhunderts war Fjodor Šaljapin, dessen Eltern in Samara lebten. Das einzige Gastspiel des Sängers 1909 wurde frenetisch gefeiert. Nicht weniger umjubelt war ein Besuch der Mailänder Scala. An der nordöstlichen Ecke der Philharmonie befindet sich die Šaljapin-Eiche.

Die ul. Kujbyševa und die ul. Frunze werden ungefähr in ihrer Mitte (Eckhaus ul. Kujbyševa 92) von der ul. Leningradskaja (ул. Ленинградская) geschnitten, einer Fußgängerpassage, an deren Ende (Richtung Osten) seit 2015 die überlebensgroße eines Milizionärs – Onkel Stëpa – spielende Kinder beschützt. Der Milizionär Stëpa entstammt einem 1954 geschriebenen Poem von Sergej Michalkov (1913–2009), dem Autor des Textes der sowjetischen und später russischen Nationalhymne. Der in das Metall gemeißelte Vierzeiler aus dem Gedicht lautet deutsch übersetzt: Ganz im Geheimen sag ich Euch/ich arbeite bei der Miliz,/denn dieser Dienst, so scheint mir/ist von großer Wichtigkeit! Die ul. Kujbyševa und ul. Frunze enden am **Čapaev-Platz** mit einem Denkmal für den Helden des Bürgerkrieges sowie dem Gorki-Dramen-Theater. In einem unscheinbaren Gebäude am Platz befindet sich mit dem **Bunker-Museum** eines der sonderbarsten Museen, die man während der Reise zu Gesicht bekommt. Man betritt es durch den Eingang im Innenhof. In einem kleinen Vorzimmer mit allerlei Erinnerungsstücken an den Zweiten Weltkrieg erfährt man von ei-

*Kleine Kapelle an der Uferpromenade*

nem der bestgehüteten historischen Geheimnisse der Sowjetunion: der tiefste – so die Auskunft vor Ort – Bunker der Welt, dessen Sohle sich 37 Meter unter der Erdoberfläche befindet. ›Entdeckt‹ wurde er eher zufällig bei Bauarbeiten 1991 am ehemaligen Gebietskomitee der Kommunistischen Partei, in dessen Gebäude sich heute die Kunsthochschule Samaras befindet.

Anfang 1942 war die Lage für die sowjetische Armee keineswegs hoffnungsfroh. Im März jenen Jahres reisten deshalb 597 Metro-Erbauer mit streng geheimem Auftrag aus Moskau nach Kujbyšev. Unbemerkt von der Bevölkerung sollten sie für Stalin und die höchste sowjetische Führung ein unterirdisches Notquartier für den ›Ernstfall‹ errichten. In 34 Meter Tiefe befanden sich der Ruheraum Stalins und der Konferenzraum für den Generalissimus, zwölf Funktionäre und vier Stenotypistinnen. Der Saal sieht mit seiner gewölbten Decke aus wie eine Metrostation en miniature. Niemand weiß, ob Stalin je selbst seinen Bunker besucht hat. Während der Besichtigung bekommt der Besucher historische Filmaufnahmen zu sehen, die am 7. November 1941 während der Parade zum 24. Jahrestag der Oktoberrevolution in Samara entstanden. In der Stadt wütete ein Schneesturm. Die jungen Soldaten marschierten zum Bahnhof, von wo aus sie mit dem Zug nach Moskau gebracht wurden – direkt in die Schlacht, was für viele den Tod bedeutete.

Diese Parade fand auf dem **Kujbyšev-Platz** statt, der sich einen Häuserblock ostwärts auf einem Areal von 17 Hektar erstreckt. Er ist der größte Platz Europas. In seiner Mitte erinnert ein Denkmal an den Namensgeber der Stadt. Am Platz befindet sich das 1931 errichtete Theater für Oper und Ballet, das während des Krieges das von 1941 bis 1943 aus Moskau evakuierte Ensemble des Bolšoi Theaters beherbergte.

Die Exkursion in Samara beschließt eine Fahrt zur eleganten **40 Meter hohen Stele**, dem Symbol der Luft- und Raumfahrtindustrie. Dort befinden sich das Gebäude des Zirkus, ein Denkmal für die Gefallenen im Zweiten Weltkrieg und rechterhand eine neu erbaute Kirche mit einem Denkmal für die Institution der Ehe in unmittelbarer Nähe, von denen es inzwischen mehrere in Russland gibt. Der Platz liegt an der Grenze zwischen dem Stadtkern und den in den 1970er und 80er Jahren entstandenen Neubauvierteln, die durch eine Ende der 80er Jahre in Betrieb genommene Metrolinie aus acht Stationen an das Zentrum angebunden sind.

■ **Kloster Iversk**

Mit Unterstützung einer Bank wurde vor einigen Jahren mit dem Wiederaufbau des Iverker Nonnenklosters begonnen, das sich am Ufer der Wolga, ca. zwei Kilometer südlich des Flusshafens befindet und in dem während seiner Blütezeit Ende des 19. Jahrhunderts mehr als 200 Nonnen und über 160 Klosterschwestern lebten. Die Nonnen waren berühmt für ihre Stickarbeiten, nicht nur an sakralen Gewändern. Daneben verhalfen sie so mancher betuchten Tochter der Stadt zu ihrer Aussteuer.

## Zwischen Samara und Saratov

Samara und Saratov, die beiden Städte am Mittellauf der Wolga, trennen 429 Flusskilometer. Zunächst gleiten am linken Ufer die Datschensiedlungen der Reichen, dann die der Armen vorüber. Rechter Hand erheben sich die Žiguli-Berge. Die Wolga fließt im wesentlichen in ihrem historischen Bett, wenn sich

*Blick über die Wolga bei Samara*

auch der Staudamm des **Saratover Stausees** bereits durch einen etwas gehobenen Wasserspiegel bemerkbar macht.
Nach etwa vier Stunden Fahrt ist die 1880 errichtete Eisenbahnbrücke über die Wolga erreicht, über die Samara erstmals mit Moskau verbunden war.
Wenn sich nach einer Wolgaschleife das Schiff erneut auf Nord-Süd-Kurs befindet, rücken die Ufer vor dem Staudamm bei Balakovo, 329 Kilometer südlich von Samara, auf bis zu zehn Kilometer auseinander. Um die Industriestädte **Oktjabrsk** (**Km 1819**) und **Syzran** (**Km 1827**) am rechten Ufer liegen Betriebe der Leicht- und Bauindustrie. Syzran' ist ein Zentrum der Petrochemie und Standort einer Lokomotivfabrik.
Das Gesicht der Landschaft hat sich merklich geändert. Kaum noch Wälder säumen die Ufer der Wolga, fast das gesamte Land wird landwirtschaftlich genutzt: Getreide- und Gemüseanbau sowie Viehwirtschaft dominieren. Weiter im Süden gedeiht sogar Wein. Die Urbarmachung des fruchtbaren, aber wasserarmen Landes ging sehr mühsam vor sich. Wegen der geringen Niederschläge müssen die meisten Anbauflächen künstlich bewässert werden.

Hinter der Siedlung **Privolže** (**Km 1862**) am linken Flussufer beginnt das Gebiet von Saratov, das in etwa so groß wie Österreich ist; hier leben knapp drei Millionen Menschen. Die größte Stadt ist Saratov mit etwa einer Million Einwohner.
Das rechte Ufer steigt nun allmählich wieder an. Die Chvalynsker Berge erreichen Höhen von bis zu 350 Metern über dem Meeresspiegel. Sie sind reich an Kreide, Mergel und Brandschiefer.
Die Stadt **Chvalynsk** (**Km 1928**) wurde 1606 von Mönchen eines Moskauer Klosters gegründet. Die Leibeigenen des Klosters bauten vor allem Obst an. Die heute 15 000 Einwohner zählende Stadt ist ein Zentrum der Lebensmittel- und Baustoffindustrie. Chvalynsk ist auch als Geburtsort von Kuzma Petrov-Vodkin (1878–1939) bekannt, einem der interessantesten russischen Maler seiner Zeit Zeit sowie Grafiker, Kunsttheoretiker, Schriftsteller und Pädagoge In malerischer Landschaft befinden sich zahlreiche Sanatorien und Erholungsheime.

### ■ Balakovo

Am **Staudamm von Balakovo** (**Km 1982**) endet der Saratover Stausee. Die Schleuse, in der die Schiffe um 10 Meter gesenkt werden, befindet sich inmitten der etwa 200 000 Einwohner zählenden modernen Stadt. Balakovo wurde von Altgläubigen gegründet, die nach einer Amnestie durch Zarin Katharina II. in den 1760er Jahren aus der polnischen Emigration nach Russland zurückkehrten und sich am Mittellauf der Wolga ansiedelten.
Der Getreidehandel, eine Werft zur Reparatur von Schiffen und ein Gusseisenwerk bildeten die Basis für den wirtschaftlichen Aufschwung; dem Staudamm samt Wasserkraftwerk verdankte

Balakovo den Aufstieg zur Industriemetropole. In der Stadt werden heute Dieselmotoren, Raupenschlepper, Düngemittel und Kunstfasern produziert. In unmittelbarer Nähe befindet sich ein Atomkraftwerk. Ein kurioses architektonisches Denkmal bietet Balakovo außerdem: eines der längsten Wohnhäuser der Welt. Es misst von einem Ende zum anderen 3560 Meter und ist neun Etagen hoch.

### ■ Volgograder Stausee

Hinter Balakovo beginnt der 524 Kilometer lange Volgograder Stausee. Einige Kilometer hinter der Stadt liegt eine Insel im Strom, die seit den Zeiten von Stepan Razin ›Mädcheninsel‹ genannt wird. Auf ihr hielten der Ataman und seine Männer ihre Frauen und erbeuteten Schönheiten gefangen. Eine Legende erzählt von einer unvergleichlich schönen Perserin, die Stepan Razin in die Hände gefallen war. Er verliebte sich in sie, und seine Männer warfen ihm vor, dass er verweichliche. Um ihnen das Gegenteil zu beweisen, ertränkte er die Geliebte eigenhändig. Ob wahr oder nicht, eines der schönsten Lieder über Razin handelt von dieser Geschichte: »... Dass sich unter freien Männern nicht um sie ein Zwist entspinn, / nimm die Schöne, Wolga, Wolga, Mutter Wolga nimm sie hin! / Und er hebt mit kühnem Schwunge seine Fürstin über Bord, / schleudert weit sie in die Fluten, und die Wolga trägt sie fort.«

### ■ Volsk

Mit dem Leben des Rebellen Emeljan Pugačëv, Nachfolger von Stepan Razin im 18. Jahrhundert, ist die Stadt Volsk (Вольск, **Km 2010**) am rechten Ufer verbunden. An gleicher Stelle befand sich einst das Dorf Malykovka, in dem Pugačëv erstmalig gefangen genommen wurde. Ihm gelang die Flucht, und er setzte die Rebellion fort. Alexander Puschkin beschrieb gut ein halbes Jahrhundert später die Episode in seinen Aufzeichnungen zu einem Poem über Pugačëv.

Hinter Volsk erheben sich am rechten Ufer die ›Drachenberge‹. Einst soll hier ein Drache mit 100 Köpfen gelebt haben, der nie schlief und den Schiffern

*Viehwirtschaft an der Wolga*

auflauerte. Ein Recke zerhieb ihn in Stücke, und die Köpfe verwandelten sich in Felsen, die bis zu 167 Meter aufragen. Am linken Ufer passiert man nach 60 Kilometern die Stadt **Marks** (Маркс, **Km 2070**), das als Katharinenstadt (Ekaterininstadt) 1765 von deutschen Aussiedlern gegründet worden ist. Etwa bei Katharinenstadt lag die nördliche Grenze des von Deutschen Ende des 18. Jahrhunderts an der Wolga erschlossenen Landes. Seinen heutigen Namen erhielt Marks 1924.

### ■ Èngels

Èngels (Энгельс), das ehemalige Pokrovsk (Покровск), liegt gegenüber Saratov, und ist mit der Hauptstadt des gleichnamigen Gebietes durch eine drei Kilometer lange Brücke, einer der längsten Europas, verbunden. Als die ersten deutschen Aussiedler hier ankamen, fanden sie einige einstöckige Häuser entlang einer staubigen Straße vor, in denen verarmte Kosaken und Bauern lebten. Mit den Jahren entwickelte sich Pokrovsk, das die deutschen Siedler zunächst Kosakenstadt nannten, zu einem blühenden Gemeinwesen mit einem eigenen Theater, einer Bank, öffentlichen Schulen und einer öffentlichen Bibliothek. 1924 wurde Pokrovsk zur Hauptstadt der **Autonomen Wolgarepublik** und 1931 in Èngels umbenannt. Den Namen trägt die mittlerweile knapp 200 000 Einwohner zählende Stadt noch immer, obwohl auch die ursprüngliche russische Bezeichnung wieder gebräuchlich ist.

# Saratov

Das Wappen von Saratov (Саратов, **Km 2145**) trägt drei Sterlets auf blauem Grund, ein Hinweis auf den einstigen Fischreichtum der Wolga. Er ist einer der Gründe, warum sich an dieser Stelle seit Urzeiten menschliche Siedlungen befanden.

## Geschichte der Stadt

Saratov soll dreimal gegründet worden sein. Das offizielle Gründungsjahr ist 1590, als am linken Flussufer, an der Mündung der Saratovka in die Wolga, der Grundstein für den Ort gelegt wurde. Der Name ist einer Turksprache entlehnt. ›Sary‹ bedeutet ›gelb‹ und ›schön‹, und ›Tay‹ ist der ›Berg‹. In einem Tal zwischen drei hügeligen Erhebungen an der Wolga vollzog sich 1674 die zweite Gründung Saratovs. Wegen häufiger Überschwemmungen zogen die Fischer und Händler aus dem ›ersten‹ Saratov ein Stück weiter flussabwärts. Die neue Siedlung befand sich direkt an einem aus Moskau nach Mittelasien führenden Handelsweg und zugleich am Ende der ›Èlton-Trasse‹, auf der das in einer Halbwüste am Kaspischen Meer gewonnene Salz nach Zentralrussland transportiert wurde. Dem Salzhandel und Fischreichtum verdankte die Stadt ihren Aufstieg. 1798 wurde Saratov das Zentrum eines eigenen Gouvernements. 12 Jahre später vernichtete eine verheerende Feuersbrunst fast die gesamte aus Holz errichtete Stadt. Als die Feuer verraucht waren, wurde Saratov zum dritten Mal gegründet.

Saratovs Geschichte im 19. und zu Beginn des 20. Jahrhunderts unterscheidet sich nur wenig von der anderer Städte an den Ufern von ›Mütterchen Wolga‹: Es wurde Handel getrieben, die ersten größeren Betriebe siedelten sich an,

Theater entstanden, 1806 wurde die erste Oper eröffnet. Anfang des 20. Jahrhunderts wurden die Universität und das Konservatorium – das dritte im Land – gegründet. Daneben entstanden Kirchen, Bürgerhäuser, öffentliche Bauten, unter ihnen eine der schönsten Markthallen im Land, ein Jugendstilbau. Die beiden Brüder Nikitin gründeten 1873 hier den ersten russischen Zirkus. Dieser Zirkus erhielt zudem 1876 einen festen Spielort, der 1931 neu gebaut wurde. Am Saratover Zirkus begann 1951 Oleg Popov (1930–2016), seine einzigartige Karriere als ein von Kindern und Erwachsenen geliebten Clowns.

Als ›Eremitage an der Wolga‹ bezeichnen die Saratover ihr 1885 gegründetes Kunstmuseum, die erste öffentliche Gemäldegalerie in der Stadt. Sie trägt seit ihrer Gründung den Namen von Aleksandr Radiščev (1749–1802), der in der Nähe von Saratov geboren wurde. Diesem unruhigen Geist gebührt der Ruhm, der erste russische Aufklärer und Liberale gewesen zu sein, und sein Name steht zugleich für die Trennung der russischen Denker in ›Westler und ›Slawophile‹. Die einen wollten, dass sich Russland an Westeuropa orientiere, die anderen betonten die in den Jahrhunderten gewachsenen Eigenheiten sowie die historische Mission von Zarentum und Orthodoxie.

Radiščev verfasste 1790 die erste literarische Reisebeschreibung in russischer Sprache. Dieses Werk, ›Eine Reise von St. Petersburg nach Moskau‹, hätte ihn fast das Leben gekostet, denn er klagte die Armut und Rechtlosigkeit der Bauern, die Willkür des Adels und der Bürokratie an und forderte radikale Reformen. Zarin Katharina II. war so erbost, dass sie den Autor zunächst zum Tode verurteilen ließ, dann aber das Urteil in zehn Jahre Verbannung nach Sibirien umwandelte.

Auch Nikolaj Černyševskij (1828–1889), der nach Radiščev zweite große ›Westler und Kritiker der zaristischen Selbstherrschaft, Historiker, Philosoph, Schriftsteller und Literaturkritiker, stammt aus Saratov. Er wird allgemein als ›revolutionärer Demokrat‹ bezeichnet. Lenin bezog sich auf ihn in seiner historischen Spurensuche nach den Wurzeln des eigenen Denkens. Der wichtigste Roman Černyševskijs, 1863 im Gefängnis geschrieben, trägt den Titel ›Was tun?!‹, die seitdem neben ›Wer ist schuld?‹ am häufigsten in Russland diskutierten Schicksalsfrage. Die Veröffentlichung kam einem Erdbeben gleich. Der Autor hatte das utopische Bild eines ›neuen Menschen‹ entworfen, frei von Ausbeutung und Unterdrückung. Černyševskijs Ideen griffen sowohl die Volkstümler auf, die in den 1870er Jahren durch die russischen Dörfer zogen, um den Bauern Kultur und Bildung zu bringen, als auch die jungen Radikalen, die mit Attentaten auf den Zaren und hohe Beamte den

*Das Černyševskij-Denkmal, im Hintergrund die Kirche ›Lindere meinen Kummer*

Sturz der Selbstherrschaft beschleunigen wollten. 27 Jahre seines Lebens verbrachte Černyševskij in Haft, in sibirischer Verbannung oder Emigration.

Ein weiterer Ehrenbürger Saratovs ist der Lyriker und Schriftsteller Konstantin Simonov (1915–1979). Hauptgegenstand seiner Werke, von denen viele verfilmt wurden, ist der Zweite Weltkrieg, den Simonov als Frontkorrespondent erlebt hat. In Saratov war er zur Schule gegangen und hatte einige Zeit in dem Werk gearbeitet, das die berühmten Saratover Ziehharmonikas produzierte.

Auch Saratov gehörte wegen der Flugzeugwerke, in denen die aus dem Konstruktionsbüro von Aleksandr Jakovlev (1906–1989) stammenden Kampfflugzeuge produziert wurden, und anderer militärischer Betriebe zu den ›geschlossenen‹ Städten der Sowjetunion.

Außerdem ist Saratov bekannt für seine Kühlschränke gleichnamigen Typs, Werkzeugmaschinen, Dieselmotoren und Kugellager. Das Glaswerk ist eines der größten in Europa. Im Gebiet von Saratov werden Erdöl und Erdgas gefördert, die Grundlage der Chemieindustrie. Heute hat Saratov rund 845 000 Einwohner.

## Sehenswürdigkeiten

Die meisten Schiffe halten nur einen halben Tag in Saratov – zu wenig Zeit, die Stadt näher kennenzulernen. An fast allen Häusern der Innenstadt mit ihren schmalen, baumbestandenen Straßen fallen kunstvolle Details ins Auge, seien es Karyatiden und Atlanten, verwinkelte Balkone oder schmiedeeiserne Balkongitter. Originell sind auch die Namen einiger Geschäfte wie ›Edelweiß‹, ›Aksese‹ (eine Bäckerei), das Café ›Elfe‹ oder die Bierbar ›Brüderschaft‹ direkt am Hafen. In der Nähe der Anlegestelle

*Auf dem Černyševskij-Platz*

befindet sich auch das **Heimatkundemuseum**. Das vier Kilometer lange Stadtufer unterteilt sich von der Wolga landeinwärts in drei Streifen: die Uferbefestigungen zum Schutz vor dem Frühjahrshochwasser, einen Park und die erste Häuserzeile.

Saratov ehrt Nikolaj Černyševskij mit einem Denkmal auf dem nach dem Schriftsteller benannten Platz im Stadtzentrum. Dieser Platz kann unharmonischer nicht sein und prägt sich gerade deshalb mehr als alle anderen architektonischen Ensembles an der Wolga ein. Ihn umstehen in trauter Eintracht eine verspielte **Barockkirche** mit dem Namen ›Lindere meinen Kummer – eine verkleinerte Kopie der Moskauer Basiliuskathedrale –, das Gebäude des 1912 gegründeten **Konservatoriums**, ein rötlich brauner neogotischer Jugendstilbau mit vielen kleinen Türmchen und aus dem Mauerwerk spähenden Plastiken, ein sowjetischer Zweckbau sowie Panoramatafeln von Saratov, anhand derer die Stadtführer von den Ehrenbürgern Saratovs erzählen.

Am Platz nimmt der **Kirov-Prospekt** seinen Anfang, eine Fußgängerpromenade

# Saratov 269

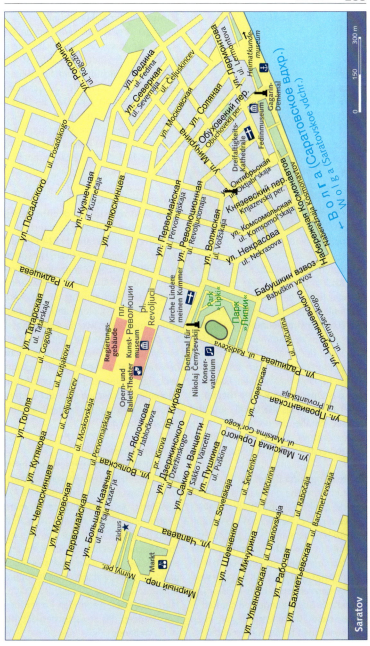

Auf der Wolga zum Kaspischen Meer

*Die Dreifaltigkeitskathdrale*

mit vielen kleinen Geschäften, Cafés und Bänken unter Bäumen, die an der Markthalle und dem Zirkus endet.
Empfehlenswert ist ein Besuch des **Radiščev-Kunstmuseums** am Theaterplatz mit einer Sammlung russischer Maler aus der zweiten Hälfte des 19. Jahrhunderts, unter anderem Repin, Šiškin, Brjullov und Vrubel. Daneben liegt das **Opern- und Ballett-Theater**.
In der Nähe, längs der **Gorkij-** und der **Radiščev-Straße**, der wichtigsten Magistrale Saratovs, l, das **Hauptgebäude der Universität** und einige **Stadtvillen**.

### ■ Dreifaltigkeitskathedrale

Ganz in der Nähe des Hafens befindet sich die Dreifaltigkeitskathedrale, eines der wenigen Gebäude, das den Brand von 1810 überstand. Der Kirchenbau stammt aus den ersten Jahren nach der zweiten Gründung Saratovs. Die barocke Ikonostas und die alten Fresken wurden in den letzten Jahren meisterhaft restauriert. Eine Besonderheit der Kathedrale ist die zweite Vorhalle mit ihren überbordenden Blumenornamenten.

### ■ Museum für Militärtechnik

Einer der drei Hügel, zwischen denen sich Saratov erstreckt, ist der Falkenberg im Norden der Stadt. Sein Gipfel ist seit 1975 ein Freilichtmuseum für Militärtechnik aus der Mitte des 20. Jahrhunderts, das zum 30. Jahrestag des Sieges über Hitler angelegt wurde. Der Blick von der Höhe auf die Wolga und das andere Ufer ist bei klarem Wetter – im Sommer leider sehr selten – phantastisch.

### ■ Gagarin-Museum

Auch Saratov gehört zu den Wegbereitern der sowjetischen Raumfahrt. Hier studierte Jurijj Gagarin (1934–1968), der erste Astronaut der Welt. Hier drehte er mit einem Schulflugzeug seine ersten Runden. Auf Wunsch Gagarins endete sein Weltraumflug am 12. April 1961 in etwa 40 Kilometer Entfernung von Saratov. Dort, wo die Landekapsel aufschlug, befindet sich heute ein Obelisk. In Saratov erinnert ein Museum an den 1968 während eines Testfluges ums Leben gekommenen Piloten und Astronauten. Am nördlichen Ende der Uferanlage der Kosmonauten befindet sich das Gagarin-Denkmal.

### ■ Fedin-Museum

Ein weiteres sehenswertes Museum ist dem 1892 in Saratov geborenen Schriftsteller Konstantin Fedin (1882–1977) gewidmet. Sein bekanntester Roman, ›Städte und Jahre‹, handelt vom Russland im Ersten Weltkrieg und den ersten Wochen des Bürgerkrieges. Anders als seine berühmten Vorfahren Radiščev und Černyševskij stand er nie in Opposition zur Regierung. Anfang der 1970er Jahre bekleidete Fedin den Posten des Vorsitzenden des Sowjetischen Schriftstellerverbandes.

# Die Wolgadeutschen

Deutsche, ihre Nachfahren und aus dem Baltikum stammende deutsche Adlige, die sich in Russland niederließen, haben in der russischen Geschichte tiefe Spuren hinterlassen. Seit Katharina II. waren alle Zarinnen deutscher Abstammung, und die kulturellen Einflüsse in beide Richtungen waren über Jahrhunderte vielfältig. Noch heute meinen viele Russen, dass es zwischen ihnen und den Deutschen eine Art Seelenverwandtschaft gibt.

Die Geschichte der Wolgadeutschen beginnt mit Katharina II. In den Jahren 1762 und 1763 verfasste die Zarin zwei Manifeste, mit denen sie Deutsche einlud, sich in Russland niederzulassen. Um die Landschaften im Süden zu besiedeln und urbar zu machen, brauchte es Kolonisten, erfahrene Landwirte und Handwerker, die in Russland zu jener Zeit rar waren. Die russischen Bauern waren durch die Leibeigenschaft an ihre Wohnorte gebunden. Den Deutschen versprach Katharina Land und Privilegien: Freistellung vom Wehrdienst, Befreiung von Steuern, Selbstverwaltung und ungehinderte Religionsausübung. 8000 Familien aus Hessen, Bayern, der Pfalz und dem Rheinland folgten zunächst dem Aufruf. Sie siedelten sich vornehmlich an der Wolga, aber auch in Bessarabien, auf der Krim und in der Ukraine an. Vor allem die ersten Jahrzehnte waren für die Aussiedler ungemein hart. Die Sommer an der Wolga sind trocken und heiß, die Winter eisig kalt. Das Land musste urbar gemacht und bewässert werden, und längst nicht alle Alteingesessenen waren den Neuankömmlingen wohlgesonnen. So bildeten sich Dörfer heraus, in denen überwiegend oder ausschließlich Deutsche wohnten.

Zehntausende Menschen zogen an die Wolga und bis in die Weiten Sibiriens, um sich eine neue Existenz zu schaffen. Um Saratov entstanden beiderseits der Wolga Dörfer mit so lyrischen Namen wie Birkenheim, Schönchen, Mariental oder Phillipsfeld. Die Kolonisten siedelten getrennt nach Konfessionen, und in jedem Dorf stand eine Kirche. Ende des 19. Jahrhunderts zählte man 83 lutherische und 37 katholische Gotteshäuser. In jener Zeit bildete sich ein eigener sakraler Baustil heraus, für den roter Backstein, spitzzulaufende Glockentürme und Fensterbögen sowie weiße Ornamentik charakteristisch war. Die deutschen Siedler verloren im Laufe des 19. Jahrhunderts nach und nach ihre Privilegien, blieben aber ihrer Muttersprache und Religion treu.

Eine der ersten Minderheiten in Russland, denen 1918 der Autonomiestatus zugesprochen wurde, waren die Deutschen an der Wolga. Aus der ›Deutschen Autonomen Arbeiterkommune‹ wurde 1924 die ›Autonome Sozialistische Sowjetrepublik der Wolgadeutschen‹ mit der Hauptstadt Pokrovsk, das 1931 in Engels umbenannt wurde. Sie umfasste rund 100 000 Bauernhöfe in über 300 Dörfern und Steppensiedlungen. In den Gemeinden, die im Bürgerkrieg weitgehend zerstört worden

*Katharina II. förderte die Ansiedlung deutscher Kolonisten*

waren, entwickelte sich ein reges Kulturleben. Es gab dutzende Blas- und Streichorchester, Chöre und Laienspielgruppen. Allein zwischen 1933 und 1935 wurden über 500 deutsche Buchtitel verlegt, und es erschienen 21 Zeitungen in deutscher Sprache.

Mit Beginn des Zweiten Weltkriegs änderte sich die Lage der Deutschen auf dramatische Weise. Inwieweit Stalins Furcht vor den Wolgadeutschen als potentiellen Verbündeten der Wehrmacht gerechtfertigt war, und ob der Überfall Deutschlands auf die Sowjetunion nicht nur ein Vorwand war, sich ihrer zu entledigen, ist umstritten. Am 28. August 1941 wurde die Republik der Wolgadeutschen aufgelöst. Wer nicht mit Vor- und Vatersnamen sowie russifiziertem Nachnamen beweisen konnte, dass er oder sie schon längst kein Deutscher mehr war, erlitt die Deportation nach Kasachstan, Kirgistan, Tadschikistan oder Sibirien. Viele Menschen kamen im Zuge der Deportationen ums Leben oder starben zum Beispiel in den Steppen Kasachstans an Hunger. Die Wolgadeutschen verloren ihren Status als Staatsfeinde 1964, ihre Bürgerrechte erhielten sie sieben Jahre später zurück. An eine Rückkehr in die Dörfer, aus denen sie 1941 vertrieben worden waren, war dennoch nicht zu denken. Die Gründung einer deutschsprachigen Schauspielschule in Moskau war ein schwacher Trost.

Die Entspannung zwischen Ost und West führte dazu, dass die Nachfahren der Wolgadeutschen seit den 1970er Jahren, im Zuge der sogenannten Familienzusammenführung, nach Deutschland aussiedeln durften. Nach Auflösung der Sowjetunion vereinbarten die deutsche und die russische Regierung die freiwillige Umsiedlung der Russlanddeutschen in die Bundesrepublik. Die meisten der zu dieser Zeit noch immer über eine Million Menschen deutscher Abstammung machten von dieser Regelung Gebrauch. Sie kamen in ein Land, das ihnen fremd war, und sie wurden wahrlich nicht euphorisch empfangen. In Russland waren sie ›die Deutschen‹, in Deutschland sind sie ›die Russen‹. Bis heute ist die Integration nur unzureichend gelungen. Einige, vor allem junge Menschen, sind inzwischen nach Russland zurückgekehrt bzw. pendeln auf der Suche nach ihrem Lebensglück zwischen beiden Welten.

*Holzhaus in der Wolgaregion*

# Zwischen Saratov und Volgograd

Hinter Saratov passiert man am rechten Flussufer Raffinerien und Tanklager, dann ziehen links und rechts Dörfer und Städte vorüber. 20 Kilometer landeinwärts von **Smelovka** (**Km 2168**) am östlichen Ufer landete Jurij Gagarin nach seinem Weltraumflug.

Knapp hundert Kilometer hinter Saratov steht am linken Ufer die **lutherische Kirche von Warenburg**, das heute den Namen Privolnoe (**Km 2238**) trägt. Das neoklassizistische Gotteshaus mit seinen mächtigen Portalen und Säulen war das Schmuckstück einer reichen Gemeinde, es bot bis zu 1200 Gläubigen Platz. Die 1898 gebaute Orgel mit 15 Registern stammte aus Ludwigsburg in Baden-Württemberg. Bis heute dient die Kirche den Schiffen auf der Wolga als Navigationshilfe.

Das Dorf **Rovnoe** (**Km 2252**), etwa 20 Kilometer südlich von Privolnoe, war früher die katholische Kolonie Seelmann, eine der größten Siedlungen am linken Flussufer. Gegründet wurde sie von etwa 200 deutschen Siedlern, Ende

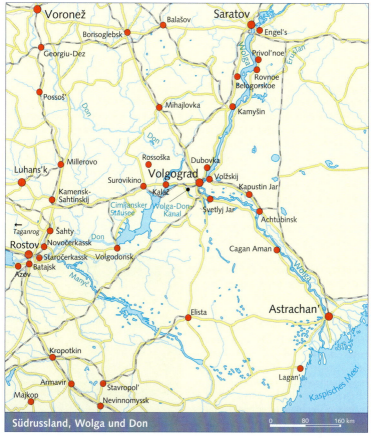

Südrussland, Wolga und Don

des 19. Jahrhunderts lebten 8000 Menschen in der Kleinstadt. Sie hatten ihre eigene Anlegestelle an der Wolga, eine Kirche, Handelskontore, Wasser-, Wind- und Dampfmühlen, Sägewerke und Lagerhallen.

Unweit von **Belogorskoe** (Km 2283) am rechten Ufer steht ein Flugzeug, das an die Schlacht von Stalingrad erinnert. Flussabwärts erscheint rechter Hand eine Felsengruppe mit dem Namen **Stepan-Razin-Klippen**. Hier befand sich das erste Lager des Rebellen-Atamans.

Die letzte Ortschaft im Saratover Gebiet ist Ščerbakovka (Km 2303). Hinter der Siedlung ist das rechte Ufer von der Strömung ausgewaschen. Die Klippen sehen aus wie von launischer Hand aneinandergereihte Türme.

An der Grenze des Saratover und des Volgograder Gebietes weitet sich die Wolga und erreicht an der Einmündung des Flusses Eruslan eine Breite von elf Kilometern. Von nun an fließt der Strom unter dem Niveau der Weltmeere.

■ **Volgograder Stausee**

Mit 627 Kilometern Länge zwischen Samara und Volgograd ist der Volgograder Stausee einer der größten am Strom. Das Klima in dieser Region unterscheidet sich beträchtlich von dem am Oberlauf. Bis in den Oktober hinein, wenn im Norden der kurze Herbst bereits den nahenden Winter ankündigt, ist es warm. In den Wintermonaten sinken die Temperaturen aber bis auf minus 40 Grad, eisige Winde fegen über das flache Land. Es fällt wenig Schnee. Das Frühjahr beginnt Ende April und geht schnell in den heißen Sommer über. Die Durchschnittstemperaturen liegen im Januar bei minus 10 Grad und im Juli bei plus 23 Grad. In manchen Sommern erreichen die Tagestemperaturen wochenlang bis zu 40 Grad im Schatten. Das sind ideale Bedingungen für den Anbau von Wassermelonen. Nirgends sonst schmecken Melonen so gut, sind sie so süß wie zwischen Wolga und Don. Als Peter der Große sie probierte, veranstaltete er aus Freude über den Genuss ein Feuerwerk. Besonders schön ist es hier im Frühjahr, wenn die Steppen blühen. Im Herbst nimmt das von der Sonne verbrannte Gras eine bräunliche Färbung an.

Jahrtausendelang wurde in den Steppen vornehmlich Viehwirtschaft betrieben. Jahr um Jahr verwelkte und vermoderte das absterbende Gras und bildete eine fruchtbare Humusschicht. Die aus dem Norden stammenden russischen Siedler und deutschen Kolonisten rangen dem Boden erste Ernten ab. Das Problem aber war der Wassermangel. In den trockenen Sommern verbrannten die Felder, häufige Missernten waren die Folge. Die Bauern gruben deshalb Bewässerungskanäle. Erst im 20. Jahrhundert ermöglichten großangelegte Projekte zur Umleitung des Wassers der Wolga und des westlich fließenden Don die Bewirtschaftung riesiger Landflächen. Mehr als die Hälfte der Steppen verwandelte sich

*Wolga-Ufer unterhalb von Saratov*

in fruchtbare Felder. Das Wasser zur Bewässerung dieser Flächen kommt hauptsächlich aus dem Volgograder Stausee. Seine Anlage hat zu einer Veränderung des Mikroklimas in der Umgebung beigetragen. Die Sommer sind weniger heiß und trocken, die Winter etwas milder und feuchter. Der Nutzen für die Landwirtschaft hat seinen Preis: eine geringere Fließgeschwindigkeit, Wasserverluste durch Verdunstung und die Störung des hydrologischen Gleichgewichtes zwischen Wolga und Kaspischem Meer, in das der Strom 700 Kilometer südlich mündet.

Das Volgograder Gebiet ist mit 114 000 Quadratkilometern in etwa so groß wie die ehemalige DDR. 2,7 Millionen Menschen leben hier, davon mehr als eine Million in Volgograd.

*Fischer an der Wolga*

### ■ Kamyšin

Immer spärlicher wird nun der Baumwuchs an den Ufern. Die hügelige Steppe reicht bis an die Wolga. Karg wirkt das Land, seltener werden die Ortschaften. Die erste größere Siedlung im Volgograder Gebiet ist Kamyšin (Камышин, **Km 2365**) am rechten Ufer. Der Name leitet sich vom russischen Wort für ›Schilf‹ ab, das einst hier großflächig die Ufer der Wolga und ihrer Nebenflüsse bedeckte. Vom Schilf ist nichts als der Name der Kleinstadt geblieben.

Kamyšin wurde 1668 gegründet. Zar Peter I. besuchte 1695 den Ort. und beorderte ein Strelitzen-Regiment und hunderte Bauern hierher, um einen Kanal zwischen dem Flüsschen Kamyšinka, das hier in die Wolga mündet, und der Ilovlja, einem Nebenfluss des Don, zu graben. Der Abstand zwischen Don und Ilovlja beträgt an dieser Stelle nicht mehr als 60 Kilometer, und die Kosaken nutzten die beiden Nebenflüsse seit jeher auf ihrem Weg vom Don zur Wolga. Ihre kleinen Boote zogen sie dabei auf einer Länge von etwa 10 Kilometern über die Wasserscheide und segelten oder ruderten dann flussabwärts bis Kamyšin. Ein beliebtes Kosakenlied erzählt davon.

Die Kosaken waren schon immer ein eigenwilliges Völkchen und noch zu Beginn des 18. Jahrhunderts ›ungezähmt‹. Mit den Reformen Peters des Großen und seiner Begeisterung für Europa wussten sie nichts anzufangen. Als der Zar auch den Bewohnern von Kamyšin befahl, sich zu rasieren und in deutsches Tuch zu kleiden, begehrten sie auf, nahmen die Stadt ein und enthaupteten alle, die sich dem Befehl des Zaren unterworfen hatten. Nicht weniger unkonventionell gebärdeten sich die Kosaken Emeljan Pugačëvs. Als ihnen während der Belagerung Kamyšins 1774 die Kanonenkugeln ausgingen, luden sie ihre Geschütze mit Kupfermünzen, die sie zusammengeraubt hatten. Letztendlich ergab sich die Garnison: Offiziere und Adlige endeten am Galgen; Pugačëv zog mit seinen Leuten weiter.

## Dubovka

Das bunte Treiben der Kosaken spiegelt sich auch in der Geschichte der Kleinstadt Dubovka (Дубовка, **Km 2494**) am rechten Flussufer wider. Die Siedlung entstand 1734 als Stützpunkt von Kosaken, die vom Don an die Wolga übergesiedelt waren. Auf Bitte der Zarin Anna Ivanovna (reg. 1730–1740) sollten sie den Unterlauf der Wolga vor den Überfällen der noch nicht vollends befriedeten Steppenvölker schützen. Die Kosaken, die sich hier und in den umliegenden Dörfern niederließen, wussten: Die Zarin ist weit, das Leben kurz. Statt gegen die Steppennomaden zu kämpfen – was sie mitunter auch taten – kam es mehr als einmal vor, dass sie sich mit ihnen verbündeten und gemeinsam auf Raubzug gingen. Als Emeljan Pugačëv an der Wolga auftauchte, brauchte er deshalb nicht viel Überredungskunst, um die eigenwilligen Wolga-Kosaken auf seine Seite zu ziehen. Einzig ihr zarentreuer Ataman machte sich mit einigen Leuten und der Kriegskasse aus dem Staub.

Nachdem der Aufstand Pugačëvs niedergeschlagen war, löste Katharina II. die Verbände der Wolga-Kosaken auf und siedelte sie an den Terek im Nordkaukasus um. In die von den Kosaken gegründeten Siedlungen um Dubovka schickte sie Bauern aus dem russischen Kernland. Die wussten zwar nur vom Hörensagen, was Melonen sind, doch zeugt es von der Intelligenz und Anpassungsfähigkeit dieses Menschenschlages, dass Dubovka in den nächsten Jahrhunderten zur ›Hauptstadt der russischen Wassermelonen‹ avancierte.

## Volžskij

Kurz vor Volgograd liegt am rechten Ufer der Wolga die Stadt Volžskij (Волжский, Km 2522), die ihre Entstehung dem 1961 fertig gestellten Bau des Staudammes und des Wasserkraftwerkes verdankt.

Mit seiner Leistung von 2,5 Millionen Kilowattstunden ist das **Wasserkraftwerk** eines der mächtigsten der Welt. Der Staudamm hat eine Länge von fünf Kilometern. Eine Straße und eine Eisenbahnlinie überqueren ihn. Das Gebäude, in dem die Turbinen untergebracht sind, ist so hoch wie ein 13-stöckiges Haus. In den Zweikammerschleusen überwinden die Schiffe einen Höhenunterschied von 28 Metern. Hinter der Schleuse passieren sie einen engen, in Wände aus Stahlbeton gefassten Kanal, der bei Volgograd in die Wolga mündet.

*Am Flusshafen von Volgograd*

# Volgograd

Das heutige Volgograd (Волгоград, Km **2543**) hat mit der Stadt, die sich bis zum Zweiten Weltkrieg an dieser Stelle befunden hat, keinerlei Ähnlichkeit. Der Krieg zerstörte sie völlig und kostete über einer Million Menschen das Leben. Anfang der 1940er Jahre lebten im heutigen Volgograd, das von 1925 bis 1961 Stalingrad (Сталинград) hieß, etwa 450 000 Menschen. Einige besonders treue Anhänger Stalins, so hieß es offiziell, hatten den Generalsekretär der sowjetischen Kommunisten darum gebeten, der Stadt seinen Parteinamen – der eigentliche Name Stalins ist Iosif Džugašvili – zu schenken. Nach einigem Zaudern gab dieser ›den Bitten der Werktätigen‹ nach. Zuvor hieß die Stadt Caricyn (Царицын) und war schon im 19. Jahrhundert ein bedeutendes Zentrum der Hüttenindustrie, des Handels und der Schifffahrt.

## Geschichte der Stadt

Gegründet wurde Caricyn 1590 an der Mündung der Carica in die Wolga. Der Name des Flusses bedeutet auf tatarisch ›goldener Fluss‹, wahrscheinlich wegen der Sandbänke an seinen Ufern und weil sich in der Nähe die Goldene Horde befand, die Hauptstadt der mongolisch-tatarischen Khane. Die Festung von Caricyn beschützte die Kaufleute und die russischen Siedlungen in der Umgebung vor den Überfällen der Steppennomaden, der Perser und Türken, die immer wieder über die Südgrenze Russlands nach Norden drängten. Schutz bot sie auch vor räuberischen Kosaken.

Anfang des 20. Jahrhunderts, als die Eisenbahn schon bis nach Caricyn führte, lebten bereits etwa 170 000 Menschen in der Stadt, die meisten in hölzernen Hütten, die sich vor den heißen und heftigen Steppenwinden an die Erde duckten. Während des Bürgerkrieges tobten in und um Caricyn heftige Kämpfe, denen Tausende Menschen zum Opfer fielen. Die ›Roten‹ wurden von Stalin und dem späteren Marschall Vorošilov (1881–1969) angeführt.

In den 1920er und 30er Jahren entstanden neue Wohnviertel in der Nähe eben erst errichteter Industriebetriebe. Die größte Fabrik war das Traktorenwerk im Norden der Stadt, in der ab 1941 auch Panzer hergestellt wurden. Im Sommer 1942 rollten sie direkt aus den Werktoren in die Schlacht.

Noch im Juli 1942 verhinderte Stalin persönlich die Evakuierung der Zivilbevölkerung. Eine leere Stadt, so seine Überlegung, würden seine Soldaten nicht verteidigen, auch wenn sie seinen Namen trug. 700 000 Menschen befanden sich in Stalingrad, neben den Bewohnern auch Zivilisten und Verwundete aus den westlichen Landesteilen, die vor den Deutschen geflohen waren.

Der Angriff der deutschen Truppen begann am 23. August 1942 mit einem Bombardement, das 40 000 Menschen, zumeist Zivilisten, das Leben kostete. Die Schlacht um die Stadt dauerte 200 Tage. Sie wurde Straße um Straße, Haus um Haus, Stockwerk um Stockwerk geführt. Wie viele Zivilisten während der Kämpfe getötet wurden, erfroren oder verhungerten, weiß man bis heute nicht genau. Man geht von 200 000 Menschen aus. In Volgograd gibt es einen ›Verein der Kinder von Stalingrad‹, dem 2015 noch etwa 8000 Mitglieder angehörten. »Wir kauten an unseren Schuhen, fanden hier und da etwas Essbares. Die jungen Deutschen brauchten wir erst gar nicht anzusprechen; mehr als ein Tritt in den Hintern war von ihnen nicht zu erwarten. Die Älteren aber, das wussten wir – die hatten selbst Kinder, und gaben uns immer etwas.« So überlebten sie das Inferno.

Zwei Millionen Soldaten nahmen auf beiden Seiten an der Schlacht teil. Ende Januar wurde die Lage für die Deutschen aussichtslos. Am 30. Januar 1943 ernannte Hitler den Oberbefehlshaber Paulus zum Feldmarschall und legte ihm so unverblümt nahe, Selbstmord zu begehen, aber Paulus kapitulierte am 31. Januar in seinem Gefechtsstand etwa 500 Meter vom Ufer der Wolga entfernt. Der Sieg der Roten Armee in Stalingrad leitete die Wende im Krieg ein. Von den 300 000 Mann der 6. Armee wurden zwei Drittel während der Kämpfe getötet, gut 90 000 gerieten in Gefangenschaft. Nur rund 5000 kehrten nach Deutschland zurück.

Unmittelbar nach Kriegsende begann der Wiederaufbau der Stadt. Nicht ein einziges Gebäude aus der Zeit vor 1942 hatte die Kämpfe überstanden. Die Schluchten, die das Stadtzentrum entlang der Hügelhänge durchzogen, wurden zugeschüttet. Zugleich verlagerten die Stadtplaner die Industriebetriebe, um die sich einst die Wohnsiedlungen gelegt hatten, ins Landesinnere. So wuchs Stalingrad in die Länge. Stadtviertel um Stadtviertel, die durch eine Schnellbahn miteinander verbunden sind, reihen sich heute entlang des Stromes; denn die Nähe des Wassers schafft in den heißen Sommermonaten zumindest ein wenig Kühlung. 70 Kilometer sind es vom nördlichsten bis zum südlichsten Zipfel.

Im Zuge der Entstalinisierung wurde die Stadt 1961 in Volgograd umbenannt. Der Krieg prägt sie bis heute. Dutzende Denkmale erinnern an ihn, und als unter Jelzin die Ehrenwache am Ewigen Feuer im ›Park der gefallenen Helden‹ abgezogen wurde, reagierten viele Volgograder mit Unverständnis. Inzwischen marschieren wieder jeden Morgen Schüler der älteren Klassen auf Mahnwache.

Heute leben in Volgograd etwas mehr als eine Million Menschen. Die Stadt ist

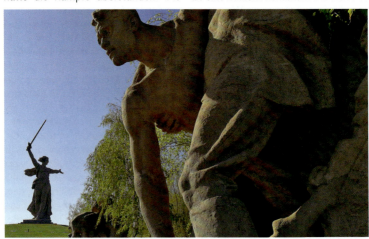

▲ *Das Denkmal auf dem Mamaev-Kurgan*

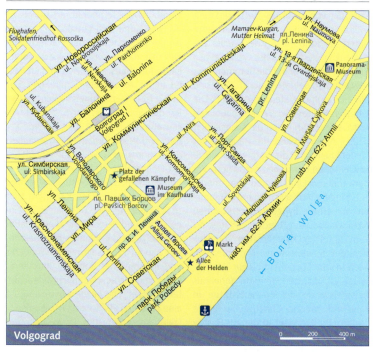

ein Eisenbahnknotenpunkt, besitzt den größten Flusshafen an der Wolga, eine Universität, vier Hochschulen, fünf Museen, ein Planetarium, das der Stadt von der DDR geschenkt wurde, sowie 140 Industriebetriebe.

## Mamaev-Kurgan

Das 1967 eingeweihte Denkmal auf dem Mamaev-Kurgan ist das größte und beeindruckendste Mahnmal an den Zweiten Weltkrieg, nicht nur auf dem Gebiet der ehemaligen Sowjetunion. Seinen Namen hat dieser Hügel, von dem man die ganze Stadt einsehen kann und um den 1942/43 die heftigsten Kämpfe tobten, von dem tatarischen Khan Mamaj. Sein Heer wurde 1380 von einem russischen Aufgebot auf dem Schnepfenfeld geschlagen. ›Kurgane‹ sind Hügelgräber, skythische Begräbnisstätten. An den Hängen des Hügels wurden zehntausende sowjetische und deutsche Soldaten getötet. An manchen Tagen wechselte er bis zu zehnmal den Besitzer. Nach Beendigung der Kämpfe war der Hügel so dicht mit Metall übersät, dass kein Gras mehr auf ihm wuchs. 200 Stufen – soviele Tage, wie die Schlacht um Stalingrad dauerte – zählt die Treppe, über die man bis auf den Gipfel gelangt, auf dem die weithin sichtbare ›Mutter Heimat‹ mit gezücktem Schwert zum Kampf ruft. Gesäumt ist die Treppe von Skulpturengruppen, die Kampfszenen darstellen. Ungefähr in ihrer Mitte erheben sich links und rechts Granitblöcke mit Basreliefs. Hier ertönt aus Lautsprechern Schlachtenlärm, vermeldet die Stimme Jurijj Levitans, der von 1941 bis 1945 die Frontmeldungen verlas, Neuigkeiten vom Stand der Kämpfe. An der Mauer der Gedenkhalle zu Füßen des Gipfels geben Sprüche an der Wand die Stimmung der sowjetischen Soldaten wieder: »Wir sind alle nur einfache Sterbliche« oder »Die Landser wollten die Wolga sehen. Die Rote Armee gab ihnen die Gelegenheit dazu.« An die Wände im Rundbau der Gedenkhalle sind die Namen von 7200 sowjetischen Gefallenen eingraviert. Vor dem unteren Eingang und dem oberen Ausgang halten zu Schumanns ›Träumerei‹ vor einem Ewigen Feuer Soldaten Mahnwache. Am Rand des Pfades bis zum Gipfel liegen Grabplatten von ›Helden der Sowjetunion‹. Mit ihren 82 Metern vom Postament bis zur Schwertspitze ist ›Mutter Heimat‹ höher als beispielsweise die Freiheitsstatue in New York oder der Christus über Rio de Janeiro. Ihr Architekt ist der aus Rostov stammende Evgenij Vučetič (1908–1974), der auch die Figuren am Sowjetische Ehrenmal im Berliner Treptower Park gestaltete. Zu Füßen des Gipfels wurde zum 60. Jahrestag des Sieges über Deutschland eine Kirche geweiht.

## Das Stadtzentrum

Vom Passagierhafen gelangt man über die 100 Stufen einer Granittreppe direkt ins Zentrum der Stadt. Die Treppe geht in die ›Allee der Helden‹ über, ein im Schatten von Bäumen liegender Grünstreifen mit Blumenrabatten und Springbrunnen. Sie quert die Lenin-Straße und mündet in den **›Platz der gefallenen Kämpfer**. Hier erinnert ein Obelisk über einem Massengrab an die während des Bürgerkrieges gefallenen oder ermordeten Bolschewiki. Seitlich steht eine Pappel, der einzige Baum, der die Schlacht und den eisigen Winter 1942/43 überstand, als die Temperaturen auf bis zu 40 Grad unter Null sanken.

An der rechten Seite des Platzes befindet sich das inzwischen wiederaufgebaute **Kaufhaus**, in dessen Ruinen Paulus am 31. Januar 1943 kapitulierte. Seit 2003 ist im erhaltenen Keller, in den Räumen des Stabes der 6. Armee, ein **Museum** eingerichtet, das, frei von Pathos und Ressentiment, gleichermaßen deutschen und sowjetischen Soldaten ein Denkmal setzt. Zur Ausstellung gehören Briefe, Fotografien und persönliche Besitzstücke. Drei Kammern sind so weit wie möglich originalgetreu eingerichtet und zeigen, wie die Soldaten und Offiziere der Wehrmacht überwintert haben: Wachsfiguren verwundeter und übermüdeter Soldaten in kaltem, kaum von blauem Neonlicht erleuchtetem Dunkel. Die kleine Ausstellung ist eine Filiale des Panorama-Museums.

Das ganze Zentrum längs der drei Hauptstraßen – Socialističeskaja-, Lenin- und Friedensstraße (ul. Mira) – nehmen **Häuserblocks im Stalinstil** ein: robuste Wohnhäuser mit schmiedeeisernen Balkonen, Erkern und Türmchen. Im Vergleich zur sowjetischen Architektur seit den 1960er Jahren sind sie Prachtbauten, die im Laufe der Zeit ihren imperialen Gestus verloren haben. Besonders in den Hinterhöfen sieht man ihnen an, dass sie bereits einige Jahrzehnte alt sind. Die Höfe sind grün, sauber und gemütlich; diesen Eindruck hinterlässt das gesamte Zentrum.

Es lohnt sich, wenn die Zeit es erlaubt, ziellos umherzustreifen, den **Markt** in unmittelbarer Nähe des Hafens zu besuchen – er liegt rechts von der Allee der Helden –, und in der Cafeteria (Kofejnja) an dem Kaufhaus gegenüberliegenden Seite des ›Platzes der gefallenen Kämpfer einzukehren.

## ■ Panorama-Museum

Im Rundbau des Panorama-Museums in der Nähe des Stadtzentrums sind auf 120 Meter Länge Schlachtszenen dargestellt. Die angrenzenden Ausstellungsräume zeigen Zeugnisse der Kämpfe: Waffen und Munition, Uniformen, Karten, durchlöcherte Stahlhelme, Essgeschirr sowie Modelle von der zerstörten Stadt. Das Museum befindet sich neben der Ruine der Getreidemühle, die 1899 von dem russlanddeutschen Unternehmerfamilie Gerhartdt errichtet wurde. Die Mühle war schwerstem Artilleriebeschuss, Angriffen aus der Luft und vom Land ausgesetzt, konnte aber von den Deutschen nicht genommen werden, ebensi wie das benachbarte Pavlov-Haus, von dem noch eine Seitenwand erhalten ist. Nach der Beeindigung der Kämpfe wurden Hunderte gefallene Soldaten in einem Massengrab auf dem Platz vor der Mühle beigesetzt. Von einigen weiß man inzwischen die Namen, von den meisten wird man sie nie erfahren. Der kleinbe Springbrunnen mit den Figuren der Kindern vor der Ruine der Mühle ist ein Nachbau des Springbrunnens, der während der Kampfhandlungen 1942 vor dem Hauptbahnhof von Stalingrad zerstört wurde

Über die Schlacht von Stalingrad wurde viel geschrieben. Eines der ersten authentischen Zeugnisse sind die Memoiren des Adjutanten von General Paulus, Wilhelm Adam (1893–1978), die er in der sowjetischen Gefangenschaft schrieb und später veröffentlichte (›Der schwere Entschluß‹). Der sowjetische Schriftsteller Viktor Nekrasov veröffentlichte 1951 den Roman ›In den Schützengräben von Stalingrad‹. Eines der wichtigsten Bücher über den Krieg, in dem die ersten Monate des Rückzuges und die Schlacht um Stalingrad aus einer anderen als der heroischen Sicht betrachtet werden, ist Vasilij Grossmans (1905–1964) ›Leben und Schicksal‹. Es erschien erst während der Perestroika und trug seinerzeit zur Revision des einseitigen, ideologischen Geschichtsbildes bei. Ende der 1990er Jahre veröffentlichte der Engländer Antony Bevor sein sehr gut recherchiertes und spannend geschriebenes Buch ›Stalingrad‹. In Deutschland wurde der Roman ›Stalingrad‹ von Theodor Plievier unmittelbar nach Kriegsende stark beachtet.

*Das Gelände des Panorama-Museums*

Die sowjetischen Filme ›Sie kämpften für die Heimat‹, nach einem Roman von Michail Šolochov, und ›Heißer Schnee‹ handeln ebenfalls von den Kämpfen in und um Stalingrad. Zum 50. Jahrestag der Schlacht drehte Joseph Vilsmaier den Spielfilm ›Stalingrad‹. Der Regisseur Jean-Jacques Annaud erzählt in seinem Film ›Duell auf Leben und Tod‹ die authentische Geschichte um einen russischen Soldaten, der sich während der Schlacht um Stalingrad mit einem deutschen Scharfschützen ein Duell liefert.

### Der Soldatenfriedhof Rossoška

Im Jahr 1991 kamen erstmals Vertreter des Deutschen Kriegsgräberbundes nach Volgograd. In diesen Jahren war das Leben für die Menschen in der ehemaligen Sowjetunion besonders schwer. Privatisierungen und Wirtschaftskrise hatten die Ersparnisse entwertet, in den Geschäften herrschte der Mangel und nicht zuletzt hatten sich die moralischen Werte verschoben. Und nun verlangten die Deutschen auch noch, für ihre gefallenen Soldaten, die als Aggressoren gekommen waren, Friedhöfe anzulegen. Die Volgograder wehrten sich zunächst leidenschaftlich gegen dieses Ansinnen. Doch 1992 kam es zu einer Vereinbarung auf Regierungsebene. So wurde der Grundstein für den ersten deutschen Soldatenfriedhof auf dem Territorium der ehemaligen Sowjetunion gelegt. Er befindet sich ca. 30 Kilometer nordwestlich von Volgograd, dort, wo einst das Dorf Rossoška (Россошка) lag, das während der Kämpfe um Stalingrad ausgelöscht wurde. In der Steppe bei Rossoška ließen zwischen Sommer 1942 und Winter 1943 Hunderttausende sowjetische, deutsche, italienische und rumänische Soldaten ihr Leben. Es gab niemanden, der sie begrub.

*Veteranen der Schlacht um Stalingrad*

Zu der Vereinbarung über die Anlage des Friedhofes gehörte, dass sich die deutschen Gäste nicht nur um ihre Gefallenen kümmerten, sondern, dass zugleich ein russischer Friedhof für die sterblichen Überreste der sowjetischen Soldaten entstand. Beide Anlagen sind durch eine Straße voneinander getrennt. Einen Teil der Finanzierung hat die deutsche Seite übernommen. Mittlerweile gibt es in ganz Russland gemeinnützige Vereine, die sich an der Bergung der im Krieg Gefallenen beteiligen.

Vom metallenen Hochkreuz auf dem deutschen Friedhof führt ein gepflasterter Weg zu einer kreisförmigen Anlage mit einem Durchmesser von etwa 150 Metern. Auf der Außenseite der Ringmauer wurden die Namen aller 53 240 identifizierten deutschen Gefallenen (Stand 2009) in den Stein gemeißelt. Im Inneren sind die geborgenen sterblichen Überreste aufgehäuft. An die deutschen Vermissten erinnern seit 2006 neben dem kreisförmigen Friedhof 107 große Granitwürfel mit 103 234 Namen.

Auf dem sowjetischen Friedhof sind fast 20 000 Soldaten beigesetzt. Hunderte von Toten ruhen in Grabstätten, die mit grünen Helmen auf Granitsteinen gekennzeichnet sind. Tausende Tote fanden ihre letzte Ruhe in Massengräbern. Seit 2016 verbindet die Frieenskapelle die beiden Kriegsgräberstätten.

Eine Kopie der 2001 auf dem Gelände der Kriegsbräberstätte errichteten Skulptur ›Die Trauernde‹ eines russischen Bildhauers, befindet sich auf dem Soldatenfriedhof in Halbe südlich von Berlin.

## Sarepta und die Herrnhuter

Ein ganz besonderes Kapitel deutschrussischer Geschichte verbindet sich mit dem biblischen Namen der Siedlung Sarepta (Сарепта), die sich etwa 40 Kilometer südlich von Caricyn (Volgograd) befand. Der Ort trägt heute den Namen Alt-Sarepta, und seine Geschichte beginnt im 18. Jahrhundert nordöstlich von Dresden. In Folge der Gegenreformation siedelten sich ab 1722 Glaubensflüchtlinge aus Böhmen auf dem Gut von Nikolaus Ludwig Graf von Zinzendorf in der Oberlausitz an. Daraus entstanden das Dorf Herrnhut und 1727 die Herrnhuter Brüdergemeinde, die sich in ihrem Pietismus auf den 1415 in Konstanz verbrannten Ketzer Jan Hus berief. Ab 1732 gründen die Herrnhuter Missionsstationen in verschiedenen Gegenden der Welt, unter anderem in Russland.

Die Erlaubnis zur Errichtung einer Herrnhuter Kolonie an der Wolga gab Zarin Katharina II. 1764. Ein Jahr später trafen die ersten Kolonisten ein. Weitere sieben Jahre später entstanden die steinerne Kirche und das ebenfalls aus Stein errichtete Knabengymnasium. Das gesamte Areal war von einer Mauer umgeben, innerhalb derer sich die Gärten, die Wohnhäuser, der Gemeinderat, die Kirche, Schulen, ein zentraler Platz sowie Wirtschaftsgebäude befanden. Die Herrnhuter schirmten sich nach außen ab. Ihre Lehrer galten als ausgezeichnete Pädagogen mit enormem Wissenshorizont. Einige von ihnen gaben Unterricht außerhalb von Sarepta. Doch die Herrnhuter ließen niemanden in die Kolonie, der nicht zur Gemeinschaft gehörte, auch nicht wenn es sich dabei um Kinder wichtiger Gönner handelte.

Die meiste Zeit des Tages widmeten die Menschen der Arbeit. Mitte des 19. Jahrhunderts produzierten die 27 Fabriken in Sarepta vierzigmal mehr Waren als die Manufakturen im viel größeren Caricyn. Aus der Kolonie kamen der erste russische Senf, Weizen, aus dem feinstes Mehl gemahlen wurde, Wein und das ›Sarpinka‹, ein Tuch aus Seide und Leinen, das auf allen bedeutenden russischen Märkten gefragt war. Darüber hinaus war Sarepta bekannt für seine Musiker, Wissenschaftler und Literaten.

Das wichtigste Anliegen der Herrnhuter war die Missionstätigkeit. Sie predigten den im 17. Jahrhundert aus den mongolischen Steppen eingewanderten buddhistischen Kalmücken das Christentum. Dazu übersetzte der Petersburger Gelehrte Isaak Jakob Schmidt (1779–1849) das Matthäus-Evangelium in die kalmückische Sprache. Glaubt man den Angaben im Museum, gelang es den Herrnhutern in den rund 100 Jahren ihrer Mission, etwa 20 Kalmücken zur Taufe zu bewegen. Der orthodoxen Kirche waren die Herrnhuter von Beginn an suspekt. In der zweiten Hälfte des 19. Jahrhunderts verlor Sarepta seinen Status als religiöse Kolonie.

Nach Vertreibung der Wolgadeutschen 1941 und den Zerstörungen des Zweiten Weltkrieges geriet der Flecken in Vergessenheit. Ende der 1980er Jahre

*In Alt-Sarepta*

erreichten die längs des Ufers nach Süden wachsenden Volgograder Neubausiedlungen Sarepta. Den baufälligen Gebäuden drohte der Abriss. Einigen Enthusiasten ist es zu verdanken, dass es nicht dazu kam. Alt-Sarepta ist heute ein Museum, zu dem einige der um den zentralen Platz restaurierten Gebäude und die Kirche gehören. Durch Spenden konnte die kleine Gemeinde in der Kirche eine Orgel installieren, und dank weiterer Geschenke besitzen die Volgograder in diesem Stadtteil eine deutsche Bibliothek mit insgesamt 8000 Bänden. Mit dem Taxi braucht man vom Hafen bis nach Alt-Sarepta etwa 45 Minuten. Während der Fahrt passiert man die in den 1970er und 80er Jahren entstandenen Stadtteile, was an sich schon den Ausflug wert ist, erhält man doch einen kleinen Einblick in den Alltag der Stadt.

## Zwischen Volgograd und Astrachan

Die Strecke von Volgograd bis Astrachan, die letzte Etappe einer Wolgakreuzfahrt, misst 484 Kilometer. Zunächst geht die Fahrt an den südlichen Stadtbezirken von Volgograd vorbei.

Nach etwa 40 Kilometern ist die Mündung des **Wolga-Don-Kanals** erreicht.
Die Ufer hinter Volgograd sind sandig und flach, an manchen Stellen reichen Laubwälder bis an den Strom, der hier und dort Inselgruppen umspült. Am eindrucksvollsten ist die Landschaft dort, wo der Fluss aus höherliegenden Landstrichen Steilufer aus dem Sand gespült hat. Das Land östlich der Wolga ist landwirtschaftlich wenig ergiebig, während im Westen Obst, Gemüse und Baumwolle angebaut werden.
Einige Dutzend Kilometer östlich der Wolga verläuft die **Grenze zu Kasachstan**. In der öden Steppe befand sich einst eines der größten militärischen Testgelände der Sowjetunion – das ›Dreieck des Schreckens‹ von Kapustin Jar.

### ■ Achtubinsk

Die größte Stadt zwischen Volgograd und Astrachan ist das nach dem Fluss Achtuba benannte Achtubinsk. Seine Geschichte ist zunächst mit dem Salz verbunden, das hier seit dem 18. Jahrhundert in einem der größten Salzseen Europas, dem Élton-See, gefördert wurde, und über den Élton-Weg nach Zentralrussland gelangte. Die Ansiedlung hochqualifizierter Wissenschaftler und Techniker zur Erprobung neuer Flugzeuge und Raketentechnik verschaffte Achtubinsk einen mächtigen Schub, heute leben hier etwa 75000 Einwohner.
Die Stadt ist vom Schiff aus nicht zu sehen, doch von einer Anlegestelle, an der oft für einen Spaziergang oder zum Baden in der Wolga Anker geworfen wird, sind es mit dem Motorboot nur ein paar Minuten bis dorthin.
Der Süden Russlands zwischen Wolga und Dnepr ist eine der geschichtlich verworrensten und spannendsten Gegenden der Welt. Ein Steppengürtel er-

# Die Chasaren

Die Chasaren (Хазары) sind ein Volk aus dem Nordkaukasus, das im frühen 7. Jahrhundert an die Nordküste des Kaspischen Meeres verdrängt wurde. Sie betrieben Ackerbau, siedelten in Dörfern, züchteten Vieh. Als im Zuge der Auseinandersetzungen zwischen Turk- und Steppenvölkern im Altaj-Gebirge einer der Khane sein Heil suchte, indem er mit seinen Kriegern in den Westen zog, kam er an den Unterlauf der Wolga. Die Chasaren erwiesen sich als kluge Gastgeber und gingen ein Bündnis mit seinem Stamm ein. Die Turknomaden übernahmen den Schutz des Landes vor den nomadisierenden Petschenegen im Westen und gelegentlichen Überfällen aus dem Süden und Norden. Sie erfüllten ihre historische Mission mit Bravour. In byzantinischen Chroniken ist von gemeinsam mit den Chasaren und ihrer Turkarmee unternommenen Feldzügen gegen die Perser zu lesen. Mitte des 7. Jahrhunderts zerschlugen die Chasaren ein Bündnis der Wolga-Bulgaren, woraufhin ein Teil der Bulgaren an die Donau zog, ein anderer an den Mittellauf der Wolga.

Jüdische Kaufleute aus Kleinasien und Byzanz siedelten sich unter dem Schutz der mächtigen Khane im Chasarenreich an. Sie belebten Handel und Wirtschaft auf der Nordroute der Seidenstraße. Pelze, Baumwollstoffe, Honig und Wachs, Gewürze, Tiere, Häute, Fische und Sklaven bildeten das Gros der Waren. Zeitweilig verbündeten sich die Chasaren mit den Fürsten der Kiever Rus gegen Byzanz, dann wieder gerieten sie in Konflikt mit ihnen. Zwischen 939 und 964 war Kiev den Chasaren tributpflichtig.

Das Perserreich in Kleinasien – später das Kalifat –, Byzanz im Osten Europas und Chasarien zwischen dem Schwarzen und dem Kaspischen Meer waren in jener Epoche die mächtigsten und reichsten Staatswesen zwischen dem Mittelmeer und China. Itil – wenige Kilometer nördlich des Wolga-Deltas – war die sagenumwobene Hauptstadt der Chasaren.

Mitte des 10. Jahrhunderts verbündeten sich die Petschenegen und die erstarkte Kiever Rus gegen die Chasaren. Fürst Svjatoslav erschien 965 mit einem Heer vor den Mauern Itils und eroberte die Stadt. Das gleiche Schicksal ereilte die beiden anderen chasarischen Festungen, Terek im Nordkaukasus und Sarkel am Don. Das Reich der

Das Chasarenreich im 9. Jahrhundert

*In der Steppe von Astrachan*

Chasaren hörte auf zu existieren. Die überlebenden jüdischen Kaufleute und Adligen flüchteten ans Schwarze Meer.

Legendär in der Geschichte der Chasaren aber ist nicht der verblichene Glanz des Chasarenreiches, sondern ihr ungewöhnlicher Umgang mit den verschiedenen Religionen: Ende des 8. Jahrhunderts tauchte in Byzanz eine Gesandtschaft aus Itil auf. Einer der Gesandten trug auf seinem Körper die eintätowierte Geschichte und Topographie Chasariens, aufgezeichnet in chasarischer Sprache, doch in hebräischen Schriftzeichen. Seit 730, als Khan Bulan zum mosaischen Glauben übertrat, war der Judaismus die Religion der chasarischen Oberschicht, er blieb es bis zum Ende des Khanats. Andere Chasaren traten zum Islam oder zum Christentum über; die meisten blieben jedoch ›Heiden‹. Die Religionen waren gleichberechtigt: In Itil gab es Synagogen, Moscheen und christliche Kirchen.

Die ›chasarische Frage‹ ist in den letzten Jahrzehnten zu einem ideologischen ›Streitfall‹ geworden. Dabei geht es um die Abstammung der ›Ostjuden‹. In seinem Roman ›Der 13. Stamm‹ stellte Arthur Koestler die These auf, dass ihre Vorfahren die Chasaren gewesen sein könnten. Doch war deren Oberschicht zahlenmäßig klein – etwa 4000 Menschen, die meisten von ihnen Nachkommen der im 7. und 8. Jahrhundert zugewanderten Juden. Außerdem ist die durch Pest und religiös motivierte Nachstellungen erzwungene Flucht vieler Juden aus Mittel- und Südeuropa in den Osten sehr gut dokumentiert.

Eines der bekanntesten Bücher des serbischen Autors Milorad Pavic, ›Das chasarische Wörterbuch‹ (1988), nähert sich dem Thema Chasaren auf einem anderen, sehr ungewöhnlichen Weg, und mit ganz eigenen Mitteln. Die Weltwoche befand: »Nachdem der Leser dieses Buch gelesen hat, ist der Tod nicht mehr so schlimm. Es ist eh fraglich, ob er jemals noch ein auch nur annähernd so faszinierendes Buch in die Hand bekommen wird.«

Fasziniert von den Chasaren und den Jahrhunderte währenden Kämpfe in Eurasien, an der Grenze zwischen Europa und Asien, war offensichtlich auch J.R.R. Tolkien. Die im Anhang zu seiner Trilogie ›Herr der Ringe‹ beigelegten Karten entsprechen weitgehend den geographischen Besonderheiten des Chasaren-Khanats. Auch dort ist von Ithillien als permanent umkämpftem Territorium die Rede.

streckt sich auf tausenden Kilometern Länge und etwa 600 Kilometer Breite von der Mongolei bis zum Schwarzen Meer. Er diente dutzenden Völkerschaften, Stämmen und Ethnien als Lebensraum. Sie wechselten einander ab, vermischten sich, bildeten neue Völker, verdrängten und töteten einander. Durch diese Steppen kamen aus Zentralasien die Hunnen, verschiedene Turkvölker, die Mongolen; hier lebten Skythen, Sarmater, Chasaren, Nogaier, Bulgaren und Petschenegen. In den Niederungen der Wolga befanden sich die von Legenden umrankten Städte Itil, Hauptstadt der Chasaren, und Saraj-Berke, die Residenz der Khane des Westmongolischen Reiches. Sie versanken im Staub der Geschichte. Bis heute weiß niemand, wo genau diese reichen und befestigten Städte zwischen Wolga und Achtuba einst lagen.

## Die Republik Kalmückien

Etwa 150 Kilometer südlich von Achtubinsk liegt der Ort Cagan Aman. An dieser Stelle reicht ein winziger Zipfel der westlich der Wolga gelegenen Republik Kalmückien (Калмыкия) bis an und über die Wolga. Honoré de Balzac beschreibt in einer seiner Erzählungen verwegene, asiatisch aussehende Männer auf höckerigen Reittieren in den Straßen von Paris. Das war 1814, als mit der russischen Armee ein kalmückisches Kamelreiterregiment des Zaren Alexander I. in die französische Hauptstadt einzog.

Die Kalmücken sind ein westmongolisches Volk (Oiraten), das Ende des 16. Jahrhunderts aus seinen ursprünglichen Siedlungsgebieten verdrängt wurde und nach Westen zog. Ihr Khan erklärte sich zum Vasallen des russischen Zaren und bot seine Dienste zum Schutz der russischen Südgrenze an. Bis zu 40 000 Reiter konnten die Kalmücken für Kriegszüge bis auf die Krim und in den Nordkaukasus aufbringen. Als sich Mitte des 18. Jahrhunderts der Petersburger Hof in ihre inneren Angelegenheiten einzumischen begann, beschlossen die östlich der Wolga nomadisierenden Stämme – insgesamt 170 000 Menschen – in die alte Heimat zurückzukehren. Mehr als die Hälfte von ihnen starb auf dem Weg dorthin oder geriet in Gefangenschaft

*Junge Kalmücken in Cagan Aman*

# Die Republik Kalmückien

und Sklaverei. Die in Russland verbliebenen Clans nomadisierten wie eh und je in der Steppe zwischen Wolga und Nordkaukasus. Im 19. Jahrhundert begann der Zustrom russischer Siedler in ihre Region. Die Kalmücken erhielten 1920 die Rechte eines Autonomen Gebietes, das später zu einer Sowjetrepublik wurde. In den 1930er Jahren wurden die buddhistischen Tempel zerstört, die Nomaden in Kolchosen zu einem sesshaften Leben gezwungen; viele Kalmücken fielen Stalins Terror zum Opfer. Während des Zweiten Weltkrieges waren große Teile der Steppe zeitweilig von deutschen Truppen besetzt. Kalmücken kämpften in der Roten Armee; andere kollaborierten mit den Besatzern. Nach dem sowjetischen Sieg in der Schlacht um Stalingrad kamen die Stalinschen Strafkommandos, und das gesamte kalmückische Volk wurde gewaltsam nach Sibirien verschleppt – ein Schicksal, das auch die Tschetschenen, andere Kaukasusvölker und die Krimtataren erlitten. .
Nach Stalins Tod wurde Ende der 1950er Jahre der Autonomiestatus wiederhergestellt, die Kalmücken durften in ihre Dörfer zurückkehren. Seit 1993 ist Kalmückien eine Republik in der Russischen Föderation, mit einen Parlament, einem Präsidenten und einer Verfassung. Auf knapp 80 000 Quadratkilometern leben etwa 290 000 Menschen, davon 57 Prozent Kalmücken, 30 Prozent Russen und 13 Prozent Angehörige rund 100 anderer Nationalitäten. Von 1993 bis 2010 war der 1962 geborene Kirsan Iljumšinov Oberhaupt der Republik. Der begeisterte Schachspieler ist seit 1995 auch Präsident des Weltschachbundes FIDE. Auf Intervention des US-Finanzministeriums lässt er diesen Posten seit 2015 ruhen. Seit 2010 ist der 1961 geborene Alexej Orlov Präsident Kalmückiens.

Kalmückien ist eine zentralasiatische Enklave am Rand des Kontinents. In den im Sommer von der Sonne verbrannten Ebenen mit ihren Salzseen toben im Herbst und Winter Sandstürme. In der Steppe leben unter anderem die berühmten Saiga-Antilopen, deren Bestände aber in den letzten Jahren dramatisch zurückgegangen sind. Die großangelegten Versuche, den Boden zu bewässern und Getreide anzubauen, zerstörten an vielen Stellen die dünne Narbe von Schwarzerde; die Steppe versandete; man spricht auch von der ersten Wüste Europas.

## Astrachan

In Astrachan leben etwa 530 000 Einwohner. Die Stadt wacht über das Wolgadelta und die Handelswege über das Kaspische Meer in den Iran und nach Aserbaidschan. Der Wasserreichtum Astrachans, das auf Inseln zwischen Nebenarmen der Wolga entstand, brachte der Stadt den Ruf eines ›Venedigs an der Wolga‹ ein. Dutzende Brücken überqueren die Flüsse. Doch das Zusammenspiel von Stadt und Wasser hat sich in den vergangenen Jahrhunderten stark verändert. Einst erhob sich der Kreml direkt über dem Strom, und am Nikolsker Tor befand sich eine Anlegestelle, durch die man das Territorium der Festung vom Wasser aus betrat. Später änderte der Strom seinen Lauf. Rund um den Kreml entstanden bis zum neuen Ufer Siedlungen und Vorstädte, die heutige Altstadt. Die Straßen und Plätze haben ihre sowjetischen Namen behalten.

Man sieht Astrachan an, dass man sich große Mühe gibt, den wunderbaren Stadtkern zu bewahren, obwohl die Mittel fehlen. Einige restaurierte Straßenzüge um den Trusov-Park gegenüber dem Jungfrauen-Turm des Kreml sind wieder zu städtischen Kleinoden geworden. Daneben gibt es noch viel Bausubstanz, die darauf wartet, saniert zu werden.

Ein ganz eigenes Flair schaffen die zahlreichen Hinterhöfe und Balkongitter sowie das viele Grün in den Straßen. Allgegenwärtig in der Stadt ist Lenin. In Astrachan wurde sein Vater geboren, der Sohn eines Russen aus dem Gebiet von Nižnij Novgorod und einer Kalmükkin. Nach Lenin ist der Platz an der Südmauer des Kreml benannt. Die ihn säumenden Wohnhäuser aus den 1940er und 1950er Jahren repräsentieren einen ganz eigenen Stil der sowjetischen Architektur, dem nur wenig vom üblichen Monumentalismus der Stalinschen Jahre eigen ist.

*Störe auf dem Markt in Astrachan*

## Geschichte der Stadt

Astrachan entstand Mitte des 15. Jahrhunderts als Residenz der Astrachaner Khane. Das Khanat war schwach und deshalb 1556 leichte Beute für Ivan den Schrecklichen. Zwei Jahre nach der Eroberung durch die Russen begannen die Strelitzen auf dem Hasenhügel mit dem Bau des Kreml. Das Jahr 1558 gilt deshalb als das Gründungsjahr der Stadt.

Die ersten 150 Jahre der Stadtgeschichte waren unruhig. 1605 überfielen Kosaken Astrachan und plünderten die Stadt. Gegen Stepan Razin hatte die Strelitzen-Garnison nichts einzuwenden, sie schlug sich auf seine Seite. Letztmalig rebellierten die Astrachaner gegen Peter den Großen. Das war 1705, zur Zeit der Reformen des Zaren. Gerüchte machten die Runde, Peter beabsichtige die Astrachaner Mädchen an deutsche Einwanderer zu verheiraten. Ein Aufstand der Mönche und der Garnison waren die Folge, er drohte auf den ganzen Süden überzugreifen. Feldmarschall Šeremetev schlug die Erhebung nieder. Seitdem war Ruhe in Astrachan.

Die Stadt wuchs schnell, steinerne Bauten entstanden. Eine starke armenische und eine ebenso starke tatarische Gemeinschaft besaßen ihre eigenen Kirchen und Moscheen. Die jüdischen Kaufleute errichteten Synagogen, die Russen orthodoxe Kirchen und ein Kloster. Daneben gab es eine katholische und eine lutherische Kirche sowie Gebetshäuser von Altgläubigen. Die wichtigsten Wirtschaftszweige waren Handel, Fischfang, Landwirtschaft und auch Weinbau. Ende des 19. Jahrhunderts gab es mehr als 2000 Bauten aus Stein und 7000 aus Holz, unter ihnen Lehranstalten, Armenhäuser, Banken, Handelshäuser, ein Theater (1810), ein Konservatorium und weitere öffentliche Gebäude.

Als in den 1860er Jahren vor der Stadt Baku, an der Westküste des Kaspischen Meeres, mit der Förderung von Erdöl begonnen wurde, wuchs der Hafen von Astrachan zu einem der bedeutendsten im Russischen Reich, da das Öl über Astrachan nach Zentralrussland transportiert wurde. Erdöl und Erdgas gibt es auch im Astrachaner Gebiet. Die Vorräte zählen zu den größten weltweit, werden aber derzeit – noch – nicht ausgebeutet.

Während des Bürgerkrieges war die Stadt hart umkämpft. Im Zweiten Weltkrieg verlief die Frontlinie etwa 70 Kilometer nördlich.

## Kreml

Die wichtigste Sehenswürdigkeit von Astrachan ist der Kreml, der das Stadtensemble beherrscht. Er gehörte zu den bestbefestigten Anlagen dieser Art in Russland und wurde nie militärisch bezwungen. Die etwas über 1500 Meter lange Wehrmauer war 1620 fertiggestellt. Sieben Türme bewachten die Zugänge. Der wichtigste ist der **Jungfrauenturm**. Er hatte zwei Vorgänger, die beide einstürzten, da der Baugrund schwierig ist. Auch der 1910 errichtete Bau neigt sich bereits um 54 Zentimeter. Die Uhr im Glockenturm stammt aus Petersburg, das vergoldete Kreuz auf seiner Spitze ist 4,5 Meter hoch.

Die Kirche zu seiner Linken, vom Eingang aus gesehen, ist die barocke **Mariä-Entschlafens-Kathedrale** (Uspenskij sobor), die Ende des 17. Jahrhunderts errichtet wurde. Lohnenswert ist es, in das Grabgewölbe hinabzusteigen. Die Fundamente bestehen aus im 16. Jahrhundert gefertigten Ziegelsteinen. Neben Kirchenfürsten und anderen Berühmtheiten sind dort auch zwei georgische Könige begraben, Wachtang VI. und sein Schwiegersohn Timur II. Wachtang hatte mit Peter dem Großen ein Bündnis gegen die Perser geschlossen, musste jedoch nach Russland fliehen, als Peters Flotte 1722 im Kaspischen Meer versank.

Zar Peter war mehrmals in Astrachan. Bis zum Beginn des 18. Jahrhunderts bestanden fast alle Gebäude der Stadt aus Holz. Für den Bau von Häusern und die Pflasterung von Straßen und Plätzen brauchte es Steine, weshalb der Zar anwies, dass alle die Stadt passierenden Schiffe zumindest einen größeren Stein als Zoll abzuliefern hatten.

Ein wenig fühlt man sich im Astrachaner Kreml an Moskau erinnert, wozu der steinerne runde ›**Richtplatz**‹ vor der Mariä-Entschlafens-Kathedrale beiträgt. Er ist neben dem in Moskau der einzige seiner Art im ganzen Land.

*Am Flussbahnhof in Astrachan*

Der Sakralbau rechter Hand ist die etwa 100 Jahre vor der Kathedrale errichtete **Dreifaltigkeitskirche**. Die kleine **Kirillov-Kapelle** unter einem Johannisbrotbaum stammt aus dem 17. Jahrhundert. Die dorischen Säulen ihres Vorbaus erhielt sie Anfang des 19. Jahrhunderts. Zu besichtigen ist auch die kleine **Kapelle über dem Nikolsker Tor**. Die Mauer ist hier einige Meter begehbar, und man schaut von ihr auf den Stadtteil zwischen Kreml und Wolga herab.

Auf dem Gelände des Kreml, im hinteren Bereich, befindet sich eine **Filiale des Landeskundlichen Museums**. Rechts vom Eingang ist in der ehemaligen **Kommandantur** die Städtische Musikschule untergebracht. Das Denkmal in der Grünanlage erinnert an die im Bürgerkrieg auf Seiten der ›Roten‹ gefallenen Astrachaner. Jungvermählte legen hier Blumensträuße nieder.

Einer der berühmtesten Astrachaner ist der in der Stadt als Sohn eines Kaufmanns geborene Maler Boris Kustodiev (1878–1927). Einige seiner Bilder sind in dem nach ihm benannten Museum ausgestellt, die meisten aber hängen in der Moskauer Tretjakov-Galerie und im Russischen Museum in Petersburg. Vor allem seine Porträts – Schostakowitsch, Šaljapin, Puschkin und die ›Kaufmannsfrau beim Teetrinken‹ –, aber auch einige seiner politischen Werbeplakate gehören zu den Klassikern der russischen Kunst.

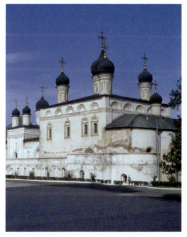

*Die Dreifaltigkeitskirche im Kreml*

*Fischerdorf im Wolgadelta*

## Das Wolgadelta

Für die Kreuzfahrtschiffe ist Astrachan der Endpunkt einer Wolgafahrt, weiter fahren sie nicht. Hinter der Stadt fächert sich die Wolga in mehr als 80 große und unzählige kleinere Nebenarme auf, die das 120 Kilometer lange und etwa 200 Kilometer breite Wolgadelta bilden. Es ist ein in Europa durch seine Größe und Beschaffenheit einzigartiges Biotop, Zwischenstation dutzender Arten von Zugvögeln, Paradies für Fische, Frösche und Mücken, berühmt für seine im Sommer blühenden Teppiche aus Lotosblumen. Die Wasservögel im Delta gehen in die Millionen. Fast 300 Arten sind hier vertreten: von Krauskopfpelikan über Seeadler, Kormoran, Graureiher und Löffler bis zu Beutelmeise und Weißbartseeschwalbe. Ende April, wenn die Wolga riesige Schmelzwassermassen zum Meer bringt, steigt der Pegel um durchschnittlich anderthalb Meter. Viele Fische legen dann in den Überschwemmungsgebieten ihre Eier ab. Wildkarpfen wagen sich auf den überfluteten Wiesen dabei sogar so weit vor, dass der halbe Körper aus dem Wasser ragt. Dank der günstigen klimatischen Bedingungen können sie sich im Delta – anders als im mittleren und nördlichen Europa – noch auf natürliche Weise vermehren.

Die wohl bekanntesten Bewohner der Wolga sind die Störe. Während des Frühjahrshochwassers haben sie sich einst auf den Weg vom Kaspischen Meer zu ihren Laichgebieten am Oberlauf des Flusses gemacht. Heute versperrt ihnen der erste Staudamm hinter Volgograd den Weg. Ihrer Laichplätze beraubt, sind die Störe von der Industrialisierung an der Wolga am stärksten betroffen. Zu den Stören gehören die Hausen (Beluga), die Sternhausen, der Sterlet und einige andere Unterarten. Der Hausen kann bis zu sieben Meter lang und 1,5 Tonnen schwer werden und verspeist mitunter sogar Kaspirobben. In der Regel wiegen ausgewachsene Störe zwischen 40 und 70 Kilogramm.

Begehrt sind sie nicht nur aufgrund ihres schmackhaften Fleisches, sondern vor allem wegen des Kaviars. Etwa 4,5 Kilogramm produziert ein Weibchen, braucht jedoch mindestens zwölf Jahre, bevor sie das erste Mal trächtig wird.

Die Sowjetunion war einst der weltgrößte Produzent von Kaviar. Noch in den 1970er Jahren gelangten jährlich bis zu 2000 Tonnen des im Wolgadelta ›gewonnenen‹ Fischrogens auf den Weltmarkt – eine enorme Devisenquelle. Sie ist inzwischen fast versiegt. Die Störe stehen unter Schutz, und es bestehen Fangquoten. Seit kurzem ist der industrielle Fang sogar ganz verboten. Doch die Wilderer scheren sich nicht darum. Das illegale Handelsvolumen überschreitet allerdings das staatliche Aufkommen um das sechsfache, und die natürlichen Fischbestände sind so dezimiert, dass sie eine kritische Grenze erreicht haben. Schon jetzt stammen 60 Prozent der im Kaspischen Meer lebenden Sterlets und 90 Prozent der Hausen aus Aufzuchtfarmen, denen nicht mehr genügend Fische in die Netze gehen, um ausreichend Nachwuchs zu produzieren.

Der Staat hat den Wilderern den Kampf angesagt. Präsident Putin fand starke Worte für den illegalen Fischfang, den er als ›Bioterrorismus‹ bezeichnete. Dabei steht das gesamte Delta schon seit 1919 unter Naturschutz, ein Teil ist sogar vollständig für Besucher gesperrt. Doch ist das Territorium zu groß, um es gänzlich kontrollieren zu können. Vom illegalen Geschäft profitieren zudem alle, die kraft ihres Amtes bestechlich sind, vom Milizionär bis zum Fischschutzinspektor. Ein Kilo Kaviar kostet in den Geschäften etwa 300 Euro. Das ist viel Geld, etwa für die legal arbeitenden Fischer, deren Durchschnittslohn um die 100 Euro monatlich beträgt. Der Stör wird aber nicht nur in Russland gewildert, sondern auch in allen anderen Anrainerstaaten des Kaspischen Meeres. Umweltexperten fürchten, dass durch die geplante Erdölförderung der Kollaps und der ökologische Ausverkauf einer ganzen Region zu erwarten ist.

Von all dem merkt man wenig, wenn man sich auf einem Motorboot durch die Arme des Deltas fahren lässt; die Natur scheint intakt zu sein. Man passiert Inseln, schmale und breite Wasserarme; längs der Ufer wachsen Büsche und Bäume. Sie lassen ihre Zweige ins Wasser hängen. Man bekommt hunderte verschiedenster Vögel zu Gesicht, erwehrt sich der Heerscharen von Mücken, lernt eine Flora und Fauna kennen, die man so nirgends sonst zu sehen bekommt. Sehr schön sind die Millionen Lotusblumen, die zwischen Ende Juni und Mitte September für je drei Tage blühen.

*Im Wolgadelta*

# Der Don

Der Don fließt wie die Wolga von Norden nach Süden. Seine Quelle befindet sich in einer wald- und seenreichen Landschaft etwa 120 Kilometer südlich von Moskau. Viele Moskowiter nutzen warme Sommertage und fahren zum Baden an den Oberlauf des Flusses.

Die Wolga ist für die Russen ihr ›Mütterchen‹, der Don das ›Väterchen‹. An seinen Ufern besiegten die Russen in der Schlacht auf dem Schnepfenfeld 1380 erstmals ein Tatarenheer; in Voronež, der größten Stadt am Oberlauf, ließ Peter der Große seine erste Flotte bauen, und ausgehend von Rostov-am-Don unweit der Mündung des Flusses ins Azovsche Meer eroberten die Russen den Kaukasus. Der Don ist 1870 Kilometer lang, zwischen Moskau und Rostov liegen 700 Kilometer Luftlinie.

Die griechische Bezeichnung für den Don war Tanais. So nannten griechische Einwanderer aus Milet ihre Siedlung am Unterlauf des Don; es war der nördlichste Vorposten der antiken Griechen im 5. Jahrhundert vor Christus. Damals gehörten die Krim und die Nordküste des Schwarzen und des Azovschen Meeres zum Bosporusreich, das Hunnen und Goten zerschlugen. Zur Zeit der Völkerwanderungen und im Mittelalter galt der Fluss als östliche Grenze Europas. Seinen heutigen Namen Don hat er, wie auch Dnepr und Donau, entweder von den iranischsprachigen Skythen oder von den Kelten Osteuropas erhalten. Die Sprachen beider Völker waren indogermanischen Ursprunges, und das Wort ›Danu‹ bedeutete sowohl bei den Kelten als auch bei den Skythen ›Fluss‹.

Die im Oberlauf des Don an einem Nebenfluss gelegene Stadt Tula gilt seit jeher als die Waffenschmiede Russlands. Aus Tula kommen auch die berühmten Samoware. Im Unterlauf des Don werden seit den 1930er Jahren die östlichen Ausläufer der Steinkohleflöze des ukrainischen Donezbeckens ausgebeutet. Die Fördermengen sind seit vielen Jahren rückläufig.

Im Unterlauf fließt der Don durch die fruchtbaren Steppenlandschaften, wo die an den Flussläufen und in den Wäldern lebenden Slawen und finno-ugrischen Stämme mit den aus dem Süden oder Osten stammenden Nomadenvölkern aufeinandertrafen. Der glücklose Feldzug des Fürsten Igor (→ S. 199) führte in die Don-Steppen. Russen und Steppennomaden lieferten sich so manche Schlacht; dann und wann machten sie auch gemeinsame Sache.

Seit dem 15. Jahrhundert entstanden am Don die ersten Kosakensiedlungen (→ S. 296). Als sich die Nordküste des Schwarzen und des Azovschen Meeres fest in Händen des mit dem Osmanischen Reich verbündeten Khanats der Krim-Tataren befand, bildeten die kriegerischen Kosaken eine Art Schutzgürtel gegen Überfälle der Tataren und Türken auf die nordrussischen Städte. Peter der Große und stärker noch Katharina II. gelang es, die Kosaken zu bändigen und sie den Interessen des Staates unterzuordnen. Katharinas Kriege gegen die Krim-Tataren und die Osmanen brachten den Don im 18. Jahrhundert endgültig in russischen Besitz.

Die Böden in den Steppen sind fruchtbar, für die Viehzucht und den Anbau von Getreide, Gemüse, Sonnenblumen und Kürbissen geeignet. Der Bau von Staudämmen ermöglichte die Anlage eines Geflechtes von Bewässerungskanälen, die das Wasser des Don und seiner

▲ Karte S. 273

Nebenflüsse über die Felder verteilen und so den eklatanten Wassermangel kompensieren. Der Don verlor dadurch an Kraft, verschmutzte durch die Industrieabwässer und trägt nun bedeutend weniger Wasser zum Azovschen Meer, dessen Spiegel allmählich sinkt.

Seit Urzeiten spielte der Don eine wichtige Rolle als Handelsstraße. Nur besaß er im Norden keine Anbindung an die Moskva und die Oka. Die beiden Flüsse lagen zu weit entfernt, um die Boote und Barken über Land zu tragen. Peter der Große ließ deshalb einen Kanal mit dutzenden Schleusen bauen. Zum Leidwesen der englischen und deutschen Ingenieure aber stellten sich die angestellten Berechnungen als falsch heraus. Das Wasser im Kanal stand nach der Flutung nur knietief, und nicht einmal Fischerboote konnten ihn befahren. Den leitenden Ingenieur traf der ganze Ingrimm des Zaren; er wurde zum Tode verurteilt und in Moskau hingerichtet. In seiner einfühlsamen Erzählung ›Die Epiphaner Schleusen‹ griff der Schriftsteller Andrej Platonov (1899–1951) diese historische Episode auf, in der er den seelischen Folgen von bedenkenlosem technischem Fortschritt und hochmütigen Ambitionen nachspürt.

Noch lange Zeit nach diesem fehlgeschlagenen Versuch führten die wichtigsten Handelsrouten aus Moskau entweder über die Oka und die Wolga zum Kaspischen Meer und weiter nach Persien und Indien oder westwärts zum Dnepr, auf ihm zum Schwarzen Meer und weiter nach Byzanz. Auch die Türken hatten versucht, eine Verbindung zwischen Don und Wolga herzustellen. Dort wo der Don sich nördlich von Volgograd der Wolga bis auf rund 60 Kilometer nähert, begannen sie einen Kanal auszuheben. Der ›Türkenkanal‹ sollte die Ilovlja, einen Nebenfluss des Don, mit der in die Wolga mündenden Kamyšenka verbinden. Die beiden Ströme trennt jedoch neben der Entfernung auch der 70 Meter hohe Ergener Bergrücken. Nicht nur die Türken scheiterten an ihm; auch die Ingenieure Peter des Großen erlitten wie schon zwischen Oka und Don eine Niederlage. Erst unter Stalin konnten die kühnen Pläne verwirklicht werden.

›Drei Kosaken in einem Boot‹, Skizze von Vasilij Surikov (um 1890)

## Die Kosaken

Die Kosaken siedeln in verschiedenen Gebieten Russlands, in besonderer Weise sind sie aber mit der Don-Region verbunden. Sie sind weder ein Volk noch eine Ethnie; sie sind Kosaken, Nachfahren jener in den Steppen am Don umherziehenden Tataren, Russen und Angehörigen anderer Nationalitäten, die aus den verschiedensten Gründen den heimatlichen Boden verlassen mussten. Sie gründeten Wehrdörfer am Don, in denen sie sich gegen Angriffe von außen verteidigten, verdingten sich als Schutztruppen für Handelskarawanen – wenn sie sie nicht überfielen –, ernährten sich von der Jagd, vom Fischfang und von Raubzügen.

Das Wort ›Kosak‹ ist turksprachig. Als ›Kazak‹ bezeichneten die Tataren ›freie Krieger; zugleich hat das Wort den Beigeschmack ›Bandit‹ oder ›Landstreicher‹.

Die erste urkundliche Erwähnung eines Kosakendorfes findet sich in einer Chronik der Krim-Khane, die von einer im Jahr 1548 zum Astrachaner Khan geschickten Gesandtschaft berichtet. Diese traf auf ihrem Weg zwischen Don und Wolga auf eine Siedlung aus mit Schilf und Lehm befestigten Hütten, in der offensichtlich Russen lebten. Die Tataren griffen das Dorf an, wurden jedoch zurückgeschlagen, und die Kosaken töteten die meisten Fliehenden.

Zu jener Zeit gab es nur vereinzelt solche Wehrdörfer, aber in der zweiten Hälfte des 16. Jahrhunderts wurden es durch die von Ivan dem Schrecklichen ausgelösten inneren Unruhen immer mehr. Vom Zaren Verfolgte flohen in den Süden, wo sie sich als freie Krieger eine neue Existenz erkämpften. Den Säbel legten sie nie aus der Hand, denn Tataren und Nogaier waren ernstzunehmende Gegner, mit denen sie sich 200 Jahre kriegerisch auseinandersetzten.

Die ständige militärische Bedrohung zwang die Kosaken, ihre Kräfte zu bündeln. So entstanden ihre Gemeinschaften, die von freigewählten Atamanen angeführt wurden. Die Ideale der Kosaken waren uneingeschränkte Freiheit, gemeinschaftlicher Bodenbesitz, kollektive Justiz, frei gewählte und wieder absetzbare Anführer, Gleichheit ungeachtet der Herkunft und das gemeinsame Einstehen gegen äußere Feinde. Sie rasierten

*Kosakenversammlung, Zeichnung aus dem 18. Jahrhundert*

sich, zwirbelten ihre weit abstehenden Oberlippenbärte, trugen Ohrringe und anderen Schmuck. Die Kosaken waren orthodoxe Christen. Sie wählten sich ihre Priester selbst, und mit der Zeit entstanden Kapellen, Kirchen und Klöster. Beliebt waren Pilgerfahrten nach Kiev, Moskau und zu anderen heiligen Orten. Schon damals berühmt waren sie für ihre Lieder und Legenden.

Die russischen Zaren duldeten im Verlauf des gesamten 17. Jahrhunderts die Unabhängigkeit der Don-Kosaken. Diese akzeptierten zwar den Zaren als ihren Dienstherren, aber einen Eid auf ihn schworen sie nicht.

Kosakenverbände beteiligten sich an allen Kriegen, eroberten Sibirien und schützten die südlichen Grenzen. Sie bekamen vom Zaren Fahnen, Standarten und Geld für die Kriegskasse, doch verfolgten sie stets eigene Interessen. Entlaufene Leibeigene lieferten sie nicht an die Krone aus; sie integrierten sie in ihre Reihen. Das Auslieferungsverbot war eine der Grundfesten für den Zusammenhalt der Kosaken, und es bestand bis zum Aufstand Stenka Razins.

## Stenka Razin

Im Jahr 1649 wurden per Gesetz die Fristen für die Suche nach entlaufenen Leibeigenen aufgehoben, was de facto die Versklavung der Bauern bedeutete. In den beiden folgenden Jahrzehnten flohen tausende an den Don, doch auch dort waren sie vor Nachstellungen nicht sicher. Zu ihrem Führer schwang sich Stenka (Stepan) Razin auf, der 1669 mit einer Heerschar auf der Suche nach Beute an die Wolga und über den Strom zum Kaspischen Meer zog. Die Kosaken versenkten eine persische Flotte, überfielen Dörfer und Städte und machten reiche Beute. Als sie nach Astrachan zurückkehrten, kannte die Begeisterung der Städter keine Grenzen: Die Kosaken waren spendabel und verteilten, was sie zuviel hatten, an die Bürger.

Im Jahr darauf brach Stenka Razin erneut auf, und diesmal nahm sein Kriegszug die Züge eines Aufstandes an, der die gesamte Wolga erfasste. Nachdem Caricyn, Astrachan, Saratov und Samara den Aufständischen in die Hände gefallen waren, misslang der Sturm auf Simbirsk. Stenka Razin wurde schwer verwundet. Ein dem Zaren ergebenes Kosakenaufgebot stürmte das Hauptquartier des Atamans, setzte ihn gefangen und lieferte ihn dem Zaren aus. Am 6. Juni 1671 wurden Stenka Razin und sein Bruder Frol öffentlich auf dem Roten Platz in Moskau hingerichtet. Das Volk dichtete Legenden auf seinen Helden.

## Die Unterwerfung durch Zar Peter

Während seiner Feldzüge gegen Perser und Osmanen stützte sich auch Peter der Große zunächst auf die freien Kosakenverbände. Zugleich schickte er eine Strafexpedition an den Don, um entlaufene Leibeigene aufzugreifen; aufgespürte Bauern wurden verstümmelt. Doch nicht nur Entlaufene, sondern auch ›echte‹ Kosaken fielen den Soldaten in die Hände. Unter der Führung des Atamans Kondratij Bulavin überfiel daraufhin ein Kosakenheer das Expeditionskorps, tötete die Offiziere und ließ die überlebenden Soldaten laufen. Zar Peter schickte daraufhin eine Armee. Die Zahl der von ihr getöteten Kosaken soll sich auf mehr als 20 000 belaufen haben. Peter entmündigte ihre Atamane und nötigte ihnen seine Ordnung auf. Unter Katharina II. verloren die Kosaken weitere Privilegien. Als Kompensation erhielten sie militärische

## Die Kosaken

Ränge und ihre Anführer Adelstitel. Die Kosaken waren nun ihrer Sonderstellung beraubt, spielten aber nach wie vor eine wichtige Rolle als militärische und polizeiliche Schutztruppe der Zaren.

Die Lebensformen in den Dörfern änderten sich. Hochzeiten wurden nun nicht mehr auf dem Dorfplatz, sondern in der Kirche vollzogen. Hatte Katharina den Kosaken bereits verboten, mehr als vier Mal zu heiraten, setzte sich mit den Jahren das strenge orthodoxe Ehegebot durch. Statt sich auf Raubzüge zu begeben, bestellten die Kosaken nun Felder und hielten sich Viehherden. Im 19. Jahrhundert beteiligten sich ihre Aufgebote an der Eroberung des Kaukasus. Mit Einverständnis der jeweiligen Zaren machten

*Die Kosaken schreiben dem Sultan einen Brief*, Gemälde von Ilja Repin

sich ganze Dörfer auf den Weg und gründeten neue Wehrsiedlungen an den sich nach Süden verschiebenden Grenzen des Imperiums.

Die Kosaken erwarben sich Ruhm und Anerkennung durch ihr militärisches Geschick in den Kriegen gegen die Türken und gegen Napoleon sowie in anderen Kriegen, in die Russland verwickelt war. Während des Bürgerkrieges löste Stalin ihre Organisationen auf. Vereinzelt kam es dagegen zu Kosaken-Aufständen, die mit regulären Truppen niedergeschlagen wurden.

Kurz vor dem Ersten Weltkrieg zählten sich etwa 4,5 Millionen Menschen zu den Kosaken. Neben den Don-Kosaken gab es die Zaporožer Kosaken in der Ukraine, die Kaukasus-Kosaken, Kosakenverbände im Ural, am Amur und in Sibirien. Im Zuge der Kollektivierung entledigte sich Stalin auch der letzten überlebenden Gegner: Wer bei den ›Weißen‹ gekämpft hatte, wurde zu Zwangsarbeit verurteilt oder erschossen; die Bauern, wenn sie sich gegen die Kollektivierung wehrten, setzte Stalin bewusst dem Hungertod aus.

### Die Tragödie von Lienz

Tausende Kosaken emigrierten vor den Verfolgungen Stalins. Einer ihrer führenden Vertreter unterbreitete Hitler das Angebot, auf Seiten Deutschlands gegen die Sowjetunion zu kämpfen; dieser lehnte ab. Erst nach der Niederlage von Stalingrad erklärten Hitlers Ideologen die Kosaken zu Nachfahren der Ostgoten und somit zu Ariern, und ein Korps von 20 000 Kosaken kämpfte gegen die Rote Armee. Andere Kosakeneinheiten beteiligten sich an Einsätzen gegen Partisanen in Jugoslawien und Tirol.

Als der Krieg zu Ende war, versammelten sich 25 000 Kosaken, Kalmücken und Kaukasier, die auf Seiten der Deutschen gekämpft hatten, mitsamt ihren Frauen, Kindern, alten Menschen, Geistlichen, etwa 5000 Pferden und einigen Kamelen in der Nähe von Lienz in Osttirol. Die Briten sicherten ihnen zunächst ihren Schutz zu, verhafteten dann aber alle Atamane und Offiziere und übergaben sie den sowjetischen Behörden.

Mehr als die Hälfte von ihnen hatte vor dem Krieg im westlichen Exil gelebt und hätte nach dem Völkerrecht nie ausgeliefert werden dürfen. Im Lager der Flüchtlinge machte sich Panik breit, ein Teil der verzweifelten Menschen stürzte sich von der Draubrücke in den Fluss, der in diesen Tagen Hochwasser führte. Noch Tage später wurden im Lienzer Umland hunderte Leichen gefunden. Diese Ereignisse gingen als ›Tragödie an der Drau‹ in die Geschichte ein. In Lienz erinnert heute der Kosakenfriedhof an die Geschehnisse. Jährlich finden dort Gedenkfeiern der Überlebenden und deren Nachkommen statt. In der Sowjet-union erhielten Unteroffiziere und Mannschaften der Kosaken durchweg 8 Jahre Zwangsarbeit, Offiziere 25 Jahre; viele wurden erschossen.

## Die Kosaken heute

Seit 1990 gibt es wieder offiziell Kosakenverbände am Don, in der Ukraine, im Nordkaukasus und in Sibirien. Die Wiederbelebung der Traditionen ist von Streitereien begleitet. Als Kosaken gelten allein Nachkommen von Kosaken, Neumitglieder müssen eine Art Initiationsprüfung ablegen. Die bekennenden Kosaken verstehen sich in der Regel als Bewahrer der ideologischen Kontinuität von ›Gott, Zar und Vaterland‹ plus orthodoxem Christentum. In ihren martialischen Aufzügen – mit den tatarischen Pelzmützen, den tscherkessischen oder russischen Mänteln, den Pluderhosen, Kokarden und anderen großväterlichen Äußerlichkeiten – tun viele so, als habe sich das Rad der Zeit zurückgedreht.

Die Kosaken stehen in ihrem Selbstverständnis für die ›reinen‹ Werte Russlands, verstehen darunter aber oft genauso gut Vorurteile wie wirkliches Einstehen für ein friedliches Zusammenleben. Die einen nutzen ihren Einfluss, um sich zu bereichern, andere nehmen ihre soziale Rolle ernst, kümmern sich um Jugendliche auf der Straße und Hilfsbedürftige in den Gemeinden. In manchen Gegenden haben die Kosaken bereits wieder polizeiliche Aufgaben übernommen.

Nichts geändert hat sich an dem Ruhm der Kosaken-Chöre, dem Temperament, mit dem sie ihren ›Kasačok‹ tanzen. Jährlich finden überall im Süden Kulturfestivals statt. Auch das wissenschaftliche Interesse an der Geschichte der Kosaken, das zu sowjetischer Zeit allzu oft ideologischen Schablonen unterlag, ist ungebrochen. In den vergangenen Jahren wurden erstmals Dokumente ausgewertet, die sich bis zum Ende des 17. Jahrhunderts im Archiv des Kollegiums für Auswärtige Angelegenheiten befanden, sowie Archive der italienischen Handelskolonien im Norden des Schwarzen Meeres. Auch in Westeuropa gibt es nach wie vor Kosakenorganisationen, die sich monarchistischen Traditionen verbunden fühlen und sich als die einzigen wahren Erben der Kosakenschaft betrachten. Schätzungen gehen davon aus, dass sich etwa vier bis fünf Millionen Menschen in Russland als Kosaken bezeichnen.

*Im Kosakenmuseum in Rostov am Don*

# Unterwegs auf Don und Wolga-Don-Kanal

Drei Aufgaben hatten die Planer des Wolga-Don-Kanals gleichzeitig zu lösen: erstens einen Wasserweg zwischen Wolga und Don zu schaffen; zweitens die Wasserkraft des Don zur Stromgewinnung für die Steppenregionen zu nutzen, und drittens den Don so zu regulieren, dass er sich zum Bewässern weiter Flächen eignet. Die größte Schwierigkeit lag in der Überwindung des Ergener Bergrückens.

Die sowjetischen Ingenieure gingen einen anderen Weg als ihre Vorgänger. Sie verzichteten auf den Vorteil der nur geringen Entfernung zwischen Wolga und Don bei Kamyšin und wählten einen längeren, dafür hinsichtlich des Terrains einfacheren Weg. Der Wolga-Don-Kanal (Волго-Донской канал) zweigt etwa 35 Kilometer südlich des Zentrums von Volgograd nach Westen ab. Die Wolga fließt hier 12 Meter unter dem meeresspiegel. Eine **Lenin-Statue** weist den Schiffern den Weg. Ursprünglich war das Postament für eine Stalin-Skulptur aus Kupfer gedacht, doch diese verschwand nach Ende des Personenkultes spurlos. Nun steht der Lenin dort, das mit 57 Metern höchste Abbild eines Menschen in Europa. Nur wenige hundert Meter sind es bis zur ersten von insgesamt neun Schleusen. Sie überwinden auf einer Strecke von nur 21 Kilometern einen Höhenunterschied von 88 Metern. Dieser Abschnitt wird als **Čepurnikovskij-Treppe** bezeichnet. Der Name stammt von einer Schlucht, in der ein Eichenwald inmitten der Steppe ein kleines biologisches Wunder ist.

Die Projektierung des Kanals begann Ende der 1930er Jahre. Der Krieg verzögerte den Baubeginn bis 1948. Stalins Zwangsarbeiter, darunter auch viele deutsche Kriegsgefangene, gruben ohne große technische Unterstützung das Kanalbett in den Steppenboden und erweiterten schon vorhandene Flussläufe. Bereits vier Jahre nach Beginn der Arbeiten fuhr das erste Schiff von der Wolga zum Don. Von der Bedeutung, die man seinerzeit dem neuen Wasserweg beimaß, zeugen die Triumphbögen über der ersten und der letzten Schleuse.

Der Kanal ist schmal, an manchen Stellen kann man den am Ufer lebenden Menschen in ihre Gärten schauen. Gemächlich gleiten die Schiffe durch die hüglige Steppe. Die Schleusen sind von Zäunen umgeben und werden von bewaffneten Männern und Frauen in Khaki bewacht. Sie schlendern am Kai entlang, während die Schiffe Meter um Meter gehoben werden. Zu jeder Schleuse gehört ein Rudel obdachloser Hunde, die von den Schiffern und Touristen den einen oder anderen Leckerbissen erbeuten. Sie begleiten die abfahrenden Schiffe mit wachen Augen und warten auf neue.

Nachdem der Kamm des Ergener Höhenzuges erreicht ist, folgt ein 26 Kilo-

▲ *Stenka Razin und seine Gefährten am Don*

meter langer Abschnitt auf seinem Rücken. Dann wird das Kanalbett in vier weiteren Schleusen um 45 Meter auf das Niveau des Cimljansker Stausees abgesenkt. Dieser Teil hat eine Länge von 54 Kilometern. Er besteht aus drei kleineren Stauseen, die durch Pumpstationen mit Wasser aus dem Cimljansker Stausee versorgt werden. Die letzte Schleuse vor der Mündung wird erneut von einem Triumphbogen überspannt. Sie liegt unweit des Städtchens **Kalač-am-Don**. Die Siedlung wurde 1708 von Kosaken gegründet, und war für ihre Kringel und eine Weißbrotsorte gleichen Namens berühmt. In der Nähe dieses Ortes schlossen zwei sowjetische Armeen den Ring um Stalingrad. Ein Denkmal an der 13. Schleuse des Kanals erinnert an den Winter 1942/43.

Mit der Stauung des Don bei dem Städtchen **Cimljansk**, der einstigen chasarischen Festung Sarkel, lösten die Erbauer des Kanals ihre beiden anderen Aufgaben: Bewässerung und Stromgewinnung. Der Stausee hat eine Länge von 200 Kilometern und ist bis zu 30 Kilometer breit. Mal führt die Fahrrinne entlang des nordwestlichen, in Terrassen ansteigenden Ufers, mal weit vom Ufer entfernt. Mitunter glaubt man auf einem Meer zu sein: Nur als schmaler Streifen am äußersten Rand des Horizonts ist das Ufer des Stausees gelegentlich auszumachen, starke Winde und merklicher Wellengang sind keine Seltenheit.

Cimljansk liegt am rechten Ufer des Don, die Stadt **Volgodonsk** am linken. Zwischen ihnen erstreckt sich der Staudamm. In der Nähe von Volgodonsk entstand in den 1970er Jahren ein Kernkraftwerk, dessen Silhouette vom Schiff zu sehen ist. Bei Volgodonsk ermöglicht ein letzter Kanalabschnitt mit zwei Schleusen das Absenken des Fahrwassers auf das Niveau des Don in seinem ursprünglichen Bett. Auf den Türmen der zweiten Schleuse bewachen zwei riesige Skulpturen berittener Kosaken den Schifffahrtsweg. Nach einem weiteren Kilometer mündet der Kanal in den Don. Am Horizont versperrt die Staumauer den Blick; direkt an der Mündung gleitet man an einem im Wasser stehenden steinernen Boot vorüber, auf dem Stepan Razin in Begleitung einiger seiner Gesellen geschlagen in die Heimat zurückkehrt.

## Staročerkassk

Für die 200 Kilometer vom Cimljansker Staudamm bis nach Rostov-am-Don brauchen Kreuzfahrtschiffe etwa 20 Stunden. Der Don fließt gemächlich dahin. Hinter den Böschungen am Ufer erstrecken sich endlose Felder und Wiesen, von denen nur wenige bestellt sind. Auffällig ist die rege Bautätigkeit, neue Anlegestellen entstehen.

Rund 40 Kilometer vor Rostov liegt am rechten Ufer auf einer Insel Staročerkassk (Старочеркасск), die alte Hauptstadt

*Das Kloster Staročerkassk*

## Der ›Stille Don‹

Seit Urzeiten trägt der Don aufgrund seiner Friedfertigkeit den Beinamen ›still‹. Der ›Stille Don‹ ist daher ein gebräuchlicher Ausdruck und gleichzeitig der Titel eines der meistgelesenen sowjetischen Bücher. Sein Autor, Michail Šolochov (1905–1984), erhielt für sein aus vier Bänden bestehendes Sittengemälde der Don-Kosaken 1965 den Nobelpreis für Literatur.

Die Handlung setzt vor dem Ersten Weltkrieg ein und endet mit dem Sieg der ›Roten‹ im Bürgerkrieg. Im Mittelpunkt des Romans steht der Kosak Grigorij Melechov, dessen Vater die Heirat mit der geliebten Frau verhindert. Grigorij zieht in den Krieg, anschließend in den Bürgerkrieg, kämpft mal auf Seiten der ›Roten‹, dann wieder auf der der ›Weißen‹ und weiß eigentlich nicht recht wofür; denn letztendlich stoßen ihn die Grausamkeiten der einen wie der anderen Seite gleichermaßen ab. Sein bester Freund aus einer armen Familie schließt sich den ›Roten‹ an und lässt ihn verhaften.

Dieses hochdramatische Buch, in der nuancenreichen und kräftigen Sprache der Kosaken geschrieben, erzählt von deren Geschichte, ihrem Alltag, der inneren Zerrissenheit angesichts der Zeitenwende. Der Don selbst ist einer der Protagonisten des Romans. In ihm spiegeln sich die Sehnsüchte der von Šolochov entworfenen Charaktere. Der Don ist ihre Wurzel, mit ihm identifizieren sie sich, und zu ihm kehren sie stets zurück.

Seit seinem Erscheinen verstummt der Streit nicht, ob Šolochov wirklich der Autor des Werkes ist oder ob es nicht von einem nicht weniger begabten Kosaken verfasst wurde, dem 1920 verstorbenen Ataman Fëdor Krjukov. Lange Zeit wurde der Streit von ideologischen Konflikten überlagert. Wahrscheinlich ist, dass sich Šolochov auf Aufzeichnungen Krjukovs stützen konnte. Unumstritten ist auch, dass er für die Handlung Erzählungen von Kosaken, die in die Wirren des Bürgerkrieges geraten waren, verwendete und sie literarisch bearbeitete. Ebenso offensichtlich sind die ideologisch gefärbten Passagen, die im Text wie Fremdkörper wirken. Textanalysen bestätigten jedoch die Urheberschaft Šolochovs. Das Epos wurde 1958 von Sergej Gerasimov verfilmt, einem der erfolgreichsten sowjetischen Regisseure.

Nach dem Bürgerkrieg entschied sich das Schicksal der Don-Kosaken. Die meisten Kosakenverbände hatten auf Seiten der ›Weißen‹ gekämpft. Roter Terror, die Kollektivierung und gezielte Verfolgungen vernichteten ihren Stand, der bis dahin eine der wichtigsten Stützen der Zaren gewesen war.

*Abend am Don*

der Kosaken; sie wurde im 16. Jahrhundert gegründet. Der Ort war während der Frühjahrshochwasser ständig von Überschwemmungen bedroht. Einer der legendärsten Atamane, Matvej Platov (1753–1818), setzte sich deshalb mit seiner Idee durch, die Hauptstadt ins Landesinnere zu verlagern. So entstand 1805 Novočerkassk (Neu-Čerkassk), und die meisten der damals etwa 20 000 Einwohner zogen um.

Einige Fischer und Bauern blieben auch deshalb zurück, weil sich im Ort die etwa 100 Jahre zuvor errichtete **Auferstehungskathedrale**, die **Peter-und-Paul-Kirche** von 1751 und das **Kloster der ›Lieben Gottesmutter vom Don‹** befanden. Im Kloster leben heute wieder einige Mönche. Auf seinem Territorium, im ehemaligen Haus des Ataman Daniil Efremov (1690–1760), befindet sich ein sehr sehenswertes **Museum zur Geschichte und zum Alltag der Kosaken**. Die Auferstehungskathedrale ist eines der religiösen Heiligtümer der Kosaken. Das vom Fluss sichtbare Gotteshaus mit seinem Glockenturm gehört zum Museumskomplex von Staročerkassk, das jährlich hunderttausende Besucher anzieht. Die Ikonen und das Innendekor sind liebevoll und mit viel Sachverstand restauriert.

Berühmt ist auch das **steinerne Haus am Marktplatz**, das dort schon seit mehr als 300 Jahren steht. Es gehörte jenem Ataman Kondratij Bulavin, der sich gegen die Jagd auf entflohene Leibeigene zur Wehr setzte und damit Zar Peter den Anlass für die Unterwerfung der Kosaken lieferte.

# Rostov-am-Don

Rostov-am-Don (Ростов-на-Дону) liegt am rechten erhöhten Ufer des Don und seines Nebenflusses Temernik, der ein tiefes Tal in die Landschaft geschnitten hat. Das linke Ufer des Don ist flach. Hier befindet sich auf dem Gelände des einstigen Kosakendorfes Aksaj eine Vorstadt, die in den Abendstunden mit ihren zahlreichen kaukasischen Gaststätten ein beliebtes Ausflugsziel der Städter ist.

Das rechte Ufer ist mit Hochhäusern bebaut, auf dem Hügel ragt ein Obelisk zur Erinnerung an den Zweiten Weltkrieg in den Himmel. Die Neubauviertel an den begrünten Hängen, zwischen denen einige kleinere ältere Bauten überlebt haben, zeugen von der Größe Rostovs, der mit immerhin 1,1 Millionen Einwohnern südlichsten Millionenstadt Russlands.

## Geschichte der Stadt

Benannt ist die Stadt nach Dmitrij von Rostov (1651–1709). Er stammte ursprünglich aus Kiev, wo ihn seine Eltern mit elf Jahren in eine Klosterschule gaben. Mit 17 Jahren verschrieb er sich dem klösterlichen Leben. Der Reichtum seiner Sprache brachte ihm früh Anerkennung als Prediger und Schriftsteller. 20 Jahre seines Lebens verwandte er im Höhlenkloster von Kiev auf die Lebensbeschreibungen von Heiligen der orthodoxen Kirche. Als das Werk veröffentlicht wurde, verschafft es ihm im ganzen Land Anerkennung und Ruhm. Peter der Große wurde auf ihn aufmerksam und ernannte den Geistlichen zum Metropoliten von Rostov Velikij in der Nähe von Jaroslavl. Sieben Jahre verbrachte er auf diesem Posten, 50 Jahre nach seinem Tod wurde er heilig gesprochen. Als Zarin Elisabeth 1760 einen Namen für die am Don entstehende Festung suchte, entschied sie sich für den des ›jüngsten‹ Heiligen, Dmitrij von Rostov, der bis dato noch kaum weltliche Anerkennung gefunden hatte. Daraus wurde Rostov mit dem Zusatz ›am Don‹, um Verwechslungen mit dem nördlichen Rostov, dem Großen (Velikij), zu vermeiden.

Die Festung entstand 46 Kilometer von der Mündung des Don ins Azovsche Meer, an einem Ort, wo sich seit Urzeiten Handelswege aus allen Himmelsrichtungen kreuzten. Zunächst hatte Zarin Elisabeth 1749 an dieser Stelle eine Zollstation errichten lassen. Um ihrem Anspruch auf den Don Nachdruck zu verleihen, folgte der Bau der Festung. In Folge der Kriege Katharinas II. verlor sie jedoch schnell ihre strategische Bedeutung. Türken und Tataren überließen den Russen das Azovsche Meer und hielten sich nur noch einige Jahre auf der Krim. Die Zarin lud die zahlreich auf der Krim lebenden Armenier ein, sich in Rostov niederzulassen. Etwa 10000 Menschen folgten dem Ruf und gründeten 1780 in einiger Entfernung vom russischen Stadtkern die armenische Siedlung Nachičevan, benannt nach einem armenischen Landstrich, der heute zu Aserbaidschan gehört. Ende des 19. Jahrhunderts wuchsen das russische Rostov und sein armenischer Vorort zusammen. Noch heute sind in Rostov knapp vier Prozent der Bevölkerung Armenier. Das armenische Viertel im Süden der Stadt unterscheidet sich mit seinen Einfamilienhäusern unter Bäumen und in Gärten erheblich vom prachtvollen, urbaneren Zentrum. Rostov entwickelte sich zum Handelszentrum und zur Industriestadt. Anfang des 20. Jahrhunderts lebten bereits 115000 Menschen in der Stadt.

Im Hafen trifft man einmal mehr auf die Spuren Maxim Gorkis, der hier als Lastträger gearbeitet hat und im Nachtasyl Obdach fand. Während des Bürgerkrieges wurde Rostov Zentrum der ›roten‹ Kosaken. Mit der Industrialisierung setzte sich der Aufstieg zur Industriemetropole fort. Dann begann der Krieg. Die Stadt wechselte 1942 und 1943 mehrmals den Besitzer und wurde dabei völlig zerstört; von mehr als 200 Industriebetrieben funktionierten nach der Befreiung nur noch fünf. Rostov ent-

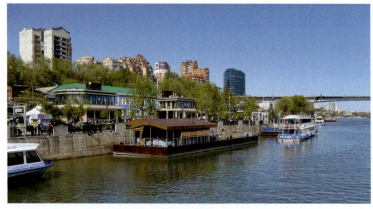

▲ *Rostov-am-Don: die südlichste Millionenstadt Russlands*

stand als weitgehend moderne Stadt, wuchs und erlebte mit der Jahrtausendwende eine neue Blüte. Viele der teilweise wunderschönen Bauten im Zentrum wurden restauriert, Parks neu gestaltet, Fußgängerzonen angelegt. Es entstanden neue Cafés, Restaurants und Einkaufszentren.

Obwohl Rostov mit erheblichen wirtschaftlichen Problemen zu kämpfen hat – das größte Hubschrauberwerk der Sowjetunion hat zum Beispiel seit Jahren kaum noch Aufträge, die Kohleförderung in der Umgebung wurde stark eingeschränkt, anderen großen Betrieben geht es ähnlich – sagen die meisten Bürger in Rostov, dass es bergauf geht. Rostov-am-Don ist eine wunderbare Stadt mit vielen Geheimnissen. Um ihnen auf den Grund zu gehen, hat man – einmal mehr – leider nicht genügend Zeit zur Verfügung. Nur eine knappe Stunde vom Meer entfernt besitzt sie das kaum fassbare Flair einer Hafenstadt, wo das Leben anderen Gesetzen als im Landesinnern gehorcht. Insofern erinnert Rostov mehr an Odessa als an die Städte längs der Wolga. Von den Skythen bis zu den Kosaken und den Russen: Mehr oder weniger sichtbare Spuren haben alle hinterlassen, sei es auch nur durch museale Präsenz. Bei Ausschachtungen im Zentrum stoßen Bauarbeiter immer wieder auf Überreste längst untergegangener Kulturen und lösen bei jeder Entdeckung einen ›Run‹ auf womöglich im Boden vergrabene Schätze aus.

## Sehenswürdigkeiten

Die moderne Autobrücke über den Don, die alle Jahre für dringende Reparaturen gesperrt werden muss, verbindet den russischen Norden mit dem Vorkaukasus. Die Straßen Richtung Süden führen zu den wichtigsten nordkaukasischen Städten, nach Krasnodar, Kislovodsk, Vladikavkas und Pjatigorsk. Zu Füßen der Brücke beginnt die Fußgängerpromenade, die am Flusshafen endet.

Der Hafen liegt in unmittelbarer Nähe zum Stadtzentrum. Zum Hafen gehört auch der bis in die späten Abendstunden geöffnete moderne Supermarkt im Hafengebäude. Die Uferpromenade wurde in den letzten Jahren bis zur Vorošilov-Brücke über den Don neu gestaltet. Gegenüber der Anlegestelle stehen die Büsten der beiden Schriftsteller Maxim Gorki und Michail Šolochov, etwas weiter östlich in dem Parkstreifen ein schrulliges kleines Denkmal für die Märchenfiguren Mascha und der Bär.

Über eine Fußgängerbrücke gelangt man von den Hafenanlagen zum **Budënnyj-Prospekt**, der nach dem legendären kosakischen Reitergeneral der ›Roten‹ im Bürgerkrieg benannt ist. Rechts schließt sich das Gelände des **Marktes** an. Er ist einer der größten in der Region, mit einem Angebot an Obst und Gemüse, Fisch und Fleisch, Honig und Kaviar zu erschwinglichen Preisen.

Hinter dem Markt streben die Kuppeln der **Muttergottes-Geburts-Kathedrale** himmelwärts. Sie wurde Ende des 19. Jahrhunderts als verkleinerte Kopie der Christus-Auferstehungs-Kathedrale in Moskau errichtet. Auf dem Platz vor der Kathedrale haben die Stadtväter ihrem Namensgeber, dem Heiligen Dmitrij von Rostov, ein Denkmal aufgestellt.

Vom Denkmal für den Heiligen Dmitrij von Rostov gelangt man durch eine die Altstadt querende Fußgängerpassage zur **ul. Bolšaja Sadovaja** (Große Gartenstraße, ул. Большая Садовая). Sie ist die wichtigste Verkehrsader der Stadt. Hinter ihr liegt ein nach Gorki benannter

Park, der 1813 vom damaligen Bürgermeister der Stadt angelegt wurde. Hier treffen sich an den Sommerabenden bis in die späten Nachtstunden Tausende, um die etwas kühleren Nachttemperaturen zu genießen; im Juli und August steigt das Thermometer mitunter wochenlang auf Werte über 40 Grad.

Das Gebäude rechter Hand ist das **Rathaus** und Sitz der Stadtduma (Stadtverordnetenversammlung), dessen Architekt, Aleksandr Pomerancev (1849–1918), auch das GUM in Moskau entworfen hat. Hinter dem Gorki-Park wird der Puschkin-Boulevard zu einer Fußgängerzone ausgebaut.

Die Ėngels-Straße beginnt im Westen am Bahnhof und Busbahnhof, quert den Budënnyj-Prospekt und die Vorošilov-Straße, führt vorbei am Landeskundlichen Museum, an der Philharmonie, am neuen Musiktheater in Form eines geöffneten Flügels, am ›Park des 1. Mai‹ und endet am Theaterplatz. Eine Sehenswürdigkeit sind die **Kachelmosaiken in den Fußgängerunterführungen** an den Kreuzungen mit dem Vorošilov- und dem Budënnyj-Prospekt zu verschiedenen Themen der sowjetischen ›Mythologie‹, unter anderen Variationen auf den ›Stillen Don‹ von Michail Šolo-chov.

Im **Landeskundlichen Museum** findet man viel Interessantes zur Geschichte des Don, mit Ausstellungen über die Skythen, die Amazonen, die anderen Steppenvölker, die Genueser Handelsniederlassungen am Azovschen Meer, Tataren, Türken und zur Geschichte der Kosaken und ihrer berühmtesten Rebellen Razin, Bulavin und Pugačëv. Sehr angenehm ist auch ein Spaziergang durch den ›Park des 1. Mai‹ mit seinen mehr als 70 verschiedenen Baumarten. Vom Gorki-Park bis zum **Theaterplatz** sind es etwa drei Kilometer. Das 1935

*Die Muttergottes-Geburts-Kathedrale*

fertiggestellte Gebäude des ebenfalls nach Gorki benannten Theaters ist ein Meisterwerk des Konstruktivismus. Mit seinen schrägen, nach vorn zum Don strebenden Seitenflügeln und dem klobigen Kubus des Zentralbaus legt es Assoziationen mit einem Traktor oder einem Bulldozer nahe, den Symbolen der sowjetischen Industrialisierung. Bei ihrem Rückzug aus Rostov sprengten die deutschen Besatzer das Theater; 1963 wurde es, in seinen Dimensionen verringert, wieder errichtet. Der Springbrunnen zur Linken ist die Diplomarbeit von Evgenij Vučetič (1908–1974), dem Architekten der ›Mutter Heimat‹ in Volgograd. Er konterkariert die formale Strenge des Theaters mit nahezu barocker Überschwänglichkeit.

Dem Theater gegenüber, am Hochufer des Don, erhebt sich die 70 Meter aufstrebende **Stele** in Erinnerung an den Sieg über Nazideutschland. Auf dem Platz vor dem Theater fanden einst die Aufmärsche anlässlich wichtiger sowjetischer Feiertage statt, die von den beliebten Volksfesten abgelöst wurden.

*Das Jugendtheater*

Hinter dem Theater gelangt man über die Verlängerung der ul. Bolšaja Sadovaja ins **armenische Viertel Nachičevan**, und man befindet sich in einer anderen Welt, mit einem Hauch von Orient im Straßenbild. Sehr schön ist der zentrale Platz des Viertels um das Jugendtheater. Es wurde in der zweiten Hälfte des 19. Jahrhunderts von einem einheimischen Architekten errichtet, der in Italien studiert hatte. Hinter dem Theater befinden sich in einem kleinen Park ein Marx-Denkmal, die Gedenkstätte für die Opfer des Zweiten Weltkrieges, eine neu errichtete armenische Kriche und vor ihr seit 2015 ein **Denkmal für die Opfer des Genozids** an den Armeniern in der Türkei.

## Die Umgebung von Rostov-am-Don
■ **Tanais**
Einer der interessantesten Orte in der Umgebung von Rostov ist das **Freilichtmuseum Tanais** etwa 35 Kilometer westlich der Stadt. Seit 1823 sind Archäologen damit beschäftigt, die Überreste dieser griechischen Handelskolonie auszugraben und zu erforschen. Tanais war die nördlichste aller griechischen Städte und die zweitgrößte des Bosporanischen Reiches nach der Hauptstadt Pantikapej (das heutige Kerč') auf der Krim. Der römische Historiker Plinius schrieb, dass man in Tanais mit einem Bein noch in Europa, mit dem anderen schon in Asien stehe. Jenseits von Tanais lebten die ›Barbaren‹. Die Stadt wurde 235 von den Ostgoten zerstört, wieder aufgebaut und nach dem Einfall der Hunnen im 5. Jahrhundert endgültig aufgegeben. Neben den freigelegten Fundamenten von Tanais zeigt ein Museum die bei den Ausgrabungen sichergestellten Funde. Zwischen 1993 und 2004 arbeitete hier eine russisch-deutsche Forschergruppe.

■ **Taganrog**
Tanais liegt an der Straße nach Taganrog. Von Rostov benötigt man mit dem Kleinbus (Maršrutka) vom Busbahnhof bis in das Zentrum Taganrogs etwa 1,5 Stunden. Auch hier haben Ausgrabungen die Spuren griechischer Siedler aus dem 6. Jahrhundert freigelegt. Peter der Große gründete die heutige Stadt 1698 während seines Feldzuges gegen die Türken. Sie ist der **Geburtsort Anton Tschechows** (1860–1904), einem der im 20. Jahrhundert weltweit am meisten gespielten Dramatiker. In Taganrog erinnern sein Geburtshaus, der Laden seines Vaters, das Gymnasium, in dem er zur Schule ging, und ein Literaturmuseum an ihn. Sehenswert sind außerdem das einfallsreich restaurierte Zentrum, der Park am Hochufer des Azovschen Meeres mit dem Denkmal für Peter den Großen und die Strandpromenade. In Taganrog lebte von 1870 bis 1890 Ip-

polit Tschaikowski, ein Bruder Peter Tschaikowskis. Der Komponist war häufig bei seinem Bruder, dem Kapitän zur See a.D. zu Gast. In dem Haus am Hochufer, das Ähnlichkeit mit einem mittelalterlichen Schloss hat, befinden sich ein winziges Museum und ein kleiner Konzertsaal.

### ■ Azov

Das Tor zum Azovschen Meer an der Mündung des Don ist Azov. Die Stadt trägt ihren Namen seit dem Ende des 11. Jahrhunderts, als die Polowzer, ein Turkvolk aus dem Altaj, die Küsten des Azovschen Meeres eroberten. Nach ihnen kamen die Mongolen aus dem Osten, denen die Genueser aus dem Süden folgten. Eine der zur nördlichen Seidenstraße gehörenden Handelsrouten führte durch Azov. Die Genueser Kaufleute errichteten eine Festung, die 1471 von den Türken erobert wurde. Den in den Steppen erstarkenden Kosaken versperrte sie den Weg zu ihren Raubzügen auf die Krim und ins Schwarze Meer. 1637 eroberten sie deshalb Azov. Im folgenden Jahr nutzten sie die neue Freiheit, schifften sich ein, erreichten Anatolien und plünderten zahlreiche Dörfer und Städte. Der Sultan schickte zur Rückeroberung von Azov eine Armee. Einigen tausend Kosaken standen Zehntausenden Janitscharen gegenüber. Drei Monate währte die Belagerung mit großen Verlusten auf beiden Seiten. Die Türken zogen zwar ab, doch wussten die Kosaken, dass sie wiederkommen würden. Daher schenkten sie die Festung ihrem Zaren – der dankend ablehnte. Erst 1736 fiel Azov endgültig an Russland.

Viel ist von den Bollwerken nicht übriggeblieben, doch sind sie eine der ganz wenigen Befestigungsanlagen am Azovschen und am Schwarzen Meer, die zumindest eine Vorstellung von der bewegten Geschichte der Region geben. Außerdem besitzt Azov ein sehenswertes Zentrum mit vielen interessanten Gebäuden aus dem 19. und frühen 20. Jahrhundert.

*Kreuzfahrtschiff in der Abenddämmerung*

*Hochzeitspaar an der Weltkriegsgedenkstätte in Rostov*

Sibirien beeindruckt mit unendlich erscheinender Weite und Größe; mächtige Ströme nehmen hier ihren Anfang und fließen nach Norden. Entlang der Ufer von Enisej und Lena wird der Vielvölkerstaat Russland erfahrbar, eine Kreuzfahrt auf dem Amur führt in den Fernen Osten Russlands.

*Flussschiff an den Lenasäulen*

# UNTERWEGS AUF ENISEIJ, LENA UND AMUR

# Sibirien

Sibirien hat viele Gesichter. Zu den Stichworten, die einem üblicherweise einfallen, gehören: unermessliche Weiten, die Wälder der Taiga, der Baikalsee, die Transsibirische Eisenbahn, Wasserkraftwerke an den mächtigen sibirischen Strömen, frostklirrende Winter, Eis und Schnee, die Lager des GULAG, Bären und Pelztiere, Gold und Diamanten. Durch seine Ausdehnung und Lage ist Sibirien ein Land der Extreme.

Geographisch und historisch gesehen beginnt Sibirien dort, wo Europa endet: am Ural. Von dort erstreckt sich das ›schlafende Land‹, wie eine der möglichen Übersetzungen des Wortes lautet, über tausende von Kilometern nach Osten. Es endet an Amur und Ussuri und grenzt dort im fernen Osten an den Stillen Ozean. Sibirien erstreckt sich auf 12,5 Millionen Quadratkilometern, der 35-fachen Fläche Deutschlands. Die West-Ost-Ausdehnung beträgt bis zu 6000 Kilometer, der Zeitunterschied zwischen Moskau und Jakutsk, der Hauptstadt Jakutiens im Nordosten Sibiriens, sechs Stunden, und drei weitere Stunden sind es bis zur Ostgrenze Russlands. Im Süden wird Sibirien von den mittel- und zentralasiatischen Steppen begrenzt.

Eine Möglichkeit, die sibirischen Weiten zu erfahren, sind Reisen auf den zahlreichen mächtigen Strömen. Sibirien zählt insgesamt mehr als 50 000 Flüsse sowie mehr als eine Million Seen, darunter der Baikal, der wasserreichste See der Erde. Die gewaltigsten Ströme sind der Irtyš und der Ob', der Enisej, die Lena und der Amur im Fernen Osten. Sie alle sind mehr als 4000 Kilometer lang und fließen von Süden nach Norden.

Sibirien und seine Ströme

Von Ende Oktober bis Mitte Mai ist ihr Wasser gefroren. Sie treten im Frühjahr über die Ufer und überschwemmen während des Eisgangs weite Landstriche. Das Gefälle vor allem des Irtyš und des Ob' ist minimal, weshalb die Wasser nur langsam abfließen und weite Flächen Westsibiriens in undurchdringliches Sumpfland verwandeln. Ob' und Irtyš, Enisej und Lena durchqueren sehr unterschiedliche Landschaften und Vegetationszonen: Gebirge und Hochgebirge, Steppen, Waldsteppen, die Taiga, die Waldtundra und an den Ufern der Polarmeere die Tundra.

Die Quelle des Ob' liegt im Altaj, die des Enisej im sich östlich anschließenden Sajangebirge. Dort wo die Steppen in Waldsteppen übergehen, beginnt Sibirien, und das Charakteristikum Sibiriens sind die sich auf tausenden Quadratkilometern erstreckenden Waldmassive der Taiga. Ausgedehnte Nadelwälder stehen auf im Sommer teilweise sumpfigem Permafrostboden. In der sibirischen Taiga wächst ein Viertel der weltweiten Waldreserven.

Die Taiga ist für die Sibirier mehr als ein Name oder ein Wald. Seit Urzeiten ist sie mit ihren Tieren und Pflanzen Ernährerin und ein lebendes, dem Menschen gegenüber mal wohlgesonnenes, dann wieder in Angst und Schrecken versetzendes Wesen. »Ringsum lag die Taiga. Klettere auf das Dach der Kirche und schau dich um: Taiga. Steig auf den höchsten Hügel, der dort vom Bruch in den Fluss abfällt: Taiga. Schwinge dich wie ein Vogel gen Himmel: Taiga. Die Taiga hat weder Anfang noch Ende.« Diese Worte schrieb Vjačeslav Šiškov (1873–1945) in seinem 1916 veröffentlichten Buch ›Taiga‹ über ein sibirisches Dorf und seine Bewohner, russische Bauern, die dem Wald etwas Land

*Das Monument ›Zentrum Asiens‹ bei Kyzyl*

abgerungen hatten: »Die Taiga krachte, stöhnte, nahm den Streit mit den Menschen auf: Hetzte den Bären in seine Behausung, schreckte ihn mit Waldteufeln. Aber der Mensch blieb standhaft, er trug das alles und bezwang die Taiga schließlich doch. Und dort, wo vor nicht langer Zeit Bäume zum Himmel strebten, breiteten sich jetzt die grünen Teppiche heiterer Weiden aus.«

## Geschichte Sibiriens

Vor Millionen Jahren waren weite Teile Sibiriens von warmen Meeren, Urwäldern und Savannen bedeckt. Noch vor 80 000 Jahren lebten im hohen Norden Tiere wie Mammut, Säbelzahntiger und Höhlenlöwe. Überreste von ihnen findet man in den Höhlen an den Ufern der großen Flüsse oder im ewigen Eis. Vor und zwischen den Eiszeiten siedelten Vorfahren des modernen Homonoiden bis in den hohen Norden. Spuren menschlichen Lebens während der Steinzeit wie Felsmalereien findet man beispielsweise am Baikalsee, an der Lena südlich von Jakutsk und besonders in den südlichen Steppen, also in Chakassien, im Altaj-Gebirge und in Tuva.

Der Name Sibirien taucht in den russischen Chroniken erstmals 1408 auf. Über seine Herkunft streiten sich die Experten. Manche Wissenschaftler erklären sich die Bedeutung des Wortes aus dem Mongolischen, in dem ›Šibir‹ ›Land der Wälder‹ heißt, andere verweisen auf den Stamm der ›Sabiren‹, Nachfahren der Hunnen, die in den Waldsteppen im Oberlauf des Irtyš siedelten. Die Eroberung Sibiriens durch die Russen lässt sich genau datieren; sie begann am 1. September 1582. An diesem Tag begab sich ein 600 Mann zählendes Kosakenheer unter ihrem Anführer Ermak auf 30 Schiffen in das Uralgebirge. Sie überwanden die Wasserscheide und erreichten gen Osten flussabwärts im Spätherbst die sibirischen Flüsse Tobol und Irtyš. Dort besiegten sie ein Heer des sibirischen Khans Kučum, unterwarfen – falls nötig mit Zwang – die Ureinwohner und verlangten von ihnen Kopfgeld in Form von Fellen.

An strategisch günstigen Orten legten die Kosaken Festungen an, ›Ostrog‹ genannt, aus denen sie zu neuen Eroberungen auszogen. So drangen sie, allen Gefahren trotzend, immer weiter in den unbekannten Osten vor; ihnen folgten Händler und Unternehmer.

Im Jahr 1604 entstand der ›Ostrog‹ Tomsk am mittleren Ob, 1607 erreichten die ersten Kosaken den Enisej, 1628 die Lena, 1643 den Baikal und 1644 den Stillen Ozean. Im Laufe eines halben Jahrhunderts hatten einige tausend Unerschrockene den ganzen Kontinent durchstreift, Festungen gegründet und zahlreiche Völkerschaften zu Untertanen des Zaren gemacht.

Die Russen suchten zunächst vor allem nach Zobel. Die wertvollen Felle dieser Tiere wurden mit Gold aufgewogen. Schätzungen gehen von 100 000 bis 150 000 Fellen aus, die in der ersten Hälfte des 17. Jahrhunderts aus Sibirien in den Westen Russlands gelangten. Schnell waren die Tiere in den neuerschlossenen Territorien dezimiert.

Immer neue bis dato unbekannte Völkerschaften begegneten den Kosaken.

▲ *Jakuten vor ihrer Jurte bei Žigansk*

## Die Erschließung Sibiriens

Die dauerhafte Erschließung des riesigen Landes begann in der ersten Hälfte des 18. Jahrhunderts mit dem Bau der Sibirischen Trasse, über die der Verkehr zwischen Europa und dem Fernen Osten rollte. Handel und Post wurden auf dieser Route abgewickelt, Verbannte, Strafarbeiter und Bauern fanden – oft unfreiwillig – entlang dieser Trasse eine neue Heimat. Die ersten Bodenschätze, die ausgebeutet wurden, waren Eisen, Kupfer, Kohle und Salz. In den meisten Bergwerken arbeiteten Zwangsarbeiter unter entsetzlichen Bedingungen. Dostojewskis Roman ›Aufzeichnungen aus einem Totenhaus‹ erzählt davon. Der Schriftsteller war wegen ›revolutionärer Umtriebe‹ 1849 zu vier Jahren Zwangsarbeit verurteilt worden, die er im westsibirischen Omsk verbrachte.

Zuvor hatte Zar Nikolaus I. die Beteiligten eines Aufstandes liberaler Adliger – die ›Dekabristen‹ – nach Sibirien verbannt. Ihnen verdankten die Städte, Dörfer und Siedlungen vielerorts die Bekanntschaft mit europäischen liberalen Ideen, Kultur und Wissen.

Neben den regulären Siedlern ließen sich auch geflüchtete Leibeigene und Kriminelle in Sibirien nieder; in der Taiga vagabundierten entlaufene Sträflinge und Missionare.

Als Mitte des 19. Jahrhunderts am Enisej das erste Gold gefunden wurde, brach ein Goldfieber aus. Die Ausbeute betrug bis zu 50 000 Kilogramm im Jahr. Realistische Einblicke in das Leben in der Taiga, die Sitten und Bräuche in den sibirischen Dörfern bietet Vjačeslav Šiškov mit seinen Erzählungen ›Taiga‹ (1916) und mehr noch mit seinem Roman ›Der dunkle Fluss‹.

Im 18. und 19. Jahrhundert intensivierte die Kirche ihre Bemühungen, die Ur-

*Ermak, der Eroberer Sibiriens*

In Westsibirien waren das die Mansen und Chanten, zwei Völker, die aus der Vermischung der Ureinwohner mit verschiedenen Völkerschaften aus dem Süden entstanden waren. Mansen und Chanten waren Halbnomaden, während die Nenzen im Nordosten, die auch in der Tundra lebten, nomadisierten. Am Enisej trafen die Russen auf Stämme, die sie Tungusen nannten, zu denen unter anderem die Ewenken gehörten. Ewenken und die nordöstlich lebenden Ewenen gehören zu den mongolisch-mandschurischen Stämmen, deren Urheimat im Fernen Osten und um den Baikal lag. Sie wurden zwischen dem 10. und 12. Jahrhundert von den Jakuten nach Norden verdrängt, die ursprünglich westlich des Baikal gesiedelt hatten und sich später zu beiden Seiten der Lena niederließen. Am Baikal stießen die Russen auf die Burjaten und im Fernen Osten auf zahlreiche andere Stämme. Fast alle wehrten sich zunächst gegen den Anspruch der Kosaken auf die ›Jasak‹ genannten Tributzahlungen, mussten jedoch letztlich nachgeben.

einwohner zu missionieren. Diejenigen, die sich taufen ließen, wurden vom ›Jasak‹ befreit und durften in den Staatsdienst treten. Insgesamt gab es in Sibirien 65 Klöster, unter ihnen 40 für Nonnen. Die Sowjetmacht ließ nicht eines am Leben. Die meisten sind inzwischen wieder von Nonnen und Mönchen bewohnt.

Im 18. und 19. Jahrhundert erschlossen zudem zahlreiche Expeditionen den sibirischen Norden. Dabei wurde Alaska ›entdeckt‹, das bis 1867 zu Russland gehörte. Zu einem Preis von 7,2 Millionen Dollar ging die Halbinsel in Besitz der USA über. Zwölf Jahre später erreichte der schwedische Polarforscher Nils Adolf Erik Baron von Nordenskjöld (1832–1901) nach einjähriger Reise über die Polarmeere die Beringsee im Osten zwischen Tschukotka und Alaska. Die Erkenntnisse dieser Expedition –, dass ein Schiffsverkehr auf diesem Weg möglich ist – bildeten die Voraussetzungen für die Einrichtung der nördlichsten Handelsroute der Welt. Die ersten Häfen an den Mündungen der großen Flüsse entstanden Ende der 1920er Jahre.

Den entscheidenden Schritt zur Erschließung Sibiriens bildete der Bau der Transsibirischen Eisenbahn – der längste Schienenstrang der Welt. Die Bauarbeiten begannen 1892 gleichzeitig im Osten und im Westen; 1902 verkehrten die ersten durchgehenden Züge.

Zu Beginn des Ersten Weltkriegs lebten zehn Millionen Menschen in Sibirien. Das Land war mittlerweile zu einem wichtigen Lieferanten von landwirtschaftlichen Erzeugnissen wie Getreide, Butter, Speiseöl und Honig geworden. Waren aus Sibirien gelangten auch auf die westeuropäischen Märkte. Während des Bürgerkriegs (1917–1922) fanden bis in den Fernen Osten heftige Kämpfe statt. Teile des Romans ›Doktor Schiwago‹, für den Boris Pasternak 1959 den Nobelpreis für Literatur erhielt, spielen in Sibirien.

Mit der Verabschiedung des Ersten Fünfjahrplanes im Jahr 1929 begann für Sibirien das Zeitalter der Industrialisierung. Zur Ausbeutung der Rohstoffe entstanden hunderte kleiner und großer Industriezentren und Städte. Dafür schufteten Millionen Menschen unter

▲ *Neusiedler im 19. Jahrhundert*

*Die Transsibirische Eisenbahn verbindet Sibirien mit dem europäischen Teil Russlands*

grausamsten Bedingungen in den Lagern des GULAG. Sie bauten Straßen und Eisenbahnen, fällten Holz und förderten die Bodenschätze des Landes. Während des Zweiten Weltkriegs wurden hunderte von Industriebetrieben aus dem europäischen Teil des Landes nach Sibirien in Sicherheit gebracht.

Ab den 1950er Jahren entstanden die großen Wasserkraftwerke an Enisej und Angara. In den 1970er und 1980er Jahren wurde die Baikal-Amur-Magistrale (BAM) gebaut, ein Schienenstrang von der Transsib über Bratsk, den Norden des Baikalsees bis in das Gebiet von Magadan im Fernen Osten. Unter schwierigsten Bedingungen begann der Abbau der zahlreichen wertvollen Bodenschätze, entstanden weitere Städte und Industriebetriebe.

Nach der Aufhebung der Stalinschen Lager herrschte allerorten ein Mangel an Arbeitskräften. Dem Ruf der Partei an die sowjetische Jugend, den Kommunismus in Sibirien aufzubauen, folgten allein zwischen 1956 und 1959 fast eine Million junger Menschen. Auch in späteren Jahrzehnten lockten die verhältnismäßig hohen Löhne, die Romantik als Pioniere des Fortschritts und die Versprechen der Propaganda viele Menschen in den Osten. Sibirien gliedert sich in drei Föderale Bezirke – den Ural-, den Sibirischen und den Fernöstlichen Bezirk. Die Gesamteinwohnerzahl beträgt ca. 36 Millionen Menschen, Tendenz sinkend.

## Sibirien heute

Einige Städte – beispielsweise Novosibirsk, Krasnojarsk und Jakutsk – sind moderne kulturelle, wissenschaftliche und industrielle Zentren. In manchen entlegenen Gegenden kehrten die Menschen hingegen zu traditionellen Lebensformen zurück – Fischfang, Jagd und Viehzucht. Millionen sind seit dem Ende des Kommunismus in den Westen Russlands abgewandert. Grund sind die immensen wirtschaftlichen Probleme Sibiriens. Große Projekte wie der Ausbau der Transsib bis nach Südkorea, die Schaffung neuer Handelswege zwischen Japan, Nordamerika und Russland und die Erschließung der Rohstoffquellen weitab jeder Zivilisation sind bislang keine Realität, sondern nur vage Versprechen für die Zukunft.

Nach wie vor sind die Schätze Sibiriens eine der wichtigsten Einnahmequellen Russlands. 75 Prozent der geschätzten russischen Erdölreserven – ein Zehntel der Weltreserven – entfallen auf Westsibirien und andere Gegenden wie Jakutien und Tschukotka. Dazu kommen 25 Prozent der weltweit bislang erkundeten Vorräte an Erdgas, die von Gazprom, dem größten Unternehmen in Russland, ausgebeutet werden.

Die Ausbeutung der im und unter dem Permafrostboden liegenden Öl- und Gasfelder verursacht erhebliche Kosten und richtet enorme ökologische Schäden an. Vom Weltall aus betrachtet ist Westsibirien – das Gebiet von Tjumen' – der hellste Fleck auf der Erde, weil das bei der Erdölförderung anfallende Gas in riesigen Mengen abgefackelt wird. Zurück bleiben Berge von Ölruß, Flora und Fauna verändern sich, die Häufigkeit von Waldbränden nimmt zu. Außerdem hat die Ölförderung einen eklatanten Wassermangel zur Folge, da Wasser in die entstehenden unterirdischen Reservoirs gepumpt werden muss. Die Lebensgrundlagen der in der Region lebenden Mansen, Chanten und Nenzen sind dadurch akut bedroht.

Schäden entstehen der Taiga und Tundra, die für das ökologische Gleichgewicht der Erde ebenso wichtig sind wie der tropische Regenwald, durch den ungenügend gefilterten Ausstoß von Schadstoffen um die großen Industriezentren – etwa um Norilsk, unweit der Mündung des Enisej in die Kara-See – sowie durch den extensiven Holzeinschlag vor allem in den Gebieten jenseits des Baikal, was zu Waldbränden und zur Verbreitung von Schädlingen führt. Die Stauseen bewirken eine Veränderung des Mikroklimas und tragen zur Verschmutzung der Flüsse bei. Manche Schätzungen gehen von einer Erhöhung der Durchschnittstemperatur um drei Grad in den nächsten 30 Jahren aus. Fatale Folgen für die Natur sind zu befürchten, in den Städten entlang der Transsibirischen Eisenbahn, besonders in Westsibirien, konstatiert man schon heute weitaus wärmere Winter als noch vor 20 Jahren.

## Die Ureinwohner

Ursprünglich lebten zwischen Ural und Pazifik über 130 Völkerschaften. Das waren oft kleine Stämme, die sich in Sprache, Herkunft und Traditionen, selbst wenn sie benachbarte Territorien besiedelten, erheblich voneinander unterschieden. Sie stammen aus zwei großen Sprachfamilien: denen des Altaj und denen des Ural. Die Ural-Familie spaltet sich in die finno-ugrische Gruppe, zu der die Sprachen der Mansen und Chanten gehören, und die samojedische Gruppe, zu der die Nenzen und Enzen zählen. Weitaus umfangreicher und verzweigter sind die Altaj-Sprachen. Zu ihnen gehören die Turksprachen der Jakuten, Chakassen und Tuwiner, die tunguso-mandschurische Gruppe (Ewenken und Ewenen) und die mongolische Gruppe (Burjaten). Einige dieser Völker gibt es nicht mehr, andere sind so weit dezimiert, dass ihr Bestehen bedroht ist. So wird zum Beispiel die Zahl der Jukagiren in Jakutien und der Keten am Enisej nur noch auf je etwa knapp 1000 Menschen geschätzt. Im 18. Jahrhundert rafften verheerende Pockenepidemien viele Ur-

▲ *Fischer an der Lena*

*Junger Jakute*

einwohner dahin. Eine der schlimmsten Geißeln war und ist der Wodka.
Die Christianisierung nahm nur allmählich Einfluss auf die Kultur und den Lebensstil der Menschen, anders als der Kommunismus. Ab den 1930er Jahren wurden die nomadisierenden Rentierzüchter und Jäger in Siedlungen gezwungen, in denen sie den Kontakt zu ihren Lebenswelten und ihrer Kultur verloren. Tausende Schamanen, die Heilkundigen und Boten zwischen den Welten, fielen dem antireligiösen Terror dieser Jahre zum Opfer. Das gleiche Schicksal traf die junge Intelligenz, vor allem in Jakutien und Burjatien. Die Ansiedlung der Nomaden in Dörfern und ihre erzwungene Konzentration in Kolchosen kompensierte die Staatsmacht durch bessere Bildungschancen für die Kinder, flächendeckende medizinische Betreuung und kulturelles Engagement. Fast alle Völker, die bis dahin oft kein Alphabet besessen hatten, erhielten eine eigene Schrift. Auch die entlegensten Gegenden waren so gut wie kostenlos mit dem Hubschrauber zu erreichen.
In der Sowjetunion besaßen Jakuten, Burjaten, Tuwiner, Ewenken und einige andere Völker einen Status, der ihnen einige administrative und kulturelle Rechte einräumte. Als die Sowjetunion zerfiel, besannen sich viele Völkerschaften ihrer eigenen Wurzeln und strebten nach mehr Unabhängigkeit. Die auch in der Sowjetunion autonomen Republiken der Jakuten, Chakassen, Tuwiner und Burjaten verloren ihr Attribut ›sozialistisch‹, gaben sich eine Verfassung, eine Staatsflagge und eine Hymne. Mit der quasi-staatlichen Selbstbestimmung, die von Putin während seiner ersten Amtszeit als Präsident wieder eingeschränkt wurde, begann die Wiedergeburt des Schamanismus und künstlerischer Traditionen, so zum Beispiel des Kehlkopfgesangs, des Spiels auf der Maultrommel oder des ›Oloncho‹, dem jakutischen Epos von der Entstehung der Welt.
Auf der andere Seite fielen mit dem Ende des Kommunismus die Subventionen für das schwere Leben im Norden weg. In vielen Regionen fehlte es oft am Nötigsten, die Rentierherden verloren beispielsweise fast zwei Drittel ihres Bestandes. Die Kolchosen besaßen keine Abnehmer mehr für ihr Fleisch und ihre Felle. Da den Züchtern keine Löhne mehr gezahlt wurden, schlachteten sie viele Tiere, um nicht zu verhungern. Heute wachsen die Herden wieder, weil sich couragierte Einheimische ihrer Traditionen besannen und – wie vor hunderten von Jahren – zum Nomadenleben zurückgekehrt sind. Inzwischen lassen einige Familien auch zu, dass Touristen zu ihnen kommen und einige Zeit das Leben ›am Rand der Welt‹ mit ihnen teilen.

# Der Enisej

»Die eifersüchtigen Bewunderer der Wolga mögen es mir nicht verübeln, wenn ich sage, dass ich in meinem Leben keinen prächtigeren Strom als den Enisej gesehen habe. Wenn die Wolga eine elegante, bescheidene und schwermütige Schönheit ist, so ist der Enisej ein mächtiger und ungestümer Recke, der nicht weiß, wohin mit seiner Kraft und Jugend. An der Wolga begann der Mensch mit Kühnheit und endete mit einem Stöhnen ... Am Enisej aber begann das Leben mit Stöhnen und endete mit einer Kühnheit, von der man nicht einmal träumen kann.«

Anton Tschechow, von dem diese Worte stammen, bereiste Sibirien 1890 auf dem Weg nach Sachalin im Fernen Osten. Tschechow gehörte zu den ersten europäischen Schriftstellern, die das Land in ihren Werken thematisierten. Seine Bewunderung für den Enisej, den er bei Krasnojarsk erreichte, wird jeder teilen, der den Strom nicht nur während einer Fahrt auf der Transsibirischen Eisenbahn überquert, sondern während einer Schiffsreise näher kennenlernt. Auf einer Länge von mehr als 4000 Kilometern durchquert er halb Asien, nimmt hunderte von Nebenflüssen in sich auf und mündet in die Kara-See, die zum Nordpolarmeer gehört. Von der Quelle bis Chakassien säumen ihn unberührte Hochgebirgslandschaften, Steppen und wilde Felsdurchbrüche. Südlich von Krasnojarsk erreicht er den Waldgürtel der Taiga und nach weiteren gut 1500 Kilometern die Tundra. Der Enisej gilt als Grenze zwischen West- und Ostsibirien. Gemessen am Volumen der von ihm transportierten Wassermengen – durchschnittlich 19 800 Kubikmeter pro Sekunde an der Mündung in die Kara-See – ist er der mächtigste Fluss Russlands.

Tschechows Bewunderung für den wilden Charakter des Enisej klingt gut hundert Jahre, nachdem der Schriftsteller den Strom für sich entdeckte, wie eine Reminiszenz an vergangene Zeiten. In der Zwischenzeit hat der Mensch ihn mit zwei gigantischen Staudämmen gezähmt. Der erste staut seine Wasser etwa 600 Kilometer vor Krasnojarsk in einem Tal, das der Strom in Jahrmillionen durch das Westliche Sajangebirge gegraben hat, das zweite versperrt seinen Wassermassen nur etwa 30 Kilometer südlich von Krasnojarsk den freien Weg. Der See, der sich hinter der Mauer staut, ist 400 Kilometer lang und reicht bis fast nach Abakan, der Hauptstadt der Autonomen Republik Chakassien.

Der Enisej besitzt zwei Quellen. Die eine liegt auf russischem Staatsgebiet im Östlichen Sajan, die andere in der nordwestlichen Mongolei. Beide befinden sich an der Wasserscheide zwischen dem Polarmeer im Norden und dem Stillen Ozean. Großer und Kleiner Enisej vereinen sich bei Kyzyl, der Hauptstadt der Autono-

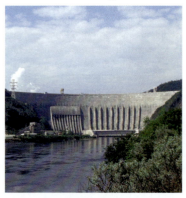

▲ *Staumauer im Sajan-Gebirge*

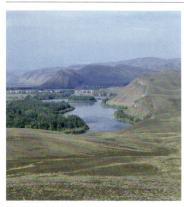

*Der Enisej bei Kyzyl*

men Republik Tuva. Am Ufer markiert ein Obelisk den geographischen Mittelpunkt Asiens. Der Strom fließt weiter durch die Tuvinische Hochebene, gräbt sich sein Bett durch das Westliche Sajangebirge, erreicht den ersten Staudamm, passiert die chakassischen Steppen und erreicht hinter dem zweiten Staudamm Krasnojarsk.

Kenntnis von der Existenz des Enisej hatten die Russen bereits Ende des 16. Jahrhunderts durch die Chanten und Mansen erhalten, die den Strom Ioanessi oder Ionesu nannten, was soviel wie ›Das Große Wasser‹ bedeutet. Die russische Zunge machte aus den beiden Worten den Enisej.

2017 verkehrten zwischen Mai und Oktober alle fünf Tage abwechselnd zwei Passagierschiffe älterer Bauart zwischen Krasnojarsk und Dudinka.

## Krasnojarsk

Als eine der schönsten Städte Sibiriens gilt Krasnojarsk (Красноярск). Sie hat heute gut eine Million Einwohner, deren wichtigste Arbeitgeber zahlreiche Industriebetriebe sind. Eher unbewusst schließt jeder Bekanntschaft mit der Stadt, wenn er die ersten russischen Banknoten in Händen hält. Auf den 10-Rubel-Scheinen sind drei Bauten abgebildet, die die ›Visitenkarte‹ der Stadt bilden: die Oktober-Brücke über den Enisej, die Kapelle auf dem Wächterberg (Karaulnaja Gora) und der Krasnojarsker Staudamm.

Die ökologische Situation der Stadt ist durch zahlreiche Industriebetriebe, darunter die zweitgrößte Aluminiumhütte der Welt, angespannt.

Der Name der Stadt leitet sich von der Bezeichnung des ersten Forts ab, das die Kosaken hier 1628 errichteten; ›Krasnyj Jar‹ bedeutet soviel wie ›schöner Abgrund‹ oder ›roter Abgrund‹. Das ›Rot‹ bezieht sich auf die Farbe des Sandsteins, aus dem die Berge und Felsen am östlichen Ufer des Enisej bestehen.

■ **Sehenswürdigkeiten**

Die etwa 350 Kosaken unter ihrem Anführer Andrej Dubenskij errichteten ihren Ostrog dort, wo längs einer Landzunge die Kača in den Enisej mündet. Von hier aus wuchs die Stadt am Westufer des Enisej in die Länge und landeinwärts. Auf der Landzunge befindet sich ein Friedhof, heute der Platz des Frie-

*Krasnojarsk vom Schiff aus*

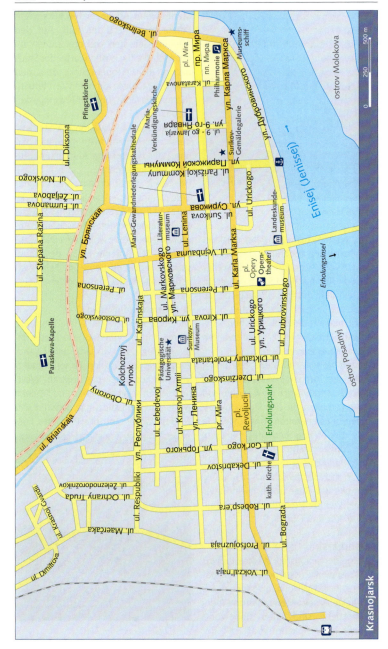

dens. Er wird von dem knapp 2000 Zuschauer fassenden Konzertsaal, einem Kulturzentrum – früher ein Lenin-Museum – und dem mit 26 Stockwerken höchsten Gebäude von Krasnojarsk dominiert. Hier trifft sich die Jugend mit Mountainbikes und Skateboards, flanieren Verliebte. Von hier führt auch eine Fußgängerbrücke über den Fluss auf eine Insel im Enisej, eines der beliebtesten Naherholungsgebiete.

Am Ufer liegt ein **historischer Dampfer** vor Anker, auf dem Nikolaj Romanov und sechs Jahre nach ihm Lenin den Enisej befuhren: Nikolaj als Thronfolger, Lenin als Verbannter. Gegenüber dem Raddampfer wird seit den 1990er Jahren mit einem kleinen Denkmal der Opfer des GULAG gedacht.

Drei parallel zueinander verlaufende Straßen – die **Karl-Marx-Straße** und die **Lenin-Straße** sowie der zwischen ihnen verlaufende **Friedensprospekt** (pr. Mira) – verbinden den Platz des Friedens mit dem etwa drei Kilometer entfernt liegenden Bahnhof. An ihnen befinden sich die meisten der sehenswerten Bauten, Museen, Denkmale und längs des Frieden-Prospekts die gemütlichen, begrünten Oasen mit Springbrunnen und Bänken. Beeindruckend ist die architektonische Vielfalt von Klassizismus bis zum Jugendstil. Dieser Eklektizismus ist das Aushängeschild von Krasnojarsk. Neben Kleinoden verschiedenster Stile stehen gesichtslose Bauten aus den 1970er Jahren; zauberhafte kleine Plätze finden sich ebenso wie triste, marode Bausubstanz. Andererseits entsteht Neues: Relativ jung ist die Uferpromenade längs des Enisej.

Einer der bei den Krasnojarskern und ihren Gästen beliebtesten Orte ist die Gegend rund um die **Oktober-Brücke**. Hier befinden sich das Landeskundemuseum, das moderne Opernheater und davor ein Platz mit Fontänen, die in den Abendstunden bunt bestrahlt werden. Imbissbuden und Bierzelte locken allabendlich Tausende an. Zwischen dem Platz und der Uferpromenade schaut Tschechow auf und über den Enisej.

Etwa einen Kilometer flussaufwärts befindet sich zwischen Karl-Marx-Straße und Enisej der **Erholungspark von Kras-**

*Am Leninplatz*

nojarsk. Er ist mehr als 170 Jahre alt und galt lange Zeit als der schönste Park Sibiriens. Gegenüber dem Haupteingang liegt der weitläufige Lenin-Platz mit einem Denkmal für Lenin und einem weiteren für den seit Jahren unvollendeten Bau der ersten Krasnojarsker Metrolinie. Der bedeutendste und im ganzen Land bekannte ›Sohn‹ von Krasnojarsk ist der Maler Vasilij Surikov (1848–1916), der einer Kosakenfamilie entstammte. Sein Geburtshaus in der ul. Lenina 98 ist heute Museum. Surikov verbrachte in Krasnojarsk seine Kindheit, studierte dann an der Petersburger Akademie der Künste und machte sich vor allem als Historienmaler einen Namen. Eines seiner berühmtesten Bilder, ›Die Bojarin Morozova‹, zeigt die zu den Altgläubigen zählende Adlige auf dem Weg in die Verbannung. Das Gemälde befindet sich seit 1887 im Besitz der Tretjakov-Galerie in Moskau. Surikov war der Begründer einer Künstlerdynastie. Seine Enkelin Natalja heiratete 1936 Sergej Michalkov (1913-2009), einen Kinderschriftsteller, der 1977 den Text der sowjetischen Hymne überarbeitete und im Jahr 2000 den Text für die neue Hymne der Russische Föderation dichtete. Berühmter noch sind die beiden Urenkel Vasilij Surikovs, die Filmregisseure Nikita Michalkov (geb. 1945) und Andron Michalkov-Končalovskij (geb. 1937). Beide haben Filmgeschichte geschrieben, Nikita ausschließlich in Russland, Andron darüber hinaus in Hollywood. Zur Sammlung des **Krasnojarsker Museums für Bildende Künste**, das Surikovs Namen trägt, gehören 78 seiner Gemälde, außerdem Ikonen und Ge-mälde russischer Maler des 18. und 19. Jahrhunderts.

Der berühmteste Krasnojarsker Maler des 20. Jahrhunderts ist Andrej Pozdeev (1926–1998). Seine expressiven Bilder der Stadt und der Umgebung von Krasnojarsk sowie Stilleben findet man hier und ebenso in der Tretjakov-Galerie in Moskau, im Russischen Museum in St. Petersburg und im Ausland. Ein Denkmal für den Künstler befindet sich am Friedensprospekt, rechts vor dem Backsteingebäude der Pädagogischen Universität. Die schmächtige Gestalt Pozdeevs, mit seinem Malkasten über der Schulter und einem Schirm in der Hand, mischt sich unter die Passanten.

Das **Literaturmuseum** ist in einem der wunderlichsten Holzbauten von Krasnojarsk untergebracht, in der ul. Lenina 62. Leider gehört zur Sammlung nur ein Teil der berühmten Judin-Bibliothek, der weitaus größere Teil der Bestände des Kaufmanns und Sammlers befinden sich in der Bibliothek des Amerikanischen Kongresses in Washington. Außerdem gibt das Museum einen Einblick in Leben und Schaffen von Viktor Astaf'ev (1924–2001), einem der bedeutendsten russischen Schriftsteller in der zweiten Hälfte des 20. Jahrhunderts. Als

*Denkmal für den berühmten Maler Vasilij Surikov*

Astaf'ev 2001 starb, begleiteten tausende Menschen seinen Sarg zur letzten Ruhestätte auf dem kleinen Friedhof in der Nähe des Dorfes **Ovsjanka**, das etwa 20 Kilometer südlich von Krasnojarsk liegt. In diesem kleinen Ort war Astaf'ev als Sohn von Bauern zur Welt gekommen. Hier verbrachte er seine Kindheit und seine letzten Lebensjahre. Astaf'evs bedeutendstes und letztes Werk trägt den Namen ›Verdammt und getötet‹. Darin beschreibt er die Kriegserlebnisse eines sibirischen Bataillons von der Einberufung der jungen Männer aus ihren Dörfern bis zu den ersten Erlebnissen an der Front. Nach der Veröffentlichung dankten ihm viele ehemalige Frontsoldaten dafür, dass er – endlich! – die Wahrheit über das Abschlachten geschrieben habe, andere diffamierten ihn als ›Judenknecht und Vaterlandsverräter. Astaf'evs Wohnhaus und das Haus seiner Großmutter sind heute Museen.

Von so gut wie jedem Punkt in Krasnojarsk ist ein Bauwerk am hohen westlichen Ufer auszumachen: die kleine **Paraskeva-Kapelle** (Paraskeva Pjatnica) auf dem Wächterberg (Karaulnaja Gora). Gleichzeitig mit dem Fort im Tal hatten die Kosaken hier einen Wachturm errichtet, von dem aus die Umgebung einzusehen war. Die Kapelle entstand 1856. Unterhalb des Gipfels steht eine Kanone, aus der täglich um 12 Uhr ein Schuss abgefeuert wird.

■ **Krasnojarsker Säulen**
Vom Wächterberg aus sind die ›Krasnojarsker Säulen‹ (Stolby) gut zu sehen, ein Naturschutzgebiet südlich der Stadt am Ostufer des Enisej. Sie gehören zu den Ausläufern des Östlichen Sajangebirges. Die Landschaft ist ein Paradies für Wanderer und Bergsteiger. Seit 1925 stehen die mehr als hundert, auf bis zu 104

*Das Haus von Viktor Astaf'ev in Ovsjanka*

Meter ansteigenden Felsen und die Bergtaiga unter Naturschutz. Aus dem Tal gelangt man in das Felsmassiv nach einem etwa 90-minütigen Fußweg. Jeder Felsen besitzt einen Namen, beispielsweise Mönch, Großvater, Ermak, Frosch, Königsadler, Mütterchen, Tokmak oder Totem. Auf einem Kammweg, der teilweise farblich markiert ist, geht es von Fels zu Fels und über einen steilen Pfad zurück ins Tal.

## Von Krasnojarsk zum Nordmeer
Die ersten 750 Kilometer der etwa 2000 Kilometer langen Strecke zwischen Krasnojarsk und der Mündung des Enisej in die Kara-See führen entlang des Eniseij-Bergrückens am rechten Ufer. Die Hänge sind von dichten Tannenwäldern bedeckt. An zwei Stellen – etwa 230 und etwa 500 Kilometer nördlich von Krasnojarsk – reichen die Ausläufer des Gebirges über den Fluss hinaus. Das Bett, das sich der Enisej an diesen Stellen durch die Bergrücken gegraben hat, ist schmal, der Grund felsig.

Mit dem **Enisej-Bergrücken** ist die Geschichte des russischen Goldfiebers im 19. Jahrhundert verbunden.

## Von Krasnojarsk zum Nordmeer

Einige Kilometer bevor der Fluss Kan in den Enisej mündet, erreicht man die ›**Atamanovo-Röhre**‹, einen engen Abschnitt mit felsigen Ufern. Die Siedlung Atamanovo wurde im 17. Jahrhundert als Vorposten der Kosaken gegründet. Ein weitere ›Röhre‹ befindet sich unweit der Siedlung Predivinsk, etwa 130 Kilometer hinter Krasnojarsk. Seinen Namen verdankt der Ort der hier außergewöhnlich schönen Landschaft.

Rund 213 Kilometer hinter Krasnojarsk ist das **Dorf Kazačinskoe** erreicht, nach weiteren 20 Kilometern beginnen die etwa vier Kilometer langen **Kazačinsker Stromschnellen**. Das Gefälle beträgt etwa einen Meter pro Kilometer, entsprechend groß ist die Fließgeschwindigkeit des auf 350 Meter eingeengten Flusses: 20 Kilometer pro Stunde! Die Schiffe werden durch vier Kilometer lange Stahltrossen in der Fahrrinne gehalten. An unruhigen Tagen erreichen die Kämme der sich an den zahlreichen Felsbrocken brechenden Wellen eine Höhe von bis zu zwei Metern. Hier spürt man die Gewalt und das Temperament des Enisej, den die Sibirier auch als ›Vater aller Flüsse‹ bezeichnen.

Die **Siedlung Strelka**, 250 Kilometer nördlich von Krasnojarsk, liegt an der **Mündung der Angara in den Enisej**. Die Angara ist der einzige Fluss, der dem Baikalsee entspringt. Einer Legende zufolge war Angara die Tochter des mächtigen Fürsten Baikola. Sie verliebte sich in den Enisej, doch ihr Vater verhinderte die Heirat. Daraufhin verließ sie ihn. Der riesige Fels, den ihr Baikola wutentbrannt hinterher schleuderte, liegt bis heute zwischen den Ufern der Angara, dort wo ihre Wasser den Baikalsee verlassen. Die größten Städte an der Angara sind Irkutsk und Bratsk. Insgesamt vier Staudämme unterbrechen ihn.

Nachdem der Enisej die Angara in sich aufgenommen hat, verbreitert er sich, gewinnt an Tiefe und fließt von nun an mit wenigen Ausnahmen ruhig und gemächlich seinem Ziel, dem Nordmeer, entgegen. Viele Kilometer noch verzichten die trüben Wasser des Enisej und die blauen, klaren der Angara darauf, sich zu vereinen.

## Lesosibirsk

Die erste größere Stadt auf dem Weg von Krasnojarsk in den Norden ist Lesosibirsk (Лесосибирск, Wald-Sibirsk) mit ihren 77 000 Einwohnern. Sie liegt am linken Ufer des Enisej, 294 Kilometer von Krasnojarsk entfernt. Ihr Hafen ist der jüngste und modernste am Enisej. Er soll in erster Linie die Industriebetriebe von Norilsk im Hohen Norden mit Rohstoffen und Ausrüstungen versorgen. Außerdem wird hier ein Teil des über die Angara transportierten Rohholzes in den rund 30 Sägewerken des Ortes zu Brettern verarbeitet. Auf dem Enisej werden sie nach Igarka transportiert und von dort aus in alle Welt verschickt.

Die Stadt erstreckt sich auf einer Länge von 20 Kilometern entlang des Enisej-Ufers. Ihr beeindruckendstes Bauwerk ist die mit 30 Kuppeln und einer Höhe von 63 Metern **größte Kirche im Gebiet von Krasnojarsk**. Gebaut wurde sie in den 1990er Jahren mit Mitteln, die einer der größten holzverarbeitenden Betriebe im Ort bereitstellte. Das einzige **Museum** in Lesosibirsk widmet sich ganz der **Holzwirtschaft**. So erfahren Besucher viel über Bäume, die Instrumente, die sie zu Fall bringen, Schädlinge der sibirischen Wälder, chemische Präparate und die Holzverarbeitung. Verschiedene Souvenirs gibt es auch.

## Enisejsk

Etwas mehr als 30 Kilometer flussabwärts von Lesosibirsk, ebenfalls am linken Ufer des Stromes, liegt die Stadt Enisejsk (Енисейск). Das erste, was man von ihr zu sehen bekommt, sind einige Parabolspiegel. Sie gehören zu einer Weltraum-Steuerzentrale der russischen Armee, von der aus seit 1957 die Flugbahnen der Satelliten und Raketen bei Bedarf korrigiert werden können. Die Stadt ist eine der schönsten am Enisej, zumindest die älteste.

Die Kosaken errichteten hier 1619 das erste Fort am Strom. Mitte des 19. Jahrhunderts war Enisejsk das Zentrum des ›Goldfiebers‹. Ein Priester, der 1847 eines der Goldfelder besuchte, schrieb: »Damals wurde bei Solov'ëv jeden Tag ein Pud (etwa 17 Kilogramm) Gold gewaschen. Gearbeitet wurde Tag und Nacht. War ein Pud zusammen gekommen, donnerte die Kanone und die Arbeiter erhielten je einen Becher Wodka.« Zugleich war die Stadt eines der wichtigsten religiösen Zentren in Sibirien. Zwei Klöster befanden sich hier und sind auch wieder – eines von Nonnen, das andere von Mönchen – bewohnt. Die größte Kirche im Ort ist die auf einem Hügel stehende **Mariä-Entschlafens-Kathedrale**. Sie entstand an der Wende vom 18. zum 19. Jahrhundert. Vom Glockenturm hat man einen phantastischen Blick auf die Stadt und ihre Umgebung.

Man nennt Enisejsk auch ›Museum unter freiem Himmel‹. Seit 1970 stehen

*Abend am Enisej*

*Schiffsköchin mit Stör*

knapp hundert Bauten unter Denkmalschutz. Die gesamte Stadt gehört zum russischen Kulturerbe. Nach einem verheerenden Brand, der 1712 die ganze Siedlung vernichtet hatte, entstanden die ersten Steinbauten: Barock, Klassizismus, Jugendstil und die eigenwillige Eklektik des fernen Sibiriens. Viele Häuser besitzen über den Türen und Fenstern geschnitzte Verkleidungen, die aus großflächigen Ornamenten bestehen.

Das **Heimatmuseum** wurde 1883 gegründet und trägt den Namen eines seiner Initiatoren, des Kaufmanns Aleksandr Kytmanov (1858–1910). Zur Sammlung gehören etwa 40 000 Exponate, die naturkundliche Themen, die Goldwirtschaft, die Nordpolarmeer-Expeditionen, den Kanal zwischen Ob' und Enisej und die Geschichte der Region illustrieren. Von unschätzbarem Wert ist die ethnographische Sammlung über das Volk der Keten, das etwas weiter nördlich zwischen den Flüssen Untere Tunguska und Kurejka beheimatet ist. Die Keten, Jäger und Fischer, sind eines der ältesten Völker am Enisej. Ihr Name geht auf das Wort ›Ket‹ bzw. ›Keto‹ (Mensch) zurück. Einige Forscher sehen in ihnen die Nachfahren eines tibetischen Urvolkes, von dem auch die nordamerikanischen Indianer – die Atabasken – abstammen sollen. Heute sind die Keten vom Aussterben bedroht. 1989 gab es nur noch 981 Vertreter dieses Volkes.

Bei Enisejsk überquert die von Krasnojarsk in den Norden führende **Enisej-Trasse** den Strom. Sie endet etwa 100 Kilometer weiter nördlich inmitten der Taiga in der Siedlung Teja.

## Von Enisejsk nach Turuchansk

Die Fahrt führt nun weiter durch die unermesslichen Weiten der Taiga mit ihren Fichten, Tannen, Kiefern und Lärchen, in denen Bär, Luchs, Zobel, Dachs, Vielfraß, Hermelin und sibirischer Nerz beheimatet sind.

Am **Dorf Nižnešadrino**, etwa 100 Kilometer nördlich von Enisejsk, mündet von Westen kommend der Fluss Kas in den Strom. Hier nimmt ein Wasserweg seinen Anfang, der über sechs Flüsse, verschiedene Kanäle und 14 Schleusen den Enisej mit dem westlich gelegenen Ob' verbindet. Hätten die Investoren die Ausgaben nicht allzusehr gedrückt, wäre das Bauwerk wohl zu einer hydrotechnischen Glanzleistung geworden. So aber konstatierte der Sibirische Bote 1889: »Der Wasserweg zwischen Ob' und Enisej ist ein totgeborenes Kind. Niemand weiß, wie es empfangen wurde, während der Schwangerschaft geriet es zum Krüppel, und als es dann das Licht der Welt erblickte, war klar: Es ist nicht für diese Welt geschaffen.« Kaum ein Schiff nutzt den Wasserweg, von einigen wenigen Booten der Abenteuertouristen abgesehen.

Vorbei an Jarcevo und Vorogovo gelangt man zu den **Osinovsker Stromschnellen** (**509/511 Km** von Krasnojarsk). Der Strom verengt sich auf etwa 700 Meter und windet sich zwischen bis zu 150 Meter hohen Felswänden hindurch.

Etwa 20 Kilometer hinter den Stromschnellen erreicht der Enisej eine Gruppe von Inseln. Die erste, spärlich bewaldet mit einer einsamen Kiefer auf dem Gipfel, erinnert an ein Schiff und heißt auch so: ›Korablik‹. Der Name der zweiten ist ›Baročka‹ (der Diminutiv von ›Barke‹) und die hinter ihr sich erhebende, von mächtigen Bäumen bewachsene Felseninsel wird ›Monastyrskaja‹ (Klosterinsel) genannt. Auf sie wurden flüchtige Mönche des Klosters in Enisejsk verbannt. Es ist dies einer der schönsten Abschnitte des Enisej. Hinter der Inselgruppe vollzieht der Fluss eine Linkskehre, hinter der er einen Fluss namens Steinerne Tunguska in sich aufnimmt.

■ **Die Steinerne Tunguska**
Manche weitgereiste Menschen sagen, dass es keinen schöneren Fluss als die Steinerne Tunguska (Подкаменная Тунгуска) gibt. Der 1865 Kilometer lange Strom fließt hauptsächlich durch die Landschaften der Enisej-Berge. Mal bahnt er sich seinen Weg entlang von Felshängen, durch Cañons und springt über Stromschnellen, dann wieder weitet sich sein Bett auf über 20 Kilometer Breite. Bekannt wurde der Fluss, als sich am 30. Juni 1908 in der Nähe des Dorfes Vanavara, in sechs Kilometer Höhe über dem Erdboden, eine enorme Detonation ereignete. Ihre Wucht fällte alle Bäume auf einem Areal von 2000 Quadratkilometern, noch tausende von Kilometern entfernt war die Detonationswelle zu spüren. Es gibt zahlreiche Spekulationen und Theorien über die Ursache der Explosion, am wahrscheinlichsten ist wohl die These, dass ihr Auslöser ein **Meteorit** war, der nach seinem Eintritt in die Erdatmosphäre unter Freisetzung unvorstellbarer Energien verglühte. Auf einem Gebiet von 2000 Quadratkilometern wurden wurden 60 Millionen Bäume umgeknickt. Von 1921 an machten sich zahlreiche Expeditionen auf die Suche nach dem Meteoriten, der in der einschlägigen Literatur die Bezeichnung ›Tungus‹ erhielt – bislang vergeblich. Von 1927 an machten sich zahlreiche Expeditionen auf die Suche nach dem Meteoriten, der in der einschlägigen Literatur die Bezeichnung ›Tungus‹ erhielt – bislang vergeblich.

Gegenüber der Mündung der Steinernen Tunguska, am linken Hochufer, liegt zwischen alten Kiefern und Birken das Dorf **Bor** (Wald). Hier befinden sich ein Flugplatz und die Verwaltung des **Zentralsibirischen Biosphärenreservates**, eines der flächenmäßig größten der Welt. Es wurde 1985 zum Schutz der Fauna und Flora in der Zentralsibirischen

Taiga gegründet. Mehr als 650 verschiedene Pflanzen, etwa 50 Säugetier- und 250 Vogelarten leben hier, unter ihnen Königsadler, Schwarzer Storch, Seeadler, Fischadler und Wanderfalke. . Zwischen Enisejsk und Bor verkehrt ein moderner Katamaran, der für die 476 Kilometer flussabwärts ca. acht bis zehn Stunden braucht.

Das Territorium des Biosphärenreservates beginnt bei der **Siedlung Sumarokovo**. Etwa vier Stunden später mündet ein weiterer Nebenfluss, die Bachta, von Osten in den Enisej. Nach weiteren vier Stunden passiert man das Dorf **Verchneimbatsk**, hinter dem ein linker Nebenfluss in den Enisej mündet, die Eloguj. Etwa 70 Kilometer die Eloguj flussaufwärts liegt das Dorf Kellog, das einzige erhalten gebliebene kulturelle und ethnographische Zentrum der Keten.

Manche Schiffe legen einen Halt in dem etwa 850 Kilometer nördlich von Krasnojarsk gelegenen **Vereščagino** ein, einem kleinen, sauberen und gepflegten und daher wie für Touristen gemachten Dorf.

Kurz vor der Kreisstadt **Turuchansk**, 1100 Kilometer von Krasnojarsk entfernt, mündet die Untere Tunguska in den Enisej. Die Quelle des mit 2989 Kilometer Länge bedeutendsten Nebenflusses des Enisej liegt weit im Osten, unweit des Ortes Kirensk an der Lena. Lena und Untere Tunguska fließen einige Kilometer parallel zueinander, weshalb Anfang des 20. Jahrhunderts erwogen wurde, sie miteinander zu verbinden.

Auf der Unteren Tunguska erreicht man stromaufwärts **Tura** (Typa), die Hauptstadt des Autonomen Bezirkes der Ewenken. Die Ewenken leben verstreut im hohen Norden bis weit in den Osten. Ihre ursprüngliche Heimat waren die Gegenden um den Baikalsee, von wo aus sie ab dem 10. Jahrhundert in den Norden zogen. Über ihre Zahl gibt es unterschiedliche Angaben. Man geht von etwa 35 000 Menschen aus, von denen 4300 im Krasnojarsker Gebiet und weitere knapp 20 000 in Jakutien leben. Die Sprache der Ewenken gehört zur tunguso-mandschurischen Gruppe

Der nördliche Enisej

der Altaj-Sprachen. Sie sind Jäger, Fischer und Rentierzüchter. An der Angara und der Steinernen Tunguska führten sie ein eher sesshaftes Leben, während die nach Norden gezogenen Ewenken mit ihren Rentierherden nomadisierten.

## Turuchansk

In der Kreisstadt Turuchansk (Туруханск) leben knapp 5000 Menschen. Die Geschichte des Ortes begann 1660, als der Mönch Tichon hier das Dreifaltigkeitskloster gründete. Es ist die wichtigste Sehenswürdigkeit von Turuchansk. 1923 wurde das Kloster geschlossen und vor einigen Jahren der Kirche zurückgegeben. Die Wiederherstellung der Gemäuer begann 1994.

Das Dorf und die Gegend nördlich von Turuchansk waren schon in der Zarenzeit und bis in die 1950er Jahre ein Verbannungsort, was von einem Museum dokumentiert wird. Hier hatten auch einige führende Bolschewiki, unter ihnen Stalin, in der Verbannung gelebt. Ein Lied von Vladimir Vysockij (1938–1980), einer der berühmtesten sowjetischen Liedermacher und Schauspieler, beginnt mit den Worten: »Genosse Stalin, genialer Wissenschaftler, dort wohin dich der Zar geschickt, bin auch ich nun – in Turuchansk. Vor meinem Gewissen fühle ich keine Schuld, doch deine Staatsanwälte wissen es besser. Wir sitzen am Feuer im kalten Sturm, wärmen unsere Hände – danke Genosse Stalin.«

Die bekannteste unter Stalin nach Turuchansk Verbannte war die Künstlerin und Dolmetscherin Ariadna Éfron (1912–1975). Sie war die Tochter von Sergej Éfron (1883–1941) und Marina Cvetaeva (1892–1941), einer der bedeutendsten russischen Dichterinnen des 20. Jahrhunderts. Ariadna Éfron hatte mit ihren Eltern in der Emigration gelebt, war 1937 in die Sowjetunion zurückgekehrt und 1939 verhaftet worden. Ihren Vater erschoss die Geheimpolizei im Sommer 1941. Im gleichen Monat nahm sich ihre Mutter aus Verzweiflung das Leben (→ S. 218). Ihr Bruder Georgij fiel im Krieg. Die Jahre von 1939 bis 1955 verbrachte Ariadna im Lager und in der Verbannung.

**Alt-Turuchansk**, 32 Kilometer nördlich, ist eine der ältesten russischen Siedlungen am Enisej. Die ersten Kosaken erreichten den Ort 1607.

## Zwischen Turuchansk und Igarka

Gegenüber der Mündung des **Flusses Kurejka** befindet sich am linken Hochufer der gleichnamige Ort (Курейка), in dem Stalin von 1914 bis 1916 als Verbannter lebte. Zu seinem 70. Geburtstag bauten 200 GULAG-Häftlinge einen Palast aus hellgrauem Marmor. Das Museum öffnete ein Jahr vor dem Tod Stalins. Seine überlebensgroße Gipsskulptur wurde 1961 bei Nacht und Nebel ins Wasser des Enisej geworfen. Das Gebäude selbst verfiel und brannte 1996 nieder.

Den **Polarkreis** quert der Enisej etwa 100 Kilometer nördlich von Turuchansk. Die Landschaft, die bis hierher immer karger geworden ist, geht allmählich in die Tundra über. Die sehr kurzen Sommer und die harten Winter machen das Leben hier zu einer existenziellen Herausforderung für den Menschen.

Der erste Ort hinter dem Polarkreis ist die **Siedlung Ermakovo**, 70 Kilometer südlich von Igarka. Hier bildet der Enisej eine Schleife, und hier befand sich das Zentrum eines berüchtigten Netzes von GULAG-Lagern. Es war eingerichtet worden, um in der Nachkriegszeit ein schier wahnsinniges Projekt zu verwirklichen, den Bau einer 1300 Kilometer langen

Eisenbahnlinie von Salechard am Ob' nach Igarka am Enisej. Zeitweise waren bis zu 100 000 Menschen, die meisten von ihnen Häftlinge, an den Bauarbeiten beteiligt. Die Strecke wurde von beiden Endpunkten zugleich gebaut. An ihr befanden sich im Abstand von 5 bis 7 Kilometern die Lager. In den kurzen Sommermonaten errichteten die Häftlinge mit dem Sand aus den umliegenden Flusstälern Dämme für die Gleise, die während der Frühjahrstauwetter brachen. Viele Arbeiten wurden per Hand verrichtet, zehntausende Häftlinge starben vor Entkräftung. Nach Stalins Tod wurden die Bauarbeiten eingestellt.

Bis heute findet man in der Taiga verrostete Schienen und die Skelette verrotteter Lokomotiven. Das Museum von Igarka organisiert Helikopter-Exkursionen zu den ehemaligen Lagern in der Waldtundra.

## Igarka

Die Hafenstadt Igarka (Игарка) liegt 1744 Kilometer nördlich von Krasnojarsk. Der Polarsommer – in dieser Zeit geht die Sonne nicht unter – dauert hier 52 Tage, die ›schwarzen Wintertage‹ beginnen am 10. Dezember, und erst am 3./4. Januar zeigt sich die Sonne erneut für einige Minuten. Die Jahresdurchschnittstemperatur beträgt minus 10,2 Grad. Hinter Igarka beginnt das Land der ›ewigen Kälte‹, die Welt der Polarwölfe, Polarfüchse und Rentiere Man nennt Igarka auch das ›Tor des Enisej zum Meer‹. Der **Hochseehafen** war bis zum Zerfall der Sowjetunion einer der größten Holzumschlagplätze der Welt. Mit der Sowjetunion starb auch die Holzindustrie in Igarka. 1989 lebten 20 000 Menschen in der Stadt. Heute sind es nur noch knapp 5000. Die Stadt besteht aus Holzhäusern und Plattenbauten. Da auf Permafrostboden errichtet, stehen die neueren Bauten auf Stelzen, die tief in den ewig gefrorenen Boden versenkt sind. Auch die üblicherweise im Boden verlegten Leitungen für Wasser und Abwasser, Gas und Strom sind aus diesem Grund überirdisch verlegt. Daraus ergibt sich ein ungewöhnliches, surreal wirkendes Ortsbild..

Die wichtigste Sehenswürdigkeit ist das **Heimatmuseum**. Es besteht aus mehreren Teilen. So wird hier über die Natur der Tundra informiert, die Geschichte der Erforschung des russischen Nordens sowie die Erkundung und Nutzung des nördlichen Seeweges, die ›Baustelle Nr. 503‹ – so die damals offizielle Bezeichnung für den Bau der Eisenbahnlinie zwischen Ob' und Enisej –; außerdem gibt es eine Ausstellung des 1936 gegründeten Wissenschaftlichen Instituts zur Erforschung des Permafrostbodens.

## Dudinka

Die letzte Stadt vor der Mündung des Enisej in die Kara-See ist Dudinka (Дудинка, 2028 Kilometer nördlich von Krasnojarsk, 6403 Kilometer entfernt von Moskau). Seit 1667 befand sich hier ein Winterlager der Kosaken und ein Stützpunkt der Pelztierjäger. Der Ort bekam 1951 die Stadtrechte verliehen. Etwa 30 000 Menschen leben heute in Dudinka, das fast vollständig aus Plattenbauten besteht.

Dudinka ist das Verwaltungszentrum des **Bezirks Tajmyr** (Таймыр). Er erstreckt sich auf rund 1000 Kilometer Länge und 1000 Kilometer Breite, vom Polarmeer im Norden bis zur Waldtundra und Taiga im Süden östlich des Enisej. Es ist von kargen Landschaften geprägt, von hohen Bergen, Cañons, Fjorden, mehr als 100 Meter hohen Wasserfällen, Flüssen und Seen. Kurzum: Tajmyr ist eine beeindruckende Region. Sie steht unter Naturschutz. Hier leben Dolganen, Nganasanen, Nenzen und Enzen.

Die Mündung des Enisej in die **Kara-See** öffnet sich wie ein Trichter zwischen der **Gydanskij-Halbinsel** im Westen und Tajmyr im Osten. Allmählich weitet sich der Strom auf eine Breite von bis zu 50 Kilometern. Bis in den Juni hinein treiben Eisschollen auf dem Fluss, der Ende September bereits wieder zufriert. Heftige, mitunter aus heiterem Himmel aufbrausende Winde erschweren die Schifffahrt ebenso wie im Fahrwasser treibende Baumstämme. Selbst im Hochsommer sinken die Temperaturen mitunter binnen weniger Stunden unter den Gefrierpunkt. Die Kreuzfahrtschiffe auf dem Enisej sind diesen Herausforderungen nicht gewachsen, weshalb die Reise stets in Dudinka endet.

**Dikson**, der letzte besiedelte Punkt am Enisej, kann daher nicht erreicht werden. Zu sehen gibt es auch nicht viel in dieser von schwarzen Felsen umrahmten Stadt mit ihrem Hochseehafen, in dem selten Schiffe vor Anker gehen. Ihren Namen hat sie von einem schwedischen Baron, der die Forschungsreisen seines Landmannes Nils Adolf Erik Baron von Nordenskjöld zur Erforschung des nördlichen Seeweges finanzierte.

## Norilsk

Norilsk ist von großer strategischer Bedeutung. Diese Stadt ist eines der größten russischen Industriegebiete und das nördlichste Industriezentrum der Welt. Sie liegt 80 Kilometer im Landesinneren und ist mit Dudinka über eine Eisenbahnlinie verbunden. Gegründet wurde Norilsk 1920 zur Ausbeutung der immensen Vorkommen an Gold, Platin, Kupfer, Nickel, Kobalt und Kohle. Die Kohle liefert den Brennstoff für zwei der größten Kupfer- und Nickelhütten Russlands, die den Norden Tajmyrs mit ihren Abgasen vergiften. In der Stadt leben 178 000 Menschen, fast ausschließlich in Betonbautenaber mit einem Zentrum, in dem die sowjetische Monumentalarchitektur ihren nördlichsten Glanzpunkt setzte.

Auf dem Flughafen von Norilsk beginnt oder endet die Reise auf dem Enisej.

*Prächtige Stalinbauten in Noril'sk*

# Die Lena

Der Enisej ist das ›Väterchen‹ der sibirischen Flüsse, die Lena ihr ›Mütterchen‹. Sie gehört zu den zehn mächtigsten Strömen der Erde und ist nach dem Amur der zweitlängste russische Fluss. Ihre Schönheit und Vielfältigkeit suchen ihresgleichen. Sie ist wild und zerstörerisch während der Frühjahrshochwasser, fließt im Sommer gemächlich dahin, wechselt hier und da launisch ihr Flussbett, bildet Sandbänke und Inseln, die den Schiffern all ihr Können abverlangen. 4400 Kilometer ist die Lena lang, von der Quelle bis zum Delta an der Laptev-See.

Ihr Name leitet sich von dem ewenkischen Wort ›Uly‹ (Fluss) und ›Yene‹ (groß) ab. Die Ewenken sind die eigentlichen Ureinwohner am Strom, die von den aus dem Süden eingewanderten Jakuten vor vermutlich etwa 1000 Jahren in den Norden verdrängt wurden. Die Jakuten adaptierten den ewenkischen Namen zu ›Ölüöne‹, und daraus machten die Russen ›Lena‹.

Ihren Ursprung nimmt die Lena unweit des heiligsten der sibirischen Seen, dem Baikal. Der erste große Ort liegt etwa 400 Kilometer von ihrer Quelle entfernt. Er heißt **Ust-Kut** und ist eine Eisenbahnstation an der **Baikal-Amur-Magistrale** (BAM).

Einige hundert Kilometer noch fließt der Fluss durch die zum Irkutsker Gebiet gehörende Bergwelt. Dann erreicht er die Grenze der Republik Sacha (Jakutien).

## Jakutien

Jakutien ist die russische Bezeichnung für das Land zu beiden Seiten der Lena, **Sacha** nennen es die Ureinwohner, auf die die russischen Kosaken trafen, als sie Anfang des 17. Jahrhunderts hier Fuß fassten. Anfang der 1990er Jahre gab sich die ehemalige Autonome Sozialistische Sowjetrepublik Jakutien den Namen Republik Sacha. Bis heute sind beide Namen geläufig, wobei die Russen Jakutien und Jakuten bevorzugen, die Jakuten selbst aber Sacha.

Gemessen an der Fläche ist Sacha größer als Indien. Von Nord nach Süd misst das Land 2500, von West nach Ost

*Die Lena in ihrem Mittellauf*

2000 Kilometer. In diesem riesigen Gebiet leben weniger als eine Million Menschen, davon mehr als ein Viertel in der Hauptstadt Jakutsk. Das sind im Schnitt 0,3 Einwohner pro Quadratkilometer. Jakutien ist damit eine der am dünnsten besiedelten Regionen der Welt.

Die jakutischen Sommer sind kurz, endlos lang dagegen die Winter. Im Juni und Juli erreichen die Temperaturen an manchen Tagen 35 Grad über Null, im Winter sinken sie auf bis zu 70 Grad unter Null. Die **Siedlung Verchojansk**, etwa 650 Kilometer nordöstlich von Jakutsk, nimmt für sich in Anspruch, der kälteste bewohnte Ort der nördlichen Hemisphäre zu sein. 68,7 Grad unter dem Gefrierpunkt wurden hier gemessen. Noch tiefer sinken die Temperaturen in den Bergen: auf bis zu 72 Grad. Wenn sich zu diesen Frösten Eisstürme gesellen, wird das Leben zur Hölle.

Rund 40 Prozent Jakutiens liegen jenseits des Polarkreises, und fast vier Fünftel erstrecken sich auf Gebieten mit **Permafrostboden**. In den kurzen Sommermonaten tauen nur die oberen Erdschichten bis zu einer Tiefe von etwa einem Meter, während die darunterliegenden Schichten seit Millionen Jahren gefroren sind. Sie bestehen aus Wasser und Sand. Die Keller in den Häusern auf dem Land sind deshalb natürliche Eisschränke, in denen unter anderem gefrorener roher Fisch – eine Delikatesse – aufbewahrt wird. Der Fisch wird so, wie er aus dem Frost kommt, in kleine Stücke oder Scheiben geschnitten, gesalzen und gegessen.

Für die weitere wirtschaftliche Entwicklung Jakutiens ist der Permafrostboden ein ernsthaftes Hindernis. Taut er im kurzen Frühling, verwandeln sich weite Teile des Landes in eine gigantische Sumpflandschaft. Die Schneeschmelze

*Jakutische Tracht*

und die über ihre Ufer tretenden Flüsse überschwemmen die Niederungen und machen ein Fortkommen so gut wie unmöglich. Die wenigen Straßen sind deshalb in der Regel nicht geteert. Es sind Schotterwege mit mehr oder weniger tiefen und häufigen Schlaglöchern. Das Hauptverkehrsmittel über Land sind geländegängige Wagen russischer Produktion, die auch strengere Fröste aushalten und für die es so gut wie kein Hindernis gibt. Im Winter sind die zugefrorenen Flüsse die wichtigsten Verkehrsadern.

Enorme Probleme bereitet der Permafrostboden auch dem Bauwesen. Um Gebäuden Festigkeit zu verleihen, ruhen sie entweder auf Kiesbetten oder auf Stützpfeilern, die etwa zehn Meter in den Erdboden reichen. Manche Häuser, die man während eines Spazierganges durch Jakutsk oder Tiksi zu Gesicht bekommt, sehen, obwohl sie noch recht neu sind, bereits mitgenommen aus. Der Eindruck von Improvisation wird durch die notwendigerweise oberirdisch verlegten, vielerorts notdürftig geflickten Gas- und Wasserleitungen verstärkt, die im Winterfrost aus kleinen und großen Lecks dampfen. Enorme Schwierigkeiten bereitet der Bau von Rollbahnen, Schienensträngen und Fabriken, die bei Havarien eine ernsthafte Gefahr für ihre Umgebung darstellen könnten.

## Bodenschätze

Als der ›weiße Herr‹, wie die Jakuten ihre oberste Gottheit nennen, die von ihm geschaffene Erde besuchte, flog er mit einem Sack voller Schätze von einem Ort zum anderen. Viele Gegenden hatte er schon besucht, als er nach Jakutien kam. Dort aber war es so kalt, dass er den Sack nicht länger halten konnte und sich sein ganzer Inhalt über das Land ergoss. So erzählt es eine bekannte Legende.

Jakutien ist, gemessen an den Bodenschätzen, eines der reichsten Länder der Welt. Seit den 1960er Jahren werden Diamanten gefördert; nach Botswana ist Jakutien der größte Diamantenproduzent der Welt. Vor den Brillanten war das Gold der Mythos des Landes. In den besten sowjetischen Jahren betrug die Ausbeute bis zu 33 000 Kilogramm im Jahr. Im Boden des Landes lagern bis zu 1 Billion Tonnen Steinkohle, ein Fünftel der Weltreserven. Außerdem gehören zu den wichtigsten jakutischen Schätzen Erdöl und Erdgas, Zinn, Antimon, Wolfram, Niobium, Steinsalz, Phosphate und Eisenerze. Dazu kommen Edelsteine wie der jakutische Nationalstein Čaroit und 500 verschiedene Halbedelsteine. Der Čaroit gilt mit seiner violetten Färbung als ›Stein der Weisen‹. Sein Ruhm gelangte bis Rom, und Papst Johannes Paul II. erwarb für den Deckel seines Sarkophags Čaroit aus Jakutien. In den Souvenirgeschäften von Jakutsk wird der Stein als Anhänger verkauft.

Käme es zu einer industriellen Erschließung der Bodenschätze Jakutiens, hätte dies unabsehbare ökologische Folgen. Noch sind 90 Prozent Jakutiens unberührte, nicht von ›saurem‹ Regen, Abgasen, Abwässern oder sonstigen Giften bedrohte Landstriche mit gesunden Tieren und Pflanzen. Das sind 30 Prozent der ökologisch intakten Natur Russlands und 15 Prozent der unberührten Weltressourcen. Doch dort, wo der Mensch bereits in das diffizil ausbalancierte ökologische System eingegriffen hat, droht er das Gleichgewicht zu stören.

## Kultur und Alltag

Die Faszinierende an der jakutischen Nationalkultur ist die Synthese aus jakutischen Traditionen – der Sprechgesang Oloncho, schamanische Rituale, Kehlkopfgesang und Maultrommel – mit russischer und europäischer Tradition.

*Sommer in Jakutien*

*Jakutische Mädchen in Festtagskleidung*

Sie wird in nahezu allen Künsten gepflegt: Theater, Oper, Ballett, Film, Rock- und Popmusik.

Die jüngste jakutische Institution ist die 1992 gegründete **Akademie für klassische Musik**, an der hochbegabte Kinder aus dem ganzen Land vom Vorschulalter an zu Musikern ausgebildet werden. Kaum ein internationaler Nachwuchswettbewerb, von dem die Teilnehmer aus Jakutsk nicht ohne Preise in die Heimat zurückkehren. Die 14 Mitglieder des Jugendstreichorchesters spielen Klassik, Jazz, Blues und so gut wie jedes andere Genre. Mitunter begleiten junge Musiker der Akademie die Touristen während ihrer zweiwöchigen Flussreise.

Das Wissen der Vorfahren über die Genesis der Jakuten, über die Geister und Göttern, Helden und ihre Widersacher lebte und lebt im ›Oloncho‹, dem jakutischen Nationalepos, das von den ›Olonchosuten‹ meisterhaft vorgetragen wird. Das ›Oloncho‹ ist eine Saga, das von einem Olonchosuten vorgetragen wird, der zugleich Erzähler und Darsteller der handelnden Figuren – Menschen, mythische Helden oder Geister – ist. Dabei werden die Verse nicht nur gesprochen, sondern auch gesungen, und der Gesang trägt bei einem guten Olonchosuten, ähnlich einem schamanischen Ritual, alle Elemente einer Oper in sich. Dabei begleitet der Olochosut sich auf der Maultrommel, dem Nationalinstrument der Jakuten. Bis zu 40 000 Verse enthält das Epos. Gute Olonchosuten waren und sind nicht minder hochangesehen, geschätzt und bewundert als mächtige Schamanen. Heute werden sie an der Universität ausgebildet. Seit 2005 gehört das ›Oloncho‹ zum immateriellen Weltkulturerbe der UNESCO.

Das ›**Ysach**‹ genannte Fest zur Sommersonnenwende ist, abgesehen von den offiziellen russischen Feiertagen, das einzige große Fest der Jakuten. Mit ihm endet das alte und beginnt das neue Jahr. Es feiert die Sonne, die neun lange Monate brauchte, ihre Kräfte zu sam-

meln. ›Ysyach‹ beginnt am 21. Juni mit einem Volksfest, zu dem auch ein Wettstreit der besten Olonchosuten gehört. Das eigentliche Sonnenritual beginnt am folgenden Morgen, bevor die ersten Sonnenstrahlen den Festplatz erreichen. Der Zeremonienmeister ist ein weißer Schamane. Er entzündet ein heiliges Feuer – die Kehle der Gottheit –, in das er aus einem heiligen Gefäß, dem Čoron, Stutenmilch (Kumys) in das Feuer gießt. Er beschwört die Sonne. Erscheint die Beschworene, heben die Menschen die Hände zu ihr. Die Zeremonie entfalte, sagen diejenigen, die sie erlebt haben, ungeahnte kollektive Kräfte. Während der sowjetischen Ära wurde ›Ysyach‹ noch illegal im kleinen Kreis gefeiert. Heute versammeln sich jährlich zehntausende Menschen zu den Feierlichkeiten vor den Toren der Hauptstadt, unter ihnen der Präsident und die Regierung. ›Ysyach‹ ist zugleich das Neujahrsfest.
**Kleinere Opferrituale**, um die Geister gnädig zu stimmen – wenn man sich auf Reisen begibt, Gäste empfängt, wichtige Entscheidungen trifft –, sind wichtiger Bestandteil des Alltags der Jakuten. Dazu gehören symbolische Opfer vor dem Mahl, ein Tropfen Kumys oder Wodka ins Feuer oder auf den Boden, Teigoblaten, die dem Wasser großer Flüsse und Seen geopfert werden, einige Haare aus einem Pferdeschweif oder Stofffetzen als Träger von Wünschen an heiligen Bäumen. So kommunizieren die Jakuten mit der Natur, in der sie leben, die ihnen dient und der sie ausgesetzt sind.

## Jakutsk

Zu Beginn des 20. Jahrhunderts lebten in Jakutsk (Якутск) etwa 7000 Menschen, Anfang der 1980er Jahre waren es rund 160 000; derzeit zählt die Stadt etwa 310 000 Einwohner. Jakutsk ist die weltweit einzige Hauptstadt auf Permafrostboden. Dem ersten Blick, während der Bus oder das Auto vom Flughafen ins Zentrum holpert, verbirgt die Stadt trotzig ihren Charme, den sie auch auf den zweiten Blick nur langsam offenbart.
Der erste Eindruck ist der einer chaotischen Provinzstadt. Man sieht die brüchigen Straßenbeläge, das Chaos der Plattenbauten mit dem verwaschenen Anstrich. Die Häuser stehen auf Stelzen, das Erdgeschoss beginnt etwa 80 Zentimeter über dem tückischen, instabilen Boden. Oberirdisch verlegte Gas- und Wasserleitungen, manchmal notdürftig isoliert und auf wackligen Stelzen stehend, haben die oft zitierte Aussage motiviert, dass Jakutsk seine Eingeweide nach außen gekehrt trage. Daneben gibt es moderne Bauten, deren Architektur sich in die Landschaft einpasst. Die Luft ist klar und weich wie das Licht. Es gibt in und um Jakutsk genug für einen mehrtägigen Aufenthalt zu sehen.
Auf dem Platz des Sieges (pl. Pobedy) steht nicht nur ein alter **T-34-Panzer**, sondern auch ein **Denkmal für den mythischen Recken Njurgun Bootur**.
Der Ordžonikidze-Platz wartet mit einer **Statue für Platon Ojunskij** (1893 – 1937) auf, den Politiker, Schriftsteller und Nationalhelden Jakutiens. Hier trifft man an den Wochenenden vor dem Springbrunnen oft junge Brautpaare, die sich vor der **steinernen Saardana-Lilie**, einem der Symbole Jakutiens, fotografieren lassen.
Um den Lenin-Platz stehen das moderne **Hotel Poljarnaja Zvezda** (Polarstern), das **Palais der jakutischen Regierung** und ein weiteres modernes Gebäude, das ein **Museum mit Kleinoden der Gold- und Silberschmiede- sowie Juwelierkunst** beherbergt.

# Jakutsk 339

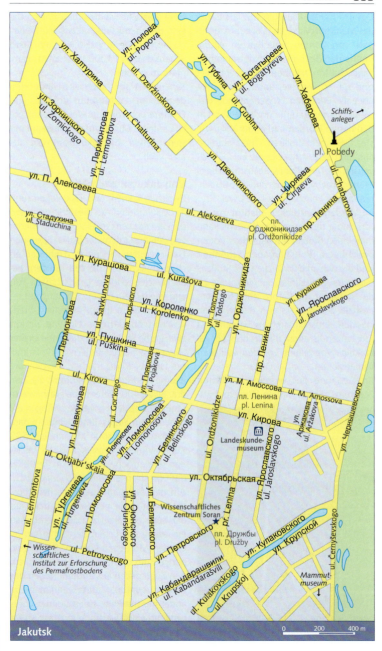

Das exotischste Museum von Jakutsk ist das **Mammut-Museum**. Vor zehntausenden von Jahren bevölkerten Mammutherden die seinerzeit subtropischen Landschaften Jakutiens. Eingewandert sind sie, so wird vermutet, aus Afrika über die Pyrenäen. Knochenfunde dieser riesigen Vegetarier findet man bis in den hohen Norden und in der Polarwüste. Der spektakulärste Fund stammt aus dem Jahr 1977: Es ist ein nahezu vollständig erhaltenes sechsmonatiges Mammutbaby, das vor rund 390 000 Jahren in eine Felsspalte gefallen war.

Im **Wissenschaftlichen Institut zur Erforschung des Permafrostbodens** kann man einen Stollen im Dauerfrostboden besichtigen. Von filigraner Schönheit sind die sich an den Decken des Stollens bildenden Eiskristalle. Die gefrorene Erde ist härter als Beton, aber trocken, deshalb zerbröselt sie in den warmen Händen. Einschlüsse von Samen und Jahrtausende alten Pflanzenresten geben eine Vorstellung von den zeitlichen Dimensionen.

Im Gebäude des **wissenschaftlichen Zentrums ›Soran‹** haben Wissenschaftler geologische Schätze zusammengetragen, daneben ist auch das Skelett eines Nashorns und der vollständig erhaltene Schenkel eines 13 000 Jahre alten Mammuts zu sehen.

Sehenswert sind auch das **Landeskundemuseum**, das **Museum für Musik und Folklore** der Völker in der Republik Sacha und das **Maultrommel-Museum** mit seinen etwa 400 Maultrommeln aus aller Welt.

## Von Jakutsk nach Tiksi

Zwischen Jakutsk und Tiksi liegen rund 1700 Kilometer. Auf dieser Strecke sind die Ufer der Lena mal flach, dann wieder von den Ausläufern der östlich liegenden Gebirgsketten begrenzt. Dahinter erstrecken sich, von dichten Wäldern bedeckt, schier endlose Landschaften. Hin und wieder taucht eine Siedlung auf.

Die Lena ist in ihrem Mittellauf breit, umfließt hunderte Inseln und nimmt zwei große Ströme und dutzende kleiner Flüsse in sich auf. Nördlich des Polarkreises ist das Klima rauher, werden die Bäume niedriger. Dann kommt die Tundra. Bis zu 400 Meter hohe grasbewachsene oder kahle Felswände zwängen die Lena in ein tiefes Bett. Hinter einem Felsdurchbruch spült sie jährlich 500 Kubikkilometer Wasser und 15 Millionen Tonnen Schwemmsand in ihr Delta, das von strenger, kalter Schönheit ist.

Auf den fast täglichen Zwischenstops, die im Rahmen einer Kreuzfahrtreise auf der Lena eingelegt werden, lernt man ein wenig das Leben der am Strom lebenden Menschen kennen. Die Begegnungen mit den Jakuten und Ewenken, den Zugereisten aus anderen Teilen des Landes vermitteln, auch wenn man einander nur mit Hilfe eines Dolmetschers versteht, einen Eindruck von ihrer Kultur und ihrem Alltag.

*Mammutbaby im Museum*

Von Jakutsk nach Tiksi 341

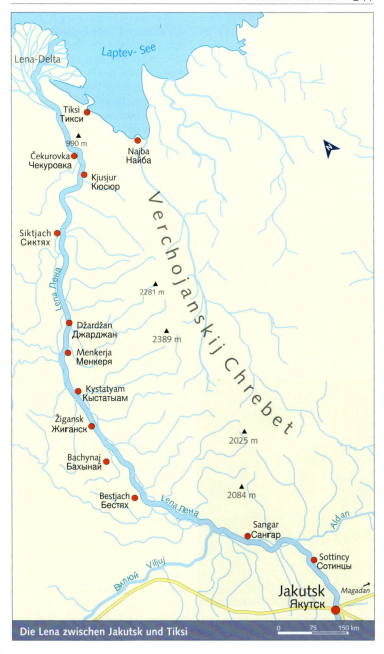

Die Lena zwischen Jakutsk und Tiksi

Der **Flusshafen von Jakutsk** liegt etwas außerhalb der Stadt, an einem Seitenarm der Lena. Nach etwa einer halben Stunde hat das Schiff den Strom erreicht. Die Lena spült sich ihren Weg durch sandige Senken und Dünen, die landeinwärts in die Taiga übergehen. Man nennt diesen Abschnitt bis zur Kangalassi-Halbinsel ›**Lena-Furchen**‹. Während der jährlichen Frühjahrsüberschwemmungen spielt der Strom mit den Dünen, schiebt den Sand zu Inseln zusammen, die er im kommenden Jahr wieder teilt, verlagert sein Bett und unterspült die Ufer, die sich jährlich um 10 bis 15 Meter voneinander entfernen.

## Sottincy

Etwa 60 Kilometer die Lena flussabwärts befindet sich am rechten Ufer die Ortschaft Sottincy (Соттинцы). Sie liegt in etwa an der Stelle, wo die russischen Kosaken 1632 ihr erstes Fort an der Lena errichteten. Sottincy ist der anmutigste Ort, den man während der Reise auf der Nordroute zu sehen bekommt.

*Jakutische Winterhütte im Freilichtmuseum von Sottincy*

Er ist in sanfte Hügel gebettet, um die sich endlos die Taiga erstreckt. Von einem Aussichtsturm am Hochufer schweift der Blick über das Tal. und auf rituelle Säulen der Jakuten am Hang, eine Bühne, einige Wirtschaftsbauten. Das Ziel eines Zwischenstops in Sottincy ist das **Freilichtmuseum** ›**Družba**‹ (Freundschaft), das die Freundschaft zwischen Jakuten, Ewenken, Ewenen, Jukagiren, Dolganen, Tschuktschen und Russen thematisiert. In respektvollem Abstand stehen hier ein Winter- und ein Sommerhaus der Jakuten, eine ewenkische Jurte, ein solides russisches Blockhaus und das Modell eines ›Ostrog‹ (Fort) mit Kirche, Wach- und Glockenturm. Zur Ausstellung gehören außerdem Ambar genannte, gegen Räuber befestigte Lagerhäuser der reichen Jakuten und Russen, eine Dorfschule aus der zweiten Hälfte des 19. Jahrhunderts und das Schiff des ersten russischen Kaufmanns, der 1619 den Mittellauf der Lena erreichte. Das Blockhaus beherbergt ein sehenswertes Museum zur Geschichte des Landes, zur Kultur und Kunst sowie zum Alltag der Menschen, die hier vor der Besiedlung durch die Russen lebten.

## Von Sottincy nach Žigansk

Etwa 230 Kilometer nördlich von Jakutsk mündet der **Aldan** (Алдан), einer der mächtigsten Nebenflüsse der Lena, in den Strom. Er entspringt östlich im Hochgebirge und ist für seine Wildheit bekannt.

Das **Mündungsgebiet des Aldan** bietet eines der beeindruckendsten Naturschauspiele während der Reise. Nirgendwo sonst empfindet man die Weite des Landes und des Wassers mit solch nahezu physisch erfahrbarer Intensität. Das flache Land, Wasser bis zum Horizont, dazwischen bewaldete Inseln, der Himmel mit tiefhängenden Wolken, die am Horizont mit der Taiga zu verschmelzen scheinen: Wie im Tagtraum ziehen die Ansichten allmählich vorüber und verdichten sich zu einem aus vielen Details bestehenden Panoramabild.

Jenseits des Mündungsgebietes rücken am rechten Ufer der Lena die Ausläufer des **Verchojansker Gebirgszuges** an den Strom. Der Fluss schmiegt sich an die Felsvorsprünge, spült Zentimeter um Zentimeter von ihnen frei, entfernt sich am nächsten oder übernächsten Tag allmählich von den Bergen in Richtung Nordwesten und fließt dann parallel zu ihnen geradewegs zur Laptev-See.

Nach etwa 330 Kilometern kommt am östlichen Ufer das unscheinbare **Städtchen Sangar** in Sicht, in deren Umgebung sich immense Steinkohlevorkommen befinden.

Am westlichen Ufer der Lena erstreckt sich die **Zentraljakutische Niederung**, durch die sich ein weiterer mächtiger Strom wälzt, die **Viljuj** (Вилюй). Das Mündungsgebiet der 2500 Kilometer langen Viljuj ist nicht weniger beeindruckend als das des Aldan.

Der folgende Abschnitt auf der Lena wird als ›**40 Inseln**‹ bezeichnet. Das ist untertrieben, denn auf einigen hundert Flusskilometern liegen ebenso viele Inseln, durch die das Fahrwasser mäandert. Die Inseln und Sandbänke verschieben sich stetig. Inmitten dieser Inseln quert man den **Polarkreis**.

## Žigansk

Der erste bewohnte Ort jenseits des Polarkreises ist die Siedlung Žigansk (Жиганск). Sie liegt 764 Kilometer nördlich von Jakutsk. Afanasij Uvarovskij (1800–1861), der berühmteste Žiganser und erste jakutische Schriftsteller,

*Im Mündungsgebiet der Viljuj*

schrieb in seinen ›Erinnerungen‹ (zitiert nach der deutschen Übersetzung): »Die Physiognomie und der Charakter des Landes [Žigansk] sind dieser Art: Eine zwischen zwei Bergen befindliche Enge, rundherum dichtes Gehölz, in dem die Schnauze eines Hundes keinen Platz findet; sobald du ungefähr zehn Schrittes in dieses Gehölz machst, wirst du bis an die Knie im kotigen weichen Grunde versinken ... Die Zeit, da der Winter wüthet, währt acht Monate; in diesen acht Monaten fällt die warme Kleidung nicht von den Schultern der Menschen. Zwei Monate ver-theilen sich auf Frühjahr und Herbst, für den armen Sommer bleiben vom runden Jahr mit genauer Noth nur zwei Monate nach. Der Schnee fällt mehr als haushoch; der Wind bläst so, dass er einem nicht gestattet, auf den Füssen zu stehen; die Kälte verschließt einem den Athem, die Sonne zeigt sich während der zwei Wintermonate niemals dem Auge des Menschen. Dies ist alles.«

Uvarovskij lernte Mitte des 19. Jahrhunderts in Petersburg den russischen Sprachwissenschaftler deutscher Ab-

*Souvenir- und Pelzverkauf in Žigansk*

stammung, Otto von Böthlingk (1815–1904), kennen und brachte ihm das Jakutische bei. Böthlingk entwickelte daraufhin auf lateinischer Grundlage das erste jakutische Alphabet, und Uvarovskij schrieb mit diesem Alphabet das erste jakutische Buch – ›Erinnerungen‹. Die lateinischen Buchstaben wurden 1940 durch kyrillische ersetzt.

In Žigansk leben heute etwa 5000 Einwohner – vornehmlich Ewenken, Jakuten und Russen. Sie leben von Fischfang, Jagd und Pelztierzucht. Die meisten sind weder reich noch arm. Wer keine bezahlte Arbeit hat, geht jagen und fischen. Die Wirtschaften werden von der Sippe oder Genossenschaften betrieben. Es gibt auch staatliche Betriebe, wie zum Beispiel eine Pelztier-Farm in etwa 70 Kilometern Entfernung.

Die meisten Schiffe legen einen Halt in Žigansk ein. Die Touristen werden mit einem ›heiligen Feuer und Segnungen begrüßt. Auf dem zentralen Festplatz tritt eine Kindergruppe auf. Einwohnerinnen des Ortes verkaufen Souvenirs. Ein **kleines Museum** erzählt von der Geschichte des Ortes und der Kultur der Ewenken.

Hinter Žigansk weitet sich die Lena auf eine Breite von bis zu elf Kilometern. Hier und da eine Insel, menschenleere Landschaften. Mancherorts schieben sich Ausläufer des Verchojansker Gebirges bis an das östliche Ufer. Lärchenwälder links und rechts.

## Kjusjur

Nach einem weiteren Tag auf dem Wasser erreicht man Kjusjur (Кюсюр), die mit etwa 1350 Einwohnern letzte größere Siedlung vor dem Lenadelta. Der Ort wurde in den 1930er Jahren gegründet, um die hier nomadisierenden Ewenken und Ewenen sesshaft zu machen. Hier befanden sich eine kleine Poliklinik, eine Schule, Bibliothek, Kulturhaus, Internat sowie einige Geschäfte. Heute, so berichten es die Einwohner, gelangen allein die Rentnerinnen und Rentner regelmäßig in den Besitz von Bargeld; die Arbeiter der Sowchose können davon nur träumen. Irgendwie schlagen sich die Menschen durch.

Im Dorf gibt es zwei Denkmale. Das eine, im Zentrum, erinnert an die etwa 200 im Zweiten Weltkrieg gefallenen Soldaten aus der Region. Das andere steht seit 1992 am Ufer der Lena. Es erinnert an jene tausende Jakuten, die hier im Winter 1941/42 erfroren und verhungerten. Infolge einer Hungersnot waren sie in den Norden zwangsumgesiedelt worden. Da sie weder Unterkünfte vorfanden noch Lebensmittel für sie vorrätig waren, starben die meisten. Unter ihnen waren auch Polen, Litauer, Letten und Esten, die 1939/40 nach Jakutien verbannt worden waren.

## Lenadelta

Hinter Kjusjur beginnt ein **Felsental**, das die Einheimischen ›Röhre‹ nennen. Die Felsformationen am rechten Flussufer erinnern an verfallene Burgen. Immer spärlicher wird die Vegetation, die Kuppen und Hänge der Hügel sind kahl. Die **Tundra** ist erreicht, und mit ihr der für Mitteleuropäer ungewöhnlichste Abschnitt der Reise.

Hinter der ›Röhre‹ verbreitert sich die Lena erneut. Die Steilufer zu beiden Seiten treten zurück und weichen langgestreckten Bergen, auf deren felsigen Rücken mit dem bloßen Auge kein Leben auszumachen ist. Diese Landschaft übt eine nahezu beängstigende Faszination aus, ganz gleich ob sie von Wolken verhangen ist – wie fast immer in den Sommermonaten – oder klares Wetter

*Stopp zwischen Žigansk und Kjusjur*

herrscht. Es ist kaum vorstellbar, dass in dieser endlosen, den Naturgewalten ausgesetzten Einöde Menschen leben, ja überhaupt höheres Leben möglich ist. Die Reise führt an einem Ort vorbei, der ›**Stolb**‹ heißt, was im Russischen Säule bedeutete. Damit ist eine aus Carbonatgestein bestehende Felseninsel bezeichnet, die den Zugang zur Laptev-See bewacht. Sie ist 104 Meter hoch und war ein Heiligtum der Ureinwohner. 1920 errichteten die Mitglieder einer wissenschaftlichen Polarexpedition eine steinerne Säule auf ihrem Gipfel. Nach einem alten Brauch der Seefahrer soll man, während das Schiff den Felsen passiert, eine Münze zur Besänftigung der Geister ins Wasser werfen.

Die Lena teilt sich hinter der Insel ›Stolb‹ in drei Hauptarme, zwischen denen das Delta liegt, bestehend aus mehr als 6000 Armen und Kanälen, die 1500 Inseln umspülen. Die Einheimischen sagen, dass es auf und zwischen ihnen Seen wie Sterne am Himmel gäbe. Es sollen 30 000 sein. Dieses Delta ist das größte in Russland und eines der größten weltweit. Die Natur ist nur auf den ersten Blick öde. Im Delta, in der Tundra auf dem Festland und weiter nach Norden auf dem Eis sowie den vorgelagerten Inseln, leben dutzende von Säugetierarten, rund hundert Vogelarten nisten hier, die Gewässer sind reich an wertvollen Fischen, und in der Tundra wachsen 106 verschiedene Moose, 74 Flechtenarten und insgesamt 373 verschiedene vaskuläre Pflanzen. Seit 1986 steht das Delta unter Naturschutz. Anfang der 1990er Jahre wurde das geschützte Territorium verdoppelt und zum Biosphärenreservat erklärt. In Zusammenarbeit mit dem World Wide Fund for Nature (WWF) entstand eine Internationale Biologische Station, die 1995 eingeweiht wurde und die man auf dem Weg nach Tiksi passiert. Wissenschaftler des Alefred-Wegener-Instituts für Polar- und Meeresforschung Bremerhaven waren hier schon desöfteren zu Gast.

## Tiksi

Der Hochseehafen von Tiksi (Тикси) ist für die Kreuzfahrtschiffe, die relativ klein sind und wenig Tiefgang haben, wegen der unvorhersehbaren Strömungen und Winde ein Problem. Sie gehen deshalb in einer westlich gelegenen Bucht vor

*In der ›Lena-Röhre‹ hinter Kjusjur*

*Anlegestelle bei Tiksi*

Anker. Von dort gelangen die Touristen mit Bussen in die Stadt. Tiksi liegt inmitten einer hügeligen Tundralandschaft, die auf den ersten Blick mit den Steppen Burjatiens, Chakassiens und der Mongolei verwandt zu sein scheint. Der Name der Stadt kommt aus dem Jakutischen und bedeutet ›Platz im Moor‹.

Tiksi, 1270 Kilometer Luftlinie von Jakutsk entfernt, ist eine sterbende Stadt. Von den einstmals 10 000 Einwohnern ist in den letzten Jahren mehr als die Hälfte abgewandert, in den Berichten der Dagebliebenen ist viel von Perspektivlosigkeit die Rede. Der einzige Neubau der letzten Jahre ist ein Gotteshaus. Zwei Monate im Jahr ist Tiksi in das Dunkel der Polarnacht gehüllt, im Durchschnitt toben 131 Tage im Jahr Schneestürme. In der Tundra um Tiksi wachsen im kurzen Sommer seltene Blumen und Gräser, mitunter aber fällt selbst im Juli Schnee. Es ist schwer vorstellbar, wie die Menschen hier überleben.

Die Sehenswürdigkeit von Tiksi ist das **Landeskundemuseum** in einem winzigen Gebäude am Rande der Stadt. Eine kleine ewenkisch-jakutisch Kulturgruppe führt hier Lieder und Tänze auf. Die Ausstellung ist der Tierwelt und den Ewenken im hohen Norden gewidmet. Der Distrikt, dessen Hauptstadt Tiksi ist, bedeckt eine Fläche von 223 000 Quadratkilometern. Auf diesem Gebiet, das ungefähr zwei Drittel des Territoriums Deutschlands entspricht, leben in acht Dörfern oder als Nomaden lediglich 5000 Menschen. Sie fischen und züchten Rentiere.

## Von Jakutsk nach Ust-Kut

Eine Reise von Jakutsk flussauf- also südwärts ist nicht weniger interessant als die nach Tiksi. Zwar kommt man auf diesem Abschnitt der Lena nicht durch die Tundra, dafür säumen Taigalandschaften die Ufer. Die Zentrale Westjakutische Tiefebene geht in Richtung Süden nach und nach in Hügelland über. Zahlreiche bizarre Felsformationen, Stromschnellen und die verlassene Weite des Landes, wechselnde Aussichten und Landschaften sowie die Ruhe und Entspanntheit an Bord machen auch diese Route zu einem Erlebnis besonderer Art. Meist ist ein Abstecher zu den beiden ersten Orten – Ust'-Buotama und Lena-Säulen – ohenehin Teil des Programms einer Kreuzfahrt, die von Jakutsk stromabwärts führt.

Etwa 140 Kilometer südlich von Jakutsk befindet sich am Ostufer der Lena ein **Schutzgebiet für Büffel** (Ust'-Buotama). Anhand von Knochenfunden wird vermutet, dass die jakutischen Büffel vor mindestens 35 000 Jahren in dieser Region heimisch waren. Sie sind Verwandte des Mammuts. Vor ca. 5.000 starben sie aus. Einige Herden emigrierten Richtung Kanada. Von dort nun wurden einige Dutzende Büffel nach Jakutien gebracht, wo sie sich seit 2005 hier auf die Ausiedlung in die freie Wildbahn assimi-

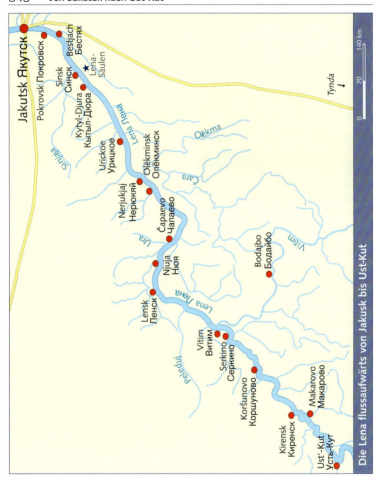

lieren. Es sind beeindruckende Tiere, und der Besuch bei ihnen gehört zu den ganz besonders beeindruckenden Erlebnissen während der Reise.

## Lena-Säulen

Knapp 20 Kilometer weiter südlich gelangt man man zu den Lena-Säulen (Lenskie stolby, Ленские столбы), ein eindrucksvolles Naturwunder am Fluss. Sie erstrecken sich auf einer Länge von 80 Kilometern entlang des östlichen Steilufers. In Jahrmillionen haben hier Wind, Sonne, Wasser und Frost aus weicherem Sandgestein Kalkformationen ›freigemeißelt‹. Die Felsen ragen bis zu 150 Meter steil in die Höhe, zu ihren Füßen haben Wind und Wetter Schluchten, Spalten und Höhlen gegraben. Im Hinterland erstreckt sich endlos die Taiga. Die bizarren Formen der Lena-Säulen beflügeln die Phantasie; so meint man versteinerte

Krieger, Zauberer oder die Ruinen sagenhafter Burgen mit ihren Türmen, Zinnen und Palästen auszumachen. Wer sich an das Elbsandsteingebirge südlich von Dresden erinnert fühlt, wird es im Vergleich zu den Lena-Säulen als Zwergenland empfinden.

Das Gebiet um die Anlegestelle an der Mündung eines schmalen Nebenflusses in die Lena steht unter Naturschutz. Der Pfad auf einen der Felsen ist mit Seilen gesichert und an manchen Stellen durch Stufen verstärkt. Der Blick, der sich von der Höhe auf die Lena, das gegenüberliegende Ufer und die Westjakutische Tiefebene bis an den Horizont bietet, ist atemberaubend. Besonders beeindruckend sind die Felsen im Schein der untergehenden Sonne. Sie färben sich rot, wie versteinerte Feuerzungen. In der Umgebung der Lena-Säulen gibt es einige **Felsmalereien** aus der Steinzeit und Opfersteine.

Felsmalereien gibt es auch am Oberlauf des nächsten Nebenflusses, der **Sinjaja** (Blauer Fluss). Die Lena durchschneidet hier auf einer Länge von einigen hundert Kilometern ein nach ihr benanntes Hochplateau. Nahe der Mündung der Sinjaja liegt die **Siedlung Sinsk**. Bis zur folgenden Stadt, Olëkminsk, gleiten am westlichen Ufer einige kleinere Orte vorüber, von denen einige längst aufgegeben wurden.

## Olëkminsk

Olëkminsk (Олёкминск), 651 Kilometer südlich von Jakutsk gelegen, wurde Anfang der 30er Jahre des 17. Jahrhunderts als Festung der Kosaken gegründet, war später Poststation und wurde schließlich zu einem landwirtschaftlichen Zentrum. An der Wende vom 19. zum 20. Jahrhundert lockte der Goldrausch Händler, Industrielle, Bankiers und Glücksritter

*Die Lena südlich von Jakutsk*

aus allen Teilen Russlands nach Jakutien, die sich aus Olëkminsk über das Land verteilten. Heute gibt es in der Kleinstadt einen Forstbetrieb, eine Fabrik zur Holzverarbeitung, eine Gipsgrube, einen Flusshafen, Schulen, Clubs und ein Museum. Olëkminsk liegt an der Mündung des Flusses Olëkma in die Lena. Einer der Nebenflüsse der Olëkma ist die Čara, in deren Umgebung die bedeutendsten Lagerstätten des jakutischen Nationalsteins, des Čaroit, liegen.

Die flussaufwärts gelegene **Insel Kyllach** wird während der jährlichen Frühjahrshochwasser überschwemmt. Den Menschen, die hier leben, macht das wenig aus, denn auf ihren Weiden wächst dadurch das Gras nur um so saftiger. Im 19. Jahrhundert war Kyllach für die Holzmessen bekannt, zu denen Händler, Jäger und Landwirte aus den umliegenden und weit entfernten Gegenden anreisten.

Einer der berühmtesten Orte für das jakutische Ysyach-Fest ist einige Kilometer flussaufwärts die **Siedlung Nerjuktjaj**.

Die Menschen leben vom Gemüseanbau und vor allem von der Rinderzucht.
Rund 887 Kilometer südlich von Jakutsk mündet der **Fluss Ura** in die Lena. Dieser Ort gilt als der Lena-Äquator. Von hier aus ist es von der Quelle im Baikalgebirge genauso weit wie bis zur Mündung in die Laptev-See.

## Lensk

Die nächste Stadt am Westufer der Lena heißt Lensk (Ленск). Ihren Namen erhielt sie 1963, sieben Jahre nachdem Geologen in etwa 280 Kilometer Entfernung nördlich, im Becken des Flusses Viljuj, Diamantenfelder entdeckt hatten. Die Böden in der Umgebung der ehemaligen Poststation sind fruchtbar. Ein russischer Reisender nannte die Stadt Ende des 19. Jahrhunderts das ›sibirische Paris‹, da die Bewohner, in der Mehrheit politisch Verbannte, hier in den Wintermonaten die Quadrille zu tanzen pflegten.

Lensk geriet 2001 in die Schlagzeilen der Weltpresse. Im Frühjahr jenes Jahres hatten Eisbarrieren auf der Lena zu einem Rückstau des Wassers und des Eises geführt. Das passiert fast jedes Jahr, und mittels von Flugzeugen abgeworfener Bomben werden die Eiswälle in der Regel rechtzeitig gesprengt. Aber damals versank Lensk in den eisigen Fluten der Lena. Inzwischen ist der Wiederaufbau der Stadt abgeschlossen. Erdöl und Erdgas, Schiefer und Gold in der näheren Umgebung verheißen ihr eine hoffnungsvolle Zukunft..

Unweit des Ortes **Peleduj** erhebt sich auf einem Felsen am Westufer eine **Skulptur**, die von einem der Einheimischen hier errichtet wurde: eine Frauengestalt, die in der erhobenen Hand eine Glaskugel hält. Die Glaskugel symbolisiert den Diamantenreichtum des Landes, die Figur selbst ist ›Mutter Jakutien‹.

Knapp 200 Kilometer flussaufwärts befinden sich in der Bucht Peleduj schwimmende Reperaturdocks. Die Siedlung an der Mündung des gleichnamigen Flusses wurde 1665 gegründet.

## Von Lensk nach Serkino

Nach weiteren 50 Kilometern ist einer der mächtigsten Nebenflüsse der Lena erreicht, der **Vitim** (Витим). Er entspringt einem Hochgebirge östlich des Baikalsees. In seinem Ober- und Mittellauf fließt er in Höhen von über 1000 Metern. Einer der schönsten Seen Sibiriens, der Oron, liegt hier; er wird ›Kleiner Baikal‹ genannt. Man gelangt zu ihm entweder über den Fluss oder mit dem Hubschrauber.

Etwa 269 Kilometer von der Mündung des Vitim entfernt befindet sich der **Ort Bodajbo**, der seine Entstehung dem Goldrausch Ende des 19., Anfang des 20. Jahrhunderts verdankt. Damals verwandelte sich die Gegend am ›Dunklen Fluss‹, wie der Schriftsteller Vjačeslav Šiškov den Vitim nannte, in ein Eldorado von Glücksrittern und Gestrandeten, entflohenen Häftlingen, Halsabschneidern, Ganoven und Revolutionären.

Die Besitzer der Claims beuteten die von ihnen angeheuerten Arbeiter schamlos aus. Das Monopol auf die Goldförderung aber hatte der Staat. Als 1912 ein Streik die Fördergebiete erfasste, schossen Kosaken in die Menge und töteten dutzende Arbeiter. Daraufhin brachen im ganzen Land Streiks aus. Das ›Gemetzel an der Lena‹ ist in die Schulbücher eingegangen.

Fünf Kilometer hinter Vitim, am **Dörfchen Serkino**, überquert der Fluss die Grenze zwischen Jakutien und dem Irkutsker Gebiet. Wegen der geringen Wassertiefe kehren die Schiffe von hier aus gewöhnlich nach Jakutsk zurück.

# Der Amur

Eine Schiffsreise auf dem Amur gehört zu den exotischsten Erlebnissen, die man sich auf russischen Strömen gönnen kann. Der gewaltige Strom, knapp 10 000 Kilometer von Mitteleuropa entfernt, durchquert China und den Fernen Osten Russlands. Er war einstmals die Lebensader für viele Völker, heute dagegen fahren nur wenige Schiffe auf ihm. Weite und Einsamkeit sind die am häufigsten gebrauchten Attribute zur Beschreibung der Empfindungen auf Reisen.

Mit 4440 Kilometern Länge ist der Amur der achtmächtigste Strom der Welt. Seine Quelle liegt in der Mongolei, auf 3000 Kilometern ist er Grenzfluss zwischen China und Russland, und die letzten 1000 Kilometer, bevor er in das Ochotskische Meer mündet, wälzt er seine Wassermassen über russisches Staatsgebiet.

Für den russischen Fernen Osten ist der Amur die wichtigste Wasserstraße. Die größten Häfen befinden sich in Chabarovsk, Komsomolsk und Nikolaevsk. An Fischreichtum und Artenvielfalt sucht er seinesgleichen. Lachs, Buckellachs, Breitstirnfisch, Kalugafisch, Stör, Renken, Karpfen, Karauschen, Wels, Taimen und Äschen, um nur einige zu nennen, waren von jeher die Nahrungs- und Lebensgrundlage der Ureinwohner.

Doch der Amur ist in Gefahr. Jahrzehntelang verunreinigten ihn sowjetische und chinesische Großbetriebe. Der Zusammenbruch der Sowjetunion brachte vielen Verschmutzern den Ruin, andere erhielten Filteranlagen. Die Gefahr für den Fluss geht heute vor allem vom chinesischen Wirtschaftsboom aus, der Fragen des Umweltschutzes lange ignorierte. Ein weiteres Problem entsteht den russischen Dörfern am Nordufer durch die in China betriebenen hydrotechnologischen Arbeiten, die den Fluss nach Norden drängen, wodurch ganze Uferlandschaften zu überfluten drohen.

*Schamanisches Ritual für ausländische Gäste*

# Der Amur

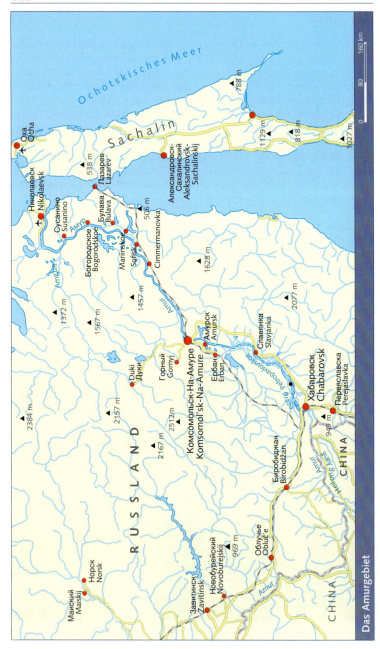

Das Amurgebiet

*Landschaft am Amur*

Bei Chabarovsk wird das Wasser dagegen seit einigen Jahren immer seichter, da es durch veränderte Fließgewohnheiten in einen südlichen Nebenarm gerät. Ein Teil der deshalb in den letzten Jahren errichteten hydrotechnischen Anlagen geriet nach dem letzten Grenzabkommen 2004/2005 unter chinesische Oberhoheit.

Eine Reise auf dem Amur ist aller Vorbehalte unbeachtet ein unvergessliches Erlebnis. Sie bietet Gelegenheit, einmalige Landschaften zu sehen, Menschen am Rande Eurasiens kennenzulernen und eine schier grenzenlose Weite zu erleben.

## Das Amurgebiet

Priamure (Приамурье) nennen die Russen das vom Amur durchflossene Territorium, das aus dem Gebiet von Chabarovsk (Хабаровский край) und dem Amur-Bezirk (Амурская область) besteht. Das in seiner Ausdehnung gewaltige Territorium – knapp 780 000 Quadratkilometer – erstreckt sich südöstlich der Autonomen Republik Jakutien (Sacha) bis zum Ochotskischen und Japanischen Meer. Im Süden grenzt Priamure an China, südöstlich schließt sich das Primorsker Gebiet an. Priamure und das Primorsker Gebiet bilden den Fernen Osten Russlands. Die Bewohner des Fernen Ostens betonen stets, dass ihr Land kein Teil Sibiriens ist.

Sein Klima verdankt der Ferne Osten der Nähe des Ozeans und den Monsunwinden, die im Winter eisig kalte und trockene, im Sommer sehr feuchte und heiße Luftmassen über das Land wehen. Die sommerliche Schwüle, bei Temperaturen, die häufig über 30 Grad klettern, lieben allein die unzähligen Mücken und Schnaken. Die Einheimischen haben sich an sie gewöhnt; für Zugereiste und Touristen dagegen sind sie eine Plage; **Mückenschutz** sollte deshalb unbedingt zur Reiseausrüstung gehören.

Flora und Fauna des Amurgebiets verstecken ihre exotischen Reize hinter auf den ersten Blick eintönigen Hügelketten, die von dichten Wäldern bedeckt sind. Die kreisrunden Baumkronen bilden aus der Luft betrachtet einen grünen Teppich ohne Anfang und Ende. Bei näherer Betrachtung stellt er sich als undurchdringlicher Urwald heraus. Neben- und miteinander gedeihen hier Pflanzen aus nördlichen und südlichen Klimazonen. Im Taigadickicht umrankt der Amurwein die sibirische Kiefer, die Schisandra-Liane wächst neben der Zeder, die Ginseng-Wurzel sammelt ihre heilsame Kraft, und auf den Seen blüht Lotos. Zur Taiga gehören der fernöstliche Leopard und der gefleckte Hirsch. Die Amurtiger und der Kragenbär, die hier leben, sind die offiziellen Wappentiere der Region. Einen sehr guten Überblick über die Besonderheiten der Fernöstlichen Natur bietet das Chabarovsker Heimatkundemuseum.

## Geschichte und aktuelle Situation

Um 1630 erreichten die ersten Russen den Amur. Sie knüpften Handelsbeziehungen und suchten nach Bodenschätzen und Pelzen. Russland, das von den Schweden und Polen im Norden und den Osmanen im Süden am Zugang zu den Europäischen Meeren gehindert wurde, war gezwungen und durch seine geographische Lage prädestiniert, im Osten nach Handelswegen zu suchen.

Die ersten Kosaken kamen 1639 an die Ufer des Ochotskischen Meeres. Die Erkundung des Amur begann 1644 durch eine Kosakentruppe unter dem Befehl Vasilij Pojarkovs. Die Berichte von reichen Fischgründen und Vorkommen an Pelztieren weckten das Interesse der sibirischen Kaufleute. Sechs Jahre nach Pojarkov machte sich Erofej Chabarov (1610–1667), Entdecker, Seefahrer und Besitzer von Salzsiedereien an der Lena, mit einer kleinen Streitmacht auf den mühsamen und langen Weg in den Fernen Osten. Ihm wurde auferlegt, die am Amur siedelnden Völker der russischen Krone zu unterwerfen, Forts und Siedlungen zu gründen. Für seine Verdienste erhielt Chabarov vom Zaren eine Goldmedaille. Das 1858 gegründete Chabarovsk, die größte Stadt am Amur und Verwaltungszentrum der Region, trägt seinen Namen.

Ende des 17. Jahrhunderts trat Russland die Amur-Region vertraglich an China ab. In der Mitte des 19. Jahrhunderts hatte sich das Kräfteverhältnis im Fernen Osten verändert. Der Adlige Nikolai Murav'ëv (1809–1881) erhielt 1847 den Posten des Generalgouverneurs von Ostsibirien. Er befreite die Arbeiter einiger Minen von der Zwangsarbeit und eroberte mit ihnen den Amur von den Chinesen. Der 1858 unterzeichnete Friedensvertrag von Ajgun legte den Amur bis zu seiner Mündung als russisch-chinesische Grenze fest. Das Gebiet zwischen dem in den Amur mündenden Ussuri und dem Amur gelangte wenig später unter alleinige russische Oberhoheit. Die Grenze zwischen Russland und China verläuft bis heute entlang des Fahrwassers von Amur und Ussuri. Für seine Verdienste erhielt Nikolai Murav'ëv den Grafentitel sowie den Beinamen ›vom Amur (Amurskij)‹ verliehen.

In den Jahrzehnten nach der Befreiung der russischen Bauern von feudaler Leibeigenschaft strömten hunderttausende Umsiedler in den Fernen Osten, gründeten Siedlungen am Amur und seinen

▲ *Picknick von Kreuzfahrttouristen*

*Holztransport auf dem Amur*

Nebenflüssen, legten Grundlagen für die wirtschaftliche Erschließung. Mit der Einweihung der Amurbrücke bei Chabarovsk 1916 war die fernöstliche Region über die Transsibirische Eisenbahn mit dem russischen Kernland verbunden.

Noch Ende der 1960er Jahre gab es an der sowjetisch-chinesischen Grenze im Ussuri-Gebiet Zwischenfälle, die beide Mächte fast in einen zerstörerischen Krieg gerissen hätten. Mit Beginn der Perestroika und dem Wiedererwachen der privatwirtschaftlichen Initiative in beiden Ländern scheint die Grenze zwischen ihnen gänzlich verschwunden zu sein. Die Bewohner von Chabarovsk und Blagoveščensk (Благовещенск) benötigen kein Visum mehr, um in die am südlichen Ufer liegenden chinesischen Städte Fuyuan oder Heihe zu gelangen. Der Grenzhandel sichert das Überleben, einige hat er reich gemacht. Russische Rentner kaufen sich auf dem billigen chinesischen Wohnungsmarkt neue Wohnungen, russische Unternehmer öffnen in China ihre Geschäfte, unzählige Chinesen – nach Schätzungen bis zu eine Million – gründen in Fernost legal oder illegal eine neue Existenz, bewirtschaften die Böden, bauen Melonen, Birnen, Äpfel und Wein an. Auf den russischen Märkten trifft man überwiegend Chinesen. Die meisten Restaurants und Imbissbuden sind in chinesischer Hand. China und Russland sind sich in den letzten Jahren vor allem auf wirtschaftlichem Gebiet näher gekommen. Russ-land exportiert vor allem Erdöl, Holz und Kohle und Militärtechnik.

## Bevölkerung

In der Amur Region (der Amur-Bezirk und der Bezirk von Chabarovsk) leben ca. 2,25 Millionen Menschen. Die meisten (ca. 90 Prozent) sind Russen,, Minderheiten bilden Ukrainer, Weißrussen, Tataren, Koreaner und Chinesen. An den Ufern des Amur und seiner Nebenflüsse siedeln die Nachkommen der sogenannten Amurvölker: Nanaier, Ewenken, Ultchen, Udegejer, Nivchen, Orotchen, Negidalzen und Ewenen. Ihre Sprachen gehören zum tungusischen Zweig der Altaj-Familie. Die zahlenmäßig größte Volksgruppe in der Amur-Region sind die Nanaier mit etwa 10 000 Angehörigen. Die Lage der Ureinwohner im Fernen Osten ist ähnlich prekär wie die der anderen sibirischen Völker. Wegen der Russifizierung und Gleichschaltung in der Sowjetunion sind Sprache, Kultur und Traditionen vom Aussterben bedroht. In nahezu jeder Siedlung der Einheimischen trifft man zwar ein kleines Museum und im Kulturhaus einige Kinder, die traditionelle Tänze und Lieder präsentieren, aber die Wirklichkeit bietet ein komplexeres Bild. Alkoholismus, Arbeitslosigkeit, die Vergiftung der Flüsse und die Abholzung der Wälder rauben den Ureinwohnern ihre Lebensgrundlagen. Der Kampf ums Überleben weckt andererseits Tatkraft und Phantasie.

## Chabarovsk

Eine Flussreise auf dem Amur beginnt und endet in Chabarovsk, der Hauptstadt des Fernen Ostens Russlands. Gegründet wurde die Stadt 1858 durch Graf Nikolai Murav'ëv, von 1847 bis 1861 Generalgouverneur im Fernen Osten, als Militärposten mit dem Namen Chabarovka. Seine ersten Bewohner waren Soldaten, die unter dem Kommando das Hauptmanns D'jačenko standen. Die älteste Straße der Stadt ist nach ihm benannt. Der Garnisonsflecken blühte in wenigen Jahren auf, wurde zum Zentrum der Erschließung des Fernen Ostens durch russische Siedler und erhielt 1893 seinen bis heute gültigen Namen. Anfang des 20. Jahrhunderts galt die Stadt als das ›St. Petersburg en miniature‹ im Osten des russischen Imperiums.

Heute leben ungefähr 618 000 Menschen in Chabarovsk. Noch vor gut 30 Jahren war die Stadt so grau und eintönig wie die meisten russischen Großstädte. Seitdem wurden jedoch fast alle Fußgängerwege mit verschiedenfarbigen Steinplatten gepflastert, und die meisten Häuser im Zentrum – egal ob im Jugendstil der vorletzten Jahrhundertwende errichtet, im Konstruktivismus der 1930er Jahre oder im Stalinschen Barock – erfuhren eine Verjüngungskur. Auffällig ist auch das viele Grün der Parks und die von Bäumen bestandenen Boulevards.

Die drei wichtigsten Magistralen führen vom Hochufer des Amur ins Landesinnere. Die ul. Grafa Murav'ëva Amurskogo beginnt hinter einer **Aussichtsplattform** von der man einen freien Blick auf den Amur hat, der in mondhellen Nächten bezaubernd ist. Hinter der Aussichtsplattform steigen ein Terrassenpark und eine breite Treppe zur Uferpromenade herab. Der obere Teil des Parks endet an einer Klippe mit dem **Denkmal für den Gründer der Stadt**, den Grafen Murav'ëv Amurskij, und dem gemütlichen Restaurant ›Utës‹ (Klippe). Ein Relief im Fels erinnert an die Geburtsstunde von Chabarovsk: Am 31. Mai 1858 hatten an dieser Stelle russische Soldaten, die auf dem Schiff ›Ladja‹ den Amur herab gefahren waren, ihr Lager aufgeschlagen.

Parallel zum Ufer-Park verläuft die **schönste Straße der Stadt**, die den Namen des ukrainischen Dichters Ševčenko trägt (ул. Шевченко). Die Häuser längs der Straße sind durchweg Architekturdenkmale aus der Zeit der Wende vom 19. zum 20. Jahrhundert. Im ersten Gebäude war einst das **Gästehaus der Militärgarnison** untergebracht, in dem Anton Tschechow 1890 auf dem Weg nach Sachalin abgestiegen war. Ihm schließen sich die **Philharmonie** und das **Kunstmuseum** an, denen das Heimatkundemuseum folgt, das älteste und schönste Gebäude in der Stadt. Ihm gegenüber liegt das **Museum des Fernöstlichen Militärbezirks**.

Die wichtigste Straße, die **ul. Grafa Murav'ëva-Amurskogo** (ул. графа Мура-

*In Chabararovsk*

вьёва-Амурского), benannt nach den Stadtgründer, beginnt am Platz der Komsomolzen (Комсомольская площадь). Das Denkmal auf dem Platz ist den Komsomolzen und Kämpfern gewidmet, die im Bürgerkrieg 1918–1922 ihr Leben ließen. Bis 1924 hatte an gleicher Stelle ein Gotteshaus gestanden, das abgerissen und knapp 80 Jahre nach dem Abriss etwas abseits wiedererrichtet wurde, die Mariä-Entschlafens-Kathedrale mit ihrer schlanken, sich in den Himmel dehnenden tiefblauen Kuppel. Das gewaltige Areal ist meist von Kindern und Jugendlichen bevölkert, die hier Fahrrad, Skateboard und Rollschuh fahren. Die ul. Grafa Murav'ëva-Amurskogo folgt dem Kamm eines Hügelrückens. Der Blick, der sich von der Höhe auf die dicht gedrängten Dächer bietet, erinnert ein wenig an Pariser Aussichten.

Gut zu sehen aus der Höhe ist die **Christus-Verklärungskathedrale** auf dem nächstgelegenen Hügel flussaufwärts, mit ihren goldenen Kuppeln, das dritthöchste Gotteshaus Russlands. Sie wurde von 2001 bis 2003 errichtet und befīrdet sich am ploščad' Slavy (площадь Славы), dem Platz des Ruhmes für die mehr als 20 000 Opfer der Stadt und des Gebietes von Cahabarovsk im Zweiten Weltkrieg.

Die Gassen links und rechts der ul. Grafa Murav'ëva-Amurskogo werden nach und nach restauriert, erhalten neue Straßenlaternen, hier und da eine Treppe, die für Verkehrsberuhigung und ein ganz eigenes Flair sorgen. Die Straße selbst säumen interessante **Jugendstilgebäude**, etliche **Kaffeestuben**, zwei **Theater**, zwei **Kinos** und die wichtigsten **Geschäfte** der Stadt.

Das Haus Nummer 9, ›**Gastronom Merkur**, war vor 1917 eine Filiale der von Auswanderern aus Hamburg in Vladivostok gegründeten Kaufhauskette ›Kunst & Albers‹. Das Lebensmittelgeschäft mit seinen Jugendstilspielereien und Glasmosaiken ist bis heute das schönste in der Stadt. Einige Schritte weiter (Nummer 17) befindet sich das 1886 errichtete **Gebäude für die ehemalige Stadtduma**. Aus ihr wurde ein Pionierpalast, von dem ein Jugendzentrum, nebst einigen Geschäften, übrig geblieben ist. Seinen Ruf als durchaus europäische Stadt verdankt Chabarovsk vor allem der gediegenen Lebhaftigkeit dieser Straße. Sie mündet in den Lenin-Platz.

Der **Bahnhofsgebäude** von Chabarovsk am Ende des Amurskij Bul'var (Амурский Бульвар) erstrahlt wie alle an der Transsibirischen Eisenbahn gelegenen Stationen in neuestem Chic – mit prachtvollen Kronleuchtern und Marmorverkleidungen verschiedener Färbung. Das Denkmal auf dem Bahnhofsvorplatz erinnert an Erofej Chabarov, den Namensgeber der Stadt. Nicht weit entfernt, am Amurskij-Boulevard, befindet sich der **Zentrale Markt** der Stadt mit einem vielfältigen Angebot. So bunt wie das Angebot, so munter wie das Treiben, so gepfeffert – gemessen an russischen Maßstäben – sind auch die Preise.

## Von Chabarovsk nach Komsomolsk

Hinter der Anlegestelle von Chabarovsk passiert das Kreuzfahrtschiff die sich um die Stadt gruppierenden Industriegebiete. Nach etwa einer Stunde bleibt die Stadt zurück, und die Landschaft zeigt ihr unberührtes Antlitz.

Etwa 70 Kilometer hinter Chabarovsk, am rechten Ufer des Amur, liegt die nanaiische **Siedlung Sikači Aljan** (Сикачи Алян). Die traditionelle Lebensweise der hier lebenden Nanaier ist die gleiche wie zu Urzeiten, nur, dass die Fischer sich heute nicht mehr in Holzkähnen auf Fang begeben, sondern in Motorbooten, und die Jäger nicht mehr mit Pfeil und Bogen das Wild erlegen, sondern mit Gewehren. Der Name des Dorfes lässt sich übersetzen mit ›Ort, wo die Schamanen mit den Geistern reden und das Schicksal erfahren‹. Gegenwärtig leben in Sikači Aljan 317 Menschen.

Wenn der Wasserspiegel des Amur es zulässt, legen die Kreuzfahrtschiffe am Ufer der Siedlung an. Ziel einer Exkursion sind die weltberühmten **Petroglyphen** (Felsmalereien) in unmittelbarer Umgebung aus der Zeit des Neolithikum. Auf einen riesigen Findling haben die Künstler der Jungsteinzeit einen Elch mit Kreisen auf dem Körper eingemeißelt. Auf anderen Steinen finden sich Abbildungen von Masken. Die Felsmalereien gelten als heilig. Man sollte hier nur leise sprechen, vor dem Betreten des Ortes die Geister um Erlaubnis fragen und ihnen ein kleines Opfer bringen. In der Umgebung gibt es weitere Felsen.

Die Hügel am östlichen Ufer des Amur gehören zu den Ausläufern des **Gebirgszuges Sichotė Alin'** (Сихоте Алинь), das sich von Vladivostok etwa 1000 Kilometer in den Norden erstreckt. Die höchsten Gipfel erreichen Höhen bis knapp über 2000 Meter. Dichte Wälder bedecken das Land. Die Dörfer zu Füßen der Berge bieten einen malerischen Anblick. Die meisten wurden von russischen Umsiedlern gegründet und tragen den Namen der Orte, aus denen die Familien einst in den Fernen Osten kamen oder aber den der ersten Bewohner. So ist das **Dorf Malyševo** (Малышево) nach seinem Gründer benannt, dem Bauer Epifan Malyšev aus Vjatka, dem heutigen Kirov, einer Stadt im Vorural. Im Dorf befindet sich eine Werft zur Reparatur der auf dem Amur verkehrenden Schiffe.

*Fassade des Museums der nanaiischen Kultur in Troickoe*

Das **Dorf Elabuga** (Елабуга), einige Kilometer weiter, ist nach einem Ort an der Kama in Tatarstan benannt. Die Ufer des Amur sind hier felsig und fallen in Klippen zum Wasser ab. Das Dorf selbst liegt auf einem Hügel.

Aus dem nanaiischen **Dorf Naichin** (Найхин), dem größten im Umkreis, stammte der Nanaier Gejker Kambuka. Er war einer der udegeischen Führer des russischen Forschungsreisenden und Schriftstellers Vladimir Arsen'ev (1872–1930). Das bekannteste Buch Arsen'evs ist der Roman ›Dersu Usala‹, der 1975 von Akira Kurosawa in beeindruckender Weise verfilmt wurde.

Rund 190 Kilometer hinter Chabarovsk passiert das Schiff die Steilufer einer Landzunge mit dem Namen **Džari**. Hier gründete Chabarov 1651 eine durch Wall und Schlucht geschützte Festung. Auf Dauer konnten die Russen den Stützpunkt jedoch nicht halten.

Einen Stop legen die meisten Schiffe in dem großen und reichen **Dorf Troickoe** (Троицкое) ein, 200 Kilometer nordöstlich von Chabarovsk. Troickoe – in der Sprache der Einheimischen Mangbo – ist das Verwaltungszentrum des Nanaiischen Bezirks. An der Uferstraße erinnern zwei Denkmale an die Opfer des 20. Jahrhunderts: das eine, sowjetische, an die im Zweiten Weltkrieg Gefallenen, das andere, postsowjetische, an die während der Stalinschen Repressionen unschuldig Ermordeten.

Die wichtigsten Institutionen im Ort sind das kleine, aber liebevoll betreute **Museum der nanaiischen Kultur** und das neue **Kulturhaus**, wo für die Touristen eine Folkloregruppe auftritt und wo man Souvenirs erwerben kann. Lohnenswert ist ein kleiner Abstecher zum örtlichen **Markt** und zur **Dreifaltigkeitskirche**.

Auf dem Weg nach Komsomolsk passiert das Schiff die beeindruckende **Klippe Malmyž (Km 270)** und das Dorf Ust' Tur, an der Mündung des Nebenflusses Tur in den Amur gelegen.

Etwa 40 Kilometer vor Komsomol'sk am Amur befindet sich am linken Ufer die **Kleinstadt Amursk** (ca. 42 000 Einwohner). Gegründet wurde die Stadt 1958 für die Erbauer eines Zellulose-Kombinates. Sehenswert in der Stadt sind ein Heimatkundemuseum udn der Botanoische Garten.

Kurz vor Erreichen von Komsomol'sk am Amur passiert man eine **mächtige Brücke über den Strom**. Diese gehört zur Baikal-Amur-Magistrale (BAM). Ihr Bau begann 1939, wurde während des Krieges unterbrochen und 1969 fortgesetzt. Der erste Zug rollte 1975 über das 1,5 Kilometer lange Bauwerk. Die neben ihr angelegte Brücke für den Autoverkehr wurde 1982 eingeweiht.

## Komsomolsk am Amur

Die Geschichte der Stadt mit dem sowjetischen Namen (Komsomol ist die Abkürzung für den kommunistischen Jugendverband) geht auf das Jahr 1860 zurück, als sich hier Bauern aus dem Gebiet von Perm' niederließen, sich rund 30 Häuser, eine Kirche und eine Schule bauten. Dem Dorf gaben sie, in Erinnerung an ihre Heimat, den Namen Permskij. Viel passierte nicht, bis 1932 drei Schiffe am Ufer vor Anker gingen. Ihnen entstiegen junge Komsomolzen, die hierher beordert waren, um zwei Rüstungsbetriebe zur Produktion von Flugzeugen und U-Booten buchstäblich aus dem Boden zu stampfen. Als erstes wurde die Kirche beschlagnahmt und in ein Wohnheim umgewandelt. Um das Dorf entstand eine Zeltstadt. Viele junge Leute starben im eiskalten Winter, als die Temperaturen auf unter 40 Grad sanken, andere erkrankten an Skorbut oder Unterernährung, viele flohen und starben auf dem Weg in die Heimat. Mit den Jahren wuchs die Siedlung dennoch zu einer Stadt heran, an deren Bau neben weiteren Komsomolzen auch Häftlinge des GULAG und Kriegsgefangene aus Japan beteiligt waren. In Komsomolsk leben derzeit etwa 300 000 Menschen. Im Jahr 1990 besuchten erstmals einige der ehemaligen japanischen Kriegsgefangenen aus Japan die Stadt. Ihre Bitte, den Opfern der Lager ein Denkmal zu setzen, fand Gehör. Auf einem der fünf japanischen Friedhöfe wurde 1991 ein **Gedenkstein für die hier in Gefangenschaft Verstorbenen** enthüllt. Ein **Gedenkstein für die Opfer des GULAG** befindet sich vor dem Gebäude des Gerichts an der ul. Lenina.

Überhaupt ist Komsomolsk reich an Denkmalen. Am Ufer des Amur, in der Nähe des Hafengebäudes, befindet sich ein **Memorial für die im Krieg gefallenen Komsomolzinnen**. Die Erbauer der Stadt haben 1982, ebenfalls an der Uferstraße, ein Denkmal erhalten: drei bronzene Komsomolzen-Romantiker mit Rucksack, Gitarre und Spaten. Im benachbarten Park, vor dem Jugendhaus, steht seit 1967 ein Komsomolzenpärchen mit Arbeitsinstrumenten in Händen, das ebenfalls an die ersten Jahre auf der Baustelle erinnert. Ein weiteres Denkmal greift eine Episode auf, die sich Ende der 1930er Jahre zugetragen hat. Drei Pilotinnen waren auf einem Langstreckenflug von Moskau in den Fernen Osten über der Taiga abgestürzt. Bei der Suchaktion stießen zwei der zu ihrer Rettung ausgesandten Flugzeuge zusammen. Eines stürzte ab, Besatzung und Passagiere kamen ums Leben. Die Pilotinnen wurden nach neun Tagen gefunden und gerettet. 1989 fanden Waldarbeiter das Heckleitwerk des verunglückten Flugzeugs. Es wurde restauriert und erinnert als Denkmal in der ul. Kirova, gegenüber dem Haus Nr. 49, an die bei der Rettung der Pilotinnen Verunglückten.

Entstanden ist Komsomolsk auf dem Reißbrett eines Leningrader Projektierungsbüros. Aus dem Zentrum der Stadt führen gerade und breite Straßen (Prospekte) zum Amur. Die wichtigste Magistrale ist der **Prospekt Lenina** (проспект Ленина). Ihn säumen Gebäude vornehmlich des Stalinschen Empire, mit den für die ästhetischen Präferenzen der Zeit typischen Verzierungen: Balkone, Türmchen, Wappen mit sowjetischer Emblematik. Die später gebauten Häuser wirken bescheidener. In der Nähe des Prospekts Lenina befindet sich die 2000 errichtete **Kirche der Kazaner Gottesmutter**.

*Die Kirche der Kazaner Gottesmutter*

Der Prospekt Lenina wird vom **Prospekt Mira** (проспект Мира) geschnitten. Im Gebäude Nr. 8 befindet sich das **Heimatkundemuseum**, dessen Exponate die sowjetische Geschichte illustrieren und ebenso über die Ureinwohner und die russische Erschließung des Fernen Ostens durch Kosaken und Umsiedler informieren.

Die Stadt besteht aus zwei Teilen, dem **Zentralen Bezirk**, wo sich auch der Hafen befindet, und dem **Lenin-Bezirk** (Dzemgi). Der Hauptplatz des Lenin-Bezirks trägt den Namen des ersten Kosmonauten der Welt, Jurij Gagarin. Ein Denkmal für ihn befindet sich vor dem Eingang zum wichtigsten Industriebetrieb der Stadt, der Militärflugzeuge produziert. Der neueste architektonische Zugewinn für den Lenin-Platz ist die **Prophet-Elias-Kirche**. An den Kiosken rund um den Platz erhält man Eis aus einer Fabrik vor Ort, das als das schmackhafteste in der ganzen Region gilt. Der Lenin-Bezirk trägt in Erinnerung an das nanaiische Dorf, das sich hier vor der Ankunft der Komsomolzen befand, den Beinamen ›Dzemgi‹.

Zentraler Bezirk und Lenin-Stadtbezirk sind miteinander durch die längste Straße der Stadt verbunden, die **Chaussee der Komsomolzen** (Комсомольское шоссе). Sie führt am **Silinsker Park** vorbei, einem Naturschutzgebiet mit nahezu unberührter Natur, in dem Pflanzen der nördlichen und der südlichen Taiga neben- und miteinander gedeihen. Das Flüsschen Silinka, das den Park quert, ist nach dem Kaufmann Trofim Silin benannt, einem der ersten russischen Siedler in dieser Gegend. Seit 1932 hat der Fluss, zuvor Laichgrund der Ketalachse, drei Viertel seiner Wasser verloren, sind seine Ufer nach und nach versumpft.

Wie viele provinzielle Städte in Russland zeichnet sich auch Komsomolsk durch die kreative Energie einiger seiner Bewohner aus. Das **Theater KNAM** gilt nicht nur als eines der besten im Fernen Osten, sondern weilte auch schon zu viel beachteten Gastspielen in Moskau und St. Petersburg sowie im Ausland. Viele bildende Künstler sind über die Grenzen der Stadt hinaus bekannt. Sie stellen in den zahlreichen Galerien der Stadt aus. Empfehlenswert ist unter anderem die **Galerie für Moderne Kunst ›Metamorphose‹** unweit des Hafens in einem gewöhnlichen, hässlichen Wohn-

*Landgang am Amur*

block der Breschnjew-Ära, in der ul. Džeržinskogo 24/2 (ул. Дзержинского 24/2). Von der Galerie ist es nicht weit bis zum Passagierhafen.

## Zwischen Komsomolsk und Nikolaevsk

Rund 80 Kilometer hinter Komsomolsk erreicht man am **Dorf Chalby** (Халбы) die Grenze des einst den Nanaiern gehörenden Landes. Weiter nach Nordosten erstrecken sich die Landstriche der Ultchen und der Nivchen. Hinter Chalby geht das rechte Ufer in eine Ebene über, linker Hand reichen die Ausläufer des Čajatan-Höhenzuges bis an den Strom. Gegenüber der **Siedlung Nižnetambovskij** (Нижнетамбовский) erhebt sich auf dem Gipfel eines Berges ein Felsen, dessen Konturen dem Denkmal für Erofej Chabarov vor dem Bahnhof der nach ihm benannten Stadt ähnlich sehen. Es scheint, als blicke ein versteinertes Wesen, umgeben von kleineren Felsen, zum Meer. Die Einheimischen nennen das Felsensemble ›**Amur-Säulen**‹.

Das nächste größere Dorf am rechten Ufer trägt den ungewöhnlichen Namen **Cimmermanovka** (Циммермановка). Der Name geht auf seinen Gründer zurück, den Soldaten Abraham Cimmerman. Bei **Kilometer 630** ist das **Dorf Sofijsk** erreicht, dessen Grundstein vom damaligen Generalgouverneur Ostsibiriens, Nikolaj Murav'ëv, 1858 gelegt wurde. Etwa bei Kilometer 695 beschreibt das rechte Ufer einen weiten Bogen. Auf der Landzunge liegen zwei Seen: der Kleine und der Große Kizi. Dort wo sie fast den Amur berühren, liegt das **Dorf Mariinskoe** (Мариинское). Den Zugang zum See bewacht eine Klippe.

Zeit für einen Landgang gibt es im **Dorf Bulava** (Булава) am rechten Amur-Ufer (**Km 725**). Der Name des Dorfes stammt von einem legendären Schamanen, der hier vor Urzeiten vielen Menschen geholfen haben soll. Aus Dankbarkeit schenkten diese ihm einen mit filigranen Schnitzereien versehenen und mit Schlangenhaut überzogenen hölzernen Stab, der in der Sprache der Ultchen ›bulau‹ genannt wird. Die Russen machten daraus Ende des 19. Jahrhunderts ›Bulava‹, was so viel wie Stab, Keule, Streitkolben bedeutet.

Über das Hochufer des Amur gelangt man zum **Museum für die Alltagskultur der Ultchen**. Die meisten Exponate sind traditionelle Kleidungsstücke und Ornamente. Die Ultchen fertigten aus der Haut der von ihnen gefangenen Fische so gut wie alles, was sie zum Leben brauchten – Schuhe, Zelte, Taschen, Segel und selbst Kanus. Vor dem Museum hat man die Gelegenheit, Souvenirs in der künstlerischen Tradition der Ultchen, etwa Schamanenmasken und traditionelle Bekleidung, zu erwerben. Im Hof tritt ein Volkskunstensemble mit Liedern und Tänzen auf.

Das Verwaltungszentrum der Ultchen ist das **Dorf Bogorodskoe** (Богородское), ebenfalls am rechten Ufer des Amur (**Km 757**). Auch hier legen die Kreuzfahrtschiffe einen Halt ein. Gegründet wurde der Ort 1855 anstelle einer Siedlung der Ureinwohner mit Namen Tentcha. In Bogorodskoe leben knapp 5000 Menschen, etwa die Hälfte von ihnen sind Ultchen.

Das Denkmal in Nähe der Anlegestelle ist den im Zweiten Weltkrieg gefallenen Bewohnern des Ortes gewidmet. Am Weg zum Zentrum des Dorfes liegt das älteste, 1855 errichtete Haus von Bogorodskoe. Den staubigen Hauptplatz säumen ein Geschäft, die Post und der Markt. Der kleine Park in unmittelbarer Nachbarschaft schließt sich um ein

Denkmal für die Partisanen des Bürgerkrieges. Hinter ihm befinden sich ein **Museum der Ultchen** und ein Kulturhaus aus der Stalin-Ära. Der Pfad über den Platz führt zur **Kirche des Heiligen Nikolai**. Manchmal versammelt sich zu Ehren der anreisenden Touristen der kleine Kirchenchor zu einem Ständchen. Er besteht aus zwei bis drei Großmütterchen der Gemeinde.

An der Anlegestelle finden sich stets einige ultchische Fischer ein, die den Reisenden roten Kaviar anbieten. Dieser ist naturbelassen und ohne Konservierungsstoffe und eignet sich deshalb nur als Wegzehrung – zu einem Glas Wodka zum Beispiel.

Am rechten Ufer kommt bei **Kilometer 800** das **Dorf Susanino** (Сусанино) in Sicht, in dessen Nähe sich Heilquellen und ein Sanatorium befinden. Rund 18 Kilometer weiter erreicht das Schiff eine sich fast 200 Meter über den Strom erhebende Klippe, die zu einem Ausläufer des Sichoté-Alin'-Gebirges gehört. Einst befand sich auf ihrem Gipfel ein Posten der Kosaken, der den Schiffsverkehr auf dem die Klippe umspülenden stürmischen Nebenfluss regelte. Einer Legende zufolge soll Prinz Nikolai, der spätere Zar Nikolai II., als er mit seinem Schiff die Stelle passierte, von dem Wache haltenden Kosaken auf seinem sich aufbäumenden Gaul begrüßt worden sein. Die Hufe verloren den Halt, und der Kosak namens Samsononv und sein Gaul stürzten in die Tiefe. Nach dem übereifrig tollkühnen Reiter ist die Klippe benannt.

Malerisch sind auch die auf den folgenden Kilometern das Ufer säumenden Felsen. Auf der **Tyrsker Klippe** (**Km 830**) fanden Archäologen die Überreste eines buddhistischen Tempels aus dem 15. Jahrhundert, als die Amurländer zu China gehörten. Aus dem Bürgerkrieg stammt eine vom Schiff aus sichtbare Kanone auf dem Gipfel. Gegenüber mündet der wilde Tyra Amgun' in den Strom.

## Nikolaevsk am Amur

Nikolaevsk am Amur (**Km 930**) ist eine der wenigen Städte, deren Gründungsstunde genau überliefert ist: 1. August 1859, 12 Uhr mittags. Der Ort wuchs um die Wälle eines Militärpostens, der hier dank der Insubordination eines russischen Offiziers und Entdeckungsreisenden, Gennadi Nevelskoj (1813–1876), 1846 entstanden war. Zur Mission der von Hauptmann Nevelskoj befeligen Expedition hatte es ausdrücklich nicht gehört, an dieser Stelle, am Kreuzpunkt russischer, japanischer und chinesischer Interessen, einen Stützpunkt zu errichten. So konnten die russischen Behörden den Akt des dreisten Offiziers nur zähneknirschend im Nachhinein absegnen.

Das **Denkmal für den Stadtgründer** steht seit 1950 am Eingang zum Hafen. Der riesige Anker zu seinen Füßen stammt aus der Mitte des 19. Jahrhunderts. Er war 1976 bei Bauarbeiten im Delta des Amur gefunden worden.

Links vom Denkmal erstreckt sich ein städtischer **Park** mit **Aussichtspunkten** auf den Amur und nahezu alle Denkmale der Stadt. Das erste ist den Einwohnern von Nikolaevsk gewidmet, die im Zweiten Weltkrieg gefallen sind. Es erinnert in seiner Form an das Dreieck der Frontbriefe. Von den 13 000 Nikolaevskern, die in den Krieg gezogen waren, kehrten nur 3000 zurück.

Das nächste Denkmal erinnert an die Besatzung von zwei sowjetischen U-Booten, die 1942 im Hafen von Nikolaevsk explodierten, als sie mit Munition und Torpedos für den nächsten Einsatz beladen wurden.

Von der Aussichtsplattform ist der **Kohlehafen** mit seinen Halden und Kranen gut einzusehen. An dieser Stelle hisste Gennadi Nevelskoj 1846 die russische Flagge – ein symbolischer Akt, der die Eroberung des Fernen Ostens durch Russland einleitete. Das russische Außenministerium erbat von Zar Nikolai I. wegen der diplomatischen Verwicklungen die Schließung des Postens, worauf dieser geantwortet haben soll: »Wo einmal die russische Flagge gehisst wurde, wird sie nicht wieder eingezogen.« Es heißt, das Nevelskoj, um seine Eigenmächtigkeit auszugleichen, den Posten nach dem Zaren Nikolai – Nikolaevsk – benannt haben soll. Wahrscheinlicher jedoch ist, dass der wahre Namensgeber der Stadt der heilige Nikolaj ist, Schutzpatron der Reisenden und Seefahrer.

Unweit der kleinen Aussichtsplattform befindet sich seit 1972 auf einem Massengrab ein **Denkmal für die Opfer des Bürgerkrieges,** ›Die in Gram versunkene Mutter‹. 1918 besetzten japanische Truppen das Amurgebiet, und auch Nikolaevsk. Der Befehlshabende der ›roten Partisanenverbände‹, der Anarchist Jakov Trjapizyn, eroberte die Stadt 1920. Die japanische Garnison ergab sich zunächst, leistete dann aber Widerstand und wurde vernichtet. Die japanische Regierung antwortete mit verschärftem militärischem Engagement und entsandte ein Strafbataillon. Daraufhin brannten die ›Partisanen‹ Trjapizyns die Stadt, um ihre Einnahme zu verhindern, nieder und ermordeten Hunderte japanische Einwohner, Bürgerliche, den Popen und einige der eigenen Leute, die sich der wüsten Kriegsführung des Anführers und seiner Verbündeten widersetzt hatten. Die übrigen flüchteten. 1130 Häuser, 97 Prozent der Bausubstanz, fielen dem Brand zum Opfer. Trjapizyn wurde später verhaftet und von einem Standgericht zum Tode verurteilt.

Das nächste Denkmal, der 1915 aufgestellte **Obelisk** in dem kleinen Park am Hochufer, ist dem Gründer der Stadt gewidmet, Gennadi Nevelskoj. In der Sowjetzeit verlor es zunächst seine In-

*Denkmal für die Opfer des Bürgerkriegs in Nikolaevsk*

schrift, dann wurde der Doppeladler auf seiner Spitze durch einen Stern ersetzt. Seit 1975 krönt eine Nachbildung des Schleppkahns ›Baikal‹, auf dem Nevelskoj und seine Männer 1843 in die Mündung des Amur eingefahren waren, den Obelisk. Die 1843 gegossene Kanone wurde 1964 bei Bauarbeiten auf dem Gelände der Čnyrrachsker Festung, 16 Kilometer nordöstlich von Nikolaevsk gefunden.

Dem kleinen Park gegenüber steht ein blau gestrichenes Gebäude, das wie durch ein Wunder die Feuersbrunst von 1920 überstand. Zu Sowjetzeiten diente das Gebäude als Kino und als Musikschule für Kinder. Es steht derzeit leer, soll aber restauriert und dem Heimatkundemuseum zur Nutzung übereignet werden.

Steigt man die Treppe hinauf zum Hochufer und hat den Nevelskij-Obelisk passiert, gelangt man in die nach einem sowjetischen Funktionär benannte ul. Kantera (ул. Кантера). Linker Hand befindet sich der Markt. Die **ul. Kantera** kreuzende **ul. Sovetskaja** (ул. Советская) ist die Hauptstraße von Nikolaevsk. Hier befinden sich einige hölzerne Gebäude aus den 1920er Jahren mit dem typischen blauen Anstrich.

Das einzige Gotteshaus in der Stadt, die 2001 geweihte **Kirche des heiligen Nikolai**, befindet sich am Ende der ul. Kantera. Sie steht auf dem Fundament der ersten hölzernen Kirche, die 1912 wegen Baufälligkeit abgetragen wurde. In jener Zeit lebten in Nikolaevsk rund 18 600 Menschen, neben Russen und anderen Untertanen des Zaren auch Chinesen, Koreaner, Japaner, Amerikaner, Engländer, Franzosen und Deutsche. Das Vladivostoker Handelshaus Kunst & Albers hatte hier eine Filiale. Über den Bremer und den Hamburger Hafen gelangten Waren aus Europa in den Fernen Osten. Der Brand von 1920 hat alle Spuren dieser Geschichte zerstört.

Hinter der Kirche des Heiligen Nikolai beginnt der Städtische **Gorki-Erholungspark**.

In der Stadt leben 27 000 Menschen. Ihren Rang als wichtigste Hafenstadt an der Mündung des Amur ins Ochotskische Meer hat Nikolaevsk an Vanino verloren. Viele Einwohner haben deshalb keine Arbeit mehr.

In der Regel bietet sich, während das Schiff in Nikolaevsk vor Anker liegt, die Gelegenheit zu einem **Ausflug in die Umgebung der Stadt**, zu den Ruinen der einst auf der 15 Kilometer entfernten Landzunge Čnyrrach errichteten Festung. Bei klarem Wetter ist von ihren Wällen aus die Insel Sachalin im Ochotskischen Meer zu erkennen. Auf dem Rückweg steht ein Stop im **Dorf Krasnoe** auf dem Programm, inklusive Konzert einer Folkloregruppe der Nivchen und Degustation ihrer Nationalspeisen. Aus Nikolaevsk starten die Kreuzfahrtschiffe zur Rückreise auf dem Amur nach Chabarovsk.

*Auftritt eines Folkloreensembles an Bord*

# Sprachführer

Die aus der russischen Sprache übernommenen Namen und Begriffe sind in den vom ›Duden‹ empfohlenen Transliterationsregeln für das kyrillische Alphabet gehalten. Ungewohnt mag die Umschrift der in der russischen Sprache häufigen Zischlaute wirken (Ж – Ž, Ч – Č, Х – CH, Ц – C, Ш – Š, Щ – ŠČ). Sie ist aber eindeutiger als die eindeutschende Übertragung und, wenn man sich einmal daran gewöhnt hat, auch gut zu lesen. Lediglich bei Namen, die im Deutschen sehr geläufig sind, haben wir auf die wissenschaftliche Umschrift verzichtet.

## Das kyrillische Alphabet

| Kyrillisch | Aussprache | Transkription | Transliteration | engl. Transkription |
|---|---|---|---|---|
| А а | ›a‹ wie in ›Vater‹ | a | a | a |
| Б б | ›b‹ wie in ›Ball‹ | b | b | b |
| В в | ›w‹ wie in ›Wasser‹ | w | v | v |
| Г г | ›g‹ wie in ›gut‹, in den Endungen -ero und -oro wie ›w‹ | g | g | g |
| Д д | ›d‹ wie in ›dort‹ | d | d | d |
| Е е | am Wortanfang, nach Vokalen und in der Endsilbe ›ite‹ wie ›je‹, sonst wie ›e‹ | e | e | e |
| Ё ё | am Wortanfang und nach Vokalen ›jo‹, sonst betontes ›o‹ | jo | ë | yo |
| Ж ж | ›sch‹ wie in ›Journal‹ | sch | ž | zh |
| З з | ›s‹ wie in ›Rose‹ | s | z | z |
| И и | ›i‹ wie in ›Ritus‹ | i | i | i |
| Й й | kurzes ›j‹ | j | j | y |
| К к | ›k‹ wie in ›Kamm‹ | k | k | k |
| Л л | ›l‹ wie in ›Schall‹ | l | l | l |
| М м | ›m‹ wie in ›Milch‹ | m | m | m |
| Н н | ›n‹ wie in ›Natur‹ | n | n | n |
| О о | ›o‹ in betonten, ›a‹ in unbetonten Silben | o | o | o |
| П п | ›p‹ wie in ›Post‹ | p | p | p |

| Kyrillisch | Aussprache | Transkription | Transliteration | engl. Transkription |
|---|---|---|---|---|
| Р р | rollendes ›r‹ | r | r | r |
| С с | stimmloses ›s‹ (daß) | s | s | s |
| Т т | ›t‹ wie in ›Tisch‹ | t | t | t |
| У у | ›u‹ wie in ›gut‹ | u | u | u |
| Ф ф | ›f‹ wie in ›falsch‹ | f | f | f |
| Х х | ›ch‹ wie in ›acht‹ | ch | ch | kh |
| Ц ц | ›z‹ wie in ›Zar‹ | z | c | ts |
| Ч ч | ›tsch‹ wie in ›Tschechien‹ | tsch | č | ch |
| Ш ш | ›sch‹ wie in ›Schule‹ | sch | š | sh |
| Щ щ | länger gezogenes ›sch‹ | schtsch | šč | shch |
| ы | ein im hinteren Mundbereich ausgesprochenes ›jüi‹ | y | y | y |
| ь | Weichheitszeichen, davorstehende Konsonanten werden weich ausgesprochen | entfällt | ' | entfällt |
| Э э | ›ä‹ wie in ›Ente‹ | e | ė | e |
| Ю ю | ›ju‹ wie in ›Jugend‹ | ju | ju | yu |
| Я я | ›ja‹ wie in ›Januar‹ | ja | ja | ya |

**Wichtigste Aussprachregeln**: unbetontes o wird wie a ausgesprochen, š entspricht stimmlosen ›sch‹, ž entspricht stimmhaften ›sch‹, č entspricht ›tsch‹, * der Akzent zeigt die betonte Silbe an

| deutsch | Transliteration* | russisch |
|---|---|---|
| **Allgemeine Wendungen** | | |
| Guten Tag! | Dóbryj den'! | Добрый день! |
| Hallo! | Privét! | Привет! |
| Guten Morgen! | Dóbroe útro! | Доброе утро! |
| Guten Abend! | Dóbryj véčer! | Добрый вечер! |
| Gute Nacht! | Spokójnoj nóči! | Спокойной ночи! |
| Auf Wiedersehen! | Do svidánija! | До свидания! |
| Tschüß! | Poká! | Пока! |
| Wie geht's? | Kak delá? | Как дела? |

| deutsch | Transliteration* | russisch |
|---|---|---|
| gut | chorošó | хорошо |
| schlecht | plócho | плохо |
| Es geht. | Ták sebjé. | Так себе. |
| Danke! | Spasíbo! | Спасибо! |
| Bitte! | Požálujsta! | Пожалуйста! |
| ja | da | да |
| nein | net | нет |
| Hilfe! | Pomogíte! | Помогите! |
| Entschuldigung! | Izviníte! | Извините! |
| Macht nichts! | Ničevó! | Ничего! |
| Sprechen Sie deutsch/englisch? | Vy govoríte po-nemékki/po-anglíjski? | Вы говорите по-немецки/по-английски? |
| Ich verstehe nicht. | Ja ne ponimáju. | Я не понимаю. |
| Ich spreche kein Russisch. | Ja ne govorjú po-rússki. | Я не говорю по-русски. |
| Sprechen Sie langsam! | Govoríte médlenno! | Говорите медленно! |
| Ich weiß es (nicht). | Ja (ne) znáju. | Я (не) знаю. |
| Schreiben Sie es bitte auf! | Zapišíte, požálujsta! | Запишите, пожалуйста! |
| Ist es frei? | Svobódno? | Свободно? |
| Darf ich? | Móžno? | Можно? |
| Sie dürfen nicht/Man darf nicht! | Nelzjá! | Нельзя! |
| **Orientierung** | | |
| Wo? | Gde? | Где? |
| Sagen Sie bitte, wo ist ...? | Skažíte, požálujsta, gde ...? | Скажите, пожалуйста, где...? |
| Entschuldigen Sie, wie komme ich zu ...? | Izviníte, kak mne popásť k ...? | Извините, как мне попасть к ...? |
| rechts, nach rechts | právo, naprávo | право, направо |
| links, nach links | lévo, nalévo | лево, налево |
| geradeaus | prjámo | прямо |
| um die Ecke | za uglóm | за углом |
| hinter der Brücke | za mostóm | за мостом |

| deutsch | Transliteration* | russisch |
| --- | --- | --- |
| hier | zdes' | здесь |
| dort | tam | там |
| nah | blízko | близко |
| weit | dalekó | далеко Norden |
| Süden | jug | юг |
| Westen | západ | запад |
| Osten | vostók | восток |
| **Hinweisschilder** | | |
| Eingang | vchod | вход |
| Ausgang | vychod | выход |
| geschlossen | zakrýto | закрыто |
| außer Betrieb | ne rabótaet | не работает |
| Kasse | kássa | касса |
| Umbau, Renovierung | remónt | ремонт |
| geöffnet | otkrýto | открыто |
| Information | správka | справка |
| Toilette (Damen/Herren) | tualét (žénskij/mužskój) | туалет (женский/мужской) |
| **Orte** | | |
| Brücke | most | мост |
| Straße | úlica | улица |
| Gasse | pereúlok | переулок |
| Prospekt (große Straße) | prospékt | проспект |
| Platz | plóščad' | площадь |
| Uferstraße | náberežnaja | набережная |
| Boulevard | bulvár | бульвар |
| Haus | dom | дом |
| Theater | teátr | театр |
| Kloster | monastýr | монастырь |
| Kirche | cérkov' | церковь |
| Museum | muzéj | музей |
| **Öffentliche Verkehrsmittel** | | |
| Bahnhof | vokzál | вокзал |

| deutsch | Transliteration* | russisch |
|---|---|---|
| Busbahnhof | avtovokzál | автовокзал |
| Haltestelle | ostanóvka | остановка |
| Bahnsteig | perrón, put' | перрон, путь |
| Abfahrt | otpravlénie | отправление |
| Ankunft | pribýtie | прибытие |
| Bus | avtóbus | автобус |
| Fährt dieser Zug/Bus nach …? | Étot póezd/avtóbus idët v …? | Этот поезд/автобус идёт в …? |
| Wann fährt der Zug nach …? | Kogdá otpravljáetsja póezd v …? | Когда отправляется поезд в …? |
| Von welchem Bahnsteig? | S kakój platfórmy? | С какой платформы? |
| Gleis | put' | путь |
| Der Zug verspätet sich um … | Póezd opázdyvaet na … | Поезд опаздывает на … |
| mit dem Boot, Tragflügelboot | na lódke, na rakéte | на лодке, на ракете |
| mit dem Bus | na avtóbuse | на автобусе |
| mit dem Taxi | na taksí | на такси |
| mit dem Zug | na póezde | на поезде |
| Einen Fahrschein nach Irkutsk, bitte! | Odín bilét v Irkútsk, požálujsta! | Один билет в Иркутск, пожалуйста! |
| hin und zurück | tydá i obrátno | туда и обратно |
| Gepäck | bagáž | багаж |
| Gepäckkarren | bagážnaja teléžka | багажная тележка |
| Gepäckaufbewahrung | kamera chranénija | камера хранения |
| Gepäckträger | nosílščik | носильщик |
| Gute Reise! | Sčastlívogo putí! | Счастливого пути! |
| **Im Zug/Auf dem Schiff** | | |
| Transsibirische Eisenbahn | Transsibírskaja magistrál | Транссибирская магистраль |
| Schaffner/in | provodník/-níca | проводник/-ница |
| Wagennummer | nómer vagóna | номер вагона |
| Schlafwagen | spálnyj vagón | спальный вагон |

| deutsch | Transliteration* | russisch |
| --- | --- | --- |
| Abteil | kupé | купе |
| Platz | mésto | место |
| Wann sind wir in...? | Čérez skólko my búdem v ...? | Через сколько мы будем в ...? |
| Wann muß ich aussteigen? | Kogdá mne výjti? | Когда мне выйти? |
| Bettwäsche | postélnoe belë | постельное бельё |
| Kann ich bitte frische Bettwäsche bekommen? | Móžno li polučít' svéžee postélnoe belë? | Мозно ли получить свежее постельное бельё? |
| Haben Sie Tee? | Est' li u vas čaj? | Есть ли у вас чай? |
| Ich habe ... schmerzen! | U menjá bolít ...! | У меня болит ...! |
| **Öffentliche Einrichtungen** | | |
| Post | póčta | почта |
| Geschäft, Laden | magazín | магазин |
| Bank, Sparkasse | bank, sberkássa | банк, сберкасса |
| Konsulat | kónsulstvo | консульство |
| Botschaft | posólstvo | посольство |
| Krankenhaus | bolníca | больница |
| Apotheke | aptéka | аптека |
| Arzt | vrač | врач |
| Zahnarzt | zubnój vrač | зубной врач |
| **Im Hotel/Auf dem Schiff** | | |
| Hotel | gostínica | гостиница |
| Pension | pansión | пансион |
| Zimmer | nómer | номер |
| für eine Nacht | na noč' | на ночь |
| Wo befindet sich der Speisesaal? | Gde nachóditsja restorán? | Где находится ресторан? |
| heißes Wasser | gorjáčaja vodá | горячая вода |
| Dusche | duš | душ |
| Heizung | otoplénie | отопление |
| Preis | cená | цена |
| dies hier | vot éto | вот это |

| deutsch | Transliteration* | russisch |
|---|---|---|
| funktioniert nicht | ne rabótaet | не работает |
| Licht | svet | свет |
| **Einkaufen** | | |
| Haben Sie? | U vas est'? | У Вас есть? |
| Was kostet das? | Skólko éto stóit? | Сколько это стоит? |
| Geben Sie mir bitte …! | Dájte mne, požálujsta …! | Дайте мне, пожалуйста …! |
| Zeigen Sie mir bitte …! | Pokažíte mne požálujsta …! | Покажите мне пожалуйста …! |
| Tüte | pakét | пакет |
| Eine Packung …, bitte | Odnú páčku …, požálujsta | Одну пачку …, пожалуйста |
| Eine Flasche …, bitte | Odnú butýlku …, požálujsta | Одну бутылку …, пожалуйста |
| Zeitung | gazéta | газета |
| Zigaretten | sigaréty | сигареты |
| Schokolade | šokolád | шоколад |
| Kaugummi | ževételnaja rezinka | жевательная резинка |
| **Im Restaurant/Speisesaal** | | |
| Die Speisekarte bitte! | Menjú, požálujsta! | Меню, пожалуйста! |
| Ich möchte zahlen. | Ja choçú zaplatít'. | Я хочу заплатить. |
| Bringen Sie bitte …! | Prinesíte, požálujsta …! | Принесите, пожалуйста …! |
| Teller | tarélka | тарелка |
| Tasse | čáška | чашка |
| Glas | stakán | стакан |
| Messer | nož | нож |
| Gabel | vílka | вилка |
| Löffel | lóžka | ложка |
| Zucker | sáchar | сахар |
| Salz | sol | соль |
| Frühstück | závtrak | завтрак |
| Mittagessen | obéd | обед |
| Abendessen | úžin | ужин |

| deutsch | Transliteration* | russisch |
| --- | --- | --- |
| Vorspeisen | zakúski | закуски |
| Erster Gang (Suppe) | pérvoe (sup) | первое (суп) |
| Zweiter Gang | vtoróe | второе |
| Nachspeise | desért | десерт |
| **Frühstück** | | |
| Tee mit Zitrone | čaj s limónom | чай с лимоном |
| Kaffee mit Milch und Zucker | kófe s molokóm i sácharom | кофе с молоком и сахаром |
| Brot | chleb | хлеб |
| Butter | máslo | масло |
| Honig | mëd | мёд |
| Marmelade | varén'e | варенье |
| Milch | molokó | молоко |
| Eier | jájca | яйца |
| Käse | syr | сыр |
| Wurst | kolbasá | колбаса |
| **Vorspeisen** | | |
| Pfannkuchen | bliný | блины |
| Fleischsalat | salat oliv'é | салат оливье |
| Gurkensalat | salát iz ogurcóv | салат из огурцов |
| Tomatensalat | salát iz pomidórov | салат из помидоров |
| Pilze | gribý | грибы |
| Kaviar | ikrá | икра |
| Pirogge | piróg | пирог |
| Gemüsesalat | vinegrét | винегрет |
| **Suppen** | | |
| Rote-Beete-Suppe | boršč | борщ |
| Kohlsuppe | šči | щи |
| Soljanka | soljánka | солянка |
| Fischsuppe | uchá | уха |
| **Zubereitungsarten** | | |
| gekocht | varënyj | варёный |
| gebraten | žárenyj | жареный |

| deutsch | Transliteration* | russisch |
|---|---|---|
| geräuchert | kopčënyj | копчёный |
| in Öl gebraten | fri | фри |
| **Mittag- und Abendessen** | | |
| Kartoffeln | kartóška | картошка |
| Reis | ris | рис |
| saure Sahne | smetána | сметана |
| russische Maultaschen | pelméni | пельмени |
| Fisch | rýba | рыба |
| Fleisch | mjáso | мясо |
| Hammelfleisch | baránina | баранина |
| Boulette | kotléta | котлета |
| Ragout | ragú | рагу |
| Würstchen | sosíski | сосиски |
| Huhn | kúrica | курица |
| Plow (Reisgericht mit Fleisch) | plov | плов |
| **Gemüse und Salat** | | |
| Erbsen | goróch | горох |
| Gurke | oguréc | огурец |
| Kartoffeln | kartófel | картофель |
| Kohl | kapústa | капуста |
| Möhren | morkóv' | морковь |
| Rote Beete | sveklá | свекла |
| Salat | salát | салат |
| Tomaten | pomidóry | помидоры |
| **Obst** | | |
| Apfel | jábloko | яблоко |
| Birne | grúša | груша |
| Honigmelone | dýnja | дыня |
| Süßkirsche | čeréšnja | черешня |
| Orange | apelsín | апельсин |
| Wassermelone | arbúz | арбуз |
| Weintrauben | vinográd | виноград |

| deutsch | Transliteration* | russisch |
|---|---|---|
| Zitrone | limón | лимон **Dessert** |
| Speiseeis | morózenoe | мороженое |
| Bonbons | konféty | конфеты |
| süßes Teiggebäck | pirožók | пирожок |
| Kuchen | piróžnoe | пирожное |
| Torte | tort | торт |
| Obst | frúkty | фрукты |
| **Getränke** | | |
| Mineralwasser | minerálnaja vodá | минеральная вода |
| Saft | sok | сок |
| Rotwein | krásnoe vinó | красное вино |
| Weißwein | béloe vinó | белое вино |
| Bier | pívo | пиво |
| Vodka | vódka | водка |
| Cognac | kon'ják | коньяк |
| **Telefonieren** | | |
| Ich höre. | Slúšaju | Слушаю. |
| Wer spricht? | Kto govorít? | Кто говорит? |
| Wen möchten Sie sprechen? | Kto vam núžen? | Кто вам нужен? |
| Ich möchte bitte ... sprechen. | Pozovíte požálujsta .. k telefónu. | Позовите пожалуйста ... к телефону. |
| Ich möchte nach Deutschland ¡telefonieren. | Ja chočú pozvoníť v Germániju. | Я хочу позвонит в Германию. |
| Vorwahl | kod | код |
| **Zahlen** | | |
| eins, zwei, drei | odín, dva, tri | один, два, три |
| vier, fünf, sechs | četýre, pjať, šesť | четыре, пять, шесть |
| sieben, acht, neun | sem', vósem', dévjať | семь, восемь, девять |
| zehn, elf | désjať, odínadcať | десять, одиннадцать |
| zwölf | dvenádcať | двенадцать |
| dreizehn | trinádcať | тринадцать |
| vierzehn | četýrnadcať | четырнадцать |

| deutsch | Transliteration* | russisch |
|---|---|---|
| fünfzehn | pjatnádcat' | пятнадцать |
| sechzehn | šestnádcat' | шестнадцать |
| siebzehn | semnádcat' | семнадцать |
| achtzehn | vosemnádcat' | восемнадцать |
| neunzehn | devjatnádcat' | девятнадцать |
| zwanzig | dvádcat' | двадцать |
| hundert | sto | сто |
| tausend | týsjača | тысяча |
| **Zeitangaben** | | |
| Wie spät ist es? | Kotóryj čas? | Который час? |
| heute | segódnja | сегодня |
| gestern | včerá | вчера |
| morgen | závtra | завтра |
| Stunde | čas | час |
| am Morgen | útrom | утром |
| tagsüber, am Tag | dnëm | днём |
| am Abend | véčerom | вечером |
| Woche | nedélja | неделя |
| Monat | mésjac | месяц |
| Jahr | god | год |
| Montag | ponedélnik | пјонедельник |
| Dienstag | vtórnik | вторник |
| Mittwoch | sredá | среда |
| Donnerstag | četvérg | четверг |
| Freitag | pjátnica | пятница |
| Sonnabend | subbóta | суббота |
| Sonntag | voskresén'e | воскресенье |
| Januar, Februar | janvár, fevrál | январь, февраль |
| März, April, Mai | mart, aprél, maj | март, апрель, май |
| Juni, Juli, August | ijún', ijúl, ávgust | июнь, июль, август |
| September, Oktober | sentjábr, oktjábr | сентябрь, октябрь |
| November, Dezember | nojábr, dekábr | ноябрь, декабрь |

# Reisetipps von A bis Z

## Ärztliche Versorgung

Alle Flussschiffe haben einen Arzt an Bord. Bei schwierigen Fällen steht an den jeweiligen Haltestellen meistens ein Krankenhaus zur Verfügung. Der Abschluss einer Ausslandslandskrankenversicherung ist obligatorisch (siehe ›Visum‹ → S. 388). Bei einer die Erste Hilfe übersteigenden medizinischen Betreuung wird bei nicht innerhalb Russlands versicherten Personen Vorkasse verlangt.

Die Reiseanbieter sind in der Regel vertraglich mit einer amerikanischen Klinik in Moskau und einer europäischen Klinik in St. Petersburg verbunden. Bei Notfällen werden Hubschrauber oder Krankenwagen angefordert, die Verletzte oder Erkrankte zur Behandlung abtransportieren.

## Alkohol

Alkohol ist nach wie vor die Droge und Staatsfeind Nummer 1 in Russland. Einer internationalen Studie zufolge geht jeder zweite Todesfall bei Männern zwischen 15 und 54 Jahren auf Alkohol zurück. 40 Prozent der russischen Männer erleben das Rentenalter nicht. Die russische Regierung bemüht sich um Schadensbegrenzung. 2012 wurden die Steuern auf alkoholische Getränke um 30 Prozent angehoben, ein Werbeverbot trat in Kraft, und seit 2011 gilt auch Bier als Alkohol, weshalb der Verkauf nach 22 Uhr im Einzelhandel verboten ist, ebenso wie es verboten ist, Alkohol im öffentlichen Raum, also auf Straßen und Plätzen zu konsumieren. Dem Alkoholkonsum in den Gaststätten und privat stehen nach wie vor keine Barrieren im Weg. Offiziellen Statistiken zufolge trinken die Russen durchschnittlich 15 Liter reinen Alkohol im Jahr, Selbstgebranntes nicht eingeschlossen. Weltweit liegt der Durchschnitt bei 6,2 Litern.

## Apotheken

Das Netz der Apotheken ist in Russland eng geknüpft. Im Angebot sind sowohl russische als auch ausländische, oft auch deutsche Medikamente unterschiedlicher Qualität. Arzneien firmieren oftmals unter einem anderen Namen als in Deutschland, enthalten aber ähnliche Wirkstoffe. Viele, auch starke, Medikamente werden rezeptfrei verkauft. Apotheken sind an einem grünen Kreuz zu erkennen und gewöhnlich von 8 bis 21 Uhr geöffnet. Es empfiehlt sich, alle jene Medikamente mitzunehmen, auf die man angewiesen ist, außerdem eine minimale Basisausstattung wie Aspirin, Mittel gegen leichte Erkältungen, Heftpflaster, Mükkenprophylaxe, Sonnencreme sowie evtl. eine Lotion gegen Sonnenbrand und Allergien. Menschen, die Medikamente nehmen, die unter das Betäubungsmittelgesetz fallen, sollten sich eine entsprechende Bescheinigung beim Arzt besor-

*Kreuzfahrtschiff auf dem Amur*

gen. Weitere aktuelle Informationen gibt auf der Webseite des Auswärtigen Amtes, www.auswaertiges-amt.de, und auf: www.frm-web.de (Forum Reisen und Medizin) sowie www.dtg.org (Deutsche Gesellschaft für Tropenmedizin und Internationale Gesundheit).

## Autofahren

Der Fahrstil ist in Russland deutlich rücksichtsloser als hierzulande und gewöhnungsbedürftig. Als Ausländer benötigt man einen internationalen Führerschein. Eine KFZ-Haftpflichtversicherung ist obligatorisch. Die Verkehrszeichen entsprechen weitestgehend den bei uns gültigen. Innerhalb geschlossener Ortschaften sind 60, außerhalb 90, auf Autobahnen 110 Stundenkilometer zulässig.

Das Heer an Verkehrspolizisten, Straßenpatrouliendienst (DPS) genannt, beeindruckt sowohl in den Städten als auch an den Fernverkehrsstraßen. Insbesondere an den Ortseinfahrten großer Städte erreichen die Postengebäude häufig fast Festungscharakter. Die Kontrollposten sind immer im Schritttempo anzufahren. Oft werden Fahrzeuge herausgewunken, zur Kontrolle der Papiere. Bedenkt man die schwierige Sicherheitslage in Russland, haben die häufigen Kontrollen durchaus ihren Sinn. Russische Polizisten sind bekannt dafür, dass Preise verhandelbar sind, obwohl unverblümte Bestechungsversuche eher das Gegenteil bewirken. Der Bußgeldkatalog wurde in den letzten Jahren erheblich verschärft. Schon bei mittelschweren Vergehen droht der Entzug des Führerscheins. Selbst bei kleinen Unfällen muss die Miliz (seit 2011 offiziell ›Policija‹ - Polizei) oder GIBDD (Verkehrspolizei) verständigt werden. Bis zu deren Erscheinen darf die Unfallsituation nicht verändert werden. Man darf also nicht an den Straßenrand fahren, so dass häufig Bagatellunfälle zu riesigen Staus führen.

## Batterien

Batterien für Kameras, Hörgeräte, Radio etc. sollte man im Reisegepäck haben, da die Qualität in der russischen Provinz oft zu wünschen übrig lässt und manche Sorten nur umständlich zu beschaffen sind.

## Behinderte

Rollstuhlfahrer haben es schwer, da die wenigsten Busse, die für die Landausflüge benutzt werden, mit entsprechender Technik ausgerüstet sind. Andererseits sind die Reiseführer und Fahrer stets bereit, zu helfen. Ein- und Ausstieg aufs und vom Schiff erfolgen zumeist ebenerdig über bequem zu passierende Stege.

An Bord sind die Treppen zwischen den Decks mit den Kajüten, Restaurants, Salons und Außendecks bequem zu bewältigen.

## Bordpass

Bei Ankunft an Bord ist der Reisepass abzugeben. Als Ersatz erhält man einen

*Anlegen am Ufer*

Bordpass, der an der Rezeption hinterlegt und bei Landgängen gegen Abgabe der Zimmerschlüssel ausgehändigt wird.

## Botschaften und Generalkonsulate Russlands im Ausland

### Botschaft der Russischen Föderation in Deutschland
Unter den Linden 63–65
10117 Berlin
Tel. +49/30/2291110
Visaabteilung
Behrenstr. 66
10117 Berlin
Tel. +49/30/22651184
www.russische-botschaft.de

### Generalkonsulat Hamburg
Am Feenteich 20
22095 Hamburg
Tel. +49/40/2295201, 2295301

### Generalkonsulat Leipzig
Turmgutstraße 1
04155 Leipzig
Tel. +49/341/5851876, 5902923.

### Generalkonsulat München
Maria-Theresia-Straße 17
81675 München
Tel. +49/89/592503.

### Generalkonsulat Bonn
Waldstraße42
53117 Bonn
Tel. +49/228/3867931

### Generalkonsulat Frankfurt am Main
Eschenheimer Anlage 33/34
60318 Frankfurt am Main
Besucherempfang:
Oeder Weg 16-18
60318 Frankfurt am Main
Tel. +49/69/59674503

### Botschaft der Russischen Föderation in Österreich
Reisnerstr. 45–47
1030 Wien
Tel. +43/1/7123233
www.rusemb.at

### Generalkonsulat Salzburg
Bürglsteinstr. 2
5020 Salzburg
Tel. +42-662/624184.

### Botschaft der Russischen Föderation in der Schweiz
Brunnaderstr. 53
3006 Bern
Tel. 031/3520567
www.consulrussia.ch

### Generalkonsulat Genf
Rue Jean Schaub
1202 Genève
Tel. 022/7347955.

## Botschaften und Generalkonsulate in Moskau

### Deutsche Botschaft
ul. Mosfilmovskaja 56
119285 Moskva
Tel. +7/495/9379500
www.germania.diplo.de
Konsular- und Visaabteilung
Leninskij pr. 95a
117393 Moskva
Tel. +7/495/9334311
Notfalltelefon: +7/495/9379500,
SMS-Kontakt für Gehörlose:
+7/985/9699463

### Österreichische Botschaft
Starokonjušenyj per. 1
119034 Moskva
Tel. +7/495/7806066
www.bmeia.gv.at/botschaft/moskau
Konsular- und Visaabteilung
Starokonjuschennij pereulok
119034 Moskva
Tel. +7/495/9561660

### Schweizer Botschaft
Per. Ogorodnaja Sloboda 2/5
101000 Moskva
Tel. +7/495/2583830
www.eda.admin.ch/moscow

### Luxemburgische Botschaft
Kruševskij per. 3

›Žili Byli‹, eine beliebte Imbisskette

119034 Moskva
Tel. +7/495/7866663,
+7/495/7866665 (Konsulat)
http://moscou.mae.lu/en

## Einkaufen

Die Ladenöffnungszeiten werden in Russland großzügig gehandhabt. Lebensmittel kann man täglich, auch sonntags, von 9 bis bis 21 Uhr bekommen. Es gibt zahlreiche ›24-Stunden‹-Läden, in denen ein etwas höherer Preis verlangt wird. Bei anderen Geschäften variieren die Öffnungszeiten stark, man kann aber davon ausgehen, dass in der Regel montags bis samstags von 10 bis 21 Uhr und sonntags von 11 bis 18 Uhr geöffnet ist. In der Mittagszeit – meist zwischen 13 und 15 Uhr – ist häufig für eine Stunde geschlossen, was nicht auf die großen Kaufhäuser und Supermärkte zutrifft. Interessant ist das Treiben auf den Märkten. Im Spätsommer bekommt man auf ihnen so gut wie alles, was das Vitamine und Mineralstoffe liebende Herz begehrt.

## Einreise
siehe ›Visum‹ → S. 388

## Elektrizität

Die Netzstromspannung beträgt 220 V Wechselstrom. In jeder Kajüte und im Bad gibt es ausreichend Steckdosen. Die Steckdosen im Waschraum der Schiffe sind nur für Rasierer und elektrische Zahnbürsten geeignet. Für den Haarfön gibt es in der Kabine eine Steckdose, dort ist aber nicht immer ein Spiegel in der Nähe. Es empfehlen sich ein Handspiegel und/oder ein Verlängerungskabel.

## Essen

Das Essen wird meist im Bordrestaurant eingenommen. Die Landausflüge werden darauf zeitlich entsprechend abgestimmt.
In Abhängigkeit von Reederei und Charterunternehmen variiert das Angebot von typisch russischem Essen bis zur westlichen Küche mit Importwaren. Auf westliche Frühstücksgewohnheiten wird in der Regel Rücksicht genommen. Das Angebot an Salaten, Gemüse und Obst ist großzügig. Vegetarische Lebensgewohnheiten sind in der Speisekarte in der Regel berücksichtigt.

## Feiertage

In Russland feiert man gern und viel. Ob religiöse oder weltliche Feste, ob man demokratischer oder revolutionärer Traditionen gedenkt – ein Anlass findet sich immer.

▶ **Offizielle Feiertage (arbeitsfrei)**
**1./5. Januar:** Neujahrsfest.
**7. Januar:** russisch-orthodoxes Weihnachtsfest.
**23. Februar:** Tag der Vaterlandsverteidiger – so heißt er offiziell seit 1996. Früher war er entsprechend dem Gründungsdatum der Tag der Sowjetarmee und galt, als Pendant zum 8. März, als Männertag, an dem kleine Aufmerksam-

keiten und große Gelage üblich sind. Seit 1999 ist er im Rahmen der Gleichberechtigung arbeitsfrei.

**8. März:** Internationaler Frauentag. Ein für die Frauen Russlands bedeutender Feiertag, der aber weder kämpferisch noch feministisch geprägt ist. Fehlende Blumen oder Aufmerksamkeiten werden den Männern beruflich wie privat übel genommen.

**1. Mai:** Tag der Arbeit und des Frühlings.

**9. Mai:** Tag des Sieges. Der Tag des Sieges im hier ›Großer Vaterländischer Krieg‹ genannten Zweiten Weltkrieg weicht aufgrund des Zeitunterschiedes vom Jahrestag der Kapitulation Deutschlands ab. Bei der Unterzeichnung am 8. Mai 1945 um 23.45 Uhr in Berlin-Karlshorst war es in Moskau bereits zwei Stunden später und somit der 9. Mai.

**12. Juni:** Tag der Unabhängigkeit. Der Tag der ersten freien Präsidentschaftswahlen, die Boris Jelzins erste Präsidentschaft einleiteten, war der 12. Juni 1993.

**4. November:** Tag der Einheit des Volkes. Am 4. November 1612 marschierte ein russisches Heer in Moskau, das der polnisch-litauischen Besatzung ein Ende bereitete. Als Feiertag löste der 4. November 2005 den 7. November ab, der in sowjetischer Zeit als Tag der Oktoberrevolution begangen wurde.

Wenn offizielle Feiertage auf ein Wochenende fallen, ist generell der darauf folgende Montag ebenfalls ein arbeitsfreier Feiertag. Wenn zwischen Feiertag und Wochenende nur ein Arbeitstag liegt, gibt es manchmal offizielle Beschlüsse zur Verlegung dieses Arbeitstages auf einen anderen Samstag. Insbesondere die erste Januar- und die erste Maihälfte bieten sich hier an. Da zu dieser Zeit auch viele Urlaub nehmen oder Betriebsferien verkünden, lästern böse Zungen, dass man in dieser Zeit Russland eigentlich generell für jeweils zwei Wochen schließen könnte.

### Gleitende Feiertage

Maslenica (Butterwoche)
In der letzten Karnevalswoche wird nochmals richtig gefeiert. Es gibt Straßen- und Dorffeste, aber keine Umzüge oder Kostümbälle. Am Montag gibt es das Begrüßungsritual. Der Sonntag ist der Tag der Vergebung. In Russland fehlen auch die beiden letzten ›wilden Tage‹, so dass nicht erst am Aschermittwoch, sondern bereits am Sonntag alles vorbei ist. In erster Linie ist Maslenica aber – und daher auch der Name – ein kulinarischer Höhepunkt. Vor der großen Fastenzeit will man sich nochmals richtig, allerdings bereits ohne Fleisch, satt essen. Berühmt sind vor allem die Bliny, ursprünglich gab es diese Hefepfannkuchen nur in dieser Woche.

Außerdem gibt es noch Post, die Fastenzeit, Pascha (Ostern), das wichtigste religiöse Fest, und Troica (Pfingsten). Daneben gibt es eine Vielzahl von Namenstagen und anderen religiösen Feiertagen.

### Fernglas

Für Naturbeobachtungen von Bord aus ist die Mitnahme eines Fernglases empfehlenswert.

### Fotografieren

Es ist verboten, Militär- und Industrieanlagen, Flughäfen, Bahnhöfe, die Metro von innen und Brücken zu fotografieren. Auch Personen sollte man nicht ohne deren Einverständnis fotografieren, weil dies die Höflichkeitsregeln verletzen würde. In Museen muss in der Regel eine Foto- oder Videoerlaubnis gekauft werden. In Kirchen und Kathedralen ist

Fotografieren unerwünscht, in bedeutenden Klosteranlagen benötigt man oft eine Fotogenehmigung.

## Geld und Währung

Die Währungseinheit Russlands heißt Rubel. Die Rubelscheine zeigen russische Stadtmotive: Krasnojarsk (10 Rubel), St. Petersburg (50 Rubel), Moskau (100 Rubel), Archangelsk (500 Rubel), Jaroslavl (1000 Rubel) und Chabarovsk im Fernen Osten (5000 Rubel). Im Inland ist der Rubel problemlos konvertierbar. Die Bezahlung in Dollar oder Euro ist ungesetzlich. Rubel lassen sich gegen Dollar sowie Euro in allen Banken und zahlreichen Wechselstuben (Обмен валют/Obmen valjut) tauschen.

Der Kurs des Rubels schwankt im Verhältnis zum Euro seit Jahren um den Wert von 1:70, ein Euro entsprach im Frühjahr 2018 einem Gegenwert von rund 75 Rubel. Die in den Wechselstuben angebotenen Konditionen variieren leicht. Beim Geldtausch wird in der Regel der Pass verlangt. Im Zentrum von Petersburg und Moskau gibt es dutzende Geldautomaten (VISA, EC-Maestro-Card, MASTER, **Achtung**: V-Pay funktioniert nicht!). In den meisten anderen Städten findet man Geldautomaten in den großen Hotels sowie im Zentrum, die sowohl Rubel als auch Dollar vorrätig haben. Der Umtauschkurs liegt etwas unter dem der Wechselstuben, dazu kommen die Gebühren (3 bis 5 Prozent). Die Menüführung erlaubt die Wahl zwischen Russisch und Englisch. Die Betragsobergrenze bei der Auszahlung schwankt zwischen 7500 Rubel und 15000 Rubel.

Eine Alternative zum Bargeld sind Reiseschecks (American Express, VISA, EURO, MASTER), die sich in den meisten großen Hotels und Banken einlösen lassen. Überweisungen von daheim (Western Union) sind kein Problem.

Es empfiehlt sich, bei der Einreise am Flughafen einen kleineren Betrag zu wechseln oder vom Geldautomaten abzuheben.

Man kann auch bereits in Deutschland kleine Mengen Rubel eintauschen (z. B. bei der Reisebank), allerdings ist der Kurs viel ungünstiger als in Russland (ca. 1:60). Zu den Beschränkungen hinsichtlich der Ein- und Ausfuhr von Bargeld: siehe ›Zoll‹ → S. 389.

## Getränke

Neben der Möglichkeit, sich selbst mit heißen Getränken zu versorgen (siehe ›Samowar‹ → S. 386), werden solche auch in der Bar neben alkoholischen Getränken angeboten. Zu den Mahlzeiten stehen meist nichtalkoholische Getränke kostenlos zur Verfügung.

Der Getränkeservice bietet Bier, Wein, Mineralwasser, Cola und anderes an. Der in Russland gereichte Tee ist oft süß, manchmal wird auch eine Art Marmelade (varenje) dazu gereicht (→ S. 378: ›Alkohol‹).

*Wechselstube in St. Petersburg*

## Kleidung und Schuhe

Die Kleidung an Bord ist leger. Auf der Route durch Karelien und auf er Lena ist man mit wetterfester Kleidung und einer Kopfbedeckung gut beraten. Bei den anderen Routen ist leichte Kleidung, die mit wärmeren Kleidungsstücken ergänzt werden kann, am besten. Je nach Jahreszeit ist mit Stechmücken zu rechnen. Daher sind leichte, langärmlige Blusen und Hemden von Vorteil. Für die Südroute ist ein Sonnenschutz wichtig. Ein warmer Pullover und eine Regenjacke sollten auch hier nicht fehlen. Wichtig sind bequeme, trittfeste Schuhe, da die Außendecks durch Tau oder Regen glatt sein können und bei Landgängen mit schlechten bzw. fehlenden Gehwegen gerechnet werden muss.

Beim Besuch von Kirchen und Klöstern wird dezente Kleidung erwartet: Die Schultern und Knie sollten bedeckt sein, Frauen sind angehalten, ein Kopftuch zu tragen.

## Klima

Die angenehmste Reisezeit liegt zwischen Mitte Mai bis Mitte September. In **Sankt Petersburg** und **Karelien** ist das Wetter oft wechselhaft, weshalb sich zumindest ein warmes Kleidungsstück empfiehlt. In den vergangenen Jahren stiegen die Temperaturen im Hochsommer selbst in Moskau und Petersburg auf mitunter über 35 Grad.

Ab der **mittleren Wolga** wird es noch heißer. Im Süden können Hitze und Feuchtigkeit im Juli und August zu einer Herausforderung werden. Die Kajüten und in der Regel auch die Restaurants an Bord verfügen über eine Klimaanlage.

Die beste Reisezeit in **Sibirien** ist der August. Die Tagestemperaturen zwischen Juni und Anfang September fallen selten unter 20 Grad, wobei sie kurzzeitig auch 35 Grad erreichen können. In der Nacht kann es kühl werden. Jenseits des Polarkreises steigen die Temperaturen selten über 20 Grad. Mit Nieselwetter ist zu rechnen, kurzfristige Frosteinbrüche sind im Sommer möglich. Nachts wird es oft empfindlich kalt.

## Kriminalität

Bei Beachtung der überall gültigen, elementaren Vorsichtsregeln ist das Risiko nicht größer als in anderen Reiseländern auch, Opfer von Trickbetrügern oder Dieben zu werden. Im Übrigen benutzen Kriminelle überall die gleichen Tricks. Also Vorsicht bei Gedränge während der Landausflüge: Geld am Körper tragen, keine Geldbeutel in den Gesäßtaschen und auf Kameras achten. Während der Liegezeiten des Schiffs sollten Fenster und Kabinentür geschlossen bleiben. Besondere Vorsicht sollte man in der Petersburger Metro und auf dem Weg vom Flussbahnhof ins Zentrum walten lassen.

Der Konsum und die Aufbewahrung von – auch leichten – Drogen wird in Russland streng geahndet.

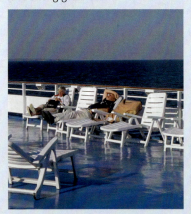

*Entspannung auf dem Sonnendeck*

*Badefreuden an der Wolga*

Es empfiehlt sich, von wichtigen Dokumenten (Reisepass, Visum etc.) vor der Reise Kopien anzufertigen, um sich ggf. ausweisen zu können.

## Post
An Bord gibt es meistens Postkarten und Briefmarken zu kaufen. Da sich die Tarife ständig ändern, ist das Porto zu erfragen. Zu beachten ist, dass manche Postkarten nur in einem Umschlag versandt werden dürfen. Ein Brief nach Deutschland kann zwischen einer Woche und einem Monat unterwegs sein. Päckchen brauchen noch länger.

## Radio
Viele Schiffskabinen sind mit Radios ausgestattet. Die Deutsche Welle ist auf Kurzwelle 06075 kHz (49 Meterband), 09545 kHz (31 Meterband), 13780 kHz (22 Meterband) und 15275 kHz (19 Meterband) zu empfangen.

## Reiseveranstalter
Gute Übersichten über weltweite Kreuzfahrtangebote geben die folgenden Internetportale. Sie bieten Informationen, nicht zuletzt über Sonderangebote, und zumeist auch die Möglichkeit einer Online-Buchung: www.cruiseportal.de, www.kreuzfahrten.de, www.kreuzfahrt-pool.de, www.travelinfo.de, www.e-hoi.de, www.russland-flusskreuzfahrten.de, www.russland-erleben.de.

Informationen können ebenso direkt bei den Reiseveranstaltern eingeholt werden, die Flusskreuzfahrten auf russischen Flüssen regelmäßig im Programm haben. Auch hier sind durchgängig Online-Buchungen möglich.

### Reiseveranstalter in Deutschland
**DERTOUR-Reisen GmbH & Co KG**
Emil-von-Behring-Str. 6,
60439 Frankfurt am Main
Tel. +49/69/95 88-5928
www.dertour.de
**Go East Reisen**
Bahrenfelder Chaussee 53
22761 Hamburg, Tel. 040/8969090
www.go-east.de
**Kompass Tours GmbH**
Friedrichstr. 231, 10969 Berlin
Tel. +49/30/203919-50
www.kompasstours.de

**Lernidee Erlebnisreisen GmbH**
Kurfürstenstraße 112
10787 Berlin
Tel. +49/30/78 60 00-0
www.lernidee.de

**Nicko Tours**
Mittlerer Pfad 2, 70499 Stuttgart
Tel. +49/711/24 89 80-0
www.nicko-tours.de

**Phoenix Reisen GmbH**
Pfälzer Str. 14, 53111 Bonn
Tel. +49/228/92 60-0
www.phoenixreisen.com

**Schnieder Reisen/CARA Tours GmbH**
Hellbrookkamp 29
22177 Hamburg
Tel. +49/40/3802060
www.schnieder-reisen.de

**Studiosus Reisen München GmbH**
PF 500609
80976 München
Tel. (Freecall) 00800/24 02 24 02,
www.studiosus.com

**PARADEAST.COM**
Bei den Mühlwiesen 8
93149 Nittenau,
Tel. +49/9436/9031684
www.paradeast.de

## Reiseveranstalter in der Schweiz

**GUSReisen**
Inhaber Stephan Zurfluh
Tel. +41/56/4265430,
+41/79/3205791 (mobil)
www.gusreisen.ch.

**Kira Reisen AG**
Schwimmbadstr, 1, 5210 Windisch,
Tel. +41/56/2001900
www.kiratravel.ch

### Samowar

An Bord steht immer ein eingebauter Boiler/Samowar mit heißem Wasser bereit. Meist gibt es in der Kabine Tassen und Gläser, dennoch empfiehlt es sich, einen Becher und eine Kanne oder Thermoskanne mitzunehmen.

### Souvenirs

Neben der Matrjoschka (Puppe in der Puppe) gibt es Schalen, Becher und Löffel aus Chochloma oder die kunstvollen Schatullen und Broschen mit Lackminiaturen aus Fedoskino und Palech. Echte Tücher aus Pavlovo sind ebenso interessant wie die bemalten Tabletts. Zur traditionellen Volkskunst gehören zum Bei-

*Historische Postkarte aus Astrachan*

spiel Holzschnitzarbeiten, bunt bemalte Lehmfiguren, bestickte Textilien und Lederarbeiten. In Sibirien, v.a. in Jakutien, gibt es neben schönen Schalen, Dosen und anderen Behältnissen aus Birke und Lärche auch ansprechende Schmuckarbeiten. Beliebt sind Mützen und andere Kleidungsstücke aus Edelpelz.

### Taxi

Taxis können an den Straßen angehalten werden; dabei sollte man sich nicht wundern, wenn auch Privatfahrzeuge stoppen. Die Fahrer fragen nach dem gewünschten Ziel und nehmen, sollte es in ihrer Richtung liegen, Fahrgäste mit, um so die Benzinkosten zu verringern. Der Preis sollte vor Fahrtbeginn ausgehandelt werden. Einfacher ist es natürlich, ein mit Schild ausgewiesenes Taxi anzuhalten, wobei man darauf achten sollte, dass das Taxometer auch eingeschaltet wird. Wohnt man im Hotel, lässt man sich am besten ein Taxi bestellen. In den großen Städten gibt es zudem Handy-Apps, über die sich Taxis ordern lassen.

Vom Zentrum Moskaus bis zum Flusshafen muss man mit mindestens 40 Euro rechnen (Fahrzeit in den Abendstunden rund 30 Minuten); aus dem Zentrum von Petersburg bis zum Schiff sollte man etwa 25 Euro einplanen. In den übrigen Städten liegen die Preise weit unter denen in den beiden Hauptstädten.

Tipp: Man sollte Taxis meiden, in denen neben dem Fahrer noch weitere Personen sitzen und bei Nacht nicht alleine fahren.

### Telefon

Auf den meisten Schiffen gibt es ein **Satellitentelefon**, dessen Benutzung allerdings recht teuer ist.

Die meisten deutschen **Handy-Anbieter** haben ihr Roaming auf Russland ausgedehnt, doch ist Telefonieren auch hier nicht billig: bis zu 5 Euro pro Minute. Um Einzelheiten zu erfahren, sollte man vor der Reise seinen jeweiligen Netzbetreiber konsultieren.

Wer innerhalb Russlands viel telefoniert, hat die Möglichkeit, sich eine **nationale SIM-Karte** eines der vielen Anbieter zuzulegen (Reisepass erforderlich!). Die Qualität der Netze variiert von Ort zu Ort. Die landesweit beliebtesten Anbieter sind Megafon, MTS, Beeline und Tele2. Bei der Wahl des Anbieters sollte man die Roaming-Tarife vergleichen, die von Region zu Region variieren. Am besten man erkundigt sich bei der Reiseleitung nach den derzeit und auf der Route gewählten günstigsten Tarifen. Die SIM-Karten können bequem an Terminals, die sich überall im Land befinden, aufgeladen werden. In St. Petersburg, Moskau und den anderen großen Städten ist der Empfang lückenlos. Auf den sibirischen Strömen ist man mitunter Tage per Handy nicht erreichbar.

**Vorwahl für Russland**: +7, **Vorwahl für Deutschland** aus Russland +49 Vorwahl für Moskau: 007/495 oder 499, für Petersburg 812.

Die meisten russischen Handys haben eine Vorwahl, die mit (0)9 beginnt – z.B. 921, 916, 911, 918 – und eine nachfolgende zumeist siebenstellige Nummer.

Von Handy zu Festnetz telefoniert man durch Vorwählen der 8 (z.B. 8/916/676 32 04) und vom Handy zum Handy durch Vorwählen der +7 (z.B. +7/916/676 32 04).

Ortsgespräche sind – noch – kostenfrei. Um von einem russischen Ort in den anderen zu telefonieren wählt man die 8, wartet auf das Freizeichen und wählt dann die Vorwahl und die Nummer des gewünschten Anschlusses.

## Trinkgeld

Obwohl keine Verpflichtung besteht, Trinkgeld zu geben, wird es überall gern genommen; üblich sind 10 Prozent. Für die Trinkgelder an Bord machen die einzelnen Veranstalter meist ihre eigenen Vorschläge. Da in Russland – wie überall – ausländische Münzen nicht gewechselt werden, sind Noten gefragt. Als kleinste Einheit ist die Ein-Dollar-Note recht geschickt.

## Uhrzeit

Russland hat die Sommerzeit abgeschafft. Die Zeitdifferenz gegenüber Mitteleuropa beträgt also während der westeuropäischen Sommerzeit sowohl in Moskau als auch in Sankt Petersburg eine Stunde, in Samara zwei Stunden, in Krasnojarsk fünf Stunden, in Jakutsk sieben Stunden und in Chabarovsk acht Stunden. Im Winter ist es jeweils eine Stunde mehr. Offizielle Zeitangaben wie etwa an Bahnhöfen erfolgen immer nach Moskauer Zeit.

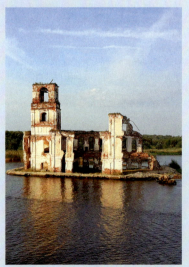

*Kirchenruine auf dem Rybinsker Stausee*

## Visum

Für Russland besteht Visumpflicht. Das Visum kann man nur persönlich oder durch zugelassene Agenturen beantragen. Bei Kreuzfahrtreisen kümmert sich normalerweise der Reiseveranstalter rechtzeitig um sämtliche Visaangelegenheiten. Wenn man selbst ein Visum beantragen muss, empfiehlt es sich unbedingt, die Dienste einer Agentur in Anspruch zu nehmen. Das kostet ab etwa 30 Euro (zusätzlich zu den Visumsgebühren), spart aber Zeit und Nerven – die russischen Konsularbehörden sind nicht für ihre Freundlichkeit und Hilfsbereitschaft bekannt. Einige Beispiele (Preisvergleich lohnen sich):

**www.russwelt-reisen.de**
Sprendlinger Landstraße 15
63069 Offenbach
Tel. +49/69/84847469
**www.visumpoint.de**
10247 Berlin
Voigtstraße 36/37
Tel. +49/30/42025880
sowie
60329 Frankfurt, Düsseldorfer Straße 22, 069-36602420
**www.visa-wie.de**
14193 Berlin
Fontanestr. 19
Tel. +49/30/78990305
**www.visaexpress.de**
Dienstleistung der Merkur Reisen GmbH (Bonn, Tel. +49/2241/3403-0 und Berlin, Tel. +49/30/2408335-0)
Außerdem: www.reiseservice-russland.de, www.visa-support.de, www.sicher-reisen.de, www.russland-visum.eu, www.visum.de und andere.

Zu den **Visagebühren** (35 Euro für ein einfaches Touristenvisum) kommt eine Servicegebühr in Höhe von 25 Euro für die **Visa-Handling-Stellen** die von den russischen Konsulaten eingerichtet wurden, um die Anträge zu kanalisieren. Die Bearbeitungszeit für ein einfaches Visum beläuft sich auf 11 Kalendertage (nicht eingerechnet der Tag der Abgabe des Antrages). Express-visa (mit entsprechendem Preisaufschlag) werden innerhalb von vier Kalendertagen ausgestellt.

**VHS Visa Handling Services GmbH**
Russisches Visazentrum in Berlin
Friedrichstr. 58
10117 Berlin
Tel.: +49/30/814534910
Fax: +49/30/814534999
Öffnungszeiten: 9 bis 17 Uhr
www.vhs-germany.com

Der **Visumantrag** ist ausschließlich **elektronisch auszufüllen** und auszudrucken. Der Link zum Formular ist abrufbar über die Webseiten der Konsulate bzw. Servicezentren. **Termine im Visazentrum** Berlin werden nur über die Webseite erteilt. Zu den **Antragsunterlagen** gehören: Pass, Passbild, Visumantrag, Einladung aus Russland (privat, geschäftlich, durch einen Reiseveranstalter), Nachweis einer aktuellen Auslandskrankenversicherung (Liste der akzeptierten Versicherer auf der Webseite des Konsulats bzw. der Visazentrums). Seit 2010 können weitere Unterlagen, die eine Rückkehrwilligkeit nach Deutschland belegen, verlangt werden, z.B. Arbeitsverträge, Mietverträge etc.. Detaillierte Informationen dazu erhält man auf der Webseite der Konsulate bzw. des Visazentrums in Berlin bzw. der Konsulate.

Bei der **Einreise** erhält der Reisende eine sogenannte **Migrationskarte in doppelter Ausführung**, ein Teil wird bei der Einreise einbehalten, der andere ist bei der Ausreise wieder vorzulegen – mit dem Registrierungsstempel, der durch die Reiseveranstalter an Bord erteilt wird. Diese Karte sollte man keinesfalls verlieren, da deren Verlust erhebliche Unannehmlichkeiten und finanzielle Konsequenzen nach sich ziehen kann.

**Für Individualreisende**: Zur Registrierung – durch die Hotels oder, ist man privat unterwegs, durch den Einladenden bzw. Wohnungsinhaber auf der Hauptpost des Ortes – ist man innerhalb von sieben Arbeitstagen verpflichtet. Umfangreiche Erläuterungen zur Visagesetzgebung findet man Internet, z.B. www.russland-visum.eu, www.visatorussia.de, www.blog.ost-impuls.de.

## Wasser

Vorsicht bei Leitungswasser: nur abgekochtes Wasser trinken oder auf Mineralwasser ausweichen. Das Wasser an Bord ist kein Trinkwasser, kann aber in der Regel zum Waschen und Zähneputzen benutzt werden.

## Zeitungen

Tageszeitungen und Zeitschriften in deutscher Sprache gibt es in den internationalen Hotels in Sankt Petersburg und Moskau. In einigen Städten wie Moskau, Sankt Petersburg, Uljanovsk und Saratov erscheinen örtliche deutschsprachige Zeitungen, die allerdings selten am Kiosk zu kaufen sind.

## Zollbestimmungen

In die Russische Föderation dürfen die für den persönlichen Gebrauch bestimmten Gegenstände zollfrei eingeführt werden. Wer keine Waren zu deklarieren hat, benutzt den sog. grünen Korridor. Wer einen Betrag von mehr als 10 000 US-Dollar Gegenwert bzw. das Äquivalent in einer anderen Währung ein- oder ausführt, ist angehalten, diese Summe zu deklarieren.

Für die Ausfuhr von Antiquitäten und Kunstgegenständen aus der Zeit vor 1945 ist eine Bescheinigung des Kulturministeriums erforderlich. Vor Ikonenhändlern auf den zahlreichen Kunstmärkten sollte man sich deshalb hüten: Nicht nur weil viele alt aussehende Ikonen gefälscht sind, man kann sich auch bei der Ausreise Probleme mit dem Zoll einhandeln. Seriöse Antiquitäten- und Kunsthändler erledigen die Besorgung der Ausfuhrgenehmigungen für ihre Kunden kostenlos.

Die Ausfuhr (und Einfuhr nach Deutschland) einiger Güter, zum Beispiel Kaviar, Zigaretten, Spirituosen u.a., ist begrenzt.

Da sich in diesem Bereich die Vorschriften häufig ändern, empfiehlt sich vor Reiseantritt ein Besuch auf der Webseite des Auswärtigen Amtes: www.auswaertiges-amt.de.

## Zollbestimmungen bei der Einreise in die EU

*Mit Dank an Christian Dettenhammer*

Bei Rückkehr in die EU/Schweiz gelten verschiedene Beschränkungen.

Die wichtigsten **Freigrenzen** für die Einreise im Flug- und Seeverkehr sind: 200 St. Zigaretten oder 100 St. Zigarillos oder 50 St. Zigarren oder 250 g Rauchtabak (ab 17 Jahren); 1 Liter Spirituosen über 22 % (ab 17 Jahren), 4 Liter nicht schäumende Weine, 16 Liter Bier; andere Waren zur persönlichen Verwendung oder als Geschenk im Wert von 430 Euro pro Person. Reisende bis 15 Jahren: 175 Euro. Für die Schweiz: 300 SFr pro Person.

Bei **Überschreitungen** dieser Mengen- und Wertgrenzen müssen die Waren angemeldet und versteuert werden (roter Kanal). Hierbei fallen Abgaben von 15 % bzw. 17,5 % des Kaufpreises (bis 700 Euro Warenwert) an. Bei Kaufpreisen über 700 Euro liegen die Abgaben zwischen 19 % und 35 %. Hohe Abgaben bei Zigaretten und Spirituosen!

Als **verbotene Waffen** sind eingestuft: Springmesser, Butterflymesser, Faustmesser, Schlagringe, Wurfsterne, Stockdegen, Stahlruten, ausländ. Elektroschocker u. Reizstoffsprays u.a.

Als **artengeschützte Produkte** gelten z.B. Korallen (auch am Strand gefunden), versch. Schnecken- u. Muschelarten, Schlangen- u. Krokodilleder, versch. Tierfelle, bestimmte Kaviarsorten.

**Arzneimittel**: Erlaubt ist die Menge eines üblichen 3-Monatseigenbedarfs. Anabolika sind in jedem Fall verboten.

**Markengefälschte Produkte** aller Art: Für den eigenen Gebrauch sind diese in geringer Stückzahl erlaubt.

**Drogen**: auch Kleinmengen sowie Hanfsamen, Kokatee und Kokablätter sind verboten. Ggf. auch im Ausland gekaufte Schmerz- u. Beruhigungsmittel.

**Feuerwerkskörper**: Einfuhr verboten.

**Lebensmittel**: Für Fleisch, Wurst, Käse, Milchprodukte u. Eier aus nicht EU/ Ländern generelles Einfuhrverbot.

**Pflanzensanitäre Vorschriften**: Pflanzen mit Wurzeln oder Erde ohne Pflanzengesundheitszeugnis aus nichteuropäischen Ländern sind einfuhrverboten. Auch für bestimmte frische Früchte in größeren Mengen gelten Verbote.

**Barmittel** über 10000 Euro (Schweiz: 10000 SFr) sind dem Zoll bei Aus- u. Einreise schriftlich und ohne Aufforderung anzumelden.

Für **selbst aufgegebene Postsendungen** gilt eine Freigrenze von 45 Euro Warenwert.

Die Zollbestimmungen und die Steuersätze für die **Schweiz** und **Österreich** können davon etwas abweichen.

Weitere Infos unter: www.zoll.de, www.bmf.gv.at, www.ezv.admin.ch.

# Glossar

**Apsis**: meist halbkreisförmiger östlicher Abschluß des Kirchenraums, in der Regel Standort des Altars

**Archimandrit**: Vorsteher eines großen und bedeutenden Klosters

**Attika**: brüstungsartiger Aufbau oder niedriger geschlossener Mauerstreifen über dem Hauptgesims eines Gebäudes, einer Säulen- oder Pilasterordnung

**Balalajka**: typisch russisches Zupfinstrument mit dreieckigem Schallkörper, das aus der Ukraine stammt

**Banja**: russische Sauna. Sehr populär und für den Europäer ungewohnt sind dabei Reisigbesen zur besseren Hautdurchblutung und Luftzirkulation.

**Baptisterium**: Taufkirche oder Taufkapelle

**Bojaren**: ursprünglich höchster Adelsstand in Altrussland

**Burchan**: Die Bezeichnung ist sowohl für einen buddhistischen Gott als auch für den Gott bzw. Herrscher des Baikalsees anzutreffen.

*Ikone in einer Kirche in Kazan*

**Datscha**: Wochenendhaus auf dem Lande, das zumeist mit einem Schrebergarten (30 Meter im Quadrat) verbunden, eine wichtige Komponente der Eigenversorgung darstellt und andererseits im neureichen Segment mittlerweile auch in eine 250 qm-Luxusvilla ausarten kann. Die Bewohner und Besucher sind ›Datschniki‹, was sich, wie beim gleichnamigen Čechov-Drama, auch mit ›Sommergäste‹ ins Deutsche übersetzen lässt.

**Deesis**: byzantinische Darstellung des thronenden Christus zwischen Maria und Johannes dem Täufer beim Jüngsten Gericht

**Detinez**: zentraler befestigter Teil der altrussischen Stadt (andere Bezeichnung für → Kreml)

**Dežurnaja**: Das Wort bedeutet ›Diensthabende‹, prägt sich dem Reisenden aber vor allem im Hotel als in der Regel respekthungrige Etagenfrau ein, der neben der Schlüsselverwaltung verschiedene Service- (Mini-Shop, Teewasser, Bügeleisen ...) und Kontrollfunktionen (Telefonrechnung bezahlt?, Kein Handtuch geklaut?) obliegen.

**Duma**: russische Bezeichnung für Rat oder Versammlung. Bezeichnung für Parlament, sowohl auf Landesebene als auch auf regionaler Ebene. Bürgerlich-parlamentarische Tradition, die im zaristischen Russland ihren Ursprung in der Bojarenduma nahm. Zu Sowjetzeiten wurde sie auf allen Ebenen durch Sowjets (Räte) ersetzt.

**Fresko**: Wandmalerei auf frischem, feuchten Kalkputz, zumeist mit Sekko-Technik gemischt, mit der eine sehr haltbare Verbindung eingeht

**Gulag**: Die Abkürzung für Hauptverwaltung der Arbeitslager (Glavnoe Upravlenie Lagerej) wurde vor allem durch Alexander Solschenizyn zum Inbegriff für den sowjetischen Unterdrückungsapparat und zum Synonym für Sibirien. Stalin entwickelte die zaristischen Verbannungstraditionen zu einer perfiden Wirtschafts- und Machtmaschinerie, die auf Kosten von Millionen Menschenleben die wirtschaftliche Erschließung Sibiriens vorantrieb und alle Zweifler an der scheinbar heilen Sowjetwelt absorbierte.

**Horde**: Der tatarische Begriff für ›Lager‹ bezeichnet einen staatsähnlichen Verbund nomadisierender Stämme. Berühmt-berüchtigt wurde vor allem die ›Goldene Horde‹, das von Dschingis Khan im 13. Jahrhundert begründete tatarisch-mongolische Reich, das sich auch über weite Teile des heutigen Russlands erstreckte.

**Ikone**: Die für Russland sehr typische Ikonenmalerei nimmt ihren Ursprung in der byzantinischen Sakralkunst und kam mit Verbreitung des orthodoxen Christentums in der Kiever Rus nach Russland. Die Ikone vermittelt zwischen Gott und den Gläubigen. Sie vermittelt die Botschaft Jesu Christi, die Verehrung der Ikone ist Ausdruck der Verehrung Gottes.

**Ikonostas** (auch Ikonostase): in orthodoxen Kirchen eine mit Ikonen geschmückte Wand aus Holz mit drei Türen, die den Altarraum abtrennt

**Kalender**: Russland vollzog den Wechsel vom Julianischen zum 1582 von Papst Gregor XIII. herausgegebenen Gregorianischen Kalender erst im Januar 1918. Da man hinter dem astronomischen Kalender zunehmend zurückblieb und den Anschluss zu Europa wieder herstellen wollte, folgte per Dekret dem 31. Januar 1918 der 14. Februar 1918. So erklärt sich auch, dass die Oktoberrevolution im November stattgefunden hat und die zeitliche Abweichung der russisch-orthodoxen Kirchenfeste zu den bei uns üblichen Feiertagen.

**Katorga**: Verbannung mit Zwangsarbeit als Strafe bzw. als Ort, an dem die verbannten Strafgefangenen zur Arbeit eingesetzt wurden.

**Kaviar**: Man unterscheidet roten Kaviar vom Lachs und schwarzen Kaviar von verschiedenen Störarten. Zwar liegt Russlands Kaviarzentrum in Astrachan am Kaspischen Meer, doch viele Lachsarten kommen ebenfalls in den Gewässern Sibiriens vor, wo ihr Rogen durch spezifische Salztechniken zu Kaviar verarbeitet wird. Kaviar gehört zu jedem russischen Festmahl dazu.

**KGB**: Das Komitet Gosudarstvennoj Bezopasnosti (Komitee für Staatliche Sicherheit) hat als Nachfolger der Čeka (Sonderkommission) und des NKVD (Nationalkomitee für Innere Angelegenheiten) im Rahmen der Demokratisierung seine Macht eingebüßt. Die Nachfolgeorganisation FSB (Federalnaja Služba Bezopasnosti – Föderaler Sicherheitsdienst) ist aber auch dank vieler alter Seilschaften häufig mit von der Partie. Der berufliche Werdegang des heutigen russischen Präsidenten ist bekanntlich eng mit dem KGB/FSB verbunden

**Kraj**: Der Begriff steht für eine russische Verwaltungseinheit und lässt sich mit ›Region‹ übersetzen. Eine zweite Bedeutung des Wortes ist ›Rand‹.

**Kreml**: Einen Kreml gibt es nicht nur in Moskau, denn das Wort ›Kreml‹ (Кремль) umschreibt nur den festungsartig ausgebauten Kern alter russischer Städte.

**Kumys**: vergorene Stutenmilch mit geringem Alkoholgehalt, die vor allem in ländlichen Gegenden sehr beliebt ist.

**Kvas**: ein aus vergorener Schwarzbrotrinde, Hefe, Zucker und Rosinen produ-

**ziertes** Erfrischungsgetränk mit colaähnlichem Geschmack, das sehr gut den Durst löscht. Man kann es überall auf der Straße kaufen (KBAC).
**Lisene**: aus der Mauer hervortretender schmaler, senkrechter und flacher Streifen als architektonisches Gliederungselement von Wandflächen
**Lünette**: halbkreisförmiges Bogenfeld über Fenstern und Türen, oft dekorativ ausgestaltet
**Metropolit**: Stellvertreter des Patriarchen, des Oberhauptes der orthodoxen Kirche
**Narthex**: abgeschlossene Vorhalle, Vorraum bei Kirchen
**Oblast'**: Begriff für eine russische Verwaltungseinheit – Gebiet.
**Pelmeni**: gefüllte Teigtaschen – ein russisches Nationalgericht.
**Pilaster**: an Außen- und Innenwänden flach aufliegender Wandpfeiler, der im Gegensatz zur Lisene aus Basis, Schaft und Kapitell besteht
**Portikus**: säulentragender Vorbau vor dem Hauptgebäude
**Posad**: dem → Kreml vorgelagerte Vorstadt beziehungsweise Handelsort
**Provodnik/-nica**: Begleiter/in eines jeden Reisezugwagens der russischen Eisenbahn. Zu jedem Waggon gehören in der Regel zwei Begleiter/innen, die sich um das Wohl der Reisenden kümmern. Dazu gehören Bettwäsche, Tee aus dem Samovar, Weckservice u.a.
**Pud**: altrussisches Gewichtsmaß (entspricht 16,38 Kilogramm)
**Rajon**: russische Verwaltungseinheit, Kreis.
**Samogon**: Selbstgebrannter Schnaps ist zwar illegal, aber trotzdem insbesondere auf dem Lande recht weit verbreitet.
**Samovar**: wörtlich übersetzt: ›Selbstkocher‹. Dabei handelt es sich um den typisch russischen, dickbäuchigen Teekocher. Früher mit Holz und heute elektrisch betrieben.
**Sloboda**: In dieser an das Stadtzentrum angrenzenden Siedlung oder Vorstadt ließen sich zumeist die Handwerker und Kaufleute nieder.
**Stanica**: Von Kosaken gegründete Siedlung, die sowohl als Vorstadt oder als Dorf bestand. Später bezeichnete der Begriff in ländlichen Gegenden, einem Amt vergleichbar, einen örtlichen Verwaltungssitz.
**Stolovaja**: eine Mischung aus Betriebskantine und Selbstbedienungsrestaurant für den kleinen Geldbeutel.
**Taiga**: Das größte geschlossene Waldgebiet der nördlichen Hemisphäre erstreckt sich von den Hängen des Sajan- und Altajgebirges (Taiga bedeutet auf burjatisch etwa Bergwald) bis hin zur nördlichen Baumgrenze.
**Tambour**: zylinderförmiger, ovaler oder polygoner Baukörper, der zwischen Kuppelträger und Kuppel eines Gebäudes gesetzt ist, meist von Fenstern oder Lichtöffnungen durchbrochen
**Trojka**: Das traditionelle russische Dreigespann (tri – drei) fand mit der Einführung des Postwesens zu Beginn des 18. Jahrhunderts weite Verbreitung. Heute trifft man die Trojka zumeist nur noch auf Volksfesten oder als Touristenattraktion.
**Tundra**: Im nördlichen Teil Sibiriens befindet sich größtenteils auf Dauerfrostboden eine baumlose Landschaft, die Tundra genannt wird.
**Ukaz**: Erlass des Zaren, Anordnung, Befehl
**Verst**: altrussisches Längenmaß. Eine Verst sind 1,067 Kilometer.
**Vierung**: der Raumteil im Zentrum der Kirche, der aus der Kreuzung von Längs- und Querschiff entsteht, weist meist quadratischen Grundriß auf.

# Russland im Internet

**Datenbanken zu Kreuzfahrten** sind unter ›Reisetipps von A bis Z‹, in der Rubrik ›Reiseveranstalter nachgewiesen → S. 385

**www.auswaertiges-amt.de** Aktuelle Reise- und Sicherheitshinweise des deutschen Außenamtes

**www.russland.ru** Internetzeitung

**www.aktuell.ru** Internetzeitung, mit Regionalteilen aus Moskau, Petersburg und Kaliningrad. Leider nicht sehr aktuell, aber mit einem umfassenden Archiv

**www.russlandweb.de** Auftritt des Deutsch-Russischen Forums, hauptsächlich Wirtschafts- und Kulturthemen

**www.rbth.com** Englischsprachiges Internetmagazin, Ableger der Rossijskaja Gazeta, eine der großen russischen Tageszeitungen und Amtsblatt der Regierung

**www.mdz-moskau.eu** Moskauer Deutsche Zeitung

**www.russlandonline.ru** Internetjournal, mit aktuellen Informationen, Hintergrund, viel Kultur und Buchtipps

**www.einnews.com/russia** Englischsprachige Website, interessant vor allem für Wirtschaft und Politik

**www.gay.ru** Russischsprachige Website der russischen Gays und Lesben und mit vielen grundlegenden Informationen zur Russland

**https://themoscowtimes.com** Website der gleichnamigen, auflagenstärksten und kostenlosen englischsprachigen Zeitung in Moskau.

**www.russland24.at** Basis-Reiseinformationen über Moskau und St. Petersburg

**www.petersburg-info.de** Informationen rund um Petersburg mit wertvollen Tipps

**www.russian-st-petersburg.com** Fahrkarten für die Bahn, Theatertickets, Transfers und Mietwagen

# Literatur

## Anthologien

**Bednarz, Klaus**, Mein Russland. Literarische Streifzüge durch ein weites Land, Rowohlt 2006, 365 Seiten. Ausgewählte Kurzgeschichten aus 200 Jahren russischer Literatur.

**Dursthoff, Galina**, Russland. 21 neue Erzähler, Dtv 2003, 288 Seiten. Komisch, klug, drastisch, verblüffend: 21 Erzählungen von den spannendsten russischen Autorinnen und Autoren der Gegenwart.

**Pitol, Sergio**, Die Reise. Ein Besuch Russlands und seiner Literatur, Wagenbach 2003. Eine lesenswerte literarische Reise zur russischen Seele.

## Neue Russische Literatur

**Akunin, Boris** (Pseudonym des Moskauer Kritikers und Essayisten Grigori Tschartischwili, geb. 1956) schreibt historische Kriminalromane in bester russischer Erzählkunst für eine wachsende Fangemeinde. Sein jüngster Roman, ›Die Moskauer Diva‹, erschien im 2011 in deutscher Übersetzung im Aufbau Taschenbuch Verlag.

**Denežkina, Irina** (geb. 1982) ist eine der talentiertesten russischen Nachwuchsautorinnen, die über und in der Sprache ihrer Generation schreibt. Bei Fischer erschien 2003 ihr Erzählband ›Komm!‹

**Erofeev, Venedikt** (1938–1990) wurde mit seinem Meisterwerk ›Die Reise nach Petuschki‹ zu Russlands berühmtestem Dichter des Alkohols. Ein fulminantes Buch zwischen irrwitziger Komik und bitterem Schmerz, letztmalig verlegt bei Kein & Aber 2005.

**Erofeev, Viktor** (geb. 1947) gilt als ›Enfant terrible‹ der neuen russischen Literatur mit einer Vorliebe für die nichtnormative Lexik der reichen russischen Sprache, z.B. ›Der gute Stalin‹, btv 2005. 2099 erschien im Berlin Verlag eine Auswahl seiner Essays ›Russische Apokalypse‹.

**Gasdanow, Gaito** (1903 bis 1971), ›Das Phantom des Alexander Wolf‹, 2012 im Carl Hanser Verlag erschienener und begeistert besprochener Roman eines bis dahin nahezu unbekannten Schriftstellers, dessen Schreibkunst mit der Nabokovs, Camus' und Proust verglichen wird.

**Kononovs, Michail** (geb. 1948) beklemmender Roman ›Die nackte Pionierin‹ (München 2005) über ein 14-jähriges Mädchen, das während des Krieges den Soldaten ihren Leib hingibt und darin ihren Beitrag zum Sieg versteht, beschreibt, wie sich ein Netz von Verwirrungen und Lügen, aus dem es scheinbar keinen Ausweg gibt, um eine junge Seele legt.

**Lebedev, Sergej** (geb. 1981) schrieb einen Roman, der 2013 mit dem deutschen Titel ›Der Himmel auf ihren Schultern‹ bei S. Fischer erschien, ein Versuch des Verstehens der jungen Generation, was ihren Eltern und Großeltern passierte, die mit Lagern des GULAG in Berührung kamen, aus der Sicht der ›Täter‹.

**Makine, Andrej**: Die Liebe am Fluss Amur, Hamburg 1998, 252 S. Der aus Sibirien stammende Autor lebt heute in Frankreich und beschreibt sehr originell seine Jugenderfahrungen unter dem Einfluss von Belmondo-Filmen in den 1970er Jahren in einem Dorf am fernöstlichen Strom Amur.

**Marinina, Alexandra** (geb. 1957). Die ehemalige Kriminologin (Oberstleutnant der Miliz) schreibt seit 1992 Kriminalromane, die in Russland in Millionenauflage erscheinen. Ihre Serienheldin ist Anastasjia Kamenskaja, eine Moskauer Kriminalistin. Auf Deutsch erscheinen ihre Romane bei Fischer, zuletzt ›Der gestohlene Traum. Anastasias schwerster Fall‹.

**Martynowa, Olga** (geb. 1962), Bachmannpreisträgerin 2011. Ihr erster Roman ›Sogar Papageien überleben uns noch‹ (2010), der in kurzen Episoden poetisch und sprachlich exzellent von einer Petersburger Autorin berichtet, die in Deutschland an einem Kongress zu Daniil Charms teilnimmt und ihre schmerzhafte Liebe zu einem Deutschen, die in ihrer Studienzeit in Leningrad begonnen hatte, erforscht.

**Pelewin, Viktor** (geb. 1962) ist einer der meistgelesenen Autoren Russlands. Sein immenser Schreibwitz genießt vor allem bei jungen Lesern Kultstatus, z.B. ›Buddhas kleiner Finger‹, List 2002. Sein letzter Roman, ›Tolstois Albtraum‹, erschien 2013 bei Luchterhand.

**Prigov, Dmitri** (geb. 1940) ist als Künstler, Dichter, Autor einer der Gründungsväter des Moskauer Konzeptualismus. Sein phantasmagorischer Roman ›Lebt in Moskau!‹ erschien bei Folio 2003.

**Sorokin, Wladimir** (geb. 1955) avancierte in den 1990er Jahren zum verehrten und verfemten Kultautor der russischen postmodernistischen Literatur. Seine absurden Einfälle, literarischen Slapstick-Einlagen und Persiflagen schockieren das konservative Publikum. Seine wichtigsten Werke sind ›Der himmelblaue Speck‹ (DuMont 2000), ›Ljod‹ (Berlin Verlag 2003) und ›Bro‹ (Berlin Verlag 2006). Sein Letzter Roman ›Der Schneesturm‹ erschien 2012 bei Kiepenheuer & Witsch.

**Tolstaja, Tatjana** (geb. 1951) stammt aus der Schriftstellerfamilie der Tolstois. Neben dutzenden Kurzgeschichten

schrieb sie den Roman ›Kys‹ (Rowohlt 2003), der nach einer atomaren Katastrophe im ehemaligen Moskau spielt.
**Ulickaja, Ludmila** (geb. 1943) meint: »Ich kenne kein Land, in dem die Situation der Frauen so von Unglück geprägt ist wie in Russland.« Von diesen Frauen und ihnen verwandten Seelen handeln ihre Romane, etwa ›Die Lügen der Frauen‹ (Carl Hanser 2003), ›Ergebenst, Euer Schurik‹ (2005) und ›Das grüne Zelt‹ (2012).

## Allgemeine Sachbücher

**Bednarz, Klaus**, Östlich der Sonne. Vom Baikalsee nach Alaska. Rowohlt 2003, 384 Seiten. ›Land östlich der Sonne‹ nannten die russischen Eroberer jenen geheimnisvollen Teil Sibiriens, der sich vom Fluss Lena bis zum Stillen Ozean erstreckt. Durch dieses rauhe, unermesslich weite Land zogen einst die Vorfahren der nordamerikanischen Indianer. Klaus Bednarz ist auf ihren Spuren gereist. Vom Baikalsee bis nach Alaska, mehr als 10 000 Kilometer durch Taiga, Sümpfe und reißende Flüsse. Zu Fuß, per Schiff, Geländewagen, Hubschrauber oder Rentierschlitten.
**Figes, Orlando**, Nataschas Tanz, Berlin Verlag 2003, 720 Seiten. Eines der gelungensten Bücher über die russische Kultur.
**Deeg, L.**, Brammerloh S., Kulturschock Russland. Reise Know how Verlag Rump, 7. Auflage 2011, 300 Seiten. Ein Buch mit vielen hilfreichen Anregungen und Informationen zur mentalen Annäherung an Russland.
**Russland verstehen**, Band 10/2009 der generell lesenswerten Reihe Sympathie-Magazin des Studienkreises für Tourismus und Entwicklung ist Russland gewidmet. Mehr Informationen und Bestellung unter www.sympathiemagazin.de.

**Bathon R.**, **Ravioli S.**, Russland auf eigene Faust. BoD-Verlag, 2007, 120 Seiten. Flüssig geschriebene Erlebnisberichte, die mit vielen Beobachtungen und Informationen aus erster Hand Russlands Eigenheiten enthüllen.

## Russisch lernen

**Ecker, B.**, Kauderwelsch, Russisch Wort für Wort. Reise Know-How Verlag Bielefeld, 17 Auflage 2012. Sehr gut geeignet für Touristen.
**Fretwurst, Peter** u.a, Мы говорим по-русски (Wir sprechen Russisch), Volk und Wissen Berlin. Russisch in Übungen.
**Heinze, Ludmila**, Langenscheidts Grundwortschatz Russisch. Die 4000 wichtigsten Wörter und Redewendungen, nach Wortfeldern gegliedert; Ideal für Anfänger.
**Kirschbaum/Kretschmar**, Kurze russische Sprachlehre, Volk und Wissen Berlin. Grammatik für Anfänger und für Fortgeschrittene.

## Literatur zu Moskau

**Rjaschski, Grigori**, Moskau Bel Ètage, 2010 erschienener bei Kiwi-Paperback Roman über eine jüdische Familie an den Patriarchenteichen im Stadtzentrum, der ein Jahrhundert und mehr Geschichte der Metropole umarmt.
**Markstein, Elisabeth**, Moskau ist viel schöner als Paris. Leben zwischen zwei Welten, Milena Verlag 2010. Eindrucksvolle Erinnerungen der Autorin, die als Kind kommunistischer Emigranten Moskau als Exil erlebte, an die Moskauer Jahre und ihre späteren Begegnungen mit N. Chruschtschow, W. Molotow, Brodski, Solshenizyn und H. Böll.
**Büscher, Wolfgang**, Berlin–Moskau. Eine Reise zu Fuß, Rowohlt 2003, 224 Seiten. Eine sehr gelungene Reisebeschreibung. Auch als Hörbuch.

**Hamel, Christine**, Bitte anschnallen Richtung Zukunft. Moskauer Pirouetten, Picus-Verlag 2004, 132 Seiten. Die Autorin mehrerer Reiseführer über Russland beobachtete den Moskauer Alltag zu Beginn des 21. Jahrhunderts.
**Rüthers, Monica**, Menschen – Mythen – Orte, Böhler 2003, 256 Seiten. Die Rundgänge spüren Mythen, urbanen Legenden und Klischees nach.
**Wimmer, Quirin**, Moskau light, Edition ArtCo 2005, 132 Seiten. Alltagserlebnisse eines Geschäftsmannes in Moskau.
**Russland. Moskau. St. Petersburg. Der Goldene Ring**, Bildband mit Fotos und Beiträgen von Fritz Dressler, H.P. Riese, H. Engelhardt, K. Bednarz und W. Govoruchin. Bucher 2005, 180 Seiten.

### Literatur zu St. Petersburg

**Benioff, David**, Stadt der Diebe, 2009 im Karl Blessing Verlag erschienener Roman, der in der Zeit der Blockade handelt und die spannende Geschichte einer Freundschaft, die einen Halbwüchsigen und einen als Deserteur beschuldigten Soldaten vor eine aberwitzige Aufgabe stellen.
**Bennett, Ronan**, Zugzwang, 2007 aus dem Amerikanischen übersetzter und im Berlin Verlag als Taschenbuch erschienener spannender Roman über eine Intrige, die einen Psychotherapeuten und seine Tochter aus ihrem bürgerlichen Leben in den Strudel politischer Machenschaften der Geheimpolizei und terroristischer Gruppen reißt.
**Gorelik, Lena**, Verliebt in St. Petersburg. Meine russische Reise, geboren 1981, kam die Autorin 1991 nach Berlin. Dieses Buch erschien 2008. Für ihren ersten Roman wurde sie von den Feuilletons der großen deutschen Tageszeitungen als eine der hoffnungsvollsten Stimmen des deutschen Literaturnachwuchses gefeiert. Kurzbeschreibung von Amazon: »Die Stadt für Verliebte und Kunstbeflissene, Schlaflose, Wodkatrinker und Pelzträger: Sankt Petersburg, eines der beliebtesten, neuerdings auch eines der sexysten Reiseziele, war immer schon Opfer seiner Klischees. Lena Gorelik greift diese freudig auf und liefert Insiderwissen, mit dem Sie bestimmt in keine Touristenfalle tappen.«
**Blumencron, Maria**, Das Wunder von St. Petersburg. Russlands Kinder und die Macht der Phantasie, Piper 2006, 312 Seiten. Petersburger Biografien zwischen Verzweiflung und Hoffnung, unendlicher Traurigkeit und ewiger Schönheit.
**Creuzberger, S., Kaiser, Maria, Mannteufel, Ingo**, St. Petersburg – Leningrad – St. Petersburg. Eine Stadt im Spiegel der Zeit, DVA 2000, 350 Seiten. Sammelband von zwanzig meist brillanten Essays und Analysen über Geschichte und Gegenwart der Metropole, vom Petersburger Judentum über die Blockade zu Leningrads Underground-Rock und Gegenwart.
**Schalthöfer, Ingrid**, St. Petersburg. Literarische Spaziergänge, Insel 2002, 232 Seiten.
**Schlögel, Karl**, Petersburg. Das Laboratorium der Moderne 1909–1921, Hanser 2002, 688 Seiten. Petersburgs Entwicklung von der Zarenstadt zur ›modernen Industrie- und Kulturmetropole‹ in einer intelligent geschriebenen Abhandlung.
**Smelowa, Swetlana/Pawlow, Nikolai**, Literarisches St. Petersburg. 50 Dichter, Schriftsteller und Gelehrte. Wohnorte, Wirken und Werke. Mit historischem Stadtplan, Jena Verlag 1800, 2003, 80 Seiten.

### Literatur zu Flussreisen

**Gebhard, Angelika, Gebhard, Rollo, Alexander, Andrej**, Zauber der Wolga.

Abenteuer unter russischer Flagge, Delius Klasing 2002, 320 Seiten. Ende April 2001 starteten die Weltumsegler Angelika und Rollo Gebhard mit ihrem russischen Freund Andrej Alexander zu einer einmaligen Bootsreise quer durch Russland von der Ostsee bis zum Kaspischen und Schwarzen Meer. Die außergewöhnliche Route wurde noch von keiner ausländischen Yacht gewagt und gelang nur heimlich unter russischer Flagge.

**Schmid, Gregor M./Rabus, Adelheid**, Die Wolga. Leben am längsten Strom Europas, Flechsig 2003, 160 Seiten. Umfassende Bilddokumentation der Wolga mit Farbaufnahmen des Photographen Gregor M. Schmid; Ansichten von Landschaften, Städten, Menschen und ihrer Kultur entlang der Wasserwege vom Weißen Meer und der Ostsee bis zum Kaspischen und Schwarzen Meer.

**Möller, Markus/Prokein, Ronald**, Lenareise, Weymannbauerverlag 2003. Die beiden Autoren befuhren die Lena 2000 mit Kajaks von der Mündung bis Jakutsk. Unterwegs durch die Taiga, geplagt von Hitze, Stürmen und Kälte, versuchen sie auch ihre Freundschaft wieder zu finden.

**Schumann, Dietmar**, An der Lena flussabwärts, Berlin 2002. Das Buch zum Film ›Blut und Diamanten‹ des Moskauer ZDF-Korrespondenten.

# Der Autor

Andreas Sternfeldt studierte Ende der 1980er Jahre in Moskau, lebt heute in Petersburg und Berlin als Filmemacher und Publizist zu den Themen Russland, Kunst, Gender, Jugend. Er ist Autor des Städteführers ›Sotschi‹ (1. Auflage 2014) sowie Co-Autor des Reiseführers ›Georgien‹ (Trescher Verlag, 9. Auflage 2018).

# Danksagung

Der Autor bedankt sich von ganzem Herzen für die bei der Recherche und beim Schreiben erfahrene Unterstützung. Namentlich seien genannt Darja Evdočuk für die vielen Tips und Informationen hinsichtlich Kultur und Geschichte Russlands, Ulla Kuballa, die als DERTOUR-Verantwortliche auf dem Schiff während der Reisen auf der Wolga und dem Don beste Bedingungen zum kreativen Arbeiten schuf, Dr. Richard Zacharuk, Direktor des Ikonen-Museums in Frankfurt/Main, dessen schier unermessliche Kenntnisse über Ikonenkunst den Blick für künstlerische und geschichtliche Zusammenhänge schärfte. Bei der Korrektur des Manuskripts unterstützten mich Regina Marics, Regina Schön, Silke Wartmann, Vadim Spolanski und Helga Strohfeldt. Auch ihnen meinen herzlichen Dank. Nicht zu vergessen die Lektoren des Verlages, die mit ihrer professionellen Erfahrung und großer Behutsamkeit das in seinem Umfang erhebliche Material auf ein lesbares Optimum gekürzt haben.

Herzlichen Dank auch dem aufmerksamen Leser Hermann Menrad, dessen umfangreiche Hinweise die beiden letzten Auflagen sehr bereichert haben. Ebenso bedankt sich der Autor bei Vadim Nikulshin für die Hilfe bei den Recherchen für diese Auflage.

Vielen Dank auch für die großzügige Unterstützung durch PHOENIX Reisen und LERNIDEE Erlebnisreisen.

# Der Autor 399

## A
Achmatova, Anna 67, 176
Achtubinsk 284
Akunin, Boris 69
Aleksandr-Nevskij-Kloster 178
Alexander I. 33
Alexander II. 35
Alkohol 378
Altgläubige 28
Amur 351
Andropow, Jurij 41
Anhalt-Zerbst, Sophia Friederike Augusta von 31
Anna, Zarin 30
Apotheken 378
Ärztliche Versorgung 378
Astaf'ev, Viktor 324
Astrachan' 288
Autofahren 379
Avvakum 27
Azov 309
Azovsches Meer 309

## B
Baikal-Amur-Magistrale 317
Balabanov, Alexej 70
Balachna 221
Balakovo 264
Batterien 379
Behinderte 379
Belozersk 141
Berija, Lavrentij 40
Bernsteinzimmer 191
Biron, Ernst Johann von 30
Blok, Aleksandr 67
Bolschewiki 36
Bordpass 379
Boris Godunov 24
Botschaften und Generalkonsulate in Moskau 380
Botschaften und Generalkonsulate Russlands im Ausland 380
Breschnew, Leonid 40
Brodskij, Iosif 68
Bucharin, Nikolai 38
Bulgakov, Michail 68
Bunin, Ivan 68
Burjaten 318

## C
Čeboksary 235
Chabarov, Erofej 354
Chabarovsk 356
Chakassen 318
Chanten 318
Charms, Daniil 69
Chasaren 285
Chlebnikov, Boris 71
Chodorkowski, Michail 46
Christus-Verklärungs-Kloster 203
Chruschtschow, Nikita 40
Chvalynsk 264
Cvetaeva, Marina 67

## D
Dekabristen 34 315
Dikson 333
Dmitrij (Sohn Ivans IV.) 124
Dmitrov 114
Dolgorukij, Jurijj 114
Don 294, 302
Dostojewski, Fjodor 67
Dostojewski-Museum 177
Dovlatov, Alexej 71
Dovženko, Aleksandr 69
Dubna 117
Dubovka 276
Dubrovka 161
Dudinka 332
Džugašvili, Jossif Vissarionovič (Stalin) 37

## E
Ėfron, Ariadna 331
Ėfron, Sergej 331
Einkaufen 381
Einreise 15, 381
Eisenstein, Sergej 69
Elektrizität 381
Elisabeth Petrovna 30
Elisabeth, Zarin 31
Ėngel's 266
Enisej 320
Enisejsk 327
Enzen 318
Erlöser-Blut-Kirche 174
Ermakovo 331
Essen 381
Ewenen 318
Ewenken 318

## F
Fedoskino 112
Feiertage 381
Ferapontov-Kloster 138
Fernglas 382
Fonteyn, Margot 67
Fonvizin, Denis 119
Fotografieren 382
Französische Revolution 32
Friedrich II. 31
Fürst Potëmkin 32

## G
Geld und Währung 383
Geldwechse 15
German, Alexej 71
Gesundheit 15
Getränke 383
Glaube 50
Godunov, Boris 124
Gogol', Nikolaj 67
Gončarov, Ivan 251
Gorbatschow, Michael 41
Goricy 132
Gorki, Maxim 67, 231

Gorodec 220
Gottesmutter von Kazan' 61
Griboedov, Aleksandr 66
GULAG 331 110
Gumilëv, Nikolaj 67

## H

Herrnhuter 283
Holstein-Gottorf, Karl Peter Ulrich von 31

## I

Igarka 332
Igor-Lied 199
Ikone der Gottesmutter von Kazan' 239
Ikonen 60
Ikonostas 61
Ilf und Petrov 68
Insel Kiži 147
Internet 394
Ipat'ev-Kloster 215
Ivan III. 78
Ivan I. Kalita 121
Ivan'kovsker Stausee 117

## J

Jakutien 334
Jakutsk 338
Jaroslav der Weise 19
Jaroslavl' 197
Jelzin, Boris 41
Jr., Alexej German 71
Jukos-Konzern 47

## K

Kadyrov, Ramsan 44
Kaljazin 120
Kalmücken 287
Kalter Krieg 39
Kama 247
Kamenev, Lev 38
Kamyšin 275
Karamzin, Nikolaj 251

Kara-See 333
Karelier 146
Karl Leopold von Mecklenburg 30
Katharina I. 30 190
Katharina II. 31
Kazan' 237
Kazaner Kathedrale 173
Kerenskij, Aleksandr 252
Khrazhanovski, Ilja 70
Kiever Rus' 19
Kirche 50
Kirchenarchitektur 56
Kirchenslawisch 50
Kirillov-Kloster 133
Kirovsk 161
Kiži 147
Kjusjur 345
Kleidung 384
Klima 384
Klima und Reisezeit 15
Kloster Iversk 263
Komsomol'sk am Amur 360
König Stanislaus II. 32
Kosaken 296
Kostroma 211
Kozincev, Grigorij 69
Krasnojarsk 321
Krasnojarsker Säulen (Stolby) 325
Kriminalität 384
Krim-Krieg 35
Krylov, Ivan 120
Kujbyšev 246
Kyril I. 51
Kyrill und Method 50

## L

Lackminiaturen 112
Ladoga-See 155
Lena 334
Lena-Säulen 348
Lenadelta 345
Lenin (Ul'janov, Vladimir) 37

Lensk 350
Lermontov, Michail 34, 67
Lesosibirsk 327
Literatur 394
Lomonosov, Michail 31
Lungin, Pavel 70

## M

Majakovskij, Vladimir 68
Makar'ev-Kloster 232
Malewitsch, Kasimir 54
Mamaev-Kurgan 279
Mandel'štam, Osip 68
Mansen 318
Marina Cvetaeva 331
Marinina, Aleksandra 69
Martynowa, Olga 69
Medvedev, Dmitri 43
Melikjan, Anna 71
Menschewiki 36
Meyerhold, Vsevolod 67
Michalkov, Nikita 71
Mongolen 21
Montferrand, Auguste de 168
Moskau 77
 *Alexandergarten 92*
 *Andronikovkloster 102*
 *Arbat 94*
 *Basiliuskathedrale 88*
 *Bolschoi-Theater 93*
 *Christus-Erlöser-Kathedrale 98*
 *Gorki-Park 100*
 *Kaufhaus GUM 89*
 *Kreml 81*
 *Lenin-Mausoleum 90*
 *Manegenplatz 92*
 *Metro 104*
 *Museum Krimskij Val 98*
 *Neujungfrauenkloster 102*

*Nördlicher Flussbahnhof* 105
*Puschkin-Museum für Bildende Kunst* 97
*Roter Platz* 87
*Skulpturenpark* 98
*Sperlingsberge* 101
*Tret'jakov-Galerie* 96
*Tverskaja-Straße* 93
*VDNCH (Ausstellungs- und Erholungszentrum)* 103
*Vinzavod (Zentrum für moderne Kunst)* 103
Moskau-Kanal 108
Murav'ëv, Nikolaj 354
Musorgskij, Modest 72
Myškin 126

## N

Napoleon 33 79
Nenzen 318
Neva 159
Nevskij, Aleksandr 20
Nikolaevsk am Amur 364
Nikolaus I. 34
Nikolaus II. 36
Nikon 27, 50
Nižnij Novgorod 222
Nordenskjöld, Nils Adolf Erik Baron von 316
Noril'sk 333
Nureyev, Rudolf 67

## O

Okudžava, Bulat 73
Olëkminsk 349
Oligarchen 45
Onega-See 143, 147
Orthodoxie 52
Osinovsker Stromschnellen 329
Ottinger, Ulrike 68

## P

Paradžanov, Sergej 70
Partei ›Edinaja Rossija‹ 46
Pasternak, Boris 68, 316
Paul I. 32
Pavlovsk 191
Pelevin, Viktor 68
Perm' 248
Permafrostboden 335
Peter der Große 28, 50
Peter I. (der Große) 166, 297
Peter II. 30
Peter III. 31, 32
Petroglyphen von Sikači Aljan 358
Petrokrepost' 159
Petrozavodsk 144
Plës 219
Polarkreis 331
Popogrebski, Alexej 71
Post 385
Prokofjew, Sergej 72
Pudovkin, Vsevolod 69
Puschkin, Alexander 34, 66
Puškin 190
Putin, Vladimir 42

## Q

Quarenghi, Giacomo 168

## R

Rachmaninow, Sergej 72
Radio 385
Rasputin, Grigorij 36
Rastrelli, Bartolomeo Francesco 166
Rastrelli, Francesco Bartolomeo 31
Razin, Stenka (Stepan) 297
Razin, Stepan 27
Reiseveranstalter 385
Repin, Ilja 129, 298

Republik Kalmückien 287
Republik Marij Ėl 233
Rimskij-Korsakov, Nikolaj 72
Rogoshkin, Alexander 70
Romanov, Aleksej 26
Romanov, Michail 26
Rossi, Carlo 168
Rostov-am-Don 303
Rublëv, Andrej 50, 60
Rybinsk 194
Rybinsker Stausee 127

## S

Saltykov-Ščedrin, Michail 120
Samara 257
Samowar 386
Saratov 266
Sarepta 283
Schisma 52
Schostakowitsch, Dmitri 72
Šeksna 130
Šeltozero 144
Serebrennikov, Kirill 67
Serkino 350
Sibirien 312
Sicherheit 15
Šlissel'burg 160
Sokurov, Aleksandr 70 172
Soldatenfriedhof Rossoška 282
Šolochov, Michail 68
Solschenizyn, Alexander 68
Sorokin, Vladimir 68
Sottincy 342
Souvenirs 386
Sprache 74
Stanislavskij, Konstantin 67
St. Petersburg 165
*Alexandergarten* 173

*Aničkov-Brücke* 176
*Aničkov-Palast* 176
*Aurora* 187
*Carskoe Selo* 190
*Dreifaltigkeitsbrücke* 187
*Eherner Reiter* 180
*Eremitage* 169
*Fontanka* 176
*Isaak-Kathedrale* 180
*Isaak-Platz* 181
*Jusupov-Palast* 180
*Katharinenpalast* 190
*Kunstkammer* 183
*Neu-Holland* 181
*Nevskij-Prospekt* 172
*Peter-und-Paul-Festung* 184
*Peter-und-Paul-Kathedrale* 185
*Peterhof* 189
*Petrograder Seite* 187
*Rostrasäulen* 183
*Russisches Museum* 178
*Schlossbrücke* 183
*Schlossplatz* 168
*Vasil'ev-Insel* 182
*Winterpalais* 169
Staročerkassk 301
Steinerne Tunguska 329
Stolb 346
Strawinskij, Igor 72
Šuiskij, Vassilij 26
Svir 151
Svjagincev, Andrej 71

## T
Taganrog 308
Tanais 308
Tarkovskij, Andrej 70 54
Tataren 21, 236
Taxi 387
Telefon 15 387
Tichon 51
Tiksi 346

Toleranzedikt von 1773 32
Tol'jatti 255
Tolga-Kloster 195
Tolstoi, Leo 34 67
Transsibirische Eisenbahn 316
Trinkgeld 388
Trinkwasser 389
Trotzki, Leo 38
Tschaikowski, Peter 72
Tschechow, Anton 67
Tschernenko, Konstantin 41
Tschetschenien-Konflikt 44
Tura 330
Turgenev, Ivan 67
Turuchansk 331
Tutaev 195
Tuwiner 318
Tver' 117

## U
Uglič 121
Uhrzeit 388
Ulickaja, Ljudmila 68
Ulitzkaja, Ljudmila 48
Ul'janovsk 249
Ul'janov, Vladimir (Lenin) 252
Utschitel, Alexei 71

## V
Valaam 157
Vasil'sursk 232
Verständigung 15
Vertinskij, Aleksandr 73
Visum 388
Vladimir, Großfürst 19
Vol'sk 265
Volgograd 277
Volgograder Stausee 265, 274
Volžskij 276
Vysockij, Vladimir 73
Vytegra 142

## W
Wasser 389
Weißer See 139
Wikinger 18
Wolgadeutsche 271
Wolga-Don-Kanal 300
Wolga-Tiefebene 115
Wolgadelta 292
Württemberg, Sophie Dorothee von 33

## Y
Ysach 337

## Z
Zeitungen 389
Zeitzonen 15
Žigansk 343
Zinovev, Grigorij 38
Zollbestimmungen 389
Zollbestimmungen bei der Einreise in die EU 390
Zweiter Weltkrieg 39

# Bildnachweis

Alle Fotos Andreas Sternfeldt, außer:
Holger Kretzschmar: 33, 55, 238
Johann Maria Just: 174, 177, 179, 180
Vadim Nikulshin: 309
Claudia Quaukies: 46, 156, 166, 189, 203, 205, 207, 248, 275, 391
Gregor M. Schmid: 157, 158, 226
Jon Smith: 173, 181, 191
Bodo Thöns: 190
Bodo Thöns, Archiv: 386
transit: 51, 53, 287
Heinz Wienecke: 354, 359, 362
Klaus Wienke: 355, 356, 361, 365, 366, 378, 385
Vitas/Fotolia.com: 58
Nikolai Sorokin/Fotolia.com: 101
Borisov/shutterstock.com: 16/17
Sergey Kelin/Fotolia.com: 187
Demian/Fotolia.com: 106/107
Serg Zastavkin/Fotolia.com: 333
Elena Kovaleva/Fotolia.com: 230
Titelfoto: EvgenySHCH/shutterstock.com

# MEHR WISSEN. BESSER REISEN.
## REISEFÜHRER AUS DEM TRESCHER VERLAG

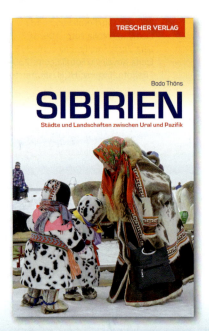

trescher-verlag.de

## EUROPAS NR. 1 FÜR RUSSLAND-REISEN

Entdecken Sie das größte Land der Welt mit Komfort und Genuss! Seit über 30 Jahren arrangieren wir für Sie außergewöhnliche Reisen in Russland – und in anderen faszinierenden Regionen auf der ganzen Welt. Wir sind Ihr Spezialist für exklusive Zugreisen und einzigartige Flusskreuzfahrten, außerdem für originelle Erlebnisreisen – in kleiner Gruppe oder ganz individuell.

- Wolga-Kreuzfahrten: Von Moskau nach St. Petersburg | Vom Roten Platz ans Kaspische Meer
- Lena-Kreuzfahrt in Sibirien: Flussreise über den Polarkreis bis zum Polarmeer
- Kamtschatka: Expeditions-Kreuzfahrt im Reich der Braunbären, Wale und Seelöwen
- Sonderzugreise Zarengold: Auf der Transsibirischen Eisenbahn von Moskau zum Baikalsee und weiter durch die Mongolei bis Peking
- Authentisch per Linienzug durch Russland – mit wenigen Mitreisenden oder ganz individuell
- Individuelle Reisen durch Russland – maßgeschneidert nach Ihren Wünschen
- Zahlreiche weitere Reise-Arrangements auf allen Kontinenten

Fragen Sie uns nach weiteren Infos!

**Kataloge und Beratung:**
Lernidee Erlebnisreisen GmbH
Tel. +49 (0)30 786 00 00 | www.lernidee.de

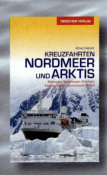

trescher-verlag.de

# TRESCHER VERLAG

## MEHR WISSEN.BESSER REISEN
### REISEFÜHRER AUS DEM TRESCHER VERLAG

Werner K. Lahmann, Kristin Dunlap

# KREUZFAHRTEN MITTELMEER

Alle Länder, alle Häfen

## Kartenlegende

- 🚉 Bahnhof
- ⬇ Denkmal
- ✈ Flughafen
- ⚓ Hafen
- 🏠 Hotel
- ✝ Kirche
- ⛪ Kloster
- 🗼 Leuchtturm
- ☪ Moschee
- 🏛 Museum
- ✉ Post
- 🍴 Restaurant
- ✡ Synagoge
- ★ Sehenswürdigkeit
- 🎭 Theater
- 🚪 Tor
- 🗼 Turm
- ▬▬ Autobahn
- ▪▪▪▪ Autobahn im Bau
- ▬▬ sonstige Straßen
- 243 Straßennummern
- ▬▬ Eisenbahn
- ⊖ Grenzübergang
- ▬▬ Staatsgrenze
- ■ Hauptstadt
- ● Stadt/Ortschaft

## Kartenregister

### Historische Karten

Das Chasarenreich im 9. Jahrhundert S. 285
Die Expansion Russlands im 16. und 17. Jahrhundert S. 24
Die Kiever Rus S. 18
Die Sowjetunion und ihre Nachfolgestaaten S. 43
Russland vom 17. Jahrhundert bis zum Ersten Weltkrieg S. 29

### Stadtpläne

Astrachan S. 290
Carskoe Selo (Puškin) S. 190
Chabarovsk S. 357
Jakutsk S. 339
Jaroslavl S. 200
Jaroslavl, Christus-Verklärungs-Kloster S. 202
Kazan S. 240
Kostroma S. 211
Kostroma, Ipatev-Kloster S. 215
Krasnojarsk S. 322
Moskau, Basiliuskathedrale S. 88
Moskau, Kreml S. 82
Moskau, Roter Platz S. 89
Moskau, Übersicht: vordere Umschlagklappe
Nižnij Novgorod S. 229
Rostov-am-Don S. 306
Samara S. 261
Saratov S. 269
St. Petersburg, Peter-und-Paul-Festung S. 185
St. Petersburg, Petrograder Seite S. 188
St. Petersburg, Übersicht: hintere Umschlagklappe
St. Petersburg, Vasilev-Insel S. 182
St. Petersburg, Zentrum S. 167
Uljanovsk S. 253
Volgograd S. 279

### Übersichtskarten

Das Amurgebiet S. 352
Der mittlere Enisej S. 326
Der nördliche Enisej S. 330
Die Lena flussaufwärts von Jakutsk nach Ust-Kut S. 348
Die Lena zwischen Jakutsk und Tiksi S. 341
Die Wolga zwischen Rybinsk und Saratov S. 194
Insel Kiži S. 148
Sibirien und seine Ströme S. 312
Südrussland, Wolga und Don S. 273
Zwischen Moskau und St. Petersburg S. 109